Beiträge zu
Kriminologie und Strafrecht

Band 2

Susanne Henninger

Nichtdeutsche Beschuldigte im Jugendstrafverfahren

Centaurus Verlag & Media UG 2003

Susanne Henninger, geb. 1970, studierte Rechtswissenschaften in Straßburg (Frankreich) und Heidelberg. Sie promovierte 2001 mit dieser Arbeit an der Universität Heidelberg und ist derzeit juristische Referentin im Landeskirchenamt der Evangelisch-Lutherischen Kirche in Bayern.

Die Deutsche Bibliothek – CIP-Einheitsaufnahme

Bibliographische Information der Deutschen Bibliothek
Die Deutsche Bibliothek verzeichnet diese Publikation in der Deutschen Nationalbibliographie; detaillierte bibliographische Daten sind im Internet über http://dnb.ddb.de abrufbar.

ISBN 978-3-8255-0386-4 ISBN 978-3-86226-440-7 (eBook)
DOI 10.1007/978-3-86226-440-7

ISSN 1610-9538

Satz: typo & text Gabi Mang
Umschlaggestaltung: DTP-STUDIO, Antje Walter, Hinterzarten

Inhalt

Vorwort

Die vorliegende Arbeit wurde im Wintersemester 2001/2002 von der Juristischen Fakultät als Dissertation angenommen.

Bedanken möchte ich mich bei dem Betreuer dieser Arbeit, Professor Dr. Dieter Dölling vom Institut für Kriminologie in Heidelberg, für die Anregung zur Beschäftigung mit diesem Thema und seine langjährige Unterstützung sowie bei Professor Dr. Thomas Hillenkamp für die Erstellung des Zweitgutachtens.

Diese Arbeit wäre nicht möglich gewesen ohne die großherzige und geduldige Unterstützung durch Eltern und Freunde sowie die aufbauende und kritische Begleitung durch die Mitarbeiter am Institut für Kriminologie. Sie alle haben zum Gelingen dieser Arbeit beigetragen und dafür möchte ich ihnen von Herzen danken.

München, im Juli 2002 *Susanne Henninger*

Einleitung

Ausgehend von den allgemeinen Regelungen des JGG sollen in der vorliegenden Arbeit die verschiedenen Etappen eines Jugendstrafverfahrens näher betrachtet werden, in dessen Mittelpunkt junge Nichtdeutsche als Beschuldigte bzw. Angeklagte stehen. Dem chronologischen Ablauf des Verfahrens entsprechend sollen im Verfahren auftretende spezifische Problemlagen und Besonderheiten im Umgang mit nichtdeutschen Jugendlichen und Heranwachsenden erörtert werden. Ziel der Arbeit ist es, die Fülle von Einzelaspekten, die in Wissenschaft und Strafrechtspraxis zunehmend mit dem Anwachsen der ausländischen Bevölkerung und Zuwanderer als problematisch wahrgenommen und diskutiert werden, zu bündeln, um so einen Gesamteindruck von den im Strafverfahren gegen junge Nichtdeutsche auftretenden Schwierigkeiten, möglicherweise auch Benachteiligungen, zu erhalten.

Gleichzeitig erscheint eine solche Bündelung sinnvoll, da viele dieser einzelnen Aspekte in ihrer Problemstellung ineinandergreifen und so eine Bewertung des einen nicht ohne eine tiefere Auseinandersetzung mit dem anderen möglich ist. Dies gilt z. B. für die Bereiche notwendige Verteidigung und Sprachunkundigkeit bzw. Wechselwirkung von Ausländerrecht und Jugendstrafrecht.

Bevor im zweiten Teil auf das Jugendstrafverfahren näher eingegangen wird, soll in einem ersten Teil die Lebenssituation junger Nichtdeutscher in Deutschland geschildert werden, ebenso wie die Frage der Kriminalitätsbelastung und Kriminalitätsentstehung. Dieser Teil dient als „Hintergrund" für die dann folgende Auseinandersetzung mit dem Verfahren unter Beteiligung junger Nichtdeutscher als Beschuldigte bzw. Angeklagte. Die Arbeit folgt dann dem Ablauf des Verfahrens von der Anzeigenerstattung über die polizeilichen Ermittlungen bis hin zur gerichtlichen Verhandlung und den Konsequenzen, die das Ausländerrecht an die Straffälligkeit knüpft und schließt auch den Strafvollzug mit ein. In die Erörterung der verschiedenen Problembereiche fließt dabei neben empirischen Befunden auch die „Praktikersicht" derer ein, die in ihrem beruflichen Alltag mit jungen Nichtdeutschen umgehen und die zur Vervollständigung des Bildes beitragen.

1. Teil: Lebenssituation und Kriminalitätsbelastung von Ausländern in Deutschland

1. Kapitel: Die Lebenssituation der (jungen) Ausländer in Deutschland

1. 1. Einleitung

Lebten Anfang der 60er Jahre in der Bundesrepublik 686.000 Ausländer (1,2 % der damaligen Gesamtbevölkerung)[1], so waren es am Ende des Jahres 1995 ca. 7,17 Millionen und somit rund 8,7 % der Gesamtbevölkerung.[2]

Gemeinsam ist „den Ausländern" allein ihr Status, wie er sich aus Art. 116 Abs.1 S.1 GG iVm § 1 Abs.2 Ausländergesetz (AuslG) ergibt: „Deutscher im Sinne dieses Grundgesetzes ist vorbehaltlich anderweitiger gesetzlicher Regelung, wer die deutsche Staatsangehörigkeit besitzt oder als Flüchtling oder Vertriebener deutscher Volkszugehörigkeit oder als dessen Ehegatte oder Abkömmling in dem Gebiete des Deutschen Reiches nach dem Stande vom 31. Dezember 1937 Aufnahme gefunden hat."

Allein unter diesem „normativen" Blickwinkel soll der Begriff „Ausländer" in der vorliegenden Arbeit verwendet werden, mit der Konsequenz, daß z. B. die Gruppe der jungen Aussiedler keine Berücksichtigung finden wird. Dies, obwohl sie gemessen an ihrer Lebenssituation, den (kulturspezifischen-) Schwierigkeiten, mit denen sie in Deutschland konfrontiert werden, eher „Ausländer" sind als die in Deutschland geborenen Kinder und Enkelkinder der Arbeitsmigranten, die sich von ihren deutschen Altersgenossen in erster Linie durch den fehlenden deutschen Paß unterscheiden und als „Inländer" bezeichnet werden können.[3]

Grund für die Konzentration auf die Gruppe der Nichtdeutschen war zum einen die Notwendigkeit, die Stoffülle zu begrenzen. Zum anderen spielte eine Rolle, daß diese Gruppe dem Regime des Ausländerrechts untersteht, das gravierend auf die Lebenssituation, vor allem auch im Zusammenhang mit Straffälligkeit, Einfluß nimmt.

---

1 Akgün, in: Lajios (Hrsg.),1993, S.55.

2 S. StBA, 1997, S. 15, Tab. 1.1. Die Zahlen beziehen sich auf die gemeldeten Ausländer. Nicht statistisch erfaßt sind Mitglieder der Stationierungsstreitkräfte sowie der ausländischen diplomatischen und konsularischen Vertretungen mit ihren Familienangehörigen, die nicht den Bestimmungen des Ausländergesetzes unterworfen sind.; s. S. 9.

3 S. dazu Kiehl, DVJJ-J 1996, S. 19, 20.

Ungeachtet der „Ausländereigenschaft" handelt es sich bei den in Deutschland lebenden Ausländern nicht um eine homogene Gruppe. Nationalität und Migrationsmotive, kultureller und religiöser Hintergrund, Aufenthaltsdauer und Lebenssituation in Deutschland sind einige Faktoren, in denen sich die in Deutschland lebenden Ausländer voneinander unterscheiden. Ein ganz wesentlicher Faktor ist außerdem der an die Ausländereigenschaft anknüpfende unterschiedliche rechtliche Status - abhängig davon, ob es sich um EU-Angehörige, Angehörige der Stationierungsstreitkräfte, heimatlose Ausländer, Diplomaten, Asylbewerber und Asylberechtigte, Staatenlose oder ausländische Arbeitnehmer aus Drittstaaten und deren Angehörige handelt.[4] Schon unter rechtlichen Aspekten stellt also die Gruppe der Nichtdeutschen keine homogene Gruppe dar.

1. 2. Überblick über die Entwicklung der ausländischen Bevölkerung in Deutschland

Der Zuzug ausländischer Arbeitnehmer begann ungefähr 1955, als der erste bilaterale Vertrag mit Italien zur Anwerbung und Vermittlung von Arbeitskräften geschlossen wurde. Es folgten Anwerbeverträge mit Spanien und Griechenland (1960), der Türkei (1961), Portugal (1964), Tunesien und Marokko (1965) und Jugoslawien (1968). Mit ihrer Hilfe sollte in der Phase des konjunkturellen Aufschwungs der mit Einheimischen nicht mehr zu deckende Arbeitskräftebedarf gesättigt werden. Geplant war ein begrenzter Aufenthalt dieser „Gastarbeiter", der allein unter arbeitsmarktpolitischen Aspekten betrachtet wurde. Die Ausländerpolitik der 50er und 60er Jahre war somit in erster Linie Arbeitsmarktpolitik. Soziale Folgen von längeren Aufenthalten, Integration usw. wurden zunächst ausgeblendet, gewannen aber Anfang der 70er Jahre an Bedeutung, als viele ausländische Arbeitnehmer zunehmend ihren Lebensmittelpunkt in die Bundesrepublik verlagerten und Familienmitglieder in die Bundesrepublik nachzogen.[5] Die Entscheidung, längerfristig in Deutschland zu bleiben, lag zum einen in der aktiven Anwerbepolitik der Bundesrepublik bis 1973 begründet, war andererseits aber auch durch die schlechte wirtschaftliche und soziale Situation in den Heimatländern der ausländischen Arbeitnehmer motiviert. Der Wunsch nach wirtschaftlicher und sozialer, aber auch beruflicher Statusverbesserung spielte ebenso eine Rolle wie das Bedürfnis, Vorsorge für die - meist wieder in den Heimatländern liegende - Zukunft zu treffen. Die wirtschaftliche Unterstützung der Familie im Heimatland

---

4 Vgl. Gugel, 1990, S. 37.

5 Bade, 1994, S. 53, 54.

spielte ebenfalls eine zentrale Rolle.[6] Längerfristige Aufenthalte kamen nicht zuletzt auch den Arbeitgebern gelegen, da diese ausländische Arbeitnehmer vor allem in Bereichen des sekundären und tertiären Sektors des Arbeitsmarktes einsetzten, bei denen längerfristig mit Arbeitskräftemängel zu rechnen war und deren Arbeitsplatzanforderungen eine gewisse zeitliche Kontinuität verlangten.[7]

1973 endete die Anwerbephase infolge der Wirtschaftsrezession mit dem Anwerbestop. Von den bis dahin in die Bundesrepublik gekommenen 14 Millionen Ausländern kehrten ca. 80 % wieder in ihre Herkunftsländer zurück. Gleichzeitig verstärkte sich aber unter dem Eindruck des Anwerbestops die Tendenz, den Lebensmittelpunkt in die BRD zu verlegen und die Familie nachzuholen. Verantwortlich hierfür waren vor allem restriktive Maßnahmen[8] nach Einleitung einer „Konsolidierungsphase" in der Ausländerpolitik, die viele Nicht-EG-Angehörige dazu zwangen, sich für eine endgültige Rückkehr ins Herkunftsland oder eine Niederlassung in der Bundesrepublik zu entscheiden. So wurde aus dem „Projekt Migration ... Schritt für Schritt ein Lebensprojekt"[9] und aus der Gastarbeiterbevölkerung eine „stabile Einwandererminorität"[10].

Infolge dieser veränderten Situation wandelte sich allmählich auch die Beschäftigungs - und Sozialstruktur. Sie wurde differenzierter und näherte sich strukturell immer mehr der deutschen Gesellschaft an.[11] Zeichneten sich die „Gastarbeiter" in den 50er und 60er Jahren durch Konsumverzicht mit den entsprechenden Auswirkungen auf Siedlungsweise und Wohnkultur aus, so hatte sich das Bild schon Ende der 70er Jahre geändert. Zwar arbeiteten sie immer noch hauptsächlich auf sehr unbeliebten Arbeitsplätzen unter belastenden Bedingungen. Inzwischen zeigte sich aber ein verstärktes Konsumverhalten; die Relation von Arbeitskräften zu nichterwerbstätigen Familienangehörigen innerhalb der ausländischen Bevölkerung hatte sich verschoben. Hinzu kam schon Ende der 70er Jahre für viele Gastarbeiter die Situation eines „Kulturkonflikts" zwischen der von Werten und Lebensformen des Herkunftslandes geprägten ersten Generation und der in der Bundesrepublik aufgewachsenen oder geborenen zweiten Generation. Dieser wurde von diesen aber - wider den von der Forschung getätigten Prognosen - zum Teil mit großer Flexibilität bewältigt.[12]

---

6 Zu den Motiven Treibel, 1997, S. 24/25.

7 Treibel, 1997, S. 24.

8 Als Beispiel sei hier die Kindergeldregelung genannt, wonach das Kindergeld für im Bundesgebiet lebende Kinder stark erhöht, für im Ausland lebende Kinder aber abgeschafft wurde; s. Treibel, 1997, S. 26.

9 So Treibel, 1997, S. 25.

10 So Bade, 1994, S. 46.

11 Bade, 1994, S. 43, 47.

12 So Bade, 1994, S. 43, 44.

Neben den ausländischen Arbeitnehmern und ihren Familienangehörigen gewann zu Beginn der 80er Jahre aber noch eine weitere Gruppe von Ausländern an Bedeutung, allerdings zunächst weniger aufgrund ihrer absoluten Zahl als aufgrund der öffentlichen Debatte. Es handelt sich hierbei um Asylbewerber, die bis Anfang der 70er Jahre hauptsächlich aus Ländern des ehemaligen „Ostblocks" und gegen Ende der 70er Jahre auch vermehrt aus „Dritte-Welt"-Staaten in die Bundesrepublik kamen. Insgesamt verlief die Entwicklung der Asylbewerberzahlen schwankend, abhängig vom Wechsel der Krisensituationen in den betroffenen Ländern.[13] Ein erster Höhepunkt der Asylgesuche wurde 1980 mit 92.918 Anträgen für 107.818 Personen erreicht. Die Zahl stieg dann nach einem Rückgang zu Beginn der 80er Jahre auf 103.076 asylsuchende Personen im Jahr 1988 an.[14] Verantwortlich für den Anstieg der Asylbewerberzahlen in den 80er Jahren waren vor allem die Verfolgung der tamilischen Minderheit in Sri Lanka, die Zunahme von Krisen und bürgerkriegsähnlichen Zuständen in vielen Ländern der „Dritten Welt", aber auch zunehmende Aktivitäten von Schlepperorganisationen über Ost-Berlin und der verstärkte Zuzug türkischer Asylbewerber unter Umgehung der Richtlinien für den Familiennachzug.[15]

Ende der 80er Jahre vollzog sich mit der krisenhaften Situation in Osteuropa, parallel zu Abwehrmaßnahmen gegen Flüchtlinge aus der „Dritten Welt", eine Verlagerung zwischen europäischen und außereuropäischen Flüchtlingen.[16]

1990 wurden schließlich 193.062 asylsuchende Flüchtlinge registriert, 1992 wurde der bislang absolute Höhepunkt mit 438.191 Asylsuchenden erreicht. Die Wende kam mit dem seit 1.7.1993 geltenden verschärften Asylrecht: 1993 lag die Gesamtzahl im Vergleich zum Vorjahr um 26,5 % niedriger. Zugleich läßt sich an den Zahlen von 1993 auch der Wandel ablesen, der sich seit Mitte der 80er Jahre vollzogen hat: 72,1 % der Asylsuchenden stammen aus Europa, lediglich 15,6 % aus Asien und 11,7 % aus Afrika. Unter den Herkunftsländern sind insbesondere das ehemalige Jugoslawien, Rumänien, Bulgarien, die ehemaligen Sowjetrepubliken, die Türkei, Algerien, Vietnam, Armenien und Afghanistan zu nennen. Zum Vergleich: Noch 1986 stammten lediglich 25,3 % der Asylsuchenden aus Europa und 74, 8 % aus außereuropäischen Ländern.[17]

Eine zahlenmäßig sehr kleine Gruppe, deren Situation aber aufgrund ihrer außerordentlichen Schutzbedürftigkeit besonderer Aufmerksamkeit bedarf, ist die der minderjährigen unbegleiteten Flüchtlinge. Schätzungen belaufen sich auf 7000

---

13 Bade, 1994, S. 96.

14 S. Schöch/Gebauer, 1991, S. 11.

15 Bade, 1994, S. 96/97.

16 S. Schöch/Gebauer, 1991, S. 11.

17 S. Bade, 1994, S. 98, 99.

bis 8000 Kinder und Jugendliche, die sich alleine in Deutschland aufhalten. Die überwiegende Zahl der jungen Flüchtlinge reist ohne Kenntnis der Grenzschutzbehörden ein. Haupteinreiseorte sind Frankfurt, Hamburg, Berlin und Köln.[18]

Sie stammen überwiegend aus Afghanistan, Äthiopien, Somalia, Sri Lanka, Vietnam, Iran, Rumänien, Angola, Marokko, aber auch aus kurdischen Gebieten der Türkei sowie den GUS-Staaten und dem ehemaligen Jugoslawien.[19] Die Fluchtgründe sind vielfältig: Krieg, Armut, Perspektivlosigkeit, politische Repression und die Diskriminierung von Minderheiten sowie die politische Verfolgung der Familien oder einzelner Familienmitglieder, nicht zu vergessen kinderspezifische Fluchtgründe wie z. B. Zwangsrekrutierung zum Waffendienst in der Armee. Daneben gibt es auch Minderjährige, die aus Gründen der Existenzsicherung, zu der sie von Deutschland aus beitragen sollen, von ihren Eltern hierher geschickt werden.[20] Unabhängig davon, aus welchen Gründen sie nach Deutschland fliehen, müssen diese Kinder und Jugendlichen sich in einer für sie völlig fremden Umwelt zurechtfinden lernen und darüber hinaus auch noch den Verlust der engsten Angehörigen verarbeiten. Ein Teil der jungen Flüchtlinge muß traumatisierende Erlebnisse bewältigen, die sie entweder im Herkunftsland oder auf der Flucht erfahren haben.[21]

Schwierig ist auch ihre aufenthaltsrechtliche Situation in Deutschland. Seit der Neuregelung des Ausländerrechts 1990 sind auch Kinder und Jugendliche unter 16 Jahren aufenthaltserlaubnispflichtig; außerdem gelten für sie ebenfalls die mit Änderung des Grundgesetzes zum 1.7.1993 in Kraft getretenen Einreiseerschwernisse wie z. B. die Drittstaatenregelung, die schon die Einleitung eines ordnungsgemäßen Asylverfahrens nach dem Asylverfahrensgesetz außerordentlich schwierig macht.[22]

Weder enthält die Genfer Flüchtlingskonvention besondere Bestimmungen für minderjährige Flüchtlinge, noch können bestehende Regelungen, z. B. solche über den Kindernachzug, für eine Aufenthaltsgenehmigung fruchtbar gemacht werden. In der Regel wird daher ein Asylantrag gestellt, um einen Rechtsstatus und eine

---

18 AWO, 1996, S.1; s.auch Jockenhöver-Schiecke, in: Paritätischer Wohlfahrtsverband, Schriftenreihe Nr. 46, 1994, S. 30f: 1993 reisten insgesamt 1 616 Kinder unter 16 Jahren nach Hamburg ein (die Zahlen der bis 18jährigen waren zum damaligen Zeitpunkt nicht ermittelbar), nach Berlin ca. 1800 Kinder und Jugendliche bis 18 Jahren, nach Frankfurt 329 unbegleitete Kinder bis 16 Jahren und nach Köln kamen 235 Flüchtlinge bis 16 Jahren.

19 AWO, 1996, S.1.

20 Beauftragte der Bundesregierung für die Belange der Ausländer, 1994, S. 9f.

21 S. Bethschneider, in: Paritätischer Wohlfahrtsverband, Schriftenreihe Nr. 46, 1994, S. 8; s. auch UNHCR (1997): Richtlinien über allgemeine Grundsätze und Verfahren zur Behandlung asylsuchender unbegleiteter Flüchtlinge, 7.10/7.11.

22 Huber, in: Paritätischer Wohlfahrtsverband, Schriftenreihe Nr. 46, 1994, S. 59, 64.

Legitimation für den Aufenthalt zu erhalten.[23] Da gemäß § 12 Abs.1 Asylverfahrensgesetz (AsylVfG) Jugendliche, die das 16. Lebensjahr vollendet haben, fähig sind, Verfahrenshandlungen nach dem AsylVfG selbst vorzunehmen, besteht keine Verpflichtung, zur Durchführung des Asylverfahrens eine vormundschaftliche Betreuung zu erwirken. Die wenigsten Kinder und Jugendlichen können allerdings asylrechtsrelevante Gründe für ihr Kommen nachweisen und sind im übrigen aufgrund körperlicher und seelischer Belastungen unmittelbar nach ihrer Ankunft oft nicht in der Lage, ihre Fluchtgründe darzulegen.[24] Da zumeist Abschiebungshindernisse vorliegen, erhalten die Kinder und Jugendlichen nach Ablehnung des Asylantrages in der Regel eine Duldung. Damit sind sie aber ständig der Gefahr einer Abschiebung ausgesetzt; eine mittel- oder langfristige Lebensplanung in Deutschland sowie eine Verarbeitung erlittener Traumata ist kaum möglich.[25] Auch Unterbringung und Versorgung der Kinder und Jugendlichen richten sich - so sie das 16.Lebensjahr vollendet haben - nach den Regelungen des AsylVfG:

Sie werden nach den Regelungen des Asylverfahrensgesetzes umverteilt, werden zunächst in Erstaufnahmeeinrichtungen und dann in Gemeinschaftsunterkünften gemeinsam mit Erwachsenen, ohne besondere soziale und pädagogische Betreuung, untergebracht, da es spezielle Einrichtungen zur Aufnahme minderjähriger unbegleiteter Flüchtlinge noch nicht flächendeckend gibt. Hinzu kommt, daß die derzeit existierenden nicht immer den Anforderungen der Kinder- und Jugendhilfe entsprechen. Gerade die Haupteinreiseorte sehen sich bezüglich Unterbringung und Versorgung aufgrund beengter finanzieller und personeller Möglichkeiten und unzureichender infrastruktureller Kapazitäten vor große Probleme gestellt. Für Minderjährige bedeutet das im schlimmsten Fall Obdachlosigkeit.[26]

Der Lebenswirklichkeit und besonderen Schutzbedürftigkeit der Minderjährigen tragen die derzeitige (asyl-) rechtliche Regelung und Praxis nur unzureichend Rechnung.

---

23 Beauftragte der Bundesregierung für die Belange der Ausländer, 1994, S. 12f.

24 Vgl. mit berechtigter Kritik die Stellungnahme des Hohen Flüchtlingskommissars der Vereinten Nationen für die Sitzung des Innenausschusses des Deutschen Bundestages am 17.1.996 zur „Situation unbegleiteter minderjähriger Flüchtlinge".

25 Beauftragte der Bundesregierung für die Belange der Ausländer, 1994, S. 12f.

26 Beauftragte der Bundesregierung für die Belange der Ausländer, 1994, S. 14-16 mit dem Beispiel Hamburg.

1. 3. Nationalitätsstruktur

Betrachtet man die Nationalitätsstruktur (1995), so zeigt sich, daß die türkischen Staatsangehörigen mit über 2 Millionen am weitaus stärksten unter der ausländischen Bevölkerung vertreten sind. Zum Vergleich: 1995 lebten rund 1,8 Millionen Angehörige von EU-Staaten in Deutschland. Nach einem Rückgang in den Jahren 1980-1985 stellen 1995 die Türken 28 % der ausländischen Wohnbevölkerung. Noch stärker als Angehörige der ehemaligen Anwerbestaaten (Italien: 8,1 %, Griechenland: 5 % der ausländischen Bevölkerung) sind die jugoslawischen[27] Staatsangehörigen mit einem Anteil von 11,1 % an der ausländischen Wohnbevölkerung vertreten. Es folgen Bosnien-Herzegowina mit einem Anteil von 4,4 % und Polen mit einem Anteil von 3,8 % an der ausländischen Wohnbevölkerung.[28]

Quantitativ an Bedeutung gewonnen haben im Laufe der letzten 10 Jahre zudem Angehörige asiatischer und afrikanischer Staaten[29], wenn im einzelnen die absoluten Zahlen auch gering sind: Unter den asiatischen Ländern stehen 1995 der Iran mit knapp 107.000 Personen (1985: rund 51 300) und Vietnam mit rund 96.000 in Deutschland lebenden Personen (1985: rund 29 500) an erster Stelle. Mehr als verdoppelt hat sich in den letzten 10 Jahren die Zahl der Angehörigen afrikanischer Länder in Deutschland (1985: rund 133.000; 1995: rund 291.000), wobei Marokko, Tunesien und Ghana die größte Bedeutung zukommt. Insgesamt ist aber die Zahl afrikanischer Staatsangehöriger nach einem Höhepunkt im Jahr 1993 mit über 300.000 Personen rückläufig.[30]

---

27 Ab 1993: Serbien/Montenegro.

28 Quelle: StBA, 1997, S. 19, Tab. 1.5; Prozentwerte eigene Berechnung.

29 Vgl. auch Schöch/Gebauer, 1991, S. 25.

30 StBA, 1997, S. 18, 19, Tab. 1.5.

1. 4. Altersstruktur

Zu Beginn der Anwerbephase dominierten (männliche) Arbeitsmigranten im Alter zwischen 20 und 40 Jahren unter der ausländischen Bevölkerung in der Bundesrepublik. So waren 1972 32,6 % der männlichen Ausländer zwischen 25 und 35 Jahre alt, 20,9 % zwischen 35 und 45 Jahren. Im Jahr 1995 belaufen sich die entsprechenden Quoten auf 23,9 % und 15,6 %. Auch die ausländische Bevölkerung insgesamt weist entsprechende Veränderungen auf. Infolge des Familiennachzuges und einer überdurchschnittlichen Geburtenrate, aber auch einer natürlichen Altersverschiebung aufgrund zunehmend längerer Aufenthaltszeiten bei der ausländischen Bevölkerung näherte sich die Altersstrukur allmählich der der deutschen Bevölkerung an.[31]

Belief sich der Anteil der 45jährigen und Älteren 1972 nur auf 11,2 %, so beträgt er 1995 rund das Doppelte mit 22,6 %.[32]

Trotz dieser Anpassungstendenzen überwiegen in der ausländischen Bevölkerung nach wie vor die jüngeren Altersgruppen bis 25 Jahre, und das obwohl auch bei der ausländischen Bevölkerung der Anteil der Kinder seit 1982 deutlich zurückgegangen ist (1982: 36,8 % bis 15jährige; 1995: 21 %). 1995 sind rund 39 % der ausländischen Wohnbevölkerung bis 25 Jahre alt, bei der deutschen Bevölkerung beläuft sich deren Anteil nur auf rund 26 %. Schließt man die 25 bis 35jährigen mit ein, erhöhen sich die entsprechenden Werte auf 61,8 % bzw. 42,6 %.[33]

1. 5. Geschlechtsstruktur

Die Veränderung der Geschlechtsstruktur spiegelt ähnlich wie die der Altersstruktur den Wandel der Arbeitsmigranten zur Wohnbevölkerung wider. Allerdings wächst der Frauenanteil an der ausländischen Bevölkerung im Vergleich zu den 60er und Anfang der der 70er Jahre (6.6.1961: 31,1 %, Mitte 1970: 37,2 %) nur noch sehr langsam an. So stieg der Frauenanteil in den Jahren 1975-1979 nur von 40 % auf 42 % an und beläuft sich 1995 auf 44 %. Der Frauenanteil in der Gesamtbevölkerung beträgt dagegen 51,3 %.[34]

---

31 S. Schöch/Gebauer, 1991, S. 26.

32 StBA, 1997, S. 17, Tab. 1.4.

33 StBA, 1997, S. 17, Tab. 1.4.

34 Quelle: StBA, 1997, S. 15, Tab. 1.1; Prozentwerte eigene Berechnung.

1. 6. Lebenslage der jungen Nichtdeutschen

Angesichts der Heterogenität der Nichtdeutschen kann schwerlich „die" Lebenslage der jungen Ausländer beschrieben werden.[35] Neben rein statistischen Informationen soll die folgende Darstellung daher in erster Linie ein Bild von der Situation junger Ausländer der zweiten (und dritten) Generation vermitteln, die mit den widersprüchlichen Anforderungen im Spannungsfeld von Integration und Identitätswahrung konfrontiert sind[36] und die, wie auch ihre Familien, sich in einem Übergangsstadium befinden, in dem sie weder in ihrer ursprünglichen Kultur noch im Einwanderungsland sozial und kulturell verankert sind[37]. Der Begriff der „zweiten" Generation bezeichnet dabei die Nachkommen der eingewanderten „ersten" Generation (also vor allem der „Gastarbeiter"). Deren Kinder wiederum werden als die „dritte Generation" bezeichnet. Häufig wird der Begriff der „zweiten" und „dritten Generation" allerdings zusammenfassend für junge Ausländer in Abgrenzung zur „ersten Generation", der Elterngeneration, verwendet.[38] Soweit auf empirische Untersuchungen, vor allem auf die im Auftrag der Ausländerbeauftragten des Senats Berlin erstellten Studie und die Untersuchung von *Heitmeyer u. a.*, rekurriert wird, stehen Jugendliche türkischer Herkunft im Zentrum des Interesses.[39]

Angemerkt sei noch, daß die gebotene Differenzierung an dieser Stelle wegen der Kürze der Darstellung leider nicht immer möglich ist. Insbesondere gerät die Beschreibung der Lebenssituation junger Nichtdeutscher häufig zu einer „Negativbilanzierung" und birgt insoweit die Gefahr der Klischeebildung in sich als sie meist auf negativ belegte Attribute (z. B. traditionell, patriarchalisch oder autoritär) zurückgreift, um die Lebenssituation der Nichtdeutschen gegenüber der der Deut-

---

35 Vgl. Stüwe, in: Lajios (Hrsg.), 1991, S. 113, der darauf hinweist, daß es erhebliche Unterschiede macht, ob z. B. ein Türke aus einem ostanatolischen oder aus einem westanatolischen Dorf kommt, ob er in der Großstadt oder in der Provinz gelebt hat usw.

36 S. Furtner-Kallmünzer, in: DJI (Hrsg.), 1988, S. 87.

37 So Bielefeld/Kreissl, in: Schüler-Springorum (Hrsg.), 1982, S. 126, 128; s. auch Seifert, KZfSS 1992, S. 677 mit Beschreibung des „three-generation-assimilation-cycles", wonach die erste Generation sich aus intern sehr homogenen und kohäsiven Gruppen zusammensetzt, die zweite Generation den Konflikt der Kulturen austrägt und die dritte Generation ganz in der Aufnahmekultur aufgeht.

38 Zu den Begriffen Nieke, in: Lajios (Hrsg.), 1991, S. 13, 18/19.

39 Die im Auftrag der Ausländerbeauftragten des Senats erstellte Studie hat eine im Oktober 1997 durchgeführte repräsentative telefonische Befragung von 1.000 türkischen Jugendlichen in Berlin zum Inhalt, der schon eine Befragung im Jahr 1991 vorausgegangen war. Die Untersuchung von Heitmeyer u. a. wurde an insgesamt 63 allgemein- und berufsbildenden Schulklassen Nordrhein-Westfalens durchgeführt. Mit Hilfe einer standardisierten schriftlichen Befragung wurden 1995 15-21jährige Jugendliche türkischer Herkunft befragt. In die Auswertung gingen 1221 Fälle ein; s. ausführlich Heitmeyer u. a., 1997, S. 45, 46.

schen zu kontrastieren.[40] Dabei wird häufig übersehen, daß diese Jugendlichen Strategien entwickelt haben, ihre aktuelle Lebenssituation zu bewältigen und „sich viel stärker auf ein Durchschnittsverhalten hin in unserer Gesellschaft entwickeln, als ihnen im allgemeinen zugetraut wird“[41].

1. 6. 1. Identität, Biographie und Familie

Zu den Identitätsproblemen der jungen Ausländer der zweiten Generation existiert inzwischen ein umfangreiches Schrifttum, wobei sich dies meist auf die Probleme des „Kulturkonflikts“, den Konflikt zwischen verschiedenen kulturellen Werten und Normen, konzentriert. Der Identitätsbegriff selbst wird nicht einheitlich bestimmt.[42] Ohne die Diskussion diesbezüglich vertiefen zu wollen, soll in Anlehnung an *Furtner-Kallmünzer* Identität als „interaktiv sich konstituierende Form der Ich-Organisation, die sich durch ihre Funktion - dem je altersspezifischen Umgang mit Grundproblemen menschlicher Existenz [43]- beschreiben läßt“, verstanden werden. Dieser Ansatz wird den vielfältigen Definitionsversuchen gerecht, indem er den Blick auf Grundprobleme lenkt, die den jeweiligen Identitätsbegriffen zugrunde liegen[44] und die im Rahmen der Lebenssituation der jungen Nichtdeutschen häufig erörtert werden, ohne daß sie ausdrücklich einem bestimmten Konzept von Identität zugeordnet würden.

Mit der Migration kommt es bei den ausländischen Kindern und Jugendlichen zu biographischen Brüchen, die die gesellschaftliche Definition der Biographie, ihre gesamte Lebensweise, ihre relevanten sozialen Beziehungen und die Anerkennung durch andere betreffen. Jede Gesellschaft kennt ihre „Normalbiographie“. Sie ist aber in verschiedenen Gesellschaften unterschiedlich strukturiert und über altersspezifische Statuszuschreibungen unterschiedlich sozial normiert. Die indi-

---

40 S. hierzu die Kritik von Stüwe, in: Lajios (Hrsg.), 1991, S. 107.

41 So zumindest das Fazit der Ausländerbeauftragten des Senats von Berlin, 1997, S. 4. Auch Heitmeyer u. a., 1997, S. 26 vermutet, daß zumindest ein großer Teil der türkischen Jugendlichen der dritten Generation die Kraft hat, eine „individuell befriedigende Biographie zu gestalten“.

42 S. zu verschiedenen Konzepten z. B. Basak, in: DVJJ -Regionalgruppe Nordbayern (Hrsg.), 1993, S. 39ff; eigene Annäherungen an den Identitätsbegriff finden sich z. B. bei Lajios, 1991, S.50/51; Coughlan, Jugendwohl 1996, S. 443, 444/445, Furtner-Kallmünzer, in: DJI (Hrsg.), 1988, S. 87, 89/90.

43 Das sind nach Furtner-Kallmünzer, in: DJI (Hrsg.), 1988, S. 87, 89: das Problem der Selbstwahrnehmung und -bewertung, das der biographischen Kontinuität und der individuellen Konsistenz über Lebensbereiche und Rollen hinweg, das Problem der Individualität und der Gleichheit mit anderen, das Problem von Determination und Freiheit, das der Vermittlung von Bedürfnissen und Moral bzw. gesellschaftlichen Anforderungen, das der sozialen Zugehörigkeit und Anerkennung und schließlich das Problem des Sinns des Lebens.

44 Furtner-Kallmünzer, in: DJI (Hrsg.), 1988, S. 87, 89.

viduelle Biographie der Betroffenen weicht nun aber meist von der „standardisierten“ Biographie des Herkunftslandes, aber auch von der des Aufnahmelandes ab, was die Antwort auf die identitätsrelevante Frage nach der Gleichwertigkeit mit anderen erschweren kann.[45] Gleichzeitig ist mit der Migration ein Bruch in der Lebensweise verbunden, der immer dann besonders augenfällig wird, wenn die Migrantenfamilie vom Dorf bzw. Land in städtische Gebiete kommt. Aber auch die räumliche, zeitliche und soziale Struktur des Alltags verändert sich: Orientierungs- und Sprachlosigkeit, Einsamkeit, das Gebundensein an die Wohnung und Langeweile wiegen schwer in der Anfangszeit in Deutschland.[46] Hinzu kommen Brüche in den sozialen Beziehungen sowohl in Bezug auf Familienmitglieder und Eltern als auch die Gruppe der Gleichaltrigen.[47] In vielen Fällen werden die Familie bzw. die Kinder erst nachgeholt, was eine Trennung von einem - meist dem Vater - oder sogar beiden Elternteilen bedeutet. Im Einzelfall kann dieses Verlassenheitsgefühl ein traumatisches Erlebnis sein. Teilweise wurden und werden die Kinder und Jugendlichen auch nach einem anfänglichen Aufenthalt wieder in ihr Herkunftsland zu Verwandten geschickt, sei es weil beide Ehepartner arbeiten und die Kinder unbeaufsichtigt bleiben müßten oder Schwierigkeiten mit den Kindern auftreten, die mit dem „Heimschicken“ der Kinder kurzfristig gelöst werden sollen.[48] Häufiges Heimschicken führt immer wieder zum Abbruch sich entwickelnder und bestehender sozialer und familiärer Bindungen bei diesen sogenannten „Pendelkindern“. Im schlimmsten Fall führt es zu einer Entfremdung von den eigenen Eltern, die in dieser Funktion gar nicht mehr erlebt werden, mit einer irreversiblen Störung des Vertrauensverhältnisses zwischen Kindern und Eltern.[49] Vereinzelt wird aber auch dafür plädiert, einen häufigen Wechsel von Bezugspersonen nicht nur als Belastung und das Verhalten der Eltern nicht in erster Linie als erzieherische Hilflosigkeit einzuschätzen, sondern als „Votum für die als (noch) funktionierend angesehene

---

45 Furtner-Kallmünzer, in: DJI (Hrsg.), 1988, S. 87, 95, 96. Die Untersuchung von Furtner-Kallmünzer beruht auf 30 biographischen Interviews mit jungen Ausländern und Ausländerinnen. Die Auswahl der Befragten erfolgte - so Furtner-Kallmünzer - „pragmatisch“, teils über die Volkshochschule, teils über sonstige Kontakte. Insgesamt wurden 15 männliche und 15 weibliche Personen befragt. Sie waren zwischen 14 und 23 Jahren (mit einem Schwergewicht bei 16-19 Jahren); 24 waren türkischer und 6 griechischer Nationalität. Die Interviews selbst waren auf eine möglichst erzählende Lebensdarstellung angelegt, wobei bei den jüngeren Befragten ein grober Stichwortleitfaden eingesetzt wurde; vgl. Furtner-Kallmünzer, in: DJI (Hrsg.), 1988, S. 87, 91ff. Vgl. auch Coughlan, Jugendwohl 1996, S. 443, 445/446

46 Furtner-Kallmünzer, in: DJI (Hrsg.), 1988, S. 87, 96.

47 Furtner-Kallmünzer, in: DJI (Hrsg.), 1988, S. 87, 96.

48 S. Agkün, in: Lajios (Hrsg.), 1993, S. 55, 62.

49 Agkün, in: Lajios (Hrsg.), 1993, S. 55, 62, Nieke, in: Lajios (Hrsg.), 1991, S. 21; Furtner-Kallmünzer, in: DJI (Hrsg.), 1988, S. 87, 97.

Großfamilie".[50] Diese Bewertung setzt allerdings voraus, daß die betreffenden Kinder tatsächlich in einen funktionierenden Großfamilienverband integriert sind und das wird sicherlich auch bei Herkunftsländern, denen wir eine an der Großfamilie orientierte Lebensweise attestieren, nicht immer der Fall sein. Schwer wiegen auch die zu Beginn des Aufenthalts fehlenden Gleichaltrigenbeziehungen. Der Verlust von Freunden, die kulturellen Unterschiede hinsichtlich der Qualität von Gleichaltrigenbeziehungen[51] und der Gelegenheiten, solche Beziehungen anzuknüpfen, sowie die Ausgrenzung aufgrund des Ausländerstatus erschweren *Furtner-Kallmünzer* zufolge die Aufnahme freundschaftlicher Beziehungen vor allem zu deutschen Gleichaltrigen.[52]

Schließlich kann vor allem die fehlende soziale Anerkennung durch andere zu einem identitätsrelevanten Problem werden. Die betroffenen Kinder und Jugendlichen müssen erfahren, daß sie nach ihrem Wechsel in das Aufnahmeland zu einer Gruppe gehören, der in aller Regel gesellschaftliches Ansehen aufgrund der Zugehörigkeit zu einer ethnischen oder konfessionellen Minderheit - also Merkmale, die biographisch nicht wählbar sondern vorgegeben sind - verwehrt wird. Das hat zweierlei Konsequenzen: Die Betreffenden erfahren ihren eigenen gesellschaftlichen (negativen) Wert über die Bewertung durch die anderen, was zu einer Distanzierung von der eigenen Herkunft führen kann.[53] Weiterhin werden die betreffenden Jugendlichen in ihren Handlungs- und Entfaltungsräumen auf die eigene Bevölkerungsgruppe festgelegt.[54] *Furtner-Kallmünzer* zufolge trat in den Interviews mit den ausländischen Jugendlichen[55] ein tief verwurzeltes Gefühl des „Nicht-Zugehörigsein" zutage, das in einem „sozialisatorischen" Prozeß erworben wird und nicht alleine aus dem formalen Ausländerstatus resultiert. Dieser Prozeß läßt sich idealtypisch folgendermaßen beschreiben: Auf die Wahrnehmung, daß „Ausländersein" etwas schlechtes ist und man dieser Gruppe angehört, folgt eine Phase, in der die Betroffenen nach Erklärungen sowohl in ihrer Umwelt als auch in ihrer eigenen Person suchen. Am Ende steht dann bei manchen der Wunsch, ein/e Deutsche/r zu sein, beim größten Teil aber führt dies zu einer (Wieder-) Entdeckung der nationalen Identität, „deren Inhalt sich aus nationalen Stereotypen und aus Abgrenzung zu den Eigenschaften von ‚Deutschen' speist".[56] Ausländerfeindlichkeit wird dabei häufig von den Betroffenen zur Deutung der eigenen problema-

---

50 So Hubert, in: DVJJ (Hrsg.), 1997, S. 244, 256.
51 Vgl. dazu Toprak, DVJJ-J 2000, S. 174, 175/176.
52 So Furtner-Kallmünzer, in: DJI (Hrsg.), 1988, S. 87, 98.
53 S. Basak, in: DVJJ - Regionalgruppe Nordbayern (Hrsg.), 1993, S. 39, 41.
54 Furtner-Kallmünzer, in: DJI (Hrsg.), 1988, S. 87, 113.
55 S. Fn 45.
56 So Furtner-Kallmünzer, in: DJI (Hrsg.), 1988, S. 87, 110.

tischen Lebenslage genutzt. Aus der generellen Überzeugung heraus, daß es Ausländerfeindlichkeit gibt, zeigen die jungen Ausländer unterschiedliche Grade der Betroffenheit. Sie reichen von großer persönlicher Betroffenheit aufgrund eigener negativen Erfahrung oder aufgrund der Tatsache, daß sie sich mit der von Ausländerfeindlichkeit konfrontierten Gruppe identifizieren, bis zu einem relativ gelassenen Umgang mit dem Thema Ausländerfeindlichkeit. Letzteres ist der Fall, wenn sich die Jugendlichen selbst als Person ausnehmen - sei es, weil sie nicht als Ausländer identifizierbar sind oder keine entsprechenden Erfahrungen im privaten oder öffentlichen Umfeld gemacht haben oder aber, weil sie ihren Aufenthalt als vorübergehend begreifen und Ausländerfeindlichkeit nur jene treffe, die sich dauerhaft in Deutschland niederlassen wollten. Teilweise wird auch darauf verwiesen, daß Ausländerfeindlichkeit kein typisch deutsches Phänomen sei, sondern auch im eigenen Land existiere.[57] Die Reaktionsweisen sind also vielfältig. Die Gelassenheit im Umgang mit diesem Thema ist vielleicht ein Hinweis darauf, daß eine Abwehr identitätsbedrohender Momente gelungen ist, vielleicht ist sie aber auch nur Ausdruck einer Verleugnungs- und Rationalisierungsstrategie.[58] Letztlich wird der Grad der Identitätsbedrohung davon abhängen, ob die Betroffenen die Herabsetzung ihrer Person in ihr Selbstbild übernehmen oder nicht.[59]

Untersuchungen der jüngsten Zeit haben gezeigt, daß Diskriminierungserfahrungen von (türkischen) Jugendlichen am häufigsten im öffentlichen Bereich, d. h. bei Behörden, Ämtern, Schulen, am Arbeitsplatz gemacht werden.[60] Während die Jugendlichen Diskriminierungen im privaten Bereich aus dem Weg gehen können, in dem sie bestimmte Örtlichkeiten meiden, bietet sich den Jugendlichen im Kontakt mit öffentlichen Institutionen ein solcher Ausweg nicht. Bedenklich stimmt dieses Ergebnis insofern, als gerade die „Anfälligkeit" öffentlicher Institutionen für

---

57 S. Furtner-Kallmünzer, in: DJI (Hrsg.), 1988, S. 87, 110-114, s. auch Popp, 1994, S. 152-159, die vor allem bei den interviewten türkischen Jugendlichen Rationalisierungsstrategien im Umgang mit Ausländerfeindlichkeit feststellte; s. S. 156.

58 Furtner-Kallmünzer, in: DJI (Hrsg.), 1988, S. 87, 113.

59 Furtner-Kallmünzer, in: DJI (Hrsg.), 1988, S. 87, 114.

60 So bei Heitmeyer u. a., 1997, S. 54 und Die Ausländerbeauftragte des Senats von Berlin, 1997, S. 23. Die Diskriminierungserfahrung ist dabei alters- und geschlechtsspezifisch unterschiedlich ausgeprägt, vgl. Heitmeyer u. a., 1997, S. 55. Anders dagegen die befragten türkischen Jugendlichen bei Toprak, DVJJ-J 2000, S.364, 368, die - abgesehen von der Ausländerbehörde - hauptsächlich den privaten Bereich als Diskriminierungsort ansahen. Von Bedeutung war für die Befragten vor allem die Diskriminierung in Münchner Discotheken. Befragt wurden in der Untersuchung von Toprak sechs Kinder der zweiten Generation der Arbeitsmigranten. Die türkischen Jungen waren zwischen 15 und 17 Jahren alt. Toprak stütze seine Untersuchung auf fokussierte Interviews mit Interviewleitfaden; s. Toprak, DVJJ-J 2000, S. 364, 365.

Diskriminierung gegenüber ethnischen Minderheiten deutlich die „gesellschaftliche Distanz zu den Migranten widerspiegelt“.[61]

Neben diesen biographischen Brüchen werden auch Brüche im Alltag in den verschiedenen Lebensbereichen, aber auch zwischen den einzelnen Lebensbereichen relevant. Schwierigkeiten treten vor allem im Bereich der Familie aufgrund von Trennungserfahrungen, im Bereich von Schule und Ausbildung aufgrund von Unstetigkeit der schulischen und beruflichen Laufbahn - wobei sich gerade letzteres sehr destabilisierend auswirkt, sowie im Bereich von Freizeit und Freundschaft auf. Was die Schwierigkeiten zwischen verschiedenen Lebensbereichen angeht, wird hier immer wieder die Diskrepanz zwischen den Anforderungen der Familie einerseits und den von Schule, Beruf und Gleichaltrigen andererseits betont und als Konflikt zwischen verschiedenen kulturellen Werten und Normen beschrieben.[62] Verdeutlichen läßt sich dieser Konflikt vor allem an Migrantenfamilien aus ländlichen Gebieten, deren Lebensbedingungen durch die Großfamilie mit patriarchalischen Bindungen und niedrigem Status der Frau geprägt sind. Der engen Familien- und Gruppenbindung und der gegenseitigen Abhängigkeit sowie der Bevorzugung männlicher Nachkommen wird ein großer Stellenwert beigemessen.[63] Insbesondere in türkischen Familien aus traditionalistisch-ländlichem Bereich kommt dem Erziehungswert der „Ehre“ eine große Bedeutung zu; Jungen werden vom Vater häufig „in die Rolle des Ehrenhaften, Männlichen, Starken und Selbstbewußten gedrängt“[64]. Anders ist dagegen die wohl dominierende Lebensform in Westeuropa, die bestimmt ist durch weitgehende Industrialisierung und Technisierung, eine Familienstruktur, die sich durch die Kernfamilie und einen hohen Status der Frau auszeichnet und die Werte wie Individualität, Unabhängigkeit und Selbstverwirklichung propagiert. Zwischen diesen beiden Extremen bewegt sich die Migrantenfamilie. Sowohl an die Flexibilität der Eltern als auch an die der Kinder stellt diese Situation hohe Anforderungen. Nicht selten zollt die Familie beiden Lebensformen ihren Tribut. So werden beispielsweise enge Verbindungen zu den Familienmitgliedern im Herkunftsland gepflegt, die teilweise auch wirtschaftlich noch unterstützt werden, andererseits führt aber z. B. die verstärkte Berufstätigkeit zu einem steigenden Status der Frau. Während an der Bedeutung der Familien- und

---

61 Heitmeyer u. a., 1997, S. 54.

62 S. Nieke, in: Lajios (Hrsg.), 1991, S. 17.

63 Akgün, in: Lajios (Hrsg:), 1993, S. 55, 57.

64 Toprak, DVJJ-J 2000, S. 174, 175. Ein 20jähriger Anti-Aggressions-Kurs-Teilnehmer hierzu: „Diebstahl ist sehr schlimm. Wenn ich was klaue, dann brauch ich nicht zu meinem Vater gehen; er wird mich umbringen. (...) Wenn ich meine Frau schütze, dann schütze ich sie gescheit. Wenn so ein Penner meine Frau anmacht - weißt Du, was ich meine - dann schlage ich ihn. Es ist mir egal, ob er stirbt oder nicht. Vor meinem Vater und Familie habe ich meine Ehre, weißt Du. Mein Vater sagt mir: 'Du bist weiter mein Sohn!' “; Toprak, DVJJ-J 2000, S. 174, 175.

Gruppenbindung festgehalten wird, gewinnen auch Werte wie Individualität und Selbständigkeit z. B. im Hinblick auf den schulischen Erfolg der Kinder zunehmend an Bedeutung.[65] Notwendige Anpassungsleistungen der Eltern an die wirtschaftlichen und soziokulturellen Gegebenheiten verändern nicht selten die Binnenstruktur der Familie: So genießt der Vater nicht mehr das Ansehen, das er im Herkunftsland in der örtlichen Gemeinschaft genoß, die Berufstätigkeit beider Elternteile fordert von den Kindern Selbständigkeit, möglicherweise kann der Vater seine Rolle als Ernährer der Familie nicht mehr erfüllen. Die Hilflosigkeit und auch Sprachlosigkeit der Eltern, die den Kindern Eigenständigkeit bei der Bewältigung ihrer Probleme abverlangt, Isolation und Herabsetzungen teilen sich auch den Kindern mit und lassen diese die elterliche Kompetenz anzweifeln.[66]

Allerdings muß durchaus in Frage gestellt werden, ob aus diesem Aufwachsen in zwei Kulturen zwangsläufig Konflikte resultieren müssen oder ob dies für die Jugendlichen der zweiten oder dritten Generation Normalität ist und daher keinesfalls zu einem mißlungenen Sozialisationsprozeß führen muß.[67]

Wie die Jugendlichen letztlich mit diesem „Kulturkonflikt" umgehen, ist individuell verschieden und kann von Orientierungsproblemen im Sinne eines anomischen Zustandes bis zu einem unterschiedlichen Verhalten in den verschiedenen Lebensbereichen führen. Denkbar ist, daß die Jugendlichen Bewältigungsstrategien dergestalt entwickeln, daß sie sich innerlich an gewissen Standards einzelner Lebensbereiche orientieren und diese mittragen, sie aber im anderen Lebensbereich das konträre, erwartete Verhalten „vortäuschen". Hiermit lassen sich Konflikte vermeiden und die Betroffenen laufen nicht Gefahr, „sich selbst zu verlieren".[68] Ein anderer Ausweg besteht darin, einem Lebensbereich und dessen Anforderungen vor anderen Priorität zuzusprechen oder den unterschiedlichen Ansprüchen verschiedener Lebensbereiche mit „Durchhalten von Identität"[69] zu begegnen.

Die Befragung von *Heitmeyer u. a.* ergab ein außerordentlich hohes Bindungspotential türkischer Familien. Auseinandersetzungen, die innerhalb der Familien stattfinden, sind nicht zwangsläufig Kulturkonflikte, sondern entpuppen sich z. T. als „Generationenkonflikte" wie sie in allen, auch deutschen, Familien zu finden sind. Nicht die Konflikte an sich sind *Heitmeyer u. a.* zufolge das Besondere an der

---

65 Akgün, in: Lajios (Hrsg.), 1993, S. 55, 58; Sakar, in: DVJJ - Regionalgruppe Nordbayern (Hrsg.), 1993, S. 35, 37.

66 Özkara, in: Lajios (Hrsg.), 1991, S. 94, 95; vgl. auch Schöch/Gebauer, 1991, S. 29.

67 Vgl. Heitmeyer u. a., 1997, S. 69.

68 Die Bewältigungsstrategien hebt vor allem Stüwe, in: Lajios (Hrsg.), 1991, S. 117ff hervor. Vor allem die Mädchen müssen sich danach bestimmte Tricks und Verhaltensweisen ausdenken, um ihre Freizeit nach eigenen Vorstellungen realisieren zu können. Furtner-Kallmünzer, in: DJI (Hrsg.), 1988, S. 87, 106.

69 Furtner-Kallmünzer, in: DJI (Hrsg.), 1988, S. 87, 107.

Familiensituation der türkischen Jugendlichen, sondern zum Teil die Themen, um die gestritten wird: Abendliches Ausgehen und schulische Leistungen sind die hauptsächlichen Konfliktthemen, gefolgt von Fragen der Kleidung und des Aussehens und religiösen Fragen. Dagegen kommt der Rückkehr in die Türkei als Streitpunkt kaum Bedeutung zu - sie scheint vielmehr „in familialen Krisensituationen als ein letztes Sanktionsinstrument zu dienen, wird aber nur äußerst selten angewandt"[70]. *Heitmeyer u. a.* konnten feststellen, daß ein von diesen Themen beherrschtes innerfamiliäres Konfliktpotential eindeutig mit der Betonung einer kulturellen Differenz durch die Eltern zusammenhängt.[71]

Gleichzeitig sehen *Heitmeyer u. a.* einen wesentlichen Unterschied der Eltern-Kind-Beziehung zwischen deutschen und türkischen Familien in den Wert- und Kommunikationsstrukturen, die sich durch vielfältige nicht hinterfragbare Normen, Werte und Verhaltensregeln auszeichnen und eine Auseinandersetzung oder Verständigung bei gegensätzlichen Vorstellungen zwischen Eltern und Kindern erschweren oder sogar verhindern.[72] Als Beispiel kann die Norm der Ehre genannt werden, die untrennbar mit der Autorität des Vaters verbunden ist und das zentrale Element des familiären Beziehungsgefüges darstellt. Selbst wenn die Jugendlichen sich an dem traditionellen Verhalten des Vaters stoßen, ist er nach außen hin die unangefochtene Autorität der Familie. Werden väterliche Verbote heimlich unterlaufen, „werden symbolische Bedeutungen sozialen Handelns außer Kraft gesetzt"[73]. Eine Ehrverletzung stellt die verbotene Aktivität nur dann dar, wenn sie öffentlich bekannt wird. Folge hiervon ist eine Doppelstrategie, die einerseits Freiräume für die Jugendlichen schafft, andererseits aber auch zu einem ständig „schlechten Gewissen" führen kann und somit belastend wirkt.[74]

Zusammenfassend charakterisieren *Heitmeyer u. a.* die Familiensituation der türkischen Jugendlichen dahingehend, „daß insbesondere Jugendliche aus Migrantenfamilien von den gesellschaftlichen Veränderungen betroffen sind, da sie sich nicht nur - wie ihre deutschen Altersgenossen auch - mit den negativen Folgen des Individualisierungsprozesses auseinandersetzen müssen, sondern darüber hinaus die daraus resultierenden positiven Handlungsmöglichkeiten z. T. noch gegen ihre Eltern (oder zumindest an ihnen vorbei) durchzusetzen haben. Auf der einen Seite werden durch die Jugendlichen emotionale Dichte, Geborgenheit etc. betont und zentrale traditionelle Werte weiterhin geachtet, auf der anderen Seite geraten aber gerade die auf einem traditionalen Verhaltenskodex beruhenden Familienbezie-

---

70 Heitmeyer u. a., 1997, S. 72, 73.
71 Heitmeyer u. a., 1997, S. 74.
72 Heitmeyer u. a., 1997, S. 75, 76.
73 So Heitmeyer u. a., 1997, S. 75.
74 Heitmeyer u. a., 1997, S. 75.

hungen immer stärker in einen Konflikt mit dem sich außerhalb der Familie abzeichnenden Anforderungen durch die Mehrheitsgesellschaft."[75]

Nichtdeutsche Jugendliche erleben weiterhin ebenso wie deutsche Jugendliche ein Identitätsproblem, das typischerweise mit der Jugendphase verbunden ist. Es beinhaltet die Ablösung vom Elternhaus und das Problem, die eigene Zukunft zu finden, d. h. sich aus der ganzen Bandbreite sich bietender Möglichkeiten auf bestimmte Wege zu verpflichten. Das Problem, eine Perspektive für die individuelle Zukunft zu finden, tritt bei allen Jugendlichen auf, doch wird es bei den ausländischen Jugendlichen der zweiten und dritten Generation u. a. noch durch die im Raum stehende Rückkehrfrage verschärft.[76] Die Rückkehrperspektive der Elterngeneration hinderte viele daran, sich auf die Lebensweise im Gastland einzulassen, da mit ihr immer ein „Schlupfwinkel" bei auftretenden Problemen in der neuen Umgebung gewährleistet bleibt. Der eigene Aufenthalt wurde als vorübergehend begriffen und konnte auf eigene Initiative hin beendet werden.[77] Auch das Hin- und Herschicken der Kinder zwischen Herkunfts- und Aufnahmeland ist nicht selten Folge der elterlichen Rückkehrperspektive.[78] Nur ein geringer Teil der ersten Generation realisierte aber diese Rückkehr. Die verlorenen Rückkehrhoffnungen führen einzelnen Beobachtungen zufolge teilweise bei den Eltern zu einem übermäßig traditionellen Handeln, was sich dann direkt auf die jüngere Generation auswirkt.[79] Unabhängig davon, daß manche Kinder und Jugendliche den Eltern teilweise gegen ihren Willen ins Herkunftsland folgen müssen, läßt sich die Frage, inwieweit die zweite oder auch die dritte Generation selbst - also unabhängig von den Eltern - in der ständigen Perspektive der Rückkehr lebt, wohl nicht einheitlich beantworten. Interviewstudien lassen keine Regelmäßigkeiten erkennen, nach denen die Entscheidung für oder gegen eine Rückkehr von bestimmten Faktoren (z. B. Aufenthaltsdauer) abhängt. Vorherrschend ist wohl bei den meisten Jugendlichen eine ambivalente Haltung zur Frage der Rückkehr, denn auch diejenigen, die sich für eine Rückkehr entschieden haben, haben in den seltensten Fällen schon konkrete Pläne.[80]

---

75 Heitmeyer u. a., 1997, S. 77.

76 Furtner-Kallmünzer, in: DJI (Hrsg.), 1988, S. 87, 123; vgl. auch Gesemann, DVJJ-J 2000, S. 113, 117.

77 Agkün, in: Lajios (Hrsg.), 1993, S. 55, 63.

78 Nieke, in: Lajios (Hrsg.), 1991, S. 21.

79 Sakar, in: DVJJ - Rergionalgruppe Nordbayern (Hrsg.),1993, S. 35, 37, der als Beispiel das Arrangieren von Heiraten im Heimatland nennt.

80 Vgl. die Ergebnisse bei Furtner-Kallmünzer, in: DJI (Hrsg.), 1988, S. 87, 123/124; anders bei Popp, 1994, S. 172, wonach die große Mehrheit der befragten Jugendlichen ihre Zukunft in Deutschland plant. Die Befragten bei Popp waren allerdings bis auf eine Ausnahme alle in Deutschland geboren. Möglicherweise verliert also die Rückkehrperspektive mit jeder Generation an Bedeutung.

Allerdings hat die Rückkehrfrage nicht nur Bedeutung für die individuelle Zukunft, sondern auch für die Wahrnehmung und Gestaltung der Gegenwart. So ist bei manchen der Rückkehrgedanke selbstverständlicher Bestandteil des Lebens die ganze Kindheit und Jugend hindurch, teilweise wiederholt sich auch die Haltung der ersten Generation, wonach der Aufenthalt in Deutschland als vorübergehend angesehen und dem eigentlichen Ziel einer „besseren" Zukunft im Heimatland dient. Letzteres eröffnet die Strukturierung der zukünftigen Biographie, überdeckt aber nicht selten die eigene Unentschlossenheit der Betroffenen. Manchen hindert die Rückkehrperspektive daran, sich auf das Leben in Deutschland auch gedanklich einzulassen. Der Rückkehrgedanke kann daneben auch den Charakter eines Fluchtgedankens haben und dient dann vor allem dazu, die negativen und als untragbar empfundenen Erfahrungen des Lebens in Deutschland, das Gefühl, nirgends dazuzugehören, zu kompensieren. Problematisch für die Identität der Jugendlichen wird die Rückkehrperspektive dann, wenn die Rahmenbedingungen ihres künftigen Lebens offen bleiben, was den Prozeß der Identitätsfindung sowohl im privaten als auch im beruflichen Bereich erschwert. Ist die Entscheidung für eine Rückkehr ins Herkunftsland gefallen, kann dies aber auch zu einem Entfremdungsprozeß führen, dergestalt, daß alles, was gegenwärtig geschieht ohne Relevanz für die eigene Person, das eigene Leben ist.[81]

1. 6. 2. Schulische und berufliche Situation

Die berufliche Situation der ersten Generation der in Deutschland lebenden Ausländer zeichnete sich durch Tätigkeiten auf niedrigem Qualifikationsniveau unter belastenden Arbeitsbedingungen aus. Die entsprechenden Arbeitsplätze befanden sich hauptsächlich im sekundären Arbeitssegment.[82] Auch noch in den 80er und 90er Jahren gilt, daß von ausländischen Arbeitskräften überproportional solche Berufe ausgeübt werden, die gesundheitlich und körperlich belastend und mit einem niedrigen Sozialprestige behaftet sind.[83]

Ein Faktor, der über Erfolg und Mißerfolg beim Eintritt ins Erwerbsleben mitentscheidet, ist der schulische Erfolg der Berufsanfänger. Fragt man danach, ob es der zweiten (und der dritten) Generation von Ausländern besser als der ersten

---

81 Furtner-Kallmünzer, in: DJI (Hrsg.), 1988, S. 87, 125.

82 Vgl. Seifert, KZfSS 1992, S. 677, 686/687, wonach in Anlehnung an die Theorie des dualen Arbeitsmarktes dieser unterteilt werden kann in ein primäres Arbeitssegment, das sich durch hohe Bezahlung und gute Arbeitsbedingungen auszeichnet und in ein sekundäres Arbeitssegment, das durch niedrige Bezahlung, hohes Arbeitslosigkeitsrisiko und belastende Arbeitsbedingungen gekennzeichnet ist. S. auch Bahadir, in: Freund (Hrsg.), 1980, S. 27, Dörmann, Die Polizei 1975, S. 123.

83 S. Bade, 1994, S. 48; s. auch Gugel. 1990, S. 70.

Generation gelungen ist, in besser qualifizierte Tätigkeitsfelder vorzustoßen, ist auch auf die Frage nach der schulischen Situation der jungen Ausländer einzugehen.[84]

1995 besuchten rund 4,5 Millionen deutsche und 434 000 ausländische Schüler Hauptschulen, Realschulen, Gymnasien und Gesamtschulen. Die Verteilung auf diese Schultypen fällt allerdings sehr unterschiedlich aus: Während bei den deutschen Schüler/innen ein Anteil von 20 % auf die Hauptschule, von 24,1 % auf die Realschule, von 9,8 % auf die integrierte Gesamtschule und der bei weitem größte Teil mit 45,8 % auf das Gymnasium entfällt, belaufen sich die entsprechenden Quoten bei den ausländischen Schüler/innen auf 48,8 %, 17,7 %, 13,8 % und 19,5 %.[85] Fast 50 % der deutschen Schüler der obengenannten Schulen besuchen das Gymnasium. Bei den ausländischen Schüler/innen nimmt dagegen die Hauptschule mit Abstand den ersten Platz ein, womit schon ein Ungleichgewicht im Hinblick auf Zugangschancen zu Ausbildungs- und qualifizierten Arbeitsplätzen konstituiert wird.[86]

Auffallend ist die Verteilung auf den Sonderschulbereich. 3,7 % aller deutschen, an allgemeinbildenden Schulen befindlichen Schüler/innen besuchten 1995 die Sonderschule, dagegen aber 6,1 % aller ausländischen Schüler/innen. Es scheint, daß vermehrt ausländische Kinder und Jugendliche als verhaltensauffällig oder lernschwierig eingeschätzt und an die Sonderschulen verwiesen werden.[87] Neuere Erkenntnisse zur schulischen Situation der zweiten Generation[88] liefert die Längsschnittstudie von *Seifert*. Danach liegt der Bildungsgrad der zweiten Generation deutlich unter dem Niveau der gleichaltrigen Deutschen. Angleichungstendenzen zeigen sich ihm zufolge nur bei den Berufsanfängern zwischen 1984 und 1989.[89] Höhere Schulabschlüsse sind seinen Erkenntnissen zufolge auch bei den Ausländern der zweiten Generation eher selten (57 % mit Hauptschulabschluß, 22 % ohne Abschluß). Immerhin hat aber von den Berufseinsteigern in den Jahren 1984-1989 jeder vierte die Fachhochschul- bzw. Hochschulreife und nur 16 % können keinen Abschluß nachweisen, wobei allerdings der Anteil derjenigen mit qualifizierten

---

84 S. Nieke, in: Lajios.(Hrsg.), 1991, S. 29ff : Schulerfolg als eine von vier strukturellen Benachteiligungen beim Eintritt in das Erwerbsleben.

85 StBA, 1997, S.38, Tab. 6.1. %-Werte eigene Berechnung.

86 Vgl. auch Schöch/Gebauer, 1991, S. 33.

87 Zu dieser Tendenz Schöch/Gebauer, 1991, S.33: Anteil ausländischer Schüler/innen an allen Sonderschüler/innen ist von 1980 -1987 von 7,8 % auf 16,1 % angewachsen; s. auch Nieke, in: Lajios (Hrsg.), 1991, S. 29.

88 Als „zweite Generation" gelten in dieser Studie jene Ausländer zwischen 16 und 25 Jahren (1984), die eine deutsche Schule besucht haben, s. Seifert, KZfSS 1992, S. 677, 681.

89 Seifert, KZfSS 1992, S. 677, 686.

Schulabschlüssen bei der deutschen Vergleichsgruppe deutlich höher liegt.[90] Noch deutlich schlechter als die Situation der zweiten Generation insgesamt ist nach den Ergebnissen *Seiferts* diejenige der Türken. Sie erreichen seltener als der Durchschnitt der zweiten Generation einen Schulabschluß und wesentlich seltener die (Fach-) Hochschulreife.[91] Tendenziell ist es also über die letzten Jahre hinweg zu einer Verbesserung der Schulabschlüsse gekommen - diese gilt aber sowohl für die deutschen als auch die ausländischen Schüler, so daß im Verhältnis zueinander die ausländischen Schüler nach wie vor die schlechtere schulische Sozialisation durchlaufen und auf dem Arbeitsmarkt gegenüber den deutschen Berufsanfängern in einer benachteiligten Ausgangsposition sind.[92]

Eine vorangeschrittene Integration in allen Schulformen konstatierten auch *Heitmeyer u. a.* bezüglich der von ihnen befragten türkischen Jugendlichen. Daneben macht sich aber auch eine erhebliche Diskrepanz zwischen dem Bildungsstreben der Jugendlichen, das den Wunsch nach gesellschaftlicher Anerkennung und Aufstieg belegt, und den geringen Chancen zur Realisierung entsprechender Bildungsabschlüsse bemerkbar. So wollten 26,5 % der Befragten den Hauptschulabschluß erreichen, 36 % einen Realschulabschluß und 34,8 % haben als schulischen Abschluß das Abitur bzw. die Fachhochschulreife ins Auge gefaßt.[93] Die Realität zeichnet derzeit aber ein anderes Bild (s. o.). Den persönlichen Ansprüchen steht insoweit - trotz fortgeschrittener schulischer Integration - „ein hoher realer Nachholbedarf an höheren Schulabschlüssen gegenüber“.[94]

Wie mehrere Untersuchungen zeigen, ist die Verbesserung bei den Schulabschlüssen keine Gewähr dafür, auch ein Ausbildungsverhältnis beginnen zu können.[95] So stellte *Güngör* für Hamburg fest, daß - gemessen an den Schulabsolventen - der Anteil der Ausländer an den Auszubildenden stark unterdurchschnittlich ist und der überwiegende Teil der ausländischen Jugendlichen keinen Ausbildungsplatz findet. 60-65 % der jungen Ausländer bewarben sich *Güngör* zufolge Ende der 80er Jahre auf dem Arbeitsmarkt, ohne eine berufliche Qualifikation vorweisen zu können.[96] *Seifert* kam zu dem Ergebnis, daß weniger als die Hälfte der

---

90 In der Tendenz so auch die Ergebnisse von Nieke, in: Lajios (Hrsg.), 1991, S. 28 in bezug auf Bildungsabschlüsse in Nordrhein-Westfalen und Güngör, in: Lajios (Hrsg.), 1991, S. 135, 136/137 für Hamburg im Zeitraum 1981-1987.

91 Seifert, KZfSS 1992, S. 677, 684.

92 Güngör, in: Lajios (Hrsg.), 1991, S.135, 137.

93 Heitmeyer u. a., 1997, S. 49. Ausführlich zur schulischen Situation Heitmeyer u. a., 1997, S. 49-51.

94 Heitmeyer u. a., 1997, S. 51.

95 S. auch Stüwe, in:Lajios (Hrsg.), 1991, S. 125 speziell für die Situation der befragten Mädchen.

96 Güngör, in: Lajios (Hrsg.), 1991, S. 135, 139.

Ausländer mit mittleren oder höheren Bildungsabschlüssen einen Ausbildungsplatz finden bzw. in eine universitäre oder sonstige Weiterbildung übergehen.[97] Unter den aufgenommenen Ausbildungen dominieren die Lehrberufe. *Seifert* zufolge erreichten die zwischen 1984 und 1989 ins Erwerbsleben eingetretenen jungen Ausländer deutlich häufiger qualifizierte Abschlüsse als die zweite Generation insgesamt. Nur knapp jeder Fünfte bleibt nach den Ergebnissen von *Seifert* ohne Ausbildungsabschluß. Zwar weist die deutsche Vergleichsgruppe einen zweimal so hohen Anteil von (Fach-) Hochschulabsolventen auf, dennoch kann von einer Annäherung des Ausbildungsniveaus der jungen Ausländer an das der deutschen Vergleichsgruppe gesprochen werden.[98]

Daß sich Stellensuche und berufliche Etablierung für die Ausländer der zweiten Generation schwieriger gestalten als für die gleichaltrigen Deutschen, zeigt sich auch in der hohen Betroffenheit von Arbeitslosigkeit. So gelangte *Seifert* zu dem Ergebnis, daß in der Berufseinstiegsphase fast jeder zweite Ausländer der zweiten Generation im Erhebungszeitraum mindestens eine Arbeitslosigkeitsphase durchlief, während „nur" jeder dritte Deutsche dieser Altersgruppe davon betroffen war. Auch waren die Ausländer von längerer Arbeitslosigkeit betroffen als die Deutschen (1-6 Monate arbeitslos waren 47 % der jungen Deutschen und 38 % der jungen Ausländer)[99] - *Seifert* zufolge ein Indikator für instabile Beschäftigungsverhältnisse und geringe Arbeitsmarktchancen.[100]

1. 6 .3. Freizeitkontakte und ethnische Selbstidentifikation

Indikator für eine mögliche ethnische Segmentation kann u. a. das Ausmaß der interethnischen Kontakte sein, die die in Deutschland lebenden Ausländer pflegen. Verschiedene Untersuchungen belegen hier, daß Kontakte zwischen Ausländern und Deutschen in den letzten zehn Jahren verstärkt bestehen. Gegenüber 1985 zeigt die Repräsentativuntersuchung[101] von 1995 eine deutliche Verbesserung der Situation. Danach treffen sich 58 % aller Befragten mindestens einmal pro Woche in

---

97 Seifert, KZfSS 1992, S. 677, 684/685.

98 Seifert, KZfSS 1992, S. 677, 685/686.

99 Seifert, KZfSS 1992, S. 677, 687.

100 Seifert, KZfSS 1992, S. 677, 687; selbe Einschätzung bei Nieke, in: Lajios (Hrsg.), 1991, S. 32-34.

101 Dabei handelt es sich um eine im Auftrag des Bundesministeriums für Arbeit und Sozialordnung durchgeführte Untersuchung zur Situation ausländischer Arbeitnehmer und ihrer Familienangehörigen in der BRD. Die Untersuchung knüpft an zwei vergleichbare Untersuchungen aus den Jahren 1980 und 1985 an. Dabei wurden die Fragestellungen aus den vorhergehenden Untersuchungen wieder aufgenommen, um eine Vergleichbarkeit der Daten zu ermöglichen und somit Änderungen in den Lebensverhältnissen seit 1980 ermitteln zu können; s. Haberland, ZAR 1997, S. 138.

ihrer Freizeit mit Deutschen.[102] Auch *Seifert*, der dieser Frage speziell für die zweite Generation nachging, zeigt auf, daß sich unter den drei wichtigsten Personen des Bekanntenkreises sowohl Deutsche als auch Angehörige der eigenen Nationalität befinden. Ausschließlich deutsche Kontaktpersonen nannten lediglich 16,2 % der zweiten Generation, bei den Berufsanfängern zwischen 1984 und 1989 nannten immerhin fast ein Viertel nur deutsche Bekannte und Freunde. Nur Angehörige der eigenen Nationalität im Freundeskreis zu haben, gaben 28 % der zweiten Generation an.[103]

Anders stellt sich allerdings die Situation der türkischen Bevölkerung dar. Mit 38 % gab ein extrem hoher Anteil *Seifert* zufolge an, nur Kontakte zu den Angehörigen der eigenen Nationalität zu unterhalten. Ähnlich sind auch die Ergebnisse der Repräsentativuntersuchung von 1995, wonach eine große Minderheit der türkischen Bevölkerung keinen Kontakt zu Deutschen pflegt. Bedenkenswert ist vor allem die Tatsache, daß 1985 nach der Repräsentativuntersuchung noch 41 % der Türken ohne Kontakte zu Deutschen einen solchen zumindest gerne hergestellt hätten, während 1995 dieser Anteil auf 10 % geschrumpft ist.[104]

Die Befragung speziell junger Türken bei *Heitmeyer* ergab, daß die Mehrheit (53,4 %), insbesondere aber jüngere Jugendliche, ihre Freizeit in ethnisch gemischten Gruppen verbringen. Ob damit allerdings von einer gelungenen Integration gesprochen werden kann, wird von *Heitmeyer* bezweifelt. Immerhin 65,6 % der befragten Jugendlichen gaben an, sich einen intensiveren Kontakt mit deutschen Jugendlichen zu wünschen - eine Zahl, die vermuten läßt, daß die Beziehungen zu Deutschen in der Freizeit als unzureichend wahrgenommen wird.[105] Auf die Bedeutung der intra-ethnischen Gruppe für türkische Jungen weisen auch die Berichte der befragten Jugendlichen bei *Toprak* hin. In ihnen wird Orientierungshilfe und Identitätsarbeit geleistet. So gab einer der befragten jungen Türken an: „Ich haben keinen deutschen Freunde (...). Nur Türken und Jugos; die sind korrekt, ne. Wir können alles gemeinsam machen, ne. Wir verstehen uns ganz gut. Wenn ein Deutscher da ist, ne. Dann macht es keinen Spaß, ne. (...). Ja, die sind langweilig und nicht cool, ne. Wir verstehen uns blind, weil wir alle die gleichen Probleme haben.“[106] Türkische Jugendliche werfen deutschen Jugendlichen Individualismus,

---

102 Vgl. Haberland, ZAR 1997, S. 138, 141.

103 S. Seifert, KZfSS 1992, S. 677, 682, 683.

104 Haberland, ZAR 1997, S. 138, 141; vgl. auch Popp, 1994, S. 139, wonach aus qualitativen Interviews mit türkischen und deutschen Schüler/innen hervorgeht, daß gemischt-nationale Kontakte über die Schule hinaus bestehen, die Kontakte zu Angehörigen der eigenen Nationalität aber intensiver sind. Siehe exemplarisch zu den Kontaktschwierigkeiten Bielefeld/Kreissl, in: Schüler-Springorum (Hrsg.), 1982, S. 126, 145/146. Rückzugstendenzen in die eigene nationale Gruppe beobachtete bei jungen Türken auch Sakar, in: DVJJ - Regionalgruppe Nordbayern (Hrsg.), 1993, S. 33, 35.

105 Heitmeyer u. a., 1997, S. 90,91.

106 S. Toprak, DVJJ-J 2000, S. 364, 367.

ausgeprägtes Selbstbewußtsein und Egoismus vor und daß man sich auf deutsche Jugendliche im Ernstfall nicht verlassen könne, weil diese sich nicht solidarisch verhalten, sondern nur ihre eigenen Interessen verfolgen.[107]

„Ganz" oder „mehr" als Deutsche fühlen sich *Seifert* zufolge nur 14 % der zweiten Generation. Bei den Frauen der zweiten Generation beläuft sich dieser Anteil hingegen auf rund 20 %, was *Seifert* auf die besseren Entfaltungs - und Bildungsmöglichkeiten für diese Frauen in der Bundesrepublik zurückführt. *Seifert* konstatiert insgesamt eine Selbsteinstufung, die national eindeutig ist.[108] Der um 9 % gestiegene Anteil derer, die sich „nicht" als Deutsche fühlen, deutet aber insgesamt auf eine verstärkte ethnische Orientierung hin, wenn auch von ethnischer Segmentation nicht gesprochen werden kann.[109]

Einen Trend unter türkischen Jugendlichen zu einer starken ethnisch-kulturellen Identifikation konstatierten auch *Heitmeyer u. a.*: Mehr als zwei Drittel der befragten Jugendlichen gab an, daß sie sich in Deutschland unter Türken wohler fühlen als unter Deutschen. Und gleichzeitig fühlt sich deutlich mehr als die Hälfte der Jugendlichen trotz einer Sozialisation in Deutschland keineswegs fremd in der Türkei.[110] Nationale und religiöse Aspekte der ethnisch-kulturellen Identifikation wurden mit der Frage nach ihrer Bedeutung bei der Wahl des Lebenspartners bzw. der Lebenspartnerin einbezogen. Beides - Nationalität[111] und noch ausgeprägter die Religionszugehörigkeit[112] - spielen auch noch bei der dritten Generation eine erhebliche Rolle. *Heitmeyer* zufolge spiegelt sich hierin aber auch der bei der Wahl des Partners vergleichsweise starke Einfluß der Eltern wider, die sich auch für die zweite oder dritte Generation Bindungen an das Heimatland wünschen.[113] Danach scheint nach den Ergebnissen von *Heitmeyer u. a.* die ethnisch-kulturelle Identifikation an ein ausgeprägtes Wir-Gefühl der eigenethnischen Gruppe geknüpft zu sein.[114]

Von der ethnischen Selbstidentifikation zu trennen ist der Wunsch nach Einbürgerung, bei dem es in erster Linie um die Partizipation am politischen Leben, der

---

107 Toprak, DVJJ-J 2000, S. 174, 175 aufgrund Aussagen von Jugendlichen, die im Bereich von Gewaltdelikten aufgefallen sind und einen Anti-Aggressionskurs besuchen.

108 Anders die Ergebnisse der Befragung von Popp, 1994, S. 166: Der Identitätsentwurf der türkischen Jugendlichen ließ sich weder eindeutig als „deutsch" oder „türkisch" einordnen, sondern war vielmehr Ausdruck einer bi-kulturellen Identität.

109 Seifert, KZfSS 1992, S. 677, 683.

110 Heitmeyer u. a., 1997, S. 92.

111 33,7 % gaben hier eine „sehr starke" und 18 % eine „starke" Rolle dieses Faktors bei der Wahl des Lebenspartners an; s. Heitmeyer u. a., 1997, S. 93 Abb. 1.9.

112 37,5 % gaben hier „sehr stark" und 22,9 % „stark" an; s. Heitmeyer u. a., 1997, S. 93, Abb. 1.9.

113 Heitmeyer u. a., 1997, S. 93.

114 So Heitmeyer u. a., 1997, S. 94.

Gestaltung des zukünftigen Lebens in Deutschland geht.[115] Die Motive für den Einbürgerungswunsch sind vielfältig; dominierend ist das Bedürfnis nach rechtlicher Gleichstellung mit den Deutschen (rund 70 %). Aber auch die Sicherung eines jederzeitigen Aufenthaltsrechtes in Deutschland, die Ausübung der politischen Rechte und die Verwurzelung in Deutschland sind von großer Bedeutung für die angestrebte Einbürgerung.[116]

Daß der Einbürgerungswunsch oder eine dauerhafte Lebensperspektive in Deutschland nicht unbedingt mit der entsprechenden Selbstidentifikation einhergehen muß, wird deutlich in den qualitativen Interviews, die *Popp* mit türkischen Schüler/innen durchführte. Diese nehmen sich überwiegend als Türk/innen wahr, die wie Deutsche leben. Dementsprechend votierten sie auch für eine doppelte Staatsbürgerschaft.[117]

1. 6. 4. Aufenthaltsdauer und Rückkehrperspektive

Von den insgesamt 7,174 Millionen in Deutschland lebenden Ausländern leben 3,473 Millionen und damit rund 48 % schon 10 Jahre und länger in Deutschland. Unter ihnen lebt der größte Teil sogar schon mindestens 20 Jahre hier (2,068 Millionen).[118] Lange Aufenthaltszeiten lassen sich erwartungsgemäß vor allem bei Angehörigen der ehemaligen Anwerbeländer feststellen: So leben ca. 32 % der Türken, fast 50 % der Griechen und knapp 70 % der Spanier 20 Jahre oder länger in Deutschland. Ein bis sechs Jahre halten sich u. a. überwiegend Angehörige Jugoslawiens (rund 47 %), Polens (rund 40 %) und Bosnien-Herzegowinas (rund 76 %) auf. Von den Türken halten sich rund 20 % ein bis sechs Jahre und damit erst eine verhältnismäßig kurze Zeit in Deutschland auf.[119] Diese Zahlen spiegeln die Wanderungsbewegungen der jüngsten Zeit wider, wie sie z. B. durch den Bürgerkrieg im ehemaligen Jugoslawien oder auch durch die politische Repression der Kurden in der Türkei ausgelöst wurden.

Was speziell die jungen Ausländer (15-24 Jahre) angeht, so ist mehr als ein Drittel bereits in Deutschland geboren. Die Mehrheit der jungen Ausländer (70 %) will auch zukünftig in Deutschland bleiben. Einen überdurchschnittlichen Anteil

---

115 So Popp, 1994, S. 166, wonach der Wunsch nach der deutschen Staatsbürgerschaft nicht einhergeht mit einer Identität als Deutsche/r.

116 S. Haberland, ZAR 1997, S. 138, 142. Die Motivlage der befragten türkischen Schüler/innen bei Popp. 1994, S. 172: Vertrautheit mit dem Leben in Deutschland, Angst vor Fremdheit in der Türkei, Bedürfnis nach einem Schulabschluß und einer Berufsausbildung in Deutschland sowie Partizipation am Wohlstand.

117 Popp, 1994, S. 166.

118 StBA, 1997, S. 21, Tab. 1.7.

119 StBA, 1997, S. 21, Tab. 1.7. Prozentwerte eigene Berechnung.

erreichen diesbezüglich die jungen Türken mit mehr als 75 %, während die anderen Gruppen junger Ausländer nur zu rund zwei Drittel weiterhin in Deutschland leben möchten.[120] Damit stimmen auch die Ergebnisse der Befragung im Auftrag der Ausländerbeauftragten des Senats in Berlin überein. Danach ist die Auswanderungsabsicht gegenüber dem Jahr 1991 zwar gesunken; immerhin erwägt aber auch noch 1997 jeder fünfte türkische Jugendliche, Deutschland zu verlassen. Der meist genannte Grund für eine Rückkehr ist die Heimatverbundenheit zur Türkei, aber auch die Tatsache, daß man sich in Berlin bzw. Deutschland nicht mehr „wohlfühlt" oder die Einschätzung, keine Zukunft in Berlin/in Deutschland zu haben. Von eher untergeordneter Bedeutung für die Auswanderungsabsicht ist die Ausländerfeindlichkeit.[121] Wie weit sich diese Auswanderungsabsicht konkretisiert hat und wie viele der Betroffenen ihre Rückkehr tatsächlich realisieren, ist hingegen nicht abzusehen.

1. 6. 5. Sprache

Nicht zuletzt ist die Möglichkeit zur Kontaktaufnahme zur deutschen Bevölkerung, die Aufnahme einer Berufsausbildung, überhaupt die Partizipation am gesellschaftlichen Leben auch von der Sprachkompetenz der in Deutschland lebenden Ausländer abhängig. Von noch größerer Bedeutung dürfte Sprache aber als wichtiges Kennzeichen für die Zuschreibung von ethnischer und kultureller Identität sein - eine Zuschreibung, die einmal von dem Betroffenen selbst ausgeht, aber auch von seiner Umwelt.[122]

Wiederum unter Rückgriff auf die Studie von *Seifert* und die Repräsentativuntersuchung kann man sagen, daß unzureichende Sprachkenntnisse nur für eine kleine Minderheit der zweiten Generation eine Barriere darzustellen scheinen. 81 % beurteilten ihre Sprachfähigkeiten als sehr gut bis gut.[123] Somit ist also die sprachliche Voraussetzung für die Aufnahme interethnischer Kontakte, einer

---

120 So die Ergebnisse der Repräsentativuntersuchung 1995 bei Haberland, ZAR 1997, S. 138, 139.

121 Die Ausländerbeauftragte des Senats Berlin, 1997, S. 21.

122 Luchtenberg, in: Lajios, 1991, S. 66; vgl. auch Sakar, in: DVJJ - Regionalgruppe Nordbayern (Hrsg.), 1993, S. 33, 37 der großen Teilen der türkischen Jugendlichen der 2. oder 3. Generation „Sprachlosigkeit in zwei Sprachen" attestiert; s. auch Toprak, DVJJ-J 2000, S. 174, 175, wonach sich bei Migrantenjugendlichen türkischer Herkunft eine eigene Sprachkultur entwickelt hat, die sie als „Mischmasch" bezeichnen (hin-und-her-wandern zwischen deutscher und türkischer Sprache). Die Jugendlichen verkehren bevorzugt mit solchen Gleichaltrigen, die diesen „Mischmasch" ebenfalls beherrschen.

123 Seifert, KZfSS 1992, S. 677, 682.

Berufsausbildung usw. gegeben.[124] Allerdings ergab die Repräsentativuntersuchung, daß rund 23 % der befragten Ausländer unzureichende Sprachkenntnisse als Barriere für die Aufnahme einer betrieblichen Berufsausbildung ansahen.[125] Grundsätzlich dürfte das Ausmaß der Sprachkompetenz statistisch nur schwer zu erfassen sein, denn in den unterschiedlichen gesellschaftlichen Bereichen werden unterschiedliche Anforderungen an das Sprachniveau gestellt. Wer deutsch nur sprechen, aber nur unzureichend schreiben kann, wird keine größeren Probleme haben, interethnische Kontakte aufzubauen, aber vermutlich Schwierigkeiten bei der Aufnahme einer Ausbildung. Außerdem ist nur schwer zu beurteilen, wie gut sprachliche Nuancen beherrscht werden, die in der Routine des Alltags meist weniger von Bedeutung sind, aber z. B. in Konfliktsituationen oder auch vor Gericht erforderlich sind, um sich differenziert sprachlich mit anderen auseinandersetzen zu können.

2. Kapitel: Die Belastung der Ausländer nach der PKS

2. 1. Zur Kategorie „Ausländerkriminalität"

Daß eine bestimmte Personengruppe und deren Kriminalitätbelastung und -struktur zum Gegenstand kriminologischer Forschung gemacht wird, ist an sich nichts Ungewöhnliches. Auch der Kriminalitätsbelastung von Jugendlichen, Männern und Frauen wird jeweils ein besonderes Interesse zuteil.[126] So weist dann auch *Kaiser* im Zusammenhang mit der teilweise geforderten Entkategorisierung der „Ausländerkriminalität" darauf hin, daß „man die entsprechende Entkategorisierung mit den gleichen Gründen auch für Jugendliche, Heranwachsende und das männliche Geschlecht insgesamt fordern" könne.[127] Problematisch ist in diesem Zusammenhang aber, daß der Begriff „Ausländer" im Gegensatz zu den biologischen und sozialen Merkmalen Alter oder Jugend und Geschlecht sehr viel diffuser ist und - wie es *Walter* und *Kubink* formulieren - „eine Gesellschaft ohne Jugend und

---

124 Gute Sprachkenntnisse attestierten auch die Interviewer der Berliner Befragung im Auftrag der Ausländerbeauftragten des Senats den türkischen Jugendlichen: Ihrer Einschätzung zufolge wiesen 78 % der Befragten gute Deutschkenntnisse auf, wobei dies in besonderem Maße auf die Jüngeren zutrifft; vgl. Ausländerbeauftragte des Senats, 1997, S. 5.

125 S. Haberland, ZAR 3/1997, S. 139.

126 S. Walter/Kubink, MschrKrim 1993, S. 306, 307/308 zu den Parallelen bezüglich der „Entdeckung" bestimmter Personengruppen als kriminologisch interessante Tätergruppen: Letztlich geht es „um Sorgen und Ängste, die aus der Vorstellung eines zunehmenden sozialen Einflusses und Gewichts" dieser Gruppen resultieren; S. 309.

127 Kaiser, 1996, § 57 Rz 46.

Frauen selbst in der Phantasie nicht vorstellbar ist".[128] Bei „den" Ausländern handelt es sich um Personen, die sich nicht nur von der Majoritätsgruppe in bezug auf ethnische Zugehörigkeit, Nationalität, kulturellen Hintergrund, Religion usw., sondern auch untereinander in diesen Punkten erheblich unterscheiden.[129] Gemeinsam ist ihnen alleine ihr normativ bestimmter Status als Nichtdeutsche. Von diesem behauptet aber niemand, er sei an sich schon von Einfluß auf die Kriminalitätsbelastung. Wie wenig aussagekräftig und künstlich der Begriff der „Ausländer" als kriminologische Kategorie ist, wird deutlich, wenn man sich vorstellt, zukünftig würde die Einbürgerung verstärkt oder aber die Staatsangehörigkeit nicht abhängig von der Abstammung, sondern nach dem Geburtsland erworben. Aus „Ausländern" würden nun auch in der PKS „Deutsche". Der Ausländerbegriff und damit auch die entsprechende Kategorie der PKS ist somit stark abhängig von politischen Entscheidungen.[130]

Auch in der Wahrnehmung der Angehörigen der Mehrheitsgruppe ist der Begriff des „Ausländers" unterschiedlich besetzt; nicht alle Angehörigen verschiedener Nationalitäten werden gleichermaßen als potentiell kriminelle Ausländer kategorisiert. Es wird in erster Linie davon ausgegangen, daß von dem armen „Süd - oder...Ostländer" Gefahr droht[131]. Vorurteile, Überfremdungsängste und Bedrohtheitsgefühle spielen bei dieser Einschätzung wohl eine nicht unwesentliche Rolle[132], wobei - worauf *Walter/Kubink* hinweisen - die Palette der herstellbaren Assoziationen schillernd ist.[133] Damit ist aber das Diskriminierungspotential dieser Kategorie größer als es dies bei den Merkmalen Geschlecht oder Alter und Jugend der Fall ist. „Den" Ausländer gibt es nicht. Damit einher geht, daß auch der Begriff „Ausländerkriminalität" nicht geeignet ist, die Kriminalitätsbelastung dieser heterogenen Gruppe zu fassen.[134] Die Ideologieanfälligkeit und das damit verbundene Diskriminierungs - und Stigmatisierungspotential ist es auch, was die

---

128 Walter/Kubink, MschrKrim 1993, S. 306, 310.

129 Albrecht, in: DVJJ-Regionalgruppe Nordbayern (Hrsg.),1993, S. 1.

130 Vgl. auch Sessar, MschrKrim 1999, Sonderheft, S. 30/31.

131 So Walter/Kubink, MschrKrim 1993, S. 306, 310; vgl. auch Walter/Pitslea, KrimPäd 1993, Heft 34, S.6, 7; kritisch auch Sessar, MschKrim 1999, Sonderheft, S. 30 zum (negativ besetzten) Begriff des „Ausländers": „Amerikaner gehören wohl nicht dazu, vorausgesetzt, sie sind weiß."

132 Vgl. Kubink, 1993, S. 211: Betrachtet man die Einstellung der Deutschen gegenüber den Nichtdeutschen, so überwiegen nur gegenüber Spaniern, Griechen und Jugoslawen die Sympathien der Deutschen, gegenüber den anderen Ausländern - z. B. Portugiesen, Italienern, Nordafrikanern, Persern, Vietnamesen oder Türken - überwogen die Antipathien; am stärksten war die Antipathie gegenüber den Türken ausgeprägt.

133 Walter/Kubink, MschrKrim 1993, S. 306, 310.

134 Vgl. Heinz, in: Festschrift für Koichi Miyazawa, 1995, S. 93, 109/110; Resolution der Jugendrichter/innen und Jugendstaatsanwälte/innen, DVJJ-J, 1993, S. 322.

Forderung nach einer Entkategorisierung der „Ausländerkriminalität" hervorgebracht hat.[135] Solange „Ausländerkriminalität" als beachtenswertes oder gar besorgniserregendes soziales Phänomen angesehen[136] und diskutiert wird, bleibt nichts anderes zu tun als immer wieder auf die Ungeeignetheit der Kategorie „Ausländerkriminalität" hinzuweisen und ihre Anfälligkeit für Instrumentalisierungen in jegliche Richtung aufzuzeigen. Dies gilt in besonderem Maße auch für die gesonderte Ausweisung der Ausländer in der PKS. Von einigen für eine repressivere Ausländerpolitik nutzbar gemacht, von anderen als Indikator für die noch zu bewältigende Integrationsarbeit und die erforderliche Verbesserung der sozialen Lage der Ausländer herangezogen, wird sie wiederum von anderen grundsätzlich abgelehnt. Gerade jene, die die Beibehaltung der Kategorie „Ausländerkriminalität" mit einer „Signalwirkung" hinsichtlich bestehender Integrationsdefizite befürworten, weisen auf einen Erklärungshintergrund hin, der sich gerade nicht auf die Ausländereigenschaft (im Sinne „Ausländer" versus „Deutsche") bezieht und damit auf die Untauglichkeit bzw. zumindest sehr geringe Aussagekraft der Kategorie „Nichtdeutsche" in der PKS.

Unter Berücksichtigung all dieser Faktoren sollte eine gesonderte Ausweisung von Nichtdeutschen in der PKS unterbleiben.

2. 2. *Aussagekraft der PKS*

Die Kriminaliätsbelastung der Ausländer wird - wie auch die der Deutschen - fast immer unter Zugrundelegung der Tatverdächtigenzahlen der Polizeilichen Kriminalstatistik (PKS), seltener anhand der Verurteiltenstatistik, diskutiert. An ihnen entzündet sich die öffentliche Diskussion der „Ausländerkriminalität", allerdings nicht immer unter Hinweis auf die vielfältigen Verzerrungsfaktoren, die speziell für die Gruppe der ausländischen Tatverdächtigen eine valide Interpretation der Daten behindern.[137] Auch in der empirischen Forschung, die zum großen Teil auf das

---

135 In diese Richtung geht die Resolution der Jugendrichter/innen und Jugendstaatsanwälte/innen: „Der pauschale Begriff „Ausländerkriminalität" ist nicht geeignet, das Problem straffällig gewordener (junger) Ausländer in ausreichend differenzierendem Maße zu benennen. Er ist geeignet, bereits vorhandene Vorurteile zu bestärken oder neue entstehen zu lassen. Auch als kriminologischer Begriff ist er untauglich."; s. DVJJ-J 1993 S. 322.

136 Und dies ist zu erwarten, wenn man die von Walter und Kubink heausgearbeiteten Funktionen der Kategorie „Ausländerkriminalität" bedenkt, s. Walter/Kubink, MschrKrim 1993, S. 306, 310-316.

137 Zu den Verzerrungsfaktoren z. B. Sessar, in: Bauhofer/Queloz (Hrsg.), 1993, S. 187, 194-201; Schöch/Gebauer, 1991, S. 40-43; Traulsen, MschKrim, 1988, S. 28, 30-33; Geißler, Aus Politik und Zeitgeschichte B 35, 1995, S. 30, 33ff; Heinz, in: Festschrift für Koichi Miyazawa, 1995, S. 93, 105ff.

verfügbare statistische Material der PKS von Bund und Ländern zurückgreift, gelingt es nicht immer, diesen Verzerrungsfaktoren Rechnung zu tragen. Die Daten der PKS erlauben daher nicht mehr als eine erste Annäherung an die Frage der Kriminalitätsbelastung von Ausländern. Abgesehen von diesen speziell die Gruppe der Ausländer betreffenden Faktoren, sind daneben auch die allgemeinen statistischen Verzerrungsfaktoren zu berücksichtigen.

Ein grundsätzliches Problem ist, daß die PKS nur die Kriminalität im Hellfeld aufzeigt. Nur hierüber kann mit Hilfe der PKS überhaupt eine Aussage getroffen werden. Solange nicht bekannt ist, ob Straftaten von Ausländern vergleichsweise häufiger entdeckt werden oder umgekehrt vergleichsweise häufiger im Dunkelfeld verbleiben, scheitert ein Vergleich der ausländischen und der deutschen Bevölkerung hinsichtlich ihrer Kriminalitätsbelastung schon an dem Dunkelfeld der von der Polizei nicht ermittelten Täter beider Gruppen.

Bewertungsprobleme bringt der Versuch mit sich, die Tatverdächtigenzahlen in Relation zum offiziellen Bevölkerungsanteil der Nichtdeutschen zu setzen. Illegale, Touristen/Durchreisende und Angehörige der Stationierungsstreitkräfte werden von der Bevölkerungsstatistik nicht erfaßt, verbleiben also im „Dunkelfeld". Tatverdächtige, die diesen Gruppen angehören, werden aber sehr wohl in der PKS registriert.

Als problematisch erweist sich in diesem Zusammenhang auch die wesentlich größere Mobilität der Ausländer im Vergleich zur deutschen Bevölkerung, infolge derer sich die Zahl der sich in Deutschland aufhaltenden Ausländer im Laufe eines Jahres immer wieder verändert. So sind insbesondere die Asylbewerber zahlenmäßig nur schwer zu erfassen. Diese Schwierigkeiten bei der exakten Erfassung der ausländischen Wohnbevölkerung können schließlich zu Über- oder Unterschätzungen der tatsächlichen Kriminalitätsbelastung führen.[138]

Berücksichtigt werden muß auch, daß sich in verschiedenen Altersstufen ein jeweils unterschiedlicher Anteil von Ausländern befindet, die nicht zur Wohnbevölkerung gerechnet werden. So machten *Karger/Sutterer* anhand ihrer Berechnungen im Rahmen der Freiburger Kohortenstudie darauf aufmerksam, daß die Einbeziehung von Illegalen, Touristen, Stationierungsstreitkräften in den Altersstufen bis 14 Jahre nur geringe Verfälschungen ausmacht, da dieser Aufenthaltsstatus in diesem Altersbereich keine große Rolle spielt. Anders ist dagegen das Bild bei den 15-18jährigen: Hier stellten beide Autoren eine Überschätzung der Präva-

---

138 S. dazu ausführlich Eichinger, Kriminalistik 1982, S. 603, 604; Traulsen, Kriminalistik 1990, S. 415, 416, die darauf hinweist, daß sich die Kriminalitätsbelastungszahlen erhöhen/verringern, abhängig davon, ob man einen weiten (auch de-facto-Flüchtlinge d. h. solche, die nach Ablehnung des Asylantrages aus humanitären Gründen geduldet werden oder aber nach Ablehnung des Asylantrags untergetaucht sind) oder engen (jene, über deren Asylantrag noch nicht entschieden ist) Asylbewerberbegriff zugrundelegt.

lenzrate um durchschnittlich 13,7 % fest. Eine Pauschalkorrektur über alle Altersbereiche hinweg liefert demnach keine zuverlässigen Ergebnisse.[139]

Die Vergleichbarkeit der Kriminalitätsbelastung von Deutschen und Ausländern setzt weiterhin eine Vergleichbarkeit beider Gruppen voraus. Davon ist aber im Hinblick auf Alters-, Geschlechts-, und Sozialstruktur nicht auszugehen. So weist die deutsche Wohnbevölkerung anteilmäßig mehr Frauen und ältere Menschen (über 45 Jahre waren 1995 22,6 % der ausländischen, dagegen aber 42,8 % der deutschen Wohnbevölkerung[140]) und damit Personengruppen aus, die erfahrungsgemäß einem geringeren Risiko unterliegen, als Tatverdächtige polizeilich registriert zu werden. Dagegen sind die sich in Deutschland aufhaltenden Nichtdeutschen im Durchschnitt jünger und häufiger männlichen Geschlechts - und gehören damit einer Personengruppe an, die in besonderem Maße „anfällig" für Kriminalität ist -, wenn auch in den letzten Jahren sich die Altersstruktur der Ausländer der der Deutschen angenähert hat. Die Geschlechterverteilung dürfte gerade bei den jungen Ausländern als Verzerrungsfaktor kaum mehr ins Gewicht fallen, da die Anteile von Männern und Frauen in dieser Altersgruppe in etwa denen der deutschen Bevölkerung entsprechen.[141]

Die Unterschiede in der Sozialstruktur wurden oben schon aufgezeigt. Die Schichtzugehörigkeit spielt aber eine bedeutende Rolle für die polizeiliche Registrierung. So werden Angehörige der Unterschicht überproportional häufig als tatverdächtig registriert[142] (unabhängig von der Frage, ob sie als Angehörige der Unterschicht verstärkt kriminalisiert werden oder mehr strafbare Handlungen begehen). Während bei den Nichtdeutschen ca. 80 % der Unterschicht angehören, gehört mindestens die Hälfte aller Deutschen nicht der Unterschicht an.[143] Es steht daher zu vermuten, daß sich Unterschiede in der Kriminalitätsbelastung zwischen Deutschen und Ausländern annähern, möglicherweise auch nivellieren würden, wenn man deutsche und nichtdeutsche Populationen vergleicht, die sich durch denselben oder einen ähnlichen sozioökonomischen Status auszeichnen.[144]

---

139 Karger/Sutterer, MschrKrim 1990, S. 369, 377. Vgl. auch Traulsen, MschrKrim 1988, S. 28, 31 speziell zur Relevanz der „Illegalen" bei der Gruppe der jungen Ausländer.

140 StBA, 1997, S. 17, Tab. 1.4.

141 Vgl. Traulsen, MschrKrim 1988, S. 28, 31.

142 Vgl. Kürzinger, 1996, Rz. 332; Kaiser, 1996, § 37 Rz. 46, wonach mit zunehmendem Alter, wachsender Intensivierung und Schwere des kriminellen Verhaltens sich die gleichmäßige Belastung verliert und sich Schwerpunkte bei den unteren Schichtangehörigen bilden - und dies sowohl nach Täterbefragung als auch nach erfragtem Anzeigeverhalten und offizieller Registrierung.

143 Kürzinger, 1996, Rz. 332.

144 S. Mansel, 1989, S. 150, 151, der einen Multiplikationsfaktor von 1,8 errechnete, um den sich die Kriminalitätsbelastung der Gesamtpopulation der jungen Deutschen erhöht, wenn

Schließlich ist der Regionaleffekt zu berücksichtigen: Ausländer leben häufiger in Großstädten, in denen die Kriminalitätsrate wesentlich höher ist als im Durchschnitt. Bei der ausländischen Bevölkerung nivelliert also die „Landbevölkerung" die Kriminalitätsbelastung nicht in demselben Maße wie bei der deutschen Wohnbevölkerung.[145]

Nicht zu vernachlässigen ist weiterhin der große Anteil ausländerspezifischer Delikte wie Verstöße gegen das Ausländergesetz und das Asylverfahrensgesetz, die in der Regel nicht von Deutschen begangen werden können. So betrug 1999 der Ausländeranteil an Straftaten gegen das Ausländergesetz und das Asylverfahrensgesetz 93,9 %.[146] 1999 waren 26,6 % der von der Polizei ermittelten Tatverdächtigen Nichtdeutsche; bei Abzug der ausländerspezifischen Delikte betrug dieser Anteil nur noch 20,4 %.[147] Da nun seit der Neuregelung des Ausländerrechts vom 9. Juli 1990 auch Kinder und Jugendliche unter 16 Jahren aufenthaltserlaubnispflichtig sind, dürfte die Gefahr der Überschätzung nun auch verstärkt für die Gruppe der unter 16jährigen bestehen. Sie waren bislang von einer Erlaubnispflicht ausgeschlossen und konnten daher nicht in gleichem Maße durch Verstöße gegen Vorschriften des Ausländergesetzes auffallen wie Erwachsene.[148]

Eine gegenüber Nichtdeutschen möglicherweise verstärkte Anzeigebereitschaft der deutschen Bevölkerung sowie eine selektive bzw. erhöhte Kontrolle durch die Polizei sind ebenfalls Faktoren, die bei einer Einschätzung und einem Vergleich der registrierten Kriminalität zwischen Deutschen und Nichtdeutschen zu berücksichtigen sind.[149] Hierbei handelt es sich nicht nur um rein statistische Verzerrungsfaktoren (wie sie z. B. die unterschiedliche Alters- und Geschlechtsstruktur oder die Erfassung solcher Personen in der PKS, die nicht zur Wohnbevölkerung gehören, darstellen) sondern um mögliche Erklärungsansätze und - zusammenhänge für eine Höherbelastung der jungen Nichtdeutschen, wie sie vor allem auch von Vertretern des labeling approach angeführt werden.[150] Auf sie soll detailliert in Kapitel I des 2.Teils eingegangen werden.

---

man eine der Gruppe der jungen Ausländer bezüglich der Schichtzugehörigkeit vergleichbare Gruppe junger Deutscher schafft.

145 S. dazu insgesamt Schwind, 2000, § 23 Rz. 7; auch Kube/Koch, der kriminalist 1990, S.4.

146 PKS, 1999, S. 105.

147 PKS, 1999, S. 105, T 65.

148 Vgl. Karger/Sutterer, MschrKrim 1990, S. 369, 378: Bis zum 16. Lebensjahr bewegt sich die Überschätzung aufgrund der Verstöße gegen das AuslG/AsylVfG deutlich unter 1 %, steigt dann aber bei den 17- bzw. 18jährigen auf über 1 % an.

149 S. Traulsen, MschrKrim 1988, S. 28. 32; Sessar, in: Bauhofer/Queloz (Hrsg.), 1993, S. 187, 194; Rolinski, in: Kühne/Miyazawa (Hrsg.), 1995, S. 343, 347, wobei die Einschätzungen darüber, ob eine solche erhöhte Anzeigefreudigkeit bzw. eine erhöhte Kontrolle durch die Polizei besteht, durchaus auseinandergehen.

150 Vgl. Schöch/Gebauer, 1991, S. 40.

2. 3. *Belastung der Ausländer nach der PKS (1999)*

1999 waren 26,6 % der von der Polizei ermittelten Tatverdächtigen Nichtdeutsche. Dies waren rund 7 %-Punkte weniger als noch 1993. Bezieht man die Straftaten gegen das AuslG/AsylVfG nicht mit ein, beläuft sich der entsprechende Tatverdächtigenanteil auf 20,4 %.[151]

Die höchsten Tatverdächtigenanteile von Nichtdeutschen fanden sich in Hessen, Hamburg, Baden-Württemberg und Bayern. Hier bewegten sich die Anteile der nichtdeutschen Tatverdächtigen zwischen 32,9 % und 39,4 %.[152]

2. 3. 1. Deliktsschwerpunkte

Die höchsten Tatverdächtigenanteile Nichtdeutscher (für das gesamte Bundesgebiet) fanden sich 1999 bei Straftaten gegen das Ausländer- und Asylverfahrensgesetz (93,9 %) sowie der Urkundenfälschung (53,5 %). In erster Linie handelt es sich also um Delikte, die mit illegaler Einreise und dem aufenthaltsrechtlichen Status von Ausländern zusammenhängen. Schlüsselt man diese Verstöße noch näher auf, so entfallen 99,2 % (Tatverdächtigenanteil bei der jeweiligen Straftatengruppe) auf einen illegalen Grenzübertritt nach AuslG, 98,2 % auf Straftaten gemäß §§ 84, 85 AsylVfG, 78,7 % auf das gewerbs- und bandenmäßige Einschleusen nach § 92b AuslG und 73,5 % auf das Einschleusen nach § 92a AuslG.[153]

Überdurchschnittliche Anteile nichtdeutscher Tatverdächtiger weisen weiterhin die Gewaltdelikte auf. So ergaben sich Tatverdächtigenanteile bei Mord/Totschlag von 31,4 %, bei Vergewaltigung/sexueller Nötigung gemäß §§ 177 II, III, IV, 178 StGB von 32,5 % und bei Raub von 31,1 %. Von größerer Bedeutung waren u. a. auch der illegale Handel mit und Schmuggel von Rauschgiften (31,4 %), Taschendiebstahl (60,6 %) und Glücksspiel (71,9 %). Dagegen lagen die Anteile ausländischer Tatverdächtiger insbesondere bei den Diebstahlsdelikten (unter bzw. ohne erschwerende Umstände 22,2 % bzw. 21,5 %), den Vermögensdelikten (z. B. Betrug: 23,2 %), Sachbeschädigung (11,3 %), Brandstiftung und Herbeiführen einer Brandgefahr (10 %) und Straftaten gegen die Umwelt nach dem StGB (12,1 %) unter dem Durchschnitt.[154]

Gliedert man die nichtdeutschen Tatverdächtigen nach Straftatengruppen in Prozent auf, so dominieren unter den begangenen Straftaten die Straftaten gegen das

---

151 PKS, 1999, S. 105, T 65.

152 PKS, 1999, S. 106, T 66 (Straftaten insgesamt, inklusive Verstöße gegen das AuslG/AsylVfG).

153 PKS, 1999, S. 108, T 67, S.110, T 68.

154 PKS, 1999, S. 108, 109, 110, G 23a-23i, T 67, 68.

AuslG und AsylverfG mit 29,7 % und der Diebstahl ohne erschwerende Umstände mit 23,1 %. Es folgen mit 13,8 % der Betrug, mit 5,5 % Urkundenfälschung und 5,3 % Diebstahl unter erschwerenden Umständen, sowie die vorsätzliche leichte Körperverletzung mit 7,4 %, Rauschgiftdelikte nach BtMG mit 7 % und die gefährliche/schwere Körperverletzung mit 5,7 %.[155]

2. 3. 2. Aufgliederung nach Nationalitäten (Bundesgebiet insgesamt)

Prozentual am höchsten lagen die Anteile der Türken, Jugoslawen[156] und Polen mit 20,4 %, 16,1 % und 7,5 % an der Gesamtheit der nichtdeutschen Tatverdächtigen. Damit ist der Tatverdächtigenanteil der Türken seit einem Tiefpunkt 1993 (15,8 %) kontinuierlich angestiegen. Bei den Polen ist gegenüber 1997 - dem vorläufigen Höhepunkt mit 9,5 % - und dem Vorjahr (8,4 %) ein Rückgang zu verzeichnen. Der Anteil der Jugoslawen dagegen ist gegenüber dem Vorjahr (13,6 %) um einige Prozentpunkte angestiegen.[157]

2. 3. 3. Aufgliederung nach dem Aufenthaltsgrund (gesamtes Bundesgebiet)

21,3 % der nichtdeutschen Tatverdächtigen hielten sich illegal in der Bundesrepublik auf. Zu beachten ist, daß rund 9 von 10 Illegalen (93,9 %) wegen Verstoßes gegen das AuslG und das AsylverfG als tatverdächtig registriert wurden.[158] Asylbewerber-Status hatten 17,9 % der nichtdeutschen Tatverdächtigen, 16,6 % waren Arbeitnehmer und 6,4 % Touristen bzw. Durchreisende. 26,8 % der nichtdeutschen Tatverdächtigen gehörten zur Gruppe, die in der PKS unter „Sonstige" erfaßt wurde, d. h. Erwerbslose, nicht anerkannte Asylbewerber mit Duldung, Flüchtlinge usw.[159] Der Anteil der Asylbewerber an den nichtdeutschen Tatverdächtigen stagnierte 1999 (1998: 17,8 % - zum Vergleich 1993, alte Länder: 31,7 %), während die absolute Zahl der Asylbewerber um 3,7 % zurückgegangen ist. Einen Rückgang gegenüber 1998 war auch bei der Gruppe „Sonstige" zu verzeichnen (um 1,2 %), sie stellt aber immer noch die größte Einzelgruppe dar.[160]

Die Illegalen stellten 1999 mit 61,5 % die größte Teilgruppe bei Straftaten gegen das AuslG und das AsylVfG und mit 17,5 % bei der Urkundenfälschung, ein Delikt, das zumeist in unmittelbarem Zusammenhang mit Verstößen gegen das

155 PKS, 1999, S. 111.
156 Ohne Bosnien-Herzegowina, Kroatien, Slowenien, Mazedonien.
157 PKS, 1999, S. 112, T 71.
158 PKS, 1999, S. 116.
159 PKS, 1999, S. 116, T 76.
160 PKS, 1999, S. 116.

AuslG/AsylVfG steht, waren ansonsten aber eher unauffällig. Die Asylbewerber wiesen überdurchschnittlich hohe Anteile an den Tatverdächtigen insgesamt bei Straftaten gegen das AuslG/AsylVfG (16,8 %), bei Urkundenfälschung (12 %) und vorsätzlichen Tötungsdelikten (7,2 %) auf. Zum Vergleich: Ihr Anteil an den Tatverdächtigen insgesamt bei der Gesamtheit aller Straftaten lag bei 4,8 %.

Ausländische Arbeitnehmer waren überdurchschnittlich an Gewaltdelikten beteiligt. Ihr Anteil an allen Tatverdächtigen pro Straftatengruppe belief sich bei Mord/Totschlag auf 7,8 %, bei Vergewaltigung/sexueller Nötigung auf 10,6 % und bei gefährlicher/schwerer Körperverletzung auf 8 %. Auch hier zum Vergleich: Ihr Anteil an allen Tatverdächtigen bei der Gesamtheit aller Straftaten lag bei 4,4 %. Die nichtdeutschen Schüler und Studenten waren vor allem bei Raubdelikten mit 7,7 % überproportional vertreten.[161]

2. 3. 4. Alters- und Geschlechtsstruktur der nichtdeutschen Tatverdächtigen (gesamtes Bundesgebiet)

Die Altersstruktur der ausländischen Tatverdächtigen nach der PKS 1999 stellte sich folgendermaßen dar: 4,5 % waren Kinder, 9,8 % Jugendliche und 11 % Heranwachsende. Den größten Anteil stellten die Erwachsenen mit 74,6 %, wovon 16,1 % im Alter zwischen 21 und 25 Jahre waren.[162] In allen Altersgruppen war damit ein Rückgang gegenüber dem Vorjahr zu verzeichnen, wobei der größte Rückgang sich bei den Jungerwachsenen (- 6,5 %) bemerkbar machte, gefolgt von den Jugendlichen (- 5,1 %), den Erwachsenen (- 4,8 %) und den Heranwachsenden (- 2,8 %). Eine Zunahme (0,8 %) war lediglich bei den Kindern zu verzeichnen.[163]

Betrachtet man die Altersstruktur der deutschen Tatverdächtigen, so ergibt sich folgendes Bild: 7,4 % waren Kinder, 14,3 % Jugendliche, 10,5 % Heranwachsende und 67,8 % Erwachsene, 9,3 % davon im Alter zwischen 21 und 25 Jahren. Ein Rückgang war hier nur bei Kindern (- 1,9 %), Jugendlichen (- 1 %) und Erwachsenen (- 2,6 %) zu verzeichnen. Einen Zuwachs erfuhren die Heranwachsenden (2,9 %) und die Jungerwachsenen (2 %).[164]

Betrachtet man die Altersstruktur der nichtdeutschen Tatverdächtigen in den verschiedenen Deliktsbereichen, zeigt sich eine Konzentration jugendlicher und heranwachsender Tatverdächtiger vor allem im Bereich der Raubdelikte[165] und des Diebstahls unter erschwerenden Umständen. Bei den Raubdelikten waren 47,8 %

---

161 PKS, 1999, S. 120, T 80.

162 PKS 1999, S. 73, T 33.

163 PKS, 1999, S. 73, T 33.

164 PKS, 1999, S. 73, T 33.

165 Raub, räuberische Erpressung und räuberischer Angriff auf Kraftfahrer.

der Tatverdächtigen zwischen 14 und 21 Jahren, beim Diebstahl unter erschwerenden Umständen 35,8 % und beim einfachen Diebstahl 26,7 %. Ähnlich verhielt es sich bei den deutschen Tatverdächtigen. Auch hier vereinten die Raubdelikte mit einem Anteil jugendlicher und heranwachsender Tatverdächtiger von rund 50 %, der Diebstahl unter erschwerenden Umständen mit 47,7 % und der einfache Diebstahl mit 28,8 % vor allem jüngere Tätergruppen auf sich.

Gemessen am prozentualen Anteil der jeweiligen Altersgruppe an den Straftaten insgesamt waren bei den nichtdeutschen Tatverdächtigen die Jugendlichen bei den Raubdelikten mit 30,6 %, der gefährlichen und schweren Körperverletzung mit 18 %, dem Diebstahl mit und ohne erschwerenden Umständen mit 18,8 % bzw. 15,7 % und der Sachbeschädigung mit 18 % überdurchschnittlich vertreten. Bei den Heranwachsenden war dies vor allem bei den Raubdelikten mit 17,1 %, dem Diebstahl unter erschwerenden Umständen mit 17 % und Rauschgiftdelikten mit 19,9 % der Fall. Dem ähnelt das Bild bei den deutschen Jugendlichen und Heranwachsenden. Während erstere vor allem in den Deliktsbereichen Raub (31,1 %), Diebstahl unter erschwerenden Umständen (28,9 %) und Sachbeschädigung (26,9 %) überdurchschnittlich häufig als Tatverdächtige registriert wurden, waren die Heranwachsenden überdurchschnittlich häufig neben dem Bereich der Raubdelikte mit 19,3 % und des Diebstahls unter erschwerenden Umständen mit 18,8 % bei den Rauschgiftdelikten mit 26 % vertreten.[166]

Über dem Durchschnitt der deutschen und nichtdeutschen Tatverdächtigen lagen 1999 die Anteile der Kinder und Heranwachsenden an den türkischen Tatverdächtigen (7,7 % und 12,8 %), während sich der Anteil der Jugendlichen an den türkischen Tatverdächtigen mit 13,3 % zwischen den Anteilen dieser Altersgruppe an den deutschen und nichtdeutschen Tatverdächtigen bewegte. Besonders hoch war der Tatverdächtigenanteil der Jugendlichen bei den Raubdelikten: Hier wiesen die türkischen Jugendlichen einen Anteil von 36,7 % auf. Der entsprechende Anteil der nichtdeutschen Jugendlichen lag bei 30,6 %, der der deutschen Jugendlichen bei 31,3 %. Eine leichte Überhöhung zeigte sich auch bei dem einfachen Diebstahl mit einem Anteil der Jugendlichen an den türkischen Tatverdächtigen von 24,1 % (zum Vergleich: 20,2 % bei den deutschen Tatverdächtigen und 15,7 % bei den nichtdeutschen Tatverdächtigen). Was den Diebstahl unter erschwerenden Umständen anbelangt, so lag der Anteil der Jugendlichen an den türkischen Tatverdächtigen mit 29,2 % deutlich über dem der Jugendlichen an den nichtdeutschen (18,8 %), aber nur geringfügig über dem an den deutschen Tatverdächtigen (28,9 %). Ähnlich verhält es sich mit der gefährlichen/schweren Körperverletzung: Die Jugendlichen hatten in diesem Bereich einen Anteil an den türkischen Tatverdächtigen von 20 % und damit einen größeren Anteil als die

166 PKS, 1999, Tab. 40 und Tab. 50; Prozentwerte eigene Berechnung.

Jugendlichen an den nichtdeutschen Tatverdächtigen mit 18 %, aber einen geringeren als die Jugendlichen an den deutschen Tatverdächtigen mit 21,2 % in dieser Deliktskategorie. Einen deutlich geringeren Anteil als an den deutschen Tatverdächtigen hatten die Jugendlichen im Bereich der Rauschgiftdelikte: Während die Jugendlichen an den türkischen Tatverdächtigen in diesem Bereich nur zu 10,2 % beteiligt waren, belief sich der Anteil der deutschen Altersgenossen an den deutschen Tatverdächtigen hier auf 18,2 %, der Anteil an den nichtdeutschen auf 11,5 %.[167]

3. Kapitel: Die Kriminalitätsbelastung der Nichtdeutschen, insbesondere der jungen Nichtdeutschen, anhand der empirischen Forschung

Vor dem Hintergrund, daß die PKS nur für eine Annäherung an die Frage der Kriminalitätsbelastung von Nichtdeutschen herangezogen werden kann, soll im folgenden ein Überblick über die in Deutschland vorliegenden empirischen Studien zur „Ausländerkriminalität“, soweit sie sich mit der Kriminalitätsbelastung der Nichtdeutschen beschäftigen, gegeben werden.

Die Untersuchungen sind zahlreich. Sie unterscheiden sich allerdings stark hinsichtlich Erkenntnisinteresse und Methodik. Den oben angesprochenen Verzerrungsfaktoren wird ebenfalls in unterschiedlicher Weise Rechnung getragen. Darüber hinaus spiegeln die verschiedenen Untersuchungen ebenso den Strukturwandel in der ausländischen Bevölkerung (frühe Studien zur „Gastarbeiterkriminalität“, Studien zur Kriminalität der zweiten und dritten Generation, Untersuchungen mit Schwerpunkt auf der Belastung der Asylbewerber) wider wie die Bandbreite der Erklärungsansätze zwischen ätiologischen und interaktionistischen Theorien, wonach den Reaktionen der Instanzen der sozialen Kontrolle in den einzelnen Studien unterschiedlich großes Interesse entgegengebracht wird. Aus der Vielfalt der in den Studien behandelten Aspekte werden im folgenden „willkürlich“ nur die Erkenntnisse zu Art und Ausmaß der Kriminalitätsbelastung herausgegriffen werden, wobei das Schwergewicht auf die Belastung der jüngeren Altersgruppen gelegt wird. Speziell die in den Untersuchungen gewonnenen Erkenntnisse zur Interaktion zwischen jungen Beschuldigten und den Strafverfolgungsorganen bleiben dem Hauptteil der Arbeit vorbehalten.

Schwerpunktmäßig wird auf die Studien der letzten 20 Jahre eingegangen, wobei den Untersuchungen neueren Datums und jenen, die sich gezielt mit den jungen Ausländern beschäftigen, besonders Beachtung zuteil werden soll.

---

167 PKS, 1999, Tab. 40, Tab. 50, Tab. 51; Prozentwerte eigene Berechnung.

3. 1. Albrecht/Pfeiffer (1979)

Eine der ersten Studien, die sich gezielt der Gruppe der unter 21jährigen Ausländer widmete, ist diejenige von *Albrecht/Pfeiffer* (1979). Sie gingen der Frage nach, ob und wenn ja, in welchem Maße junge Deutsche und junge Ausländer unterschiedlich sanktioniert werden. Damit rückten vor allem die sozialen Kontrollinstanzen wie Jugendämter, soziale Dienste der Justiz und Ausländerämter in den Vordergrund.[168] Ziel war es, zu einer ersten „Bestandsaufnahme der Probleme, die sich aus der Sicht der untersuchten Institutionen in der Interaktion mit jungen Ausländern ergeben“[169], zu gelangen. Um die registrierte Kriminalität im Vergleich zwischen Deutschen und Ausländern analysieren zu können, wurden die von den jeweiligen Landeskriminalämtern zur Verfügung gestellten tabellarischen Aufgliederungen deutscher und ausländischer Tatverdächtiger nach Alter und Geschlecht für die Städte Hamburg, Hannover, Köln, Frankfurt, Stuttgart und München für den Zeitraum 1973-1977 (für Köln und Stuttgart 1974-1977) ausgewertet.[170]

Als Ergebnis der Vergleichsanalyse konnten *Albrecht/Pfeiffer* festhalten, daß sich die Kriminalitätsbelastung von Deutschen und Ausländern für verschiedene Deliktsgruppen uneinheitlich darstellt. Vor allem im Bereich der Delikte gegen die sexuelle Selbstbestimmung, der Roheitsdelikte und des Diebstahls ohne erschwerende Umstände lag die Kriminalitätsbelastung der unter 21jährigen Ausländer über der der deutschen Altersgenossen. Das umgekehrte Bild zeigte sich bei den Deliktsgruppen Diebstahl unter erschwerenden Umständen, sonstigen Straftaten wie Erpressung, Begünstigung, Widerstand, Beleidigung und Sachbeschädigung und - teilweise - bei der Gruppe der Vermögens- und Fälschungsdelikte. Die Höherbelastung der jungen Ausländer bei den Straftaten gegen das Leben muß allerdings mit Vorsicht zur Kenntnis genommen werden, da es sich sowohl bei den jungen Deutschen als auch bei den jungen Ausländern um eine sehr kleine Anzahl von Fällen handelt, so daß schon Einzelfälle das Bild von der Kriminalitätsbelastung erheblich verändern können.[171] Die Kriminalitätsbelastung unter Einschluß aller Delikte stellte sich *Albrecht/Pfeiffer* zufolge für die unter 21jährigen Deutschen und Ausländer (Kinder, Jugendliche und Heranwachsende) wie folgt dar[172]: Bis auf München war zumindest in den Jahren 1976 und 1977 eine geringfügige

---

168 Albrecht/Pfeiffer, 1979, S. 10.

169 Albrecht/Pfeiffer, 1979, S. 11.

170 Albrecht/Pfeiffer, 1979, S. 16/17.

171 Albrecht/Pfeiffer, 1979, S. 32-40.

172 Ein Vergleich der Kriminalitätsbelastungszahlen (KBZ) wurde für Hamburg, Hannover, Frankfurt, Stuttgart und München vorgenommen; s. Albrecht/Pfeiffer, 1979, S. 24.

Höherbelastung der deutschen Wohnbevölkerung gegenüber der nichtdeutschen Vergleichswohnbevölkerung anhand der Kriminalitätsbelastungsziffern zu verzeichnen (in München waren beide Gruppen gleich stark belastet)[173], wobei bei den Deutschen in allen Städten eine jährliche Steigerungsquote durchschnittlich zwischen 2 % (so in München) und 8 % (so in Stuttgart) festzustellen war. In Frankfurt, Stuttgart und München ging die Kriminalitätsbelastung der Ausländer zurück (zwischen 7 % in Frankfurt und 10 % in München).[174]

Untersucht man die einzelnen Altersgruppen, zeigt sich folgendes Bild: Nur geringe Unterschiede waren bei den Kindern feststellbar. Deutsche und ausländische Kinder waren in etwa gleich stark belastet[175], wobei bei beiden ein absoluter Anstieg der Kriminalitätsbelastungszahlen (KBZ) zu verzeichnen war. Die jährlichen durchschnittlichen Steigerungsraten lagen allerdings in drei Städten für die deutschen Kinder deutlich über denen der ausländischen Kinder (obwohl die absoluten Kriminalitätszahlen bei ausländischen Kindern weitaus höher stiegen).[176]

Anders verhielt es sich mit der Kriminalitätsbelastung der Jugendlichen und Heranwachsenden. Die jungen Ausländer wiesen in allen Städten eine Höherbelastung gegenüber ihren deutschen Altersgenossen auf. Ihre Kriminalitätsbelastung lag jährlich durchschnittlich zwischen 18 % (Hannover) und 58 % (Stuttgart) über der der Deutschen. Auffallend war insbesondere die Gruppe der jugendlichen Ausländer, die nicht nur zumeist höhere Steigerungsquoten aufwiesen, sondern sich „durch ein absolutes Höchstmaß an Kriminalitätsbelastung gegenüber Deutschen wie Ausländern“ auszeichneten.[177] So belief sich die durchschnittliche jährliche Überhöhung der KBZ in Stuttgart auf 88 % gegenüber den gleichaltrigen Deutschen, in München auf 60 %, in Frankfurt und Hannover um 37 % bzw. 35 % und in Hamburg auf 40 %.

Dagegen lag die Höherbelastung der ausländischen Heranwachsenden gegenüber ihren deutschen Altersgenossen mit 41 % in München unter allen untersuchten Städten am höchsten, in Hannover hatte sie den niedrigsten Wert mit nur 1 %. Die Verfasser der Studie gingen bezüglich der Gruppe der Heranwachsenden von einer noch geringeren Höherbelastung aus, wenn man in Rechnung stellt, daß bei ihnen der Anteil der sich illegal Aufhaltenden höher sein dürfte als bei den Kindern und Jugendlichen.[178]

---

173 S. Albrecht/Pfeiffer, 1979, S. 25-29, Abb. 1-5.

174 Albrecht/Pfeiffer, 1979, S. 24.

175 S. Albrecht/Pfeiffer, 1979, S. 25-29, Abb. 1-5.

176 Albrecht/Pfeiffer, 1979, S. 30.

177 Albrecht/Pfeiffer, 1979, S. 31.

178 Albrecht/Pfeiffer, 1979, S. 32.

Der Abstand zwischen ausländischen und deutschen Heranwachsenden fiel somit nicht so gravierend aus wie der zwischen den ausländischen und deutschen Jugendlichen - wenn auch die ausländischen Heranwachsenden in den meisten Deliktsgruppen mit ihrer KBZ über der der Deutschen lagen, im Bereich der Delikte gegen die sexuelle Selbstbestimmung und der Roheitsdelikte sogar die absolut höchste Kriminalitätsbelastung aufwiesen.[179]

3. 2. Gebauer (1981)

Den Umfang der kriminellen Belastung der Gastarbeiterkinder ermittelte *Gebauer* (1981) mittels einer Auswertung der Bundeskriminalstatistik. Um möglichen Verzerrungen entgegenzuwirken, waren Verstöße gegen § 47 AuslG (a. F.), die täterschaftlich nur von Ausländern begangen werden können, ausgeschlossen. Auch die 21-29jährigen (die *Gebauers* Einschätzung zufolge zum größten Teil noch nicht der zweiten Generation angehören) fanden Berücksichtigung, um mögliche Unterschiede in der Kriminalitätsbelastung feststellen zu können. Den Anteil der Illegalen ließ *Gebauer* unberücksichtigt, da diese bei den jüngeren Altersgruppen eine quantitativ zu vernachlässigende Rolle spielen.[180]

Gebauer kam zu dem zentralen Ergebnis, daß zwischen den jungen Ausländern und jungen Deutschen kein Unterschied in der Art der Belastung, aber sehr wohl ein krasser Unterschied im Ausmaß der Belastung besteht. Berechnung und Analyse der KBZ für je 100 000 Personen der ausländischen Wohnbevölkerung ergaben die stärkste Belastung für die Heranwachsenden (KBZ von 11000), gefolgt von den Jugendlichen (9000). Die geringste Belastung fand sich bei den Kindern. Heranwachsende und Jugendliche waren höher als die 21-24jährigen und erheblich höher als die 25-29jährigen belastet und dies, obwohl bei dieser Altersgruppe die Illegalen und die Stationierungskräfte eine große Anzahl der Tatverdächtigen stellen dürften.[181]

In allen Altersgruppen unter 21 Jahren war der Diebstahl ohne erschwerende Umstände das am häufigsten begangene Delikt, wobei hier die Jugendlichen die am stärksten belastete Gruppe darstellten. Bei Kindern und Jugendlichen folgte dann der Diebstahl unter erschwerenden Umständen, bei den Heranwachsenden die Roheitsdelikte (die KBZ entspricht hier in etwa der bei einfachem Diebstahl). Die niedrigste Belastung zeigten alle Altersgruppen im Bereich der Vermögensdelikte und der Sexualdelikte.

---

179 Albrecht/Pfeiffer, 1979, S. 33/34, 40.

180 Gebauer, Kriminalistik 1981, S. 2, 4.

181 Gebauer, Kriminalistik 1981, S. 2, 5.

Bei den jungen Deutschen wiesen die Heranwachsenden die höchste Belastung vor Jugendlichen und Kindern auf. Die Reihenfolge der Delikte nach der Häufigkeit ihres Begehens ähnelte der für die jungen Ausländer festgestellten. Das relative Gewicht der Roheitsdelikte lag bei allen Altersgruppen niedriger. Trotz dieser ähnlichen Struktur wiesen die Deutschen zum Teil deutlich niedrigere KBZ auf: So waren jugendliche und heranwachsende Ausländer 1978 ca. doppelt so hoch belastet wie die deutschen Altersgenossen, die Belastung der ausländischen Kinder war um 46 % höher. Zum Teil noch größere Differenzen zeigen sich den Ausführungen von *Gebauer* zufolge bei den einzelnen Deliktsbereichen. Hier fallen insbesondere die Sexualdelikte ins Auge, wo die ausländischen Heranwachsenden ca. um das dreifache höher belastet waren als die deutschen Heranwachsenden, die Jugendlichen um 240 % und die Kinder um ca. 185 %.[182] Eine deutliche Überrepräsentation zeigt sich auch bei den Roheitsdelikten. Am geringsten war die Differenz bei den KBZ von Ausländern und Deutschen für alle Altersgruppen beim Diebstahl unter erschwerenden Umständen. Noch am stärksten ausgeprägt war die Höherbelastung innerhalb der Deliktsbereiche Diebstahl unter erschwerenden Umständen und Vermögensdelikte in der Altersgruppe der ausländischen Jugendlichen. Dagegen waren bei Diebstahl ohne erschwerende Umstände und den Roheitsdelikten die ausländischen Jugendlichen und Heranwachsenden in etwa gleichem Maße höher belastet als die entsprechende deutsche Gruppe.

3. 3. Chaidou (1984)[183]

Ein Vergleich der Kriminalitätsbelastung zwischen jungen Deutschen und jungen Ausländern (6-24jährige) aus Gastarbeiterfamilien und die Feststellung spezieller Kriminalitätsfaktoren bei jungen Ausländern waren neben anderen die Untersuchungsziele von *Chaidou*. Hierzu führte *Chaidou* eine Sekundäranalyse mit Daten früherer Untersuchungen durch und unternahm außerdem eine eigene schriftliche Befragung von 121 jungen ausländischen Verurteilten.[184]

Es zeigte sich, daß sich das Verhältnis der Kriminalitätsbelastung zwischen Deutschen und Ausländern je nach Alter der Betroffenen unterschiedlich gestaltet. Die offiziell registrierte Höherbelastung der jungen Ausländergeneration stellte sich bei Differenzierung nach dem Alter wie folgt dar: Die ausländischen Kinder waren in den Jahren 1978-1981 zwar höher belastet als die deutschen Kinder, aber geringer belastet als alle übrigen Altersgruppen unter den Ausländern. Dagegen

---

182 Gebauer, Kriminalistik 1981, S. 2, 6.

183 Siehe auch Chaidou, Kriminalistik 1984, S. 355-376.

184 S. ausführlich Chaidou, 1984, S. 36, 37.

waren *Chaidou* zufolge die ausländischen Jugendlichen und Heranwachsenden mehr als doppelt so häufig registriert wie die entsprechenden Altersgruppen unter den Deutschen. Die am stärksten belastete Gruppe stellten die Heranwachsenden.[185]

Die Höherbelastung der jugendlichen und heranwachsenden Ausländer ist *Chaidou* zufolge auf die grundsätzlich größere Kriminalitätsanfälligkeit im Alter zwischen 14 und 20 Jahren im Vergleich zum Kindesalter zurückzuführen sowie auf die beginnende Ablösung vom Elternhaus und die Orientierung an der peer-group. Auch begünstigen familiäre Defizite, negative Erfahrungen in Schule, Beruf oder Ausbildung ein kriminelles Verhalten. Allgemeine schlechte soziale Bedingungen, kulturelle Gespaltenheit und die Randgruppenexistenz der jungen Ausländer steigern die Gefahr des Kriminellwerdens, der ausländische Jugendliche als Gruppe mit dem größten Druck „sozialer und psychischer Deprivation" in besonderem Maße ausgesetzt sind.[186]

Weiterhin kam *Chaidou* unter Zugrundelegung der PKS-Daten und ihrer eigenen Befragung zu dem Ergebnis, daß sich die jungen Ausländer und die jungen Deutschen nicht in der Kriminaliätsstruktur unterscheiden. Art und Häufigkeit der begangenen Delikte ähneln sich bei beiden Populationen. Die Reihenfolgen der Häufigkeit der begangenen Delikte[187] stimmen bis auf wenige Ausnahmen - den Diebstahl unter erschwerenden Umständen sowie die Verstöße gegen § 47 AuslG (a. F.) - überein.[188] Die Kriminalität junger Ausländer ist damit Chaidou zufolge in erster Linie ein jugendspezifisches Phänomen, das gleichermaßen bei jungen Deutschen und Ausländern auftritt. Die Ausländereigenschaft ist damit ihr zufolge nicht für die Deliktsart entscheidend, sondern für die Häufigkeit der Begehung eines Delikts, denn bei den meisten Straftaten (ausgenommen Diebstahl unter erschwerenden Umständen sowie Rauschgiftdelikte) sind die Ausländer höher belastet als ihre deutschen Altersgenossen.[189]

185 Chaidou, 1984, S. 105.

186 Chaidou, 1984, S. 111.

187 Die einbezogenen Straftaten waren: Diebstahl unter/ohne erschwerende Umstände, Roheitsdelikte und Straftaten gegen die persönliche Freiheit, Vermögens- und Fälschungsdelikte, Sachbeschädigung, Rauschgiftdelikte, Straftaten gegen die sexuelle Selbstbestimmung, Straftaten gegen das Leben, Brandstiftung und Erpressung, Straftaten gegen § 47 AuslG; s. Chaidou, 1984, S. 112ff, 143.

188 Chaidou, 1984, S. 142, 143.

189 So Chaidou, 1984, S. 144.

3. 4. *Autorengruppe Ausländerforschung (1981)*

Das Interesse der *Autorengruppe Ausländerforschung* (1981) richtete sich vor allem auf die Gruppe der Arbeitsmigranten (Türken, Jugoslawen, Griechen und Italiener), die zumeist längerfristig oder für immer in Deutschland bleiben wollen.[190] Zu diesem Zweck werteten sie die polizeiliche Kriminalstatistik für Berlin der Jahre 1974-1979 aus und, um die Unzulänglichkeiten der PKS auszugleichen[191], errechneten außerdem die KBZ für die Jahre 1974-1978 nach Delikt und Altersgruppe für oben genannte Nationalitäten.[192] Um die Verzerrung, die aus der Einbeziehung der Illegalen folgt, zu minimieren, wurden die Straftaten dieser Gruppe gesondert betrachtet. Weiterhin wurden die Strafverfolgungsstatistik für Berlin von 1976-1978, das staatsanwaltliche Eingangsregister für Jugendsachen und polizeiliche Unterlagen über auffällige Kinder ausgewertet.[193]

Als Ergebnis der Studie konnten die Autoren festhalten, daß „von einer stärkeren Kriminalisierung der Ausländer im allgemeinen noch nicht gesprochen werden kann".[194]

Die wesentlichen Ergebnisse im einzelnen stellten sich folgendermaßen dar:

Sowohl die Tatverdächtigenzahlen als auch die KBZ zeigten die steigende Tendenz der Straftatenbewegung bei Ausländern und Deutschen an. Als auffallend vermerkten die Autoren den starken Anstieg der Tatverdächtigenzahlen gegenüber den Vorjahren im Jahr 1979 bei den 18-25jährigen und 30-50jährigen Ausländern und den 40-50jährigen Deutschen, während die Tatverdächtigenzahlen bei den 16-18jährigen Ausländern sowie den deutschen als auch ausländischen Kindern gesunken waren.[195]

Altersspezifisch differenziert ließ sich die stärkste Belastung bei den Heranwachsenden unter den deutschen Männern gefolgt von Jugendlichen, Erwachsenen und Kindern feststellen. Bei der ausländischen Bevölkerung verhielt es sich ähnlich, ausgenommen die Jugendlichen, die ab 1977 die am stärksten belastete Gruppe stellten.[196]

---

190 Donner/Ohder/Weschke/Ciupka, in: Autorengruppe Ausländerforschung (Hrsg.), 1981, S. 43, 48.

191 Vgl. dazu ausführlich Donner/Ohder/Weschke/Ciupka in: Autorengruppe Ausländerforschung (Hrsg.), 1981, S. 43, 50-54.

192 Donner/Ohder/Weschke/Ciupka in: Autorengruppe Ausländerforschung (Hrsg.), 1981, S. 43, 49.

193 Donner/Ohder/Weschke/Ciupka in: Autorengruppe Ausländerforschung (Hrsg.), 1981, S. 43, 49.

194 Autorengruppe Ausländerforschung (Hrsg.), 1980, S. 28.

195 Autorengruppe Ausländerforschung (Hrsg.), 1980, S. 26.

196 Autorengruppe Ausländerforschung (Hrsg.), 1980, S. 27.

Die gesonderte Auswertung für bestimmte Bereiche von Straftaten[197] ergab für den Raub eine sehr hohe Belastung ausländischer Jugendlicher zwischen 14 und 16 Jahren. Insgesamt stieg die KBZ der deutschen Männer leicht, die der ausländischen Männer stark an. Insbesondere bei den Türken beruhte der Anstieg auf der Zunahme der Belastung bei den unter 18jährigen, schwerpunktmäßig bei den 14-16jährigen, deren KBZ sich im Zeitraum von 1974 bis 1978 verzwölffacht hat.[198]

Bei den Deutschen und Jugoslawen war die Zunahme vor allem auf die vermehrte Belastung der 30-40jährigen zurückzuführen.[199] Während beim einfachen Diebstahl die KBZ der ausländischen Männer geringfügig, die der Frauen deutlich über der Deutschen lag (weniger als Deutsche sind in diesem Deliktsbereich türkische, griechische und italienische Männer belastet), verhielt es sich beim schweren Diebstahl umgekehrt. Hier lag die KBZ der Deutschen über der der Ausländer und über der aller einzeln untersuchten Nationalitäten. Allerdings übertraf - ähnlich wie beim Raub - die Belastung der ausländischen 14-16jährigen mit steigender Tendenz die der Deutschen.[200] Die Verfasser der Studie kamen so zu dem Ergebnis, daß der Diebstahl unter erschwerenden Umständen bei allen Nationalitätengruppen als Prädilektionsdelikt[201] Jugendlicher, bei den Türken sogar als ausgesprochenes Jugenddelikt bezeichnet werden kann.[202]

Bei den Sexualdelikten (hauptsächlich Vergewaltigung und sexuelle Nötigung) stellten die Autoren einen generell hohen Tatanteil der Nichtdeutschen fest. So betrug ihr Tatanteil 1978 26,8 % bei einem Anteil an allen Taten von 14,5 %. Ausländer waren im entsprechenden Zeitraum also nach dieser Studie überdurchschnittlich häufig an diesen Delikten beteiligt, wobei allerdings die zweite Generation weitaus geringer in diesem Deliktsbereich vertreten war als beim Raub. Den Autoren zufolge kann im Bereich der Delikte gegen die sexuelle Selbstbestimmung

---

197 Raub, Sexualdelikte unter Gewaltanwendung, Körperverletzung, einfacher Diebstahl, Ladendiebstahl, schwerer Diebstahl, unerlaubtes Glücksspiel, Verstöße gegen das AuslG, Verstöße gegen das BtMG; s. Donner/Ohder/Weschke/Ciupka in: Autorengruppe Ausländerforschung (Hrsg.), 1981, S. 43, 59.

198 Zu beachten ist den Autoren zufolge aber die geringe absolute Tatverdächtigenzahl; s. Donner/Ohder/Weschke/Ciupka in: Autorengruppe Ausländerforschung (Hrsg.), 1981, S. 43, 62.

199 Donner/Ohder/Weschke/Ciupka in: Autorengruppe Ausländerforschung (Hrsg.), 1981, S. 43, 62.

200 Autorengruppe Ausländerforschung (Hrsg.), 1980, S. 29.

201 Als Prädilektionsdelikte Jugendlicher werden jene Delikte bezeichnet, die Jugendliche „bevorzugt" begehen, bei denen sich also ein altersspezifischer Schwerpunkt ausmachen läßt.

202 So Donner/Ohder/Weschke/Ciupka in: Autorengruppe Ausländerforschung (Hrsg.), 1981, S. 43, 76.

von einem wachsendem Anteil von Ausländern an den Tatverdächtigen dieser Deliktsgruppe nicht gesprochen werden.[203]

Was die Körperverletzungsdelikte angeht, so waren die Ausländer insgesamt überdurchschnittlich belastet. Das trifft insbesondere auf Türken und Italiener zu. Ebenso war der Anteil der Türken und Italiener an schweren und gefährlichen Körperverletzungen bezogen auf die Körperverletzungsdelikte insgesamt größer als der anderer Gruppen. Anders als bei Raub und Diebstahl kann man jedoch der *Autorengruppe Ausländerforschung* zufolge die Körperverletzung weder als Prädilektionsdelikt Jugendlicher noch als Jugenddelikt bezeichnen. Insgesamt war der Anteil von Jugendlichen und Heranwachsenden bei schwerer und gefährlicher Körperverletzung größer als bei den anderen Formen der Körperverletzung; allerdings wiesen die verschiedenen Gruppen keine signifikanten Unterschiede auf.[204]

Die gesonderte Untersuchung der Rauschgiftkriminalität ergab, daß Verstöße gegen das BtMG bei Griechen, Jugoslawen und Italienern sehr selten, bei Türken dagegen sehr häufig waren. Allerdings lag die KBZ der Türken nicht über der der Deutschen. Auffallend war in diesem Deliktsbereich insbesondere bei den türkischen Tatverdächtigen der hohe Anteil Illegaler (fast 70 %). Kaum vertreten unter den Tatverdächtigen waren die Angehörigen der sogenannten „zweiten Generation“. Bemerkenswert stark vertreten unter den Tatverdächtigen in diesem Bereich waren dagegen die „sonstigen Ausländer“, vor allem arabischer Herkunft.[205]

Die Studie der *Autorengruppe Ausländerforschung* ergab somit sowohl nationalitäten- als auch altersspezifische Deliktsschwerpunkte: Bei den Türken lag ein Schwerpunkt auf Raub und schwerem Diebstahl, bei den Jugoslawen auf einfachem Diebstahl und bei den Italienern auf der Körperverletzung. Altersspezifisch entpuppten sich sowohl bei Ausländern als auch bei Deutschen die Eigentumsdelikte als bevorzugte Delikte Jugendlicher. Die höchsten relativen Belastungen bei jugendlichen Ausländern und erwachsenen Deutschen bezogen sich auf Raub. Hinsichtlich der Körperverletzung waren die Tatverdächtigenanteile an den Tatverdächtigen einer Altersgruppe bei Deutschen und Ausländern in der Gruppe der Erwachsenen größer als bei Kindern, Jugendlichen oder Heranwachsenden.[206]

---

203 Donner/Ohder/Weschke/Ciupka in: Autorengruppe Ausländerforschung (Hrsg.), 1981, S. 43, 65.

204 Donner/Ohder/Weschke/Ciupka in: Autorengruppe Ausländerforschung (Hrsg.), 1981, S. 43, 69.

205 Autorengruppe Ausländerforschung (Hrsg.), 1980, S. 29; zu den hier nicht genannten Deliktsbereichen s. ausführlich Donner/Ohder/Weschke/Ciupka in: Autorengruppe Ausländerforschung (Hrsg.), 1981, S. 43, 77-81.

206 Donner/Ohder/Weschke/Ciupka in: Autorengruppe Ausländerforschung (Hrsg.), 1981, S. 43, 87, 88.

Die starke Zunahme der Anzahl ausländischer Tatverdächtiger in einigen Altersgruppen oder einzelnen Deliktsgruppen fand in der Strafverfolgungsstatistik keinen entsprechenden Niederschlag.

Die Zahl der deutschen Verurteilten und die der ausländischen stiegen im Untersuchungszeitraum linear an - die der ausländischen Verurteilten etwas stärker als die der Deutschen. Bei den Frauen dagegen erfuhren die Deutschen einen starken Zuwachs an Verurteilten, bei den ausländischen Frauen dagegen war er geringer. Die Untersuchung der Altersgruppen ergab, daß die Verurteiltenzahlen bei den Deutschen mit zunehmendem Alter stärker anstiegen, bei den Ausländern verzeichneten die 25-40jährigen die höchsten Zuwachsraten. Mit zunehmendem Alter sank bei den Ausländern im Untersuchungszeitraum ihr Anteil an allen Verurteilten.[207]

Zusammenfassend kann also folgendes festgehalten werden: In der Zeit von 1974 bis 1978 überstiegen die Kriminalitätsbelastungszahlen der unter 50jährigen ausländischen Männer die der deutschen Männer ab 1975. In den verschiedenen Altersgruppen waren bei den deutschen Männern die Heranwachsenden am stärksten belastet, gefolgt von den Jugendlichen, den Erwachsenen und den Kindern. Ähnlich verhielt es sich bei den ausländischen Männern, allerdings mit dem Unterschied, daß ab 1977 die nichtdeutschen Jugendlichen am stärksten belastet waren. Die Betrachtung einzelner Deliktsbereiche ergab, daß beim Raub die Belastung der nichtdeutschen Männer erheblich höher ist als die der deutschen. Dies galt vor allem für Türken, Jugoslawen und Italiener; als besonders hoch belastet in diesem Deliktsbereich erwiesen sich die türkischen und jugoslawischen Jugendlichen zwischen 14 und 16 Jahren. Umgekehrt verhielt es sich beim einfachen Diebstahl: Hier lag die KBZ der ausländischen Männer geringfügig, die der Frauen deutlich über der KBZ der Deutschen. Türkische, griechische und italienische Männer waren hier sogar geringer belastet als die entsprechende deutsche Gruppe. Beim schweren Diebstahl waren die Deutschen höher belastet als die Ausländer. Allerdings erwiesen sich hier wie beim Raub die 14-16jährigen Nichtdeutschen als stärker belastet als die Deutschen - mit steigender Tendenz.[208] Bei den Sexualdelikten war ein hoher Tatanteil der Nichtdeutschen festzustellen, wobei aber die zweite Generation weitaus geringer belastet war als beim Raub. Kaum vertreten war die zweite Generation auch bei den Tatverdächtigen, die wegen BtM-Taten registriert worden waren. Insgesamt waren bei den Nichtdeutschen, abgesehen von den in diesem Bereich häufig auffallenden Türken, nur selten Verstöße gegen das BtMG zu verzeichnen. Sogar die KBZ der Türken lag noch unter der KBZ der Deutschen.

---

207 Donner/Ohder/Weschke/Ciupka in: Autorengruppe Ausländerforschung (Hrsg.), 1981, S. 43, 90.

208 So die Zusammenfassung bei der Autorengruppe Ausländerforschung (Hrsg.), 1980, S. 26-29.

3. 5. Landeskriminalamt Baden-Württemberg

Eine regional auf Baden-Württemberg und den Landkreis Calw begrenzte Studie, die das *Landeskriminalamt (LKA)* im Auftrag des Innenministeriums Baden-Württemberg durchführte, bemühte sich „ein mögliches Beziehungsgeflecht zwischen Nationalität, Altersgruppen/ - strukturen, Deliktsstrukturen und Sozialdaten aufzuzeigen".[209] Es wurden Täter- und Deliktsstruktur sowie hierzu vergleichend Bevölkerungs- und Sozialstruktur der nichtdeutschen Tatverdächtigen unter 21 Jahren für das Jahr 1993 analysiert.[210]

Als zentrales Ergebnis der Studie konnten festgehalten werden, daß die deutsche Wohnbevölkerung weit weniger stark belastet ist als die der Nichtdeutschen, wobei beim Vergleich der Delinquenz beider Gruppen vor allem die wesentlich höhere Belastung der jungen Nichtdeutschen im Bereich der Gewaltkriminalität ins Auge fällt. Die Untersuchung belegte weiterhin „überaus deutlich, daß das Kriminalitätsgeschehen durch politische Einflüsse (Öffnung der Grenzen zu Osteuropa, Kriegsgebiet im ehemaligen Jugoslawien, Zerfall der Sowjetunion u. a.) - und den damit verbundenen Einschnitten in der Gesellschaft - im wesentlichen mitbestimmt wurde."[211] Gleichzeitig wurde deutlich, daß eine Bewertung der Kriminalität unter Differenzierung nach Nationalitäten vorgenommen werden muß. Während bei den türkischen und italienischen Staatsangehörigen der Anteil an den Tatverdächtigen noch deutlich unter ihrem Anteil an der Wohnbevölkerung lag, war dieser bei den unter 21jährigen aus (Rest-)Jugoslawien, gefolgt von Kroatien und Polen deutlich über dem entsprechenden Anteil der Wohnbevölkerung. Es sind vor allem jene

209 LKA, o.J., S.1.

210 Die Untersuchung stützte sich auf die Daten der Standardtabellen 1993 aus der PKS, ergänzt durch eine Sonderauswertung der PKS, die es ermöglichte, Daten zu Geschlecht, Tatort-/Wohnsitzbeziehung, Einzeltäter, Vorerkenntnisse, Konsum harter Drogen, Alkoholeinfluß bei der Tat und Aufenthaltsgrund verschiedener Altersgruppen - Kinder, Jugendliche, Heranwachsende - zuzuordnen und gesondert nach verschiedenen Herkunftsländern darzustellen. Beim statistischen Landesamt wurden Daten über die Wohnbevölkerung gegliedert nach Nationalitäten, Altersgruppen und Landkreisen sowie Daten der Schulverwaltung erhoben.. Weiterhin wurden die Daten des Ausländerzentralregisters vom Statistischen Landesamt als Basis für die Sonderauswertung der Bevölkerungszahlen, unterteilt nach Nationalitäten, herangezogen sowie die Arbeitslosenzahlen der unter 21jährigen beim Landesarbeitsamt und dem für den Landkreis Calw zuständigen Arbeitsamt erhoben. Die einzubeziehenden Sozialdaten der TV wurden mittels einer ergänzenden Auswertung von Ermittlungsakten gewonnen. Recherchiert wurde hierzu in der Personenauskunftsdatei nach allen Tatverdächtigen unter 21 Jahren mit mindestens einer T-Gruppe (Taterkenntnisse, die über eine Person bekannt geworden sind) im Landkreis Calw für den Erfassungszeitraum 1993. S. LKA, o.J., S. 2,3.

211 LKA, o.J., S. 37.

junge Heranwachsende, die aus Krisengebieten oder politisch instabilen Ländern neu zugewandert sind, die besonders stark belastet sind.[212]

Die auf Baden-Württemberg insgesamt bezogene Auswertung ergab folgendes Bild: Die Analyse der Tatverdächtigenstruktur zeigte für 1993 eine Höherbelastung der ausländischen gegenüber den deutschen Heranwachsenden (11.428 gegenüber 10.142 Tatverdächtigen), bei Kindern und Jugendlichen lag die absolute Zahl der deutschen Tatverdächtigen über der der ausländischen. Setzt man die bereinigten Tatverdächtigenzahlen[213] in Relation zur Wohnbevölkerung, so ergibt sich, daß unter den Nichtdeutschen jeder 11. Heranwachsende gegenüber jedem 28. Heranwachsenden unter den Deutschen als tatverdächtig erfaßt wurde. Auffallend ist die Höherbelastung der Kinder: Wurde jedes 76. nichtdeutsche Kind als tatverdächtig erfaßt, so war es nur jedes 286. deutsche Kind, auf das dies zutraf. Nicht ganz so deutlich fiel der Unterschied bei den Jugendlichen aus. Jeder 12. ausländische und jeder 29. deutsche Jugendliche waren als tatverdächtig registriert.[214] Bei einer Differenzierung nach Nationalitäten fiel insbesondere der im Vergleich zu ihrem Anteil an der Wohnbevölkerung hohe Anteil an den Tatverdächtigen unter 21 Jahren, die aus den Gebieten von (Rest-) Jugoslawien stammen, auf. Insgesamt ließ sich feststellen, daß die „integrierten" Nationalitäten (die klassischen Gastarbeiterländer wie Italien, Türkei und Griechenland) gemessen an ihrem Anteil an der Wohnbevölkerung deutlich weniger als Tatverdächtige auffallen als Angehörige solcher Nationalitäten, die erst seit kurzer Zeit in Deutschland leben.[215]

Unter Zugrundelegung der Tatverdächtigenbelastungszahl (TVBZ)[216] ergab sich für die nichtdeutschen unter 21jährigen im Jahr 1993 eine ca. dreieinhalb so hohe Kriminalitätsbelastung wie die der deutschen Gleichaltrigen. Bei den jungen Deutschen waren die Heranwachsenden mit einer TVBZ von 3.633 am höchsten belastet, gefolgt von den Jugendlichen (TVBZ von 3.448) und den Kindern (TVBZ von 828). Unter den jungen Nichtdeutschen wiesen ebenfalls die Heranwachsenden die höchste TVBZ mit 13.110 auf, wobei die höhere Belastung dieser Gruppe hauptsächlich auf die relativ hohe Belastung der Heranwachsenden aus (Rest-)Jugoslawien zurückzuführen ist. Die TVBZ der Jugendlichen und Kinder belief sich auf 9.518 und 3.037.[217]

---

212 Siehe die Zusammenfassung LKA, o.J., S. 36-39.

213 Ausgenommen wurden Tatverdächtige, die gegen das AuslG/AsylverfG verstoßen hatten sowie Illegale, Touristen, Durchreisende und Stationierungsstreitkräfte und deren Angehörige.

214 LKA, o.J., S.7.

215 So LKA, o.J., S. 8/9.

216 Die TVBZ ist die auf 100. 000 Einwohner bezogene Zahl der von der Polizei ermittelten Tatverdächtigen, jeweils ohne Kinder unter 8 Jahren und bei den Nichtdeutschen ohne Illegale, Touristen, Durchreisende, Stationierungsstreitkräfte und deren Angehörige.

217 LKA, o.J., S. 15.

Betrachtet man die Deliktsstruktur, so zeigt ein Vergleich der Tatverdächtigenbelastungszahlen (TVBZ), daß diese sich bei den unter 21 Jahre alten Deutschen und Nichtdeutschen ähnelt. Bei beiden steht das „klassische" jugendtypische Delikt, der Diebstahl (insbesondere der Ladendiebstahl), an erster Stelle.[218] Bei den jungen Deutschen folgen dann Körperverletzung und Sachbeschädigung, bei den kroatischen, griechischen, italienischen und türkischen Tatverdächtigen die Körperverletzung und Gewaltdelikte und bei den bosnischen und (rest-) jugoslawischen Tatverdächtigen Verstöße gegen das AuslG /AsylVfG und Körperverletzung.[219]

Eine auffallende Höherbelastung zeigen die ausländischen unter 21jährigen bei der Gewaltkriminalität (Tötungsdelikte, Vergewaltigung, schwere und gefährliche Körperverletzung, Raub und andere Gewalttaten gegen Menschen). Die TVBZ der jungen Deutschen liegt hier bei 155, die der jungen Ausländer insgesamt bei 780.[220]

Kaum Unterschiede zwischen Deutschen und Nichtdeutschen ergaben sich hinsichtlich der Tatumstände: Die Delinquenz beider Gruppen zeichnete sich „als eine Art spontane Kriminalität ab, die in sehr starkem Maße von Tatgelegenheiten abhängt."[221] Hiervon zeugen sowohl die bevorzugten jugendtypischen Deliktsbereiche als auch die enge Beziehung zwischen Tatort und Wohnort: Ca. 75 % der nichtdeutschen und über 85 % der deutschen unter 21jährigen verübten ihre Straftaten in der Gemeinde bzw. im Landkreis der Wohnortgemeinde. Überörtliche Täter bilden insoweit eher eine Ausnahme.[222]

Ein nähere Untersuchung der Umstände der Tatbegehung ergab, daß die jungen Nichtdeutschen Straftaten weniger beeinflußt von Drogen und Alkohol begehen. Der Prozentanteil der Straftaten, die unter Alkoholeinfluß begangen wurden, ist bei den deutschen Jugendlichen und Heranwachsenden etwa 3,5 mal so groß wie bei den nichtdeutschen. Auch bezüglich des Konsums harter Drogen dominieren die deutschen unter 21jährigen.[223]

Ebenso wurden deutlich weniger junge nichtdeutsche Tatverdächtige registriert, die bei der Tatbegehung eine Schußwaffe mitführten, wenn dies auch bei beiden Populationen überhaupt nur selten der Fall war.[224]

---

218 LKA, o.J., S. 17.

219 LKA, o.J., S. 17 und Anlage 8/1.

220 LKA, o.J., S. 17 und Anlage 8/1.

221 LKA, o.J., S. 36.

222 LKA, o.J., S. 13.

223 LKA, o.J., S. 11.

224 Miteinbezogen wurden nur Schußwaffen im Sinne des Waffengesetzes; Messer und andere Hieb- und Stichwaffen fanden keine Berücksichtigung.

Umgekehrt verhielt es sich in bezug auf die Wiederholungstäterschaft. Die nichtdeutschen unter 21jährigen waren geringfügig häufiger als ihre deutschen Altersgenossen bereits kriminalpolizeilich in Erscheinung getreten. Bei beiden Populationen bestand die Gruppe der Heranwachsenden zu über 50 % aus Wiederholungstätern (52,1 % bei den Deutschen; 51 % bei den Nichtdeutschen).[225]

Widerlegt wurde die oft geäußerte Auffassung, nichtdeutsche Täter begingen Straftaten häufiger als deutsche Tatverdächtige aus der Gruppe heraus. Der Anteil der alleinhandelnden Tatverdächtigen lag bei ausländischen Kindern, Jugendlichen und Heranwachsenden über dem der deutschen Altersgruppen.[226]

Ähnliche Ergebnisse ergab die Analyse der Täter- und Deliktsstruktur speziell für den Landkreis Calw. Erwähnenswerte Unterschiede konnten allerdings in bezug auf die wiederholte Auffälligkeit der Tatverdächtigen festgestellt werden. Im Landkreis Calw waren die Unterschiede zwischen den jungen Ausländern und Deutschen sehr viel größer als in Baden-Württemberg insgesamt. Während 40 % der deutschen Jugendlichen in Calw schon kriminalpolizeilich in Erscheinung getreten waren, waren es bei den ausländischen Jugendlichen ca. 65 %. Bei den Heranwachsenden lag der Anteil der Wiederholungstäter deutlich mit 65 % (deutsche Gruppe) bzw. 68 % (nichtdeutsche Gruppe) über dem Landesdurchschnitt von 52 % bzw. 51 %.[227]

Ein Vergleich der Anzahl derjeniger unter 21jährigen, die 1993 mit mindesten einer T-Gruppe[228] im Landkreis Calw erfaßt wurden, zeigt, daß bei den deutschen unter 21jährigen der Anteil jener, die nur eine T-Gruppe aufwiesen, größer war (von 212 deutschen TV: 41 % mit einer T-Gruppe; von 206 nichtdeutschen TV 33,5 % mit einer T-Gruppe). Zwischen 2 und 10 T-Gruppen wiesen 42,9 % der deutschen und 51 % der nichtdeutschen - insbesondere der rumänischen, türkischen, italienischen und (rest-) jugoslawischen - unter 21jährigen Tatverdächtigen auf.[229]

Die Deliktsstruktur sah im Landkreis Calw folgendermaßen aus: Bei den jungen Deutschen dominierte der Diebstahl mit 60 %. Alle anderen Delikte überschritten nicht den Anteil von 5 %. Hinter dem Diebstahl folgten die Verstöße gegen das BtMG mit 4,8 %.

---

225 LKA, o.J., S. 12.

226 LKA, o.J., S. 13, 14. Vgl. zur Problematik der Jugendbanden auch Rolinski, in: Kühne/ Miyazawa (Hrsg.), 1995, S. 343, 353, 354.

227 LKA, o.J., S. 23.

228 Darunter sind die Taterkenntnisse, die über eine Person vorhanden sind, zu verstehen. Die Datengruppe „Taterkenntnisse" kann - bezogen auf einen Datensatz einer Person in der PAD mehrfach vorhanden sein (Mehrfachgruppe). Die Anzahl der T-Gruppen ist abhängig von der Anzahl der Straftaten, die einem Tatverdächtigen zur Last gelegt und in der PAD erfaßt werden.

229 LKA, o.J., S. 24.

Mit 57 % stand der Diebstahl auch bei den jungen Ausländern an der Spitze, gefolgt von Verstößen gegen das AuslG und AsylverfG (10,8 %) und Körperverletzungsdelikten mit 6 %. Alle anderen Delikte überstiegen auch hier die 5 % nicht.

Die Verfasser der Studie weisen insbesondere darauf hin, daß - berücksichtigt man nur die in Deutschland geborenen jungen Ausländer - der Anteil der Diebstahlsdelikte auf 68,5 % und der Körperverletzungsdelikte auf 8 % steigt. Dafür reduzieren sich die Verstöße gegen das AuslG/AsylverfG auf einen Anteil von 0,4 %.[230]

Schließlich wurde in der Studie des *LKA* besonderes Augenmerk auf die Beziehung zwischen der Anzahl der T-Gruppen und der Aufenthaltsdauer bei nichtdeutschen Tatverdächtigen gelegt. So wurde festgestellt, daß bei der Aufenthaltsdauer bis zu einem Jahr die meisten T-Gruppen registriert werden. Die Menge der T-Gruppen reduziert sich dagegen kontinuierlich bei einem Aufenthalt bis zu 10 Jahren, eine Häufung tritt dann wieder ab einer Aufenthaltsdauer von 14 Jahren ein. Beschränkt man sich auf die Nichtdeutschen, die außerhalb des Bundesgebiets geboren wurden, so reduziert sich die T-Gruppen-Häufung kontinuierlich von der Aufenthaltsdauer ab einem Jahr bis zu einer Aufenthaltsdauer von 10 Jahren und stagniert in der Folgezeit auf ungefähr gleichem Niveau. Die analog der TVBZ berechnete T-Gruppen-Belastungszahl war bei den nichtdeutschen Jugendlichen 5mal, bei den nichtdeutschen Heranwachsenden 3mal höher als bei den deutschen Altersgenossen. Anders dagegen bei den in Deutschland geborenen Nichtdeutschen: Die T-Gruppen-Belastung ist bei diesen nur noch doppelt so hoch, bei den Heranwachsenden liegt sie sogar 7 % unterhalb der der deutschen Heranwachsenden[231] - den Verfassern der Studie zufolge möglicherweise ein Indiz dafür, daß mit einer Abnahme der Kriminalität der jungen Nichtdeutschen erst zu rechnen ist, wenn es gelingt, Integrationshilfen für ein Leben in Deutschland zur Verfügung zu stellen und diese von den jungen Ausländern in Anspruch genommen werden.[232]

3. 6. *Mansel (1989)*

Im Mittelpunkt der Untersuchung von *Mansel* standen Entscheidungs- und Verhaltensweisen der einzelnen Strafverfolgungsorgane, die für den Selektionsprozeß im Strafverfahren verantwortlich sind. In diesem Zusammenhang untersuchte Mansel auch die Kriminalitätsbelastung der jungen (bis 21jährigen) im Saarland lebenden Türken, Italiener und Deutschen anhand der saarländischen PKS und

---

230 LKA, o.J., S. 28.

231 LKA, o.J., S. 30.

232 LKA, o.J., S. 30.

Strafverfolgungsstatistik.[233] Als Ergebnis konnte festgehalten werden: Die Kriminaliätsbelastung der Türken lag doppelt so hoch wie die der jungen Deutschen; deutlich höher war auch die Kriminalitätsbelastung der jungen Italiener. Dabei überstieg die Kriminalitätsbelastung der jungen Türken die der deutschen Kontrollgruppe in vergleichbarer sozialer Lage.[234] Zurückzuführen ist dies auf die im Vergleich zur deutschen Kontrollgruppe deutlich höhere Belastung der heranwachsenden Türken (KBZ der deutschen Kontrollgruppe: 11201; KBZ der Türken: 17.164). Dagegen lag die KBZ der 14-16jährigen und 16-18jährigen Türken unter der der deutschen Kontrollgruppe, aber deutlich über der KBZ der Gesamtpopulation der altersgleichen Deutschen. Die Belastung der Italiener lag in allen Altersgruppen zwischen der der Gesamtpopulation der Deutschen und der deutschen Kontrollgruppe.[235]

Ein anderes Bild ergab sich allerdings unter Zugrundelegung der Strafverfolgungsstatistik. Sowohl unter den Abgeurteilten als auch unter den Verurteilten und Ermahnten[236] waren die 14-21jährigen männlichen Türken deutlich geringer belastet als die deutsche Kontrollgruppe und auch die Gesamtpopulation der jungen Deutschen. Bei den Italienern war dieser Schwund zwischen polizeilichen Tatverdächtigen nach der PKS und Verurteilten bzw. Abgeurteilten nach der Strafverfolgungsstatistik nicht ganz so gravierend, aber immer noch größer als bei den Deutschen.[237] Die deutsche Kontrollgruppe schließlich war nach der Strafverfol-

---

233 Mansel, 1989, S. 134. Die Auswertung erfaßte die Jahre 1977-1979 und 1981-1983; s. Mansel, 1989, S. 161.

234 Mansel, 1989, S. 156 Tab.8. Diese Kontrollgruppe sollte in einer ähnlichen sozialen Lage aufwachsen wie die jungen Ausländer. Es war daher erforderlich, die soziale Lage der in der Bundesrepublik lebenden jungen Ausländer im Vergleich zu der der deutschen Altersgenossen und die soziale Lage der durch die Organe der Strafrechtspflege kriminalisierten Personen zu analysieren, um einen Multiplikationsindex zu berechnen, um den die deutsche Kontrollgruppe höher belastet ist als die jungen Deutschen insgesamt. Die soziale Lage der „kriminalisierten“ Jugendlichen und Heranwachsenden wurde anhand der Aktenanalyse, die der Untersuchung Mansels zugrunde lag, ermittelt. Mansel kam zu dem Ergebnis, daß über 85 % der in der Bundesrepublik lebenden Nichtdeutschen aus südeuropäischen Anwerberländern in Arbeiterfamilien aufwachsen, dagegen die deutschen Altergenossen nur zu 43 % in ähnlichen Verhältissen. Nach der Analyse von Mansel stammen aus dieser Personengruppe 90 % der „kriminalisierten“ Personen. Dagegen werden aus den übrigen 57 % der männlichen unter 21jährigen lediglich nur 10 % „kriminalisiert“. Mansel zufolge würde die Kriminalisierung erehblich ansteigen, wenn erste Personengruppe nicht nur 43 %, sondern 85 % der deutschen Bevölkerung stellen würde - nach seinen Berechnungen um das 1,8fache. Siehe ausführlich Mansel, 1989, S.139-151.

235 Mansel, 1989, S. 160 Tab. 9, 161 gemäß den Daten für das Saarland in den Jahren 1977-1979 und 1981-1983.

236 Darunter fallen die Personen, denen eine Erziehungsmaßregel erteilt und bei denen von der weiteren Verfolgung und Bestrafung abgesehen wurde.; Mansel, 1989, S. 161.

237 Mansel, 1989, S. 161.

gungsstatistik um mehr als das 1,5fache höher belastet als die Italiener und sogar mehr als das Doppelte als die jungen Türken.[238]

Differenziert nach dem Alter erwiesen sich unter Zugrundelegung der Strafverfolgungsstatistik die jugendlichen Türken in Hinblick auf Aburteilung und Verurteilung als deutlich geringer belastet als die Gesamtpopulation der jugendlichen Deutschen. So waren die 16-18jährigen Deutschen fast doppelt so hoch und die altersgleiche deutsche Kontrollgruppe viermal so hoch belastet wie ihre türkischen Altersgenossen. Bei den Italienern nahm die Höherbelastung gegenüber den Deutschen in bezug auf die polizeilich Tatverdächtigen und die Verurteilten, Abgeurteilten und Ermahnten mit zunehmendem Alter ab. Die Verurteiltenquote in bezug auf den jeweiligen Bevölkerungsanteil war bei den heranwachsenden Italienern minimal geringer als bei den Deutschen insgesamt. Die Heranwachsenden der deutschen Kontrollgruppe wiesen dagegen eine doppelt so hohe Belastung auf wie die italienischen Heranwachsenden. Die Kriminalitätsbelastung der heranwachsenden Türken bezogen auf Aburteilungen und Verurteilungen und Ermahnungen lag zwischen der der Gesamtpopulation der altersgleichen Deutschen und der der Heranwachsenden der deutschen Kontrollgruppe.[239]

3. 7. *Rodel (1976), Pitsela (1986) und Piehler (1991)*

Die Kriminalität ausländischer Arbeitnehmer wurde von *Rodel*, gezielt die der griechischen Arbeitnehmer in Deutschland von *Pitsela* sowie die der Arbeitsmigranten aus den sechs Anwerbestaaten von *Piehler* untersucht.

Rodel analysierte zu diesem Zweck bei der Polizei eingehende Strafanzeigen, um in einem ersten Schritt Informationen über die Anzeigebereitschaft der deutschen Bevölkerung gegenüber Ausländern zu erhalten.[240] Weiterhin befragte *Rodel* eine ausgewählte deutsche und ausländische Gruppe (u. a. Einstellung der deutschen Gruppe zu Gastarbeitern und deren Kriminalität, Kenntnisse der Deutschen über die Gastarbeiter, Einschätzung der eigenen Situation durch die Gastarbeiter und Ausmaß/Unterschiede in der Kriminalität zwischen deutschen und ausländischen Arbeitnehmern, Fragen zur selbstberichteten Kriminalität).[241]

---

238 Mansel, 1989, S. 162.

239 Mansel, 1989, S. 162-164.

240 Insgesamt wurden 2350 nach dem Zufallsprinzip ausgewählte Strafakten deutscher und einer gleichen Anzahl ausländischer Delinquenten aus dem Mittelmeerraum ausgewertet; s. Rodel, 1976, S. 9.

241 Die Befragung der Gastarbeitergruppe wurde mit Hilfe des Vertrauenmanns der italienischen Arbeitnehmer, die zur Zeit der Untersuchung den größten Anteil der ausländischen Arbeitnehmer in der Bundesrepublik stellten, für den Hamburger Raum durchgeführt. Bei

Zusätzlich wurden folgende deutsche Stichproben befragt: Gerichtsreferendare und - assessoren, Polizisten(anwärter), Krankenschwestern/ - pflegerinnen, Meister und Ausbildungsleiter, verschiedene Industrieunternehmer, die mit Gastarbeitern zusammenarbeiteten.[242]

Als Ergebnis von *Rodels* Untersuchung kann festgehalten werden, daß weder aus der Analyse der Kriminalstatistik, der Strafanzeigenhäufigkeiten, der zugegebenen Straftaten noch aus der Dunkelziffer eine stärkere Kriminalitätsbelastung der Gastarbeiter abgeleitet werden kann. Im einzelnen: Die von den Gastarbeitern zugegebenen Delikte, die zu ca. 50 % Intra-Gruppen-Straftaten waren, konzentrieren sich auf Vergehen gegen die Person und Sexualdelikte und weisen somit ähnliche Schwerpunkte auf wie die PKS, die Strafanzeigen und die Einschätzung durch die deutsche Gruppe.[243] Was die selbstberichtete Delinquenz anbelangt, gaben die Italiener 406 Delikte zu (Mittelwert 2,67), die Deutschen 452 (Mittelwert 2,97).[244] *Rodel* konnte bestimmte gruppenspezifische Unterschiede in den Einzeldelikten feststellen, die sich insgesamt aber nicht als bedeutsam erwiesen.[245] Bei beiden Gruppen beschränkten sich die zugegebenen Straftaten zu etwa 80 % auf Vergehen gegen die Person, Betrugsdelikte und auf leichte Eigentumsdelikte.[246] Die von *Rodel* konstatierten ungünstigen Voraussetzungen für ein angemessenes Lebensniveau der Gastarbeiter, die sich vor allem in schlechten Lebens-, Wohn- und Arbeitsbedingungen manifestieren, schlagen sich ihm zufolge aufgrund einer starken Gruppenbindung dieser Gastarbeiterpopulation nicht in einer erhöhten Kriminalitätsbelastung nieder.[247]

Pitsela untersuchte u. a. Umfang und Struktur der Kriminalität der Griechen und ihre Kriminalitätsentwicklung - auch im Vergleich zu den anderen Gastarbeiternationalitäten - in Baden-Württemberg für die Jahre 1971 bis 1983. Empirische Basis waren die Daten der polizeilichen Kriminalstatistik und der Rechtspflegestatistik.

---

der ausländischen Gruppe handelte es sich um 343 Italiener aus drei verschiedenen Arbeiterheimen für Ausländer in Hamburg. Der ausgwählten Stichprobe der italienischen Arbeitnehmer wurde eine sozial ähnlich strukturierte Gruppe deutscher Arbeitnehmer gegenübergestellt, wobei als Parallelisierungsmerkmale die Merkmale Alter, Familienstand und Beruf dienten. Die Untersuchung der deutschen Gruppe fand in sechs verschiedenen Wohnheimen in Hamburg statt. Insgesamt konnten über zwei Drittel der Fragebögen nicht ausgewertet werden, weil sie die für einen Vergleich mit der deutschen Gruppe notwendigen Parallelisierungsmerkmale nicht aufwiesen, so daß letztlich nur 152 Fragebogenpaare von deutschen und italienischen Arbeitnehmern verwertbar waren. Rodel, 1976, S. 10-13.

242 Rodel, 1976, S. 14.

243 Rodel, 1976, S. 92, 93.

244 Rodel, 1976, S. 37, 39.

245 S. dazu ausführlich Rodel, 1976, S. 38.

246 Rodel, 1976, S. 37, 40.

247 Rodel, 1976, S. 75.

Als Ergebnis der polizeilichen kriminalstatistischen Analyse kann man eine Steigerung der registrierten Kriminalität - gemessen an Kriminalitätsbelastungsziffern - der Nichtdeutschen festhalten. Die höchsten Zuwachsraten entfallen auf Türken, Jugoslawen und Italiener, während sich die Griechen im mittleren Bereich bewegen und die Portugiesen und Spanier nach Pitsela die geringsten Zuwachsraten aufweisen.[248] Generell stieg also die Kriminalitäsbelastung und das obwohl der Bevölkerungszuwachs für die einzelnen Nationen unterschiedlich verlief.[249]

Differenziert man nach dem legalen Aufenthaltsgrund, fällt auf, daß der Anteil der Arbeitnehmer an den ausländischen Tatverdächtigen kontinuierlich abgenommen hat. Der Tatverdächtigenanteil der Gastarbeiternationen an der Gesamtzahl der ausländischen Tatverdächtigen bleibt unter ihrem Bevölkerungsanteil an der ausländischen Bevölkerung in Baden-Württemberg (so machten 1982 die sechs Gastarbeiternationalitäten 57 % der ausländischen Tatverdächtigen aus, während ihr Bevölkerungsanteil 73 % betrug).[250]

Die Kriminalitätsbelastung der unter 21jährigen Griechen ist - unter Zugrundelegung der PKS - in allen Altersgruppen gestiegen, wobei die männlichen und weiblichen Jugendlichen die höchste Zuwachsrate verzeichnen. Zeitlichen Schwankungen unterliegt die Tatverdächtigenzahl der Heranwachsenden: Nahm sie nach 1975 ab, stieg sie 1979 wieder an und erreichte mit einem Anteil von 11 % an den griechischen Tatverdächtigen in Baden-Württemberg insgesamt ihren Höhepunkt im Jahr 1981.[251]

Was die Kriminalitätsstruktur der einzelnen Nationalitäten angeht, so stellte *Pitsela* fest, daß bei allen sechs Nationalitäten der einfache Diebstahl die erste Position einnimmt, gefolgt von den sonstigen Tatbeständen des StGB, den Roheitsdelikten und den Delikten des Nebenstrafrechts. Letztere bestimmen ein Fünftel der Kriminalität der Nichtdeutschen, wobei hier Verstöße gegen § 47 AuslG überwiegen, die wohl aufgrund der Kontrolltätigkeit der Ausländerbehörden registriert wurden.[252] Es fällt auf, daß bei allen Nationalitäten die Tatverdächtigenanteile wegen Delikten gegen das Leben, insbesondere aber wegen Sexual- und Roheitsdelikten abgenommen haben, während die Anteile beim einfachen und schweren Diebstahl sowie bei den Vermögensdelikten[253] und den sonstigen Delikten des StGB zugenommen haben. Uneinheitlich verlief dagegen die

---

248 Pitsela, 1986, S. 60.

249 Pitsela, 1986, S. 63.

250 Pitsela, 1986, S. 60, 63.

251 S. Pitsela, 1986, S. 56, Tab.5.

252 Pitsela, 1986, S. 65.

253 Dies gilt nicht für die Jugoslawen und Türken.

Entwicklung im Bereich der Delikte des Nebenstrafrechts, wo ein erheblicher Rückgang bei den Griechen und den Italienern sowie eine Abnahme bei den Spaniern zu verzeichnen ist.[254]

Pitsela wandte sich dann der Kriminalitätsbelastung der Ausländer zu, wie sie sich aus der Rechtspflegestatistik ergibt (Untersuchungszeitraum 1971-1983). Hier zeigte sich, daß der starke Zuwachs der Kriminalitätsbelastungszahlen bei den Jugendlichen und Heranwachsenden bei den Verurteiltenziffern keine Entsprechung findet. Die Verurteiltenziffern gehen mit zunehmendem Alter zurück, doch für die Gesamtheit der Ausländer gilt, daß im Längsschnitt ein leichter Anstieg der Straffälligkeit, wie sie sich den Verurteiltenziffern entnehmen läßt, zu verzeichnen ist. Zurückgegangen sind die Verurteiltenziffern der ausländischen Frauen, angestiegen sind diejenigen der unter 21jährigen und 21-30jährigen.

Differenziert nach Geschlecht, Alter und Hauptdeliktsgruppen kommt *Pitsela* für das Jahr 1983 in Baden-Württemberg zu folgenden Ergebnissen: Die ausländischen Frauen stellen ein Viertel aller wegen Diebstahl und Unterschlagung verurteilten Ausländer (zum Vergleich: Der Anteil der Frauen an den Verurteilten beträgt nur 13 %). Ebenfalls überdurchschnittlich sind sie mit einem Anteil von 16 % an den Straftaten nach anderen Bundes- und Landesgesetzen vertreten. Bei allen anderen sonstigen Hauptdeliktsgruppen weisen sie unterdurchschnittliche Anteile auf.

Auffallend ist der hohe Anteil der wegen Raub und Erpressung verurteilten jugendlichen und heranwachsenden Ausländer: Sie stellen hier 54 % aller wegen dieser beiden Delikte verurteilten Ausländer, während ihr Anteil an allen Verurteilten insgesamt bei 21 % liegt. Weiterhin stellen diese Altersgruppen zwei Fünftel aller wegen Diebstahl und Unterschlagung, ca. ein Viertel aller wegen Straftaten gegen die sexuelle Selbstbestimmung und 21 % aller wegen gemeingefährlichen Straftaten verurteilten Ausländer. Bei den anderen Hauptdeliktsgruppen weisen die unter 21jährigen unterdurchschnittliche Anteile auf. Die Altersgruppe der 21-30jährigen stellen 33 % der Verurteilten - ein Anteil, den sie auch bei anderen Straftaten gegen das Vermögen aufweisen. Höher dagegen liegt ihr Anteil bei den Straftaten nach anderen Bundes- und Landesgesetzen (42 %) und bei Straftaten gegen die Person (35 %). Den größten Anteil an den Verurteilten weisen die über 30jährigen auf mit 46 %. Prozentual noch stärker vertreten sind sie bei Straftaten im Straßenverkehr (52 %), Straftaten gegen den Staat, gegen die öffentliche Ordnung und im Amt mit 51 %, bei Straftaten gegen das Vermögen (48 %) und den gemeingefährlichen Straftaten mit 48 %.

---

254 Pitsela, 1986, S. 67, Tab. 11.

Die Straßenverkehrsdelikte sind es auch, bei denen alle Gastarbeiternationalitäten die höchsten Verurteiltenanteile aufweisen, gefolgt von der Eigentumskriminalität (bei Griechen, Portugiesen, Jugoslawen und Italienern) bzw. Straftaten nach anderen Bundes- und Landesgesetzen (bei Spaniern und Türken). Setzt man die Verurteiltenziffern in Bezug zur Bevölkerungsentwicklung, zeigt sich, daß bei den Italienern und Jugoslawen die Entwicklung der Verurteilten unter der der Bevölkerungsanteile liegt, bei den Griechen und Spaniern die Verurteilungsentwicklung derjenigen der Bevölkerungsanteile entspricht und lediglich bei den Portugiesen und Türken die Bevölkerungsentwicklung übersteigt.[255]

Piehler befaßte sich - neben der allgemeinen Arbeitsmigrantenkriminalität - insbesondere mit der Kriminaliätsbelastung der Jugoslawen und der Spanier.[256] Ziel dieser Differenzierung war es, „das generationelle Belastungsgefälle, vor allem aber das Belastungsgefälle im Nationalitätenvergleich, hinreichend erklären zu können“[257]. Bei den Jugoslawen handelte es sich um die nach der PKS 1989 relativ höchstbelastetete Gruppe, bei den Spaniern dagegen um die nach der Tatverdächtigenstatistik relativ am niedrigsten belastete Gruppe (abgesehen von den Portugiesen). Grundannahme Piehlers ist, daß diese statistischen Diskrepanzen mit der unterschiedlichen Ausprägung spezieller, von ihm ausgewählter Bedingungsfaktoren erklärt werden können.[258]

Nach Abzug der Tatverdächtigen mit illegalem Aufenthalt von der Gesamtzahl der Tatverdächtigen bleiben bei den Jugoslawen 41.041 Tatverdächtige, bei den Spaniern sind es 3.335. Die tatverdächtigen Asylbewerber, die nicht in den Meldestatistiken erscheinen und damit ebenfalls die KBZ verzerren, können nicht in Abzug gebracht werden, weil ihre Zahl unbekannt ist. Piehler gibt aber für seine folgenden Ausführungen zu bedenken, daß der Anteil von Asylbewerbern unter den jugoslawischen deutlich höher als unter den spanischen Tatverdächtigen ist, bei den Jugoslawen also größere Abzüge zur Bereininguug vorgenommen werden müßten als bei den Spaniern.[259] Ein Vergleich mit der Belastung der deutschen Bevölkerung zieht *Piehler* nur unter großen Vorbehalten, da die KBZ von 1.795 (1989) der deutschen Bevölkerung nur einer bereinigten KBZ der ausländischen Bevölkerung gegenübergestellt werden kann. *Piehler* bringt daher diejenigen Tatverdächtigen in Abzug, die wegen eines Verstoßes gegen das AuslG oder das AsylverfG registriert wurden. 1989 waren das 0,3 % der deutschen, 18,5 % der

---

255 Zusammenfassend Pitsela, 1986, S. 83.

256 Wegen der großen zahlenmäßigen Bedeutung der Türken wurde an einigen Stellen der Studie ergänzend auch auf die Verhältnisse der Gruppe der Türken hingewiesen; s. Piehler, 1991, S. 131.

257 Piehler, 1991, S. 130.

258 Piehler, 1991, S. 130.

259 Piehler, 1991, S. 140.

jugoslawischen und 2,5 % der spanischen Tatverdächtigen. Diese Tatverdächtigen gehören *Piehler* zufolge ganz überwiegend zu den nicht gemeldeten Personen; diesbezüglich darf zur Bereinigung allerdings kein weiterer Abzug erfolgen, da es ansonsten zu einem doppelten Abzug der gleichen Tatverdaächtigen käme.[260] Zu berücksichtigen ist weiterhin die unterschiedliche soziodemographische Struktur der Ausländer und Deutschen. Ein Vergleich der KBZ unter diesen Vorbehalten ergibt folgendes Bild: In den Jahren 1984-1989 stieg die KBZ der Jugoslawen stetig, und zwar um 70,8 % an und erreicht 1989 eine KBZ von 6.886. Bei den Spaniern belief sich der Anstieg auf 24,5 % und liegt 1989 bei 2.634.[261] Bei den Deutschen ist im entsprechenden Zeitraum ein Rückgang von 2,6 % zu verzeichnen und die KBZ erreicht 1989 ein Niveau von 1.795. Der Abstand der Belastungsziffer der Deutschen gegenüber der der ausländischen Gruppe ist also angewachsen.[262]

Eine altersbezogene Differenzierung, die nur für die Jugoslawen und die Deutschen möglich war, ergab, daß der Anteil der Tatverdächtigen unter 21 Jahren bei den Jugoslawen 1989 mit 28,1 % höher war als bei den jungen Deutschen (22,5 %), allerdings nicht so hoch wie bei den Türken (41,4 %).[263]

Relativ hoch ist der Anteil der Frauen an den jugoslawischen Tatverdächtigen mit 25,1 % (1989) bei einem Anteil von 46,1 % an der jugoslawischen Bevölkerung in Deutschland. Bemerkenswert ist hier *Piehler* zufolge der weibliche Anteil an den unter 21jährigen jugoslawischen Tatverdächtigen, der 1989 bei 28,2 % lag (zum Vergleich: bei den Deutschen lag der entsprechende Anteil bei 20,5 %, bei den Türken bei 13,9 %). Der Prozentsatz ihres Tatverdächtigenanteils erreichte bei den Jugoslawinnen 54,4 % des Prozentsatzes ihres Bevölkerungsanteils.[264] Bei den deutsche Frauen lag dieser Prozentsatz bei 45,7 % (bei einem Tatverdächtigenanteil von 24,2 %) und bei den türkischen Frauen bei 33,6 % (bei einem Tatverdächtigenanteil von 15,6 %). Piehler kommt aufgrund dieser Zahlen zur Annahme, daß für einen Teil der Höherbelastung der Jugoslawen gegenüber den Spaniern der weibliche Bevölkerungsanteil verantwortlich ist.[265]

Was die Deliktsverteilung bei den Angehörigen unterschiedlicher Nationalitäten angeht, so kam *Piehler* zu dem Ergebnis, daß diese in hohem Maße übereinstimmte. Jeder zweite Registrierte wurde wegen einfachen oder schweren Dieb-

---

260 So Piehler, 1991, S. 142.

261 Piehler, 1991, S. 144, Tab. 6.

262 Piehler, 1991, S. 146, Tab. 7.

263 Piehler, 1991, S. 147. Für die Spanier konnte eine Differenzierung der Daten nach verschiedenen Altersgruppen nicht erfolgen, weil hier kriminalstatistisch die Merkmale Alter und Staatsangehörigkeit nicht verknüpft wurden.

264 Piehler, 1991, S. 147.

265 Piehler, 1991, S. 148.

stahls oder Betrugs erfaßt, wobei der Anteil der Betrugsdelikte bei den Deutschen mit 15,1 % höher als bei den Jugoslawen und Spaniern lag. Betrachtet man das Ausmaß der Gewaltdelinquenz, auf das sich auch überwiegend das Interesse der Öffentlichkeit richtet, so zeigt sich, daß die Delikte der Jugoslawen 1989 zu 8,4 % aus Körperverletzungen, zu 1,5 % aus Raub und raubähnlichen Delikten, zu 0,2 % aus Vergewaltigung und zu 0,2 % aus vorsätzlichen Tötungen bestand und somit insgesamt 10,3 % ihrer Delikte ausmacht. Bei den Spaniern beträgt der Anteil der Gewaltdelikte insgesamt 13,5 %, bei den Deutschen 13,5 %. Allerdings ist die Gewaltkriminalität, wie sie sich aus der PKS ergibt, bei den Jugoslawen höher (KBZ von 848) als bei Deutschen (KBZ von 287) und Spaniern (KBZ von 405). Obwohl ihr Bevölkerungsanteil 1 % in der BRD beträgt, waren die Jugoslawen mit 2,5 % an Tötung, Körperverletzung, Vergewaltigung sowie Raub und ähnlichen Delikten beteiligt.[266]

Auf zwei Deliktsbereiche geht *Piehler* noch gesondert ein, weil sich hier ihm zufolge auffällige Entwicklungen vollzogen haben. Dies sind einmal die Verstöße gegen das AuslG und AsylVfG, die sich bei den Jugoslawen 1989 auf 18,5 % und bei den Spaniern auf 2,5 % beliefen. Die Differenzen sind *Piehler* zufolge ein weiteres Beispiel dafür, daß für beide Nationalitäten keine gemeinsame Erklärung für die Kriminalitätsbelastung gefunden werden kann, „nur weil es sich weder bei der einen noch bei der anderen um die deutsche handelt“.[267]

Auffällig ist *Piehler* zufolge weiterhin der hohe Anteil der Rauschgiftdelinquenz an der erfaßten Gesamtkriminalität der Spanier (10,2 % im Vergleich zu 1,8 % der Jugoslawen und 4,7 % der Deutschen), wobei allerdings zu beachten ist, daß die absolute Zahl der darauf entfallenden Delikte ebenso wie die der Jugoslawen und im Gegensatz zu der der Deutschen sehr moderat ist.

3. 8. Geißler und Marißen (1990)

Geißler/Marißen legten ihrer Untersuchung Angeklagte und nicht Tatverdächtige zugrunde, um einer möglichen Verzerrung durch den Polizei- und Anzeigeeffekt vorzubeugen und eliminierten, indem sie sich auf die Stadt Stuttgart konzentrierten, auch den Regionaleffekt. Zwei Verzerrungsfaktoren konnten nicht behoben werden: Es konnten nicht die Verstöße gegen das AuslG/AsylVfG eliminiert werden und unter den Angeklagten befinden sich auch jene jungen Ausländer, die nicht melderechtlich erfaßt sind.[268]

---

266 Piehler, 1991, S. 151.

267 Piehler, 1991, S. 152.

268 Geißler/Marißen, KZfSS 1990, S. 663, 666/667.

Geißler/Marißen fanden in ihrer Studie[269] keine Anhaltspunkte dafür, daß junge Ausländer in besonderer Weise kriminell gefährdet sind. Ihre Untersuchung der Anklagequoten ergab einen leichten Anstieg der Quote bei Ausländern und Deutschen, wobei der Abstand zwischen beiden Gruppen von 1982 an keine kontinuierlich steigende Tendenz mehr aufwies. Insgesamt waren die Ausländer um das 1,5fache mehr belastet als die Deutschen. Griechen, Spanier und Portugiesen waren in der Regel geringer belastet als Deutsche.[270]

Berücksichtigt man die schichtspezifischen Unterschiede beim Vergleich von Deutschen und Ausländern und zieht eine deutsche Vergleichsgruppe in vergleichbarer Soziallage (Indikator hierfür war die Schulbildung[271]) heran, zeigt sich, daß die jungen Ausländer nicht so häufig vor Gericht standen wie die jungen Deutschen.[272]

Im Hinblick auf die Deliktsstruktur der Anklagen ließ sich entgegen erkennbarer Tendenzen in der PKS keine Konzentration der Ausländerkriminalität im Bereich der Gewaltdelikte erkennen. So waren die Anteile der schweren Körperverletzung und der Sittlichkeitsverbrechen bei den jungen Ausländern in den 80er Jahren rückläufig und lagen 1987/88 unter den entsprechenden Anteilen bei den jungen Deutschen.[273] Dagegen stellten *Geißler/Marißen* eine überdurchschnittliche Konzentration auf den Bereich der (Kaufhaus-) Diebstähle bei den Ausländern fest (48 % bei den Ausländern, 30 % bei den Deutschen). Insgesamt lag der Anteil der Diebstahlsdelikte bei den verschiedenen Nationalitäten zwischen 41 % und 60 %.[274] Selten dagegen wurden Ausländern Verkehrsdelikte zur Last gelegt.[275]

Als besonders anfällig für eine strafrechtliche Registrierung haben *Geißler/Marißen* die Gruppe der Späteinsteiger, d. h. Jugendliche, die nach Abschluß der Grundschule im Alter zwischen 10 und 13 Jahren nach Deutschland gekommen sind, identifiziert. Die geringste Belastung zeigten dagegen diejenigen, die im Alter zwischen 1 und 5 Jahren nach Deutschland kamen. Eher erwartungswidrig war die

---

269 Empirische Basis ihrer Analysen waren die statistischen Zählblätter der Jugendgerichtshilfe der Stadt Stuttgart. Es wurden alle Blätter aus den Jahren 1981-1988 (insgesamt 18 028 Fälle) ausgewertet; s. Geißler/Marißen, KZfSS 1990, S. 663, 666.

270 Geißler/Marißen, KZfSS 1990, S. 663, 669.

271 Ausführlich dazu und dem angewandten Berechnungsverfahren für die Vergleichsgruppe Geißler/Marißen, KZfSS 1990, S. 663, 670/671 Der Multiplikationsindex belief sich auf 1,54, d. h. die deutsche Vergleichsgruppe ist um das 1,54fache höher belastet als alle jungen Deutschen.

272 Geißler/Marißen, KZfSS 1990, S. 663, 671f.

273 Geißler/Marißen, KZfSS 1990, S. 663, 678.

274 Geißler/Marißen, KZfSS 1990, S. 663, 679/680.

275 Geißler/Marißen, KZfSS 1990, S. 663, 678.

höhere Belastung der jungen Ausländer der „dritten Generation", die hier geboren wurden. Ihre Anklagequote entsprach in etwa der der Ausländer insgesamt.[276]

3. 9. *Karger und Sutterer (1990)*

Speziell mit der polizeilich registrierten Gewaltdelinquenz bei jungen Ausländern beschäftigten sich *Karger/Sutterer* im Rahmen der Freiburger Kohortenstudie.[277] Danach war der Anteil von Gewaltdelikten gegen Personen an allen von ihnen registrierten Straftaten mit 7,4 % relativ gesehen höher als bei den Deutschen, während es sich bei den Gewaltdelikten gegen Sachen umgekehrt verhielt (9,9 % bei den Deutschen und 5,3 % bei den Ausländern). Die prozentualen Anteile der Gewaltstraftaten an allen Straftaten variierten allerdings über das Alter.[278] Die jährliche Prävalenzrate[279] für Gewaltdelikte gegen Personen und Sachen lag bei Kindern und Jugendlichen durchgehend jeweils unter 0,5 %. Allerdings erreichen die Prävalenzraten, nachdem sie bis zum Alter von 12 Jahren bei Deutschen und Ausländern nur geringfügig unterschiedlich sind, bezüglich der Gewaltdelikte gegenüber Personen bei den ausländischen 17jährigen einen Spitzenwert von knapp 1,2 %. Bei den altersgleichen Deutschen sind dagegen nur 0,4 % der entsprechenden Wohnbevölkerung mit einer Gewalttat registriert. Die Kriminalitätsbelastung der ausländischen Tatverdächtigen ist damit ca. dreimal so hoch wie die der deutschen. Verantwortlich für die Höherbelastung sind die männlichen Ausländer, wenngleich auch die ausländischen Mädchen im Bereich der Gewaltdelinquenz ab dem Alter von 13 Jahren höher belastet sind als ihre deutschen Geschlechtsgenossinnen - allerdings bei einem generell geringen Anteil der Mädchen unter den Gewaltdelinquenten.[280] Insgesamt sind bis zum Alter von 18 Jahren knapp 7 % der nichtdeutschen und 2 % der deutschen Jungen wegen eines Gewaltdeliktes gegen

---

276 Geißler/Marißen, KZfSS 1990, S. 663, 680, Tab. 8, 681.

277 Die Analysen basieren auf einem aus vier Geburtskohorten (1970, 1973, 1975 und 1978) gebildeten Altersquerschnitt von 7-18jährigen Kindern und Jugendlichen. Die Tatjahre umfassen die Zeit von 1985 bis 1988. Den Analysen lagen 22.201 Personen und 53.643 registrierte Straftaten zugrunde; s. Karger/Sutterer, MschrKrim 1990, S. 369, 370.

278 Karger/Sutterer, MschrKrim 1990, S. 369, 371, 372.

279 Die jährliche Prävalenzrate der polizeilich Registrierten bezeichnet den Prozentsatz von Tatverdächtigen einer Population, bezogen auf ein Jahr. Die jährliche Inzidenzrate benennt dagegen die jährliche Anzahl von Straftaten, die prozentual auf eine bestimmte Population entfallen. Die Prävalenz- und Inzidenzraten wurden von Karger/Sutterer auf die jeweils 100 000 der entsprechenden Wohnbevölkerung hochgerechnet und sind somit der KBZ (Prävalenz) und der Häufigkeitsziffer (Inzidenz) vergleichbar; s. Karger/Sutterer, MschrKrim 1990, S. 369, 372 Fn 13.

280 Karger/Sutterer, MschrKrim 1990, S. 369, 373.

Personen polizeilich registriert worden.[281] Eine Besonderheit zeigt sich bei den Inzidenzraten[282] der männlichen Ausländer: Ein steiler Anstieg von Gewalttaten von den 17- auf die 18jährigen bei sinkender Prävalenzrate läßt den Schluß auf eine erhöhte Mehrfachtäterschaft der 18jährigen ausländischen Männer zu.[283] Grundsätzlich überwiegt aber bei der Gewaltdelinquenz gegen die Person der Einfachtäter.[284]

Eine Differenzierung nach Nationalitäten zeigt, daß hinsichtlich der Anteile an allen Delikten die jugoslawischen und italienischen Staatsangehörigen relativ zu ihrem Bevölkerungsanteil unterrepräsentiert, die Türken, Franzosen, Asiaten und Amerikaner dagegen leicht überrepräsentiert sind. Hervorsticht bei der Gewaltdelinquenz gegen Personen die relative Höherbelastung der Türken mit 48,8 % (Bevölkerungsanteil in Baden-Württemberg 38,6 %, Anteil an allen Delikten 40 %). Geringfügig überrepräsentiert sind hier nur noch die Asiaten, Amerikaner und die Staatenlosen bzw. jene mit unbekannter oder ungeklärter Staatsangehörigkeit. Die übrigen Nationalitäten liegen dagegen alle unter ihrem jeweiligen Bevölkerungsanteil und - bis auf wenige Ausnahmen - auch unter ihrem Anteil an allen Delikten.[285]

Um mögliche Verzerrungen aufzudecken, berechneten *Karger/Sutterer* außerdem die Prävalenzraten unter Ausschluß derjenigen Ausländer, die nicht zur Wohnbevölkerung gerechnet werden, und der Verstöße gegen das Ausländergesetz. Es zeigte sich, daß auch nach der Korrektur dieser Berechnungsfehler die Kriminalitätsbelastung der ausländischen Jugendlichen überhöht ist. Eine Überschätzung wurde festgestellt, doch ist diese alters- und deliktsabhängig und auch nach einer altersmäßigen Bereinigung der Daten bleibt eine fast dreifache Höherbelastung der ausländischen Kinder und Jugendlichen bestehen.[286]

3. 10. Steffen/Czogalla/Gerum/Kammhuber/Luff/Polz (1991)

Eine regionale, auf Bayern begrenzte, Studie zu Umfang und möglichen Ursachen der in Bayern polizeilich erfaßten Kriminalität ausländischer Tatverdächtiger wurde von *Steffen/Czogalla/Gerum/Kammhuber/Luff/Polz* im Auftrag des Baye-

---

281 So die kumulierten Prävalenzraten für die Kohorte 1970. Berücksichtigt werden muß Karger/Sutterer zufolge allerdings, daß die Berechnung von kumulierten Prävalenzraten bei der ausländischen Bevölkerung problematisch ist, da die Prozentuierungsbasis über die Jahre erheblich breiter streut als bei den Deutschen und als Bezugsgröße nur der Bevölkerungsstand von 1988 herangezogen werden konnte; s. Karger/Sutterer, MschrKrim 6/1990, S. 369, 376.

282 Vgl. oben Vgl. Fn 259.

283 So Karger/Sutterer, MschrKrim 6/1990, S. 369, 374.

284 Karger/Sutterer, MschrKrim 6/1990, S. 369, 375, Schaubild 4.1.

285 Karger/Sutterer, MschrKrim 6/1990, S. 369, 379.

286 Karger/Sutterer, MschrKrim 6/1990, S. 369, 377, 378.

rischen Staatsministeriums des Inneren erstellt. Die Studie zeichnet sich vor allem durch das Anliegen aus, mögliche Verzerrungsfaktoren, die sich zu Lasten der ausländischen Tatverdächtigen auswirken, zu kontrollieren und somit die für einen Vergleich mit den deutschen Tatverdächtigen notwendige vergleichbare Ausgangssituation zu schaffen. Eine Neuauswertung der PKS-Daten aus den Jahren 1983 bis 1990 erfolgte in dem Interesse, ob und in welchem Umfang die höhere Kriminalitätsbelastung der Ausländer auch bei Kontrolle der statistisch-methodischen Verzerrungsfaktoren erhalten bleibt und ob und in welchem Ausmaß diese Faktoren auch die Entwicklung der Ausländerkriminalität erklären können.[287] Aus dieser umfassenden Untersuchung sollen hier in erster Linie Befunde zur Jugendkriminalität im Vordergrund stehen.[288]

Steffen u. a. stellten einen Wechsel von der „Gastarbeiterkriminalität" hin zur „Zuwandererkriminalität", der sich als „deutliches Auseinanderfallen von ‚Qualität' und ‚Quantität' der polizeilich registrierten Kriminalität beschreiben läßt"[289], fest.

So gehörten 1990 mehr als die Hälfte der ausländischen Tatverdächtigen nicht zur ausländischen Bevölkerung, d. h. sie waren nicht melderechtlich erfaßt. Fast die Hälfte hiervon stellten die sich illegal Aufhaltenden, ein knappes Viertel Touristen/Durchreisende. Insgesamt macht die Zunahme der Registrierungshäufigkeit dieser Gruppe (seit 1983 um 101,9 %) mehr als zwei Drittel der Gesamtzunahme der ausländischen Tatverdächtigenzahlen aus.[290]

Allerdings nahm auch die Registrierungshäufigkeit der zur Wohnbevölkerung[291] Bayerns gehörenden nichtdeutschen Tatverdächtigen zu (um 52 %), wobei dies hauptsächlich auf die Entwicklung bei den tatverdächtigen Asylbewerbern zurückzuführen ist: Ihr Anteil an allen melderechtlich erfaßten nichtdeutschen Tatverdächtigen steigt von 6,95 % im Jahr 1983 auf 25,5 % im Jahr 1990. Trotz dieses beachtlichen Anstiegs stellen nach wie vor die ausländischen Arbeitnehmer mit 37,2 % die größte Gruppe bei den zur Bevölkerung zählenden Tatverdächtigen. Ihre Registrierungshäufigkeit ist aber mit einem Anstieg von 2,8 % in der Zeit zwischen 1983 und 1990 fast konstant geblieben.[292]

---

287 Steffen u. a., 1992, S. 183, 184.

288 Steffen u. a. unterteilen in die Altersgruppe der 6-17jährigen und 18-24jährigen, also nicht die „klassischen" Altersgruppen der Jugendlichen und Heranwachsenden. Sie merken an, daß die „jungen Ausländer" nicht ohne weiteres mit den jungen Ausländern der zweiten oder dritten Generation gleichgesetzt werden können, da allein aufgrund des Alters nicht geklärt ist, seit wann diese in Bayern leben. Die Tatverdächtigenbelastungszahlen (TVBZ) der Nichtdeutschen beziehen sich auf die melderechtlich erfaßten Ausländer.

289 Steffen u. a., 1992, S. 184.

290 S. die Zusammenfassung von Steffen u. a., 1992, S. 184.

291 Dies sind die melderechtlich erfaßten Nichtdeutschen.

292 Steffen u. a., 1992, S. 184, 185.

Knapp zwei Drittel der „neuen“ Tatverdächtigengruppen stammen aus osteuropäischen Staaten, vor allem aus Rumänien, Polen und der CSFR. Die Kriminalität dieser Ausländergruppen ist aber in erster Linie hinsichtlich der quantitativen Entwicklung ein Problem, nicht dagegen unter dem Aspekt der „Qualität“: So wurden 95,2 % der Tatverdächtigen mit illegalem Aufenthalt wegen Verstößen gegen das AuslG/AsylVfG registriert, gleiches gilt für 35,9 % der tatverdächtigen Asylbewerber. 43,4 % der tatverdächtigen Asylbewerber wurden wegen einfachen Diebstahls erfaßt; bei den Touristen/Durchreisenden waren es 64,7 %. In der Vielzahl der Fälle handelte es sich dabei um Ladendiebstähle.[293]

Demgegenüber ist die Kriminalität der zur Wohnbevölkerung zählenden Tatverdächtigen erheblich schwerer - und das nicht nur im Vergleich zu den melderechtlich nicht erfaßten Tatverdächtigen, sondern auch zu der deutschen Vergleichsgruppe. Dies gilt für die Entwicklung der Registrierungshäufigkeit, die Art der begangenen Delikte sowie für die Zunahme der Mehrfachauffälligkeit bei den ausländischen Tatverdächtigen.[294]

Da die Zunahmen bei den ausländischen Tatverdächtigen um 76 % nicht begleitet war von einem entsprechenden Bevölkerungszuwachs und zugleich die Zahl der polizeilich registrierten tatverdächtigen Deutschen um 6,9 % zurückgegangen ist, verzeichnete die ausländische Bevölkerung 1990 eine um das 5,6fache höhere Belastung als die deutsche Bevölkerung. Berücksichtigt man nur jene Tatverdächtigen, die 1990 zur Bevölkerung gehören und läßt Verstöße gegen das AuslG/AsylVfG außer Betracht, dann reduziert sich der Anteil der ausländischen Tatverdächtigen von rund 31 % auf 17 % und die Höherbelastung beläuft sich noch auf das 2,5fache. Eine deutliche Höherbelastung - über das 2,5fache hinaus - weisen die Nichtdeutschen im Bereich der Gewaltkriminalität auf sowie beim Erschleichen von Leistungen und den Diebstahlsdelikten. [295] Diese Höherbelastung im Bereich der Gewaltkriminalität betrifft insbesondere die zur Wohnbevölkerung Bayerns zählenden ausländischen Tatverdächtigen. Und gerade auch bei den jungen Ausländern sticht diese Entwicklung ins Auge: Sie sind im Vergleich zum Ausländeranteil an der Bevölkerung in ihrer Altersgruppe gravierend höher belastet und dies vor allem auch in Hinblick auf die Gewaltkriminalität.[296]

Auf die Situation der jungen Nichtdeutschen soll im folgenden etwas detaillierter eingegangen werden.

---

293 Steffen u. a., 1992, S. 185.

294 Steffen u. a., 1992, S. 189.

295 Steffen u. a. 1992, S. 186, 187.

296 So die Zusammenfassung bei Steffen u. a., 1992, S. 188.

Bezüglich der Gruppe der 6-17jährigen halten *Steffen u. a.* fest:

> „Zusammenfassend ist festzuhalten, daß die für die jungen (06-17jährigen) Ausländer ausgewiesene Deliktsstruktur nur in ihrer Tendenz der für die ausländischen TV insgesamt festgestellten Deliktsstruktur ähnelt. In der Entwicklung der Registrierungshäufigkeit jedoch, den Überhöhungen der TVBZ und den Anteilen, die die jungen Ausländer im Vergleichszeitraum bei den einzelnen Delikten an allen in ihrer Altersgruppe ermittelten TV erreicht haben, muß die Kriminalitätsbelastung dieser TV-Gruppe als besonders auffallend, wenn nicht sogar als besorgniserregend beurteilt werden.“[297]

Und für die Gruppe der 18-24jährigen:

> „Im Vergleich zur polizeilich registrierten Kriminalität der 06-17jährigen sind bei den 18-24jährigen TV die Unterschiede zwischen den ausländischen und den deutschen TV nicht ganz so groß und auch von den an der gesamten Altersgruppe erreichten Anteilen und TVBZ-Unterschieden her als etwas unproblematischer zu bewerten.“[298]

Im Einzelnen: Grundsätzlich sind die 18-24jährigen die Altersgruppe mit der höchsten Tatverdächtigenbelastungszahl. Bei den Ausländern dieser Altersgruppe kommt es im Vergleichszeitraum fast zu einer Verdoppelung der Registrierungshäufigkeit (plus 93,5 %), während die der deutschen Vergleichsgruppe um 16, 9 % zurückgeht. 1990 sind dann auch 19,4 % der Tatverdächtigen dieser Altersgruppe Nichtdeutsche (gegenüber 9,4 % im Jahr 1983). Zum Vergleich: Der Anteil der Ausländer an der Bevölkerung dieser Altersgruppe hat im selben Zeitraum von 6,3 % auf 9,8 % zugenommen.

Die Auswertung von *Steffen u. a.* für diese Altersgruppe ergab u. a. eine höhere Belastung der ausländischen TV bei allen in den Vergleich einbezogenen Deliktsbereichen. Überdurchschnittlich hohe Anteile der ausländischen 18-24jährigen Tatverdächtigen - gemessen an ihren durchschnittlichen Anteil an allen TV dieser Altersgruppe von 1990 19,4 % - und entsprechend stark überhöhte TVBZ zeigen sich bei der Vergewaltigung/sexuelle Nötigung mit 35,6 % (5,2fache Überhöhung der TVBZ), beim Erschleichen von Leistungen mit 30,7 % (4,1fache Überhöhung der TVBZ), beim Raub mit 28,9 % (3,8fache Überhöhung der TVBZ) und der gefährlichen/schweren Körperverletzung mit 24,9 % (3fache Überhöhung der TVBZ). Verglichen mit den für die Gesamtgruppe des ausländischen Tatverdächtigen festgestellten Deliktsanteile, liegt nur bei den wegen Vergewaltigung/ sexueller Nötigung registrierten Tatverdächtigen der Anteil der 18-24jährigen Nichtdeutschen an allen Tatverdächtigen dieser Altersgruppe mit 35,6 % über dem durchschnittlichen Anteil von 31,4 % (1990), den die insgesamt ermittelten ausländischen Tatverdächtigen bei diesem Deliktsbereich haben. Unter-

297 Steffen u. a., 1992, S. 157.

298 Steffen u. a., 1992, S. 161.

durchschnittliche Anteile fallen dagegen bei der Rauschgiftkriminalität und der Sachbeschädigung auf.[299]

Die Reihenfolge nach der Häufigkeit, mit der ausländische und deutsche 18-24jährige Tatverdächtige bei den einzelnen Delikten registriert werden, ist gleich. Sowohl bei den deutschen als auch bei den ausländischen 18-24jährigen werden die meisten Tatverdächtigen wegen einfachen Diebstahls, gefolgt von Betrug und leichter Körperverletzung ermittelt. Vor allem im Bereich des einfachen Diebstahls zeigt sich die Auseinanderentwicklung der ausländischen und deutschen Tatverdächtigenzahlen in besonderem Maße: So werden 1990 29,5 % der 18-24jährigen ausländischen Tatverdächtigen wegen dieser Straftat registriert. Gegenüber 1983 ist dies eine Steigerungsrate von 205 %. Ihr Anteil an allen wegen dieses Deliktes erfaßten Tatverdächtigen erhöht sich im entsprechenden Zeitraum von 9,2 % auf 27,4 %. Ihre TVBZ steigt gegenüber der der Deutschen um das 3,5fache an. Bei den deutschen Altersgenossen macht sich dagegen ein Rückgang der Registrierungshäufigkeit um 17,6 % bemerkbar: So werden 1990 noch 25,3 % aller 18-24jährigen deutschen Tatverdächtigen wegen einfachen Diebstahls ermittelt (1983: 25,5 %).[300]

Demgegenüber hat die Registrierungshäufigkeit der ausländischen Tat-verdächtigen bei den 6-17jährigen Tatverdächtigen nur um 22,8 % zugenommen; im gleichen Zeitraum ist aber die der deutschen Tatverdächtigen um 47,2 % zurückgegangen. Der Anteil der Ausländer an allen Tatverdächtigen dieser Altersgruppe erhöht sich daher von 12 % auf 24 % und liegt insoweit deutlich über den für die ausländischen Tatverdächtigen insgesamt festgestellten Anteilen an allen melderechtlich erfaßten Tatverdächtigen von 17 % (1990). Auch hier zum Vergleich: In der Bevölkerung hat sich der Anteil der Ausländer an dieser Altersgruppe von 8,4 % auf 9,6 % erhöht.[301] Die Überhöhung der Tatverdächtigenbelastungszahl der Ausländer gegenüber der der Deutschen steigt demgemäß vom 1,5fachen auf das 3fache an und erreicht somit die größte Überhöhung aller Altersgruppen.

Diese höhere Belastung der jungen Ausländer zeigt sich nicht nur im Bagatellbereich, sondern bei allen in den Vergleich einbezogenen Deliktsbereichen. Bei allen Delikten liegt die TVBZ der Ausländer über derjenigen der Deutschen; die Registrierungshäufigkeit nimmt bei ihnen bei der überwiegenden Zahl der Deliktsbereiche zu (Ausnahme: schwerer Diebstahl, Erschleichen von Leistungen, Urkundenfälschung und Begünstigung/Hehlerei), während sie bei der deutschen Vergleichsgruppe ausnahmslos abnimmt.

---

299 Steffen u. a., 1992, S. 158, 159.

300 Steffen u. a. 1992, S. 160.

301 Steffen u. a., 1992, S. 150-152.

Bezogen auf den durchschnittlichen Anteil der 6-17jährigen nichtdeutschen TV an allen TV ihrer Altersgruppe von 24 % haben die jungen Ausländer vor allem beim Raub mit 52 %, bei Vergewaltigung/sexueller Nötigung mit 51,1 %, beim Erschleichen von Leistungen mit 42,3 % sowie bei der gefährlichen und schweren Körperverletzung mit 33,1 % und dem Betrug mit 32,2 % deutlich darüber liegende Anteile. Die Überhöhung der TVBZ der Ausländer liegt bei Raub und Vergewaltigung/sexuelle Nötigung beim 10fachen, bei Erschleichen von Leistungen beim 7fachen, bei gefährlicher/schwerer Körperverletzung beim 4,7fachen und bei Betrug schließlich beim 4,5fachen.[302] Unterdurchschnittlich sind die entsprechenden Anteile bei Urkundenfälschung, Rauschgiftkriminalität und Sachbeschädigung. Die Überhöhung der TVBZ der Ausländer bewegt sich bei diesen Delikten zwischen dem 1,5- und 2fachen.[303]

Was die Reihenfolge der Häufigkeit, mit der junge nichtdeutsche bzw. deutsche TV bei den einzelnen Delikten registriert werden, angeht, so führte bei den jungen Ausländern 1990 der einfache Diebstahl vor dem schweren Diebstahl und der Sachbeschädigung. Bei den jungen Deutschen steht die Sachbeschädigung noch vor dem schweren Diebstahl. Während die absolute Registrierungshäufigkeit bei den deutschen Tatverdächtigen in allen drei Deliktsbereichen zwischen 1983 und 1990 zurückgegangen ist, macht sich ein Rückgang bei den Nichtdeutschen nur beim schweren Diebstahl bemerkbar (um 10,9 %), während in den beiden anderen Deliktsbereichen Zunahmen zu verzeichnen sind. Bemerkenswert ist die Überhöhung der TVBZ der Ausländer beim einfachen und schweren Diebstahl, die mit dem 3,5fachen noch die im Durchschnitt aller Straftaten (3fach) übertrifft.[304]

Insgesamt fallen also insbesondere die Überhöhungen der TVBZ der Ausländer bei der jüngsten Altersgruppe auf. Der einfache Diebstahl ist nach wie vor der Deliktsbereich, bei dem die meisten ausländischen und deutschen Tatverdächtigen registriert werden. Allerdings stechen auch die hohen Anteile der 6-17jährigen nichtdeutscher Tatverdächtigen an den Delikten der Gewaltkriminalität hervor.[305]

Was den Einfluß der verschiedenen Verzerrungsfaktoren[306] anbelangt, so mußten *Steffen u. a.* feststellen, daß trotz Kontrolle dieser Faktoren eine höhere Kriminalitätsbelastung der Nichtdeutschen in Bayern bestehen bleibt. Ausgehend von den insgesamt polizeilich registrierten Tatverdächtigen war die ausländische Bevölkerung um das 5,6fache mehr mit Tatverdächtigen belastet als die deutsche.

---

302 Steffen u. a., 1992, S. 153, 154.

303 Steffen u. a., 1992, S. 154.

304 Steffen u. a., 1992, S. 155, 156.

305 So Fazit von Steffen u. a., 1992, S. 162.

306 Nicht kontrolliert werden konnte die unterschiedliche soziale und wirtschaftliche Situation der ausländischen und deutschen Bevölkerung.

Berücksichtigt man nur diejenigen Tatverdächtigen, die 1990 zur Bevölkerung gehören, also melderechtlich erfaßt waren, verringert sich die Höherbelastung auf das 2,8fache und reduziert sich, wenn man nur die Straftaten der „klassischen" Kriminalität berücksichtigt (d. h. ohne Verstöße gegen das AuslG/AsylVfG), auf das 2,5fache. Vergleicht man nur die Tatverdächtigenbelastungszahlen für die jeweilige männliche Bevölkerung, beläuft sich die Höherbelastung nur noch auf das 2,3fache, bezogen auf die 18-24jährige männliche Bevölkerung bleibt eine Überhöhung der Tatverdächtigenbelastungszahlen der ausländischen Bevölkerung um das 2,2fache bestehen.

Die Kontrolle des „Regionaleffekts"[307] bringt dagegen ein z. T. überraschendes Ergebnis. Bezieht man nur die melderechtlich erfaßten Tatverdächtigen mit ein (ohne Verstöße gegen das AuslG/AsylVfG) verringert sich erwartungsgemäß die Überhöhung der Tatverdächtigenbelastungszahl der ausländischen Bevölkerung in der Tatortkategorie „München" auf das 1,6fache. Allerdings ist wider Erwarten die ausländische Bevölkerung besonders in der Fläche, d. h. in der Tatortkategorie „Landkreise", gleichzeitig mit dem 2,8fachen deutlich höher belastet als die deutsche Bevölkerung.[308]

3. 11. Kubink (1993)

Als Ergebnis seiner Auswertung der PKS von 1989 konstatiert *Kubink*, daß in statistischer Hinsicht die Relevanz der Jugendkriminalitätsproblematik bei den Nichtdeutschen durch die erhebliche Kriminalitätsbelastung bestätigt wird.[309]

Insgesamt ist der Anteil der Nichtdeutschen an allen Tatverdächtigen in der Zeit von 1984 bis 1989 von 16,6 % auf 24,5 % angestiegen, womit angesichts eines Bevölkerungsanteils von 7,7 % eine Überrepräsentation von über 300 % vorliegt. Ein deutlicher Schwerpunkt zeigte sich im Bereich der Jugendkriminalität, wo die nichtdeutschen Kinder mit 30,9 % sowie die Jugendlichen mit einem Tatverdächtigenanteil von 27,9 % am Gesamtaufkommen der jeweiligen Altersgruppe besonders hervorstechen. Bezogen auf einzelne Nationalitäten machen besonders

---

307 Gemeint ist die Tatsache, daß sich Ausländer häufiger in (groß-) städtischen Ballungsräumen aufhalten als Deutsche. So waren Steffen u. a. zufolge im Jahr 1990 47,3 % der ausländischen Bevölkerung Bayerns, aber nur 20,2 % der deutschen Bevölkerung, in den acht größten Städten Bayerns gemeldet. Um den Einfluß dieses Effekts zu überprüfen wurden vier Tatortkategorien gebildet (München, Großstädte, Mittelstädte und Landkreise), wobei auf jeder Ebene nach den „melderechtlich erfaßten" und „melderechtlich nicht erfaßten" Tatverdächtigen unterschieden wurde. S. ausführlich Steffen u. a., 1992, S. 24-27.

308 S. Steffen u. a., 1992, S. 28, 186, 187.

309 Kubink, 1993, S. 19.

die Türken mit einem Rückgang ihres Anteils an allen nichtdeutschen Tatverdächtigen von 26,3 % auf 23,9 % auf sich aufmerksam. Eine deutliche Steigerung läßt sich dagegen bei den Polen feststellen: ihr Anteil an den nichtdeutschen Tatverdächtigen stieg von 5,6 % auf 13,3 %.[310] Bezüglich der Altersstruktur fällt einerseits eine „deutliche Kumulation der türkischen Jugendlichen und Heranwachsenden sowohl im Bereich der Gewaltkriminalität als auch der Diebstahlsdelikte auf. Für die Polen ist die Verlagerung auf die Gruppe der Erwachsenen - dies vor allem im Rahmen von Diebstahlstaten - erwähnenswert.[311]

Auffällig ist insbesondere die übermäßige Belastung der Nichtdeutschen - im Vergleich zum Durchschnittswert des ausländischen Tatverdächtigenanteils von 24,5 % - im Bereich der Gewalt- und Roheitsdelikte: Der Anteil an den Vergewaltigungen und den Raubdelikten beläuft sich je auf 31,4 %, der an den Tötungsdelikten auf 27 % (wobei hier die kleinen absoluten Zahlen zu berücksichtigen sind).[312] Davon hebt sich nochmals die Gruppe der Türken ab, die bei der Gewaltkriminalität mit einem Anteil von 40,3 % ihren eigenen Anteil an den nichtdeutschen Tatverdächtigen insgesamt von 23,9 % deutlich übertreffen. Hervorzuheben sind die hohen Belastungszahlen bei den Gewaltdelikten bei den jungen Nichtdeutschen: Diese ist in allen drei Altersgruppen (Kinder, Jugendliche, Heranwachsende) jeweils dreimal so hoch wie bei den deutschen Altersgenossen. Die prozentuale Überhöhung bewegt sich zwischen 353 % bei den Kindern, über 335 % bei den Jugendlichen und 299 % bei den Heranwachsenden.[313]

Anders als bei den Sexual- und Gewaltdelikten ist im Bereich der Vermögens- und Eigentumsdelikte insgesamt keine überhöhte Belastung erkennbar[314], bei Diebstahl unter erschwerenden Umständen liegt mit einem Tatverdächtigenanteil der Nichtdeutschen von 21,7 % ein unterdurchschnittlicher Wert vor.[315] Bemerkenswert ist die extrem hohe Beteiligung an Taschendiebstählen mit rund 70 %.[316] Eine statistische - wenn auch nicht erhebliche - Höherbelastung junger Ausländer macht sich beim Diebstahl ohne erschwerende Umstände bemerkbar. Auffälligkeiten ergeben sich für die türkischen Kinder und Jugendlichen. Bei den Kindern beläuft sich der Anteil aller türkischen Tatverdächtigen in diesem Deliktsbereich auf 27,8 %, bei den Jugendlichen auf 33,4 %. Dagegen sind z. B.

---

310 S. Kubink, 1993, S. 25.

311 Zusammenfassend Kubink, 1993, S. 33.

312 S. Kubink, 1993, S. 23.

313 Kubink, 1993, S. 24.

314 Kubink, 1993, S. 33.

315 Kubink, 1993, S. 28.

316 Kubink, 1993, S. 33.

bei den Polen die Kinder und Jugendlichen in diesem Deliktsbereich nicht nur im Verhältnis zu den anderen Ausländergruppen, sondern auch im Vergleich zur deutschen Bevölkerung unterrepräsentiert. Daneben fallen im Bereich des Diebstahls vor allem die Asylbewerber auf (ohne Differenzierung nach Alter).[317]

Betrachtet man die Altersstruktur, verdient der Anteil der unter 21jährigen auch beim Diebstahl unter erschwerenden Umständen besondere Beachtung: Dieses Delikt betrifft bei Deutschen und Nichtdeutschen in erster Linie männliche Jugendliche und Heranwachsende. Allerdings ist die Gruppe der Ausländer mit 21,5 % unter den Jugendlichen und 19,3 % bei den Heranwachsenden beteiligt, während sich die entsprechenden Werte bei der deutschen Gruppe auf 18 % und 20,3 % belaufen.[318]

Erwartungsgemäß einen hohen Anteil nichtdeutscher Tatverdächtiger findet sich bei den Verstößen gegen das Ausländergesetz und auch die vermutete schwerpunktmäßige Beteiligung der Asylbewerber im Bereich der Drogenkriminalität zeichnet sich mit einem Anteil von 15,4 % an den von Ausländern begangenen Rauschgiftdelikten ab.[319]

Bei den deutschen Jugendlichen sind zwischen 1985 und 1987 die absoluten Tatverdächtigenzahlen und die Kriminalitätsbelastungszahlen (KBZ) zurückgegangen. Bei den nichtdeutschen Jugendlichen trifft dies nur auf die KBZ zu, wobei bei den Nichtdeutschen 1988 eine Steigerung der KBZ auf 10.081 erfolgt und somit eine dreimal höhere Kriminalitätsbelastung als bei den Deutschen zu verzeichnen ist. Der Anteil der Nichtdeutschen an der Zahl der tatverdächtigen Jugendlichen beträgt 27,8 %. Bezüglich der Heranwachsenden ist ein Rückgang der Tatverdächtigenzahlen bei den heranwachsenden Deutschen festzustellen, wobei aber der Wert der Kriminalitätsbelastung mit einer KBZ von 4.094 (1988) der höchste aller Altersgruppen ist. Ähnlich verläuft die Entwicklung bei den nichtdeutschen Heranwachsenden, deren KBZ mit 13.749 (1988) mehr als dreimal so hoch ist wie der Wert der deutschen Vergleichsgruppe und auch die Belastung der anderen ausländischen Gruppen bei weitem übertrifft. 1989 lag der Anteil der Nichtdeutschen an den tatverdächtigen Heranwachsenden bei 26,5 %.[320]

---

317 Kubink, 1993, S. 27.

318 Kubink, 1993, S. 28. Davon heben sich die Türken ab: Sie sind bei diesem Delikt in der Gruppe der männlichen Jugendlichen mit 37,3 % und in der Gruppe der Heranwachsenden mit 25,2 % vertreten.

319 Kubink, 1993, S. 31.

320 Kubink, 1993, S. 18, 19. Zur Differenzierung nach Geschlechtern s. S. 19, 20.

3. 12. *Pfeiffer (1995)*

Eine weitere Studie wurde in neuerer Zeit von *Pfeiffer* vorgelegt. Pfeiffer untersuchte einmal auf der Grundlage der PKS die Entwicklung der Tatverdächtigenzahlen für die unterschiedlichen Gruppen von Nichtdeutschen wie Asylbewerber, ausländische Schüler und Studenten und Arbeitnehmer anhand ausgewählter Delikte sowie die Entwicklung der Kriminalitätsbelastung differenziert nach dem Alter der polizeilich registrierten Personen für verschiedene Deliktsgruppen.[321]

Bei den einfachen Diebstahlsdelikten entwickelte sich *Pfeiffer* zufolge die Kriminalitätsbelastung der verschiedenen Ausländergruppen in den alten Bundesländern (einschließlich Berlin) sehr unterschiedlich:

Während die absolute Zahl der Tatverdächtigen von Diebstahlsdelikten unter den Schülern und Studenten im Untersuchungszeitraum relativ konstant geblieben ist, die der Arbeitnehmer bis 1993 um ca. 30 % angestiegen ist und 1994 wieder etwas abgenommen hat, ist die Zahl der tatverdächtigen Asylbewerber sprunghaft angestiegen. Gegenüber 1988 hat sich 1993 die Zahl der tatverdächtigen Asylbewerber versechsfacht (106.978 Tatverdächtige). Sie stellen somit ungefähr die Hälfte aller ausländischer Tatverdächtigen und 18,8 % aller wegen dieses Deliktes registrierten Personen. Parallel zur sinkenden Zahl der einreisenden Asylbewerber ab Mitte 1993 als Folge der veränderten Asylgesetzgebung ging auch die Zahl der Tatverdächtigen von 1993 auf 1994 um mehr als die Hälfte zurück. [322] Nur eine untergeordnete Rolle spielen dagegen die tatverdächtigen Asylbewerber bei der Gewaltkriminalität und den Drogendelikten. Insgesamt ist der Anstieg der polizeilich registrierten Tatverdächtigen um 27,9 % in der Zeit zwischen 1988 und 1993 zu 87,7 % auf nichtdeutsche Tatverdächtige und hiervon wiederum zu 52,2 % auf Asylbewerber zurückzuführen. Dieser Zusammenhang zeigt sich ebenso deutlich bei dem Rückgang der Tatverdächtigenzahlen des Jahres 1994. *Pfeiffer* ergänzte diese Befunde um niedersächsische Daten: Danach sind die Asylbewerber vor allem bei weniger schweren Delikten am stärksten vertreten (z. B. 40,6 % aller Tatverdächtigen bei der Urkundenfälschung entfallen auf Asylbewerber, dagegen bei der Gewaltkriminalität nur 10,9 % und bei schweren Drogendelikten 7,4 %).[323]

Rückläufig ist seit 1988 die Kriminalitätsbelastung der Arbeitnehmer[324] in Niedersachsen: Die Gesamt-Tatverdächtigenziffer hat 1994 im Vergleich zu 1988 um ein Fünftel abgenommen, wobei die Tatverdächtigenziffer bezüglich der Diebstahlsdelikte etwas stärker zurückgegangen ist als die der Gewaltkriminalität. Bun-

---

321 Pfeiffer, 1995, S. 4, 9.

322 Pfeiffer, 1995, S. 5.

323 Pfeiffer, 1995, S. 6.

324 Berechnungsgrundlage sind tatverdächtige ausländische Arbeitnehmer pro 100.000 dieser Bevölkerungsgruppe.

desweit ist für den Zeitraum 1988-1993 ein ähnlicher Trend festzustellen, wenn der Rückgang hier auch mit -4,5 % nicht so deutlich ausfällt.[325]

Ein näherer Blick auf die verschiedenen Nationalitäten zeigte weiterhin für Niedersachsen extreme Zuwachsraten bei den Angehörigen solcher Staaten, die in den letzten Jahren von der Verfolgung besonderer Bevölkerungsgruppen und Bürgerkriegen geprägt waren wie z. B. Rumänien und das frühere Jugoslawien, während Angehörige jener Staaten, in denen sich die politische und wirtschaftliche Lage nach dem Zusammenbruch kommunistischer Regime - wie Ungarn, Polen oder die frühere Tschechoslowakei - stabilisiert hat, nur geringe Zuwachsraten oder gar rückläufige Tendenzen aufweisen.[326]

Die altersspezifische Differenzierung ergab für alle Delikte (ausgenommen Verkehrsdelikte) bundesweit in der Zeit von 1988 bis 1993 einen starken Anstieg der Kriminalitätsbelastung der jüngeren Altersgruppen, insbesondere der Heranwachsenden, wobei dann auch hier 1994 in Zusammenhang mit dem Rückgang der tatverdächtigen Asylbewerber die Tatverdächtigenziffern aller Altersgruppen erheblich nach unten gehen, am stärksten wiederum bei den Heranwachsenden und den Jungerwachsenen. *Pfeiffer* analysierte weiterhin die Tatverdächtigenziffern für eine Deliktsgruppe, bei der der Anteil der Asylbewerber relativ gering (personenbezogene Gewaltdelikte) und eine, bei der der Anteil der Asylbewerber relativ hoch ist (einfacher Diebstahl/Unterschlagung). Zeigen bei ersterer Deliktsgruppe die Tatverdächtigenziffern der Nichtdeutschen - abgesehen von der Gruppe der jugendlichen Ausländer, deren TVZ um fast drei Viertel seit 1988 angestiegen ist - in der Zeit von 1988-1994 nur geringe Schwankungen, so hat sich die Zahl der polizeilich registrierten Personen bei der zweiten Deliktsgruppe bis 1993 erheblich vergrößert und ist im darauffolgenden Jahr wieder deutlich zurückgegangen. So hat sich die Tatverdächtigenziffer der 21-25jährigen im fraglichen Zeitraum mehr als verdoppelt und ist dann binnen eines Jahres um fast 50 % zurückgegangen. Nicht ganz so extrem stellen sich Zu- und Abnahme lediglich bei den Jugendlichen und den über 30jährigen dar. Bei den deutschen Altersgenossen ließ sich *Pfeiffer* zufolge eine ähnliche Entwicklung feststellen: Bei den personenbezogenen Gewaltdelikten ist auch bei den deutschen Jugendlichen im entsprechenden Zeitraum ein Anstieg der TVZ um 60 % zu beobachten, wie auch bei Diebstahl/Unterschlagung die Kriminalitätsbelastung der deutschen unter 25jährigen seit 1988 erheblich zugenommen hat - wobei allerdings das hohe Niveau der jungen Ausländer nicht erreicht wird. Im Gegensatz zu den Tatverdächtigenziffern der Nichtdeutschen steigen jene der Deutschen auch 1994 weiter an oder stagnieren.[327]

---

325 Pfeiffer, 1995, S. 8.

326 So Pfeiffer, 1995, S. 9.

327 S. Pfeiffer, 1995, S. 10ff.

3. 13. Rebmann (1998)

Eine Analyse der polizeilich registrierten Ausländerkriminalität von 1986 bis 1995 nahm schließlich *Rebmann* vor.

Für die Jahre 1986 bis 1993 läßt sich danach eine stetige Zunahme der Tatverdächtigenzahlen der Ausländer feststellen.[328] 1994 war dagegen ein Rückgang um ca. 70.000 Tatverdächtige zu verzeichnen; ein leichter Rückgang kennzeichnete auch das Jahr 1995. Zugleich ist auch der Anteil der einer Straftat verdächtigen Ausländer an den Tatverdächtigen insgesamt gestiegen: 1986 stellten die Nichtdeutschen 19,3 % aller Tatverdächtigen; seit 1992 bewegt sich ihr Anteil dagegen stets über 30 %.[329]

Die Tatverdächtigenzahlen der Nichtdeutschen sind in der Zeit von 1986 bis 1995 um fast 110 % gestiegen, wobei die höchsten Steigerungsraten auf die Urkundenfälschung, Landfriedensbruch, Erpressung und Straftaten gegen das AuslG und AsylVfG entfallen. Aber auch der Betrug mit 132,7 % und der einfache Diebstahl mit ca. 86 % wiesen nicht unerhebliche Steigerungsraten auf. Uneinheitlich ist dagegen das Bild bei den Gewaltdelikten. Hier stehen Delikte mit sehr moderaten Steigerungsraten wie z. B. bei der Vergewaltigung mit 20,6 % solchen mit erheblich höheren Steigerungsraten gegenüber wie z. B. bei Mord/Totschlag um 105,9 %. Dagegen betrug die Steigerungsrate der Tatverdächtigenzahlen bei den Deutschen im selben Zeitraum nur insgesamt 9,5 %.

Im Zeitraum 1994 und 1995 ging vor allem die Zahl nichtdeutscher Tatverdächtiger bei den Eigentums- und Vermögensdelikten sowie den Verstößen gegen das AuslG und das AsylVfG zurück.

Dabei ist der Anstieg der Zahl ausländischer Tatverdächtiger bis 1993 vor allem auf Staatsangehörige osteuropäischer Staaten zurückzuführen; dagegen ist der Anteil der Tatverdächtigen aus den „klassischen" Gastarbeiternationen zwischen 1986 bis 1993 zurückgegangen und entspricht zum Teil im wesentlichen dem Bevölkerungsanteil (so bei Italienern, Griechen, Spaniern und Portugiesen). Auffällig sind allerdings die hohen Anteile der Türken, vor allem deren überproportionale Beteiligung an den Gewaltdelikten, sowie seit 1992 ein erheblicher Anstieg der Tatverdächtigenzahlen von Staatsangehörigen des ehemaligen Jugoslawiens.

Insgesamt zeigen die steigenden Tatverdächtigenzahlen und -anteile von melderechtlich nicht erfaßten Nichtdeutschen (Touristen/Durchreisende/Illegale) und neu zugewanderter Personen (Asylbewerber) den Wandel weg von der „Gastarbeiterkriminalität" hin zur „Zuwandererkriminalität". Während erstere Gruppe vor allem wegen wenig schwerer Delikte registriert werden, fallen die Asylbewerber verstärkt

---

328 Ab 1991 bezogen auf die alten Bundesländer einschließlich Gesamt-Berlin.

329 Rebmann, 1998, S. 77.

auch mit hohen Tatverdächtigenanteilen im Bereich der Gewaltdelikte auf. Abgesehen hiervon verüben ausländische Arbeitnehmer und Schüler und Studenten tendenziell schwerwiegendere Delikte als die neuen Zuwanderergruppen; sie fallen weniger in besonderem Maße bei Eigentums- und Vermögensdelikten als bei Gewaltdelikten auf.

Die höhere Belastung der ausländischen Bevölkerung mit Tatverdächtigen bleibt auch bestehen, wenn die Straftaten gegen das AuslG/AsylVfG herausgerechnet werden und die unterschiedliche Struktur der deutschen und ausländischen Bevölkerung berücksichtigt wird.[330]

Speziell die Aufschlüsselung der nichtdeutschen Tatverdächtigengruppe nach ihrem Alter ergab bei *Rebmann* folgendes Bild: Die Zahl der tatverdächtigen nichtdeutschen Jugendlichen ist von 1986 bis 1993 um 96 % gestiegen; fast verdoppelt hat sich auch ihr Tatverdächtigenanteil. Einem leichten Rückgang 1994 folgte 1995 wieder ein Anstieg.

Die Steigerungsrate bei den heranwachsenden ausländischen Tatverdächtigen belief sich von 1986 bis 1993 auf 172 %, wobei der höchste Tatverdächtigenanteil 1993 mit 46,3 % erreicht wurde. 1994 und 1995 ging die Zahl der ausländischen Tatverdächtigen bei den Heranwachsenden zurück. Dennoch stellten die ausländischen Heranwachsenden 1995 noch 37,4 % aller Tatverdächtigen dieser Altersgruppe.[331]

Bei den nichtdeutschen Jugendlichen sticht insbesondere der hohe Anteil an den Gewaltdelikten, insbesondere Mord/Totschlag (1995: 49,7 %), Vergewaltigung (1995: 44,1 %), Raub (1995: 46,5 %) und gefährliche und schwere Körperverletzung (1995: 36,2 %) heraus. Eine besonders hohe Belastung fiel bei den Straftaten gegen das AuslG/AsylVfG, dem illegalen Glücksspiel und der Urkundenfälschung auf. Bei den Eigentums- und Vermögensdelikten entsprach ihr Anteil im wesentlichen ihrem Tatverdächtigenanteil an den Straftaten insgesamt. Hier stechen vor allem Betrug und Erpressung hervor.[332]

Bei den Heranwachsenden lag der Tatverdächtigenanteil vor allem bei Vergewaltigung, Raub, Erpressung, Urkundenfälschung, Glücksspiel, Straftaten gegen das AuslG/AsylVfG sowie ab 1990 bei einfachem Diebstahl über dem für sie festgestellten Anteil an allen Straftaten dieser Altersgruppe. Bei den Gewaltdelikten zeigt sich zum Teil ebenfalls eine verstärkte Auffälligkeit. So lag z. B. beim Raub der Anteil der Tatverdächtigen an diesem Delikt seit 1986 immer deutlich über dem Anteil an allen Straftaten insgesamt. Gleiches gilt auch für die Vergewalti-

330 Zusammenfassend Rebmann, 1998, S. 172, 173.

331 Rebmann, 1998, S. 95, 96. Zu den entsprechenden Zahlen bei den Kindern vgl. Rebmann, 1998, S. 94, 95.

332 Rebmann, 1998, S. 99, 100.

gung. Relativ niedrige Anteile stellen die ausländischen Heranwachsenden dagegen bei der vorsätzlichen Körperverletzung.[333]

Der Vergleich der Tatverdächtigenbelastung für die Jahre 1989 bis 1995 der deutschen und ausländischen Bevölkerung[334] ergab für die hier interessierenden Altersgruppen folgendes Bild:

Bei der Altersgruppe der Jugendlichen wiesen die Nichtdeutschen die höchste TVBZ bei beiden Geschlechtern auf, wobei die Mehrbelastung 1993 einen Höhepunkt erreichte (2,7fach bei den männlichen Jugendlichen und 2,1fach bei den weiblichen Jugendlichen).[335]

Ein Vergleich der TVBZ ausgewählter Delikte ergibt eine gravierende Höherbelastung der Nichtdeutschen bei den Gewaltdelikten. 1995 wiesen die nichtdeutschen männlichen Jugendlichen z. B. beim Raub in etwa eine 7fache Höherbelastung, bei Vergewaltigung eine 4fache und bei gefährlicher und schwerer Körperverletzung eine 3fache Höherbelastung auf. Ebenso zeichneten sie sich bei Betrug, Urkundenfälschung, Erpressung, Landfriedensbruch, Hehlerei und Beleidigung durch eine deutlich mehr als zweifache Höherbelastung aus.[336]

Bei den 18 - unter 25jährigen Nichtdeutschen waren 1992 und 1993 ebenfalls beide Geschlechter deutlich mehrbelastet. Es folgte ein starker Rückgang in den Jahren 1994 und 1995, ohne daß das Niveau der Vorjahre wieder erreicht wurde (1995: eine 2,1fache Mehrbelastung bei den männlichen, eine 1,8fache bei den weiblichen Nichtdeutschen).

Dagegen sind die TVBZ der Deutschen dieser Altersgruppe von 1989 bis 1995 kontinuierlich angestiegen und zwar bei fast allen Deliktsgruppen.

Differenziert man nach Delikten, so fallen die höchsten Mehrbelastungen der Nichtdeutschen bei den Gewaltdelikten auf. Bei Mord/Totschlag, Vergewaltigung, gefährlicher und schwerer Körperverletzung belief sich die Höherbelastung im Jahr 1995 auf ungefähr das 3fache, bei Raub auf etwas weniger als das 4fache.[337] Insgesamt führte die Berücksichtigung unterschiedlicher Alters- und Geschlechtsstrukturen nicht zu einer wesentlichen Verringerung der Tatverdächtigenbelastung der Nichtdeutschen. Eine Mehrbelastung zeigt sich über alle Delikte hinweg, vor allem aber bei den Jugendlichen in Bezug auf Gewaltdelikte.

---

333 Rebmann, 1998, S. 100, 101.

334 Zurückgegriffen wurde auf die Bevölkerungszahlen am Ende des Vorjahres eines PKS-Berichtsjahres, wie sie der Fortschreibung des Bevölkerungsstandes zum Jahresende durch das Statistische Bundesamt zu entnehmen waren. Ausgenommen wurden bei Errechnung der Tatverdächtigenbelastungszahlen die Illegalen, Touristen/Durchreisende und Stationierungsstreitkräfte; s. Rebmann, 1998, S. 153.

335 Rebmann, 1998, S. 161 (ohne Verstöße gegen das AuslG/AsylVfG); speziell zu den weiblichen TVBZ, s. S. 162.

336 Rebmann, 1998, S. 162 und Anhang V, Übersicht 2.

337 Ausführlich Rebmann, 1998, S. 163, Anhang V, Übersicht 3.

3. 14. Pfeiffer/Delzer/Enzmann und Wetzels (1998)

Die Befunde der PKS-Analyse zeigen, daß der seit 1984 eingetretene Anstieg der absoluten Zahlen von 14-21jährigen Tatverdächtigen zu 82,9 % auf eine Zunahme der Nichtdeutschen zurückzuführen ist. Dabei spielen sowohl die gegenläufige Entwicklung der Bevölkerungszahlen eine Rolle als auch die verstärkte Zuwanderung von Asylbewerbern und Flüchtlingen. Mit Inkrafttreten des neuen Asylrechts ist die polizeilich registrierte Kriminalitätsbelastung bei Jugendlichen, Heranwachsenden und Erwachsenen zurückgegangen und zwar sehr deutlich im Bereich der Diebstahlsdelikte. Anders verhält es sich mit den Tatverdächtigenziffern der Gewaltkriminalität: Sie sind bei den unter 21jährigen Nichtdeutschen weiterhin angestiegen.[338]

Eine für Hannover durchgeführte Aktenanalyse aller Strafverfahrensakten von unter 21jährigen Beschuldigten von Raub- und Körperverletzungsdelikten der Jahre 1990, 1993 und 1996 ergab, daß die beachtliche Zunahme der Angeklagten aus nichtdeutschen Ethnien zu annähernd 90 % auf solche Jugendliche und Heranwachsende zurückzuführen ist, die entweder hier geboren oder vor mehr als fünf Jahren nach Deutschland zugewandert sind. Dies wird durch die Ergebnisse von Dunkelfeldbefragungen[339] untermauert: Analysen von Opferangaben führten zu der Feststellung, daß Nichtdeutsche, vor allem aber Türken, als Täter überrepräsentiert waren und sie insgesamt trotz eines ethnisch-selektiven Anzeigeverhaltens nicht signifikant häufiger angezeigt werden.[340] Auch ergab die Befragung zur Gewalteinstellung, daß sich das höchste Ausmaß von Gewaltbefürwortung bei den türkischen Jugendlichen - und zwar sowohl bei den eingebürgerten türkischen Jugendlichen als auch denjenigen mit türkischer Staatsangehörigkeit - fand.[341] Das Ausmaß der Gewalt befürwortenden Einstellung der Jugendlichen korreliert dabei nach den Ergebnissen von *Pfeiffer u. a.* mit der wahrgenommenen Norm der Eltern, die vorliegend über die ablehnende Einstellung der Eltern zu Gewalthandlungen Jugendlicher gemessen wurde[342] und der sozialen Lage der Familien.[343] Diese Befunde werden ergänzt durch die Angaben der Befragten zur selbstberichteten (Gewalt-) Delinquenz: Nach diesen Selbstberichten wiesen die türkischen Jugendlichen die höchste Gewaltrate auf. Während bei den einheimischen Deutschen 1997 19,3 % mindestens einmal gewalttätig waren, lag die entsprechende Quote bei den türki-

---

338 Pfeiffer u. a., 1998, S. 48.

339 Befragt wurden repräsentative Stichproben von Jugendlichen der 9.Jahrgangsstufe in Hamburg, Hannover, Leipzig und Stuttgart; vgl. ausführlich Pfeiffer u. a., 1998, S. 52ff.

340 Pfeiffer u. a., 1998, S. 72.

341 Pfeiffer u. a., 1998, S. 76, 77.

342 Pfeiffer u. a., 1998, S. 77.

343 Pfeiffer u. a., 1998, S. 78, 79.

schen Jugendlichen bei knapp 34,9 %. Die Raten der eingebürgerten Ausländer liegen an zweiter, die der Jugendlichen aus Jugoslawien an dritter Stelle. Dabei sind die Unterschiede zwischen den Ethnien auf die Differenz der Raten der Mehrfachtäter (fünf und mehr Gewalttaten) zurückzuführen. Die Rate der türkischen Jugendlichen liegt hier mit 15,1 % dreimal höher als die der einheimischen Deutschen.[344]

Bei Berücksichtigung der durchschnittlichen Anzahl der Delikte je Täter als Gewichtungsfaktor stehen die gewichteten Täterraten[345] der einheimischen Deutschen und den türkischen Jugendlichen im Verhältnis 1:3,9. Allerdings darf bei diesen Befunden nicht vergessen werden, daß in absoluten Zahlen gemessen die einheimischen Deutschen nach wie vor die größte Täterpopulation stellen. 57,1 % aller Gewaltdelikte entfallen auf deutsche und 16,3 % auf türkische Jugendliche.[346]

Auch das Phänomen, daß hauptsächlich solche Jugendliche, die sich schon längere Zeit in Deutschland aufhalten, in besonderem Maße auffällig sind, wird durch die Angaben zur selbstberichteten Delinquenz bestätigt. *Pfeiffer u. a.* differenzierten nach den einheimischen Deutschen und vor und nach 1993 zugewanderten Jugendlichen. Ein Vergleich dieser Gruppen bestätigte den Hellfeldbefund. In den Deliktskategorien Körperverletzung, Bedrohung mit einer Waffe, Erpressung und Raub erwiesen sich die Jugendlichen, die vor 1993 zugewandert sind, als wesentlich höher belastet als diejenigen, die sich erst seit 1993 in Deutschland aufhalten.[347]

4. Kapitel: Erklärungsansätze zur Kriminalitätsentstehung bei Ausländern

Die Erklärungsansätze zur Kriminalität der Ausländer sind vielfältig und ihre Aussagekraft umstritten. Es werden dabei sowohl Ansätze, die an der ethnisch-kulturellen Herkunft anknüpfen, als auch die allgemeinen Kriminalitätsentstehungstheorien diskutiert. Bei letzteren kommt der ethnischen Variante nur eine marginale Bedeutung zu. Im Vordergrund stehen die soziale Integration der Ausländer sowie ihre soziale und ökonomische Situation. Der Ausländereigenschaft bzw. der ethnischen Herkunft kommt nur noch insoweit Bedeutung zu als sie bestimmte Phänomene (z. B. Desorganisationserscheinungen) verstärkt.

---

344 Pfeiffer u. a., 1998, S. 81.

345 Täter je 100 der Bevölkerung.

346 Pfeiffer u. a., 1998, S. 82.

347 Pfeiffer u. a., 1998, S. 83.

4. 1. Kulturkonflikttheorie und ihre Modifikationen

Im Hinblick auf die Situation der Einwanderer in Amerika in den 30er Jahren stellte *Thorsten Sellin* die Hypothese auf, daß sich Kriminalität aus einem Konflikt verschiedener kultureller Werte und Normen entwickelt. Jeder Mensch hat bestimmte Werte und Verhaltensregeln der Kultur seines Heimatlandes internalisiert. Für die Situation von Einwanderern bedeutet dies, daß sie sich im Aufnahmeland mit divergierenden Werten und Normen konfrontiert sehen. Dieser Widerspruch kann letztlich nur durch die Entscheidung für eines der beiden kulturellen Systeme aufgehoben werden. Bis diese Entscheidung vollzogen ist, ist Sellin zufolge die Wahrscheinlichkeit, daß die Betroffenen strafrechtlich auffällig werden, besonders hoch: Unter diesen Umständen beginnt die Stellung der betreffenden Personen bzw. Gruppe möglicherweise „marginal" zu werden. Durch den Einfluß verschiedener Werte und Normen kommt es bei den betroffenen Personen oder Gruppen zu Desorientierung.

Verstärkt wird die problematische Situation dieser Personen und Gruppen, der Einwanderer, noch durch die im Aufnahmeland erfahrene Ablehnung durch die Majoritätsgruppe, Gefühle der Heimatlosigkeit und des Ausgeschlossenseins. Dabei geht Sellin davon aus, daß diese Kulturkonflikte nicht nur zwischen verschiedenen Gruppen, sondern auch innerhalb einer Gruppe - zwischen dem Einzelnen und der Grupe - bestehen können. Aus dieser für den Betroffenen schwierigen Situation heraus können Sellin zufolge Innenkonflikte und Außenkonflike erwachsen, die umso stärker sind, je unterschiedlicher die Wertevorstellungen der einzelnen Kulturen sind. Ein Außenkonflikt tritt zutage, wenn sich der Einwanderer gemäß den Normen seines Heimatlandes verhält und damit gegen Normen des Gastlandes verstößt. Einem Innenkonflikt unterliegt die betroffene Person dagegen, wenn sie sich weder für die Normen ihres Herkunftslandes noch für die Normen des Aufnahmelandes entscheiden, für sich selbst also keine verbindlichen Verhaltensstandards entwickeln kann.[348]

Die Kulturkonfliktshypothese findet heute in der Kriminologie nur noch vereinzelt[349], und dann auch meist nur in modifizierter Form Rückhalt. Ein Grund hierfür ist, daß sie die geringe Kriminalitätsbelastung der ausländischen Arbeitnehmer der ersten Generation in Deutschland nicht erklären kann: Gerade diese Gruppe müßte, da sie noch die heimatlichen Wertvorstellungen und Normen am intensivsten internalisiert hat, besonders anfällig für einen Kulturkonflikt und damit höher delin-

---

348 Sellin, 1938, S. 59ff.

349 Z. B. Schneider, 1987, S. 306, der für die Kulturkonflikttheorie anführt, daß sie die andersartige Struktur der Ausländerkriminalität erklären kann.

quenzbelastet sein.[350] Dagegen müßte die zweite und dritte Generation der Ausländer, also jene, die in Deutschland aufgewachsen oder gar geboren sind, diesen Kulturkonflikt nur in abgeschwächter Form erleben und somit vergleichsweise gering belastet sein. Dem widersprechen die teilweise überhöhten Kriminalitätsbelastungszahlen der jungen Ausländer.

Auch wenn zur Erklärung der geringen Delinquenzbelastung der „Gastarbeiter" darauf verwiesen wird, daß durch die Anwerbekommissionen in den Heimatländern eine strenge Auslese stattfand und das Leben in der Bundesrepublik kaum Berührungspunkte zur deutschen Bevölkerung aufwies, so daß es nicht zu einer intensiveren Auseinandersetzung mit den Normen des Aufnahmelandes und daher selten zu kulturellen Konflikten gekommen sein dürfte[351], werden die Schwächen der Kulturkonfliktstheorie - insbesondere soweit sie den „Außenkonflikt" betrifft - dennoch in anderen Punkten sichtbar:

Tatsächlich lassen sich nur wenige Straftaten der in Deutschland lebenden Ausländer mit dem Widerstreit verschiedener Rechtsnormen erklären. Rechtsnormen sind in unterschiedlichen Kulturkreisen gar nicht so verschieden; vor allem im schweren Deliktsbereich dürfte ein echter Wertedissens über die Länder- und Kulturgrenzen hinweg kaum existieren.[352] So konstatiert denn auch *Kaiser*, daß oft die „Begehungsformen und das jeweilige Handlungsmuster kulturspezifischer als das Delikt selbst" erscheinen.[353]Zwar mag es Fälle geben, in denen ein sogenannter Außenwertkonflikt zutage tritt (wie z. B. in den vielzitierten Blutrache-Fällen), doch sind diese selten.[354] Für den großen Bereich der Massen- und Alltagskriminalität taugt dieser Erklärungsansatz jedoch nicht.[355] Der Kulturkonfliktshypothese gelingt es also nicht, das breite Spektrum von Kriminalität zu erfassen, weshalb sie im Grunde genommen zu einem Mehrfaktorenansatz gezwungen ist.[356]

---

350 Vgl. Kaiser,1996, § 57 Rz.17; Schüler-Springorum, NStZ 1983, S. 529, 533; Kürzinger, 1996, S. Rz. 353.

351 Vgl. Rebmann, 1998, S. 280, 281.

352 Loll, 1983, S. 49, Niggli, in: Bauhofer/Queloz (Hrsg.), 1993, S. 119, 133, Albrecht, in: DVJJ (Hrsg.), 1997, S. 192, 223/224: Unterschiede im internationalen Bereich sind danach vor allem in bezug auf Umweltdelikte und Felder des Nebenstrafrechts erkennbar; ders., in: DVJJ - Regionalgruppe Nordbayern (Hrsg.), 1993, S. 1, 7.

353 Kaiser,1996, § 57 Rz. 36.

354 Niggli, in: Bauhofer/Queloz (Hrsg.), 1993, S. 119, 133 zufolge belegen solche Beispiele nicht, daß - im konkreten Fall - gegenüber einer Tötung andere Wertungen bestehen, sondern nur, daß unterschiedliche soziale Umstände als Rechtfertigung einer an sich strafbaren Handlung dienen können. Vgl. auch Richter, KrimJ 1981, S. 263, 265: Die Kulturkonflikthypothese überbetone interkulturelle Konflikte und ignoriere intrakulturelle Konflikte und insbesondere den Konflikt zwischen Brauchtum und Recht.

355 S. Schüler-Springorum, NStZ 1983, S. 529, 533.

356 So Richter, KrimJ 1981, S. 263, 265, Villmow, KKW 1993, S. 45. Für Schneider, 1987, S. 306, ist dies weniger ein Manko als ein positiver Aspekt.

So stellen dann auch die Vertreter einer (modifizierten) Kulturkonfliktstheorie auf den Innenkonflikt ab, um insbesondere die Kriminalitätsbelastung der nachfolgenden Ausländergenerationen zu erklären. Die kulturkonfliktspezifischen Erklärungselemente werden dabei hauptsächlich um sozialisationstheoretische Ansätze erweitert.

Dem Einwand, die Kulturkonflikthypothese sei dadurch widerlegt, daß die erste Generation von Einwanderern in geringerem Maße belastet war als die folgenden Generationen, obwohl gerade bei ihnen der Kulturkonflikt am ausgeprägtesten sein müßte, wird vereinzelt entgegengehalten, daß die erste Generation noch nicht gezwungen war, sich aktiv mit den Normen des Gastlandes auseinanderzusetzen, die zweite oder dritte Generation sich aber den Wertevorstellungen des Gastlandes angenähert habe. Damit nehme aber die Wahrscheinlichkeit eines „Innenwertkonfliktes" zu. Er führe schließlich zur Familien- und Persönlichkeitsdesorganisation, indem die widerstreitenden Normen in die Familie hineingetragen werden und die Kinder sich dadurch einem sich widersprechenden Sozialisationsdruck ausgesetzt sehen: Einerseits lebt die Familie nach ihrer (traditionellen) Wertevorstellung, andererseits wird das Kind durch Gleichaltrige, Schule usw. mit entgegengesetzten Erwartungen konfrontiert. Am Ende steht ein Eltern-Kind-Konflikt. Die Kinder identifizieren sich nicht mehr mit ihren Eltern, akzeptieren sie nicht mehr als Autorität und der Familienzusammenhalt zerbricht. Die Kinder verlieren die Orientierung und sind nicht mehr in der Lage, den Widerstreit der Normen, den Kulturkonflikt, zu verarbeiten.[357]

Als modifizierten Eltern-Kind-Konflikt charakterisiert dann auch *Kaiser* den Kulturkonflikt, dem die jungen Ausländer unterliegen[358]: Danach ist gerade das Elternhaus der Ort, wo konkurrierende Normen- und Wertesysteme - das eine repräsentiert durch die Eltern, das andere repräsentiert durch Schule, peer-group usw. - aufeinandertreffen. Die Kontroll - und Sozialisationskapazitäten der Eltern nehmen ab und unter dem Einfluß der peers oder auch delinquenter Gruppen kann delinquentes Verhalten entstehen. Gerade bei der nachwachsenden Generation ist es *Kaiser* zufolge nicht der Kulturkonflikt, der Kriminalität hervorbringt, sondern die Unfähigkeit, in gesellschaftlich akzeptierter Weise mit diesem Konflikt zu Rande zu kommen, also ein sozialpsychologisches Phänomen.[359]

---

357 So die Argumentation von Schneider, 1987, S. 306f.

358 Kaiser, 1996, § 57 Rz. 38; s. auch Loll, 1983, S. 49; vgl. auch Albrecht/Pfeiffer, 1979, S. 48, 49.

359 Kaiser, 1996, § 57 Rz. 37.

Nicht der Kulturkonflikt, sondern „sozialstrukturelle Momente und Mechanismen, also Phänomene des Zugangs zu ökonomischen, beruflichen, politischen und ökologischen Chancen“ sind danach verantwortlich für delinquentes Verhalten der Ausländer.[360] Dieser Ansatz wird in den letzten Jahren verstärkt für die Erklärung der Ausländerkriminalität herangezogen.[361] Anomietheorie, Theorie der sozialen Mangellage und der eingeschränkten Zugangschancen tragen diesem Gedanken Rechnung.

Kern der Anomietheorie ist die Kluft zwischen gesellschaftlich anerkannten und erstrebenswerten kulturellen Zielen und den zur Verfügung stehenden (legitimen) Mitteln, diese zu erreichen. Diese Kluft innerhalb der Gesellschaft führt zur Normlosigkeit bei jenen Gruppen, denen eine Zielerreichung aus sozialstrukturellen Gründen verschlossen bleibt. Ausgangspunkt ist insoweit die „soziale Drucksituation“[362]: Diejenigen, denen die Zielerreichung auf legalem Wege wegen unzureichender Mittel verschlossen bleibt, werden eher als andere dazu gedrängt, diese auf illegalem Wege zu verfolgen. Insoweit also die Anomietheorie auf das Auseinanderfallen von kulturell bestimmten Zielen und den sozialstrukturellen Mitteln zu ihrer Verwirklichung abstellt, hat die ethnisch-kulturelle Variable, der Ausländerstatus, nur Bedeutung, als damit überwiegend eine Situation der sozialen Randständigkeit und der strukturellen Benachteiligung einhergeht.

Wie oben gezeigt wurde, ist auch die Situation der Ausländer der zweiten und dritten Generation nach wie vor weitestgehend durch soziale und wirtschaftliche Randständigkeit geprägt. Dies gilt in verstärktem Maße für Asylbewerber und Flüchtlinge.

Daß nicht alle Altersgruppen gleich auffällig sind, sondern vorweg die jüngeren Altersgruppen betroffen sind[363], dürfte mit einem höheren Anspruch sozialer und materieller Art der jungen Nichtdeutschen der zweiten (bzw. dritten) Generation zusammenhängen.[364] Deutlich wird das im Vergleich zur Elterngeneration. Deren Lebensweise war durch Verzicht gekennzeichnet. Beengte Wohnverhältnisse, finanzielle Unterstützung der Familie im Heimatland sowie das Sparen für eine „bessere“ Zukunft im Heimatland zeugen hiervon. Die jungen Ausländer sehen

---

360 Sack, in: KKW, 1974, S. 211.

361 Als erste wiesen darauf Albrecht/Pfeiffer, 1979, hin. S. auch Steffen, BewHi 1995, S. 133, 153, der zufolge dies ein Problem ist, dem die zweite und dritte Generation in besonderem Maße ausgesetzt ist. Diesem Erklärungsansatz zuneigend auch Kürzinger, 1996, S. 241 Rz. 354; s. auch Albrecht, in: DVJJ - Regionalgruppe Nordbayern (Hrsg.), 1993, S. 1, 7.

362 Kaiser, 1996, § 39 Rz.4.

363 So das Argument von Schneider, 1987, S. 305 gegen die Theorie der sozialen Mangellage.

364 Loll, 1983, S. 35.

überwiegend ihre Zukunft in Deutschland, die aber mit einer ganzen Reihe struktureller Benachteiligungen und Hürden im Vergleich zu den gleichaltrigen Deutschen behaftet ist. Hier sei nur an das Ergebnis der Befragung von *Heitmeyer* erinnert, wonach die jungen Türken hohe Bildungsaspirationen haben, denen die schulische und berufliche Realität weit „hinterherhinkt". Nicht zu vergessen ist auch die eher schlechte wirtschaftliche Position der jungen Ausländer.[365] Die Delinquenz der Ausländer könnte danach also in erster Linie schichtbedingt sein.[366]

Ihrer Grundannahme nach läßt die Anomietheorie vor allem eine vergleichsweise hohe Belastung im Bereich der Eigentums- und Vermögensdelikte erwarten. Diese Erwartung konnte zumindest über einige Zeit hinweg nicht bestätigt werden, weshalb die Anomietheorie teilweise als Erklärungsmodell für Ausländerkriminalität verworfen wurde.[367] Zugespitzt formuliert stellt sich unter Zugrundelegung der Anomietheorie angesichts der Lebenssituation der jungen Ausländer die Frage, warum nur so wenige Nichtdeutsche „kriminell" werden.[368]

Neue Nahrung erhält die Anomietheorie allerdings durch die in letzter Zeit sich bemerkbar machende „neue" Armut. Sie zeichnet sich durch eine Ausbreitung der phasenweisen Armut bis in die mittleren Einkommenslagen hinein und eine Veränderung der Altersstruktur hin zu jungen Menschen[369] aus. Verstärkt betroffen sind auch die in Deutschland lebenden Ausländer. Ihr Anteil an den Empfängern von Hilfe zum Lebensunterhalt lag mit 34 % deutlich über ihrem Bevölkerungsanteil von rund 8 %. Ausländer sind somit zweieinhalb Mal so häufig von Armut betroffen wie die deutsche Bevölkerung.[370] Gravierend ist die Entwicklung vor allem bei den jungen ausländischen Erwachsenen zwischen 18 und 25 Jahren, deren Anteil an den „Sozialhilfe"-Suchenden sich zwischen 1985 und 1993 mehr als verdreifacht hat.[371] Verantwortlich für das größere Verarmungsrisiko der Ausländer ist u. a. ihre Stellung auf dem Arbeitsmarkt. Daher trifft das Verarmungsrisiko auch zunehmend die integrierten ausländischen Erwerbstätigen.[372] Da sie nach wie vor hauptsächlich in sekundären Teilarbeitsmärkten als ungelernte oder angelernte

---

365 Vgl. Pilz, in: DVJJ (Hrsg.), 1997, S. 44, 45-47 zu den angestrebten Zielen, der angestrebten Lebensweise von Jugendlichen, sowie S. 49 „über Konsum vermitteltes Lebensglück"; s. auch Toprak, DVJJ-J 2000, S. S. 364, 366 (betr. türkische Jungen).

366 Vgl. Schwind, 2000, § 23 Rz. 27.

367 So Schüler-Springorum, NStZ 1983, S. 529, 534; ablehnend insgesamt auch Niggli, in: Bauhofer/Queloz (Hrsg.), 1993, S. 119, 142, Eisenberg, 2000, § 50 Rz. 75, Kubink, 1993, S. 74.

368 Hamburger/Seus/Wolter, 1981, S. 171.

369 Frehsee, in: DVJJ (Hrsg.), 1997, S. 15, 20, 23; auch Pfeiffer/Ohlemacher, DVJJ-J 1995, S. 178, 182.

370 Frehsee, in: DVJJ (Hrsg.), 1997, S. 15, 23.

371 Huster, in: DVJJ (Hrsg.), 1997, S. 91, 93/94.

372 Frehsee, in: DVJJ (Hrsg,), 1997, S.15, 23.

Arbeiter beschäftigt sind und diese Gruppe die Hälfte der Arbeitslosen stellt, sind sie einem erheblich größeren Arbeitslosigkeitsrisiko ausgesetzt. Gleichzeitig stiegen anteilmäßig mehr Ausländer in ein niedrigeres Einkommensquintil ab (für die Jahre 1984-1989) als Deutsche.[373] Parallel hierzu zeigte sich eine zunehmende Belastung der Nichtdeutschen, insbesondere bei den Asylbewerbern, im Bereich der Eigentumsdelikte.[374]

Vor allem die Kriminalität der Asylbewerber zeichnet sich *Frehsee* zufolge dadurch aus, daß mit ihr die Deckung elementarer Grundbedürfnisse verfolgt werde. Bedürfnisse, die in der wirtschaftlich schlechten Lage der Asylbewerber nicht auf legalem Wege befriedigt werden können.[375] *Frehsee* zufolge findet der Zusammenhang zwischen Armut und Kriminalität der Ausländer darin Rückhalt, daß sie ähnlich wie andere Gruppierungen eine Deckung von Armutsbetroffenheit und Kriminalitätsbelastung zeigen. *Frehsee* gibt sogar zu bedenken, daß man angesichts der „in der Geschichte der Bundesrepublik einzigartigen Größenordnung, der qualitativen Verschiebungen und der drohenden Verfestigung (...) womöglich wieder mit der Entwicklung einer echten Notkriminalität rechnen" müsse.[376]

Auf eine parallele Entwicklung der Kriminalität und solcher Faktoren, die in Kombination mit Armut als kriminalitätsfördernd angesehen werden können, weisen auch *Pfeiffer/Ohlemacher* hin. Speziell die Asylbewerber sind als Sozialhilfeempfänger neben der Armut vor allem mit der Perspektivlosigkeit auf dem Arbeitsmarkt und der Unsicherheiten ihres Aufenthaltes konfrontiert; fehlende Sprachkenntnisse versperren die Chance, durch eine entsprechende Ausbildung aus eigener Kraft aus der Armut zu finden. Dem entspricht *Pfeiffer/Ohlemacher* zufolge auch die Kriminalitätsentwicklung, bei der der Anstieg der Diebstahlsdelikte und Gewaltdelikte zu einem beachtlichen Teil auf die Gruppe der Asylbewerber zurückzuführen ist. Damit korrespondiert der Rückgang der tatverdächtigen Asylbewerber in diesen Deliktsbereichen nach Inkrafttreten der neuen Asylgesetzgebung.[377] Umgekehrt hat die Zahl der tatverdächtigen nichtdeutschen Arbeitnehmer pro 100.000 dieser Bevölkerungsgruppe - also jener Nichtdeutscher, die über ein reguläres Einkommen verfügen und besser in die Gesellschaft integriert sind - zwischen 1988 und 1994 abgenommen, wobei der Rückgang bei den Diebstahlsdelikten besonders ausgeprägt ist. Im gleichen Zeitraum war dagegen die Kriminalitätsbelastung der ausländischen Wohnbevölkerung insgesamt, hauptsächlich bedingt durch den Zuwachs bei den Asylbewerbern,

---

373 S. Huster, in: DVJJ (Hrsg.), 1997, S. 91, 101.

374 Vgl. Pfeiffer, 1995, 11, 16-18.

375 Frehsee, in: DVJJ (Hrsg.), 1997, S. 15, 24.

376 Frehsee, in: DVJJ (Hrsg.), 1997, S. 15, 26.

377 Pfeiffer/Ohlemacher, DVJJ-J 1995, S. 178, 187.

angestiegen und hat danach als Folge sinkender Asylbewerberzahlen wieder abgenommen.[378]

Trotz dieser Parallel-Entwicklung von Armut und Kriminalitätsbelastung kann das Phänomen der „neuen Armut“ grundsätzlich nur eingeschränkt zur Erklärung der Kriminalitätsbelastung herangezogen werden. Dies müssen *Pfeiffer/Ohlemacher* mit Blick auf ihre Untersuchung ebenso wie *Frehsee* konstatieren, zumal die Studie von *Pfeiffer/Ohlemacher* - wie die Verfasser selbst anmerken - zu einem „ökologischen Fehlschluß“ verleiten könnte, da keine Individualdaten zu den Tatverdächtigen und Sozialhilfeempfängern in Niedersachsen erhoben wurden, sondern lediglich auf Regionen (mit entsprechender Belastung mit Armut) abgestellt wurde. Der Beweis für ein Ursache-Wirkungsverhältnis kann - wie die Verfasser einräumen - also nicht geführt werden, weshalb sie lediglich verschiedene Erklärungsansätze dafür anbieten, „unter welchen Rahmenbedingungen Armut die Wahrscheinlichkeit abweichenden Verhaltens erhöht“[379] - Armut könnte insoweit als Faktor gesehen werden, der bei gleichzeitig ausgeprägter Konsumorientierung den „anomischen Druck“ auf die Betroffenen verstärkt oder aber mit Blick auf die Theorie der sozialen Bindung stützende Netzwerke für die Betroffenen wichtiger denn je macht. Fehlen diese, so erhöht sich möglicherweise das Risiko, daß Armut zur Kriminalität führt.[380]

Damit eröffnen *Pfeiffer/Ohlemacher* aber einen von der Armutsproblematik unabhängigen, anderen Erklärungszusammenhang, indem möglicherweise die soziale Einbindung zum maßgeblichen Faktor wird. Und auch *Frehsee* wirft die Frage auf, „inwiefern Armut und Kriminalität weniger in kausaler Abhängigkeit zu verstehen sind, sondern vielmehr als gemeinsame Elemente eines Syndroms der Deprivierung und Marginalisierung“ [381] und man also gerade nicht von einem Ursache-Wirkungsverhältnis ausgehen kann. Auch die Tatsache, daß z. B. relativ wenige Frauen straffällig werden, sie aber ca. zwei Drittel der Armen stellen, macht deutlich, daß sich das Sozialprofil von Armen und Straffälligen gerade nicht deckt. Ebensowenig decken sich die Armutsgeographie und die Kriminalitätsgeographie.[382] *Traulsen* weist weiterhin auf die seit Jahrzehnten wellenförmig verlaufende Kriminalitätskurve hin, ohne daß sich ein entsprechender Verlauf der wirtschaftlichen Verhältnisse erkennen ließe.[383] Die Bedeutung der Armut für die Erklärung von Kriminalitätsentstehung dürfte sich demnach gerade im Kontext der

---

378 Pfeiffer/Ohlemacher, DVJJ-J 1995, S. 178, 187.

379 Pfeiffer/Ohlemacher, DVJJ-J 1995, S. 178, 185.

380 Pfeiffer/Ohlemacher, DVJJ-J 1995, S. 178, 185, 186.

381 Frehsee, in: DVJJ (Hrsg.), 1997, S. 15, 26.

382 Siehe die ausführliche Kritik an der Erklärungskraft der Armut durch Kaiser, 1996, § 39 Rz. 19.

383 Traulsen, DVJJ-J 2000, S. 398, 401.

Anomietheorie darauf beschränken, daß sie ein Faktor unter vielen ist, der die Chancenstrukturen verändert und die soziale Drucksituation verschärft.[384]

4. 3. Kontrolltheorie

Teilweise wird auch versucht, die Kriminalität der jungen Ausländer mit kontrolltheoretischen Ansätzen, hier vor allem in der Form von Hirschis Theorie der sozialen Bindung, zu erklären. Danach ist wesentlich für konformes Verhalten die Einbindung einer Person in die Gesellschaft und ihre Institutionen.

Die vier relevanten Ebenen für Bindungen sind nach *Hirschi*:

- „attachement to meaningful persons“: das emotionale Band, das das Individuum mit Bezugspersonen verbindet und auf dem die Verpflichtung gegenüber anderen und die Bedeutung der persönlichen Beziehung für die eigene Lebensgestaltung beruhen,
- „commitment to conventional goals“ als die rationalistisch geprägte Komponente der Kontrolltheorie, die die subjektive Seite einer Kosten-Nutzenanaylse einschließlich der Antizipation der Folgen des eigenen Verhaltens beschreibt,
- „involvement in conventional activities“, wonach sich demjenigen, der durch konventionelle Tätigkeiten in Anspruch genommen wird, einer sinnvollen Freizeitgestaltung nachgeht, kaum Zeit und Gelegenheit für delinquentes Verhalten bietet
  und
- „belief in social rules“ d. h. die Anerkennung und Billigung des gesellschaftlichen Wertesystems.[385]

Anders als die Anomietheorie, die hauptsächlich die Kriminalitätsbelastung Unterschichtsangehöriger zu erklären vermag, kann die Kontrolltheorie in Gestalt der Theorie der sozialen Bindung auf alle sozioökonomische Schichten bezogen werden. Auch ist sie empirisch gut überprüfbar. Dagegen ist die Zahl der erfaßten Determinanten sehr gering und gibt weder Auskunft über Entwicklung, Qualität und Verlust von Bindungen noch vermag sie Fälle zu erklären, in denen Personen trotz fehlender konventioneller Bindungen unauffällig bleiben, weil es an der entsprechenden Motivation mangelt.[386]

---

[384] Zu letzterem Kaiser, 1996, § 39 Rz. 19; mit Zweifeln an der Erklärungskraft auch Traulsen, DVJJ-J 2000, S. 398, 400.

[385] Vgl. Kaiser, 1996, § 27 Rz.17, 18.

[386] Kaiser, 1996, § 27 Rz. 19, 22.

Bezieht man Hirschis Theorie der sozialen Bindung auf die Gruppe der Ausländer, so läßt sich in Unterscheidung der ersten (unauffälligen) Generation und der höherbelasteten zweiten oder dritten Generation folgendes feststellen:

Was die emotionale Bindung an andere Personen und Institutionen (attachement) anbelangt, so ist die Aufrechterhaltung von Bindungen zum Heimatland sehr schwer oder fast unmöglich, umgekehrt können Bindungen im Aufnahmeland nur sehr schwer aufgebaut werden. War dies bei der ersten Generation hauptsächlich darauf zurückzuführen, daß sie zur Arbeitsaufnahme nach Deutschland gekommen und behelfsmäßig untergebracht waren, nur Kontakt zu anderen „Gastarbeitern" hatten und nie die Rückkehrperspektive aus den Augen verloren[387], sind es bei den jungen Ausländern das teilweise problematische Verhältnis zur Schule, Sprachschwierigkeiten und zum Teil auch eine ethnisch segmentierte Gleichaltrigen-Gruppe, die die soziale Isolation fördern.[388] Insofern wäre auch bei der ersten Generation eigentlich eine höhere Kriminalitätsbelastung zu erwarten gewesen. Andererseits dürfte bei ihnen insbesondere das rationale Bindungselement „commitment" Bedeutung erlangt haben. Das Wissen um die aufenthaltsrechtlichen Konsequenzen einer strafrechtlichen Auffälligkeit dürfte auf die ausländischen Arbeitnehmer, die sich bewußt u. a. aus ökonomischen Gründen für ihren Aufenthalt im fremden Land entschieden haben, stärker wirken als bei der zweiten oder dritten Generation, die diese Entscheidung nicht selbst und eigenständig gefällt haben. Eine Kosten-Nutzen-Abwägung mag unter diesen Bedingungen anders ausfallen.[389]

Auch die Einbindung in konventionelle Tätigkeiten, die Partizipation an den Institutionen der Gesellschaft, ist bei den jungen Nichtdeutschen nicht sehr ausgeprägt, wenn man sich die nach wie vor schlechte berufliche und schulische Integration der jungen Ausländer vor Augen führt. Andererseits ist bei Teilen der zweiten und dritten Generation eine starke emotionale Bindung an die Familie (attachement) festzustellen. So ergab die Befragung von türkischen Jugendlichen durch *Heitmeyer*, daß man bei türkischen Familien „von einem außerordentlich hohen Bindungspotential"[390] ausgehen kann. Auch das emotionale Verhältnis der türkischen Jugendlichen zu ihren Eltern entpuppte sich als wesentlich besser als das ihrer deutschen Altersgenossen.[391] Für manche Gruppen junger Ausländer - man

---

387 So auch Rebmann, 1998, S. 298.

388 Niggli, in: Bauhofer/Queloz (Hrsg.), 1993, S. 119, 139.

389 So Niggli, in: Bauhofer/Queloz (Hrsg.), 1993, S. 119, 140. Siehe aber auch Albrecht, in: DVJJ - Regionalgruppe Nordbayern (Hrsg.), S. 1, 7, der darauf abstellt, daß die Einwanderergeneration - anders als die zweite, dritte oder vierte Generation - durch traditionelle Bindungen geprägt war.

390 Heitmeyer u. a., 1997, S. 71.

391 Heitmeyer u. a., 1997, S. 70 Tab. 1.3., 71.

denke an Asylbewerber, minderjährige unbegleitete Flüchtlinge - stellt sich die Situation gravierender dar: Sie dürften selten über emotionale Bindungen zu anderen Personen verfügen und ihre Teilnahme an konventionellen Tätigkeiten, an den Institutionen der deutschen Gesellschaft, dürfte annähernd ausgeschlossen sein.

Was die Wertvorstellungen (beliefs) angeht, so sind zwei verschiedene Deutungsmuster denkbar: So kann einerseits eine Bindung aufgrund eines gemeinsam geteilten Werte- und Normensystems fehlen, weil die jungen Ausländer dieses Wertesystem aufgrund der schlechten Zukunftsperspektiven und Diskriminierungs- und Zurückweisungserfahrungen ablehnen.[392] Andererseits kann das Festhalten an den ursprünglichen Werten individuell stabilisierend wirken. Geht man davon aus, daß ein gravierender Wertedissens zwischen den Kulturen nicht besteht, dürfte die Einbindung in das herkömmliche Wertesystem des Herkunftslandes Konformität auch im Werte- und Normensystem des Aufnahmelandes bedeuten. Eine (dennoch) erhöhte Auffälligkeit der zweiten Generation wird in diesem Zusammenhang mit den gegensätzlichen Handlungsmustern im familiären und außerhäuslichen Bereich, die die Konsistenz der Regelbildung gefährden und somit die Normübernahme an sich schwächen können, erklärt.[393]

Insgesamt bietet die Theorie der sozialen Bindung nach Hirschi gute Ansatzpunkte, um die Kriminalität der verschiedenen Ausländergruppen zu erklären, stößt aber dort an ihre Grenzen, wo gerade „gut integrierte" Ausländer durch delinquentes Verhalten auffallen.

4. 4. Labeling approach

Der labeling approach mit seinen verschiedenen Spielarten zeichnet sich dadurch aus, daß registrierte Kriminalität als das Ergebnis eines gesellschaftlichen Definitions- und Zuschreibungsprozesses begriffen wird. Ausgangspunkt ist die Annahme, daß Kriminalität ubiquitär und gleichmäßig verteilt ist, so daß registrierte Kriminalität das Ergebnis von Selektion und förmlicher Etikettierung durch die sozialen Kontrollinstanzen ist. Um im Interesse der Mächtigen den status quo zu wahren, werden die „sozial Ohnmächtigen und Randseiter" in stigmatisierender Weise durch die Mächtigen etikettiert; Kriminalität wird als negatives Gut zugeschrieben.[394] Erste Voraussetzung für die Klassifikation abweichenden Verhaltens ist dabei die Normsetzung. Die Normanwendung scheidet dann menschliches Verhalten in „abweichend" und „konform". Der hieraus resultierende Zuschreibungspro-

---

392 So Rebmann, 1998, S. 300.

393 So Niggli, in: Bauhofer/Queloz (Hrsg.), 1993, S. 119, 140.

394 Vgl. Kaiser, 1996, § 32 Rz. 9, 10.

zeß ist selektiv und zwar insofern, als Normsetzung und -anwendung makrosoziologisch durch das sozialstrukturelle Machtgefälle bestimmt werden. Infolge des Zuschreibungsprozesses wird der Verhaltensspielraum der etikettierten Person reduziert und werden die als konform definierten Verhaltensmöglichkeiten eingeengt. Dies hat wiederum zur Folge, daß mangels konformer Verhaltensmöglichkeiten abweichende Verhaltensweisen als Ausweg gesucht werden und so zu sekundärer Devianz führen.[395]

Der labeling approach hat es sich insoweit zur Aufgabe gemacht, sekundäre Devianz zu erklären. Primärabweichung, die Entstehung und Erklärung abweichenden Verhaltens, das nicht zur Kenntnis der sozialen Kontrollinstanzen gelangt - also im Dunkelfeld verbleibt - ist nicht Erklärungsgegenstand des labeling approach. Diesem Hauptkritikpunkt steht das Verdienst des labeling approach, den Blick für das Strafverfahren, die Reaktionsweisen der sozialen, insbesondere auch strafrechtlichen Kontrollinstanzen geschärft zu haben, gegenüber.[396]

So wird denn auch im Sinne des labeling approach - auf makrosoziologischer Ebene - die Kriminalitätsbelastung von Ausländern darauf zurückgeführt, daß das Verhalten Nichtdeutscher in stärkerem Maß als „kriminell" wahrgenommen wird. Die vergleichsweise höhere Kriminalitätsbelastung von Ausländern ist damit Folge eines gegenüber der deutschen Bevölkerung erhöhten Verfolgungsdrucks durch die Bevölkerung und die Organe der Strafverfolgung, einer verstärkten formellen und informellen Kontrolle.

Von einer gezielten Kriminalisierung junger Nichtdeutscher geht z. B. *Mansel* aus: Ziel dieser Kriminalisierung sei es, die jungen Ausländer in der unterprivilegierten Position zu halten, in der sich schon ihre Eltern befanden, um so zu sichern, daß sie trotz ihres gegenüber ihren Eltern gestiegenen Anspruchniveaus auch zukünftig die schmutzige und schwere Arbeit verrichten.[397]

Unabhängig von dieser eher ideologisch eingefärbten und angesichts der derzeitigen Arbeitsmarktsituation wohl kaum mehr haltbaren[398] Auffassung, bestehen Anhaltspunkte, daß Ausländer aufgrund ihres fremdartigen Äußeren (bei den sog. visible minorities), sprachlicher Probleme und verfestigter Vorurteile und Stereotypen seitens der Bevölkerung sowie eines generalisierten Verdachtes seitens der Polizei mit größerem Mißtrauen begegnet wird und sie mehr auffallen als Deutsche. Gerade auch was den Bereich des Ausländerrechts angeht, sind die jungen Ausländer einer verstärkten sozialen Kontrolle ausgesetzt, da ein regelmäßiger Kontakt mit der Ausländerbehörde unausweichlich ist.

---

395 Vgl. Lamnek, 1990, S. 218, die allgemeinen Thesen zusammenfassend.

396 Vgl. Kaiser, 1996, § 32 Rz. 10; Schwind, 2000, § 8 Rz.11.

397 S. Mansel, 1989, S. 53-56.

398 Mit berechtigter Kritik Rebmann, 1998, S. 305.

Kritisiert wird z. T., daß der labeling approach nicht erklären könne, warum nicht alle Generationen von Nichtdeutschen gleichermaßen hiervon betroffen sind, sondern die - zumindest äußerlich - eher angepaßte zweite oder dritte Generation die hohen Tatverdächtigenzahlen aufweisen.[399] Dem wird die unterschiedlich ausgeprägte Intensität der sozialen Kontakte entgegengehalten: Während die erste Generation aufgrund ihrer Statuszuweisung unterhalb des deutschen „Schichtgefüges" sich nicht in die deutsche Gesellschaft integrierte, sondern für sich blieb und somit kaum in Kontakt mit den Instanzen sozialer Kontrolle kam, verfügen die jungen Ausländer der zweiten und dritten Generation über intensivere soziale Kontakte. Geht man davon aus, daß mit der Intensität der sozialen Kontakte sich auch die Überwachung durch die sozialen Kontrollinstanzen intensiviert, verwundert die unterschiedlich hohe Kriminalitätsbelastung der verschiedenen Generationen nicht.[400] Hinzu kommt, daß sich die jungen Ausländer von der Familie lösen, allerdings nicht in die Gruppe der gleichaltrigen Deutschen eingegliedert werden. In der Folge gelangen die jungen Ausländer in ein „Milieu", das besondere Aufmerksamkeit der Instanzen der sozialen Kontrolle ausgesetzt ist, wie überhaupt das Herauslösen der Jugendlichen aus der familiären häuslichen Enklave zu einer Intensivierung und Verlängerung der sozialen Kontakte mit der deutschen Bevölkerung und somit auch den Instanzen sozialer Kontrolle führt.[401]

Trotz der Schwächen des Etikettierungsansatzes verbietet es der lange Jahre auffallende Schwund zwischen Tatverdächtigenzahlen und Abgeurteiltenzahlen (vgl. Teil 2), der auf einen erhöhten Verfolgungsdruck gegenüber den Nichtdeutschen zumindest durch die Polizei und möglicherweise auch durch die Bevölkerung hindeutet, diese These einfach von der Hand zu weisen. Gerade auch bezüglich des Diskussionsgegenstandes „Ausländerkriminalität" liegt das Verdienst des labeling approach darin, den Blick zu schärfen für den Umgang der Strafverfolgungsorgane mit einer kriminologisch und politisch sensiblen Personengruppe.

5. Kapitel: Zusammenfassung und Bewertung

Der erste Teil hat insgesamt deutlich gemacht, daß man von „den Nichtdeutschen" ebensowenig sprechen kann wie von „der Ausländerkriminalität". Zu heterogen ist die Gruppe der Ausländer, als daß sich mit dem pauschalen Begriff der „Ausländerkriminalität" Sachverhalte erfassen ließen, die vielmals nur ein gemeinsames Verbindungsglied haben: den fehlenden deutschen Paß des Täters. Daß dieses „Manko" Ursache für die Entstehung von Kriminalität ist, wird ernsthaft von niemandem behauptet.

---

399 Schöch/Gebauer, 1991, S. 56; Rebmann, 1998, S. 306.

400 Siehe Richter, KrimJ 1981, S. 263, 272; Kubink, 1993, S. 76.

401 So Kubink, 1993, S. 76; Richter, KrimJ 1981, S. 263, 272/273.

Dementsprechend ambivalent erscheint die gesonderte Berücksichtigung der Nichtdeutschen in der PKS[402], die je nach ausländerpolitischem Standort des Betrachters in verschiedene Richtungen instrumentalisiert werden kann. Unverzichtbar ist daher bei dem Umgang mit der PKS der Hinweis auf die eingeschränkte Aussagekraft angesichts der Vielzahl der zu berücksichtigenden Verzerrungsfaktoren. Unbestritten dürfte sein, daß bei keiner anderen in der PKS ausgewiesenen Bevölkerungsgruppe das Diskriminierungspotential der PKS-Ausweisung so groß ist wie bei den Nichtdeutschen, zumal gerade die Öffentlichkeit über die Medien ein sehr „kriminalitätslastiges" Bild von den Nichtdeutschen vermittelt bekommt und eine unerfreuliche Verquickung von ausländerpolitischen Fragen und allgemeinen Kriminalitätsproblemen im Zuge der Berichterstattung stattfindet.[403]

Daß der pauschale Begriff der „Ausländerkriminalität" ungeeignet ist, wenn es um die Beschreibung und Erfassung der Kriminalitätsbelastung der Nichtdeutschen geht, haben auch die vielfältigen Studien gezeigt, die in ihrer Differenzierung, vor allem nach Aufenthaltsgrund und -dauer, der Heterogenität der Nichtdeutschen sowie den besonderen Gefährdungs- und Problemlagen der verschiedenartigen Gruppen Rechnung tragen.

Versucht man sich nun der Frage nach der Kriminalitätsbelastung der Nichtdeutschen anhand der Befunde der empirischen Forschung zu nähern, so stößt man auf das Problem, daß die Ergebnisse der Untersuchungen aufgrund der unterschiedlichen Fragestellungen und Methodik, vor allem was die Berücksichtigung und Kontrolle von Verzerrungsfaktoren anbelangt, nur eingeschränkt miteinander vergleichbar sind. Unternimmt man trotzdem den Versuch, die wesentlichen Ergebnisse der empirischen Untersuchungen zur Kriminalitätsbelastung der Nichtdeutschen herauszufiltern, so verdienen die folgenden, sich vor allem in den neueren Untersuchungen abzeichnenden Entwicklungen besondere Beachtung:

1. Die Kriminalitätsbelastung der Nichtdeutschen hat sich von der „Gastarbeiterkriminalität" zur „Zuwandererkriminalität", „importierten Kriminalität" gewandelt. Dabei handelt es sich aber überwiegend um eine relativ - unter dem qualitativen Aspekt betrachtet - „harmlose" Kriminalität.
2. Die Nichtdeutschen weisen eine überhöhte Kriminalitätsbelastung auf, und zwar auch dann, wenn es gelingt, (statistische) Verzerrungsfaktoren zu kontrollieren. Die Höherbelastung ist allerdings alters-, delikts - und geschlechtsspezifisch und

402 Vgl. Walter/Pitsela, KrimPäd 1993, Heft 34, S. 6, 7.

403 Zur Presseberichterstattung s. Kubink, 1993, S. 136-138 mit dem Fazit „Die Berichterstattung und Informationen der Massenmedien allgemein, hier konkret der Presse, sind damit ein maßgeblicher Faktor bei der Vermittlung des sozialen Problems der Ausländerkriminalität."

variiert nach den verschiedenen Gruppen von Nichtdeutschen. Auffälliges Ergebnis fast aller Untersuchungen ist insbesondere bei den jungen (türkischen) Nichtdeutschen die Höherbelastung im Bereich der Gewaltdelikte. Überhaupt ist die erhöhte (statistische) Kriminalitätsbelastung Nichtdeutscher vor allem auch eine erhöhte Kriminalitätsbelastung der jungen Altersgruppen und somit ein Problem der Jugendkriminalität.

3. Die Frage, ob Nichtdeutsche „krimineller" als Deutsche sind, ist damit allerdings nicht beantwortet, da es nicht gelingt, eine tatsächliche Vergleichbarkeit der deutschen und nichtdeutschen Population herzustellen. *Steffen u. a.* sowie *Karger/Sutterer* haben aufgezeigt, wie sich die Kriminalitätsbelastung der von ihnen untersuchten nichtdeutschen Population der der deutschen annähert, wenn man bestimmte (statistische) Verzerrungsfaktoren kontrolliert. Aber auch Studien wie diejenige von *Steffen u. a.*, die sich um eine bestmögliche Ausschaltung von Verzerrungsfaktoren bemühen, können keine endgültige Aussage treffen, weil der unterschiedlichen sozio-ökonomischen Situation von Deutschen und Nichtdeutschen nicht Rechnung getragen wird. Was *Steffen u. a.* für ihre eigene Untersuchung formulieren –„Ob und in welchem Ausmaß diese Belastungsunterschiede geringer würden oder ganz verschwänden, wenn noch weitere (Verzerrungs-) Faktoren kontrolliert werden könnten - so insbesondere die unterschiedliche soziale und ökonomische Situation der ausländischen und deutschen Bevölkerung -, kann anhand der Basis des zur Verfügung stehenden statistischen Materials nicht überprüft werden."[404], benennt somit die Crux aller Untersuchungen zum Thema „Ausländerkriminalität". Auch die Auswirkungen einer eventuell erhöhten Anzeigebereitschaft und einer intensiveren polizeilichen Kontrolle, auf die im 2. Teil noch eingegangen wird, lassen sich in ihrer Bedeutung für die registrierte Kriminalität der Nichtdeutschen nicht abschätzen.

Den (Verzerrungs-) Faktor „soziale/ökonomische Situation" versuchten lediglich *Mansel* und *Geißler/Marißen* über die Bildung einer deutschen Vergleichsgruppe mittels eines sich an Schichtzugehörigkeit bzw. Schulbildung orientierenden Multiplikationsindexes[405], auszuschalten. Danach lag bei *Mansel* die KBZ der

---

404 Steffen u. a., 1992, S. 187.

405 Dieser beläuft sich bei Mansel auf 1,8: Die Kriminalitätsbelastung der deutschen Kontrollgruppe - eine fiktive Bevölkerungsgruppe, in welcher die Personen aus einer unteren Soziallage (die zu 90 % die kriminalisierten Personen stellen) nicht zu 43 %, sondern zu 85 % vertreten sind, erhöht sich aufgrund dessen um das 1,8fache gegenüber der Kriminalitätsbelastung der Gesamtpopulation der jungen Deutschen; s. Mansel, in: Kaiser/Kury/Albrecht (Hrsg.), 1988, S. 1059, 1064. Geißler/Marißen orientierten sich zur Schaffung einer deutschen Vergleichsgruppe an der Schulbildung und errechneten einen Multiplikationsfaktor von 1,54, d. h. die mit der Gruppe der jungen Ausländer vergleichbare

14-16jährigen und 16-18jährigen Türken unter der der deutschen Kontrollgruppe, aber über der KBZ der Gesamtpopulation der altersgleichen Deutschen. Die Belastung der Italiener bewegte sich in allen Altersgruppen zwischen der Gesamtpopulation und der deutschen Kontrollgruppe.[406] *Geißler/Marißen* errechneten eine Minderbelastung der jungen Nichtdeutschen gegenüber den jungen Deutschen unter den Angeklagten; lediglich für das Jahr 1986 war eine geringe Höherbelastung gegenüber der deutschen Vergleichsgruppe festzustellen.[407] Das Verdienst beider Studien ist darin zu sehen, daß sie die unterschiedliche sozioökonomische Struktur beider Populationen in den Mittelpunkt gestellt und sich diesbezüglich um eine Vergleichbarkeit bemüht haben. Die Bildung einer Vergleichsgruppe mittels eines Multiplikationsindexes, der sich an der Schicht orientiert, begegnet aber methodischen Bedenken. So kritisiert *Rebmann*, daß der Multiplikationsindex „eine wissenschaftliche Exaktheit suggeriere, die sich angesichts der teilweise recht unbestimmten und fragwürdigen Schichteinteilung von Bevölkerung, Tatverdächtigen, Abgeurteilten und Verurteilten nicht aufrechterhalten läßt“[408], vor allem der Begriff „Unterschicht“ ist angesichts der z. B. zwischen Bildungsniveau und Einkommensniveau einer Person existierenden Kluft nur sehr schwer zu fassen und eine Einteilung in verschiedene Schichten zu schematisch.[409] Insoweit erlaubt auch der Schichtfaktor keine differenzierte Betrachtungsweise, vielmehr birgt die Verwendung pauschalierter Multiplikatoren ihrerseits die Gefahr von Verzerrungen.[410] Wenn auch nicht bestritten werden kann, daß Zusammenhänge zwischen sozialer Unterprivilegierung und Kriminalität bestehen, so ist doch nicht geklärt, ob diese Zusammenhänge bei Deutschen und Nichtdeutschen in gleicher Stärke existieren und die Stärke dieser Zusammenhänge konstant bleibt, wenn sich die sozialstrukturelle Zusammensetzung ändert. Beides wäre aber Voraussetzung für eine Vergleichbarkeit beider Gruppen. Auch die Tatsache, daß die große Mehrheit der Unterschichtsangehörigen strafrechtlich nicht in Erscheinung tritt, läßt zumindest Zweifel an der Zugehörigkeit zur Unterschicht als kausaler Ursache für Kriminalitätsentstehung aufkommen.[411]

Was die Erklärungsansätze zur Kriminalitätsentstehung betrifft, so kann keine der genannten Theorien die Kriminalitätsentstehung bei Nichtdeutschen umfassend erklären. In Anbetracht dessen, daß es „die Ausländerkriminalität“ als erklärungs-

---

deutsche Gruppe ist danach um das 1,54 fache höher belastet als alle jungen Deutschen; vgl. Geißler/Marißen, KZfSS 1990, S. 663, 670/671.

406 Mansel, 1989, S. 160, 161.

407 Geißler/Marißen, KZfSS 1990, S. 663, 672 Tab.3.

408 Rebmann, 1998, S. 196.

409 Rebmann, 1998, S. 197.

410 So Karger/Sutterer, MschrKrim 1990, S. 369, 381.

411 So Rebmann, 1998, S. 195.

würdiges Phänomen nicht gibt, verwundert dieses Ergebnis nicht. Insoweit kann auch jede der Theorien lediglich zur Erklärung einzelner Facetten, d. h. bezüglich der Entstehung von Kriminalität bestimmter Tätergruppen, bezogen auf bestimmte Deliktsbereiche, herangezogen werden. Versagt z. B. die Kulturkonfliktstheorie bei der Erklärung der alltäglichen Massenkriminalität, so mag die um sozialisationstheoretische Ansätze modifizierte Kulturkonfliktstheorie die Kriminalität der Nichtdeutschen der zweiten oder dritten Generation erklären, dagegen wohl nicht die Kriminalität der Touristen/durchreisenden Täter und erwachsenen Asylbewerber. Bei letzteren läßt sich wiederum angesichts ihrer Belastung im Bereich der Diebstahlsdelikte die Anomietheorie fruchtbar machen.[412] Abgesehen von der Theorie des Kulturkonflikts, wie sie zur Erklärung einiger weniger Extremfälle nach dem Vorbild der „Blutrache"-Fälle herangezogen werden kann, werden demnach Erklärungszusammenhänge bemüht, die keinesfalls „ausländerspezifisch" sind, sondern vielmehr auf Belastungsfaktoren rekurrieren wie z. B. die soziale Situation oder eine intensivere soziale Kontrolle, die sich bei Deutschen und Nichtdeutschen gleichermaßen als relevant erweisen können.

Solange dies so ist und vor allem solange eine Höherbelastung der Nichtdeutschen bei umfassender Kontrolle aller Verzerrungsfaktoren - was soweit ersichtlich bislang in keiner Untersuchung möglich war - nicht festgestellt werden kann, sollte die Kriminalität junger Nichtdeutscher in Ermangelung ausländerspezifischer Besonderheiten nicht als „Ausländerkriminalität" ausgewiesen und thematisiert werden, sondern in erster Linie als „Jugendkriminalität" gesehen werden.[413] Auf die Kategorie „Ausländerkriminalität" sollte - wie oben schon gefordert - verzichtet werden.

---

412 Kritisch in der Theorienbewertung Kubink, 1993, S. 78-80, der auf das Problem des Ineinandergreifens von empirischer Argumentation und theoretischer Konzeption hinweist.

413 Vgl. auch Sessar, in: Bauhofer/Queloz (Hrsg.), 1993, S. 187, 193.

2. Teil: Der Verlauf des Jugendstrafverfahrens

6. Kapitel: Junge nichtdeutsche Beschuldigte : Verlauf des strafrechtlichen Selektionsprozesses zwischen Anzeigenerstattung und gerichtlicher Entscheidung

6. 1. Einleitung - Der strafrechtliche Selektionsprozeß

Die Erfassung von Kriminalität ist immer das Ergebnis eines strafrechtlichen Selektionsprozesses, der zwischen der Begehung einer Straftat und ihrer gerichtlichen Aburteilung liegt. Wesentlich für diesen Selektionsprozeß ist das Entscheidungsverhalten von Tatopfern oder Dritten, die Kenntnis von der Straftat haben, der Polizei und der Staatsanwaltschaft sowie letztlich auch der Gerichte. Das Tatopfer ist dabei der erste Filter im Prozeß der Strafverfolgung. Gerade bei opferkontrollierten Delikten wie z. B. Straftaten gegen die sexuelle Selbstbestimmung oder die körperliche Unversehrtheit setzt in der ganz überwiegenden Zahl der Fälle erst eine Strafanzeige des Opfers die Strafverfolgung in Gang. Während das Opfer oder auch Dritte, die Kenntnis von der Straftat erlangt haben, in ihrer Entscheidung Anzeige zu erstatten frei sind, ist die Polizei als nächste Instanz der Strafverfolgung grundsätzlich dem Legalitätsprinzip verpflichtet. Sie ist zur Verfolgung von Straftaten verpflichtet soweit ein begründeter Verdacht für die Begehung einer Straftat besteht. Die Tätigkeit der Polizei kann dabei eine reaktive sein - so, wenn sie auf die Strafanzeige des Opfers hin ihre Ermittlungen aufnimmt - oder aber eine proaktive. Dies ist der Fall, wenn sie bei den sog. Überwachungs- und Kontrolldelikten wie z. B. BtM-Delikte aufgrund eigener Initiative und mit Hilfe ihrer Fähigkeiten, Techniken und Kenntnisse die Begehung einer Straftat aufdeckt.[414] Ob dann letztlich eine Straftat angeklagt wird, hängt von der Entscheidung der Staatsanwaltschaft ab. Sie entscheidet, ob Anklage erhoben wird oder das Verfahren etwa mangels Tatverdacht oder aus Opportunitätsgründen eingestellt wird. Voraussetzung ist allerdings, daß überhaupt ein Ermittlungsverfahren eingeleitet wurde, d. h. die Staatsanwaltschaft seitens der Polizei überhaupt von der (möglichen) Begehung einer Straftat in Kenntnis gesetzt wurde. Wird Anklage erhoben, kann es auch noch im Hauptverfahren zu einer Einstellung kommen, oder das Verfahren endet mit einem Freispruch oder einer Verurteilung. „Kriminalität" stellt sich also unterschiedlich dar, je nach dem ob man die Strafverfolgungsstatistik mit den Aburteilungs- und Verurteilungszahlen oder die Polizeiliche Kriminalstatistik heranzieht, die auf einer viel früheren Stufe des Selektionsprozesses Auskunft gibt.

---

[414] Vgl. Kaiser, 1996, § 37 Rz. 2, 3.

Diesem hier nur kurz skizzierten Selektionsprozeß unterliegen selbstverständlich grundsätzlich deutsche wie nichtdeutsche Täter, doch zeigte eine vergleichende Betrachtung zwischen deutschen und nichtdeutschen Abgeurteilten (bzw. Verurteilten), daß Beschuldigte beider Gruppen eine unterschiedlich starke Filterung durchlaufen.

Ausgehend von der aus der PKS hervorgehenden Höherbelastung der jungen Nichtdeutschen wurden im Rahmen zahlreicher Untersuchungen die Zahlen der Strafverfolgungsstatistik herangezogen, um anhand der Abgeurteilten- und Verurteiltenzahlen die These von der überhöhten Kriminalitätsbelastung der Nichtdeutschen zu entkräften. Deren Anteil an den Abgeurteilten (bzw. an den Verurteilten) erwies sich als wesentlich geringer als nach dem Anteil an den Tatverdächtigen zu erwarten gewesen wäre. Der Vergleich beider Statistiken bezüglich der jungen Deutschen und der jungen Nichtdeutschen zeigte, daß das Aburteilungs-bzw. Verurteilungsrisiko für die Nichtdeutschen geringer war als für die Deutschen.[415] Der Selektionsprozeß gestaltet sich danach also für junge Deutsche und Nichtdeutsche unterschiedlich, wobei die Staatsanwaltschaft sich als die selektionsentscheidende Instanz entpuppte.

Ausgehend von diesem Phänomen soll der strafrechtliche Selektionsprozeß insbesondere bis zur Abschlußverfügung der Staatsanwaltschaft bei den Nichtdeutschen einer näheren Betrachtung unterzogen werden. Die gerichtliche Entscheidung wird insoweit nur „mittelbar“ einbezogen werden, als manche Studien die Verurteilungswahrscheinlichkeit von Deutschen und Nichtdeutschen zum Gegenstand haben. Die Sanktionierung junger Ausländer und Deutscher durch die Gerichte und mögliche Unterschiede bei der Strafzumessung sollen dagegen einem gesonderten Kapitel vorbehalten bleiben.

Im folgenden sollen die möglichen Ursachen für den unterschiedlichen Verlauf des Selektionsprozesses diskutiert werden. Opfer, Polizei und Staatsanwaltschaft sollen dabei auf ihr Verhältnis zu und ihre Interaktion mit ausländischen Beschuldigten untersucht werden. Alle drei sind maßgeblich für den konkreten Verlauf der Strafverfolgung verantwortlich. Sie bestimmen, welcher Sachverhalt der strafrechtlichen Verfolgung zugrundegelegt bzw. ob überhaupt eine strafrechtliche Verfolgung stattfinden wird.

Nicht nur das Opfer, sondern auch die Instanzen Polizei und Staatsanwaltschaft haben Handlungs- und Ermessensspielräume, unabhängig davon, daß letztere dem Legalitätsprinzip verpflichtet sind. Auf jeder Stufe der Strafverfolgung geht es um die Einordnung von Lebenssachverhalten und somit - wie es *Kürzinger* formuliert -

---

415 So die Untersuchungen von Mansel, 1989, S. 155-157; Geißler/Marißen, KZfSS 1990, S. 663, 672, 673; Pfeiffer/Schöckel, in: Schwind/Baumann u. a. (Hrsg.), 1990, S. 397, 423; Reichertz/Donk/Schröer, Abschlußbericht, S. 6,7.

um ein „Ermessen im soziologischen Sinne".[416] In diese Ermessens- und Handlungsspielräume können - bewußt oder unbewußt - persönliche Einstellungen, Vorurteile, Stereotypen oder Alltagstheorien einfließen und somit letztlich in den Selekionsprozeß Eingang finden. Dies gilt in besonderem Maße für das Opfer, dessen Handlungs- und Entscheidungsverhalten frei von verbindlichen Vorgaben wie dem Legalitätsprinzip bei Staatsanwaltschaft und Polizei ist.

Unabhängig von Auswirkungen auf den strafrechtlichen Selektionsprozeß bzw. ihrer diesbezüglichen Erklärungskraft gilt das Interesse darüber hinaus auch Besonderheiten, die im Umgang mit jungen nichtdeutschen Beschuldigten auftreten.

6. 2. Der Schwund zwischen Tatverdächtigen und Abgeurteilten-/ Verurteiltenzahlen bei den Nichtdeutschen

Wie oben schon kurz angesprochen, stieß der Verlauf des Selektionsprozesses bei Nichtdeutschen im Vergleich zu Deutschen in den letzten Jahren auf besonderes Interesse. Es gründete darauf, daß sich bei den Nichtdeutschen ein gegenüber Deutschen stärker ausgeprägter Schwund von den Tatverdächtigenzahlen zu den Abgeurteilten- bzw. Verurteiltenzahlen hin feststellen ließ, also das Aburteilungs- und Verurteilungsrisiko für nichtdeutsche Beschuldigte geringer war. Soweit dieser Schwund auf einem Vergleich von Polizeilicher Kriminalstatistik (PKS) und Strafverfolgungsstatistik beruht, ist er zunächst ein statistisches Phänomen, bei dem u. a. auch die unterschiedlichen vorgegebenen Handlungsbedingungen von Polizei und Staatsanwaltschaft zu berücksichtigen sind.[417] Zwar sind sowohl Staatsanwaltschaft als auch Polizei dem Legalitätsprinzip verpflichtet, doch hat erst die Staatsanwaltschaft die Möglichkeit, das Verfahren mangels Tatverdachts gem. § 170 Abs. 2 StPO oder aus Opportunitätsgründen gem. §§ 153 ff StPO einzustellen. Es verwundert daher nicht, daß sich der eigentliche „Sprung" zwischen den Tatverdächtigenzahlen und den Abgeurteiltenzahlen bemerkbar macht.[418] Der Staatsanwaltschaft kommt insoweit also eine zentrale Steuerungsfunktion im Prozeß der strafrechtlichen Sozialkontrolle zu.

Allerdings erschwert es die eingeschränkte Vergleichbarkeit von PKS und Strafverfolgungsstatistik, eine eindeutige Aussage über das Ausmaß des Schwunds von Tatverdächtigen hin zu Abgeurteilen/Verurteilten zu treffen: Die Strafverfolgungsstatistik zeigt auf, wieviele Abgeurteilte im Verlauf eines Jahres rechtskräftig verurteilt oder freigesprochen wurden und bei wievielen das Verfahren eingestellt

---

[416] Kürzinger, 1996, Rz. 137.

[417] So Pick, Kriminalistik 1994, S. 617.

[418] Pick, Kriminalistik 1994, S. 617

wurde. Da ein Strafverfahren aber oft länger als ein Jahr dauert, sind die Tatverdächtigen der PKS nicht die Abgeurteilten/Verurteilten der Strafverfolgungsstatistik desselben Jahres. Hinzu kommt, daß die Strafverfolgungsstatistik bei in Tateinheit oder in Tatmehrheit stehenden Straftaten nur das am höchsten bestrafte Delikt des Urteils zählt. Dagegen wird der Beschuldigte, der verdächtig ist, durch selbständige Handlungen mehrere verschiedene Straftaten begangen zu haben (Tatmehrheit), in der PKS auch mehrfach registriert; Mehrfachverstöße gegen dieselbe Rechtsnorm werden auch in der PKS nur einmal erfaßt. Strafunmündige finden im Gegensatz zur PKS keinen Eingang in die Strafverfolgungsstatistik.

Verkehrsdelikte werden durch die PKS nicht registriert. Umgekehrt erfaßt die Strafverfolgungsstatistik jede strafgerichtliche Entscheidung und somit auch jene, denen Verkehrsdelikte zugrunde liegen, die ca. ein Drittel der Verurteilten ausmachen (allerdings werden auch die Zahlen der Verurteilten unter Ausschluß der Straßenverkehrsdelikte angegeben). Schließlich können auch polizeiliche und gerichtliche Bewertung eines Falles divergieren, so daß in beiden Statistiken derselbe Fall jeweils einer anderen Deliktskategorie zugeordnet wird.[419]

Auch wenn man diese eingeschränkte Vergleichbarkeit der Statistiken berücksichtigt, so wurde das Phänomen eines gegenüber Deutschen niedrigeren Ab- bzw. Verurteilungsrisikos von Nichtdeutschen in den vergangenen Jahren mehrfach statistisch belegt und bildet unter dem Stichwort „Reduktion des Tatvorwurfs" den Gegenstand heftiger Diskussionen um dessen Ursachen.[420]

6. 3. Empirisch-statistische Befunde zum Aburteilungs-/Verurteilungsrisiko von jungen Deutschen und Nichtdeutschen

6. 3. 1. Untersuchung von Mansel (1989)

Erstmals ausführlich mit dem Phänomen der Reduktion des Tatvorwurfs befaßte sich *Mansel*, in dessen Untersuchung Verhalten und Entscheidungen der Strafverfolgungsorgane im Mittelpunkt stehen.

Auswertung und Vergleich der Daten der PKS und der Strafverfolgungsstatistik für den Zeitraum 1977-1979 und 1981-1983 ergaben bei *Mansel*, daß im Saarland Strafverfahren gegen männliche 14 bis unter 21jährige Türken in mehr als drei Viertel der Fälle eingestellt wurden; Verfahren gegen die gleichaltrige Gruppe der Italiener wurden zu 53 % durch die Staatsanwaltschaft eingestellt. Bei den männli-

---

419 Zur eingeschränkten Vergleichbarkeit s. Die Beauftragte der Bundesregierung für die Belange der Ausländer, 1993, S. 17.

420 Vgl. im Überblick Walter, BewHi 1987, S. 60, 71ff; auch Reichertz, Kriminalistik 1994, S. 610ff und die Entgegnung von Pick, Kriminalistik 1994, S. 617ff.

chen gleichaltrigen Deutschen dagegen belief sich die Einstellungsquote der Staatsanwaltschaft auf nur 45 %.[421] Die unterschiedliche Einstellungshäufigkeit stellte sich auch nicht als singuläres Phänomen da, sondern ließ sich über einen längeren Zeitraum hinweg verfolgen. Entsprechend lag auch die Verurteilungsquote der polizeilichen Tatverdächtigen bei den jungen Italienern im gesamten Untersuchungszeitraum unter der der altersgleichen Deutschen. Der Unterschied zu den Türken fiel noch deutlicher aus.[422] *Mansel* kam damit zu dem Ergebnis, daß das Aburteilungs-und Verurteilungsrisiko für einen jungen Türken nur halb so groß ist wie für einen gleichaltrigen deutschen Tatverdächtigen.[423]

6. 3. 2. Untersuchung von Geißler/Marißen (1990)

Geißler und *Marißen* werteten insgesamt 18 028 Fälle anhand der statistischen Zählblätter der Jugendgerichtshilfe Stuttgart aus den Jahren 1981 bis 1988 aus. Indem sie sich in ihrer Untersuchung auf die Stadt Stuttgart beschränkten und ihr die Anklagequoten statt der Tatverdächtigenzahlen von Deutschen und Ausländern zugrundelegten, gelang es ihnen, den sogenannten „Regionaleffekt“ d. h. die Tatsache, daß Ausländer stark in Großstädten mit mehr als 100.000 Einwohner konzentriert sind, wo erheblich mehr Straftaten offiziell registriert werden, und den „Polizei- und Anzeigeeffekt“ d. h. eine verstärkte Ermittlungstätigkeit der Polizei gegenüber Nichtdeutschen in Fällen, die nach genauer rechtlicher Würdigung schließlich nicht zur Anklage gebracht werden - zwei Verzerrungsfaktoren, die zu Lasten der Ausländer gehen - zu eliminieren.[424]

Insgesamt zeigten die Anklagequoten der 14-20jährigen Wohnbevölkerung eine Mehrbelastung der Ausländer an, die um ca. das 1,5fache höher liegt als die der Deutschen.[425] In einem zweiten Schritt berücksichtigten *Geißler* und *Marißen* die schichtspezifischen Unterschiede beider Gruppen und führten unter Zugrundelegung der Schulbildung von jungen Deutschen und Ausländern einen Mehr-

---

421 Mansel, 1989, S. 155.

422 S. Mansel, 1989, S. 157: 39,5 % bei den Deutschen, 17,2 % der Türken und 30,1 % bei den Italienern.

423 Mansel, 1989, S. 157.

424 Geißler/Marißen, KZfSS 1990, S.663, 666/667. Nicht eliminiert werden konnten die Verzerrungen, die aus der Einbeziehung der Verstöße gegen das Ausländergesetz und Asylverfahrensgesetz sowie aus der Einbeziehung von melderechtlich nicht erfaßten Ausländern resultieren.

425 Geißler/Marißen, KZfSS 1990, S.663, 668.

belastungsfaktor von 1,54 ein, um den die deutsche Vergleichsgruppe höher belastet war als alle Deutschen.[426]

Bei der Heranziehung angemessener Vergleichsgruppen zeigte sich, daß junge Ausländer seltener vor Gericht stehen als junge Deutsche, sie also - betrachtet man die jeweiligen Anklagequoten - minderbelastet sind.[427] Was nun die Reduktion des Tatvorwurfs angeht, so ergab die Untersuchung von *Geißler/Marißen*, daß insgesamt gegen 48 % aller Tatverdächtigen Anklage erhoben wurde.[428] Der Selektionsprozeß stellt sich aber *Geißler/Marißen* zufolge für Ausländer und Deutsche unterschiedlich dar: Während nur gegen 38 % der tatverdächtigen Ausländer Anklage erhoben wurde, wurden 54 % der tatverdächtigen Deutschen angeklagt.[429] War der Anteil der Tatverdächtigen unter den jungen Ausländern mit 16,7 % mehr als doppelt so hoch wie unter den Deutschen (8 %), war er bei den Angeklagten mit 6,4 % nur noch um ca. die Hälfte höher. Bei einem Vergleich der jungen Ausländer mit jungen Deutsche mit vergleichbarem Schulabschluß stellten *Geißler/Marißen* sogar eine Minderbelastung der ausländischen Gruppe fest.[430]

6. 3. 3. Untersuchung von Pfeiffer/Schöckel (1990)

In der Untersuchung von *Pfeiffer* und *Schöckel* speziell zur Gewaltkriminalität machten nach der PKS von 1987 Ausländer 22,1 % aller registrierten Gewalttäter aus. Stellt man dem den Bevölkerungsanteil von 7,6 % gegenüber, ergab sich somit eine erhebliche Überrepräsentierung der ausländischen Tatverdächtigen. Die Längsschnittanalyse von *Pfeiffer/Schöckel* zeigte für die Jahre 1980-1982 eine Angleichung der Kriminalitätsbelastung von Ausländern und Deutschen, ab 1984 nahm dann die Kriminalitätsbelastung der Ausländer kontinuierlich zu, während die Tatverdächtigenziffern der deutschen Bevölkerungsgruppe im selben Zeitraum gesunken sind. Doch sind natürlich auch hier die schon genannten Verzerrungsfaktoren, die zu Lasten der Ausländer gehen, zu berücksichtigen.[431] In einem nächsten Schritt verglichen *Pfeiffer/Schöckel* das Anklage -und Verurteilungsrisiko der deutschen und ausländischen Tatverdächtigen und kamen zu dem Ergebnis, daß

---

426 Geißler/Marißen, KZfSS 1990, S.663, 671.

427 Geißler/Marißen, KZfSS 1990, S. 663, 672.

428 Bezugsgruppe sind die 14-20jährigen im Jahr 1988.

429 Geißler/Marißen, KZfSS 1990, S.663, 673.

430 Geißler/Marißen, KZfSS 1990, S. 663, 673, Tab.4.

431 Pfeiffer/Schöckel, in: Schwind/Baumann u. a. (Hrsg.), 1990, S. 397, 416 - so entfielen z. B. 1987 9,4 % der wegen Gewaltkriminalität registrierten ausländischen Tatverdächtigen auf die Gruppe der Touristen/Durchreisende, Stationierungsstreitkräfte und sich illegal im Bundesgebiet aufhaltende Personen.

die Höherbelastung der Ausländer sich vom dreifachen Wert der Tatverdächtigenzahl auf den 2,1fachen bei den Verurteiltenziffern reduziert. Bei den 14-21jährigen Deutschen entfällt *Pfeiffer/Schöckel* zufolge auf 2,9 Tatverdächtige eine Verurteilung, bei den gleichaltrigen Ausländern kommen 4,1 Tatverdächtige auf eine Verurteilung. Ähnlich stellt sich die Lage - bei generell niedrigerem Anklage- und Verurteilungsrisiko - bei den Erwachsenen dar.[432]

6. 3. 4. Untersuchung von Reichertz, Donk und Schröer

Eigene Auswertungen nahmen auch *Reichertz, Donk* und *Schröer* im Rahmen ihres Forschungsprojektes „Die Reduktion des Tatvorwurfs als Folge polizeilicher Ermittlungspraxis" vor. Da bisher Daten nur delikts-, orts- oder nationalitätsspezifisch erhoben wurden, bemühten sich *Reichertz u.a* um eine umfassende Datenerhebung für das Jahr 1989. Danach ergab sich landes- und bundesweit und deliktsunspezifisch folgendes Verhältnis von Tatverdächtigen und Abgeurteilten und Verurteilten getrennt nach Deutschen und Nichtdeutschen[433]: Wurden 51,3 % der deutschen Tatverdächtigen abgeurteilt und 32,4 % verurteilt, so belief sich die Quote unter den ausländischen Tatverdächtigen auf 35,8 % und 22,3 %. Während also ungefähr jeder zweite deutsche Tatverdächtige abgeurteilt bzw. jeder dritte verurteilt wurde, wurde nur ungefähr jeder dritte ausländische Tatverdächtige abgeurteilt bzw. jeder fünfte verurteilt. In manchen Bundesländern waren diese Unterschiede im Aburteilungs- und Verurteilungsrisiko sogar noch stärker ausgeprägt (so in Hessen und im Saarland), während sich in manchen Bundesländern kaum Unterschiede im Selektionsprozeß feststellen ließen (so in Berlin und in Nordrhein-Westfalen; in Hamburg schien sogar das Risiko für Deutsche verurteilt zu werden geringfügig kleiner zu sein als für Ausländer). Insgesamt fanden also *Reichertz, Donk* und *Schröer* das Phänomen der Reduktion des Tatvorwurfs bestätigt, wenn auch nicht so eindeutig wie zu Beginn der Studie von den Verfassern erwartet.[434]

6. 4. Die „Reduktion des Tatvorwurfs": ein Phänomen vergangener Jahre?

Diesen insgesamt doch recht eindeutigen Ergebnissen stehen nun neuere Befunde zum Verurteilungsrisiko (nicht zum Aburteilungsrisiko), insbesondere von *Steffen* und *Rebmann* gegenüber, die auf eine gegenläufige Tendenz hinweisen: Das Ver-

---

432 Pfeiffer/Schöckel, in: Schwind/Baumann u. a. (Hrsg.), 1990, S. 397, 423.

433 Bundesweite Zahlen ohne Daten aus Bremen; alle Angaben unter Ausschluß von Verkehrsdelikten.

434 Reichertz/Donk/Schröer, Abschlußbericht, S. 6f.

urteilungsrisiko für nichtdeutsche und deutsche Tatverdächtige scheint sich anzugleichen, teilweise sogar in das Gegenteil umzukehren wie die folgenden Untersuchungsergebnisse zeigen.

6. 4. 1. Untersuchung von Steffen (1996)

Ein Hinweis darauf, daß das Phänomen von der „Reduktion des Tatvorwurfs" möglicherweise der Vergangenheit angehört, liefert *Steffen* in ihrer Untersuchung zur Kriminalitätsbelastung von Nichtdeutschen in Bayern.[435]

Sie kam zu dem Ergebnis, daß das Verurteilungsrisiko ausländischer Tatverdächtiger insgesamt und bei den einzelnen Altersgruppen (mit Ausnahme der 14-17jährigen) zugenommen, während es bei den deutschen Tatverdächtigen deutlich abgenommen hat. 1983 wurden von den ausländischen Tatverdächtigen 38,2 %, 1992 dagegen 41,6 % verurteilt. Dagegen sank bei den deutschen Tatverdächtigen die Quote von 38,3 % im Jahr 1983 auf 33,4 % im Jahr 1992.

1992 liegen auch die Anteile, die Ausländer an den insgesamt und bei den einzelnen Altersgruppen Verurteilten (mit Ausnahme der 18-20jährigen) stellen, über ihren Anteilen an den Tatverdächtigen: Hatten Ausländer 1983 einen Anteil an den Tatverdächtigen von 14,3 % und von 14,1 % an den Verurteilten, so lag 1992 der Anteil an den Tatverdächtigen bei 29 % und derjenige an den Verurteilten bei 33,7 %.[436]

Das Verurteilungsrisiko erweist sich im einzelnen allerdings als alters- und deliktsabhängig. So wurden sowohl bei den Nichtdeutschen als auch den Deutschen die 14-17jährigen am seltensten verurteilt, am häufigsten noch bei Raubstraftaten, am seltensten beim einfachen Diebstahl. Die Jungerwachsenen dagegen im Alter von 21-24 Jahren wurden bei beiden Gruppen am häufigsten verurteilt, am seltensten - das gilt insbesondere für die Nichtdeutschen - bei Raubstraftaten und am häufigsten beim einfachen Diebstahl. Relativ konstant blieb das Verurteilungsrisiko der 25jährigen und Älteren, die als quantitativ stärkste Gruppe auch die Gesamtentwicklung bestimmen.[437]

---

[435] Differenziert nach Alter und Delikt wurden PKS und Strafverfolgungsstatistik der Jahre 1983 bis 1992 für Bayern ausgewertet, wobei Straftaten im Straßenverkehr und ausländerrechtliche Verstöße unberücksichtigt blieben; s. Steffen, in: KAV (Hrsg.), 1996, S. 234, 265.

[436] Steffen, in: KAV (Hrsg.), 1996, S. 234, 267.

[437] Steffen, in: KAV (Hrsg.), 1996, S. 234, 268.

6. 4. 2. Rebmann (1998)

Auch die Gegenüberstellung von Tatverdächtigen- und Verurteiltenzahlen für die Jahre 1986 bis 1995 bei *Rebmann* erbringt keine wesentliche Reduktion des Tatvorwurfes durch die Strafjustiz. Zwar waren bis 1993 die Nichtdeutschen bei den Verurteilten anteilmäßig weniger stark vertreten als bei den Tatverdächtigen, doch ändert sich dies ab 1994[438]. Bei Ausschluß der Verstöße gegen das AsylVerfG und das AuslG ergibt sich noch einmal ein anderes Bild. Hier wird der Unterschied zwischen den Anteilen von Nichtdeutschen und Deutschen an den Tatverdächtigen und Verurteilten bis 1992 geringer und ab 1993 sind die Nichtdeutschen an den Verurteilten anteilmäßig stärker vertreten als bei den Tatverdächtigen. Die Angleichung von Tatverdächtigen- und Verurteiltenanteile von Deutschen und Nichtdeutschen konnte *Rebmann* auch anhand der Verurteilungswahrscheinlichkeiten beider Gruppen bestätigen. Lag 1986 die Verurteilungswahrscheinlichkeit der Deutschen bei 35,9 % und die der Nichtdeutschen bei 30,9 % haben sich die Verhältnisse 1995 umgekehrt. Die Verurteilungswahrscheinlichkeit der Deutschen beläuft sich auf 29,1 %, die der Nichtdeutschen auf 33,6 %.[439]

Auch hier machen sich allerdings alters- und deliktsspezifische Entwicklungen bemerkbar: Bei einem Vergleich von Tatverdächtigen - und Verurteiltenzahlen der Nichtdeutschen nach den verschiedenen Altersgruppen zeigt sich die größte Reduzierung bei den Heranwachsenden, wenn auch hier der Schwund seit 1994 zusehends geringer wird (zum Vergleich: 1992 stellten die heranwachsenden Nichtdeutschen 41,7 % der Tatverdächtigen aber nur 32,7 % der Verurteilten insgesamt in dieser Altersgruppe; 1995 lagen die entsprechenden Werte bei 37,4 % und 36,1 %.) Dagegen ist bei der Gruppe der jugendlichen und erwachsenen Ausländer der Anteil an den Verurteilten der jeweiligen Altersgruppe seit 1993 bzw. 1994 größer als der an den Tatverdächtigen.[440]

Differenziert man nach Delikten, zeigt sich ein besonders großer Schwund von den Tatverdächtigenanteilen hin zu den Verurteiltenanteilen der Nichtdeutschen bei Raub, Vergewaltigung, gefährlicher und schwerer Körperverletzung sowie Urkundenfälschung. Läßt sich dies bei der letzten Deliktsgruppe möglicherweise mit der hohen Mobilität der Tätergruppe der Asylbewerber und einem großen Anteil von Einstellungen aus Opportunitätsgründen im Bagatellbereich erklären, so vermutet *Rebmann* hinter der geringen Verurteilungswahrscheinlichkeit bei gefährlicher und schwerer Körperverletzung eine Dramatisierungsbereitschaft seitens der Bevölkerung und der Strafverfolgungsbehörden gegenüber Nichtdeutschen. Dafür spricht

---

438 Ohne Straftaten im Straßenverkehr.

439 Rebmann, 1998, S. 215, 216. Verurteilungswahrscheinlichkeit unter Zugrundelegung der Straftaten ohne Verkehrsdelikte und Verstöße gegen das AuslG und AsylVfG.

440 Rebmann, 1998, S. 217.

Rebmann zufolge, daß Nichtdeutsche bei der vorsätzlichen leichten Körperverletzung anteilmäßig weniger Tatverdächtige stellen als bei der gefährlichen und schweren Körperverletzung.[441]

Es läßt sich festhalten, daß das früher deutlich geringere Aburteilungs- und Verurteilungsrisiko von Nichtdeutschen in dem gekannten Ausmaß nicht mehr besteht, sondern sich über die letzten Jahre hinweg eine Annäherung an das Aburteilungs- und Verurteilungsrisiko der Deutschen vollzogen hat und nun zeitweise dasjenige der Deutschen sogar noch übertrifft. Allerdings bestehen delikts- und altersspezifische Besonderheiten, insbesondere im Bereich der Gewaltdelikte, die es zu berücksichtigen gilt und die daher eine Diskussion über die selektionsentscheidenden Mechanismen und Instanzen auch unter diesem Gesichtspunkt sinnvoll erscheinen lassen.

6. 5. Erklärungsansätze für die „Reduktion des Tatvorwurfes"

Erklärungsansätze für einen Schwund zwischen Tatverdächtigenzahlen und den Aburteilungs-/Verurteilungszahlen werden auf den unterschiedlichen Stufen des Selektionsprozesses gesucht, wobei der Staatsanwaltschaft zentrale Bedeutung zukommt: Sie ist die „Schaltstelle", die im Prozeß der Strafverfolgung darüber entscheidet, ob ein Tatvorwurf ein gerichtliches Verfahren nach sich zieht oder das Verfahren eingestellt wird und der einmal erhobene Tatvorwurf nicht mehr weiter verfolgt wird.

Als Erklärungsansätze für den unterschiedlich gravierenden Selektionsprozeß in bezug auf deutsche und ausländische Beschuldigte werden ein selektives, gegenüber Ausländern erhöhtes Anzeigeverhalten der Bevölkerung, ein ebenso selektives Überwachungsverhalten der Polizei - beide dienen insoweit im Rahmen der „Diskriminierungsthese" als Erklärungsmuster für die erhöhte Belastung der Nichtdeutschen - sowie die korrigierende Tätigkeit der Staatsanwaltschaft zur Diskussion gestellt.[442]

6. 5. 1. Das selektive Anzeigeverhalten der Bevölkerung

Der erste „Filter" im Prozeß der Strafverfolgung ist das Opfer bzw. jene Person (oder Institution), die eine Straftat zur Anzeige bringt oder nicht. Im Bereich der „klassischen" Kriminalität nimmt in ca. 90 % der Fälle die Polizei ihre Ermittlungen auf eine Anzeige Privater hin auf. In der überwiegenden Zahl der Fälle wird

---

441 Rebmann, 1998, S. 220.

442 Vgl. Reichertz, Kriminalistik 1994, S. 612, 613.

die Polizei somit reaktiv tätig. Die Anzeigebereitschaft des Opfers bzw. der Bevölkerung bestimmt also in weitem Umfang darüber, was schließlich zur Kenntnis der Behörden gelangt und in den Polizeilichen Kriminalstatistiken als registrierte Kriminalität ausgewiesen wird. Angesichts der überhöhten Kriminalitätsbelastung der Nichtdeutschen nach der PKS wird immer wieder die Vermutung geäußert, daß Ausländer einer erhöhten Kontrollbereitschaft durch die deutsche Bevölkerung ausgesetzt sind. Man geht davon aus, daß ihnen von Seiten der deutschen Bevölkerung größeres Mißtrauen entgegengebracht wird, sie schneller auffallen (z. B. aufgrund des äußeren Erscheinungsbildes bei Angehörigen sog. „visible minorities") und sich seitens der Bevölkerung „Dramatisierungstendenzen" bemerkbar machen, die dazu führen, daß das Verhalten der Nichtdeutschen schneller als kriminelles Verhalten interpretiert und gewertet wird als das der Deutschen.[443] Voraussetzung ist freilich, daß das Tatopfer den Täter als „Ausländer" erkennt. Zu erwarten ist ein solcher Einfluß der Nationalität bei der Anzeigenerstattung vor allem im Bereich der weniger schweren Delikte, in denen - im Gegensatz zu schweren Delikten, wo in der Regel der erlittene Schaden die Triebfeder für eine Anzeigenerstattung ist - „sachfremde" Erwägungen bei der Entscheidung für oder gegen eine Anzeigenerstattung möglicherweise eine größere Rolle spielen.[444]

Die intensivere Kontrolle durch die Bevölkerung könnte sich in zwei Richtungen auswirken: in einer überhöhten Anzahl von Anzeigen gegen Nichtdeutsche, die durchaus Bestand haben können, sowie „überdramatisierten" Anzeigen, die einer näheren Nachprüfung nicht standhalten.

Die Vermutung einer erhöhten Anzeigebereitschaft baut nicht zuletzt auf der häufig erfragten und untersuchten Einstellung der Deutschen gegenüber Fremden auf. So waren zum Beispiel nach den Ergebnissen einer neueren Studie von *Silbermann* und *Hüsers* (1995) 15,5 % der Befragten[445] als überduchschnittlich frem-

---

443 Vgl. Reichertz, Kriminalistik 1994, S.610, 612. Von einem „diskriminierenden Anzeigeverhalten" geht Savelsberg, Kriminalistik 1987, S. 578, 579 aus; ebenso Geißler, Jugendwohl 1998, S. 454, 456; Rolinski, in: Kühne/Miyazawa (Hrsg.), 1995, S. 343, 348; Sessar, in: Bauhofer/Queloz (Hrsg.), 1993, S. 187, 194, der die Frage „wissenschaftlich noch als offen" bezeichnet; ebenso Villmow, BewHi 1995, S. 155, 159.

444 Vgl. Killias, MschrKrim 1988, S. 156, 163.

445 Es wurde insgesamt mit 1398 Personen ab 14 Jahren in Ost- und Westdeutschland mittels persönlicher Interviews eine Repräsentativbefragung durchgeführt, wobei die als mögliche Indikatoren für Fremdenfeindlichkeit dienende Fragen fünf Themenbereichen entnommen wurden: die Unzufriedenheit mit dem Zahlenverhältnis von Ausländern und Deutschen im Wohngebiet, die Vermeidung von Kontakten mit Ausländern, die Sympathien mit offen und aggressiv gegen Ausländer und als fremd wahrgenommene Personen gerichteten Aktionen, die restriktive Forderung einer deutschen Ausländerpolitik, mit der eine Verschlechterung des Status der ausländischen Bewohner Deutschlands verbunden wäre und schließlich die große soziale Distanz zu verschiedenen, exemplarisch ausgewählten Nationalgruppen;

denfeindlich einzustufen, davon 1 % sehr stark fremdenfeindlich, 4,2 % stark fremdenfeindlich, und eine mittelhohe Fremdenfeindlichkeit fand sich bei 10,3 %. Von der verbleibenden Mehrheit waren knapp 15 % als gar nicht fremdenfeindlich einzustufen, der Rest verteilt sich auf die Kategorien „etwas fremdenfeindlich" (35,3 %) und „kaum fremdenfeindlich" (34,5 %). Fremdenfeindlichkeit im Sinne der Studie bezieht sich dabei auf folgende Aspekte: auf eine von ethnischen Vorurteilen bestimmte, aktiv ausgrenzende soziale Distanz gegenüber den in Deutschland am stärksten diskriminierten Gruppen der Sinti und Roma, der Afrikaner, der Vietnamesen und der Türken; auf eine Sympathie für manifest aggressive Ausgrenzungshandlungen gegen Ausländer und vermeintlich Fremde (dazu gehören sowohl „Ausländer raus"-Rufe als auch gewalttätige Angriffe auf fremd erscheinende Personen); auf eine subjektiv sowohl auf das Alltagsverhalten als auch auf die politisch zu entscheidenden Fragen der Ausländerpolitik bezogene Wahrnehmung von Ausländern in Deutschland als „Problem". Ablehnung von Fremden ist also für einen großen Teil der deutschen Gesellschaft leider „normal" und in allen soziodemographischen Gruppen anzutreffen.[446]

Ungeklärt ist allerdings nachwievor, inwieweit diese fremdenfeindlichen Einstellungen dann auch tatsächlich das Verhalten des Einzelnen beeinflussen. Insoweit wäre es sicher verkürzend, von diesen Einstellungen unmittelbar auf eine erhöhte Anzeigebereitschaft der deutschen Bevölkerung gegenüber Nichtdeutschen zu schließen. Doch legen die Ergebnisse es zumindest nahe, daß der Gruppe der „Fremden" eine besondere Aufmerksamkeit zuteil wird und damit auch eine verstärkte soziale Kontrolle ausgeübt wird.[447] Nicht zu unterschätzen dürfte dabei auch die Rolle der Medien sein, die Ausländerkriminalität mit allgemeinen Kriminalitätsproblemen und ausländerpolitischen, insbesondere asylpolitischen Fragestellungen vermengen und die ihre Berichterstattung auf Einzel- und Extremfälle konzentrieren und damit maßgeblich an der Vermittlung der Ausländerkriminalität als sozialem Problem mitwirken.[448] Die Einstellung der Deutschen gegenüber Nichtdeutschen ist aber auch insoweit von Interesse, als zu vermuten ist, daß die Vertreter der strafrechtlichen Kontrollinstanzen in ihren Haltungen und Einstellungen gegenüber Fremden die allgemein in der Gesellschaft vorzufindenden Haltungen gegenüber Nichtdeutschen mit allen Schattierungen widerspiegeln.

S. Hüsers, Aus Politik und Zeitgeschichte B 48, 1995, S. 22, 23; ausführlich zur Anlage der Befragung Silbermann/Hüsers, 1995, S. 14 ff.

446 Zum Ganzen s. Hüsers, Aus Politik und Zeitgeschichte B 48, 1995, S. 22, 23/24.

447 Vgl. auch Villmow, in: Festschrift für Leferenz, 1983, S. 323, 329; ebenso Kürzinger, 1996, Rz. 329.

448 Seine Analyse der Presseberichterstattungen zusammenfassend Kubink, 1993, S. 136-138.

Unter Zugrundelegung des derzeitigen Forschungsstandes läßt sich die Frage der erhöhten Anzeigebereitschaft der einheimischen Bevölkerung gegenüber Nichtdeutschen nicht eindeutig beantworten. Für einen erhöhten Strafverfolgungsdruck gegenüber Ausländern seitens der Bevölkerung könnten die Ergebnisse einer älteren Untersuchung von *Donner* sprechen. Danach wurde die deutsche Vergleichsgruppe häufiger von Amts wegen angezeigt (28,3 %) als die Gruppe der jungen Ausländer (19,8 %). Bei einer Interpretation im oben genannten Sinne sind aber andere Variablen wie Deliktsverteilung, Deliktsbegehungsarten und Tatfolgen sowie Altersstruktur zu berücksichtigen. So zeigte sich, daß die Gruppe der Ausländer jünger war als die deutsche Vergleichsgruppe. 38 % der ausländischen und 28,5 % der deutschen Beschuldigten waren zum Erhebungszeitpunkt Kinder. Dies könnte der Grund sein, warum mehr Deutsche von Amts wegen angezeigt werden, da Polizeibeamte es Kindern gegenüber meist bei einer persönlichen, informellen Ermahnung belassen.[449] Darüber hinaus handelte es sich bei den jungen Ausländern vorgeworfenen Delikten vergleichsweise häufiger um Bagatelldelikte[450], bei denen die Polizei erfahrungsgemäß fast nie Anzeige erstattet, womit sich der Anteil der Anzeigen aus der Bevölkerung gegenüber Ausländern erhöht. Auch waren die ausländischen Tatverdächtigengruppen meist größer, „so daß auch hier hinter einer privaten Strafanzeige, in der nachträglich mehrere ausländische Beschuldigte vermerkt sind, das Ausmaß und eine mögliche Selektivität polizeilichen Handelns verborgen bleibt“[451]. Als wenig aufschlußreich in Bezug auf das Anzeigeverhalten erwiesen sich die Tatfolgen: Sowohl bei der deutschen Gruppe als auch bei der ausländischen lag in 80 % der Fälle des Ladendiebstahls der Schaden nicht höher als 20 DM.[452]

Eine Tendenz für eine erhöhte Anzeigenbereitschaft gegenüber jungen Türken und Italienern entnahm *Mansel* seinen Untersuchungsergebnissen, die durch schriftliche Befragung von Experten (Schutzpolizei, JGH, Richter) und die Auswertung einzelner Strafverfahren gewonnen wurden. Danach scheinen gegenüber Ausländern weniger Skrupel und Hemmungen zu bestehen, diese mit den Konsequenzen einer Anzeige zu belasten, was sich auch in der Anzeige von Bagatellen durch die einheimische Bevölkerung niederschlägt. Weiterhin zeigt sich eine Tendenz, daß ausländische Jugendliche häufiger als deutsche Jugendliche wegen Vorgängen angezeigt werden, die sich als strafrechtlich irrelevant erweisen.[453] Die

449 Donner, RdJB 1986, S. 128, 131.

450 Gegen 48,4 % der Ausländer lag eine Anzeige wegen Ladendiebstahl, Erschleichen von Leistungen oder Sachbeschädigung vor gegenüber 36 % bei der deutschen Vergleichsgruppe.

451 Donner, RdJB 1986, S. 128, 131.

452 Donner, RdJB 1986, S. 128, 132.

453 Mansel, 1989, S. 261.

überwiegende Zugehörigkeit zur Unterschicht, eine verstärkte soziale Kontrolle, das äußere - fremdartige - Erscheinungsbild verbunden mit verwurzelten Vorurteilen werden im Rahmen der Expertenbefragung als mögliche Gründe für eine gesteigerte „Anzeigenfreudigkeit" genannt.[454]

Keine diskriminierenden Tendenzen im Anzeigeverhalten konnten dagegen *Killias/ Kuhn/Berry* in ihrer Schweizer Untersuchung feststellen. Die Ergebnisse der Opferbefragung von 1987 widerlegten die Vermutung, daß Taten von Ausländern häufiger angezeigt werden als Delikte von schweizerischen Inländern: Der Anteil angezeigter Ausländer und angezeigter Schweizer war in etwa gleich groß (41,1 % und 40,6 %). Die Entscheidung des Opfers, Anzeige zu erstatten, wird danach also nicht durch die Nationalität des Täters beeinflußt.[455] *Killias u. a.* zogen darüber hinaus in Betracht, daß ein solcher Einfluß besteht, wenn man die Nationalität des Opfers mitberücksichtigt. Aber auch diese Vermutung bestätigte sich nicht. So zeigten Schweizer 41 % Schweizer und 43 % Ausländer an.[456] Das Ergebnis macht deutlich, daß die Nationalität des Täters nicht ausschlaggebend ist für die Erstattung einer Anzeige. Auch die Variable „Bekanntschaft zwischen Täter und Opfer" konnte ein diskriminierendes Anzeigeverhalten gegenüber Ausländern nicht verdecken. Da von den Opfern persönlich unbekannte Täter häufiger angezeigt wurden als bekannte, lag die Vermutung nahe, daß dies für den fehlenden Einfluß der variable „Nationalität" verantwortlich sein könnte, wenn Ausländer häufiger als Schweizer den Opfern nicht bekannt gewesen waren. Doch waren die schweizerischen Täter dem Opfer nur geringfügig häufiger bekannt als ausländische. Die Anzeigenquote gegen unbekannte Täter war bei Ausländern zwar höher als bei den Schweizern, eine umgekehrte Tendenz zeigte sich aber bei den dem Opfer bekannten Tätern.[457] Ein Einfluß der Nationalität zeigte sich erwartungswidrig auch bei weniger schweren Delikten nicht.[458] Bei der Übertragung der Schweizer Ergebnisse auf die deutsche Bevölkerung ist allerdings Zurückhaltung geboten, da die Toleranz bzw. die Kontrolle gegenüber Ausländern in verschiedenen Ländern möglicherweise unterschiedlich ausgeprägt sein kann.[459]

---

454 Zu den ausführlichen Befragungsergebnissen Mansel, 1989, S. 255-260.

455 Kuhn/Killias /Berry, in: Bauhofer/Queloz (Hrsg.), 1993, S. 239, 252.

456 Kuhn/Killias/Berry, in: Bauhofer/Queloz (Hrsg.), 1993, S.239, 252, 253.

457 Killias, MschrKrim 1988, S. 156, 162.

458 Killias, MschrKrim 1988, S. 156, 163.

459 Mit diesen Bedenken auch Villmow, BewHi 1995, S. 155, 159 (mit einem Überblick über weitere Untersuchungen aus dem Ausland).

Nicht die Nationalität, vielmehr objektive Faktoren wie Höhe und Schwere des entstandenen Schadens, Beziehung zum Täter oder Dritten sind für die Entscheidung zur Anzeigenerstattung maßgeblich.[460] Dies entspricht weitgehend den bisherigen Erkenntnissen der kriminologischen Forschung zum Anzeigeverhalten, wonach die Gründe für eine Anzeigenerstattung vielschichtig sind. Sie sind abhängig vom Delikt und und von Art und Umständen der konkreten Viktimisierung. Insgesamt ist es weniger der Wunsch nach Bestrafung des Täters als schadens- und serviceorientierte Gründe, die zur Strafanzeige motivieren.[461] Vor allem bei Eigentums- und Vermögensdelikten dürfte eine Anzeigenerstattung mit Blick auf etwaige Schadensersatzansprüche und Inanspruchnahme von Versicherungsleistungen erfolgen.[462] Aber auch die Nähe zwischen Täter und Opfer (so bei versuchten Tötungsdelikten) oder der Wunsch nach Disziplinierung der eigenen Schichtangehörigen (so bei opferbezogenen und -kontrollierten Delikten) wurden als maßgebliche Faktoren bei der Entscheidung zur Anzeigenerstattung ermittelt.[463] Zusammenfassend läßt sich sagen, daß die Entscheidung des Opfers über eine Anzeigenerstattung das Resultat eine Kosten-Nutzen- Abwägung sein dürfte[464], bei der die Nationalität des Täters keine oder nur geringe Rolle spielt.

Die Annahme einer generell erhöhten Anzeigebereitschaft gegenüber Nichtdeutschen ist somit bislang nicht empirisch bestätigt.[465]

6. 5. 2. Die Anzeigebereitschaft innerhalb derselben ethnischen Gruppe

Bei der Diskussion um die Anzeigebereitschaft wurde bisher davon ausgegangen, daß die Kriminalitätsbelastung wie sie in der PKS ausgewiesen wird, unter anderem ein Produkt der besonderen Anzeigenfreudigkeit der deutschen Bevölkerung gegenüber Ausländern ist und damit als „Indikator für die Intensität der Zurückweisung durch die Majoritätsgruppe“[466] ebenso wie als Erklärungsansatz für eine erhöhte Belastung der Nichtdeutschen unter den polizeilich Registrierten gedeutet werden kann. Ausgangspunkt ist also die ganz spezielle Täter-Opfer-Konstellation

---

460 Kuhn/Killias/Berry, in: Bauhofer/Queloz (Hrsg.), 1993, S. 239, 253. Den Einfluß der Nationalität bei der Anzeigenerstattung ebenfalls verneinend Kammhuber, Kriminalistik 1997, S. 551, 553.

461 S. Kilchling, 1995, S. 229; Kaiser, 1996, § 50 Rz. 11.

462 Vgl. Kilchling, 1995, S. 220, 221, wonach Versicherungsbedingungen zu den meist genannten Anzeigegründen (59,4 % - Mehrfachnennungen waren möglich) gehören.

463 Siehe Kaiser, 1996, § 50 Rz. 11.

464 So Kürzinger, 1996, Rz. 157.

465 Vgl. Eisenberg, Kriminologie, 2000, § 26 Rz 33.

466 Kaiser, 1996, § 56 Rz. 14.

„ausländischer Täter“ und „einheimisches Opfer“, wobei vorausgesetzt wird, daß das Opfer den Täter auch als „ausländisch“, „fremdländisch“ identifizieren kann. Keine Berücksichtigung finden dagegen im Zuge dieser Argumentation Delikte innerhalb derselben ethnischen Gruppe oder generell unter Ausländern, die ebenfalls Eingang in die PKS finden.

Allerdings vermutet man bei solchen intraethnischen Straftaten eine geringere Anzeigebereitschaft der Opfer, mit der Folge, daß ein großer Teil dieser innerethnischen Delikte im Dunkelfeld verbleibt, und darüber die Kriminalitätsbelastung der Nichtdeutschen nach unten korrigiert wird.[467] Dabei sollte aber nicht übersehen werden, daß ausländische Opfer sowohl von Angehörigen der eigenen Nationalität/Ethnie als auch von ausländischen Tätern anderer Staatsangehörigkeit/Ethnie geschädigt werden können. Wenn man also die Anzeigebereitschaft nichtdeutscher Opfer näher beleuchtet, muß man unterscheiden zwischen Delikten, die sich unter Personen derselben Staatsangehörigkeiten abspielen, und Straftaten, die zwar unter „Ausländern“ geschehen, bei denen Opfer und Täter aber nicht dieselbe Staatsangehörigkeit besitzen. Die „Solidarität“, die das Opfer unter den eigenen Landsleuten von einer Anzeigenerstattung absehen läßt, erstreckt sich möglicherweise nicht auf jene Täter, die zwar auch „Ausländer“ sind, aber nicht derselben Nationalität/Ethnie angehören, so daß von einer grundsätzlich geringeren Anzeigebereitschaft „unter den Ausländern“ möglicherweise nicht gesprochen werden kann.

Was den Stellenwert innerethnischer Konflikte oder Delikte betrifft, so kann man davon ausgehen, daß sie bei der ersten Generation von Nichtdeutschen, den „Gastarbeitern“, einen größeren Stellenwert hatten als bei den jungen Nichtdeutschen der zweiten oder dritten Generation, die räumlich und auch sozial aus der Isolation gegenüber den Deutschen ausgebrochen sind.[468] Dagegen läßt sich eine der Situation der ersten Generation vergleichbare Lage bei Asylbewerbern/Flüchtlingen erwarten, die aufgrund sprachlicher Barrieren und der vielfach ghettoähnlichen Wohnsituation sich vor allem auf ihre eigene Gruppe zurückziehen dürften.

Sichtet man das zur Verfügung stehende empirische Material, so konstatieren *Pfeiffer/Delzer/Enzmann/Wetzels* im Rahmen ihrer Untersuchung zur Gewaltkriminalität bei Jugendlichen und Heranwachsenden, daß „Gewaltdelikte keinesfalls überwiegend im Rahmen innerethnischer Auseinandersetzungen stattfinden. Am häufigsten ist dies - aus Opferperspektive betrachtet - noch bei deutschen und türkischen Opfern der Fall, bzw. aus Täterperspektive betrachtet fast ausschließlich

---

[467] Vgl. Die Beauftragte der Bundesregierung für die Belange der Ausländer, 1993, S. 11; Pitsela, 1986, S. 339.

[468] Vgl. Chaidou, 1984, S. 146.

bei deutschen Tätern".[469] So waren von insgesamt 1 173 Täter-Opfer-Kombinationen, bei denen eine eindeutige ethnische Zuordnung vorgenommen werden konnte, nur 28,7 % innerethnisch. Ungefähr 7 von 10 Fällen ereigneten sich zwischen verschiedenen Ethnien.[470] Damit spielen zunächst innerethnische Konflikte, bei denen eine geringere Anzeigebereitschaft von Nichtdeutschen gegenüber Angehörigen der eigenen Ethnie zum Tragen kommen und sich auf die Kriminalitätsbelastung auswirken könnte, zahlenmäßig eher eine untergeordnete Rolle.[471] Die Untersuchung bestätigt dagegen die oben genannte Vermutung, daß gegenüber Tätern der eigenen ethnischen Gruppe eine größere Zurückhaltung in der Frage der Anzeigenerstattung besteht. So werden von deutschen Opfern deutsche Täter zu 21 %, Täter aus Osteuropa zu 34 %, türkische Täter zu 33 % und Täter anderer ethnischer Gruppen zu 29 % angezeigt. Umgekehrt zeigen Opfer aus Osteuropa Täter ihrer eigenen Ethnie nur zu 11 % an, während sie deutsche Täter zu 28 %, türkische Täter zu 14 % und solche anderer Ethnien zu 35 % anzeigen.[472] Unterscheidet man Täter- und Opferethnien lediglich nach deutsch und nichtdeutsch, nivellieren sich die Unterschiede zwar ein wenig, doch gilt auch hier: Es besteht ein signifikanter Unterschied dahingehend, daß Deutsche und Nichtdeutsche die jeweils andere Täterethnie, der sie selbst nicht angehören, häufiger anzeigen. Man kann also von

469 So Pfeiffer/Delzer/Enzmann/Wetzels, 1998, S. 73; vgl. auch Chaidou, 1984, S. 146, die die Hypothese, daß Deliktsopfer von jungen Ausländern überwiegend selbst Ausländer seien, nicht bestätigen konnte. Dagegen mit Hinweis auf eine Täter-Opfer-Homogenität beim Großteil der Kriminalität unter Zugrundelegung von PKS-Daten Kammhuber, Kriminalistik 1997, S. 551, 553; s. auch Luff/Gerum, 1995, S. 232 die eine Tendenz feststellen, wonach Ausländer bei Gewaltstraftaten häufig unter sich bleiben.

470 Diese Rate ist damit noch höher als jene, die im Hellfeld gefunden wurde. Pfeiffer u. a. geben aber zu bedenken, daß nicht auszuschließen ist, daß die Erinnerung an ein Delikt und die Motivation dieses mitzuteilen, bei Delikten mit Tätern einer fremden Ethnie stärker ausgeprägt ist und somit die Anteile der Konflikte zwischen Ethnien mit diesen Opferangaben möglicherweise überschätzt werden; s. Pfeiffer/Delzer/Enzmannn/Wetzels, 1998, S. 73. Die Werte entsprechen in etwa den von Kammhuber, Kriminalistik 1997, S. 551, 554 angegebenen (Hellfeld-) Zahlen für den Bereich der Gewaltkriminalität insgesamt. Kammhuber bewertet allerdings einen Anteil von einem Drittel innerethnischer Vorfälle in diesem Bereich als „erheblich mehr, als ausgehend von der Bevölkerungsverteilung zu erwarten gewesen ist" und „das trotz der Tatsache, daß gerade im Gewaltbereich Ausländer häufig den Gang zur Polizei scheuen (z. B.: endgültiger Verlust der Ehre, wenn man diese mittels „Gegen-Gewalt" nicht selbst wieder herstellt, oder auch Mißtrauen gegen unsere Behörden)".

471 Kammhuber, Kriminalistik 1997, S. 551, 554 vermutet, daß das Ausmaß von Delikten, die Ausländer tatsächlich gegen Ausländer begehen, deutlich über dem liegt, was statistisch bekannt wird.

472 Pfeiffer/Delzer/Enzmann/ Wetzels, 1998, S. 75, 76.

einem zwischen den Opferethnien gegenläufigen ethnisch-selektiven Anzeigeverhalten sprechen.[473]

Auf eine größere Zurückhaltung bei der Anzeigenerstattung gegenüber den Angehörigen der eigenen Staatsangehörigkeit weisen auch die Befunde von *Luff/Gerum* hin. Ihre Fragebogenerhebung[474] machte deutlich, daß ausländische Opfer auffallend oft keine Angaben machten, wenn der Tatverdächtige die gleiche Staatsangehörigkeit besaß, selten dagegen, wenn Opfer und Täter Ausländer verschiedener Herkunft waren. Auch der Versuch, die Anzeige zurückzuziehen, wurde am häufigsten unternommen, wenn das Opfer dieselbe Staatsangehörigkeit besaß wie der Tatverdächtige.[475] Darüber hinaus scheinen Ausländer zumindest dann, wenn es sich auch um ausländische Tatverdächtige handelt, Bagatelldelikte seltener anzuzeigen.[476]

Unabhängig von der Staatsangehörigkeit der Tatverdächtigen ergaben sich im Rahmen einer PKS-Stichprobe von *Luff/Gerum* Hinweise darauf, daß ausländische Jugendliche möglicherweise weniger sensibel auf Gewaltanwendungen reagieren: So waren die 14-17jährigen bezogen auf die Roheitsdelikte die einzige Altersgruppe, bei der der prozentuale Wert der deutschen Opfer den der ausländischen Opfer übertraf. Es steht zu vermuten, daß solche Gewaltanwendung von ausländischen Jugendlichen häufiger als „Scherz“ oder „Streich“ interpretiert werden. Vor allem männliche Jugendliche aus südlichen Ländern, für die Aggressionen Teil ihrer Jugendkultur und ihres Männlichkeitskultes sind, regeln sich daraus ergebende Konflikte eher intern.[477] Geht man davon aus, daß gerade im Bereich der Gewaltdelikte Nichtdeutsche häufig unter sich bleiben, würde dieses Verhalten hauptsächlich nichtdeutschen Tätern zugutekommen.

---

473 Pfeiffer/Delzer/Enzmann/Wetzels, 1998, S. 76, Abb. 43; vgl. auch Pitsela, 1986, S. 340, in deren Untersuchung sich kein statistisch signifikanter Zusammenhang zwischen Anzeigebereitschaft des Opfers und der Nationalität des Täters feststellen ließ, „obwohl man sich nicht des Eindrucks erwehren kann, daß eine informelle Austragung eines strafrechtlich relevanten Konflikts dann eher erfolgte, wenn Täter und Opfer derselben ethnischen Gruppe angehören“.

474 Ausgewertet wurden 1.129 Erhebungsbögen, die von den Beamten der vier Polizeidirektionen Regensburg, Kempten, Fürth und Coburg und vom Polizeipräsidium München für alle Straftaten der Straftatengruppen Erpressung, Straftaten gegen das Leben, gegen die sexuelle Selbstbestimmung, gegen die persönliche Freiheit und Roheitsdelikte bearbeitet wurden; Luff/Gerum, 1995, S. 170/171.

475 Luff/Gerum, 1995, S. 226/227.

476 S. zusammenfassend Luff/Gerum, 1995, 233. So fand sich in der PKS-Stichprobe keine einzige Beleidigung unter Ausländern.

477 So die Interpretation von Luff/Gerum, 1995, S. 234.

6. 5. 3. Diskussion und Bewertung

Die empirischen Befunde zur Frage der Anzeigebereitschaft liefern insgesamt ein uneinheitliches Bild, das die pauschale Behauptung, gegenüber (jungen) Ausländern bestehe bei der deutschen Bevölkerung generell eine gesteigerte Anzeigebereitschaft, - auch angesichts der Vielfalt der Motive bezüglich der Anzeigenerstattung - nicht erlaubt. Umgekehrt ist aber nicht auszuschließen, daß die „Fremdheit" des Täters die Bereitschaft zur Anzeigenerstattung erhöht, und zwar - legt man die Befunde von *Pfeiffer/Delzer/Enzmann/Wetzels* zugrunde - auf ethnisch-selektive Weise. Das deutet darauf hin, daß eine erhöhte Bereitschaft zur Anzeigenerstattung gegenüber fremden Ethnien/Nationalitäten kein Phänomen ist, das alleine die einheimische Bevölkerung betrifft, sondern eine bei allen Ethnien gleichermaßen vorzufindende Tendenz. Allerdings sagt dies weder etwas über die Motive der Anzeigenerstattung noch über das Bestehen von Dramatisierungstendenzen bei der deutschen Bevölkerung (und möglicherweise nur bei dieser) aus. Da *Pfeiffer/Delzer/Enzmann/Wetzels* die Anzeigenerstattung durch das Opfer zugrundelegten, kann auch keine Aussage über eine möglicherweise generell vorzufindende erhöhte Aufmerksamkeit und erhöhtes Mißtrauen gegenüber Nichtdeutschen getroffen werden, die möglicherweise anders als bei den in Deutschland lebenden Minoritäten dazu führen, daß auch Dritte, die von der Deliktsbegehung selbst nicht betroffen sind, einen Sachverhalt zur Anzeige bringen.

Des weiteren konnte *Kürzinger* aufzeigen, daß unter den nichtmateriellen Anzeigegründen Motive wie Zorn, Rache, Ärger über die Tat usw. in 27 % der Fälle vorherrschten, also die Anzeigenerstattung zu einem nicht unerheblichen Teil auch aus persönlichen Gründen erfolgte.[478] Es ist nicht auszuschließen, daß über solche persönlichen Gründe auch fremdenfeindliche Einstellungen zum Tragen kommen[479], wenn auch nicht geklärt ist, inwieweit sich diese Einstellungen auch tatsächlich auf das Verhalten auswirken.[480]

Auch ist das Thema „Ausländerkriminalität" in der öffentlichen Diskussion präsent. Es kann vermutet werden, daß dies zu einer gewissen negativen „Sensibilisierung" der Bevölkerung führt, die sich im Anzeigeverhalten und auch in der Verdachtschöpfung niederschlagen kann.[481] Zwingend ist dies allerdings nicht. Insbesondere, wenn es lediglich um eine überhöhte Anzahl von Anzeigen gegen Nichtdeutschen geht, könnte dies in erster Linie auf andere Faktoren als die Ausländereigenschaft zurückzuführen sein. Soziale Distanz und Fremdheit zwischen

---

478 Kürzinger, 1978, S. 152 Tab. 27.

479 So Rebmann, 1998, S. 233.

480 Vgl. auch Villmow, in: BKA (Hrsg.), 1989, S. 35, 36.

481 Vgl. Kürzinger, 1996, Rz. 329, dem zufolge bestimmte fremdenfeindliche Einstellungen die Toleranzschwelle gegenüber Ausländern niedriger werden lassen als gegenüber Inländern.

Opfer und Täter erschweren grundsätzlich die informelle Verständigung zwischen den Beteiligten. Da in der Mehrzahl der Fälle von einer solchen Distanz zwischen deutschen Opfern und ausländischen Tätern auszugehen ist, könnte dies auch eine Ursache für förmliche Interventionen in Form von Anzeigeerstattung sein.[482] Diese Überlegungen tragen aber dann nicht, wenn es um eine Dramatisierung des Vorfalls, um Anzeigen geht, die schließlich einer strafrechtlichen Prüfung nicht standhalten. Hinweise auf eine solche Dramatisierung finden sich bei *Mansel*, die insoweit die These einer diskriminierenden Kontroll- und Anzeigebereitschaft auf Seite der deutschen Bevölkerung erhärten. Insgesamt darf der Anzeigeeffekt angesichts der uneinheitlichen empirischen Befunde aber nicht überbewertet werden.[483] Welche Auswirkung eine erhöhte Kontrollbereitschaft letztlich auf die Tatverdächtigenzahlen hat, ist ebenfalls ungewiß. Wie oben schon ausgeführt, scheint die Anzeigebereitschaft der Nichtdeutschen gegenüber Angehörigen der eigenen Staatsangehörigkeit bzw. Ethnie geringer ausgeprägt. Als Gründe hierfür kommen neben der Solidarität mit der eigenen ethnischen Gruppe vor allem auch Ängste der geschädigten Ausländer vor negativen (ausländerrechtlichen) Konsequenzen in Betracht[484]. Neben informellen Konfliktregelungsstrategien verhindern auch Sprachprobleme und damit verbundene Scheu vor einer Anzeigenerstattung sowie unzureichende Kenntnisse über das deutsche Rechtssystem möglicherweise den Gang zur Polizei. Hierauf deuten die Ergebnisse von *Luff/Gerum* für das Jahr 1988 hin, wonach die Aufenthaltsdauer bei drei Viertel der Geschädigten in Bayern bei über fünf Jahren lag.[485]

Im Dunkelfeld verbleiben dürften vor allem auch Delikte unter sich illegal in Deutschland aufhaltenden, gegen das AuslG verstoßende Nichtdeutschen, die unter diesen Umständen den Kontakt zu Strafverfolgungsbehörden zu vermeiden trachten. Man kann also davon ausgehen, daß ein eventuell bestehender Anzeigeeffekt zumindest teilweise durch die größere Zurückhaltung bei der Anzeigenerstattung innerhalb derselben ethnischen Gruppe bzw. bei bestimmten Delikten auch innerhalb der Nichtdeutschen insgesamt ausgeglichen wird. In welchem Ausmaß die Tatverdächtigenzahlen der ausländischen Jugendlichen und Heranwachsenden in der PKS davon beeinflußt werden, kann nicht beantwortet werden.

---

482 So Walter, BewHi 1987, S. 60, 75.

483 So auch Rebmann, 1998, S. 239.

484 Stocker, in: BKA (Hrsg.), 1989, S. 233, 234. Vgl. auch die Ergebnisse der Befragung von türkischen, italienischen und deutschen Jugendlichen zu ihrer Anzeigebereitschaft durch Mansel, KrimJ 1988, S. 121, 133, 134. Die jungen Türken gaben außerdem an, auf eine Anzeige eher zu verzichten, um einer Verfestigung von Vorurteilen der Einheimischen bezüglich des Stereotyps der „kriminellen" Ausländer vorzubeugen.

485 Luff/Gerum, 1995, S. 238. 1993 hat sich das Bild entsprechend der veränderten Zusammensetzung der Bevölkerung geändert. Parallel zum Kriminalitätswandel zeichnet sich auch ein Wandel in der Viktimisierung ab.

6. 5. 4. Die polizeiliche Arbeit und ihre Bedeutung für den strafrechtlichen Selektionsprozeß

Ähnlich wie bei der Bevölkerung eine gegenüber Nichtdeutschen verstärkte Anzeigebereitschaft vermutet wird, wird diskutiert, daß die Polizei gegenüber dieser Gruppe ein selektives Überwachungsverhalten an den Tag legt bzw. sie verstärkt kontrolliert und auch ihre Arbeit selektiv ist: Die Annahmebereitschaft von Anzeigen gegen Nichtdeutsche sei besonders ausgeprägt, und die Polizei neige dabei zur Dramatisierung des Sachverhalts.

Die Annahme eines selektiven Überwachungsverhaltens im Sinne einer verstärkten Kontrolle von Ausländern vermag zwar die Höherbelastung der Nichtdeutschen bei der polizeilich registrierten Kriminalität zu erklären, für den unterschiedlich verlaufenden Selektionsprozeß kommt ihr alleine aber kein Erklärungswert zu.[486] Ein selektives, gegenüber Nichtdeutschen verstärktes Überwachungsverhalten deutet allerdings auf eine Benachteiligung der (jungen) Ausländer hin. Dagegen kommt einer möglichen Dramatisierung von Anzeigesachverhalten auch Bedeutung für den Selektionsprozeß zu: Diese kann dazu führen, daß der Tatvorwurf letztlich einer Überprüfung nicht stand hält bzw. sich als Bagatelle entpuppt, so daß die Staatsanwaltschaft das Verfahren einstellt.

6. 5. 4. 1. Die Polizei in einer „multikulturellen" Gesellschaft - fremdenfeindliche Tendenzen?

Durch die zunehmende ethnische Differenzierung der Gesellschaft hin zu einer multikulturellen Gesellschaft haben sich auch die Arbeitsbelastung der Polizeibeamten und die an sie gestellten Anforderungen geändert. Die steigenden Tatverdächtigenzahlen der (jungen) Nichtdeutschen belegen, wenn auch nicht die tatsächliche Kriminalitätsbelastung, so doch zumindest, daß sich der Umgang zwischen Polizei und Nichtdeutschen intensiviert hat. Dieser Umgang verlangt dem Polizeibeamten eine soziale und kommunikative Kompetenz ab, die er im Umgang mit deutschen Tatverdächtigen nicht aufbringen muß und u. U. im Umgang mit nichtdeutschen Tatverdächtigen nicht immer aufzubringen vermag. Sprach- und Verständigungsbarrieren müssen überwunden, kulturelle Eigenheiten des Gegenübers beachtet und nicht zuletzt ein größerer bürokratischer, zeitintensiver Aufwand (z. B. durch Hinzuziehung eines Dolmetschers, Kontaktaufnahme mit der Ausländerbehörde) betrieben werden.[487] Mit der ethnischen Ausdifferenzierung der

---

486 Vgl. Reichertz, Kriminalistik 1994, S. 610, 612.

487 Jaschke, 1997, S. 89 spricht von einer „kontinuierlichen Ethnisierung des polizeilichen Arbeitsfeldes", u. a. auch sichtbar an dem „enorm gestiegenen Anteil von Verstößen gegen das Ausländer- und Asylverfahrensgesetz".

Gesellschaft rückt aber auch die Frage, mit welcher Einstellung Polizeibeamte Nichtdeutschen begegnen, in den Blickpunkt des Interesses. Polizeibeamte begegnen im Dienst täglich der Gruppe der Ausländer, die gegen (Straf-) Gesetze verstoßen; ihre Erfahrungen im Umgang mit Ausländern gründen sich also in der Regel auf Kontakte mit einer kleinen, aber schwierigen Gruppe; demgegenüber sind (private) Kontakte zur unauffälligen ausländischen Bevölkerung, die eine positive Wahrnehmung von Nichtdeutschen fördern könnten, eher selten. Der Kontakt zur Gruppe der auffälligen Ausländer ist eine Zwangsläufigkeit der polizeilichen Arbeit, führt aber möglicherweise zu einer berufsspezifischen Prägung der Wahrnehmung von „Ausländern" in unserer Gesellschaft.[488] Dabei wird den eigenen Erfahrungen gemäß die Kriminalität junger Ausländer durchaus nationalitätenbezogen definiert: Beamte in Berlin z. B. sprechen - mit Ausnahme der BtM-Sachbearbeiter - fast ausschließlich von Türken und differenzieren hier zwischen den einzelnen Generationen, während andere Nationalitäten mit Ausnahme der Polen als unauffällig bezeichnet werden.[489] Den Kontakten mit ausländischen Tatverdächtigen stehen in der Regel auch wenig Kontakte mit den „unauffälligen" Nichtdeutschen im Privatbereich gegenüber, die die eigenen (negativen) Erfahrungen um positive anreichern könnten.

Die so von den Polizisten im beruflichen Alltag gewonnenen „Erfahrungswerte" können die Entstehung bzw. Verfestigung von Vorurteilen und Stereotypen („Ausländer sind krimineller als Deutsche") begünstigen. Gleichzeitig sind Polizeibeamte selbst Objekt der Vorurteilsbildung, so daß die Vermutung naheliegt, daß sie selbst sich „im Sinne einer Hackordnung ebenfalls eine Gruppe suchen, auf die sie ihre Unzufriedenheit und ihre Vorurteile projizieren können".[490] Dies können auch Ausländer sein.

Zwar sind nach dem Legalitätsprinzip Polizei und Staatsanwaltschaft verpflichtet, alle strafbaren Handlungen zu verfolgen (§§ 152 Abs. 2, 160 Abs. 1, 163 StPO). In der Praxis allerdings wird dieses Prinzip einerseits aus arbeitsökonomischen Erwägungen heraus häufig durchbrochen; andererseits verbleiben nicht genau überprüfbare Beurteilungsspielräume.[491] Es ist zu vermuten, daß sich über diese Beurteilungsspielräume auch persönliche Einstellungen des einzelnen Polizeibeamten als handlungsleitend erweisen können. Kontrolliert die Polizei Nichtdeutsche verstärkt? Nimmt sie gegen Nichtdeutsche erstattete Anzeigen entsprechend dem Legalitätsprinzip eher entgegen? In diesem Kontext wird die Frage der

---

488 Vgl. Franzke, Kriminalistik 1993, S. 615, 617; s. auch Rodel, 1976, S. 93.

489 Vgl. Kube/Koch, MschrKrim 1990, S. 14. Eine plastische Illustration für diese Konzentration auf bestimmte „problematische" Nationalitäten und bestimmte Gruppen von Ausländern, vor allem Asylbewerber, ist der Aufsatz von Hübner, Kriminalistik 1982, S. 283ff.

490 Stock/Klein, MschrKrim 1994, S. 286, 293; Franzke, Kriminalistik 1993, S. 615, 617.

491 Eisenberg, Kriminologie, 2000, § 27 Rz 4, 5.

innerhalb der Polizei anzutreffenden Einstellung gegenüber Nichtdeutschen relevant. Gleichzeitig haben publik gewordene Übergriffe auf Nichtdeutsche durch die Polizei[492] Fremdenfeindlichkeit in der Polizei zu einem Thema gemacht, dessen man sich nun auch verstärkt in Polizeikreisen annimmt.

6. 5. 4. 1. 1. Studie von Jaschke (1997)[493]

Die Ergebnisse der Befragung von *Jaschke* zeigen innerhalb der Polizei ein stark polarisiertes Meinungsbild in Bezug auf Ausländer. Der Anteil der Skeptiker gegenüber einer multikulturellen Entwicklung ist mit 59 % der befragten Revierbeamten, die Frankfurt als eine Stadt mit zu vielen Ausländern empfinden, relativ hoch. Damit konform geht auch eine skeptische Einstellung in polizeipraktischen Fragen. Die Mehrheit sowohl der Revierbeamten (74 %) als auch der S 500 (86 %) sprach sich dafür aus, ausländische Gesetzesbrecher zu bestrafen und auszuweisen; eine Minderheit von 22 % bzw. 12 % plädierte dafür, unter strikter Einhaltung des Gleichheitsgrundsatzes ausländische Gesetzesbrecher wie deutsche Gesetzesbrecher zu behandeln. Angesichts der beklagten mangelnden Zusammenarbeit der Ausländer mit der Polizei, den auftretenden Sprach - und Verständigungsproblemen, die meist zu zeitintensiveren Verfahren zwingen, ist dies nach Einschätzung von *Jaschke* allerdings eine nicht zu unterschätzende Minderheit.

Für eine große Mehrheit sind vor allem ausländische Jugendbanden eine zentrale Quelle polizeilicher Arbeitsbelastungen (so 84 % der Revierbeamten und 91 % der S 500). Recht uneinheitlich fallen dagegen die wohl größtenteils auf dem täglichen individuellen Umgang mit Nichtdeutschen fußenden Einschätzungen hinsichtlich möglicher Unterschiede zwischen zugereisten ausländischen und deutschen Kriminellen aus. Der Aussage, daß Ausländer aggressiver sind, wenn man sie bei einer Gesetzesübertretung erwischt, stimmen 54 % der Revierbeamten (S 500: 58 %) zu. Knapp zwei Drittel der Revierbeamten (S 500: 79 %) sind der Auffassung, daß kriminelle Ausländer weniger Unrechtsbewußtsein haben als kriminelle Deutsche. Dagegen stützen 26 % der Revierbeamten (S 500: 19 %) die Aussage, daß es keine Unterschiede zwischen ausländischen und deutschen Kriminellen gibt.[494]

---

492 S. Amnesty Jahresbericht 1997, S. 176-180 für den Berichtszeitraum 1.1. bis 31. 12. 1996.

493 Es wurden insgesamt 352 Frankfurter Polizeibeamte schriftlich befragt. Diese arbeiteten in den 24 Polizeirevieren des Dienstbezirkes oder in der „Sonderinspektion 500“. In acht der 24 Reviere fand eine Vollerhebung statt; von der S 500 wurden 182 Beamte befragt. Im Gegensatz zu den Revierbeamten werden die Beamten der S 500 im gesamten Dienstbezirk eingesetzt und sind durch ihren Einsatz bei Großdemonstrationen, Razzien usw. öfter in politisch kontroverse Auseinandersetzungen wie z. B. den Kurden-Konflikt verstrickt und stehen damit auch stärker im Blickpunkt der Öffentlichkeit. Vgl. Jaschke, 1997, S. 119-121.

494 S. Jaschke, 1997, S. 219, Tab. 9

Losgelöst vom dienstlichen Kontext wurde versucht, mit Fragen nach der Wahlabsicht ein Bild über die allgemeine Meinung über Ausländer zu erhalten. Die Wahlabsicht für die Republikaner - bei den Revierbeamten 14,5 %, bei der S 500 17 % - deutet auf ein eher überdurchschnittlich fremdenfeindliches Potential hin. Auch empfinden 15 % der Revierbeamten und ein Viertel der befragten S 500 - Beamten Menschen ausländischer Herkunft im Alltag als störend. 13 % der Revierbeamten (S 500: 22 %) bejahen die Frage, ob ausländische Jugendliche „von Natur aus stärker zu Kriminalität und Gewalt" neigen.

Es gibt danach also ein kleines, aber nicht unterzubewertendes Potential an Polizeibeamten, die fremdenfeindliche Positionen beziehen.[495] Das Fazit von *Jaschke*: „Die Positionen der Polizeibeamten in Fragen der multikulturellen Gesellschaft sind geprägt sowohl von den öffentlichen Debatten als auch von dienstlichen Erfordernissen und Erfahrungen, die im Ergebnis auf ein Plädoyer für repressiveres Vorgehen hinauslaufen."[496]

6. 5. 4. 1. 2. PFA-Studie von Bornewasser u. a. (1996)

Fremdenfeindlichkeit resultiert nach den Ergebnissen dieser Studie, die in Workshops[497] mit Polizeibeamten gewonnen wurden, vor allem aus sozialen und strukturellen Belastungen und Überforderungen der Polizeibeamten. Diese schlagen sich in der konkreten Konfliktsituation mit dem nichtdeutschen Tatverdächtigen in aggressiven Übergriffen, ersatzjustiziellen Maßnahmen oder aber in Resignation (Wegschauen und Nichteingreifen) nieder. Fremdenfeindliche Tendenzen sind damit kein Problem von einzelnen Polizeibeamtem im Sinne einer Voreingenom-

---

495 So das Ergebnis von Jaschke, 1997, S. 131.

496 Jaschke, 1997, S. 130/131.

497 Ziel des Projektes war es, spezifische Ursachen und Ausdrucksformen von Fremdenfeindlichkeit und Rassismus herauszuarbeiten und Vorschläge zur Verbesserung der Aus- und Fortbildung und andere hilfreiche Maßnahmen im Umgang mit Bürgern ausländischer Herkunft zu entwickeln. Grundlage hierfür waren Alltagserfahrungen und Einstellungen der unmittelbar betroffenen Polizeibeamten und -beamtinnen. Zu diesem Zweck wurden im Frühjahr 1995 insgesamt acht Workshops (Arbeitstagungen mit Seminarcharakter) durchgeführt, in denen Konfliktfelder und Situationen in der Polizeiarbeit ermittelt werden sollten, durch die fremdenfeindliche Einstellungen und Handlungsweisen enstehen, sich verfestigen oder zuspitzen können. Es wurde je zwei zweitägige Workshops mit Beamten aus dem Bereitschaftsdienst, mit Polizeiführungskräften, Schutz- und Kriminalbeamten von Revierwachen aus städtischen Problemgebieten sowie Schutz- und Kirminalbeamten aus weniger belasteten Gebieten durchgeführt. Es kamen qalitative Erhebungsverfahren zur Anwendung wie Gruppendiskussionen, Metaplan-Techniken und vertiefende Einzelinterviews. Das so gewonnene Datenmatrerial wurde zu einem systematisierten Seminarprotokoll aufbereitet, das den Teilnehmern zur Stellungnahme vorgelegt wurde. Grundlage des Forschungsberichts waren letztlich die überarbeiteten und anonymisierten Seminarprotokolle. So Eckert/Bornewasser/Willems, PFA-Schriftenreihe 1/2/1996, S. 11-15.

menheit gegenüber Ausländern, sondern vielmehr „Ausdruck eines organisatorischen Problems der Polizei.“[498] *Bornewasser u. a.* unterschieden nach Belastungsmomenten in der Interaktion mit ausländischen Tatverdächtigen, spezifisch organisatorischen Belastungsmomenten aus dem Umgang mit Fremden sowie aus externen Faktoren und schließlich aus der polizeiinternen Organisation erwachsenden Belastungen.

Die Erwartungen des Polizeibeamten an den Fremden, Kommunikationsschwierigkeiten und emotionale Anspannung können als die drei zentralen Faktoren in der Interaktion mit ausländischen Tatverdächtigen genannt werden, die eine erhöhte Anfälligkeit für illegale Fehlhandlungen heraufbeschwören. Die Polizeibeamten erwarten, daß sich der Fremde als Gast der geltenden Rechtsordnung anpaßt. Die steigende Kriminalitätsbelastung der Nichtdeutschen führt zu dem Vorwurf - vor allem gegenüber Asylbewerbern - gegen die geltende Rechtsordnung zu verstoßen und gleichzeitig die Vorzüge des deutschen Staates auszunutzen.[499]

Die Kommunikationsschwierigkeiten mit dem ausländischen Tatverdächtigen erschöpfen sich nicht in rein sprachlichen Verständigungsproblemen, sondern betreffen auch die andersartige Gestaltung der Kommunikationssituation mit Polizeibeamten durch den „Fremden“.[500] Auch „fremde Legitimitätsnormen“ wie Ehrenkodex, Faustrecht oder fehlendes Unrechtsbewußtsein werden von den Polizeibeamten als problematisch erlebt.[501] Emotionale Anspannungen resultieren für die Polizeibeamten in erster Linie aus strategisch eingesetzten Behinderungen wie z. B. vorgetäuschte Sprachschwierigkeiten, aus der gegen den Beamten gerichteten Ausnutzung des Ausländerstatus und dem Vorwurf, der Polizeibeamte würde Fremde benachteiligen.[502]

Diese Belastungen gehen einher mit organisatorischen Belastungsmomenten. Die Hinzuziehung eines Dolmetschers, eine erschwerte Identifikation des Täters, die nicht zuletzt auch das Einschalten ausländischer Behörden erforderlich machen kann, u. a. verlangen dem Beamten in Fällen mit Beteiligung ausländischer Tatverdächtiger ein erhebliches Maß an Mehrarbeit ab. Vor dem Hintergrund der von den Polizeibeamten beanstandeten Erfolglosigkeit ihrer Arbeit steht der Beamte in vielen Fällen vor der Frage, einzugreifen und dafür kritisiert zu werden oder den Tatverdächtigen laufenzulassen und sich dem Vorwurf auszusetzen, zu „lasch“ vorzugehen.[503]

---

498 Bornewasser, PFA -Schriftenreihe 1/2/1996, S. 55.

499 Dies schwingt auch bei Hübner, Kriminalistik 1982, S. 283, 286, 287 mit.

500 Z. B. Besonderheiten der Gestik, die Einbeziehung von Familienangehörigen, das Aushandeln des Falles, s. Bornewasser, PFA-Schriftenreihe 1/2/1996, S. 16, 35.

501 Willems/Eckert/Jungbauer, NK 1996, Heft 4, S. 28, 29.

502 Bornewasser, PFA-Schriftenreihe 1/2/1996, S. 16, 35.

503 Zu den Belastungen, die aus dem Umgang der Polizeibehörde mit dem Thema „Fremdenfeindlichkeit“ resultieren vgl. Bornewasser, PFA-Schriftenreihe 1/2/1996, S. 16, 37, 38.

Als externer Faktor, der von den Beamten als belastend empfunden wird, konnte von *Bornewasser u. a.* das gespannte Verhältnis zur Presse und den Medien allgemein ausgemacht werden. Verunglimpfungen der Polizei und ihrer Arbeit sind in der Wahrnehmung der Beamten Botschaft und Ziel der Medien. Auch die wachsende Kriminalitätsrate wurde von den Verfassern der Studie als externes Belastungsmoment herausgefiltert. Sie bedeutet einerseits Mehrarbeit, andererseits birgt sie ein „Karriererisiko“ aufgrund der damit verbundenen Gefahr, sich nachteilig auswirkende Fehler zu begehen.[504] Vor allem unter der zweiten und dritten Generation der Nichtdeutschen wird die Herausbildung eines neuen Konfliktpotentials gesehen und auch der delinquente Anteil unter Asylbewerbern, Aussiedlern sowie zugewanderten Kriminellen aus Süd-, Osteuropa und bestimmten Ländern Afrikas wird von den Polizeibeamten als problematisch wahrgenommen.[505] Die Beamten wiesen auf die Diskrepanz zwischen Bevölkerungsanteil und dem Anteil an den Tatverdächtigen hin. Besonders schwer wiegt die steigende Kriminalitätsrate vor dem Hintergrund eines angespannten Verhältnisses zur Justiz, die - so die Einschätzung der Beamten - die Erfolge der Polizei zunichte macht, indem sie nicht in der erwarteten Weise die Täter sanktioniert.[506] Insbesondere auch die Abschiebungspraxis - ein Asylbewerber wird wiederholt straffällig, kann aber nicht abgeschoben werden, bevor über seinen Asylantrag entschieden ist - stößt bei den Beamten auf Unverständnis.[507] Als durch die polizeiinterne Organisation bedingten Belastungsfaktoren sind schließlich Status - und Ansehensverluste der polizeilichen Tätigkeit, sowohl in der Öffentlichkeit als auch behördenintern, zu nennen.[508]

---

504 Bornewasser, PFA-Schriftenreihe 1/2/1996, S. 16, 39.

505 Willems/Eckert/Jungbauer, NK 1996, Heft 4, S. 28, 30.

506 Ausführlich zu weiteren externen Faktoren Bornewasser, PFA-Schriftenreihe 1/2/1996, S. 16, 38-41; s. auch Bornewasser/Polonio/Grohmann/Schulte, PFA-Schriftenreihe 1/2/1996, S. 56, 59, 67; zu Ohnmachtsgefühlen und Frustrationen der Polizeibeamten darüber, daß sie das Ziel ihrer Ermittlungen oft nicht erreichen können, auch Stock/Klein, MschrKrim 1994, S. 292.

507 S. Willems/Eckert/Jungbauer, NK 1996, Heft 4, S. 28; vgl. auch Franzke, Kriminalistik 1993, S. 615, 618.

508 Siehe im einzelnen Bornewasser, PFA-Schriftenreihe 1/2/1996, S.16, 41-43.

6. 5. 4. 1. 3. Parlamentarischer Untersuchungsausschuß „Hamburger Polizei"

Auf die internen Strukturen und Berufsbedingungen bei der Polizei lenkt den Blick auch der Bericht des Parlamentarischen Untersuchungsauschusses „Hamburger Polizei", der den Vorwürfen der Fremdenfeindlichkeit und Mißhandlung von Ausländern durch die Polizei nachgegangen ist. Die Vermutung, es gebe bei der Hamburger Polizei rechtsextreme Einstellungen, hat sich nach den Ergebnissen des Untersuchungsausschusses nicht bestätigt. Allerdings weist der Bericht unter dem Stichwort „Mauer des Schweigens" auf eine innerhalb der Polizei vorfindbare Solidarität hin, „die ihre negative Ausprägung in einem undifferenzierten Korpsdenken findet" und die Polizei daher anfällig für Kameraderie macht.

Was die Mißhandlungen von Nichtdeutschen anbelangt, so könne man zwar im Hinblick auf die Häufigkeit der Vorfälle nicht von Einzelfällen einiger schwarzer Schafe sprechen, ebensowenig aber von einem regelwidrigen Verhalten aller im Polizeigebiet eingesetzten Revierbeamten.[509]

6. 5. 4. 1. 4. Mletzko und Weins (1999)

Eine aktuelle Studie zur Frage „Polizei und Fremdenfeindlichkeit" haben *Mletzko* und *Weins*[510] vorgelegt. Danach kann bei ca. 15 % der Befragten aufgrund der von *Mletzko* und *Weins* vorgegebenen Indikatoren von verfestigten fremdenfeindlichen Vorurteilsneigungen gesprochen werden. Allerdings zeigt die überwiegende Mehrheit der befragten Polizeibeamten überhaupt keine extrem fremdenfeindliche Einstellung.

Was die in Betracht gezogenen Erklärungsansätze für die fremdenfeindliche Vorurteilsneigung angeht - mangelnde Privatkontakte zu Nichtdeutschen, spezielle und generelle Belastungen mit ausländischen Tatverdächtigen sowie Ausbildungsfaktoren - so zeigte sich ein deutlich positiver Zusammenhang zwischen den wahrgenommenen Belastungen durch ausländische Straftatverdächtige und fremdenfeindlichen Einstellungen:

---

509 Zit. nach Heuer, Kriminalistik 1998, S. 406.

510 Mletzko/Weins, MschrKrim 1999, S. 77, 93 legten 1996 ca. 500 Beamten einer großstädtischen Polizeidirektion einen Fragebogen vor, der schriftlich zu bearbeiten war. Als Kontrollvariablen beinhaltete der Fragebogen die üblichen soziodemographischen Angaben sowie Indikatoren zu den Komplexen „Belastungsfaktoren, Aus- und Weiterbildung" und „fremdenfeindliche Vorurteile". Der Rücklauf belief sich auf 145 Fragebögen (30 % der Auswahlgesamtheit). Unter diesen befanden sich 107 Schutz- und 35 Kriminalpolizeibeamte, 88 Beamte im mittleren Dienst und 49 im gehobenen Dienst. Es nahmen insgesamt 9 Frauen und 131 Männer teil. In der untersuchten Polizeidirektion belief sich der Anteil nichtdeutscher Tatverdächtiger 1996 auf knapp 40 % (bzw. 30 % ohne Verstöße gegen das Ausländer- und Asylverfahrensgesetz). Zu näheren Angaben s. S.79/80.

Der Aussage, daß man „im Umgang mit fremden Straftätern auf besondere Erfordernisse" stoße, „die die Arbeit zur Belastung werden ließen", stimmten 50,3 % der Befragten absolut zu, lediglich 4,9 % hielten sie für stark übertrieben.

Jene Polizeibeamten, die eine stärkere Belastung durch ausländische Tatverdächtige als absolut zutreffend ansahen, äußerten in deutlich stärkerem Umfang fremdenfeindliche Einstellungen als diejenigen Polizeibeamten, die keine oder nur eine teilweise höhere Arbeitsbelastung feststellten.

Die Mehrheit der Befragten hielt auch aus strategisch eingesetzten Behinderungen (vorgetäuschte Sprachschwierigkeiten, Beschimpfungen usw.) resultierende Belastungen für absolut zutreffend (54,8 %) ; eine Minderheit von 5,9 % hielt diese Aussage für völlig übertrieben. Als ein weiterer Belastungsfaktor wurde der Anstieg der Gewaltbereitschaft nichtdeutscher Jugendlicher in die Befragung eingeführt. 55,2 % beantworten die Frage, ob bei ausländischen Jugendbanden ein Ansteigen der Gewaltbereitschaft bei immer geringeren Anlässen zu verzeichnen sei, mit „absolut zutreffend", 36,8 % mit „einiges dran" und 8 % hielten diese Aussage für „stark übertrieben". Auch diesbezüglich korrelierte die Einschätzung der Gewaltbereitschaft wieder deutlich mit fremdenfeindlichen Vorurteilen.[511]

Von zentraler Bedeutung erwies sich schließlich auch der private Kontakt zu Ausländern. Beamte, die mit Ausländern befreundet und/oder verwandt sind, weisen in geringerem Umfang fremdenfeindliche Stereotype auf als ihre Kollegen. Von den befragten Polizeibeamten waren 53,2 % mit Ausländern verwandt oder befreundet. Diese Gruppe äußerte deutlich seltener fremdenfeindliche Vorurteile als jene, die keine Privatkontakte zu Ausländern haben. So lagen bei 66,2 % dieser Befragten überhaupt keine fremdenfeindliche Einstellungen vor. Das sind knapp 20 % mehr als bei den Polizeibeamten ohne ausländische Freunde und/oder Verwandte.[512] Kein linearer Zusammenhang besteht zwischen der Teilnahme an Streß- und Konfliktbewältigungsmaßnahmen und fremdenfeindlichen Vorurteilen. Dagegen scheint die Vermittlung von Wissen über fremde Kulturen und Länder zur Eindämmung fremdenfeindlicher Einstellungen beizutragen, wobei der Zusammenhang aber nur schwach ausgeprägt ist (zu beachten ist diesbezüglich die niedrige Fallzahl).[513]

---

511 S. Mletzko/Weins, MschrKrim 1999, S. 77, 84, 86.

512 Mletzko/Weins, MschrKrim 1999, S. 77, 84.

513 Mletzko/Weins, MschrKrim 1999, S. 77, 88/89. 70,4 % der Befragten nehmen gelegentlich an Maßnahmen zur Streß- und Konfliktbewältigung teil, 21,8 % hatten zum Zeitpunkt der Befragung noch nicht an einer solchen Maßnahme teilgenommen. Umgekehrt verhält es sich bei der Vermittlung von Wissen über fremde Kulturen und Länder: Der überwiegende Teil - 69 % - hatte an solchen Maßnahmen noch nie teilgenommen, 29 % immerhin gelegentlich und nur 2,1 % nahmen kontinuierlich an solchen Maßnahmen teil.

6. 5. 4. 2. Selektives Überwachungsverhalten der Polizei

Daß junge Nichtdeutsche vermehrt polizeiliche Aufmerksamkeit auf sich ziehen, ergibt sich zunächst einmal aus dem rein formalen Status als „Ausländer". Junge Nichtdeutsche unterliegen einer intensiven ausländerpolizeilichen Kontrolle[514]. Da seit Neuregelung des Ausländerrechts nun auch Jugendliche ab 16 Jahre eine eigenständige Aufenthaltserlaubnis benötigen, ist hiervon nun auch verstärkt die jüngere Aufenthaltsgruppe betroffen. Auch die Änderung des AsylVfG intensivierte die ausländerpolizeiliche Kontrolle und erleichtert eine Überwachung der Asylbewerber. Gemäß § 16 AsylVfG wird in der Regel bei jedem Ausländer, der in Deutschland einen Asylantrag gestellt hat, eine erkennungsdienstliche Behandlung (Lichtbilder, Fingerabdrücke) durchgeführt, u. a. um zu verhindern, daß an verschiedenen Orten unter alias-Namen Asylanträge gestellt werden. Die so gewonnenen Unterlagen dürfen im Rahmen der Strafverfolgung sowie der polizeilichen Gefahrenabwehr verwendet werden.[515]

Neben dieser primär ausländerpolizeilichen Kontrolle ist zu vermuten, daß Nichtdeutsche auch im übrigen die besondere Aufmerksamkeit der Polizei im Rahmen eines generalisierten Verdachts auf sich ziehen. Der Aufenthalt an bestimmten Orten, ein verdächtiges Aussehen - auch die Kleidung -, ein bestimmtes Verhalten sind Indikatoren für eine Verdachtsschöpfung.[516]

Danach erscheint es plausibel, daß ein fremdartiges Aussehen, eine fremde Sprache oder der Aufenthalt an öffentlichen Plätzen oder Wohnheimen (z. B. bei Asylbewerbern) auch die polizeiliche Kontrolltätigkeit leiten. Selbst wenn man davon ausgeht, daß sich solche verdachtsleitenden Indikatoren nicht gezielt auf die Gruppe der Nichtdeutschen richten, so dürften diese Indikatoren bestimmte Gruppen von Nichtdeutschen in besonderem Maße treffen.[517] Allerdings dürfte sich die polizeiliche Kontrolle von Ausländern in einer Grauzone zwischen stereotyper, vorurteilsbeladener und kriminalistisch fundierter Verdachtsbildung bewegen.[518] Möglicherweise steigern auch die antizipierten Folgen, einschließlich ausländerrechtlicher Konsequenzen bei den nichtdeutschen Jugendlichen im Kontakt mit der Polizei noch die Unsicherheit, was unter Umständen vom Vernehmenden als Bestätigung des ersten Verdachts interpretiert wird und damit die Wahrscheinlichkeit erhöht, daß die Polizei die Handlung als „kriminell" definiert.[519]

---

514 Vgl. Walter, in: BKA (Hrsg.), 1989, S. 63, 78.

515 Eisenberg, Kriminologie, 2000, § 27 Rz. 32.

516 Vgl. Feest, in: Feest/Lautmann (Hrsg.), 1971, S. 71, 72-75. Speziell für die jungen Ausländer s. Mansel, 1989, S. 277; Mansel, KrimJ 1988, S. 121, 137.

517 So für die Asylbewerber Eisner/Niggli/Manzoni, in: SFH (Hrsg.), 1999, S. 59, 82.

518 Vgl. Herrnkind, NK 1996, Heft 4, S. 33, 34.

519 So die Vermutung von Mansel, KrimJ 1988, S. 121, 138, wobei die Polizei nicht immer Unsicherheitsgefühle provoziert, sondern auch als schützend erlebt wird.

Legt man die Beiträge der Polizeibeamten in den Workshops der Studie von *Bornewasser u. a.* zugrunde, zeigt sich in einzelnen Aussagen eine aus den Erfahrungen des Polizeialltags hervorgehende Übergeneralisierung[520]; negative Erfahrungswerte werden verallgemeinert und tragen zur Stereotypenbildung bei. So wird berichtet, daß die Kontrolle von Fahrzeugen mit polnischem Kennzeichnen besonders lohnend sei[521] oder allgemein Ausländer in alten Autos als „sichere Bank" gelten, die geradezu „bejagt" werden, um die Zahl der Anzeigen zu erhöhen.[522] Kosovo-Albaner werden mit Messerstechern gleichgesetzt und die Erfahrung, daß sich unter Drogendealern in bestimmten Städten viele Asylbewerber einer bestimmten Nation finden, führt zu einer intensiveren Kontrolle dieser speziellen Asylbewerbergruppe.[523]

Ein Indiz dafür, daß Nichtdeutsche einer verstärkten Kontrolle unterliegen, bieten die Tatverdächtigenanteile der Nichtdeutschen an den sogenannten Kontrolldelikten wie z. B. BtM-Delikten oder illegalem Glücksspiel, die eine hohe Aufklärungsrate aufweisen. Während der Anteil der Nichtdeutschen an den Tatverdächtigen im Jahr 1999 bei 20,4 % lag (ohne Verstöße gegen das AuslG/AsylVfG)[524], betrug der Anteil der nichtdeutschen Tatverdächtigen an den Rauschgiftdelikten 22,6 %, 31,4 % am Handel mit und Schmuggel von Rauschgiften und beim Glücksspiel 74,5 %.[525] Auffällig ist auch, daß bei Delikten mit sehr niedriger Aufklärungsquote der Anteil der nichtdeutschen Tatverdächtigen zum Teil sehr hoch ist.[526] Unter Zugrundelegung dieser Werte erscheint die Annahme eines erhöhten polizeilichen Verfolgungsdrucks durchaus plausibel, wenn die Werte auch nicht überinterpretiert werden dürfen.[527] So weist *Rebmann* zu Recht darauf hin, daß die Höherbelastung der Ausländer im Bereich der Kontrolldelikte auch mit den anderen Deliktsstrukturen der Nichtdeutschen erklärt werden kann bzw. mit anderen kulturellen Einstellungsmustern (so beim Glücksspiel).[528]

---

520 S. auch Franzke, Kriminalistik 1993, S. 615, 617.

521 Vgl. Eckert/Jungbauer/Willems, PFA-Schriftenreihe 1/2/1996, S. 88, 91; vgl. auch Walter, DVJJ-J 1993, S. 347, 354, der auf die Diskrepanz zwischen dem harten und intensiven Kontrollverhalten gegenüber Asylbewerbern und dem teilweise recht milden Kontrollverhalten gegenüber Rußlanddeutschen hinweist.

522 Bornewasser, PFA-Schriftenreihe 1/2/1996, S. 16, 43; auch Bornewasser/Polonio/Wojtecki/Grohmann/Schulte, PFA-Schriftenreihe 1/2/1996, S. 56, 61.

523 S. Eckert/Jungbauer/Willems, PFA-Schriftenreihe 1/2/1996, S. 88, 91.

524 Zu berücksichtigen ist, daß auch jene Personen fehlen, denen neben Verstößen gegen das AuslG/AsylVfG auch andere Delikte zur Last gelegt werden; vgl. PKS 1998, Tab. 65.

525 PKS 1999, Tab. 67, 68 und G 23i.

526 Vgl. Kürzinger, 1996, Rz. 338, 339.

527 Vgl. auch Rebmann, 1998, S. 251; Kürzinger, 1996, Rz. 339.

528 Rebmann, 1998, S. 251.

6. 5. 4. 3. Selektive Arbeit der Polizei

Auf eine selektive Arbeit der Polizei weisen vor allem die Ergebnisse von *Mansel* hin[529]. Danach neigt die Polizei gegenüber jungen Türken und Italienern auch bei Bagatelldelikten oder strafrechtlich irrelevanten Sachverhalten zur Aufnahme von Ermittlungen; Privatschwierigkeiten der jungen Ausländer werden eher als bei den deutschen Altersgenossen kriminalisiert.[530] Demgegenüber existieren allgemeine - allerdings mehr als 20 Jahre alte -Befunde von *Kürzinger*, wonach die Entgegennahme einer Strafanzeige in erster Linie vom berichteten Sachverhalt abhing. Insbesondere bei Delikten gegen die Person lehnte die Polizei die Protokollierung einer Strafanzeige überwiegend (in 70 % der Fälle) ab. Zwar handelte es sich bei den berichteten Delikten um Bagatellen. Dennoch kann aufgrund der Ergebnisse festgehalten werden, daß die Polizei nicht zu Überkriminalisierungen neigt. Im Gegenteil: Sobald es den Polizisten möglich war, stuften sie den berichteten Sachverhalt als Privatangelegenheit ein und nahmen keine Anzeige entgegen. Des weiteren sahen sie selbst in Fällen, denen nach der Schilderung der Anzeigenerstatter ein strafrechtlich relevanter Sachverhalt zugrundelag, von der Protokollierung der Anzeige mit dem Hinweis, der Fall sei nicht polizeierheblich, ab. Ob ein Delikt strafwürdig war oder nicht, richtete sich somit nicht so sehr nach den einschlägigen strafrechtlichen bzw. strafprozessualen Vorschriften, sondern der eigenen Einschätzung des Polizeibeamten.[531] Ob sich das Verhalten der Polizei anders darstellt, wenn als Tatverdächtiger ein Nichtdeutscher in Betracht kommt, kann aufgrund dieser Ergebnisse nicht beantwortet werden. Zweifel an einer maßgeblichen Rolle der Polizei bezüglich einer „Überdramatisierung“ und „Überkriminalisierung“, auch von Ausländern, sind dennoch angebracht. Zum einen konnten *Reichertz u. a.* die (zwar unsystematische) Beobachtung machen, daß die Polizei angesichts der sich häufig schwierig gestaltenden Ermittlungen bei Beteiligung ausländischer Tatverdächtiger, die auch für die Polizei eine Mehrbelastung an Arbeit bedeuten, vor allem bei geringfügigen Anzeigeanlässen eher eine verminderte Annahmebereitschaft zeigte und somit eine „Korrektur nach unten“ vornahm.[532] Denkbar ist auch,

---

529 Mansel führte eine qualitative schriftliche Befragung von Vertretern der Instanzen der Strafrechtspflege - Schutzpolizisten, Kriminalbeamte, Jugendgerichtshelfer, Staatsanwälte und Jugendrichter - durch. Befragt wurden je 20 Personen pro Gruppe. Des weiteren nahm er eine Auswertung der staatsanwaltschaftlichen Akten mittels eines standardisierten Erhebungsbogens vor sowie eine sekundärstatistische Analyse (Vergleich der Daten der PKS und der Strafverfolgungsstatistik). Die Analysen beschränkte sich auf männliche 14-21jährige im Saarland lebenden Türken, Italiener und Deutsche. Ausführlich zu den Untersuchungsmethoden und der Auswahl der Stichproben Mansel, S. 120-137.

530 S. Mansel, 1989, S. 264, 265, 271ff; unter Berufung auf diese Ergebnisse auch Geißler, Aus Politik und Zeitgeschichte B 35, 1995, S. 30-35.

531 Kürzinger, 1978, S. 158, 162, 164.

532 Reichertz, Kriminalistik 1994, S. 610, 612; vgl. auch Killias, in: Schuh (Hrsg.), 1988, S. 223, 263.

daß die Polizei distanzierter und desinteressierter gegenüber einem Tatvorwurf reagiert, bei dem mutmaßlicher Täter und Opfer Nichtdeutsche sind.[533] *Kürzinger* stellte darüber hinaus ein vergleichsweise größeres Desinteresse fest, wenn das Opfer eine niedrige soziale Position einnahm.[534] Da dies auf einen großen Teil der Migranten zutreffen dürfte und Nichtdeutsche in der Tendenz häufig in innerethnische Konflikte bzw. Delikte involviert sind, käme eine solche Haltung der Polizei in erster Linie auch nichtdeutschen Tätern zugute.[535]

6. 5. 4. 4. Ergebnis und Bewertung

Legt man die Ergebnisse der Untersuchungen von *Jaschke*, *Mletzko/Weins*, aber insbesondere auch *Bornewasser u. a.* zugrunde, zeigen sich fremdenfeindliche Einstellungen innerhalb der Polizei, die weder nur im Einzelfall, noch als durchgängiges Muster anzutreffen sind.[536] Ebenso wie in der Bevölkerung gibt es auch in der Polizei ein fremdenfeindliches Potential. Dessen Ausdrucksformen - wie sie z. B. bei den Aussagen im Rahmen der PFA-Studie zu finden sind - sind jedoch bei den Vertretern einer der Verfassung verpflichteten Polizei besonders erschreckend und erwecken den Eindruck von mangelnder Professionalität.[537] Unabhängig davon, ob sie nun das Ergebnis eines Berufsbildes sind, das vor allem autoritäre Persönlichkeiten mit entsprechendem Staats- und Polizeiverständnis anzieht[538] oder aber Folge ganz spezifischer Arbeitserfahrungen und Belastungen (wobei hier nicht aus Tätern Opfer gemacht werden dürfen[539]), ist dieser Zustand nicht tragbar und führt die Dringlichkeit von Veränderungen innerhalb der Polizei vor Augen. Die Verbesserungsvorschläge sind vielfältig: Sie reichen von speziellen Antidiskriminierungstrainings, Verbesserung der Behördenkommunikation sowie der Arbeitsbedingungen im weitesten Sinne bis hin zu einer vermehrten Einstellung von Polizeibeamten ausländischer Herkunft.[540] Gerade letzteres könnte - auch vor dem Hinter-

---

533 Vgl. Killlias, in: Schuh (Hrsg.), 1988, S. 223, 263.

534 Siehe Kürzinger, 1979, S. 183.

535 Vgl. Killias, in: Schuh (Hrsg.), 1988, S. 223, 264 - unter der Voraussetzung, daß eine solche Haltung der Polizei besteht.

536 Siehe auch Willems/Eckert/Jungbauer, NK 1996, Heft 4, S. 28, 32.

537 Vgl. Herrnkind, NK 1996, Heft 4, S. 33, 35.

538 So Herrnkind, NK 1996, Heft 4, S. 33, 36.

539 Kritisch zur Studie von Bornewasser u. a. Herrnkind, NK 1996, Heft 4, S. 33, 35.

540 Siehe ausführlich Franzke, Kriminalistik 1993, S. 615, 618; Herrnkind, NK 1996, Heft 4, S. 33, 35, 36; Bornewasser, PFA-Schriftenreihe 1/2/1996, S. 16, 46 ff; sowie den Überblick bei Schwind, Kriminalistik 1996, S. 161, 166, 167. Insbesondere zur derzeitigen Situation bzgl. der Einstellung von Polizeibeamten ausländischer Herkunft siehe Franzke, PFA-Schriftenreihe 2/1995, S. 9-74; mit der Forderung nach verstärkter Einstellung von Polizeibeamten ausländischer Herkunft auch Pfeiffer, in: KAV (Hrsg,.), 1996, S. 108, 135-137.

grund der Ergebnisse von *Mletzko/Weins* zur Bedeutung des privaten Kontakts zu Ausländern - ein vielversprechender Weg sein, um gegenseitige Vorbehalte abzubauen.

Aufgrund des Stimmungsbildes bei der Polizei, die die Kriminalität bestimmter Gruppen von Nichtdeutschen - Asylbewerber, aber auch Jugendliche der zweiten oder dritten Generation - als auffällig und problematisch wahrnimmt bzw. in ihrer täglichen Arbeit erfährt und hiervon ausgehend Verallgemeinerungen vornimmt, die die Grenze zwischen kriminalistisch fundierter und vorurteilsbeladender Verdachtsbildung überschreiten, erscheint eine verstärkte, selektive Überwachung der jungen Nichtdeutschen plausibel.[541] Allerdings gilt auch hier wie bei der Anzeigebereitschaft der Bevölkerung: Inwieweit sich bestimmte Einstellungen und Haltungen tatsächlich auf das Handeln der Polizeibeamten (und wenn ja, in welchem Ausmaß) auswirken, kann nicht mit Sicherheit beantwortet werden. Zweifel bestehen an der Selektivität der weiteren polizeilichen Arbeit, die den vergleichsweise hohen Schwund bei den Nichtdeutschen erklären könnte. Hier sprechen einige Befunde und Beobachtungen eher dafür, daß die Polizei nicht zu einer Überkriminalisierung bzw. unsachgemäßen Dramatisierung tendiert. In diesem Zusammenhang ist auch zu berücksichtigen, daß zwar nach der polizeilichen Erfahrung Nichtdeutsche in bestimmten Situationen eine „sichere Bank“ darstellen. Umgekehrt ist die Ermittlung gegen nichtdeutsche Tatverdächtige besonders arbeitsintensiv und wird von Polizeibeamten auch als „Karriererisiko“ betrachtet.[542] Unter diesen Umständen erscheint es zumindest bedenkenswert, ob die Polizei sich durch eine Dramatisierung bzw. Überkriminalisierung zusätzliche Ermittlungsarbeit „aufhalst“, die letztlich - legt man die These der Dramatisierung zugrunde - in vielen Fällen eine Arbeit für den Papierkorb ist, weil ihr die Verfahrenseinstellung folgt.[543] Völlig auszuschließen ist eine selektive polizeiliche Arbeit gegenüber Nichtdeutschen aber nicht. Sowohl die Befunde von *Kürzinger* als auch die von *Mansel* oder die Feldbeobachtungen von *Reichertz* zeigen - unabhängig von ihrem konkreten Aussagegehalt und ihrer Zielrichtung -, daß die Polizei in der Situation der Entgegennahme einer Anzeige „Definitionsmacht“[544] hat und von ihr auch Gebrauch macht und zwar nicht immer in Übereinstimmung mit den geltenden strafrechtlichen und strafprozessualen Normen. Unter diesen Voraussetzungen erscheint es nicht ausgeschlossen, daß sie ihre Definitionsmacht auch in eine andere als von

---

541 Siehe aber Albrecht, in: DVJJ - Regionalgruppe Nordbayern (Hrsg.), 1993, S. 1, 11 der unter Bezugnahme auf Untersuchungen in einigen europäischen Staaten darauf hinweist, daß bei einer Parallelisierung der Kontrollsituation ein Unterschied in der Kontrolldichte zwischen Minderheit - und Mehrheitsgruppe nicht mehr festgestellt werden kann.

542 S. Bornewasser, PFA-Schriftenreihe 1/2/1996, S. 16, 38, 44.

543 Mit Zweifeln auch Rebmann, 1998, S. 252.

544 Vgl. Feest, in: Feest/Lautmann (Hrsg.), 1971, S. 71, 81ff.

Kürzinger aufgezeigte Richtung ausübt, wenn nichtdeutsche Tatverdächtige betroffen sind. Ähnlich wie auch bei der Frage der Anzeigebereitschaft muß man auch für die Bedeutung der Polizei als Selektionsinstanz von einem noch ungesicherten Forschungsstand sprechen. Der lange Jahre feststellbare hohe Schwund dürfte aber jedenfalls allein durch eine selektive Arbeit der Polizei und eine erhöhte Anzeigenbereitschaft der Bevölkerung nicht zu erklären sein.[545]

6. 5. 4. 5. Die Polizei in der Wahrnehmung ausländischer Jugendlicher

Von den Einstellungen der jungen Nichtdeutschen gegenüber der deutschen Polizei ist wenig bekannt. Eine umfassende Befragung entsprechender Gruppen wurde soweit ersichtlich noch nicht durchgeführt. In verschiedenen Studien finden sich allerdings Einschätzungen und Kommentare ausländischer Jugendlicher in bezug auf die im Umgang mit Polizeibeamten gemachten eigenen Erfahrungen. So berichten einige türkische Jugendliche, die bei *Tertilt* zu Wort kommen, von Demütigungen und körperlichen Übergriffen durch Polizeibeamte während Vernehmungen auf der Polizeistation. Da viele Jugendliche von ähnlichen Vorfällen auf derselben Polizeistation von Frankfurt berichten, werden die Angaben von *Tertilt* durchaus als glaubhaft eingeschätzt. Insgesamt waren die Schilderungen aus verschiedenen Polizeirevieren Frankfurts sehr differenziert - so wurde den Beamten von bestimmten Revieren korrektes Verhalten attestiert -, so daß einiges dafür spricht, daß sich die Vorfälle auf diese oder zumindest ähnliche Weise zugetragen haben.[546] Weiterhin illustrieren die Schilderungen der Jugendlichen auch andere, sensible Problempunkte in der Interaktion mit den Polizeibeamten: So berichtet der Junge Arif, daß er trotz seines Bittens, daß seine Eltern nichts von seinen Aktivitäten erfahren sollen, nach Hause gebracht wurde. Kommentiert wurde dies seinen Angaben zufolge durch einen der Beamten wie folgt: „ Oh, da gibt's Schläge, wenn du nach Hause kommst, du hast es echt verdient." Wenn man dem Wunsch des Jugendlichen auch nicht nachkommen kann, so offenbart das Vorgehen der Polizei wenig Fingerspitzengefühl und Verständnis gegenüber der Angst des türkischen Jugendlichen, dem Ansehen seiner Familie, insbesondere des Vaters, zu schaden und dessen Achtung zu verlieren.[547] Es handelt sich um eine Reaktion, die sich aus der besonderen Familienstruktur und den kulturellen Gegebenheiten erklärt und von den Beamten als solche nicht erkannt und eingeordnet wird. Die Reaktion von Arif auf die Behandlung durch den Polizeibeamten: „Aber das war so ein richtiger Nazi. Wenn ich den Typ so privat sehen würde, echt - keine Gnade."

545 So Reichertz, Kriminalistik 1994, S. 610, 612.

546 So die Einschätzung von Tertilt, 1996, S. 152.

547 Vgl. Tertilt, 1996, S. 153

Eingehender wurde auf die Erfahrungen von jungen Ausländern mit der Polizei in der Studie von *Bielefeld/Kreissl/Münster* eingegangen, wobei hier die Autoren die Aussagen der Jugendlichen über das polizeiliche Handeln vor dem Hintergrund der schwierigen und widersprüchlichen Bedingungen, unter denen Polizeibeamte arbeiten, sehen. Bemerkenswert ist insoweit, daß der Kontakt mit der Polizei für die Jugendlichen *Bielefeld u. a.* zufolge neben den Erfahrungen mit dem Gefängnis zu den einschneidensten unter den Kontakten mit den Vertretern der verschiedenen Kontrollinstanzen gehört. Die Interviews[548] lassen ein Bild der Polizei entstehen, das durch den - vor allem im Zusammenhang mit dem Eingreifen bei Schlägereien - Einsatz physischer Gewalt, Diskriminierungen und durch eine überzogene Verwendung polizeilicher Mittel geprägt ist, wenn auch in der Hälfte aller Fälle das Verhalten als routiniert und korrekt wahrgenommen wird.[549] Die den Angaben der Jugendlichen zugrundeliegenden Situationen sind die Festnahme und das Verhör bzw. die Behandlung auf der Wache. Die Hälfte der Jugendlichen berichteten spontan über diskriminierende Erfahrungen, wobei die Übergriffe der Beamten in der Darstellung der Jugendlichen immer dasselbe Schema aufweisen. Das Eingreifen der Polizei geschieht aus ihrer Sicht zielstrebig auf ihre Person zu, d. h. in der Sichtweise der Jugendlichen sind sie das von der Polizei von vornherein ins Auge gefaßte Objekt polizeilichen Handelns. Dieses wird immer als Interaktion zwischen Polizei und dem jeweils betroffenen Jugendlichen erlebt, wobei sie sich das Verhalten der Polizei mit dem Haß auf Ausländer erklären. So sind denn auch Ausländerhaß, Wut und Angst die Motive, die den Beamten am häufigsten von den Jugendlichen unterstellt werden.[550] Das Verhör wird als bewußte und provokative Demonstration der Macht erlebt, das bei den Jugendlichen den Eindruck erweckt, die einzige Möglichkeit, weitere Unannehmlichkeiten zu vermeiden, sei ein unterwürfiges Verhalten. Die hierfür notwendigen Fähigkeiten besitzen Jugendliche allerdings in der Regel nicht und devotes Verhalten gilt unter den Jugendlichen auch nicht als angemessene Reaktion auf Herausforderungen. Außerdem widerspricht es ihren eigenen Angaben zufolge ihrer Mentalität, Beleidigungen einzustecken.[551]

Daß die Polizei Deutsche und Nichtdeutsche unterschiedlich behandelt, ist der Tenor einer Berliner Studie. Danach erleben die Jugendlichen die Polizeibeamten als parteiisch: Diese würden eher den Deutschen glauben und diese aufgrund ihrer

---

548 Bielefeld/Kreissl/Münster führten jeweils zwei unstrukturierte Interviews mit 30 ausländischen Jugendlichen (Türken und Jugoslawen) durch. Alle Interviews wurden auf Tonband aufgenommen und in voller Länge transkribiert; vgl. ausführlich zur Methode der Untersuchung Bielefeld/Kreissl/Münster, 1982, S. 14-17.

549 Bielefeld/Kreissl/Münster, 1982, S. 168.

550 Bielefeld/Kreissl/Münster, 1982, S. 161, 162.

551 Bielefeld/Kreissl/Münster, 1982, S. 162.

Vorbehalte gegenüber Ausländern auch besser behandeln.[552] Es gebe allerdings auch „intelligente" Polizisten. Im übrigen sei die deutsche Polizei besser als die türkische.[553] In dieselbe Richtung weisen die Ergebnisse von *Hamburger/Seus/Wolter*[554], wonach sich über die generell restriktive Behandlung von jungen Deutschen hinaus eine diskriminierende Behandlung junger Ausländer durch die Polizei, z. T. in Form von Dauerkontrollen, offenbart.[555] Anders dagegen die Ergebnisse der Befragung von deutschen, türkischen und italienischen Jugendlichen bei *Staudt*. Die nichtdeutschen Jugendlichen fühlten sich seltener Individualkontrollen seitens der Polizei ausgesetzt als die Deutschen. So berichteten 50 % der deutschen Jugendlichen über persönliche Polizeikontrollen, aber nur 8 % der Nichtdeutschen.[556] Die ausländischen Jugendlichen fühlten sich auch in ihren Wohngebieten keiner erhöhten Kontrolle ausgesetzt; es bestätigte sich vielmehr die Hypothese, daß die Deutschen in ihrem Wohnviertel eine stärkere Kontrolltätigkeit der Polizei wahrnehmen als die Nichtdeutschen. Mehr als zwei Drittel der Deutschen, aber „nur" die Hälfte der Türken und ungefähr ein Viertel der Italiener berichteten über häufige bzw. sehr häufige polizeiliche Kontrollen in ihrem Wohngebiet.[557] Auch geht aus den Ausagen der befragten Jugendlichen hervor, daß die Deutschen öfter als ihre nichtdeutschen Altersgenossen direkte Gewalt durch Polizisten erfahren haben.[558] Insgesamt brachten die deutschen Jugendlichen häufiger als die ausländischen Jugendlichen eine negative Einstellung zur Polizei zum Ausdruck.[559] Soweit das Verhalten der Polizei von den ausländischen Jugendlichen negativ bewertet wurde, kritisierten sie hauptsächlich die ungleiche Behandlung von Deut-

---

552 Weschke/Donner/Hackbarth-Kittlaus, 1985, S. 122f zit. nach Kube/Koch, MschrKrim 1990, S. 14, 15. Befragt wurde allerdings nur eine kleine Gruppe von 11 ausländischen Jugendlichen.

553 Weschke/Donner/Hackbarth-Kittlaus, 1985, zit. nach Franzke, Kriminalistik 1993, S. 615, 616.

554 Die Verfasser führten mit 100 männlichen ausländischen Jugendlichen Intensivinterviews, darunter 50 Jugendliche, die bereits polizeilich erfaßt worden waren (Zielgruppe; darunter 25 Türken, 11 Italiener und 6 Jugoslawen - bezogen auf die auswertbaren Interviewprotokolle) und 50 Jugendliche, die noch nicht offiziell erfaßt worden waren (Kontrollgruppe; darunter 25 Türken, 8 Italiener, 1 Jugoslawe, 1 Grieche - bezogen auf die auswertbaren Interviewprotokolle). Für einen Teil der Jugendlichen wurden exemplarisch Fremdangaben - aus Gesprächen mit Mitarbeitern des Strafvollzugs und Informationen aus Gerichtsakten - herangezogen, um den Wahrheitsgehalt der Angaben, vor allem über die begangene Delikte, zu überprüfen. Die Interviews wurden auf Band aufgenommen und transkribiert. Die Interviewdauer lag zwischen 50 und 150 Minuten. S. Hamburger/Seus/Wolter, 1981, S. 39, 44/45.

555 Siehe ausführlich Hamburger/Seus/Wolter, 1981, S. 145/146.

556 Staudt, 1986, S. 370

557 Staudt, 1986, S. 376.

558 Staudt, 1986, S. 307 u. Fn. 2.

559 S. Staudt, 1986, S. 299, Tab. 56.

schen und Nichtdeutschen. Vor allem türkische Jugendliche mit negativer Einstellung zur Polizei begründeten diese Einstellung ausländerspezifisch, während bei den italienischen Jugendlichen mit entsprechender Einstellung sowohl ausländerspezifische Begründungen angeführt wurden als auch Kritik an den groben Umgangsformen der Polizei geübt wurde. Letzteres wurde auch von zahlreichen Deutschen als Begründung für ihre negative Haltung der Polizei gegenüber ins Feld geführt.[560]

Diese Aussagen geben persönliche Eindrücke nichtdeutscher Jugendlicher wieder. Dabei sind sie durchaus differenziert[561]: „Die" Polizei wird nicht gleichermaßen als ausländerfeindlich oder diskriminierend erlebt. Deutlich wird aber anhand der Schilderungen auch, daß - wird das polizeiliche Handeln als benachteiligend und unkorrekt empfunden - die Jugendlichen dies zumeist auf ausländerfeindliche Tendenzen bzw. Vorurteile gegenüber ihrer Gruppe zurückführen. Insoweit ist es verfehlt, sich auf den Standpunkt zu stellen, die „Frage nach der Integration ausländischer Mitbürger ist nicht von der Polizei zu beantworten." [562] Die wenigen Aussagen der jungen Nichtdeutschen zeigen, daß für viele von ihnen das Gefühl, ungerecht behandelt und diskriminiert zu werden, unabhängig von dem tatsächlichen Ausmaß diskriminierenden Verhaltens der Polizei eine soziale Wirklichkeit, ein fester Bestandteil ihrer Wahrnehmung, ist und als solche von der Polizei, aber auch von anderen Institutionen, nicht einfach ignoriert werden kann.[563] Eine solche Wahrnehmung trägt dazu bei, daß sich die Jugendlichen unabhängig von der tatsächlich erfahrenen Diskriminierung selbst als benachteiligte Ausländer definieren und auf dieser Basis eine Argumentation aufbauen, die zur Deutung von polizeilichen Kontrollstrategien, aber auch der anderer Institutionen, als ausländerfeindlich führt. Daß unter solchen Umständen eher ein Abschottungsprozeß einsetzt als eine

560 Staudt, 1986, S. 304, 305.

561 So auch bei Mansel, 1989, S. 138: Die jugendlichen nichtdeutschen Jugendlichen fühlen sich zwar subjektiv stärker kontrolliert, dennoch sahen sie die Polizeibeamten häufig nicht negativ, sondern als „Personen, die ihre Pflicht erfüllen und dabei größtenteils gerecht verfahren."

562 So Gemmer, in: BKA (Hrsg.), 1989, S. 239, 242; zu Bemühungen in Frankfurt siehe aber auch Ringel, in: KAV (Hrsg.), 1996, S. 74, 77ff. Zum Einsatz kommen besonders geschulte und engagierte Jugendsachbearbeiter in den Dienststellen der Schutz- und Kriminalpolizei sowie zum damaligen Zeitpunkt vier Ausländerbeauftragte. Die Jugendsachbearbeiter stehen den Jugendlichen im Rahmen des Ermittlungsverfahrens, aber auch hiervon unabhängig in Fragestunden in Jugendzentren usw. als Ansprechpartner zur Verfügung und klären die Jugendlichen über ihre rechtliche Situation auf und machen Zwänge und Modalitäten der polizeilichen Arbeit transparent. Ringel, S. 77/78: „Auf diesem Wege kann die angespannte, von Vorurteilen und persönlichen Erfahrungen geprägte Situation zwischen dem jugendlichen Ausländer, der nun schon zum vierten Mal am gleichen Tag 'den Adler' machen muß, und dem ausländerfeindlich eingeschätzten Polizeibeamten, der die Personenkontrolle dann doch gesetz- und verhältnismäßig durchführte, einigermaßen entschärft und geklärt werden."

563 Vgl. Hamburger/Seus/Wolter, 1981, S. 147.

Stärkung der Integrationsbereitschaft, leuchtet ein. Die erfahrene Demütigung und Ablehnung festigt nicht nur bestehende Vorurteile und Stereotypen, die es abzubauen gilt, sondern erleichtert gleichzeitig eine Neutralisierung des eigenen Fehlverhaltens.[564]

6. 5. 5. Die Reduktion des Tatvorwurfs als Folge polizeilicher Ermittlungspraxis

Reichertz, Donk und Schröer widmeten sich insbesondere den kommunikativen Problemen, die bei der Vernehmung nichtdeutscher Beschuldigter auftreten.[565] Sie vermuteten, daß unterschiedliche Interaktions- und Kommunikationsmuster neben den Sprachschwierigkeiten bei der Vernehmung nichtdeutscher Beschuldigter zur Konfrontation führen, die eine unangemessene Dramatisierung des angezeigten Sachverhalts durch die Polizei nachsichzieht, in deren Folge die Staatsanwaltschaft vermehrt diese Verfahren einstellt. Außerdem gingen sie davon aus, daß diese divergierenden Kommunikations- und Interaktionsmuster das Entstehen eines für den Erfolg einer Vernehmung maßgeblichen Arbeitsbündnisses zwischen Vernehmenden und Beschuldigten verhindern. Es bestehe ein Ermittlungskulturkonflikt, als dessen Folge Vernehmungsprotokolle meist lückenhaft seien, was zur Einstellung des Verfahrens durch die Staatsanwaltschaft führe.[566]

Ausgangspunkt dieser Überlegung ist die Vernehmungssituation, die nach den Untersuchungen von *Reichertz u. a.* durch eine strukturelle Aushandlungsdominanz des Beschuldigten gekennzeichnet ist: Da der vernehmende Beamte den Staatsanwalt von der Lösung des Falles auf der Grundlage „juridisch gültiger und beständiger Beweise“[567] überzeugen muß, ist er bestrebt, das Ereigniswissen des Beschuldigten in Form eines verbindlichen Aussageprotokolls festzuhalten. Der Beschuldigte ist in dieser Situation der Aushandlungsdominante, da er Ermittlung und Ergebnissicherung durch seine Aussage fördern, aber auch hemmen und sogar ganz

564 Vgl. auch Hamburger/Seus/Wolter, 1981, S. 146: Danach scheint „bereits der polizeiliche Kontakt eine Grundlage dafür zu schaffen, daß, insbesondere bei singulären Aktivitäten, eine Art ‚Einsicht' in eigenes Fehlverhalten durch Impulse der Stigmaabwehr verhindert wird.“

565 Zunächst stand dabei im Rahmen des Projekts „Reduktion des Tatvorwurfs als Folge polizeilicher Ermittlungspraxis“ (1992-1994) die These des Ermittlungskulturkonflikts im Vordergrund, die zur Erklärung der hohen Einstellungsquoten bei den jugendlichen und heranwachsenden Nichtdeutschen beitragen sollte. Daran schloß sich im Jahr 1995 das Projekt „Die Verteidigung nichtdeutscher Beschuldigter in polizeilichen Vernehmungen“ an, bei dem sich ein Schwerpunktwechsel weg von der Perspektive des vernehmenden Beamten hin zur Beschuldigtenperspektive vollzog und nun die Rekonstruktion strukturaler Motive für das festgestellte Verteidigungsverhalten der nichtdeutschen deutschsprachigen Beschuldigten im Vordergrund steht. Siehe ausführlich Reichertz/Donk/Schröer/Riedel, Zwischenbericht, S. 4-6.

566 Reichertz/Donk/Schröer, Abschlußbericht, S. 5.

567 S. Reichertz/Donk/Schröer, Abschlußbericht, S. 32.

unterbinden kann (z. B. durch die Verweigerung der Aussage).[568] Für den Vernehmungsbeamten ist daher von wesentlicher Bedeutung, ob es ihm gelingt, sich die Kooperationsbereitschaft des Beschuldigten zu sichern. In Vernehmungen von deutschen Beschuldigten bewältigt er diese Aufgabe, indem er das Vernehmungsgespräch an „einen den Beschuldigten vertrauten und für ihn tentativ kooperationsverpflichtenden Diskurs" anbindet.[569] Zu diesem Zweck nimmt der Vernehmungsbeamte von seiner eigentlichen Rolle abweichende personale Haltungen ein (z. B. Vater, Erzieher), um so den Beschuldigten auf eine personale Bindung zu verpflichten, die ihm ermittlungshemmende Manöver verbietet, und methodisch kontrolliert gegen den Beschuldigten ermitteln zu können, ohne eine Aufgabe oder Einschränkung in der Kooperationsbereitschaft befürchten zu müssen.[570]

6. 5. 5. 1. Die Vernehmung ausländischer deutschsprachiger Beschuldigter - das Phänomen der informellen Aussageverweigerung

Hat sich bei der Vernehmung deutscher Beschuldigter gezeigt, daß erst „die gelingende Überlagerung des Vernehmungsgespräches mit einer dem Beschuldigten alltagsweltlich vertrauten, für den Beschuldigten verpflichtenden kulturspezifischen Beziehungswirklichkeit" den Vernehmungsbeamten in die Lage versetzt, seine Aufgabe zu bewältigen, so stellt sich bei der Vernehmung ausländischer deutschsprachiger Beschuldigter die Frage, ob der Vernehmungsbeamte seine Ermittlungsaufgabe überhaupt durch den Einsatz solcher kulturspezifischer Bewältigungsroutinen lösen kann.[571] *Reichertz u. a.* vermuteten, daß die kulturspezifischen Rollen des Vernehmungsbeamten und die damit korrespondierenden Rollen, die an den Beschuldigten herangetragen werden, von diesem aufgrund seines andersartigen kulturellen Hintergrundes nicht erkannt bzw. nicht übernommen werden können und somit keine kooperationsverpflichtende Wirkung entfalten. Als Ergebnis hiervon gerate die Vernehmung ins Stocken und bleibe lückenhaft.[572]

Die Auswertung der transkribierten Tonbandprotokolle von Vernehmungen, Beobachtungsprotokollen vom Ermittlungsgeschehen und Interviews[573] mit den

---

568 Reichertz/Donk/Schröer, Abschlußbericht, S. 32.

569 Reichertz/Donk/Schröer, Abschlußbericht, S. 33.

570 Reichertz/Donk/Schröer, Abschlußbericht, S. 33.

571 S. Schröer, in: Reichertz/Schröer (Hrsg.), 1996, S. 132, 134.

572 Reichertz/Donk/Schröer, Abschlußbericht, S. 35.

573 Während der Einstiegsphase ins Arbeitsfeld der Kriminalpolizei wurden vor allem Beobachtungsprotokolle angefertigt. Es wurden erste Gespräche mit den Beamten geführt, versucht diese über die Gespräche kennenzulernen. Die Beobachtungen hierbei wurden von den Forschern zur Gedächtnisstütze auf Band aufgezeichnet. In der zweiten Phase wurden Tonbandmitschnitte bei Vernehmungen durchgeführt und schließlich gingen die Forscher verstärkt dazu über, die Kriminalbeamten bezüglich der konkreten Ermittlungssituationen

vernehmenden Beamten bestätigte dann auch, daß es dem Vernehmungsbeamten mit nichtdeutschen deutschsprachigen Beschuldigten auffallend häufig nicht gelang, ein kooperatives Arbeitsbündnis herzustellen.[574] Statt dessen wurde die vom Vernehmungsbeamten an den Beschuldigten herangetragene Rolle von diesem nicht angenommen, sondern unterlaufen und die Ermittlungsperspektive des Vernehmungsbeamten wurde nicht übernommen. Statt offensiv zur Sachverhaltsaufklärung beizutragen, vermieden es die Beschuldigten, Einblick in ihnen bekannte und relevante Vorkommnisse zu geben, ihre Aussagen zu plausibilisieren. Damit entgingen sie der Gefahr, sich in argumentative Notlagen zu manövrieren, aus denen sie sich möglicherweise nur noch mit Hilfe eines Geständnisses oder unglaubwürdigen Einlassungen hätten „retten" können.[575]

Es konnten aber auch noch weitere Reaktionstypen isoliert werden: So gab es Beschuldigte, die die an sie herangetragenen Rollen zumindest teilweise übernahmen, ihnen aber ein Gepräge gaben, das den Ermittlungsinteressen des Vernehmungsbeamten entgegenlief.[576] Aber selbst die Übernahme einiger Rollen verleitete den Beschuldigten nicht dazu, etwas Ermittlungsrelevantes zu offenbaren.[577] Bei weiterer Betrachtung stellte sich heraus, daß bevorzugt diejenigen Rollen adaptiert wurden, die unproblematisch so ausgestaltet werden konnten, daß trotz ihrer Übernahme nichts Ermittlungsrelevantes preisgegeben werden mußte.[578] Andere Beschuldigten wiederum suggerierten eine Kooperationsbereitschaft, die sie allerdings im Gespräch mit dem Vernehmungsbeamten nicht einlösten, sondern die sich in der Unterstützung der Ermittlungen bei Nebensächlichkeiten und zum

---

oder der allgemeinen Ermittlungsprobleme zu interviewen; s. dazu Reichertz/Donk/Schröer, Abschlußbericht, S. 19-21. Neben den Beobachtungsprotokollen und Memos von ca. 40 Diensttagen je Mitarbeiter standen als Datenmaterial insgesamt zur Verfügung: 48 Interviews zum Thema „Besonderheiten von Vernehmungen mit nichtdeutschen Beschuldigten" mit 34 Kriminalbeamten, 2 Schutzpolizisten und 12 Dolmetschern, 89 Tonbandprotokolle von Beschuldigtenvernehmungen (deutsche/nichtdeutsche, deutschsprachige/nicht deutschsprachige Beschuldigte), 11 Tobandprotokolle von Vernehmungen mit deutschen Zeugen und 8 Tonbandprotokolle von Vernehmungen mit ausländischen Zeugen sowie 89 Beobachtungsprotokolle von Vernehmungen mit deutschen Beschuldigten, 54 Beobachtungsprotokolle von Vernehmungen mit ausländischen Beschuldigten, 90 Beobachtungsprotokolle von Vernehmungen mit deutschen Zeugen und 50 Beobachtungsprotokolle von Vernehmungen mit ausländischen Zeugen und 155 Akten von Vernehmungen mit deutschen Beschuldigten, 109 Akten von Vernehmungen mit ausländischen Beschuldigten, 118 Akten von Vernehmungen mit deutschen Zeugen und 56 Akten von Vernehmungen mit ausländischen Zeugen; s. ausführlich Reichertz/Donk/Schröer, Abschlußbericht, S. 22, 23. Zur Datenaufarbeitung und Datenauswertung s. S. 23-30.

574 Reichertz/Donk/Schröer, Abschlußbericht, S. 36.

575 Reichertz/Donk/Schröer, Abschlußbericht, S. 39.

576 Reichertz/Donk/Schröer, Abschlußbericht, S. 40 „oppositionelle Perspektivübernahme".

577 S. Fallbeisipiel bei Reichertz/Donk/Schröer, Abschlußbericht, S. 43.

578 Reichertz/Donk/Schröer, Abschlußbericht, S. 44.

Teil Beteuerungen der Kooperativität erschöpfte. Was den Kernpunkt des Tatvorwurfs angeht, so wurden in der Regel Angaben hierzu selten brüsk und ausdrücklich verweigert, sondern durch „geschmeidige Ausweichmanöver ersetzt".[579] Wieder andere Beschuldigte lehnten ähnlich wie schon zu Beginn beschrieben eine Perspektivübernahme ab, nahmen dafür äußerst unglaubwürdige, aber schwer zu widerlegende Darstellungen in Kauf. Gleichzeitig boten sie Hintergrundinformationen zu anderen strafrechtlich relevanten Sachverhalten an, an denen sie nicht beteiligt waren. Aber auch diese Informationen erwiesen sich im Ergebnis als wenig ergiebig für den Vernehmungsbeamten.[580] Dieses Ergebnis widerlegte also die zunächst bestehende Vermutung, daß die Betroffenen aufgrund ihrer kulturspezifischen Prägung nicht zur Übernahme der ihnen angetragenen Haltungen fähig seien. Nichtdeutsche deutschsprechende Beschuldigte sind vielmehr mit den Kommunikationsroutinen der Vernehmungsbeamten vertraut, zeigen sich in keiner Weise irritiert von den Bewältigungsroutinen der Vernehmungsbeamten, können die ihnen angetragenen Haltungen übernehmen und mit ihnen spielerisch umgehen, so daß Ermittlungsansätze verloren gehen und der gewünschte Ermittlungserfolg ausbleibt.[581]

Allen Reaktionstypen ist gemeinsam, daß die Beschuldigten zwar de facto, aber niemals formell die Aussage verweigern. *Reichertz u. a.* sprechen in diesem Zusammenhang von einer das Verteidigungsverhalten nichtdeutscher Beschuldigter kennzeichnenden „informellen moderaten Aussageverweigerung", von der nichtdeutsche Beschuldigte oft bis häufig Gebrauch machen. Deutsche Beschuldigte ziehen sich dagegen eher selten auf dieses Verteidigungsverhalten zurück: Von ca. 60 aufgezeichneten Vernehmungen ließ sich ein vergleichbares Verteidigungsverhalten bei deutschen Beschuldigten nicht nachweisen. Wenn die Möglichkeit einer solchen Reaktionsweise auch nicht ausgeschlossen werden soll, so tendieren deutsche Beschuldigte eher dazu, ihre Aussageunwilligkeit offen zu bekunden. Lassen sie sich dennoch auf ein Gespräch ein, ist die Gefahr, sich in die Ermittlungsperspektive zu verstricken, die an sie herangetragenen Rollen (teilweise) zu übernehmen und infolgedessen strafrechtlich Relevantes auszusagen, recht groß.[582]

Entscheidend für das unterschiedliche Verhalten von deutschen und nichtdeutschen Beschuldigten scheint zu sein, daß die länger in Deutschland lebenden Beschuldigten eine größere Distanz zu den vernehmungsrelevanten Rollen und

---

579 Reichertz/Donk/Schröer/Riedel, Zwischenbericht, S. 9, 10.

580 Reichertz/Donk/Schröer/Riedel, Zwischenbericht, S. 10.

581 Reichertz/Donk/Schröer/Riedel, Zwischenbericht, S. 11; Reichertz/Donk/Schröer, Abschlußbericht, S. 47.

582 Reichertz/Donk/Schröer, Abschlußbericht, S. 45, 46. Vgl. insgesamt auch den Überblick bei Donk/Schröer, Kriminalisitk 1995, S. 401ff.

dem Vernehmungsgeschehen insgesamt haben, die einen „spielerischen“ Umgang mit denselben erlaubt.[583]

Die Auswertung erster Interviews mit vernehmungserfahrenen Ausländern zur Motivlage des von *Reichertz u. a.* herausgearbeiteten Verteidigungsverhaltens hat bislang ergeben, daß der deutschsprachige nichtdeutsche Beschuldigte „strukturell mit einem 'entfremdeten Blick'(...) ausgestattet“ ist, „der es ihm erlaubt, die Risiken der polizeilichen Vernehmung besser zu erkennen, weil er den kulturspezifischen Gepflogenheiten der gastgebenden Kultur nicht in dem Maße verpflichtet ist, wie der deutsche Beschuldigte“.[584]

6. 5. 5. 2. Die Vernehmung nichtdeutschsprachiger Beschuldigter mittels Dolmetscher

Die Verpflichtung des Beschuldigten auf eine bestimmte Rolle durch den Vernehmungsbeamten und die hierzu erforderliche Kontaktaufnahme zu dem Beschuldigten scheitern im Fall der Vernehmung sprachunkundiger Beschuldigter schon an den sprachlichen Voraussetzungen.[585] Dieses Defizit kann alleine durch einen Dolmetscher ausgeglichen werden, dessen originäre Aufgabe allerdings weniger die Herstellung eines kooperativen Kontakts als die korrekte Übersetzung der Fragen des Vernehmungsbeamten bzw. der Angaben des Beschuldigten ist. Die Analyse von Handlungsprotokollen und die Auswertung von mit Polizeibeamten und Dolmetschern geführten Interviews durch die Forscher führten zu dem Ergebnis, daß es die ökonomische Abhängigkeit ist, die den entscheidenden Zwang auf den Dolmetscher ausübt. Die Polizeibeamten haben, - da sie es sind, die den Dolmetscher engagieren -, die Möglichkeit, sich Dolmetscher auszuwählen, die bereitwillig die Polizei in ihrer Ermittlungsarbeit unterstützen.[586]

In bezug auf die Vernehmung nichtdeutschsprachiger Beschuldigter ist das Hauptproblem für die vernehmenden Beamten, daß keine direkte Kommunikation mit dem Beschuldigten möglich ist, dadurch eine unmittelbare Kontaktaufnahme mit ihm so gut wie ausgeschlossen ist und der Vernehmungsbeamte dadurch zwangsläufig distanziert bleiben muß. Glaubwürdigkeit der Aussagen bezüglich des Sachverhalts, Motive, Reueempfindungen u. ä. können vom Vernehmungsbeamten nur schwer beurteilt werden, professioneller Zweifel an den Aussagen des Beschuldigten kann nicht mehr als Ermittlungsinstrument eingesetzt werden, wie auch die Kommunikation zwischen Beschuldigtem und Dolmetscher vom Verneh-

---

583 Reichertz/Donk/Schröer, Abschlußbericht, S. 46, 47.

584 So Reichertz/Donk/Schröer/Riedel, Zwischenbericht, S. 17.

585 Donk, in: Reichertz/Schröer (Hrsg.), 1996, S. 163.

586 Reichertz/Donk/Schröer, Abschlußbericht, S. 48, 49.

mungsbeamten nicht mehr kontrolliert werden kann.[587] Der Einsatz eines Dolmetschers wird von Polizeibeamten durchweg als problematisch angesehen.[588] Neben einer erschwerten terminlichen Planung und Organisation und arbeitsintensiveren Vernehmungen vor allem im Bereich der schweren und mittleren Kriminalität müssen Vernehmungsbeamte auch oft mit unprofessionellen Dolmetschern arbeiten, wenn es sich bei der Muttersprache des Beschuldigten um eine in Deutschland wenig bekannte und gesprochene Sprache handelt. Hier wird dann auf lange in Deutschland lebende Personen zurückgegriffen, die dieser Sprache mächtig sind, unabhängig davon, ob es sich um einen Dolmetscher oder Arbeiter handelt. Aber auch professionelle Dolmetscher genügen oft nicht den Anforderungen, die die Vernehmungsbeamten an sie stellen. Erwünscht sind kriminalistische Fähigkeiten sowie ein eigenständiges Handeln des Dolmetschers. Er soll möglichst selbständig hilfspolizeiliche Funktionen übernehmen oder „wenigstens die polizeiliche Rolle - in mimetischer Nachahmung des Vernehmungsbeamten - repräsentieren".[589] So ist denn auch das Charakteristikum der von *Reichertz u. a.* beobachteten Vernehmungen, daß die Dolmetscher von den Vernehmungsbeamten unter Druck gesetzt werden, die Rolle eines Hilfspolizisten anzunehmen. Dem Dolmetscher kommt bei der Vernehmung des Beschuldigten die zentrale Aufgabe zu, den Gesprächskontakt zu dem Beschuldigten zu fördern.[590] Die Umsetzung dieser Rollenzuschreibung gelingt den Dolmetschern in der Regel aber nicht. Aus den Analysen ließe sich eine ganze Bandbreite von Ausgestaltungen der Dolmetscherrolle herausgreifen, die aber alle nur sehr bedingt tauglich für die Umsetzung der Hilfspolizistenrolle waren - so etwa ein autoritäres - denunziatorisches Verhalten, mit dem das Vertrauen des Beschuldigten verspielt wird oder die Übernahme der Federführung bei der Vernehmung, so daß der Vernehmungsbeamte letztlich zur Schreibkraft degradiert wurde.[591] *Reichertz u. a.* führen dies darauf zurück, daß die Dolmetscher weder eine kriminalistische Ausbildung genossen haben, noch „in irgendeiner Weise ‚naturwüchsig' kriminalistisch einsozialisiert sind."[592]

Aber selbst im Idealfall eines aus Perspektive des Vernehmungsbeamten gelungenen Dolmetschereinsatzes bleibt die Vernehmung mit dem Makel behaftet, der sich daraus ergibt, daß der Dolmetscher ein Fremdkörper in der Vernehmungssituation darstellt.

---

587 Donk, in: Reichertz/Schröer (Hrsg.), 1996, S. 163, 167.

588 Donk, in: Reichertz/Schröer (Hrsg.), 1996, S. 163, 164.

589 Donk, in: Reichertz/Schröer (Hrsg.), 1996, S. 163, 166/167.

590 Reichertz/Donk/Schröer, Abschlußbericht, S. 49.

591 Siehe - mit weiteren Beispielen - Reichertz/Donk/Schröer, Abschlußbericht, S. 49, 50.

592 Reichertz/Donk/Schröer, Abschlußbericht, S. 50.

So konstatieren *Reichertz* u. a. :

> „Durch die Notwendigkeit der Hin- und Herübersetzung werden stets und zwangsläufig die Regeln selbstverständlichen, routinemäßigen Reagierens aufgehoben. Die Situation behält immer etwas künstlich Formales auch auf der Oberflächenebene der Kommunikation. Die Herstellung eines unmittelbaren Kontakts ist dem Vernehmungsbeamten nahezu verwehrt und auch der Dolmetscher kann einem ungebrochenen Kontakt nur partiell und leidlich herstellen, weil er den Vernehmungsbeamten zwischendurch in Kenntnis setzen muß. Damit wird deutlich, daß eine Einbindung des Beschuldigten in eine kooperationsfördernde Beziehung nur eingeschränkt gelingen kann und wesentliche Ermittlungsansätze zwangsläufig verloren gehen müssen.“ [593]

Des weiteren zeigte die Untersuchung von Vernehmungen mit Dolmetscherbeteiligung, daß die Beschuldigten ähnlich wie die nichtdeutschen deutschsprachigen Beschuldigten ihre Verteidigung umsichtig organisierten und ihr Verhalten sich ebenfalls als mildere Variante der informellen Aussageverweigerung darstellte.[594] Es ließen sich auch hier verschiedenartige Verteidigungstypen herauskristallisieren: Ein Beschuldigtentyp zeigt sich konfus und orientierungslos; vor dem Hintergrund fachlich mangelhafter Kompetenz des Dolmetschers gelingt es ihm, Dolmetscher und Vernehmungsbeamten zu verwirren. Der andere Beschuldigtentyp erzählt eine unter Entlastungsgesichtspunkten konzipierte Geschichte, die nicht widerlegt werden kann, und hinterfragt den Sinn der Vernehmung. Er weiß ganz genau, was er, mit welchen Folgen, in einer Vernehmung erzählen kann und nutzt damit die Teilnahme des Dolmetschers zu eigenen Verteidigungszwecken aus. Schließlich gibt es den Beschuldigtentyp, der situationsbewußt reagiert und sehr genau unterscheidet zwischen Fragen, die er unproblematisch beantworten kann, und Fragen, denen er unter Hinweis auf seine Unkenntnis ausweicht.[595]

Alle Beschuldigten zeigten keinerlei Orientierungsprobleme, was *Reichertz u. a.* angesichts der Deliktsstruktur (vor allem Verstöße gegen das AsylVfG und AuslG), die den untersuchten Vernehmungen zugrundelag, auf eine stark ausgeprägte Vororientierung der Beschuldigten zurückführen - sei es daß ihnen z. B. die Folgen dieser Verstöße gut bekannt sind und in Kauf genommen werden, sei es daß sie von Beginn an von Kollegen, Arbeitgebern oder anderen Tatbeteiligten auf ein bestimmtes Vernehmungsverhalten „gebrieft“ worden sind.[596]

Klärungsbedürftig ist daher, ob auch Beschuldigte ohne eine solche Vororientierung keine Orientierungsprobleme haben und ein entsprechendes Verteidigungsverhalten an den Tag legen.

---

593 Reichertz/Donk/Schröer, Abschlußbericht, S. 51.Vgl. auch Donk/Schröer, Kriminalistik 1995, S.401, 403-405.

594 Reichertz/Donk/Schröer/Riedel, Zwischenbericht, S. 20, 21.

595 Reichertz/Donk/Schröer/Riedel, Zwischenbericht, S. 21.

596 Reichertz/Donk/Schröer/Riedel, Zwischenbericht, S. 22.

6. 5. 5. 3. Ergebnis und Bewertung

Geht man davon aus, daß die Geständnisbereitschaft als das wichtigste Kriterium bei der Entscheidung für eine Verfahrenseinstellung oder Anklage gilt[597], scheint gerade das Phänomen der informellen moderaten Aussageverweigerung geeignet, einen Erklärungsbeitrag zu den vergleichsweise hohen Einstellungsquoten zu leisten. Wie *Rebmann* allerdings zurecht zu bedenken gibt, verwundert ein größerer Anteil an nicht geständnisbereiten Ausländern dann nicht, wenn man davon ausgeht, Nichtdeutsche würden bereits durch die Bevölkerung häufig zu Unrecht angezeigt.[598] Insoweit könnte nur eine fortlaufende Beobachtung des Strafverfolgungsverlaufs anhand des jeweiligen Falles Aufschluß über die selektionsentscheidenden Mechanismen geben. Kritik begegnet dem Ansatz von *Reichertz u. a.* auch von *Mansel*: Mit ihm könne man die z. T. erheblich auseinanderklaffenden Einstellungsquoten in verschiedenen Bundesländern nicht erklären; außerdem setze man zu spät im Strafverfahrensablauf ein, wenn man die nationalitätenspezifische Selektion empirisch erfassen wolle.[599] Dem läßt sich entgegenhalten, daß der Ansatz von *Reichertz u. a.* nicht für sich in Anspruch nimmt, die unterschiedliche Filterung im Verlauf der Strafverfolgung alleine durch die polizeiliche Ermittlungsarbeit erklären zu können, sondern vielmehr aufzeigt, daß auch die polizeiliche Ermittlungsarbeit - neben anderen Faktoren - dem unterschiedlichen Einstellungsverhalten zugrundeliegen kann.[600] Unabhängig von der Relevanz für die Reduktion des Tatvorwurfes kommt den Ergebnissen eine über dieses Phänomen hinausreichende Bedeutung zu, indem sie die Schwierigkeiten im Kontext polizeilicher Ermittlungen empirisch belegen und somit auch Ansatzpunkte für strukturelle Verbesserungen bei der Polizei bieten.[601]

6. 5. 6. Exkurs: Ermittlungsprobleme und Besonderheiten im Umgang mit jungen nichtdeutschen Beschuldigten

Indem *Reichertz, Donk* und *Schröer* ausgehend von dem Bestreben einer grundlagentheoretischen Klärung der polizeilichen Ermittlungspraxis sich dem strukturellen Rahmen der polizeilichen Beschuldigtenvernehmung zuwendeten und hierauf aufbauend die These vom „Ermittlungskulturkonflikt“ aufstellten und überprüften,

---

597 Vgl. zusammenfassend Blankenburg/Sessar/Steffen, 1978, S. 143, 242, 311.

598 Rebmann, 1998, S. 257. Kritisch zum Ansatz von Reichertz u. a. Mansel, KZfSS 1994, S. 299ff; auch Strobl, MschrKrim 1999, Sonderheft, S. 82ff.

599 Mansel, KZfSS 1994, S. 299, 303.

600 S. Donk/Schröer, MschrKrim 1999, Sonderheft, S. 73, 80; auch Reichertz/Schröer, KZfSS 1994, S. 308.

601 So Strobl, MschrKrim 1999, Sonderheft, S. 82, 84.

nahmen sie sich eines spezifischen Ermittlungsproblems an. Ermittlungs- und Beweisschwierigkeiten in Verfahren gegen ausländische Beschuldigte überhaupt sind es auch, die von Seiten der Polizeipraktiker als Ursachen für die vergleichsweise hohe Einstellungsquote bei Verfahren gegen ausländische Beschuldigte angeführt werden. Allein die polizeiliche Ermittlung lege in der Regel schon den Grundstein zur vergleichsweise häufigen Verfahrenseinstellung.[602] Im folgenden sollen allerdings nicht nur solche Schwierigkeiten, die möglicherweise eine verstärkte Verfahrenseinstellung nachsichziehen, sondern auch allgemein auftretende Besonderheiten im Umgang mit ausländischen Beschuldigten, thematisiert werden.

Schwierigkeiten bereitet bei ausländischen Tatverdächtigen, unabhängig ob es sich um Erwachsene oder die hier interessierende Gruppe der Jugendlichen handelt, oftmals die Identifizierung. Die Kontrolle insbesondere außereuropäischer Ausweispapiere scheitert nicht selten an fehlenden Kenntnissen von Sprache und Schrift des ausstellenden Landes. Teilweise kann schon nicht beurteilt werden, ob es sich überhaupt um gültige Papiere handelt. [603] In Fällen, in denen die Identitätsermittlung anhand der Ausweispapiere nicht gelingt, muß letztlich die ausstellende Behörde des jeweiligen Landes eingeschaltet werden, was sich dann abhängig vom Herkunftsland des Tatverdächtigen unterschiedlich langwierig und schwierig gestalten kann.[604] Gerade bei jungen Tatverdächtigen kann auch die Altersbestimmung und somit die Klärung der Frage, ob der betroffene Jugendliche schon strafmündig ist, Schwierigkeiten bereiten - so wenn gar keine Papiere vorhanden sind oder aber der äußere Eindruck des jungen Tatverdächtigen Zweifel an der Richtigkeit des angegebenen Geburtsdatums hervorruft (s. dazu unten unter II. ausführlich). Daneben resultieren aus unterschiedlichen Gründen Beweisschwierigkeiten in Verfahren gegen ausländische Beschuldigte:

Hier ist zu einem die große Mobilität der Ausländer, vor allem der Asylbewerber, zu nennen, die häufig wechselnde Wohnorte mit sich bringt und z. B. die Durchführung von Durchsuchungsmaßnahmen, aber auch den Zugriff auf die gesuchte Person erschwert. Schwierigkeiten in der Beweisführung kann das Zusammenleben in Wohnheimen mitsichbringen, das u. U. die Zuordnung von Beweismitteln zu einzelnen Personen unmöglich macht.[605] Aber nicht nur der Sachbeweis, auch der Zeugenbeweis ist im Umfeld von Ausländern häufig nur schwer zu führen. Die Bereitschaft, bei der Polizei Angaben zu machen, ist gering, zumal wenn es sich bei dem Beschuldigten um einen Angehörigen der eigenen Nationalität handelt.[606]

Teilweise führen auch die unterschiedlichen Einstufungen eines Vorfalls dazu,

---

602 So Pick, Kriminalistik 1994, S. 617, 620.

603 Sielaff, in BKA (Hrsg.), 1989, S. 129, 134

604 Pick, Kriminalistik 1994, S. 617, 620; Sielaff, in: BKA (Hrsg.), 1989, S. 129, 134.

605 So Sielaff, in: BKA (Hrsg.), 1989, S. 129, 135.

606 Pick, Kriminalistik 1994, S. 617, 619.

daß die betroffenen Nichtdeutschen jede Kooperation mit der Polizei verweigern.[607] Die Verweigerung der Kooperation durch Zeugen oder den Tatverdächtigen kann auch die Folge des Unverständnisses von Rolle und Befugnissen der deutschen Polizei sein.[608] Gerade bei ausländischen Jugendlichen, die ein autoritäres (Polizei-) System „gewöhnt" sind, kann *Sielaff* zufolge das Vorgehen der deutschen Polizei dazu führen, daß diese als zu liberal und langmütig und dies letztlich als „Ermunterung" zur Fortsetzung der kriminellen Karriere empfunden wird.[609]

Schließlich sind es Sprachbarrieren, die die polizeiliche Ermittlungsarbeit erschweren und gefährden. Das beginnt bei der Anzeigenaufnahme, bei der sich - handelt es sich um ein ausländisches Opfer - aufgrund von Verständnisschwierigkeiten Ungenauigkeiten einschleichen. Die Einschaltung eines Dolmetschers bei der Vernehmung führt zum Verlust der Unmittelbarkeit der Kommunikation, Nuancen und Andeutungen in Aussagen und Verhalten werden nicht mehr gedeutet oder aber fehlinterpretiert; taktische und vernehmungspsychologische Aspekte können kaum mehr eingebracht werden. Der Dolmetscher kann mangels Sprachkompetenz seitens des Vernehmungsbeamtens nicht kontrolliert werden; Mißverständnisse können entstehen, wenn der Dolmetscher die jeweilige Sprache nur unzureichend beherrscht.[610] Nicht zu vernachlässigen ist der Kostenaufwand, der dazu führen kann, daß „ein einziges, komplexes Ermittlungsverfahren mit einer Vielzahl nichtdeutscher Verfahrensbeteiligter (...) allein bereits die entsprechenden Haushaltsansätze für eine ganze Dienststelle ins Wanken geraten lassen"[611] kann. Zwangsläufig muß dann zum Teil auf weitere kostenintensive Ermittlungsschritte verzichtet werden, wenn der zur Verfügung stehende Etat nicht mehr ausreicht.[612] Hinzu kommt die Schwierigkeit, im konkreten Fall einen Dolmetscher für die entsprechende Sprache zu erreichen oder überhaupt zu finden. Dies ist meist mit einem größeren Zeitaufwand verbunden, was sich aus kriminaltaktischer Sicht ungünstig auf die bevorstehende Vernehmung auswirkt. Da die Wahrscheinlichkeit eines Geständnisses besonders hoch ist, solange der Täter noch unter dem Einfluß der Tat steht, sind Ermittlungsbeamte bestrebt, möglichst schnell eine sogenannte „Festlegevernehmung" durchzuführen. Bis der Dolmetscher erscheint, ist der vernehmungspsychologisch günstige Zeitpunkt allerdings meist verstrichen. Auch der mit der Vernehmung mittels eines Dolmetschers selbst verbundene Zeitaufwand

---

607 Reichertz/Donk/Schröer, Abschlußbericht, S. 31: So wenn die Entführung einer Frau von der Familie nicht als strafrechtlich relevantes Geschehen, sondern als Familienangelegenheit gewertet wird.

608 Vgl. Reichertz/Donk/Schröer, Abschlußbericht, S. 31, auch Sielaff, in: BKA (Hrsg.), 1989, S. 129, 131.

609 Sielaff, in: BKA (Hrsg.), 1989, S. 129, 131.

610 Sielaff, in: BKA (Hrsg.), 1989, S. 129, 132.

611 Pick, Kriminalistik 1994, S. 617, 619.

612 Pick, Kriminalistik 1994, S. 617, 619, dem zufolge diese Fälle nicht selten sind.

kann die Ermittlungen derart verzögern, daß mit Blick auf die Effizienz dieses Vorgehens bewußt auf die Vernehmung weiterer Personen verzichtet und Lücken in der Beweisführung in Kauf genommen werden.[613]

Gerade jene Lücken und Unschärfen in der Beweisführung und -sicherung sind es, die dann möglicherweise auf staatsanwaltschaftlicher Ebene zu den vergleichsweise häufigen Verfahrenseinstellungen führen.

Die Einschaltung eines Dolmetschers erfordert von den ermittelnden Beamten zudem ein gewisses Fingerspitzengefühl: Zu berücksichtigen ist, daß bestehende Differenzen zwischen ethnischen Gruppierungen sich auch auf das Verhältnis zwischen Dolmetscher und Beschuldigten/Zeugen auswirken können. Um hier die an sich schon „heikle" Vernehmungssituation nicht noch zu verschärfen, wird man bei der Auswahl des Dolmetschers besonders sorgfältig vorzugehen haben. Gleiches gilt in bezug auf bestimmte tradierte, kulturell-religiös geprägte Werte- und Rollenvorstellungen. So würden z. B. junge Türken und Marokkaner - so die Erfahrung von *Freyer* - gegenüber einer Dolmetscherin ihres Landes kein Geständnis ablegen, sondern sich vielmehr in ihrer Ehre gekränkt fühlen; anders dagegen bei Einschaltung einer deutschen Dolmetscherin.[614]

Die Polizei stößt darüber hinaus in der direkten Interaktion mit ausländischen Beschuldigten oder Zeugen auf kulturspezifische Verhaltensweisen, die wenn nicht Unverständnis, doch zumindest Befremden seitens der Polizeibeamten hervorrufen und die Kommunikation erschweren, möglicherweise sogar neue Konflikte heraufbeschwören. Zu denken ist zum Beispiel an das „Aushandeln" des Falles durch den Beschuldigten mit dem einzelnen Polizeibeamten („als wären wir auf dem Basar") oder die Einbeziehung anderer Familienmitglieder.[615] Auch Mimik und Gestik können falsch gedeutet und mißverstanden werden, beiderseitig verfestigte Vorurteile bzw. Provokationen und Unterstellungen („Du Nazi") lassen nicht selten eine Eskalation des Konfliktes befürchten.[616]

Die vorgenannten Probleme stellen sich generell im Zusammenhang mit ausländischen Beschuldigten unabhängig von deren Alter. Welche speziellen Schwierigkeiten oder Besonderheiten treten auf, welche Anforderungen werden an die ermittelnden Beamten gestellt, wenn es sich bei den Beschuldigten um ausländische Jugendliche handelt?

---

613 Pick, Kriminalistik 1994, S. 617, 619; vgl. auch Stocker, in: BKA (Hrsg), 1989, S. 233, 234.

614 So Freyer, der kriminalist 1990, S. 145, 149.

615 Siehe diese Beispiele bei Bornewasser, PFA-Schriftenreihe 1/2/1996, S. 16, 35.

616 Bornewasser, PFA-Schriftenreihe 1/2/1996, S. 16, 35; Stocker, in: BKA (Hrsg.), 1989, S. 233.

Während die Gruppe der Jugendlichen generell als „geständnisfreudig" gilt[617], trifft dies auf ausländische Jugendliche anscheinend nicht in gleichem Maße zu. Nach den Ergebnissen der *Autorengruppe Ausländerforschung* legten Angeklagte mit geringen oder keinen Deutschkenntnissen in der Tendenz etwas seltener ein Geständnis ab (34,8 % gegenüber 38,1 % im Durchschnitt aller Angeklagten); auch die im Rahmen dieser Studie befragten Staatsanwälte waren sich einig, daß ausländische Angeklagte im Vergleich zu deutschen Angeklagten weniger zu Geständnissen bereit seien.[618] Auch die neueren Befunde von *Pfeiffer/Delzer/Enzmann/Wetzels* offenbaren erhebliche Unterschiede bezüglich der Geständnisbereitschaft bei der Polizei.[619]

Schwierige Situationen resultieren auch aus der Notwendigkeit der Beteiligung der Eltern der Jugendlichen und dem Umgang mit diesen. Von Polizeiseite wird die Erfahrung berichtet, daß die Eltern der betroffenen Jugendlichen über die Vorgehensweise der deutschen Polizei und Behörden nichts wissen, sondern von den ihnen aus dem Heimatland bekannten Strukturen polizeilicher bzw. behördlicher Arbeit ausgehen. Dies wird von den Jugendlichen teilweise geschickt ausgenutzt. Kontakte zur Polizei werden verheimlicht oder unterbunden, indem z. B. die polizeiliche Ladung zu einem Vernehmungstermin zu Hause abgefangen oder der durch die Ermittlungsbehörde zugegangene Text verändert übersetzt wird, was die Eltern aufgrund ihrer den Kindern unterlegenen Sprachkenntnissen nicht kontrollieren können.[620] Auch die Reaktionen der Eltern auf den polizeilichen Kontakt ihrer Kinder sind zu erwägen. Angst vor Reaktionen und Sanktionen der Eltern, die Angst davor, das Ansehen der Familie beschädigt zu haben oder sogar die Achtung des Vaters verspielt zu haben, verlangen dem Beamten neben Verständnis, insbesondere auch bezüglich der innerfamiliären Situation des Jugendlichen, auch ein sensibles Vorgehen ab.[621] Auch die jeweilige, von der deutscher Familien u. U. abweichende Familienstruktur und -hierarchie sowie bestimmte Formen der Höf-

---

617 Eisenberg, Kriminologie, 2000, § 27 Rz. 59.

618 Donner/Ohder/Weschke/Ciupka, in: Autorengruppe Ausländerforschung (Hrsg.), 1981, S. 43, 119/120. Ebenso, aber nicht speziell auf die jugendlichen Ausländer bezogen Blankenburg/Sessar/Steffen, 1978, S. 203.

619 Pfeiffer/Delzer/Enzmann/Wetzels, 1998, S. 42: bei einheimischen Deutschen in 37,3 % der anklagefähigen Fälle gegenüber 28,7 % bei den anderen Ethnien. Ähnlich stellte sich auch die Situation in der Hauptverhandlung dar.

620 So die Erfahrung von Ringel, in: KAV (Hrsg.), 1996, S. 74, 78.

621 Siehe dazu beispielhaft Tertilt, 1996, S. 153. Hier können Ausländerbeauftragte der Polizei helfen, das Informationsdefizit bei den einzelnen Beamten um kulturelle Hintergründe und kulturspezifische Verhaltensweisen sowie die innerfamiliäre Situation auszugleichen und somit dazu beitragen, ein anderes Verständnis bei den Polizeibeamten zu wecken, vgl. Ringel, in: KAV (Hrsg.), 1996, S. 74, 78. Daß die Eltern der Polizei bei ihrer Ermittlungsarbeit entgegenkommen, berichtet Freyer, der kriminalist 1990, S. 145, 149.

lichkeit werden von der Polizei im Kontakt mit der Familie des betreffenden Jugendlichen zu respektieren sein. Im Rahmen der Untersuchung der *Autorengruppe Ausländerforschung* konnte aufgezeigt werden, daß Widerstandshandlungen, die zumeist im unmittelbaren Kontakt mit dem Polizeibeamten geschehen, bei der Arbeitsgruppe Ausländer der Berliner Polizeidirektion, deren Tätigkeit Überprüfungen und Festnahmen miteinschließt, sehr selten waren, da die Beamten im Umgang mit Ausländern erfahren und ruhig und freundlich im Umgang waren, sowie Höflichkeitsformen eingehalten wurden - so z. B., daß man sich in einer türkischen Familie immer zuerst an den Vater zu wenden hat.[622]

Gleichzeitig gilt es die Grundsätze, die im Umgang mit deutschen Jugendlichen und Heranwachsenden handlungsleitend sind bzw. sein sollten, selbstverständlich auch gegenüber nichtdeutschen Jugendlichen und Heranwachsenden zu beachten. Handlungsweisen, die geeignet sind, das meist ohnehin schwach ausgeprägte Selbstwertgefühl Jugendlicher zu verletzen, sollten bei Festnahmen und Vernehmungen unterbleiben. Auch sollte gut abgewogen werden, ob als Anrede das „Du“ oder „Sie“ gebraucht wird, gerade vor dem Hintergrund, daß das generelle Duzen von Ausländern eine häufig vorkommende Form von Diskriminierung darstellt.[623]

Die geschilderten Besonderheiten sind Erfahrungswerte, die sicher nicht gleichermaßen auf alle Gruppen nichtdeutscher Jugendlicher zutreffen, die aber veranschaulichen, daß der Umgang mit jungen Nichtdeutschen und ihren Familien besondere Anforderungen an Sensibilität, kulturspezifische Kenntnisse und Flexibiltät des einzelnen Polizeibeamten stellt.

6. 5. 7. Die Rolle der Staatsanwaltschaft im strafrechtlichen Selektionsprozeß

Von einer „korrigierenden“ Tätigkeit der Staatsanwaltschaft sprechen zu können, setzt voraus, daß sich die These der Überdramatisierung von Sachverhalten mit Beteiligung Nichtdeutscher durch die Bevölkerung und die Polizei bestätigt hat. Wie oben aufgezeigt, kann davon nicht mit Sicherheit ausgegangen werden, so daß auch von einer „korrigierenden“ Tätigkeit der Staatsanwaltschaft nur schwerlich gesprochen werden kann. Unbestreitbar ist aber die Staatsanwaltschaft aufgrund ihrer regen Einstellungstätigkeit die maßgebliche, selektionsentscheidende Instanz im Prozeß der Strafverfolgung, sei es nun, daß sie (im Einzelfall tatsächlich korrigierend „überdramatisierte“) Bagatellfälle gemäß §§ 45, 47 JGG bzw. §§ 153 ff StPO oder in Ermangelung eines strafrechtlichen Sachverhaltes gemäß § 170 Abs.2 StPO einstellt oder Verfahren gegen nichtdeutsche Beschuldigte aufgrund von Beweisschwierigkeiten gemäß § 170 Abs.2 StPO mit einer Einstellung abschließt.

---

622 Siehe Donner/ Ohder/Weschke/Ciupka in: Autorengruppe Ausländerforschung (Hrsg.), 1981, S. 43, 99/100.

623 So Freyer, der kriminalist 1990, S. 145, 149.

Darüber hinaus eröffnet das geltende Strafprozeßrecht mit § 154b StPO eine speziell auf Nichtdeutsche zugeschnittene Einstellungsmöglichkeit, die es ebenfalls zu berücksichtigen gilt.

6. 5. 7. 1. Einstellungspraxis der Staatsanwaltschaft gegenüber jungen Nichtdeutschen anhand empirischer Befunde

Erste empirische Befunde für den Bereich des Jugendstrafrechts ließen sich der Studie der *Autorengruppe Ausländerforschung* entnehmen. Über die Hälfte aller Verfahren sowohl gegen deutsche als auch ausländische jugendliche und heranwachsende Tatverdächtige wurden eingestellt. In der Mehrzahl der Fälle wurde eingestellt, weil die Ermittlungen keinen genügenden Anlaß zur Erhebung der öffentlichen Klage gaben. Mit 47,2 % war der Anteil dieses Einstellungsgrundes bei den ausländischen Jugendlichen gegenüber einem Anteil von 46,9 % bei den deutschen Jugendlichen geringfügig höher; etwas deutlicher fiel der Unterschied bei den Heranwachsenden aus (47,3 % gegenüber 40,8 %).[624] Einstellungen wegen Geringfügigkeit bzw. gem. § 45 JGG (a. F.) verteilten sich ausgewogen auf beide Gruppen (10,9 % bei den ausländischen Jugendlichen, 11,2 % bei den deutschen Jugendlichen; 10,7 % bei den ausländischen Heranwachsenden gegenüber 10,8 % bei den deutschen Heranwachsenden).[625] Gravierende Unterschiede im Einstellungsverhalten zeigten sich danach nicht. Lediglich der leicht erhöhte Anteil vor allem bei den ausländischen Heranwachsenden von Einstellungen gem. § 170 Abs.2 StPO könnte auf vergleichsweise schwierigere und unergiebigere Ermittlungen bei Vorfällen im Zusammenhang mit jungen Ausländern hinweisen. Ob sich dahinter zugleich eine Überbewertung dieser Vorfälle seitens Polizei und Anzeigenerstatter in dem Sinne verbirgt, daß der zu ermittelnde Vorfall sich letztlich als strafrechtlich irrelevant erwies, kann anhand dieser Daten allerdings nicht beantwortet werden.

In diese Richtung weisen dagegen die Ergebnisse von *Mansel*. Insgesamt wurden Verfahren gegenüber jungen Türken (57,2 % bzw. 51,5 % unter Ausschluß der Verstöße gegen das AuslG) und Italienern (60,5 %) häufiger von der Staatsanwaltschaft eingestellt als solche gegenüber jungen Deutschen (42,5 %). Bei den jungen Türken und Italienern liegt die Quote der Einstellungen, die gemäß dem Opportunitätsprinzip erfolgten, deutlich höher als bei den jungen Deutschen (14,9 % bei den Türken bzw. 15,2 % unter Ausschluß der Verstöße gegen das AuslG, 21 % bei den Italienern gegenüber 9,3 % bei den Deutschen.).[626] Dies spricht dafür, daß die

---

624 Donner/Ohder/Weschke/Ciupka in: Autorengruppe Ausländerforschung (Hrsg.), 1981, S. 43, 97.

625 Donner/Ohder/Weschke/Ciupka in: Autorengruppe Ausländerforschung (Hrsg.), 1981, S. 43, 97.

626 Überwiegend wurden diese Einstellungen mit fehlendem öffentlichen Verfolgungsinteresse begründet oder erfolgten wegen Geringfügigkeit gemäß § 45 Abs.2 JGG. Keine große Rolle

jungen Ausländer in erhöhtem Maße einer Kriminalisierung wegen Bagatelldelikten ausgesetzt sind. Weiterhin stellte *Mansel* für die Türken einen erheblich höheren Anteil von Verfahren fest, die eingestellt wurden, weil sich der Sachverhalt als strafrechtlich irrelevant erwies (Türken: 10,6 % bzw. 9,1 % unter Ausschluß der Verstöße gegen das AuslG, dagegen Italiener: 1,2 % und Deutsche: 3,1 %). Nicht gravierend sind dagegen die Unterschiede bei den Einstellungen mangels Tatnachweises, die für vergleichsweise schwierige Ermittlungen im Zusammenhang mit Ausländern sprechen würden: Bei den Deutschen liegt der Anteil dieser Einstellungen ebenso wie bei den jungen Türken (unter Ausschluß der Verstöße gegen das Ausländergesetz) bei 15,2 %, bei den Italienern erreichen diese Einstellungen einen Anteil von 18,2 %. Für die jungen Türken liegt der Anteil unter Einbeziehung der ausländerrechtlichen Verstöße sogar nur bei 10,6 %.[627] *Mansel* weist allerdings darauf hin, daß wegen der hohen Zahl der verschiedenen Eintellungsbegründungen und der zum Teil geringen Fallzahl bei den Türken und Italienern eine vorsichtige Interpretation der Ergebnisse angebracht ist.[628]

Neuere empirische Studien liegen mit der *Freiburger Kohortenstudie* und der Untersuchung von *Pfeiffer/Delzer/Enzmann/Wetzels* vor.

Im Mittelpunkt der Studie von *Pfeiffer u. a.* stand der Anstieg der polizeilich registrierten Jugendgewalt. In diesem Zusammenhang wurde unter anderem die Frage aufgeworfen, wie die Strafverfolgungsinstanzen auf die Zunahme von Jugendgewalt überhaupt und ob sie im Hinblick auf verschiedene Gruppen von Beschuldigten bzw. Angeklagten unterschiedlich reagieren.[629] In diesem Rahmen

---

spielten Einstellungen wegen Geringsfügigkeit nach § 153 StPO; hier zeigten sich auch keine gravierenden Unterschiede zwischen den einzelnen Nationalitäten. S. Mansel,1989, S. 285.

627 Mansel, 1989, S. 285. Siehe aber auch Reichertz/Schröer, KZfSS 1993, S. 755, 766/767 mit ihrer Kritik an Mansel: Im Widerspruch zu dem oben aufgeführten Ergebnis von Mansel, „die These, daß der Polizei bei den Ermittlungen gegen junge Ausländer von diesen eher Schwierigkeiten gemacht werden", könne „eindeutig negiert werden" (Mansel, 1989, S. 287), hat Mansel zuvor festgestellt: „ Der Prozentsatz der beweisschwierigen Verfahren liegt sowohl bei den jungen Türken als auch bei den Italienern deutlich über dem der Deutschen" (Mansel, 1989, S. 233). Klärungsbedürftig bleibe somit, wie die Staatsanwaltschaft mit der bedeutend höheren Zahl beweisschwieriger Fälle bei ausländischen Jugendlichen umgeht: Erhebt sie trotzdem Anklage? Begründet sie auch bei beweisschwierigen Fällen die Einstellungen mit Opportunitätserwägungen? Reichertz/Schröer zufolge ist damit „Mansels Behauptung, das polizeiliche Ermittlungsergebnis sei für die nationalitätsbedingte Selektion nicht mitausschlaggebend (...) als voreilig und empirisch nicht gesichert zurückzuweisen". Siehe dazu weitergehend die Replik von Mansel, KZfSS 1994, S. 299-307 sowie die darauffolgende Erwiderung von Reichertz/Schröer, KZfSS 1994, 308-311.

628 Mansel, 1989, S. 284.

629 Zu diesem Zweck führten die Verfasser eine Aktenanalyse in Hannover durch, mit deren Hilfe alle Strafverfahrensakten von unter 21jährigen Beschuldigten von Raub- und qualifizierten Körperverletzungsdelikten der Jahre 1990, 1993, 1996 untersucht werden

wurde u. a. für die Jahre 1993 und 1996 überprüft, wie sich die verschiedenen Ethnien verteilen, wenn man auch Fälle in die Untersuchung miteinbezieht, in denen es nicht zu einer Anklage kam. Der Vergleich von einheimischen Deutschen und anderen Ethnien ergab, daß Einstellungen gemäß § 170 II StPO gegenüber den einheimischen Deutschen etwas seltener erfolgten (1993: 37,2 % gegenüber 40,5 %; 1996: 32,8 % gegenüber 36,2 %). [630] Dagegen wurden Verfahrenseinstellungen in Verbindung mit Weisungen und Ermahnungen (Einstellungen nach § 45 JGG bzw. §§ 153ff StPO) gegenüber den einheimischen Deutschen häufiger verfügt (1996 waren es z. B. 29 % der anklagefähigen Verfahren gegenüber 18 % bei den anderen Ethnien). Angesichts der Tatsache, daß sich hinsichtlich der durchschnittlichen Tatschwere der beiden Gruppen keine erheblichen Unterschiede gezeigt hatten, wäre eine ungefähr gleich hohe Einstellungsquote zu erwarten gewesen. Die Gründe für dieses unterschiedliche Einstellungsverhalten sehen *Pfeiffer u. a.* im Aussageverhalten der beiden Gruppen: Einheimische Deutsche waren wesentlich häufiger bereit, bei der Polizei ein Geständnis abzulegen (in 37,7 % der untersuchten anklagefähigen Fälle) als die Angehörigen anderen Ethnien (in 28,7 % der untersuchten anklagefähigen Fälle). *Pfeiffer u.a* zufolge spricht dieser Befund dafür, daß bei der Vernehmung von ausländischen Tatverdächtigen, jungen Aussiedlern und eingebürgerten Deutschen größere Kommunikationsprobleme auftreten als bei den einheimischen Deutschen. Nicht auszuschließen sei aber auch, daß die jungen Deutschen dank intensiverer Kontakte zur Jugendgerichtshilfe und Strafverteidigern besser informiert sind über etwaige aus einem Geständnis resultierende Vorteile.[631]

---

sollten. Erhoben wurden schließlich 773 Strafakten; s. näher Pfeiffer/Delzer/Enzmann/Wetzels, 1998, S. 34.

630 S. Pfeiffer/Delzer/Enzmann/Wetzels, 1998, S. 42.

631 So Pfeiffer/Delzer/Enzmann/Wetzels, 1998, S. 42. Vgl. auch Walter, BewHi 1987, S. 60, 73. Eine geringere Geständnisbereitschaft junger Ausländer konstatierten auch die von der Autorengruppe Ausländerforschung befragten 12 Jugendstaatsanwälte s. Autorengruppe Ausländerforschung, 1981, S. 120. Dagegen ergab sich kein „klarer Zusammenhang" zwischen Geständnisbereitschaft und Sprachkenntnissen der Angeklagten. Es war lediglich eine leichte Tendenz dahingehend erkennbar, daß Angeklagte mit geringen oder gar keinen Deutschkenntnissen etwas seltener ein Geständnis vor der Polizei ablegten; s. Autorengruppe Ausländerforschung, 1981, S. 119. Vgl. auch schon Blankenburg/Sessar/Steffen, 1978, S. 203, 206, die eine geringere Geständnisbereitschaft bei Ausländern feststellten und davon ausgingen, daß sich Sprachschwierigkeiten nicht zulasten, sondern zugunsten der ausländischen Tatverdächtigen auswirkten. Was Beweisschwierigkeiten anbelangt, so gab die Polizei lediglich Fälle der Notzucht signifikant häufiger als beweisschwierig an die Staatsanwaltschaft ab und auch auf staatsanwaltschaftlicher Ebene waren die Unterschiede in der Häufigkeit der Einstellungen nach § 170 Abs.2 StPO geringfügig: Gegenüber Ausländern bestand eine größere Einstellungschance, signifikant war dieser Unterschied aber lediglich beim Betrug; vgl. S. 208.

Kaum Unterschiede im Einstellungsverhalten der Staatsanwaltschaft ließen sich im Rahmen der *Freiburger Kohortenstudie*[632] feststellen. Zwar war die Aburteilungsquote der ausländischen Tatverdächtigen gegenüber der der deutschen geringer. Dies wurde aber darauf zurückgeführt, daß sich unter den Nichtdeutschen über alle Altersstufen hinweg (7-13, 14-17, 18-20 Jahre) ein erhöhter Anteil von Mehrfachtätern fand und ausländerspezifische Tatbestände unberücksichtigt blieben. Um auszuschließen, daß die fehlende Mitteilung registerpflichtiger Entscheidungen an das Bundeszentralregister bzw. das Vorliegen nichtregisterpflichtiger Entscheidungen für den vergleichsweise größeren Schwund verantwortlich waren, wurde für die Jahre 1992-1994 eine Sonderauswertung der Personenauskunftsdatei (PAD) zum dort registrierten Verfahrensausgang durchgeführt. Danach war die Verurteilungswahrscheinlichkeit für Ausländer im Vergleich zu den Deutschen lediglich bei den Heranwachsenden geringer (45,84 % Verurteilungen gegenüber 49,18 %). Bei den Jugendlichen war sie nahezu gleich, bei den Erwachsenen deutlich höher als die der Deutschen (49,7 % Verurteilungen gegenüber 45,29 %). Insgesamt stieg bei allen Gruppen die Verurteilungswahrscheinlichkeit mit zunehmendem Alter.[633]

Differenzen in der Einstellungspraxis waren nur vereinzelt vorhanden. Während die Verfahren gegen ausländische und deutsche Jugendliche annähernd gleich häufig nach § 170 Abs.2 StPO eingestellt wurden (Deutsche: 7,66 %; Ausländer: 7,38 %) zeigen sich deutlichere Unterschiede in der Anwendung der § 154 StPO sowie §§ 45, 47 JGG.

Bei den jugendlichen Ausländern erfolgte gegenüber den gleichaltrigen Deutschen häufiger eine Einstellung nach § 154 StPO (11,52 % gegenüber 7,54 %), dagegen erheblich seltener eine Einstellung nach §§ 45, 47 JGG (31,42 % gegenüber 38,11 %).[634] Bei den Heranwachsenden zeigen sich abgesehen von den Einstellungen nach §§ 153b-e, 154bff StPO (Deutsche: 0,19 %; Ausländer: 3,43 %) keine auffallenden Unterschiede. Insgesamt sind also die „Entscheidungsmodalitäten gegenüber deutschen und ausländischen Straftätern über die verschiedenen Altersgruppen hinweg relativ gleichförmig“.[635]

6. 5. 7. 2. § 154 b StPO - eine „ausländerspezifische“ Möglichkeit der Verfahrenseinstellung

§ 154b StPO schränkt das Legalitätsprinzip zugunsten einer unkomplizierten Verfahrenserledigung in Fällen der Auslieferung und Ausweisung ein. Betreffen die Absätze 1 und 2 die Auslieferung nach dem IRG, erlaubt Absatz 3 - und das sind

632 Im folgenden zitiert nach Rebmann, 1998, S. 260f.

633 S. Zahlen bei Kaiser, 1996, S. 663, Tab. 21.

634 Zahlen bei Kaiser, 1996, S. 663, Tab. 21.

635 So Kaiser, 1996, § 56 Rz. 21.

die in der Praxis häufiger vorkommenden Fälle - die Einstellung des Verfahrens bei Ausweisung des Beschuldigten aus dem Bundesgebiet. Mitumfaßt sind auch die Abschiebung und die Zurückschiebung.[636] In einem solchen Fall kann die Staatsanwaltschaft ohne die Zustimmung des Gerichts und meist ohne auf den zeitaufwendigen Auslandsrechtshilfeverkehr angewiesen zu sein, einstellen. Um zu vermeiden, daß von den weitgehenden Befugnissen des Abs. 3 nicht auch in ungeeigneten Fällen Gebrauch gemacht wird, wird eine enge Zusammenarbeit mit der Ausländerbehörde für erforderlich erachtet. Teilweise wird auch mit Blick auf die Systematik der §§ 153ff, 154ff gefordert, § 154b Abs. 3 nur dann anzuwenden, wenn kein öffentliches Interesse an der Verfolgung der Tat vorliegt.[637]

§ 154 b StPO ist auch auf Jugendliche und Heranwachsende anwendbar, dürfte aber gerade für Minderjährige aufgrund des bestehenden Ausweisungsschutzes nach dem Ausländergesetz keine allzu große Bedeutung in der Praxis haben. Anders mag es sich bei den Heranwachsenden darstellen. Betrachtet man nun aber die Häufigkeit der Einstellungen nach § 154b Abs.3 StPO, wird deutlich, daß sie eine geringere Aburteilungs - und Verurteilungswahrscheinlichkeit bei Ausländern nicht zu erklären vermögen. Zwar liegen weder Daten getrennt nach Jugendlichen/Heranwachsenden und Erwachsenen noch aufgeschlüsselt nach § 154b Abs. 1, 2 oder 3 vor, doch läßt sich ein Eindruck von der quantitativen Bedeutung dieser Einstellungsmöglichkeit auch ohne diese Differenzierungen gewinnen.

Aus den Daten der Arbeitsunterlagen der Staatsanwaltschaft ergeben sich für das Jahr 1997 4 421 659 erledigte Verfahren (von Amts- und Staatsanwälten vor den Amts- und Landgerichten erledigte Verfahren). Hiervon wurden 953 305 Verfahren ohne Auflage eingestellt, 34 375 davon gemäß § 154b Abs.1 - Abs. 3 StPO. Das sind 0,8 % der erledigten Verfahren. Selbst wenn man diese Einstellungen nur auf die ausländischen Tatverdächtigen bezieht, können die Einstellungen nach § 154b StPO, insbesondere nach Absatz 3, den Schwund von den Tatverdächtigen zu den Verurteilten hin nicht erklären.[638]

---

636 KK-Schoreit, § 154b Rz 1, 6.

637 LR-Rieß, § 154 b Rz. 8.

638 So auch Villmow, BewHi 1995, S. 155, 160; anders dagegen die nicht auf Zahlen fußende Einschätzung von Pick, Kriminalistik 1994, S. 618, 621 aus polizeipraktischer Sicht.Vgl. auch Kaiser, 1996, S. 663, Tab. 21 wonach die Auswertung im Rahmen der Freiburger Kohortenstudie eine Quote von 1,75 % Einstellungen nach § 153b-e, § 154bff. bei ausländischen Jugendlichen und 3,43 % bei den ausländischen Heranwachsenden ergab. Bei den erwachsenen Ausländern lag sie mit 3,78 % am höchsten.

6. 6. *Ergebnis und abschließende Bewertung*

Kapitel 6 hat sich mit den Besonderheiten im Ermittlungsverfahren gegen nichtdeutsche Beschuldigte auseinandergesetzt. Ausgangspunkt war die Reduktion des Tatvorwurfes bei den nichtdeutschen Beschuldigten, der gegenüber jungen Deutschen stärker ausgeprägte Schwund zwischen registrierten Tatverdächtigen und Abgeurteilten/Verurteilten. Erklärungen für dieses Phänomen werden auf den verschiedenen Ebenen der Strafverfolgung gesucht. Dabei werden der Anzeigebereitschaft des Opfers bzw. der einheimischen Bevölkerung, dem Kontrollverhalten der Polizei und Ermittlungs- und Beweisschwierigkeiten im weitesten Sinne maßgebliche Bedeutung beigemessen. Eine Bestätigung könnten diese Ansätze durch eine entsprechende Einstellungspraxis der Staatsanwaltschaft erfahren. Einstellungen nach §§ 45, 47 JGG bzw. § 153 ff StPO könnten für eine „Überdramatisierung" von Bagatelldelikten sprechen, vermehrte Einstellungen gemäß § 170 Abs.2 StPO auf Beweisschwierigkeiten, z. B. aufgrund einer geringeren Geständnisbereitschaft bei den jungen Ausländern hindeuten. Ein Vergleich der staatsanwaltschaftlichen Einstellungspraxis gegenüber deutschen und nichtdeutschen Beschuldigten vor allem in neueren Untersuchungen offenbart allerdings eine eher gleichförmige Einstellungspraxis gegenüber jungen Deutschen und Nichtdeutschen. Einige Unterschiede bleiben erkennbar, wobei sich hier auch kein eindeutiges Bild ergibt. Angesichts der insgesamt nicht zu gravierenden Unterschiede sollten sowohl eine eventuell bestehende Bereitschaft der deutschen Bevölkerung zur Überdramatisierung von Sachverhalten, an denen junge Nichtdeutsche beteiligt sind, als auch eine selektive Arbeit der Polizei und Ermittlungs- und Beweisschwierigkeiten in ihrer Bedeutung jedenfalls nicht überbewertet werden. Abschließend bleibt hier ein noch bestehender Forschungsbedarf festzuhalten.[639]

War der Ausgangspunkt das geringere Aburteilungs- und Verurteilungsrisiko von jungen Nichtdeutschen, so zeigt sich neuerdings eine gegenläufige Tendenz, deren Ursachen noch nicht geklärt sind. Die Annäherung der beiden Gruppen im Verurteilungsrisiko könnte allerdings auch die existierenden Erklärungsansätze für die in den letzten Jahren feststellbaren Unterschiede im Selektionsprozeß in einem anderen Licht erscheinen lassen. Denn geht man davon aus, daß diese Erklärungsansätze bislang für das vergleichsweise niedrige Aburteilungs- bzw. Verurteilungsrisiko herangezogen wurde, stellt sich die Frage - so man von der Gültigkeit der verschiedenen Thesen ausgeht - welche Veränderungen eingetreten sein sollen, die nun neuerdings eine andere Einstellungspraxis zur Folge haben. Ist die einheimi-

639 Mit Zweifeln an einem maßgeblichen Einfluß von im Ermittlungsverfahren auftretenden Verzerrungsfaktoren z. B. Traulsen, MschrKrim 1993, S. 295, 296 (für den Bereich der Gewaltkriminalität); zum Forschungsbedarf Villmow, MschrKrim 1999, Sonderheft, S. 22, 26.

sche Bevölkerung zurückhaltender geworden bei ihrer Anzeigenerstattung? Oder neigt die Polizei nun nicht mehr zur Überkriminalisierung Nichtdeutscher? Oder existieren nicht mehr in gleichem Maße ermittlungspraktische Schwierigkeiten in den Verfahren gegen Nichtdeutsche? Sind die verschiedenen Thesen als Erklärung für den Schwund durchaus plausibel, erscheinen sie nun „unter veränderten Vorzeichen" eher fragwürdig. So resümiert denn auch *Steffen* „Insgesamt bestätigt damit die Strafverfolgungsstatistik den Eindruck aus der Analyse der polizeistatistischen Daten: Ermittlungs- wie Verurteilungsrisiko haben viel mit vermuteter oder tatsächlicher Integration zu tun und wenig mit ausländerspezifischer Selektion oder Stigmatisierung".[640] Danach spiegelt das veränderte Verurteilungsrisiko den Wandel in der Kriminalität der Nichtdeutschen wieder. Das Verurteilungsrisiko hat der Untersuchung von *Steffen* zufolge sich vor allem für die Altersgruppe der 18-24jährigen erhöht, die durch die Öffnung der osteuropäischen Grenzen am stärksten betroffen sind. Zumindest die bayerische Justiz scheint die „importierte" Kriminalität eher zu ahnden als die „hausgemachte"[641] Kriminalität. Das verwundert insoweit, als vermutlich gerade in der Gruppe der Zuwanderer gehäuft Faktoren zu finden sein werden, die im Zusammenhang mit einem geringen Verurteilungsrisiko thematisiert werden, wie z. B. hohe Mobilität, schlechte Sprachkenntnisse, eine relativ kurze Aufenthaltsdauer, die einhergeht mit einer geringen (den deutschen Behörden bekannten) Vorbelastung, sowie die Begehung von Delikten, die unter dem Gesichtspunkt der „Qualität" eher „harmlos" erscheinen. Daß sowohl *Steffen* als auch *Rebmann* bezüglich der Jugendlichen höhere Anteile an den Verurteilten als an den Tatverdächtigen ausmachen konnten, deutet darauf hin, daß diese jungen Nichtdeutschen, die zwar nicht mit der zweiten oder dritten Generation identisch sein müssen, aber vielfach hier geboren oder zumindest aufgewachsen sein dürften, „justiziell zunehmend wie gleichaltrige Deutsche behandelt"[642] werden. Dies setzt allerdings voraus, daß sie auch zunehmend wie gleichaltrige Deutsche behandelt werden können bzw. müssen - also den Verfahren nicht häufiger Bagatelldelikte zugrundeliegen oder Beweisschwierigkeiten eine Einstellung des Verfahrens fordern. Das bedeutet nicht, daß diese damit grundsätzlich an Relevanz verloren haben. Aus der Annäherung der Verurteilungsrisiken ergibt sich nicht zwingend, daß sich auch etwaige Unterschiede in den den Einstellungen zugrundeliegenden Gründen zwischen Deutschen und Nichtdeutschen nivelliert haben. Hier kann Aufschluß über verbleibende Unterschiede in der Einstellungspraxis (unabhängig von der Problematik der Reduktion des Tatvorwurfs) nur mit Hilfe einer Aufschlüsselung der Einstellungsgründe gewonnen werden (s. o.). Ebenso wie die „Reduktion

---

640 Steffen, in: KAV (Hrsg.), 1996, S. 234, 268/269.

641 So Steffen, in: KAV (Hrsg.), 1996, S. 234, 268.

642 So die Einschätzung bei Steffen, in: KAV (Hrsg.), 1996, S. 234, 268.

des Tatvorwurfes“ bedarf auch das (teilweise) Verschwinden dieses Phänomens noch weiterer Aufklärung. Erstaunlicherweise findet das veränderte Aburteilungs- und Verurteilungsrisiko nicht in demselben Maße Resonanz, wie es angesichts der lebhaften Diskussion um das Phänomen der Reduktion des Tatvorwurfes zuvor zu erwarten stand.

7. Kapitel: Das Problem der Altersfeststellung bei jungen ausländischen Tatverdächtigen

Thematisiert wurde die Notwendigkeit der Altersbestimmung vor allem im Zusammenhang mit Kindern und Jugendlichen nichtseßhafter Familien[643], die - wenn sie von der Polizei aufgegriffen wurden - nicht über die entsprechenden Papiere verfügten und unglaubhafte Altersangaben machten, so daß Zweifel an der Strafmündigkeit dieser Jugendlichen bestanden. In den letzten Jahren stellt sich dieses Problem auch vermehrt bei unbegleiteten jungen Flüchtlingen, die ohne Papiere nach Deutschland gelangen und deren Alter vor allem für die Handlungsfähigkeit im Sinne von § 68 AuslG und § 12 AsylVfG von Bedeutung ist. Das rechtsstaatlich fragwürdige Vorgehen der Behörden bei der Bestimmung der „Asylmündigkeit“ dieser jungen Flüchtlinge, das schließlich dazu führte, daß sich die Frankfurter Flughafenklinik und später dann auch die städtischen Kliniken weigerten, die entsprechenden Röntgenuntersuchungen zum Zwecke der Altersbestimmung durchzuführen[644], rückte die Methode der Altersbestimmung und deren Geeignetheit in den Blickpunkt der öffentlichen Kritik.

Vorliegend soll hier die Altersbestimmung im Zusammenhang mit der Feststellung der Strafmündigkeit interessieren. Insbesondere soll der Frage nachgegangen werden, auf welche Rechtsgrundlage röntgenologische Untersuchungen gestützt werden können und welchen Anforderungen die Methode der Altersbestimmung in Anbetracht der strikten Beachtung des Verhältnismäßigkeitsgrundsatzes genügen muß.

Betroffen sind in erster Linie Jugendliche aus nichtseßhaften Familien und junge Flüchtlinge, die sich nicht (oder nur durch gefälschte) Papiere ausweisen können. Aber auch in bestimmten Gegenden der Türkei kommt es vor allem in abgelegenen Dörfern vor, daß z. B. neugeborene Kinder von ihren Eltern erst angemeldet werden, wenn sie eine gewisse Zeit überlebt haben. Vereinzelt werden auch die Papiere bereits angemeldeter, aber verstorbener Kinder von den Eltern auf später geborene

---

[643] Reinhardt/Zink/Lippert, MedR 1985, S. 155, 156; s. auch Sielaff, in: BKA (Hrsg.), 1989, S. 129, 134. Vgl. auch Frehsee, ZfJ 1991, S. 223, 226.

[644] S. Lauer, DVJJ-J 1995, S. 317.

Geschwister übertragen, so daß das Alter, wie es sich aus den Papieren ergibt, nicht mit dem wirklichen Lebensalter dieser Kinder übereinstimmt.[645]

7. 1. Methode der Altersbestimmung

Bestehen Zweifel am Alter des Betreffenden, wird dieses in der Regel mit Hilfe einer röntgenologischen Untersuchung der Hand zu bestimmen versucht. Dabei liegt eine Hand im Strahlengang, während der Körper im übrigen weitgehend von der Strahlenbelastung geschützt wird.[646] Anhand der Handröntgenbilder erhält der Betrachter Aufschluß über das Stadium der Ossifikation, d. h. über die im Laufe der Wachstumsphase fortschreitende Verknöcherung des im Embryonalstadium als knorpeliges Vorskelett angelegten Skelettes. Mit Ende des Längenwachstums ist die Ossifikation beendet. Das ist spätestens mit 25 Jahren der Fall, bei den meisten Menschen ist der Wachstumsprozeß deutlich früher abgeschlossen.

Auf dem Röntgenbild ist das Stadium der Verknöcherung an sogenannten „Wachstumsfugen" abzulesen. Ausgewertet wird es nach einem bestimmten Schema, bei dem das Ausmaß der Entwicklung von Epi- und Diaphysen an Mittel- und Endgliedern der Finger sowie die Verknöcherung der Fugen überprüft wird.[647] Es lassen sich damit - ohne Berücksichtigung der Übergangsstufen - acht Stufen der Handentwicklung unterscheiden.[648] Die Altersbestimmung erfolgt mit Hilfe von Ossifikationstabellen. Diese beruhen auf der Analyse von Röntgenaufnahmen vieler Jugendlicher unterschiedlichen Alters und der Einteilung der Skelettreifung in verschiedene Stadien. Für jedes dieser Stadien wird das Durchschnittsalter der Untersuchten (die Tabellen weisen also nur Mittelwerte aus[649]) ausgerechnet, das das sogenannte „Knochenalter" wiedergibt.[650]

---

645 Eidam/Kleemann/Urban, in: Beiträge zur gerichtlichen Medizin, 1991, S. 67, 71.

646 Reinhardt/Zink/Lippert, MedR 1985, S. 155, 156.

647 Zink/Zink/Reinhardt, Arch. f.Krim. 1986, S. 15, 16. Diaphyse bezeichnet den langgestreckten Mittelteil der Röhrenknochen, Epiphyse die - zunächst - vollknorpeligen Gelenkenden eines Röhrenknochens. Zwischen beiden liegt die knorpelige sog. Epiphysenfuge. Nach Verknöcherung des Inneren der Epiphyse als auch der Epiphysenfugen gilt die Wachstumsphase als abgeschlossen.

648 S. Zink/Zink/Reinhardt, Arch. f. Krim. 1986, S. 15, 16: PP2, MP3, S, MP3 cap, DP3u, PP3u, MP3u und das letzte Stadium RC.

649 Grüner/Helmer, in: B. Mueller (Hrsg.), 1975, S. 195.

650 S. Lauer, DVJJ-J 1995, S. 317, 320.

7. 2. *Rechtsgrundlage der röntgenologischen Untersuchung und deren Tauglichkeit für die Altersbestimmung bei jungen Nichtdeutschen*

Gemäß § 24 Abs. 1 Satz 1 der Verordnung über den Schutz vor Schäden durch Röntgenstrahlen (RöV)[651] dürfen Röntgenstrahlen „auf den lebenden Menschen nur in Ausübung der Heilkunde, der Zahnheilkunde oder in sonstigen durch Gesetz vorgesehenen oder zugelassenen Fällen angewendet werden".

Die Röntgenaufnahme, die zum Zweck der Altersbestimmung vorgenommen wird, dient nicht der Ausübung der Heilkunde, so daß sich die Zulässigkeit der Aufnahmen nur aus den „sonstigen durch Gesetz vorgesehenen oder zugelassenen Fällen" ergeben kann.

Denkbare Normen, denen sich eine Ermächtigung für die Vornahme einer röntgenologischen Untersuchung entnehmen ließe, sind zunächst § 81a und § 81b StPO. § 81 b StPO scheidet allerdings bei näherer Betrachtung als Rechtsgrundlage aus: Gemäß § 81b StPO dürfen Lichtbilder und Fingerabdrücke des Beschuldigten aufgenommen und Messungen und ähnliche Maßnahmen an ihm vorgenommen werden. Röntgenaufnahmen könnten also lediglich unter die in § 81b StPO genannten „ähnliche Maßnahmen" fallen. Ob eine Röntgenaufnahme eine solche Maßnahme darstellt, ist unter Beachtung ihrer Vergleichbarkeit mit den ausdrücklich in § 81b StPO genannten Maßnahmen und in Ansehung der in § 81b StPO getroffenen Anordnungszuständigkeit zu beurteilen.[652] Aus der Art der ausdrücklich aufgezählten Maßnahmen folgt, daß im Rahmen von § 81b StPO nur solche Identifizierungsmaßnahmen in Betracht kommen, die der Feststellung der körperlichen Beschaffenheit dienen, ohne - so die Präzisierung durch den BGH - daß es einer körperlichen Untersuchung im Sinne des § 81a StPO bedarf.[653] Auch unter dem Aspekt, daß gemäß § 81b StPO erkennungsdienstliche Maßnahmen von der Polizei angeordnet und auch durchgeführt werden dürfen, während Eingriffe nach § 81a StPO abgesehen von Fällen von Gefahr in Verzug der richterlichen Anordnung bedürfen, muß die Aufnahme von Röntgenbildern zum Zwecke der Altersbestimmung in den Anwendungsbereich des § 81b StPO ausscheiden.

Die Röntgenaufnahme wird daher nach allgemeiner Auffassung als körperlicher Eingriff im Sinne des § 81a StPO angesehen, der als im Vergleich zu den in § 81b StPO genannten Maßnahmen eingriffsintensivere Maßnahme dem Richtervorbehalt untersteht.[654]

---

651 BGBl 1987, S. 114ff.

652 Vgl. BGHSt 34, S. 39, 44.

653 BGHSt 34, S. 39, 44/45.

654 LR-Dahs, § 81a Rz. 48, Kleinknecht/Meyer-Goßner, § 81a Rz. 20 Lemke, in: Lemke/Julius/Krehl u. a., § 81a Rz.16.

Wird dieser Eingriff zur Feststellung der Strafmündigkeit vorgenommen, erfolgt die Röntgenaufnahme, wie § 81a StPO es fordert, auch zur Feststellung von Tatsachen, die für das Strafverfahren von Bedeutung sind. Im Falle der Strafunmündigkeit liegt ein Prozeßhindernis vor und das Verfahren ist einzustellen. Aus dem Erfordernis der Relevanz für das Verfahren folgt, daß eine röntgenologische Untersuchung immer zu unterbleiben hat, wenn feststeht, daß die betreffende Person 14 Jahre oder älter ist, die Strafmündigkeitsgrenze also auf jeden Fall erreicht ist.

§ 81a StPO erfordert weiterhin, daß kein gesundheitlicher Nachteil zu besorgen ist. Dies wurde dahingehend konkretisiert, daß der Richter zu prüfen habe, ob unter Berücksichtigung der bisherigen Strahlenbelastung eine Schädigung des Beschuldigten ausgeschlossen werden könne.[655] In der Praxis wird der die Anordnung treffende Richter gerade bei ausländischen Jugendlichen nur sehr selten über die für diese Beurteilung erforderlichen Informationen verfügen. Allerdings gilt die röntgenologische Untersuchung der Hand bei Beachtung der bestehenden Vorschriften und mit Blick auf den technischen Stand der Röntgengeräte als ungefährlich.[656] Die potentielle Gefahr einer strahlungsbedingten Veränderung des Erbgutes läßt sich dennoch nur schwer abschätzen. Eine Grenze, unterhalb derer eine Strahlenbelastung völlig risikolos und eine Belastung für den wachsenden Organismus des Jugendlichen auszuschließen ist, existiert nicht.[657] Daher wird gerade bei der Betroffenheit von Kindern und Jugendlichen eine gewisse Zurückhaltung angebracht sein.[658] Dieser Tatsache wird man im konkreten Fall im Rahmen der Verhältnismäßigkeit Rechnung tragen müssen. Ein Eingriff in das durch Art.2 Abs. 2 S. 1 GG geschützte Recht auf körperliche Unversehrtheit ist nur unter strikter Beachtung des Verhältnismäßigkeitsgrundsatzes zulässig. Die Maßnahme muß zur Erreichung des angestrebten Zwecks geeignet und erforderlich sein und der mit ihr verbundene Eingriff darf nicht außer Verhältnis zur Bedeutung der Sache und Stärke des Tatverdachtes stehen - so das Bundesverfassungsgericht in ständiger Rechtsprechung.[659] Die „gebotene Abwägung zwischen den in Betracht kommenden Maßnahmen und zwischen Anlaß und Auswirkungen des angeordneten Eingriffs haben die Strafverfolgungsbehörden und Gerichte unter Würdigung aller persönlichen und tatsächlichen Umstände des Einzelfalles vorzunehmen“.[660]

---

655 So OLG Schleswig, NStZ 1982, S. 81; auch LR-Dahs, §81a Rz. 48.

656 LR-Dahs, § 81a Rz. 48 „völlig ungefährlich“; Lemke, in: Lemke/Julius/Krehl u. a., § 81a Rz. 16 „wenig gefährliche Maßnahmen“, Reinhardt/Zink/Lippert, MedR 1985, S. 155, 156: Danach soll die Strahlenbelastung ungefähr einem 14-tägigen Aufenthalt im Schwarzwald entsprechen.

657 Reinhardt/Zink/Lippert, MedR 1985, S. 155, 156; s. auch Beck, DVJJ-J 1995, S. 323, 324.

658 So zu Recht Frehsee, ZfJ 1991, S. 223, 226.

659 BVerfGE 27, S. 211, 219; BVerfGE 16, S. 194, 202; 17, S. 108, 117.

660 BVerfGE 27, S. 211, 219.

Maßgeblich ist unter Verhältnismäßigkeitsgesichtspunkten daher zunächst, ob unter Zugrundelegung eines Handröntgenbefundes das tatsächliche Alter des Betreffenden festgestellt werden kann. Einigkeit besteht insoweit, daß die Methode eine um so genauere Schätzung des Alters erlaubt, je jünger die untersuchte Person ist. Vor allem innerhalb der ersten zwölf Lebensjahre kann mit dieser Methode mit großer Genauigkeit eine Aussage über das Alter getroffen werden.[661] Mit zunehmendem Alter nimmt die Schätzgenauigkeit ab; nach Abschluß der Ossifikationsvorgänge ist eine präzise Aussage über das Alter anhand dieser Methode nicht mehr möglich. So ergeben Studien zwar einen stochastischen Zusammenhang zwischen kalendarischem Lebensalter und Handskelettentwicklung, doch treten erhebliche Streuungen auf. Mädchen erreichen im Durchschnitt 1 bis 2 Jahre früher die einzelnen Entwicklungsstadien als männliche Jugendliche und ein 13-14jähriges Mädchen kann skelettal sogar bereits ausgewachsen sein.[662] Für die Altersschätzung würde das bedeuten, daß ein Mädchen, das nach der Ossifikationstabelle eigentlich um die 16 Jahre alt wäre, im schlimmsten Fall 13 Jahre und damit strafunmündig ist. Die Studie von *Zink/Zink/Reinhardt* ergab, daß bei Erreichen des Stadiums MP3cap die untersuchten Jungen zwischen 12 und 17 Jahren und die Mädchen zwischen 9 und 16 Jahren alt waren.[663]

Die hier interessierende Frage, ob sich mit Hilfe eines Handröntgenbefunds zuverlässig ermitteln läßt, ob ein Jugendlicher schon 14 Jahre alt ist, muß für Jungen und Mädchen unterschiedlich beantwortet werden. Bei Jungen läßt sich mit Erreichen des Stadiums DP3u mit einem sehr hohen Grad von Wahrscheinlichkeit sagen, daß dieser das 14. Lebensjahr vollendet hat. Nicht so bei Mädchen: Bei ihnen kann aufgrund der rascheren Skelettreifung nicht mit der gleichen Sicherheit aus dem Erreichen späterer Stadien (DPu3) oder aus dem Abschluß der Skelettreifung (RC-Stadium) geschlossen werden, daß das 14. Lebensjahr vollendet ist. Mit dieser Unsicherheit ist die Methode allerdings grundsätzlich, d. h. unabhängig von der Ethnie der untersuchten Personen, behaftet.

Bei ausländischen Jugendlichen ergeben sich darüber hinausgehende Probleme, die die Geeignetheit der Maßnahme mit Blick auf den Verhältnismäßigkeitsgrundsatz in Frage stellen. Die Jugendlichen, bei denen sich in der Praxis die Notwendigkeit einer Altersbestimmung ergibt, kommen meist aus afrikanischen oder asiatischen Ländern, der Türkei und auch aus osteuropäischen Familien. Die Tabellen, anhand derer die Altersbestimmung vorgenommen wird, beruhen auf der Untersu-

661 Grüner/Helmer, in: B. Mueller (Hrsg.), 1975, S. 185/186.

662 Zink/Zink/Reinhardt, Arch. f. Krim. 1986, S. 15, 22. Die Wissenschaftler kamen zu dem Ergebnis, daß z. B. mit Abschluß des Entwicklungsstadiums MP3cap und Erreichen des DP3u-Stadiums bei Mädchen das 12. Lebensjahr, bei Jungen das 14. Lebensjahr vollendet war; s. S. 23.

663 Zink/Zink/Reinhardt, Arch. f. Krim. 1986, S. 15, 22.

chung von weißen und nordamerikanischen bzw. englischen Kindern des Mittelstandes.[664] So ergaben Untersuchungen mit schwarzafrikanischen Kindern Abweichungen von bis zu 3 Jahren gegenüber der gängigen Tabelle von Tanner[665], die Untersuchung von *Zink/Zink/Reinhardt* ergab, daß bei südosteuropäischen Jugendlichen die Skelettreifung schneller durchlaufen wird als bei deutschen Jugendlichen.[666] Skelettabellen für Menschen anderer Ethnien, die eine genaue Altersschätzung erlauben würden, stehen in Deutschland aber wohl nicht zur Verfügung.[667]

Nicht zu vernachlässigen ist, daß auch chronische Erkrankungen, hormonelle Störungen oder Unter - bzw. Mangelernährung Einfluß auf das Knochenwachstum haben.[668] Diesbezügliche Kenntnisse werden dem anordnenden Richter oder dem untersuchenden Arzt gerade bei minderjährigen Flüchtlingen, nichtseßhaften oder erst kürzlich eingereisten Jugendlichen ohne eingehende ärztliche Untersuchung eher selten zur Verfügung stehen.

Für die Gruppe der nichtdeutschen Jugendlichen bleibt also festzuhalten, daß es bislang an einer empirischen Grundlage fehlt, anhand derer eine Altersbestimmung für die jeweilige ethnische Gruppe einigermaßen exakt vorgenommen werden könnte. Aufgrund der sehr eingeschränkten Übertragbarkeit der herkömmlichen Tabellenwerte auf Jugendliche anderer Ethnien führt die Auswertung des Handröntgenbefunds in der Frage der Strafmündigkeit nicht zu brauchbaren Ergebnissen.[669] Unter strikter Beachtung des Verhältnismäßigkeitsgrundsatzes muß daher die genannte Methode als zur Altersbestimmung der entsprechenden Gruppen von nichtdeutschen Jugendlichen ungeeignet und ihre Vornahme als rechtswidrig beurteilt werden.

Dies gilt zumindest dann, wenn sie - neben dem visuellen Eindruck - die alleinige Methode zur Altersbestimmung ist. Eine zuverlässigere Schätzung kann dagegen durch eine Kombination mehrerer Methoden erreicht werden. Verbunden ist damit in der Regel allerdings eine erhöhte Eingriffsintensität, der im Rahmen der Angemessenheit unter Berücksichtigung der Umstände des Einzelfalles Rechnung zu tragen sein wird. Für den konkreten Fall bedeutet dies, daß solche Eingriffe nur beim Verdacht schwerer Straftaten in Betracht kommen. Dagegen scheidet eine

---

664 Vgl. Lauer, DVJJ-J 1995, S. 317, 321.

665 S. Eidam/Kleemann/Urban, in: Beiträge zur gerichtlichen Medizin, 1991, S. 67, 69, wobei allerdings Zweifel an der Richtigkeit der zum Vergleich herangezogenen Aufzeichnungen über das tatsächliche Alter bestünden.

666 Zink/Zink/Reinhardt, Arch. f. Krim. 1986, S. 15, 21.

667 So Lauer, DVJJ-J 1995, S. 317, 321.

668 Grüner/Helmer, in: B. Mueller (Hrsg.), 1975, S. 186; so auch Lauer, DVJJ-J 1995, S. 317, 321.

669 So auch Lauer, DVJJ-J 1995, S. 317, 321; mit Zweifeln an der Übertragbarkeit der an mitteleuropäischen Kindern/Jugendlichen gewonnenen Werte auf andere Ethnien auch Frehsee, ZfJ 1991, S. 223, 226.

Altersbestimmung mittels röntgenologischer Untersuchung im Bereich der Bagatell- und Kleinkriminalität aus.

8. Kapitel: Die forensische Begutachtung von jungen Nichtdeutschen

Die Befassung mit der Persönlichkeit des jugendlichen oder heranwachsenden nichtdeutschen Angeklagten wirft für Richter, JGH und die anderen Beteiligten des Jugendstrafverfahrens vielfältige Fragen auf, die vor allem im Zusammenhang mit der Schuldfähigkeit, der strafrechtlichen Verantwortlichkeit und der Beurteilung der sittlichen und geistigen Entwicklung im Sinne des § 105 JGG relevant werden und wegen der fehlenden interkulturellen Erfahrung und Kenntnisse von diesen nicht beantwortet werden können. Welche Auswirkungen Trennungserlebnisse und Migrationserfahrung, Flucht, das Aufwachsen in einem fremden Kulturkreis auf die Entwicklung des Betreffenden hatten, wie die Sozialisation des Jugendlichen unter diesen Bedingungen verlaufen ist, kann häufig nicht ohne die Begutachtung eines Sachverständigen beantwortet werden. Vor allem bei schweren Delikten und nichtdeutschen Beschuldigten, die sich erst kurz in Deutschland aufhalten oder erst im späten Kindes- oder Jugendalter nach Deutschland gekommen sind, wird eine Sachverständigenbegutachtung in Erwägung gezogen werden.

Mit dem Anwachsen der Zahl nichtdeutscher Beschuldigter wurden vermehrt (jugend-) psychiatrische Sachverständige beauftragt, (junge) Nichtdeutsche zu begutachten[670] - eine Aufgabe, die die Sachverständigen vor neue, in ihrer Tragweite noch nicht abschätzbare Probleme stellt.[671]

Bei der Begutachtung eines fremdsprachigen Probanden ist die sprachliche Verständigung mit ihm eine erste Hürde im Begutachtungsprozeß. Zwar können sich viele der jungen Ausländer auf deutsch verständigen, doch reicht das Sprachvermögen in vielen Fällen nicht dazu aus, sich in Situationen starker emotionaler Beteiligung zurechtzufinden. In solchen Situationen kommt es häufig zu Tränenausbrüchen, Selbst- oder Fremdbeschuldigungen und sie gehen mit Ängsten einher. Solche affektiven Äußerungen sind regelmäßig mit der Verwendung der Muttersprache verbunden. Gerade sie geben aber nicht selten Aufschluß über die Tatmotivation und sind damit möglicherweise für die vom Gericht zu beantwortende Fragen, z. B. ob eine Vorsatztat vorliegt oder nicht, von zentraler Bedeutung.[672] In solchen Fällen muß, wie überhaupt bei mangelhafter Beherrschung der deutschen

---

670 Vgl. Schepker, MschrKrim 1999, Sonderheft, S. 50 und Toker/Schepker/Eggers, MschrKrim 1995, S. 121, 122.

671 So die Einschätzung von Horn, MschrKrim 1995, S. 382.

672 Horn, MschrKrim 1995, S. 382, 383.

Sprache, ein Dolmetscher - ein Fremdkörper in der Begutachtungssituation - in das Gespräch einbezogen werden. Dies widerspricht allerdings hinsichtlich testpsychologischer Untersuchungen schon an sich der Durchführungsobjektivität. Bei projektiven Verfahren, bei denen der Proband zur freien Deutung inhaltlich unbestimmter Testvorlagen aufgefordert wird, wirkt sich die Einbeziehung eines Dolmetschers nicht nur für den Probanden, sondern auch für den Sachverständigen störend aus. Assoziationen können durch die Teilnahme des Dolmetschers gebrochen werden und erschweren dem Untersuchenden die Bewertung des Antwortverhaltens des Probanden, weshalb auf den Einsatz von Dolmetschern verzichtet werden sollte.[673]

Aber auch sonst verändert der Dolmetscher das Setting mit der für die Begutachtungssituation notwendigen Vertrautheit.[674] Der Gutachter selbst kann nur sehr schwer kontrollieren, ob korrekt übersetzt wird oder ob Interpretationen, Schlußfolgerungen und Projektionen des Dolmetschers miteinfließen und Mißverständnisse provozieren.[675] Als besonders ungünstig wird die Situation eingeschätzt, in der der Untersuchte von Beginn an auf den Dolmetscher fixiert ist. Werden dann z. B. ausführliche Schilderungen nur passagenweise übersetzt, kann eine Situation entstehen, in der es scheint, „als wäre der Dolmetscher das Objekt der Begutachtung und nicht der Beschuldigte, der Sachverständige der Protokollführer"[676]. Die Begutachtung hängt somit u. a. von der Erfahrung und Qualität des eingesetzten Dolmetschers ab. Dabei wandert auch der Dolmetscher auf einem schmalen Grat in der Frage, inwieweit er aus seiner Funktion als reiner „Sprachmittler" heraustreten soll. Sind Gutachter laut *Horn* für gelegentliche Kommentare zu biographischen Daten und Ereignissen im Leben des Probanden dankbar[677], kann sich gerade bei der explorativen Aufarbeitung der kindlichen Entwicklung, der erfahrenen emotio-

---

673 Toker/Schepker, RuP 1996, S. 8, 9; s. auch Koenradt, in: Festschrift für Wilfried Rasch, 1993, S. 233, 238.

674 So Toker/Schepker, RuP 1996, S. 8, 9.

675 Horn, MschrKrim 1995, S. 382, 384 illustriert dies an folgendem Beispiel: Eine Sizilianerin hatte ihrem untreuen Freund Messerstiche beigebracht. Vor Gericht ging es um die Frage des Tötungsvorsatzes, und die Angeklagte gab an, sie habe ihrem Freund eine Lektion erteilen wollen. In Sizilien unterscheidet man aber zwischen „uccidere" („töten") und „ammazzare" („töten", aber auch „einen schweren Schaden zufügen", „eine Lektion erteilen"). Der Dolmetscher übersetzte bei der Begutachtung „ammazzare" mit „töten" und zwar weil es - wie er später angab - für ihn klar gewesen sei, daß sie ihren Freund habe töten wollen, zumal sie die Tat mit dem Messer ausgeführt habe - ein Übersetzungsfehler, der sich gravierend auf die Vorsatzfrage auswirkt!

676 So Horn, MschrKrim 1995, S. 382, 383. Hier finden sich auch ausführliche und differenzierte Situationsbeschreibungen je nach Sprachkenntnissen des Probanden.

677 Das betrifft z. B. Organisation der schulischen Ausbildung in dem jeweiligen Herkunftsland, berufliche Möglichkeiten; Haftbedingungen usw. s. ausführlich Horn, MschrKrim 1995, S. 382, 384.

nalen Zuwendung, dem Erziehungsstil der Eltern usw. in der „Kommentierung" durch den Dolmetscher eine große Fehlerquelle auftun, da in der Regel der Dolmetscher - so er ein Landsmann des Beschuldigten ist - die gleiche Sozialisation durchlaufen hat.[678]

Bei der Begutachtung nichtdeutscher Jugendlicher ist des weiteren das Wissen um den kulturellen Hintergrund für den Sachverständigen unentbehrlich. Die Kenntnisse des kulturellen Hintergrundes erlangen auf vielfältige Weise Relevanz - sei es, daß es darum geht, ob z. B. bei einer Beziehungstat Eifersucht einen pathologischen Bereich erreicht hat oder ob sie mit kulturellen Gegebenheiten erklärt werden kann oder aber im Rahmen von Beziehungs- oder Sexualdelikten die Stellung der Frau im fraglichen Land eine Rolle spielt und beurteilt werden muß.[679] Dabei mag die Bedeutung diesbezüglicher Kenntnisse bei ausländischen Jugendlichen je nach ihrer Lebenssituation und dem Grad der Eingebundenheit in ein bestimmtes kulturelles System variieren. Allerdings dürfte auch selbst ein langer Aufenthalt in Deutschland bzw. die Zugehörigkeit zur zweiten oder dritten Generation von Nichtdeutschen und eine (zumindest vordergründig) „gute Integration" in der Bundesrepublik keine Gewähr dafür sein, daß Kulturspezifika unmaßgeblich geworden sind.

Um die Persönlichkeitsentwicklung des Jugendlichen beurteilen und dem Gericht transparent machen zu können, muß der Sachverständige neben Wissen über den sozio-kulturellen Hintergrund des Probanden auch Kenntnis vom Normen- und Wertegefüge des Betroffenen und seiner Familie sowie Informationen über seine persönliche (Migrations-) Geschichte haben.[680] In Einzelfällen kann sich auch die Notwendigkeit der Herbeiziehung eines ethnologischen Sachverständigen ergeben.[681]

Angesichts der vielfachen Anforderungen an den Sachverständigen wird in der Praxis die Begutachtung in vielen Fällen auf ein „Gerüst" beschränkt bleiben, dessen „Komplettierung durch Zeugenaussagen in die Ermessensentscheidung des Gerichts gerückt werden muß".[682] Auf jeden Fall sollte der Sachverständige auf „die Unvollkommenheit der Erkenntnisse, die Wertigkeit der Rückschlüsse und die zumeist eher unsicheren diagnostischen Erwägungen im schriftlichen Gutachten hinweisen, um dem Gericht rechtzeitig die Möglichkeit zum Erhalt weiterer Anknüpfungstatsachen zu eröffnen".[683]

---

678 Horn, MschrKrim 1995, S. 382, 384

679 Ausführlich hierzu Horn, MschrKrim 1995, S. 382, 385.

680 Toker/Schepker, RuP 1996, S. 8, 9.

681 S. Wömpner, BewHi 1979, S. 119, 124, 125 mit Fallbeispiel. Zur Frage der Begutachtung aus ethnologischer Perspektive ausführlich Giordano, MschrKrim 1999, Sonderheft, S. 36 ff.

682 So die Einschätzung von Horn, MschrKrim 1995, S. 382, 385.

683 So Horn, MschrKrim 1995, S. 382, 385; sich dem anschließend Schepker, MschrKrim 1999, Sonderheft, S. 50, 54. Zur Bedeutung der Kenntnis des kulturellen Hintergrundes und der Migrationsgeschichte siehe das Fallbeispiel bei Toker/Schepker, RuP 1996, S. 8, 9-11.

Nicht selten wird nach Erfahrungen von *Toker/Schepker* die Begutachtungssituation auch durch die vom jugendlichen Probanden erlittene U-Haft belastet: Da Gespräche bei Besuchen von Tatverdächtigen in der U-Haft auf deutsch geführt werden müssen, bewirken diese in der Regel keine emotionale Entlastung, sondern führen zu einer zusätzlichen emotionalen Anspannung, die dann in der Situation der Begutachtung den Zugang zu dem Betroffenen erschwert.[684] Auch können sozialpädagogische Maßnahmen bei ausländischen Probanden nicht in gleichem Maße wie bei Deutschen als selbstverständlich vorausgesetzt und im Gutachten gefordert werden, da sie oftmals nicht greifen. Das liegt zum einen an der ethnozentrischen Ausrichtung deutscher Institutionen, die dem migrationsspezifischen Aspekt keine Rechnung tragen, zum anderen an dem ausländerrechtlichen Instrumentarium der Abschiebung, das die Teilnahme an solchen Maßnahmen blockiert bzw. von vornherein aussichtslos macht. Gerade von der drohenden Abschiebung sowie den schlechten Chancen auf Vollzugslockerungen (s. dazu 11. 3. 2.) geht eine demotivierende Wirkung aus; die Bereitschaft, unter diesen Umständen an therapeutischen/beraterischen Angeboten oder Ausbildungsangeboten teilzunehmen, ist unter den Betroffenen eher gering. Diese speziellen Umstände erschweren insbesondere die Abgabe einer günstigen Prognose für den nichtdeutschen Probanden.[685]

9. Kapitel: Die Frage der Verantwortlichkeit gemäß § 3 JGG und die Reifeentscheidung gemäß § 105 JGG

9. 1. Strafrechtliche Verantwortlichkeit bei nichtdeutschen Jugendlichen

Gemäß § 3 S. 1 JGG ist ein Jugendlicher nur dann strafrechtlich verantwortlich, „wenn er zur Zeit der Tat nach seiner sittlichen und geistigen Entwicklung reif genug ist, das Unrecht der Tat einzusehen". Der Jugendliche muß danach zum Zeitpunkt der Tat in der Lage gewesen sein, Recht und Unrecht intellektuell zu unterscheiden und sich nach dieser Einsicht auch zu verhalten. Er muß wissen können, daß sein konkretes Verhalten Unrecht ist, ohne daß es darauf ankommt, daß er die einzelnen Rechtsbegriffe des von ihm verwirklichten Straftatbestands kennt. Die Verantwortungsreife ist keine Eigenschaft, die generell, d. h. unabhängig vom jeweilig verwirklichten Tatbestand, festgestellt wird, sondern § 3 JGG ist für jedes in Frage stehende Delikt gesondert zu prüfen.[686] In der Praxis führt die Vorschrift allerdings eher ein Schattendasein. Die einschlägige Prüfung wird im allgemeinen

684 So Toker/Schepker, RuP 1996, S. 8, 11/12.

685 Toker/Schepker, RuP 1996, S. 8, 13.

686 Zieger, 1998, Rz. 38; Eisenberg, § 3 Rz. 5; Brunner/Dölling, § 3 Rz. 4.

vernachlässigt, und ganz überwiegend werden die Voraussetzungen des § 3 JGG S.1 unter Verwendung von Leerformeln bejaht.[687]

Angesichts dieser Praxis darf bezweifelt werden, daß der Hinweis im jugendstrafrechtlichen Schrifttum, die Verantwortungsreife im Sinne des § 3 JGG müsse bei Ausländern besonders sorgfältig geprüft und wohl auch häufiger verneint werden als bei jungen Deutschen[688], auf fruchtbaren Boden fällt. Dabei dürften es in erster Linie Taten sein, die einem „Kulturkonflikt“ entspringen, bei denen eine sorgfältige Prüfung des § 3 JGG angezeigt ist.[689] Hier sind dann in die Prüfung des § 3 JGG kulturspezifische Wertevorstellungen ebenso wie familiäres Brauchtum, Familienhierarchie usw. einzubeziehen.[690] Sie können einmal schon die Einsicht in das Unrecht der Tat verhindern als auch die Willensbildungsfähigkeit des Betreffenden beeinträchtigen. § 3 JGG kann daher nicht einfach mit der Feststellung, die Tat sei auch im Herkunftsland des Betroffenen strafbar, bejaht werden, sondern es ist gegebenenfalls auch sorgfältig zu prüfen, ob der Jugendliche in der Lage war, sich über tradierte, kulturspezifische Vorstellungen und an ihn herangetragene Erwartungen hinwegzusetzen bzw. kulturelles oder familiäres Brauchtum als dem kodifizierten Recht untergeordnet zu erkennen.

So fordert *Lempp*, daß bei einem 15jährigen Türken, der in der Absicht die Familienehre zu verteidigen, seine Mutter tötete, der ein unsittlicher Lebenswandel vorgeworfen wurde, zumindest hätte geprüft werden müssen, „ob der Vorrang des kodifizierten Rechtes vor dem Sittengesetz seiner Familie und des Volkes, in dem er aufgewachsen ist, von ihm hätte erkannt werden müssen“.[691] Auch Delikte, die unter dem Einfluß und der Mitwirkung von älteren Geschwistern oder den Eltern begangen wurden, bieten Anlaß zu einer sorgfältigen Prüfung des § 3 S.1 JGG.[692]

9. 2. Die Reifeentscheidung gemäß § 105 JGG

Anders als bei Jugendlichen werden bei Heranwachsenden die Voraussetzungen des § 3 JGG als gegeben unterstellt und ist lediglich durch den Jugendrichter zu prüfen, ob Jugendstrafrecht oder allgemeines Strafrecht zur Anwendung kommen soll. § 105 JGG gestattet die Anwendung von Jugendstrafrecht auch auf Heran-

---

687 Eisenberg, Kriminologie, 2000, § 24 Rz. 57; Zieger, 1998, Rz. 40; Lempp, 1983, S. 203

688 Brunner/Dölling, Einf. I Rz. 20; vgl. auch Eisenberg, § 3 Rz. 30, demzufolge eine besonders sorgfältige Prüfung bei solchen Personen angezeigt ist, die aufgrund divergierender Kultursysteme einer Normverunsicherung ausgesetzt sind.

689 Zieger, 1998, Rz. 41.

690 Lempp, 1983, S. 208.

691 So Lempp, 1983, S. 208.

692 Vgl. Lempp, 1983, S. 207.

wachsende, wenn es sich entweder um eine Jugendverfehlung (§ 105 Abs.1 Nr.2 JGG) handelt oder aber die Gesamtwürdigung des heranwachsenden Täters bei Berücksichtigung der Umweltbedingungen ergibt, daß er zur Tatzeit nach seiner geistigen und sittlichen Entwicklung noch einem Jugendlichen gleichstand (§ 105 Abs.1 Nr.1 JGG). Ob es sich bei der angeklagten Straftat um eine Jugendverfehlung handelt, kann ohne größere Schwierigkeiten vom Jugendrichter beurteilt werden. Auch erscheint die Feststellung des § 105 Abs.1 Nr. 2 JGG für Jugendliche deutscher oder ausländischer Herkunft gleich (un-) problematisch, so daß auf § 105 Abs. 1 Nr. 2 JGG an dieser Stelle nicht näher eingegangen werden soll.

Demgegenüber bereitet die Feststellung eines Reiferückstandes im Sinne des § 105 Abs.1 Nr. 1 JGG deutlich mehr Schwierigkeiten. In vielen Fällen wird das Gericht hier auf das Gutachten eines kinder- und jugendpsychiatrischen Sachverständigen angewiesen sein, der seinerseits vor dem Problem steht, daß der Entscheidung des § 105 Abs.1 Nr.1 JGG kein objektiver Maßstab zugrundegelegt werden kann, sondern es sich um eine Ermessensentscheidung mit großem Spielraum handelt.[693] Nach der Rechtsprechung steht ein Heranwachsender einem Jugendlichen gleich, wenn er „ungefestigt" ist und bei ihm noch in größerem Umfang Entwicklungskräfte wirksam sind.[694] Zur Konkretisierung des Reiferückstandes im Sinne des § 105 Abs.1 Nr.1 JGG werden nachwievor die sogenannten *„Marburger Richtlinien"* herangezogen, die bald nach Einführung des § 105 JGG im Jahr 1953 von der Deutschen Vereinigung für Jugendgerichte und Jugendgerichtshilfe in Zusammenarbeit mit der Deutschen Vereinigung für Jugendpsychiatrie erstellt wurden und damals wie heute nicht unangefochten waren. Danach sollte vor allem das Fehlen folgender Züge die Gleichstellung eines Heranwachsenden mit einem Jugendlichen nahelegen: eine gewisse Lebensplanung, Fähigkeit zum selbständigen Entscheiden und Urteilen, zum zeitlich überschauenden Denken; die Fähigkeit, Gefühlsurteile rational zu unterbauen sowie eine ernsthafte Einstellung zur Arbeit und eine gewisse Eigenständigkeit zu anderen Menschen.[695] Einige der Kriterien sind in ihrer (moralischen) Bewertung typische „Kinder ihrer Zeit" und gelten aus heutiger jugendpsychiatrischer Sicht als überholt.[696] Zudem sind viele dieser Merkmale auch unter Erwachsenen häufig anzutreffen.[697] Weitere Kritikpunkte

---

693 So Lempp, 1983, S. 216.

694 BGHSt 36, S. 37, 40; BGHSt 12, S. 116, 118; Anm. Walter/Pieplow, NStZ 89, 576 zu BGH, Urt. v. 6.12.1988, Brunner/Dölling, § 105 JGG Rz. 5. Hinrichs/Schütze, DVJJ-J 1999, S. 27, 29 sehen in dieser Feststellung die am ehesten geeignete Möglichkeit, der Intention des § 105 JGG in einer Weise gerecht zu werden, die Fehlerquellen und Automatisierungstendenzen zu vermeiden hilft.

695 Siehe bei Lempp, 1983, S. 219

696 Lempp, 1983, S. 220; Hinrichs/Schütze, DVJJ-J 1999, S. 27, 29.

697 Schmidt, in: Warnke/Trott/Remschmidt (Hrsg.), 1997, S. 221, 225.

sind ihre ungenaue Operationalisierung sowie die fehlende Standardisierung an Heranwachsenden zur Überprüfung der Anwendbarkeit der Kriterien.[698] Einen Versuch der Operationalisierung der sittlichen Reife in Anlehnung an die *Marburger Richtlinien* unternahmen neuerdings *Esser, Fritz* und *Schmidt* (1991).[699]

Die Reifekriterien knüpfen an der „Normal"-Biographie in unserer Gesellschaft an, indem einem bestimmten Lebensstadium Fähigkeiten, Einstellungen und Eigenschaften zugeschrieben werden, die im gesellschaftlichen Kontext Rückschluß auf eine (mehr oder weniger) „erwachsene" Persönlichkeit erlauben sollen. Je mehr eine Gesellschaft frühe Unabhängigkeit, Eigenständigkeit und Verantwortung von Jugendlichen fordert, desto deutlicher treten dann Reiferückstände hervor.[700] Daß man jene und nicht andere Fähigkeiten als Merkmale eines bestimmten Lebens- und Entwicklungsstadiums ansieht, ist daher in nicht geringem Maße auch vom jeweiligen sozio-kulturellen und -ökonomischen Hintergrund bestimmt. Ethnisch-kulturelle Besonderheiten bei bestimmten Probanden bleiben somit unberücksichtigt, legt man an sie die Reifekriterien der *Marburger Richtlinien* oder von *Esser u.a* an. Lebensumstände und Eigenschaften, die in unserem Kulturkreis Zeichen sittlicher Reife sind, erlauben vor einem anderen kulturellen Hintergrund nicht zwangsläufig einen Rückschluß auf das tatsächliche Vorhandensein einer solchermaßen entwickelten Persönlichkeit. Vielmehr können die Reife indizierenden Merkmale in einem anderen kulturellen Kontext eine Qualität haben, die sich von der aufgrund unseres kulturellen Verständnisses zugeschriebenen unterscheidet.

Reifekriterien, wie sie die *Marburger Richtlinien* postulieren, können also nicht als allgemeingültige Kriterien für alle ethnisch-kulturellen Gruppen gleichermaßen Geltung erlangen. *Toker* hat dies für türkische Heranwachsende anhand der Einstellung zum und der Loslösung vom Elternhaus, der Verselbständigung des Heranwachsenden verdeutlicht - ein Kriterium, dem sowohl *Lempp* als auch *Esser u. a.* als Indikator für die sittliche Reife maßgebliche Bedeutung zumessen.[701] Die traditionelle türkische Familie dörflichen Ursprungs ist streng nach Generationen und Geschlecht hierarchisch organisiert, eine patriarchalische Familie mit zentraler Stellung der Mutter. Von großer Bedeutung sind die Söhne der Familie als zukünftige Versorger der Mutter. Die Familie selbst ist über das Konzept der Ehre und der gegenseitigen Unterstützung in der Gemeinschaft eingebunden in ein Netz starker

---

698 So Toker, MschrKrim 1999, Sonderheft, S. 58, 59.

699 Die zugrundeliegenden Reifekriterien bei Esser u. a. waren eine realistische Lebensplanung, Eigenständigkeit im Verhältnis zu Gleichaltrigen/Partnern, eine ernsthafte Einstellung zu Arbeit und Schule, der äußere Eindruck, eine realistische Alltagsbewältigung, das Alter der Freunde, die Bindungsfähigkeit, Integration von Eros und Sexus sowie eine konsistente berechenbare Stimmungslage; s. Esser/Fritz/Schmidt, MschrKrim 1991, S. 356-368.

700 Schmidt, in: Warnke/Trott/Remschmidt (Hrsg.), 1997, S. 221, 227

701 Vgl. Lempp, 1983, S. 220.

sozialer Kontrolle. Der Kohäsionsgrad in diesen Familien ist hoch. Letzteres gilt auch für die städtische Familienform, obwohl diese insgesamt weniger hierarchisch strukturiert ist und dem einzelnen mehr Freiraum bietet. Auch bei den nach Deutschland migrierten Familien sind *Toker* zufolge überwiegend diese (groß-) familiären Strukturen anzutreffen: Die junge Generation hat sich der Geschlechts- und Generationenhierarchie unterzuordnen. Anpassung und Loyalität gegenüber der Familie sind hilfreiche Lebensstrategien in der Fremde, indem sie die durch Ausgrenzung seitens der ethnischen Mehrheit bedingten „Wettbewerbsnachteile" ausgleichen.[702] Dementsprechend hoch ist auch der Kohäsionsgrad[703] der türkischen, in Deutschland lebenden Familien. Bei einer unter 77 Familien aus der Türkei in Essen durchgeführten Feldstudie fanden sich 11 % der funktionalen Familien[704] mit heranwachsenden Kindern im sog. „verstrickten" Bereich - ein Kohäsionsgrad, der auf amerikanische und westeuropäische Familien bezogen hauptsächlich dort anzutreffen ist, wo pathogene Auffälligkeiten einzelner Familienmitglieder beobachtet werden und eigentlich für die Dysfunktionalität der Familie spricht.

---

702 Toker, MschrKrim 1999, Sonderheft, S. 58, 60.

703 S. Toker, MschrKrim 1999, Sonderheft, S. 58, 60: Für westeuropäische und amerikanische Familien werden mittlere Kohäsionsgrade (verbunden, getrennt) als funktional erachtet, die beiden Extreme (losgelöst, verstrickt) seien dagegen anzutreffen, wo pathogene Auffälligkeiten bei einzelnen Familienmitgliedern beobachtet würden.

„Verstrickung" ist dabei das Kennzeichen eines Familientypus, bei dem es weder innerhalb der Kernfamilie noch gegenüber der Ursprungsfamilie den Mitgliedern gelingt, sich verläßlich abzugrenzen. Verstrickte Familien haben Probleme, die Rollen in der Familie zu definieren und deren Funktionen festzulegen: Eltern- und Kindrollen liegen nicht eindeutig fest, sondern wechslen häufig und beliebig. Auf individualpsychologischer Ebene entspricht dem verstrickten Familientypus ein starkes Bedürfnis nach Verschmelzung, im Unterschied zur „Loslösung" - dem Gegenpol im Spektrum familiärer Organsiationsformen -, mit der auf individualpsychologischer Ebene ein starkes Bedrüfnis nach Distanz korrespondiert. Siehe dazu Simon/Stierlin, 1984, S. 380/381.

704 Da sich „Gesundheit" und „Normalität" bei Familien nicht eindeutig definieren lassen, wird es als sinnvoll erachtet von „funktionalen" Familien zu sprechen. Funktionale und dysfunktionale Familien unterscheiden sich wesentlich in den Problemlösungsstrategien, der Fähigkeit zum Wandel im Laufe des familiären Lebenszyklus, der Ausbalancierung von Nähe und Distanz in den interfamiliären Beziehungen, der Bildung funktionierender Generationsgrenzen und dem emotionalen Familienklima; so Simon/Stierlin, 1984, S. 132/133. Die Kennzeichen einer funktionalen Familie fassen die Autoren folgendermaßen zusammen: Eine funktionale Familie hat ein gemeinsames Wertesystem, die Familienmitglieder zeigen sich umeinander besorgt und nehmen Anteil aneinander ohne die Fähigkeit zu verlieren, sich in ihrer Eigenständigkeit zu behaupten. In einer funktionalen Familie kann eine große Bandbreite von Gefühlen gezeigt und ausgedrückt werden; es ist Platz für Streit und Auseinandersetzung, die zu Lösungen führen und nicht unter der Oberfläche weiterschwelen. Es besteht Vertrauensbereitschaft, die Erwartung, daß Menschen innerhalb und außerhalb der Familie zuerst hilfreich und nicht abwertend und feindlich eingestellt sind. Schließlich besteht in einer funktionalen Familie immer die Möglichkeit zum Dialog. S. Simon/Stierlin, 1984, S. 135.

66 % der funktionalen Familien fanden sich im kohäsiven Bereich.[705] Die Loslösung vom Elternhaus kann danach bei türkischen Familien nicht in gleichem Maße als Indikator für die sittliche Reife herangezogen werden wie bei deutschen Familien, es sei denn - so *Toker* - „wir wollten unterstellen, daß die Mehrheit der türkischen Bevölkerung über 18 Jahre in der Pubertät steckengeblieben wäre".[706]

Die Loslösung vom Elternhaus kann aus dieser Perspektive umgekehrt vielmehr als pubertärer Protest gewertet werden und damit Ausdruck sittlicher Unreife sein, während die Ein- und Unterordnung in das bestehende Familiengefüge für eine erwachsene Integration in bestehende Beziehungs- und Rollenmuster spricht.[707]

Dementsprechend kann auch dem „Verheiratetsein" nicht generell eine Indizwirkung für sittliche Reife zugesprochen werden. Bei uns in aller Regel ein Zeichen für eine eigenständige, eigenverantwortliche Lebensführung und somit für das Erreichen eines bestimmten Reifegrades, werden vor allem türkische Heranwachsende, deren Familien aus ländlichen Gebieten der Türkei stammen, nicht zuletzt deshalb von ihren Eltern zur Heirat aufgefordert, um einen Reifeprozeß (unter Aufsicht der Eltern) einzuleiten.[708] Die Eheschließung stellt sich eher als ein Bund zweier Familien denn zweier Individuen dar. Auch der Status der verheirateten Heranwachsenden in der Familie verändert sich kaum. Ein beträchtlicher Teil lebt mit Partner und Kindern im elterlichen Haushalt; von einer finanziellen Selbständigkeit kann nicht zwangsläufig ausgegangen werden. Nicht selten wird das gesamte Einkommen zu Hause abgegeben und die Eltern teilen ein Taschengeld zu.[709] Auch die „Eigenständigkeit gegenüber anderen Menschen" gewinnt eine andere Bedeutung, wenn man berücksichtigt, daß frühe Trennungen vom Elternhaus durch Migration zu einem Angewiesensein auf andere Menschen und einer stärkeren Bindung an außerfamiliäre Gruppen - meist von Gleichaltrigen - führt. Die Beurteilung und die Bewertung dieser Bindungen unter dem Gesichtspunkt der „Eigenständigkeit" gegenüber dieser Gruppe dürfte ebenfalls nicht leichtfallen.[710]

Diese Beispiele zeigen, daß die Reifekriterien der *Marburger Richtlinien* wie auch die von *Esser u. a.* nur bedingt herangezogen werden können, wenn es darum geht bei ausländischen Jugendlichen eine Entscheidung im Rahmen von § 105 JGG zu treffen. Gerade wenn man die Loslösung vom Elternhaus als ein zentrales Kriterium bei der Beurteilung zugrundelegt, müßte man dem überwiegenden Teil der türkischen Heranwachsenden eine Reifeverzögerung attestieren. Damit vernachläs-

---

705 S. Toker, MschrKrim 1999, Sonderheft, S. 58, 61.

706 Toker, MschrKrim 1999, Sonderheft, S. 58, 61.

707 So Toker, MschrKrim 1999, Sonderheft, S. 58, 61.

708 S. Akpinar, in: DVJJ (Hrsg.), 1990, S. 269, 270.

709 So die Erfahrungen von Akpinar, DVJJ (Hrsg.), 1999, S. 269, 270/271.

710 So Schmidt, in: Warnke/Trott/Remschmidt (Hrsg.), 1997, S. 221, 230.

sigte man aber die Tatsache, daß diese Heranwachsenden in weiten Bereichen anderen Sozialisationsbedingungen ausgesetzt waren als ihre Altersgenossen im Heimatland. Es ist somit nicht verantwortbar, allein jene Maßstäbe, die unserem Verständnis von „Reife" entsprechen, bei der Beurteilung gemäß § 105 JGG anzulegen. Dies würde der in aller Regel vorhandenen Einbindung der jungen Migranten in die ethnisch-kulturellen Strukturen ihres Herkunftslandes bzw. der Übernahme dieser Strukturen durch die jungen Nichtdeutschen entgegenstehen. Da wissenschaftliche Erkenntnisse darüber fehlen, ob und wenn ja, in welchem Ausmaß sich die unterschiedlichen kulturellen Einflüsse auf die Persönlichkeit der jungen Migranten auswirken, bleibt es der interkulturellen Erfahrung des Begutachtenden überlassen, vor welchem kulturellen Hintergrund er welche Maßstäbe bei der Reifebeurteilung anlegt.[711]

Unabhängig von der kulturellen Komponente ergeben sich grundsätzlich auch Beurteilungsprobleme aufgrund des sozialen Kontextes, in dem sich die Mehrheit der jungen Ausländer bewegt. Welche Anforderungen sind an eine „ernsthafte Einstellung zur Arbeit" zu stellen bei einer Personengruppe, die sich gerade im Bildungsbereich und auf dem Arbeitsmarkt schlechten Zugangschancen gegenübersieht? Und welche Anforderungen sind angesichts dieser Umstände an eine „realistische Lebensplanung" zu stellen, insbesondere dann, wenn der Heranwachsende aufgrund von Perspektivlosigkeit eine Rückkehr ins Herkunftsland in Erwägung zieht? Hier treten ebenfalls vielfältige Unsicherheiten und Probleme bei der Beurteilung der (sittlichen) Reife auf, denen man allerdings auch bei der Begutachtung deutscher Probanden begegnet und die daher nicht unbedingt als spezifisches Problem der Begutachtung von jungen Ausländern angesehen werden können.[712] Bei den jungen Ausländern werden diese bei der Begutachtung auftretenden Schwierigkeiten angesichts ihrer Situation der (sozialen) Randständigkeit und ihrem unsicheren Aufenthaltsstatus aber in besonderem Maße augenfällig.

9. 3. Kulturabhängigkeit testpsychologischer Untersuchungen als Problem bei der Beurteilung der geistigen Reife

Neben der Beurteilung der „sittlichen" Reife fordert die Entscheidung über die Anwendung des § 105 JGG auch eine Aussage zur „geistigen" Reife. Befunde zur kognitiven Entwicklung werden meist mit Hilfe testpsychologischer Untersuchungen gewonnen. Die Validität dieser so gewonnenen Ergebnisse ist bei nichtdeutschen Probanden allerdings nicht gewährleistet, da testpsychologische Untersu-

---

711 So Toker, MschrKrim 1999, Sonderheft, S. 58, 62. Vgl. auch Hubert, in: DVJJ (Hrsg.), 1997, S. 244, 258.

712 Vgl. Schmidt, in: Warnke/Trott/Remschmidt (Hrsg.), 1997, S. 221, 228.

chungen nicht an entsprechenden Migrantenstichproben normiert sind und fragwürdig ist, inwieweit die deutschen Normen als Bezugsgrößen herangezogen werden können.[713] Deutsche Testverfahren treffen im Zweifelsfall nur Aussagen bezüglich deutscher Probanden - so das Fazit von *Toker.*[714] Hinderlich wirkt sich daneben auch die Sprachgebundenheit vieler dieser Testverfahren aus.[715] Zwar gibt es Testverfahren, die einigermaßen sprachfrei und einfach in der Instruktion sind, zum Teil auch über Standardisierungen in anderen Ländern verfügen (z. B. eine türkische Standardisierung der SPM[716]), doch bleiben diese ungeeignet, wenn die Bezugsgröße für die intellektuelle Leistungsfähigkeit nicht genau definiert werden kann.

Die Bestimmung des intellektuellen Leistungsvermögens bereitet dann Schwierigkeiten, wenn man die Normen des Herkunftslandes übernimmt. Deutlich wird dies u. a. an dem relativ sprachfreien, international angewandten SPM nach Raven. Vergleicht man z. B. die deutschen und türkischen Normen der SPM, so zeigen sich auffallende Differenzen: Jugendliche desselben Alters, die einen bestimmten Gesamtscore bei diesem Testverfahren erreichen, würden nach den in der Türkei geltenden Normen des Testverfahrens beispielsweise mit einem IQ von 90 als knapp durchschnittlich intelligent eingestuft, während in Deutschland ein IQ von weniger als 70 attestiert und der Betreffende als intellektuell behindert eingestuft würde.[717]

Je nachdem, ob man einen türkischen Jugendlichen türkischen oder deutschen Normen unterstellt, erhält man also unterschiedliche Ergebnisse und setzt sich somit als Sachverständiger entweder der Gefahr der positiven oder der Gefahr der negativen Diskriminierung aus.[718]

Die Begutachtung ausländischer Jugendlicher und Heranwachsender ist also insgesamt von vielen Unsicherheitsfaktoren betroffen. Die Reifekriterien, mit denen in der Praxis operiert wird, haben keine universelle Gültigkeit und lassen sich daher auf Probanden anderer ethnisch-kultureller Gruppen nicht anwenden. Auch die Ergebnisse testpsychologischer Verfahren unterliegen einer nur eingeschränkten Aussagekraft. Im Einzelfall stellen sie den Sachverständigen vor die

---

713 Toker, MschrKrim 1999, Sonderheft, S. 58, 65. Vgl. auch Koenradt, in: Festschrift für Wilfried Rasch, 1993, S. 233, 238.

714 Toker, MschrKrim 1999, Sonderheft, S. 58, 63.

715 Ausführlich Toker, MschrKrim 1999, Sonderheft, S. 58, 62.

716 Standard Progressive Matrices nach Raven

717 Toker/Schepker, RuP 1996, S. 8, 12, die die Frage aufwerfen, welche Normen in solch einem Fall als Bezugsgröße herangezogen werden sollen. Zum Problem des Mangels an kulturunabhängigen Testverfahren auch Hubert, in: DVJJ (Hrsg.), 1997, S. 244, 258; anschaulich hierzu auch die Fallschilderung in Bezug auf einen türkischen Jugendlichen bei Bielefeld/Kreissl/Münster, 1982, S. 180-182.

718 Toker, MschrKrim 1999, Sonderheft, S. 58, 65.

schwerwiegende Frage, unter Zugrundelegung welcher Bezugsnormen diese Testverfahren durchgeführt werden sollen, um einer Persönlichkeit gerecht zu werden, die unter dem Einfluß verschiedener Kulturen steht.

Das urteilende Gericht sollte sich dieser Unwägbarkeiten bewußt sein und gegebenenfalls vom Sachverständigen auf die Unsicherheiten in der Begutachtung aufmerksam gemacht werden.

10. Kapitel: Verhängung von Untersuchungshaft bei ausländischen Jugendlichen und Heranwachsenden

10. 1. Rechtliche Grundlagen der Verhängung von Untersuchungshaft gegenüber Jugendlichen und Heranwachsenden

Untersuchungshaft (U-Haft) ist das einschneidendste Zwangsmittel, das unsere Strafprozeßordnung kennt. Der schwerwiegende Eingriff in die durch Art. 2 Abs.2 S.2 GG geschützte persönliche Freiheit ist daher nur gerechtfertigt, wenn „wegen dringenden, auf konkrete Anhaltspunkte gestützten Tatverdachts begründete Zweifel an der Unschuld des Beschuldigten bestehen" und „der legitime Anspruch der staatlichen Gemeinschaft auf vollständige Aufklärung der Tat und rasche Bestrafung des Täters nicht anders gesichert werden kann als dadurch, daß der Verdächtige vorläufig in Haft genommen wird"[719]. Zweck der U-Haft ist es alleine, „die Durchführung eines geordneten Strafverfahrens zu gewährleisten und die spätere Strafvollstreckung sicherzustellen"[720]. Die Verhängung von U-Haft darf demnach nur „ultima ratio" der Verfahrenssicherung sein; andere Zwecke dürfen mit ihr nicht verfolgt werden. Insbesondere der Grundsatz der Unschuldsvermutung verbietet die Verfolgung von (Straf-) Zielen des materiellen Strafrechts, die an die Feststellung von persönlicher Schuld gebunden sind. General- und spezialpräventive Zwecke dürfen demnach nicht Ziel der U-Haft sein und können sie nicht legitimieren.[721]

Aus den oben genannten Voraussetzungen folgt denn auch zwingend nur die Möglichkeit der U-Haft-Verhängung bei Flucht (§ 112 Abs.2 Nr.1 StPO), Fluchtgefahr (§ 112 Abs.2 Nr.2 StPO) und im Interesse eines der Wahrheitssuche verpflichteten Verfahrens[722] bei Verdunkelungsgefahr (§ 112 Abs.2 Nr.3 StPO). Fremdkörper im strafprozessualen System der Untersuchungshaft mit Blick auf die

---

719 So BVerfGE 19, S. 342, 347, 348.

720 BVerfGE 19, S. 342, 349.

721 Hassemer, StV 1984, S. 38, 40; Jehle, 1995, S. 14.

722 So Hassemer, StV 1984, S. 38, 40.

Verfahrenssicherung sind dagegen die Haftgründe der Tatschwere (§ 112 Abs.3 StPO) und der Wiederholungsgefahr (§ 112a StPO). Insbesondere der Haftgrund der Wiederholungsgefahr verfolgt rein präventive Zwecke, die dem Schutz der Allgemeinheit vor schwerwiegenden Straftaten und dem überragenden Interesse der Rechtsgemeinschaft an einer effektiven Verbrechensbekämpfung Rechnung tragen und sich nicht den Haftzwecken der Verfahrenssicherung einreihen lassen.[723]

Neben dem Vorliegen eines Haftgrundes und dem Bestehen eines dringenden Tatverdachts muß als weitere Haftvoraussetzung die Verhältnismäßigkeit gewahrt sein. Der Zweck der Verfahrenssicherung darf nicht durch eine weniger einschneidende Maßnahme zu erreichen sein (vgl. § 116 StPO). U-Haft hat zu unterbleiben, wenn die Intensität des Eingriffs in die persönliche Freiheit außer Verhältnis zu dem angestrebten Ziel steht. Als maßgebliche Abwägungskriterien werden in § 112 Abs.1 S.2 StPO die zu erwartende Strafe bzw. Maßregel der Besserung und Sicherung sowie die Bedeutung der Sache genannt. Während die Rechtsfolgenerwartung eine grobe Vorhersage bezüglich derjenigen Strafzumessungserwägungen, von denen sich das Gericht leiten lassen wird, verlangt, richtet sich die Bedeutung der Sache nach der gesetzlichen Strafandrohung, der Art des verletzten Rechtsgutes, der konkreten Erscheinungsform der Tat sowie tatrelevanten Umständen in der Person des Beschuldigten.[724] Ob die zu erwartende Strafe das Gewicht einer (unbedingten) Freiheitsstrafe haben muß, um die Verhältnismäßigkeit des Eingriffs bejahen zu können, wird uneinheitlich beantwortet. Überwiegend tendieren die Auffassungen dazu, die Verhängung von U-Haft sei in der Regel unverhältnismäßig, wenn keine vollstreckbare oder nur eine kurzfristige Freiheitsstrafe bzw. Geldstrafe zu erwarten sei. Wie die Formulierung „in der Regel“ schon andeutet, scheidet aber U-Haft de lege lata in den genannten Fällen nicht grundsätzlich aus. Da Sanktionserwartung und die Bedeutung der Sache kumulativ bei der Frage der Verhältnismäßigkeit heranzuziehen sind, kann im konkreten Fall auch angesichts einer drohenden Geldstrafe oder sechsmonatigen Freiheitsstrafe die Verhängung von U-Haft verhältnismäßig sein. Dies wird gerade für Fälle minderschwerer Kriminalität von Ausländern ohne feste Inlandsbindungen immer wieder betont.[725]

Auch im Anwendungsbereich des JGG kann alleine die Verfahrenssicherung Legitimationsgrundlage für die Verhängung von U-Haft sein. Erzieherische Belange, der Gedanke der Individualprävention - auch im Sinne von Resozialisie

---

723 Vgl. Jehle, 1995, S. 14.

724 KK-Boujong, § 112 Rz. 47; Lemke, in: Lemke/Julius/Krehl u. a., § 112 Rz. 10, SK-Paeffgen, § 112 Rz. 15.

725 KK-Boujong, § 112 Rz. 48; vgl. auch SK-Paeffgen, § 112 Rz. 20, der als sachgerechteres Vorgehen jenes gem. § 132 StPO vorschlägt.

rung - können die Verhängung von U-Haft gegenüber Jugendlichen ebenso wie generalpräventive Erwägungen nicht tragen.[726]

Das JGG selbst unterwirft die Anordnung von U-Haft gegenüber Jugendlichen weiteren, dem Verhältnismäßigkeitsgrundsatz in besonderer Weise Rechnung tragenden Voraussetzungen. Die entsprechenden Bestimmungen, durch das 1. JGGÄndG vom 30.8.1990 neu eingeführt bzw. präzisiert, zielen in erster Linie auf die Vermeidung von U-Haft bei Jugendlichen. Hintergrund der erhöhten Anforderungen bezüglich der Anordnung von U-Haft sind die gravierenden Auswirkungen des Freiheitsentzuges bei Jugendlichen. Neben der entsozialisierenden Wirkung der U-Haft sind es vor allem psychische Beeinträchtigungen, schwere Depressionen bis hin zu dauerhaften (seelischen) Entwicklungsschäden bei den betroffenen Jugendlichen, die eine restriktive Anwendung von U-Haft gebieten und zur derzeitigen Ausgestaltung der U-Haft-Regelung im JGG geführt haben.[727]

Ausdrücklich erwähnt wird die U-Haft in den §§ 72, 72a, 93 JGG. Während § 93 JGG Vorgaben für die Ausgestaltung des Vollzuges der U-Haft an Jugendlichen und Heranwachsenden macht, konkretisiert § 72 JGG die Voraussetzungen für die Verhängung von U-Haft gegenüber Jugendlichen und macht in besonderem Maße den Ultima-ratio-Charakter der U-Haft deutlich.[728] So konkretisiert insbesondere § 72 JGG in Absatz 1 S.2 und 3 den Grundsatz der Verhältnismäßigkeit im Hinblick auf jugendspezifische Anforderungen und unterwirft die Verhängung von U-Haft gegenüber 14- und 15jährigen in Absatz 2 erhöhten Voraussetzungen.

Die Verhängung von U-Haft ist danach nur gerechtfertigt, wenn das Ziel der Verfahrenssicherung nicht durch eine vorläufige Anordnung über die Erziehung oder eine andere Maßnahme, insbesondere auch durch Unterbringung in einem Heim der Jugendhilfe (§ 72 Abs.4 JGG) erreicht werden kann. Bei der Prüfung der Verhältnismäßigkeit sind insbesondere die Belastungen des Vollzuges für Jugendliche zu berücksichtigen (§ 72 Abs.1 S.2 JGG). Die Gründe, warum andere Maßnahmen im konkreten Fall nicht ausreichen, um der im Haftgrund zum Ausdruck kommenden Gefahr zu begegnen, müssen vom Haftrichter angeführt werden (§ 72 Abs.1 S.3 JGG). Der Haftrichter unterliegt also in Jugendsachen im Hinblick auf

---

726 Vgl. nur Jehle, 1995, S. 14. Dagegen ist der Vollzug der U-Haft erzieherisch zu gestalten, § 93 JGG. Die gegenteilige Rechtsprechung - die positive Generalprävention bei Erlaß eines Haftbefehls betreffend - des HansOLG Hamburg, StV 1994, S. 590 ist vereinzelt geblieben und auf starke Kririk gestoßen; s. hierzu Anm. von Rzepka, StV 1994, S. 591, 593. A.A. auch LG Hamburg, StV 1994, S. 593, 594. Das LG argumentiert allerdings, daß die Anordnung von U-Haft aus generalpräventiven Erwägungen ausgeschlossen sein soll, weil der Erziehungsgedanke das gesamte Jugendgerichtsgesetz beherrsche und damit auch das Verfahren gegen Jugendliche und Heranwachsende in allen seinen Stadien.

727 S. Schaffstein/Beulke, 1998, S. 248; Albrecht, 2000, S. 231/232; Eisenberg, § 72 Rz. 3.

728 Auf Heranwachsende findet § 72 JGG keine Anwendung, vgl. § 109 Abs.1 S.1 JGG.

die Subsidiarität der U-Haft einem besonderen Begründungszwang.[729] Schematischen, formelhaften Begründungen bei der Haftanordnung soll somit ein Riegel vorgeschoben werden.

Eine Schlüsselrolle im Haftentscheidungsprozeß weist § 72a JGG (i.V.m. § 38 Abs.2 S. 3 JGG) der JGH mit Blick auf Haftentscheidungshilfe und Haftvermeidung zu (siehe dazu ausführlicher unten), indem er eine möglichst frühzeitige Einbeziehung der JGH in Haftsachen festschreibt. Dem gingen in der Praxis schon vor dem 1. JGGÄndG Bemühungen der JGH voraus, Untersuchungshaft bei Jugendlichen entbehrlich zu machen.[730] Derzeit gilt § 72a JGG aufgrund seiner fehlenden Nennung in § 109 Abs. 1 S.1 JGG allerdings nicht für Heranwachsende. Da inhaltliche Gründe für eine solche Regelung nicht ersichtlich sind, geht man mehrheitlich von einem redaktionellen Versehen aus, das durch die explizite Einbeziehung von Heranwachsenden in § 72a JGG behoben werden sollte und einer Anwendung von §72a JGG auch auf Heranwachsende nicht im Wege steht.[731]

Wird die Untersuchungshaft an Jugendlichen schließlich vollstreckt, ist gemäß § 68 Nr.4 JGG ein Pflichtverteidiger zu bestellen.

Hinsichtlich der materiellen Voraussetzungen nimmt § 72 JGG Bezug auf das allgemeine Strafverfahrensrecht, wobei der dringende Tatverdacht (§ 112 Abs.1 S.1 StPO) sich allerdings bei Jugendlichen auch auf die besondere jugendstrafrechtliche Verantwortlichkeit beziehen muß. Es muß daher stets § 3 JGG geprüft werden.[732] Angesichts des Schattendaseins, das § 3 JGG grundsätzlich in der Praxis führt, dürfte eine sorgfältige Auseinandersetzung mit § 3 JGG in der unter Zeitdruck erfolgenden Haftentscheidung, in der oft auch nur dürftige Informationen über den Beschuldigten zur Verfügung stehen, allerdings eher selten anzutreffen sein.[733]

Haftgründe sind ebenfalls nur jene des allgemeinen Strafverfahrensrechts. Die Prüfung der Voraussetzungen der einzelnen Haftgründe muß allerdings aus einer jugendspezifischen Sichtweise heraus erfolgen. Jugendgemäße Umstände können bestimmten, für die U-Haft-Entscheidung relevanten Faktoren eine andere Bedeutung verleihen als es bei Erwachsenen üblicherweise der Fall wäre.[734] So ist daran zu denken, daß bei Jugendlichen häufig anzutreffende Behörden- oder Justizangst zwar zu einem

---

729 Vgl. BT-Drs. 11/5829 S. 30.

730 So wandte man sich in Berlin und Aachen schon Ende der 70er, Anfang der 80er Jahre verstärkt der Haftentscheidungshilfe zu, vgl. Eisenberg/Tóth, GA 1993, S. 293, 300/301.

731 S. Cornel, BewHi 1994, S. 393, 401.

732 Ostendorf, § 72 Rz. 2, Eisenberg, § 72 Rz. 6; zur Problematik des § 3 JGG bei ausländischen Jugendlichen und Heranwachsenden s. oben.

733 So die Erfahrung von Cornel, BewHi 1994, S. 393, 396.

734 Eisenberg, § 72 Rz. 6; vgl. auch Ostendorf, § 72 Rz. 3.

Untertauchen am Ort führen kann, diese aber meist schnell durch entsprechende Nachforschungen in der Jugendszene ausfindig gemacht werden können.[735]

Für die Gruppe der 14- und 15jährigen schränkt § 72 Abs. 2 JGG, der sich an den Wortlaut von § 113 Abs.2 Nr.1 und 2 StPO anlehnt, eine Inhaftierung wegen Fluchtgefahr ein. Die Verhängung von Untersuchungshaft ist wegen Fluchtgefahr nur zulässig, wenn der Jugendliche sich bereits dem Verfahren entzogen oder Anstalten zur Flucht getroffen hat (Nr.1) oder keinen festen Wohnsitz oder Aufenthalt im Bundesgebiet hat (Nr. 2). Man reagierte mit Einführung dieser einschränkenden Bestimmung im Rahmen des 1. JGGÄndG auf die besonders negativen Auswirkungen der Haft bei sehr jungen Beschuldigten. Entgegen der Erwartung, gerade bei jungen Beschuldigten werde eine sehr strenge Prüfung der Verhältnismäßigkeit vorgenommen, belegten empirische Untersuchungen, daß U-Haft gegenüber 14- und 15jährigen überwiegend auf den Haftgrund der Flucht und Fluchtgefahr gestützt wurde, ohne daß hierfür ausreichend Anhaltspunkte vorlagen. Und dies, obwohl gerade sehr junge Jugendliche in aller Regel weder die notwendige Handlungskompetenz noch die finanziellen Mittel haben, um sich dem Strafverfahren zu entziehen.[736] Dennoch wollte man auf die Möglichkeit, U-Haft auch gegenüber 14- und 15jährigen zu verhängen, nicht völlig verzichten, um auch auf Fälle schwerer Kriminalität reagieren und vor allem einer Gruppe von jungen Beschuldigten habhaft werden zu können, die mit ambulanten Maßnahmen nicht erreicht und in Erziehungsheimen nur schwer gehalten werden können.[737] Gedacht wurde vor allem an „wohnsitz- und bindungslos herumreisende Banden- oder Serientäter", eine „Tätergruppe, die vornehmlich im großstädtischen Bereich mit Einbruchdiebstählen ('Tageswohnungseinbrecher') in Erscheinung treten soll"[738]. Schon im Entwurf wurde allerdings darauf hingewiesen, daß diese Gruppe zumeist auf Anordnung der Eltern handele und die strafrechtliche Verantwortlichkeit gemäß § 3 JGG und somit das Vorliegen der Voraussetzungen für die Verhängung von U-Haft in diesen Fällen besonders sorgfältig zu prüfen sei. So wurden die Regelung des § 72 Abs.2 JGG und mit ihr die ins Auge gefaßten Ausnahmefälle schon in der Begründung zum Gesetzesentwurf als Tribut an das Anliegen der Praxis bewertet.[739] Mit der Beschränkung in § 72 Abs.2 Nr.2 JGG auf solche jungen Beschuldigten, die keinen festen Wohnsitz oder Aufenthalt im Bundesgebiet haben, geht eine Konzentration auf bestimmte Gruppen von jungen Nichtdeutschen einher, bei der dieses Merkmal gegenüber gleichaltrigen deutschen Beschuldigten vergleichs-

---

735 Ostendorf, § 72 Rz. 3.

736 So BT-Drs. 11/5829, S. 31.

737 So BT-Drs. 11/5829, S. 33.

738 BT-Drs. 11/15829 S. 33.

739 BT-Drs. 11/5829, S. 33.

weise häufig anzutreffen sein wird. Zu denken ist an Kinder nichtseßhafter Familien und junge unbegleitete Flüchtlinge/Asylbewerber. Wenn es auch in der Begründung nicht ausdrücklich ausgesprochen wurde, so trifft der Hinweis auf jene jungen herumreisenden Banden- und Serientäter, die nicht selten auf Geheiß der Eltern tätig werden, in erster Linie auf nichtdeutsche Jugendliche zu. Ein Rückgang der U-Haft-Zahlen durch die in § 72 Abs.2 JGG vorgenommenen Einschränkungen dürfte danach zumindest für die Gruppe der nichtdeutschen 14- und 15jährigen nicht in gleichem Ausmaß wie bei den deutschen jugendlichen Beschuldigten zu erwarten sein.

Wie auch im Erwachsenenrecht darf U-Haft gemäß dem Grundsatz der Verhältnismäßigkeit nur angeordnet und vollstreckt werden, wenn sie mit Blick auf die Bedeutung der Sache und die zu erwartenden Rechtsfolgen angemessen erscheint. Nach der vorherrschenden Auffassung im jugendstrafrechtlichen Schrifttum kommt ein Haftbefehl angesichts der Subsidiarität der U-Haft im Jugendstrafrecht nur in Betracht, wenn eine Jugendstrafe zu erwarten ist.[740] Noch stärker als im Erwachsenenstrafrecht ist jedoch die konkrete Straferwartung eine unsichere Grundlage für die Haftentscheidung. Davon abgesehen, daß sich nicht selten im Urteilstenor andere Delikte finden als jene, wegen derer der Betroffene in U-Haft genommen wurde[741], erschwert der im Jugendstrafrecht allein maßgebliche Erziehungsgedanke die Prognose über die zu erwartende Rechtsfolge.

10. 2. Quantitative Entwicklung der U-Haft bei Jugendlichen und Heranwachsenden

Bei den 14-18jährigen stieg zwischen 1970 und 1974 die absolute Zahl der Untersuchungsgefangenen von 742 auf einen absoluten Höhepunkt von 917 an. Sie stellten zum damaligen Zeitpunkt 5,9 % an allen Untersuchungsgefangenen (U-Haft insgesamt: 15.556). Bis zum Jahr 1980 sank dann die absolute Zahl der jungen Untersuchungsgefangenen stetig (mit Ausnahme von 1976 auf 1977) auf 622 ab, um dann 1982 mit 861 14-18jährigen Untersuchungsgefangenen den Höhepunkt in den 80er Jahren zu erreichen. Es folgte ein starker Rückgang, der - mit einigen Auf- und Abbewegungen - im Jahr 1989 bei dem absoluten Tiefstand von 324 endete. Der Anteil der jugendlichen Untersuchungsgefangenen an allen Untersuchungsgefangenen sank von 5,2 % im Jahr 1982 auf 4,22 % im darauffolgenden Jahr und unter 3 % in den Jahren 1989 und 1990 (Stichtag jeweils der 31.12.).

---

740 So Eisenberg, § 72 Rz. 5, Ostendorf § 72 Rz. 8 (unbedingte Jugendstrafe), Brunner/Dölling, § 72 Rz. 3; Heinz, BewHi 1987, S. 5, 9; ebenso schon Kreuzer, RdJB 1978, S. 337, 345.

741 Siehe Jabel, 1989, S. 108: Dies war in 15,6 % der Fälle festzustellen.

Seitdem ist erneut ein Anstieg bei den 14-18jährigen Untersuchungsgefangenen zu verzeichnen, der über 554 im Jahr 1992 (Stichtag 31.10.1992), 624 im Jahr 1993 (Stichtag 31.12) sich 1994 bei 517 einpendelte (Stichtag 31.12.).[742] 1994 haben jugendliche Untersuchungsgefangene einen Anteil von 4,13 % an allen Untersuchungsgefangenen (Stichtag 31.12.).[743]

Ähnlich verläuft die Entwicklung bei den Heranwachsenden. Hier setzte 1982 (2.040 18-21jährige Untersuchungsgefangene) ein Rückgang ein, der bis 1988 anhielt. Danach steigen die Zahlen kontinuierlich an, wobei sich vor allem von 1989 auf 1990 ein wesentlich stärkerer Sprung als bei den Jugendlichen bemerkbar macht (von 1.087 auf 1.309 Untersuchungsgefangene; Stichtag jeweils der 31.12.). In den alten Bundesländern ist 1992 ein vorläufiger Höhepunkt mit 1.950 Untersuchungsgefangenen erreicht (Stichtag 31.10), in den neuen Bundesländern steigen dagegen die Zahlen noch bis 1994 (487 Untersuchungsgefangene; Stichtag 31.12.) an.[744]

---

742 Diese Angaben gelten nur für die alten Bundesländer, ab 1992 einschließlich Gesamt-Berlin.

743 Zahlen für Gesamtdeutschland. Alle Zahlen bei Jehle, 1995, S. 20 Tab. B III. 1 (unter Zugrundelegung der Strafvollzugsstatistik, ab 1992 der monatlichen Belegungsstatistik des BMJ).

744 Zahlen bei Jehle, 1995, S. 20.

Betrachtet man den Anteil der jungen Abgeurteilten mit Untersuchungshaft, um Aufschluß über die Häufigkeit der Anordnung von Untersuchungshaft zu erhalten, zeigt sich folgendes Bild:

Jahr	**Nach JGG Abgeurteilte mit U-Haft**	Abgeurteilte nach JGG insgesamt (einschl. Entscheidungen gem. § 27 und 45 III JGG)	Nach JGG Abgeurteilte mit U-Haft in % an den Abgeurteilten insgesamt
1980	6.311	230.955	2,73
1981	7.170	247.937	2,9
1982	7.702	221.864	3,48
1983	7.056	223.457	3,16
1984	5.935	236.438	2,5
1985	5.077	210.953	2,4
1986	4.278	159.695	2,68
1987	4.144	172.408	2,4
1988	3.920	164.777	2,38
1989	3.867	145.665	2,65
1990	3.960	133.383	2,97
1991	4.604	126.378	3,64
1992	5.180	123.979	4,18
1993	5.434	123.825	4,39
1994	5.299	124.538	4,25
1995	4.970	134.016	3,71
1996	4.925	141.053	3,5
1997	5.204	149.646	3,47
1998	5.303	156.756	3,38

Quelle: Strafverfolgungsstatistik 1980-1998, Tab. 2.2 und 6.2; bis 1994: alte Bundesländer und West-Berlin; ab 1995: alte Bundesländer und Gesamt-Berlin.

Anders als bei den Personen insgesamt mit Entscheidung nach JGG, bei denen seit 1984 ein starker Rückgang zu verzeichnen ist[745], der auch nach Beginn der 90er Jahre in abgeschwächter Form anhält, steigt gegenläufig hierzu die Anzahl der jungen Abgeurteilten nach JGG mit Untersuchungshaft seit 1989 deutlich und rapide an. In zunehmendem Maße werden also vom Jugendstrafverfahren Betroffene in Untersuchungshaft genommen.[746] Ab dem Jahr 1994 ist eine leicht rückläufige Tendenz erkennbar; der Anteil der nach JGG Abgeurteilten mit U-Haft an den Abgeurteilten insgesamt bewegt sich in den letzten Jahren bei rund 3,5 %.

Auf eine eher extensive Praxis der U-Haft-Anordnung gegenüber Jugendlichen deutet auch hin, daß der Anteil jugendlicher U-Haft-Gefangener an sämtlichen inhaftierten Jugendlichen (U-Haft und Jugendstrafe) durchgehend höher ist als derjenige volljähriger U-Haft-Gefangener an sämtlich inhaftierten Heranwachsenden und Erwachsenen (U-Haft, Jugend- und Freiheitsstrafe).[747] Ungeachtet möglicher Verzerrungen wegen Einbeziehung von Fällen z. B. gemäß § 230 Abs.2 StPO und den unterschiedlichen Stichtagen[748] ergeben sich für die Jahre 1985 bis 1991 Anteile von 43,1 %, 47,4 %, 44,2 %, 51,1 %, 50,1 %, 51,1 % und 57 % gegenüber deutlich geringeren 21,2 %, 20,9 %,20,9 %, 21,5 %, 21,8 %, 25,5 % und 27,1 %.[749] In den Folgejahren (bis 1997) belaufen sich die Anteile auf 62,2 %, 66,5 %, 63.6 %, 60,5 %, 60 % und 57,9 % gegenüber 28,1 %, 31,5 %, 32,4 %, 29,7 %, 28,2 % und 27,8 %.[750] Bei der Interpretation dieser Verhältnisse ist allerdings zu berücksichtigen, daß sich auch dann Veränderungen in der Relation ergeben würden, wenn gegenüber Erwachsenen mehr U-Haft oder gegenüber Jugendlichen mehr Jugendstrafe ohne Aussetzung zur Bewährung verhängt würde, ohne daß dann eine Aussage darüber getroffen werden kann, ob sich die Anordnungspraxis gegenüber Jugendlichen verändert hat.[751]

Nach der vorsichtigen Anordnungspraxis der Jahre 1983-1989 wird nun wieder vermehrt U-Haft verhängt. Dies belegt insbesondere die Entwicklung der Zahlen der Untersuchungsgefangenen in den Jahren ab 1989. Daß die Zahlen bei den Jugendlichen und Heranwachsenden nicht gleichermaßen stark wie bei den Erwachsenen angestiegen sind, ist möglicherweise auf die durch das 1. JGGÄndG

---

745 Zu beachten ist allerdings, daß die Strafverfolgungsstatistik die zunehmenden Einstellungen nach § 45 Abs.1 und 2 JGG nicht erfaßt; vgl. Jehle, 1995, S. 23.

746 Siehe Jehle, 1995, S. 23.

747 So Eisenberg, § 72 Rz. 4a.

748 Stichtag bzgl. der U-Haft ist jeweils der 31.12. des Vorjahres, bzgl. der sonstigen Inhaftierungen jeweils der 31.3.

749 Zahlen bei Eisenberg, § 72 Rz. 4 (7. Aufl.); vgl. auch Dünkel, in: Festschrift für Karl Härringer, 1995, S. 93, 97.

750 Zahlen bei Eisenberg, § 72 Rz. 4a.

751 Darauf weisen Eisenberg/Tóth, GA 1993, S. 293, 297 hin.

eingeführten Neuerungen und Veränderungen zurückzuführen. Bedenkt man, daß sich zeitweise mehr Jugendliche in U-Haft als in Strafhaft befanden und der Anteil von Untersuchungshaft bei Jugendlichen und Heranwachsenden im Vergleich zu den Erwachsenen überhöht ist, hat man von einer extensiven Anordnungspraxis gegenüber Jugendlichen auszugehen, die mit der gesetzgeberischen Intention der Subsidiarität der U-Haft bei Jugendlichen kaum in Einklang zu bringen ist. Für den Anstieg der U-Haft-Zahlen könnten eine veränderte Verhaftungspraxis und das derzeitige kriminalpolitische Klima verantwortlich sein, wie es auch in den 80er Jahren in Zeiten der überfüllten Haftanstalten und der regen Debatte um die Verhaftungspraxis für eine behutsamere Verhaftungspraxis wohl ausschlaggebend war.[752] Nicht auszuschließen ist aber auch, daß die steigenden Verhaftungszahlen Folge von Zuwanderung und Reisetätigkeit, vor allem auch im Zuge der Öffnung der osteuropäischen Grenzen, sind.[753]

Das eine schließt dabei das andere nicht aus: Steigende Verhaftungszahlen können auf die Gruppe der Nichtdeutschen zurückzuführen sein, gleichwohl kann sich gerade darin auch eine veränderte bzw. verschärfte Verhaftungspraxis manifestieren als Ausdruck einer bestimmten kriminalpolitischen Strömung.

10. 3. Die Verhängung von U-Haft gegenüber ausländischen Jugendlichen und Heranwachsenden

Fällt generell der Anstieg der Verhängung der U-Haft gegenüber Jugendlichen und Heranwachsenden seit 1989 auf (s. o.), so sticht die vermehrte Anordnung von U-Haft insbesondere gegenüber jungen Ausländern ins Auge.

Sichtbar wird diese Entwicklung in den U-Haft-Abteilungen der Vollzugsanstalten:

In der JVA Stuttgart lag der Ausländeranteil 1994 in der Jugendabteilung (ca. 70 Plätze) bei 70 %, wobei türkische Jugendliche mit 60 % die Mehrheit stellten.[754] In baden-württembergischen Jugendanstalten bzw.-abteilungen bewegte sich der Ausländeranteil an den jugendlichen und heranwachsenden U-Häftlingen zwischen 51 % in Freiburg und 65 % in Stammheim. Dazwischen lagen Adelsheim mit 57 % und Rastatt mit 61 % (31.1.1994). In Hameln hatten von 59 Untersuchungsgefangenen 37 und somit 63 % nicht die deutsche Staatsangehörigkeit.[755] In der Jugendstrafanstalt Berlin waren 1990 69,1 % der Untersuchungshäftlinge

---

752 Jehle, 1995, S. 23/24, Dünkel, in: Festschrift für Karl Härringer, 1995, S. 93, 96.

753 Das gibt Jehle, 1995, S. 24 zu bedenken.

754 Tödter, in:Golubovic/Lavadinho/Marvakis (Hrsg.), 1994, S. 56.

755 Dünkel, NK 1994, Heft 4, S. 20, 22.

Nichtdeutsche, wobei junge Polen vor den Türken den Hauptanteil stellten.[756] Bei einer Stichtagserhebung 1993 lag der Ausländeranteil in Berlin bei ca. 66 %, im niedersächsischen Jugendvollzug (U-Haft-Vollzug) 1992 bei 68 %.[757]

Genaueren Aufschluß über die Verhängung von U-Haft gegenüber Nichtdeutschen gibt eine neuere Studie von *Jehle* (1995).[758] Sie konzentriert sich allerdings auf einen kurzen Zeitraum und läßt daher keine sicheren Aussagen über eine längerfristige Entwicklung zu.

Jehle differenzierte zwischen Nichtdeutschen, die im wesentlichen aus den „Gastarbeiter"- und EU-Ländern stammen („Nichtdeutsche I") und übrigen Nationalitäten („Nichtdeutsche II"). Ausschlaggebend für diese Einteilung war die Beobachtung, daß im Zuge der Grenzöffnung zu Osteuropa verstärkt Nichtdeutsche unter den Inhaftierten zu finden waren. Mit der Unterteilung der Gruppe der Nichtdeutschen sollte annäherungsweise eine Unterscheidung zwischen ansässigen und eingereisten Nichtdeutschen getroffen und damit eine pauschale Betrachtungsweise „der" Ausländer vermieden werden.[759]

Während die Zahlen der jungen deutschen Abgeurteilten mit U-Haft weitestgehend konstant blieben (sie nahmen 1990 sogar um 8 % ab), war bei den Nichtdeutschen aus Gastarbeiter- und EU-Ländern ein mäßiger Anstieg um 24 %, bei den übrigen jungen abgeurteilten Nichtdeutschen dagegen ein schon fast dramatischer Anstieg um 178 % (Zeitraum 1989-1991) zu verzeichnen.[760] Dabei verläuft die Entwicklung in den einzelnen Bundesländern unterschiedlich: Während in Bayern, Baden-Württemberg, Bremen, Niedersachsen und Nordrhein-Westfalen die Zahlen der Nichtdeutschen II kontinuierlich steil ansteigen, setzt in Hessen, Rheinland-Pfalz, dem Saarland und Schleswig-Holstein diese Entwicklung erst von 1990 auf 1991 ein.[761]

Besonders auffällig ist, daß in der Altersgruppe der 14-15jährigen, gegenüber denen U-Haft nur unter besonderen Voraussetzungen verhängt werden darf, die Deutschen lediglich eine Minderheit stellen. Ihr Anteil bewegt sich im Untersu-

---

756 Sonnen, in: DVJJ (Hrsg.), 1997, S. 482, 496.

757 Siehe Emig, in: DVJJ (Hrsg.), 1997, S. 497, 501.

758 Ziel der Untersuchung war es, die Entwicklung der Verhaftungszahlen von Jugendlichen und Heranwachsenden differenziert zu beschreiben, um damit gleichzeitig der Frage nachzugehen, ob sich die jugendgerichtliche Praxis der U-Haft-Anordnung nach dem 1. JGGÄndG verändert hat. Zu diesem Zweck wurden die bei dem Statistischen Bundesamt und den Statistischen Landesämtern gespeicherten Daten über die Anordnung von U-Haft bei jugendlichen Abgeurteilten erhoben, ebenso für die als Vergleichsgruppe dienenden Heranwachsenden. Dies betraf die Jahrgänge 1989, 1990, 1991; s. ausführlich Jehle, 1995, S. 28-35.

759 Jehle, 1995, S. 50.

760 Jehle, 1995, S. 50.

761 Jehle, 1995, S. 52.

chungszeitraum zwischen 36 % und 39 %. Mit Ausnahme von 1990 ist die Gruppe der Nichtdeutschen I zahlenmäßig etwas größer als die der Deutschen. Zahlenmäßig keine bedeutende Rolle spielen in dieser Altersgruppe die Nichtdeutschen II. Bei den 16-und 17jährigen sowie bei den 18-20jährigen dominieren die Deutschen, ihr Anteil nimmt aber von 1989 auf 1991 kontinuierlich ab: Bei der jüngeren Gruppe von 54 % auf 45 %, bei der älteren von 68 % auf 55 %. Dementsprechend steigt der Anteil der Nichtdeutschen, insbesondere der der Nichtdeutschen II und erreicht bei den 18-20jährigen weitgehend das Niveau der Nichtdeutschen I.[762] Insgesamt weisen die Zahlen der Nichtdeutschen II über alle Altersgruppen hinweg enorme Steigerungsraten auf: bei den 14 -und 15jährigen von 1989 auf 1990 152,4 %, von 1990 auf 1991 90,5 %. Bei den 16- und 17jährigen fallen sie mit 225,9 % und 183,2 % noch deutlicher aus, ebenso bei den 18-20jährigen mit Steigerungsraten von 154,7 % und 183,2 %.[763]

Was die Deliktsstruktur anbelangt, so ergeben sich zunächst Unterschiede zwischen den jungen Abgeurteilten mit U-Haft gegenüber allen Abgeurteilten mit U-Haft, die darauf hindeuten, daß die jungen Abgeurteilten wegen vergleichsweise schwererer Delikte in U-Haft genommen werden als die Abgeurteilten insgesamt. Insbesondere der erhöhte Anteil von Raub- und Erpressungsdelikten bei den jungen Abgeurteilten (19 % gegenüber 10 %) legt diese Annahme nahe, ohne daß man dies jedoch mit Sicherheit daraus ableiten könnte.[764] Hervor sticht der Unterschied zwischen den jungen Abgeurteilten und den Abgeurteilten insgesamt auch bei der Gruppe „Diebstahl und Unterschlagung", die sowohl leichtere als auch schwerere Delikte auf sich vereinigt: Hier sind die jungen Abgeurteilten mit U-Haft mit 48 % gegenüber 35 % bei allen Angeurteilten mit U-Haft überrepräsentiert.[765] Eine Differenzierung nach Altersgruppen läßt vermuten, daß jedenfalls Jugendliche tendenziell wegen schwererer Delikte verhaftet werden als Erwachsene.[766] Betrachtet man die Deliktsstruktur unter dem Kriterium der Nationalität, so fällt auf, daß sich die jungen Deutschen und Nichtdeutschen I bei den größten Deliktsgruppen Diebstahl/Unterschlagung und Raub/Erpressung im Anteil gleichen, wohingegen die Nichtdeutschen II sich hiervon deutlich abheben: Mit einem Anteil der Raub- und Erpressungsdelikte von 11 % (gegenüber 20 % bzw. 23 % bei den Deutschen bzw. Nichtdeutschen I) und einem Anteil von 65 % von Diebstahl und Unterschlagung (gegenüber 44 % bzw. 41 %), sprechen diese Ergebnisse dafür, daß in erster Linie die Nichtdeutschen II wegen weniger schwerer Delikte verhaftet werden.[767]

---

762 Jehle, 1995, S. 54.

763 Siehe Jehle, 1995, S. 56, Tabelle III 2a.

764 Jehle, 1995, S. 63.

765 Jehle, 1995, S. 63, 64 Tab. V 1a.

766 Ausführlich Jehle, 1995, S. 65 Tab. V 2a.

767 S. Jehle, 1995, S. 66.

Eine Untermauerung erfährt dieser erste Hinweis durch eine nähere Betrachtung der Haftdauer und des Verfahrensausganges. Grundsätzlich dominiert bei den jungen Abgeurteilten mit U-Haft die kürzere Haftdauer (72 % bis 3 Monate), wobei vor allem die Haft bis 1 Monat mit 44,4 % deutlich heraussticht. Ihr kommt über alle Altersgruppen hinweg ein bedeutsamer Anteil zu (zwischen 33 % und 38 %). Allerdings hat - betrachtet man die Zahlen von 1991 und 1989 - der Anteil der längeren Untersuchungshaft (3-6 Monate und länger) bei der Gruppe der 14- und 15jährigen deutlich zugenommen. Bei den 16-17jährigen ist eine einheitliche Tendenz nicht feststellbar; bei den 18-20jährigen liegt der Zuwachs schwerpunktmäßig bei der Haftdauer von 1 bis 3 Monaten und 3 bis 6 Monaten.[768] Nun läßt sich auch bei den verschiedenen Gruppen von Nichtdeutschen ein deutlicher Schwerpunkt bei der kurzen Haft (bis 1 Monat) hervorheben. Auch ähnelt sich die Verteilung der Haftdauer bei Deutschen und den „ansässigen" Nichtdeutschen der Gruppe I. Anders hingegen die Gruppe der Nichtdeutschen II: Die kurze Haftdauer bis 1 Monat und 1 bis 3 Monate macht bei ihnen 1991 fast 80 % aus (gegenüber 65 % bzw. 61 % bei den Deutschen bzw. Nichtdeutschen). Über den ganzen Untersuchungszeitraum hinweg, besonders aber im Jahr 1990 (65 % gegenüber 38,2 % bzw. 38,1 %), ragen die Nichtdeutschen II mit ihrem prozentualen Anteil an der U-Haft bis 1 Monat unter den drei Gruppen deutlich heraus.[769]

Der Verfahrensausgang interessiert vor allem unter dem Aspekt der Verhältnismäßigkeit der Anordnung von Untersuchungshaft und gibt außerdem Aufschluß über die Schwere des Tatvorwurfs.[770] Gemäß § 112 Abs.1 S.2 StPO ist die Straferwartung maßgebliches Abwägungskriterium, wobei mehrheitlich die Auffassung vertreten wird, U-Haft solle in der Regel nur angeordnet werden, wenn eine vollstreckbare Freiheitsstrafe zu erwarten sei. *Jehle* untersuchte daher die Fälle auf den Verfahrensausgang „Freiheitsstrafe bzw. Jugendstrafe ohne Bewährung", „Freiheitsstrafe bzw. Jugendstrafe mit Bewährung" und „ambulante Sanktionen" (einschließlich Jugendarrest und Unterbringung in einem psychiatrischen Landeskrankenhaus) hin. Die Auswertung unter diesem Aspekt ergab ein in mehrfacher Hinsicht überraschendes Bild: Machte die vollstreckbare Freiheits- bzw. Jugendstrafe bei den Abgeurteilten insgesamt nur 49 % aus, wurde diese Zahl von den jungen Abgeurteilten mit U-Haft mit 36 % sogar noch unterboten. Die Anteile der

---

768 Jehle, 1995, S. 74, 75.

769 Jehle, 1995, S. 75, 76. Jehle zufolge ist der auffallend hohe Anteil im Jahr 1990 im Zusammenhang mit dem in diesem Jahr ebenfalls besonders großen Anteil der Vermögensdelikte (also Fälle kleinerer und mittlerer Kriminalität) im weiteren Sinne bei den Nichtdeutschen zu sehen.

770 Zu beachten ist dabei, daß sich der entsprechende Fall zu Beginn des Verfahrens ganz anders darstellen kann als bei Abschluß des Verfahrens. Gerade die für die Frage der Bewährung maßgeblichen Informationen werden erst im Laufe des Verfahrens ermittelt.

ambulanten Sanktionen belaufen sich demgegenüber bei den jungen Abgeurteilten auf 29,8 %, bei allen Abgeurteilten auf 17,5 %.[771] Nimmt man sie als Indiz für die Tatschwere, ergibt sich ein gewisser Widerspruch zu den oben bezüglich der Deliktsstruktur gewonnenen Erkenntnissen. Ein Zeitvergleich zeigt, abgesehen vom Jahr 1990, einen Rückgang der stationären zugunsten der ambulanten Sanktionen und dies über alle Altersgruppen hinweg, wenn auch von verschieden hohem Ausgangsniveau.[772]

Unter Verhältnismäßigkeitsgesichtspunkten noch weitaus bedenklicher stellt sich der Verfahrensausgang bei den Nichtdeutschen dar. Die Quote der vollstreckbaren Freiheits- bzw. Jugendstrafen beträgt bei den Nichtdeutschen I 1989 ca. ein Drittel und steigt 1991 leicht auf 37 % an. Krasser verläuft dagegen die Entwicklung bei den Nichtdeutschen II: Hier beträgt die Quote 1989 knapp ein Fünftel und sinkt auf 16 % im Jahr 1991 ab. Umgekehrt steigen die ambulanten Sanktionen bei dieser Gruppe von 46 % (1989) auf 58 % (1991) an.[773]

Kurz gefaßt kristallisierten sich in der Untersuchung von *Jehle* drei zentrale Punkte heraus, die die besondere Situation der Ausländer in der Praxis der U-Haft-Verhängung charakterisieren: Gegenüber Nichtdeutschen wird häufiger U-Haft verhängt, die U-Haft ist bei ihnen von vergleichsweise kurzer Dauer und die Anlaßdelikte für die Verhängung der U-Haft sind weniger schwer. Dies gilt allerdings weniger für die jungen Angehörigen der zweiten und dritten Generation der Nichtdeutschen als für die (neu) zugereisten ausländischen Jugendlichen und Heranwachsenden.

Anhaltspunkte für eine solche Anordnungspraxis, wenn auch keine empirisch gut bestätigten Ergebnisse, lassen sich auch der Begleitforschung zum *Frankfurter Rechtsberatungs-Projekt* entnehmen.[774] Danach bildeten die Ausländer drei Viertel der Gesamtstichprobe und übertrafen damit ihren Anteil an den Tatverdächtigen im

---

771 Jehle, 1995, S. 77, 78.

772 Ausführlich hierzu Jehle, 1995, S. 79, 80.

773 Jehle, 1995, S. 82, auch zu den Besonderheiten des Jahres 1990.

774 Im Rahmen dieses Projekts wurde Untersuchungsgefangenen, die bei ihrer Aufnahme in die Untersuchungshaftanstalten Frankfurt a.M I, II, III noch keinen Verteidiger besaßen, ein Wahlverteidiger auf Kosten der hessischen Landesregierung zur Verfügung gestellt, um damit auf einen Chancenausgleich für die Inhaftierten und eine Haftverkürzung hinzuwirken. Es wurden in die Begleituntersuchung insgesamt 1283 U-Haft-Fälle mit Probanden, die in der Zeit zwischen 1.1. bis 30.6. 1992 in den drei Projektanstalten einsaßen (1085 Fälle) oder in eine von zwei Vergleichsanstalten (Darmstadt und Wiesbaden) (198 Fälle) aufgenommen wurden, einbezogen. Die Erhebung selbst erfolgte durch standardisierte mündliche Befragung der U-Gefangenen und Projektanwälte sowie durch Analyse von Gefangenenpersonalakten, Gefangenenkartei und Zugangs- und Besucherlisten. Es handelt sich abgesehen von der JVA Frankfurt I (männliche Erwachsene), wo nur jeder zweite Fall erfaßt wurde, und Fällen mit Sonderkriterien um eine Totalerhebung. Weiterhin wurden 526 Verteidigerfragebögen ausgewertet. S. Gebauer, StV 1994, S. 622, 624.

alten Bundesgebiet und Hessen (1992: 32,2 % und 37,9 %). Obwohl gerade Frankfurt sich durch einen hohen Anteil ausländischer Tatverdächtiger auszeichnet, wurde auch deren Anteil von 58,7 % im Jahr 1992 noch übertroffen. Ausländer unterlagen also in besonderem Maße dem U-Haft-Risiko. Ähnlich den Ergebnissen von *Jehle* fanden sich Hinweise auf eine extensive Verhaftungspraxis gegenüber Nichtdeutschen. So lag z. B. in jedem 10. Fall der U-Haft als Anlaßdelikt ein Verstoß gegen ausländerrechtliche Vorschriften zugrunde und damit in einer Vielzahl der Fälle ein Delikt, dessen gesetzliche Höchststrafe nur ein Jahr betrug. Man kann vermuten, daß aufgrund der bei Nichtdeutschen besonders offensichtlichen oder leicht begründbaren Fluchtgefahr der Maßstab der Verhältnismäßigkeitsprüfung, die sich an der Deliktsschwere orientiert, gelockert wird, um - auch im Bereich der leichteren bis mittleren Kriminalität - die weitere Strafverfolgung nicht zu gefährden. Nicht auszuschließen ist auch, daß die Verhältnismäßigkeitsprüfung durch eine Mehrfachauffälligkeit der Betroffenen beeinflußt wird.[775] Dagegen liegt gerade im Bereich der ausländerrechtlichen Verstöße die Vermutung nahe, daß bei der U-Haft-Anordnung ausländerrechtliche Erwägungen miteinfließen, diese also aufgrund apokrypher, gesetzlich nicht vorgesehener Haftgründe ergeht.[776] Wegen der Eigenart der ausländerrechtlichen Verstöße z. B. beim Aufenthalt ohne Aufenthaltsgenehmigung dürfte eine Lockerung des Verhältnismäßigkeitsmaßstabes wegen Mehrfachauffälligkeit hier kaum eine Rolle spielen.[777]

Dies deckt sich weitgehend mit den Ergebnissen von *Sonnen*. Auch seine Untersuchung ergab, daß die Nichtdeutschen wegen eher weniger schwerwiegenden Delikten inhaftiert werden. So beträgt der Anteil der wegen Raubes inhaftierten Polen 10,3 % gegenüber 33,9 % bei den deutschen Untersuchungshaftgefangenen, bei der gefährlichen Körperverletzung 1,4 % gegenüber 2,6 %, beim Mordverdacht 0,9 % gegenüber 2,2 %, dagegen beim Diebstahl 85 % gegenüber 31,3 %. [778] Insgesamt kommt *Sonnen* wie auch *Jehle* und *Gebauer* aufgrund seiner Auswertung zu dem Schluß, daß „in der Gruppe der nichtdeutschen Tatverdächtigen insbesondere aus den ehemaligen Ostblockstaaten(...) rascher und kürzer verhaftet“ wird, „d. h. auch bei weniger schweren Delikten, die dann zu weniger gravierenden Sanktionen führen“.[779]

---

775 So Gebauer, StV 1994, S. 622, 626. Auch Hölscher, in: Golubovic/Lavadinho/Marvakis (Hrsg.), 1994, S. 38, 39 führt die extensive Verhaftungspraxis auf die häufiger vorliegende Fluchtgefahr zurück.

776 Gebauer, StV 1994, S. 622, 626; ebenso Dünkel, NK 1994, Heft 4, S. 20, 24/25; eher gegen die Annahme apokrypher Haftgründe Hölscher, in: Golubovic/Lavadinho/Marvakis (Hrsg.), 1994, S. 38, 39.

777 So Gebauer, StV 1994, S. 622, 626

778 Sonnen, in: DVJJ (Hrsg.), 1997, S. 482, 491.

779 Sonnen, in: DVJJ (Hrsg.), 1997, S. 482, 492.

Näheren Aufschluß über die Verhängung von U-Haft gegenüber jungen Deutschen und Ausländern gibt die Studie über die Haftentscheidungspraxis am Bereitschaftsgericht Berlin von *Bindel-Kögel/Heßler* (1999). Ziel der Untersuchung war es zu überprüfen, ob die seit Beginn der 90er Jahre existierende Regelung des JGG in der Praxis der U-Haft-Anordnung berücksichtigt wurde. *Bindel-Kögel/Heßler* gingen davon aus, daß die auf den Grundsatz der Verhältnismäßigkeit, den Haftgrund der Fluchtgefahr und den erhöhten Haftschutz für 14- und 15jährige Bezug nehmenden Merkmale „Delikt", „Wohnsitz", „Nationalität" sowie „Alter" die haftrichterliche Entscheidung beeinflussen.

Insgesamt wurden von den 435 polizeilich festgenommenen Jugendlichen 300 gemäß § 128 StPO dem Haftrichter vorgeführt. Von diesen 300 Jugendlichen wurden 29 % in U-Haft genommen. 19 % erhielten eine Haftverschonung, 17 % wurden in Einrichtungen der Jugendhilfe überwiesen und 33 % bis zur Hauptverhandlung nach Hause entlassen.[780]

Die nähere Überprüfung der Signifikanz der Zusammenhänge zwischen den oben genannten Merkmalen und der Haftentscheidung ergab folgendes Bild: Zwischen der Schwere des Delikts und der Haftanordnung bestand - anders als angesichts des Verhältnismäßigkeitsgrundsatzes zu erwarten - eine negative Korrelation. Während sich die U-Haft-Quote im Falle des schweren Diebstahls auf 50,7 % belief, waren z. B. beim schweren Raub und der schweren Körperverletzung Quoten von 14,3 % und 23 % zu verzeichnen (29,3 % im Durchschnitt aller Delikte).[781] Es fiel auf, daß es sich bei fast 70 % der Beschuldigten, die wegen des Tatvorwurfes des schweren Diebstahls inhaftiert wurden, um einreisende ausländische Jugendliche ohne festen Wohnsitz in Deutschland handelte. Der Haftgrund der Fluchtgefahr schien hier entscheidungsrelevant zu sein, während der Grundsatz der Verhältnismäßigkeit in den Hintergrund trat.[782] Dementsprechend fand auch die Hypothese volle Bestätigung, wonach „fehlender Wohnsitz (in Berlin)" das entscheidende Merkmal für die Höhe der Haftquote in den einzelnen Deliktsbereichen war. Die Haftquote der Jugendlichen ohne Berliner Meldeadresse (60,2 %) lag um das Dreieinhalbfache über der der Jugendlichen mit Berliner Meldeadresse. Konzentriert man sich alleine auf die polnischen Jugendlichen[783], so zeigt sich, daß diese besonders häufig wegen Diebstahlsdelikten dem Haftrichter vorgeführt wurden (93,3 %). Schwerere Delikte wie Raub, schwerer Raub und schwere Körperverletzung machten nur 6,6 % der ihnen vorgeworfenen Delikte

---

780 Bindel-Kögel/Heßler, 1999, S. 37. Bei 2 % der Jugendlichen fehlten entsprechende Angaben.

781 Bindel-Kögel/Heßler. 1999, S. 39.

782 Bindel-Kögel/Heßler, 1999, S. 39.

783 Sie stellten die zahlenmäßig stärkste Gruppe unter den nichtdeutschen Jugendlichen ohne Wohnsitz im Bundesgebiet, vgl. Bindel-Kögel/Heßler, 1999, S. 40.

aus. Bei den übrigen Jugendlichen belief sich der Anteil dieser Delikte dagegen auf 60,8 %. Gleichzeitig wurde gegenüber den polnischen Jugendlichen der Haftbefehl schneller vollstreckt. Während nur 29 % aller dem Haftrichter vorgeführten Jugendlichen auch inhaftiert wurden, waren es 65 % der polnischen Jugendlichen.[784] Dagegen ergaben sich lediglich geringe Unterschiede, wenn man die Anordnungspraxis gegenüber deutschen Jugendlichen mit Meldeadresse in Berlin und ihre ausländischen Altersgenossen mit Wohnsitz in Berlin vergleicht. Die U-Haft-Quote war mit 16,9 % bei den haftrichterlich vorgeführten deutschen Jugendlichen mit Meldeadresse in Berlin nur geringfügig niedriger als bei der entsprechenden Gruppe der Nichtdeutschen mit 18 %.[785]

Die Bedeutung eines festen Wohnsitzes wird noch einmal deutlich, wenn man sich abschließend die unterschiedlichen Haftquoten vor Augen führt: 16,9 % bei deutschen Jugendlichen mit Berliner Meldeadresse, 18 % bei ausländischen Jugendlichen mit Berliner Meldeadresse, 29,3 % beim Durchschnitt aller Jugendlichen, 60,2 % bei Jugendlichen ohne Meldeadresse in Berlin sowie 65,1 % bei polnischen Jugendlichen.[786]

Erstmals widmete sich in einer empirischen Untersuchung *Ilka Staudinger* (2001) schwerpunktmäßig der U-Haft bei jungen Nichtdeutschen. Ziel war es u. a. zu klären, welche Gruppe von jungen Nichtdeutschen in erster Linie von U-Haft betroffen sind, wobei *Staudinger* den Unterschieden im Aufenthaltsstatus und -anlaß der inhaftierten Nichtdeutschen eine entscheidende Bedeutung zumaß.

Vor dem Hintergrund der in Literatur und Praxis beschriebenen Beobachtungen

---

784 Bindel-Kögel/Heßler, 1999, S. 40.

785 Bindel-Kögel/Heßler, 1999, S. 40. Die Bedeutung eines festen Wohnsitzes zeigte sich auch bei der Anordnung von U- Haft gegenüber den 14-und 15jährigen. Unter den 8 Jugendlichen unter 16 Jahren, die inhaftiert wurden, waren 5 ohne Meldeadresse in Berlin; s. S. 41.

786 So die Zusammenstellung bei Bindel-Kögel/Heßler, 1999, S. 42. Zum Verfahrensausgang s. Bindel-Kögel/Heßler, 1999, S. 50-56. Der Verfahrensausgang wurde von Bindel-Kögel/Heßler unter dem Aspekt der präjudiziellen Wirkung von U-Haft untersucht. Bei dieser Fragestellung spielten Nationalität oder die Frage des Wohnsitzes keine Rolle. Allerdings geben die Ergebnisse auch Aufschluß über die Berücksichtigung des Verhältnismäßigkeitsgrundsatzes in der Praxis. Mit Blick auf nichtdeutsche Jugendliche fällt der hohe Anteil der Jugendlichen auf, gegenüber denen Jugendarrest verhängt wurde: Insgesamt entfiel die höchste Quote von Urteilen mit Jugendarrest auf Verurteilte mit vorheriger U-Haft (42,2 %). Das Urteil lautete in diesen Fällen „Dauerarrest verbüßt durch U-Haft“. Bei 74 % von ihnen handelte es sich dabei um Jugendliche, die ihren Lebensmittelpunkt nicht in Deutschland hatten. Vgl. S. 54. Es drängt sich hier der Eindruck auf, daß es sich in vielen Fällen bei der U-Haft-Verhängung um eine vorweggenommene Sanktionierung - der später im Urteil verhängten Sanktion entsprechend - handelt; s. Bindel-Kögel/Heßler, 1999, S. 55.

ergaben sich für *Staudinger* acht forschungsleitende Hypothesen[787], die sie im Rahmen einer Aktenanalyse überprüfte. Die Untersuchung fand zwischen Januar und Dezember 1995 in der JVA Düsseldorf statt, wo in einem gesonderten Jugendhaus U-Haft an Jugendlichen und Heranwachsenden vollzogen wird. Die Aktenanalyse wurde ergänzt durch informelle Gespräche mit Richtern, Bediensteten der JVA, Sozialarbeitern, Gefängnisseelsorgern und auch einzelnen Inhaftierten.[788] Es wurden einerseits Faktoren wie Alter, Familienstand, Staatsangehörigkeit, Wohnsitz, Vorbelastungen und Beschäftigung erhoben sowie Kriterien, die in den Haftbefehlen selbst nicht auftauchen, die aber für die Unterscheidung zwischen deutschen und nichtdeutschen Gefangenen von Bedeutung sind. Zentral war hier die Frage nach der sozio-strukturellen Zusammensetzung der Gefangenen. *Staudinger* unterschied aufgrund der Datenlagen zwischen fünf Gruppen: in Deutschland Geborene, Zugereiste[789], Asylbewerber, Illegale und Touristen/Durchreisende.[790] Zum anderen wurde in der Erhebung speziell zum Haftbefehl dessen Inhalt - Verstöße, Angaben zum Tatverdacht, Begründung der Fluchtgefahr, Ausführungen zur Verhältnismäßigkeit - untersucht.[791]

Berücksichtigt wurden in der Studie alle Haftbefehle, die im Jahr 1995 erlassen wurden. Von insgesamt 387 registrierten Zugängen konnten 270 in die Studie einbezogen werden.[792] Daneben stand standen als weitere Informationsquelle die Personalbögen zur Verfügung. Diese waren vor allem für die Feststellung des Entlas-

---

787 1. Junge Ausländer in Untersuchungshaft stellen eine heterogene Gruppe dar, was nicht nur auf die Nationalitätenvielfalt, sondern in besonderem Maße auf ihre unterschiedlichen sozialstrukturellen Status zurückzuführen ist. 2. Die Anlaßdelikte der in Deutschland aufgewachsenen Ausländer sind überwiegend den schwereren Delikten zuzuordnen und mit denjenigen der deutschen Inhaftierten vergleichbar. 3. Asylbewerber, Illegale und Touristen/ Durchreisende sind meist aufgrund leichterer Delikte inhaftiert. 4. Bei Nichtdeutschen wird die Fluchtgefahr teilweise pauschal mit Auslandskontakten begründet.

5. Bei den inhaftierten Asylbewerbern/Illegale und Touristen/Durchreisenden liegen mehr Indikatoren für eine Fluchtgefahr vor als bei den deutschen Untersuchungsgefangenen.

6. Asylbewerberunterkünfte werden nicht als fester Wohnsitz akzeptiert. 7. Bei Illegalen erfolgt teilweise in direktem Anschluß an die Untersuchungshaft die Abschiebung oder die Abschiebehaft. 8. Die Begründung zu § 72 Abs. 1 S. 3 JGG erfolgt nur formelhaft. So Staudinger, 2001, S. 68.

788 Es wurde ein 27 Fragen umfassender Erhebungsbogen entwickelt, der die haftrelevanten Daten erfaßte. Dieser wurde in zwei Abschnitte, „allgemeine Daten“ und „Erhebung zum Haftbefehl“ unterteilt; Staudinger, 2001, S. 72.

789 Nichtdeutsche, die den Kulturwechsel bewußt miterlebt haben, sofern sie nicht als Kleinkinder bereits nach Deutschland gekommen sind; Staudinger, 2001, S. 73.

790 Staudinger, 2001, S. 74. Bei den deutschen Untersuchungsgefangenen wurden keine sozialstrukturellen Unterscheidungen wie z. B. eine gesonderte Betrachtung der (Spät-) Aussiedler vorgenommen; der Schwerpunkt der Arbeit lag eindeutig bei den ausländischen Inhaftierten, während die Deutschen nur als Vergleichsgruppe dienten.

791 Staudinger, 2001, S. 77.

792 Staudinger, 2001, S. 80.

sungszeitpunktes und damit für die Frage einer sich möglicherweise direkt anschließenden Abschiebehaft bei den jungen Nichtdeutschen von Bedeutung.[793]

Die Ergebnisse von *Staudinger* stellen sich zusammengefaßt folgendermaßen dar: Der Anteil der nichtdeutschen Gefangenen lag bei 67,4 %.[794] Diese entstammten 25 Nationen; eine Person war staatenlos. Der größte Teil der nichtdeutschen Gefangenen war türkischer Herkunft (25,2 % alle Untersuchungshäftlinge).[795] 9,6 % stammten aus Ex-Jugoslawien, ohne daß diese näher spezifiziert werden konnten.[796]

Was die Altersstruktur anbelangt, so war fast ein Drittel aller (nichtdeutscher und deutscher) Inhaftierten unter 18 Jahre alt. 7,4 % waren noch keine 16 Jahre alt und fielen somit unter die Bestimmung des § 72 Abs. 2 JGG.[797] Im Rahmen der bivariaten Analyse[798] wurde deutlich, daß bei allen Gruppen der nichtdeutschen Inhaftierten, insbesondere aber bei den in Deutschland geborenen Ausländern und den Illegalen, die Altersgruppe der Jugendlichen stärker vertreten waren als bei den Deutschen, was zur der Vermutung Anlaß gibt, daß Untersuchungshaftvermeidung bei Jugendlichen verstärkt bei den deutschen Tatverdächtigen dieser Altersgruppe praktiziert wird.[799] Die sozial-strukturelle Einordnung der ausländischen Gefangenen zeigte, daß die Hälfte der nichtdeutschen Inhaftierten in Deutschland geboren oder zugereist war. 19,8 % waren Illegale, 17 % Asylbewerber und 5,5 % hielten sich nur vorübergehend in Deutschland auf.[800]

Zählt man den Anteil der deutschen Untersuchungsgefangenen hinzu, so sind 66,3 % aller Untersuchungshäftlinge Deutsche oder in Deutschland Ansässige.[801] 42,3 % der nichtdeutschen Untersuchungsgefangenen - das sind 28,5 % aller jungen Untersuchungsgefangenen - richteten dagegen ihren Aufenthalt nicht (dauerhaft) auf Deutschland aus.[802]

---

793 Staudinger, 2001, S. 71.

794 Staudingen, 2001, S. 85.

795 Staudinger, 2001, S. 85.

796 Staudinger, 2001, S. 85.

797 Staudinger, 2001, S. 84. Staudinger weist darauf hin, daß der hohe Anteil jugendlicher Gefangener teilweise durch falsche Angaben der Betroffenen selbst bedingt ist; gerade bei illegalen Tatverdächtigen konnten häufig keine Ausweispapiere gefunden werden.

798 Im Rahmen der bivariaten Analyse reduzierte sich die Zahl der verwertbaren Akten auf 255; der Prozentsatz der jugendlichen Inhaftierten sank dadurch auf 30,98 %; Staudinger, 2001, S. 99/100.

799 So Staudinger, 2001, S. 100.

800 Staudinger, 2001, S. 86: Bei 5,2 % ließ sich die soziale Gruppenzugehörigkeit nicht klären.

801 Staudinger, 2001, S. 86.

802 Staudinger, 2001, S. 86.

Für den überwiegenden Anteil der 263 Untersuchungsgefangenen[803] (57,8 %) dauerte die U-Haft bis zu drei Monate; 42,2 % verweilten länger als drei Monate in der U-Haft - davon 13,7 % länger als sechs Monate. Lediglich 2,3 % der Inhaftierten waren nur bis zu zwei Wochen in der JVA Düsseldorf.[804] Die Entlassung aus der U-Haft hatte zu 46 % die Freilassung und zu 44,1 % die Verlegung in eine andere JVA zur Folge. 13 Untersuchungsgefangene - das sind 4,8 % aller Inhaftierten - wurden direkt aus der U-Haft abgeschoben bzw. in Abschiebehaftanstalten verlegt.[805] Zählt man noch jene Fälle hinzu, in denen lediglich der Untersuchungshaft - in einen Abschiebehaftbefehl umgewandelt wurde, wurde bei knapp 10 % der jungen Nichtdeutschen im direkten Anschluß an die U-Haft Abschiebehaft vollzogen.[806]

Von besonderem Interesse waren die Anlaßdelikte: Mit fast einem Drittel war der Diebstahl in einem besonders schweren Fall das am häufigsten vertretene Anlaßdelikt, gefolgt von Verstößen gegen das BtMG (22,6 %), Raub und räuberischer Erpressung (insgesamt 18,4 %). 5,9 % aller Haftbefehle stützen sich auf einen einfachen Diebstahl, 4,4 % auf einen Verstoß gegen das AuslG. Insgesamt wurde gegenüber 12,1 % der jungen Inhaftierten U-Haft angeordnet, obwohl sich der dringende Tatverdacht lediglich auf ein Delikt aus dem Bagatellbereich bezog.[807] Eine bivariate Analyse „sozial-strukturelle Einordnung/Anlaßdelikt" zeigte allerdings, daß die Verteilung der Anlaßdelikte bei Deutschen, den in Deutschland Geborenen und den Zugereisten nur bedingt gleichmäßig ausfiel: Zwar zeichnen sich alle drei Gruppen dadurch aus, daß sie überwiegend wegen Eigentumsdelikten, Raub/räuberischer Erpressung oder Verstößen gegen das BtMG inhaftiert wurden, doch zeigen sich bemerkenswerte Unterschiede in der Verteilung innerhalb dieser Deliktsgruppen. So waren die Deutschen hauptsächlich wegen einfachen oder schweren Diebstahls inhaftiert (50,7 %), dagegen die in Deutschland geborenen Ausländer wegen Raub/räuberischer Erpressung (33,69 %). Bei den Zugereisten nahmen die Verstöße gegen das BtMG den ersten Platz ein.[808] Im Ergebnis befanden sich die jungen Deutschen vor allem wegen des Verdachts eines Vergehens in U-Haft, die Nichtdeutschen der zweiten oder dritten Generation dagegen in erster Linie wegen des Verdachts eines Verbrechens. Errechnet man die Zahl der Anlaßdelikte, bei denen dem Beschuldigten bezüglich der Tatbegehung Gewaltanwendung oder die Anwendung eines anderen Nötigungsmittels

803 Bei sieben Gefangenen konnte die Verweildauer nicht errechnet werden; Staudinger, 2001, S. 88.

804 Staudinger, 2001, S. 88.

805 Staudinger, 2001, S. 89.

806 Staudinger, 2001, S. 90.

807 Staudinger, 2001, S. 92.

808 Ausführlich Staudinger, 2001, S. 106, 107.

vorgeworfen wurde, zeigt sich, daß die in Deutschland geborenen Ausländer in 41,5 % ihrer Inhaftierungen zugrunde liegenden Delikte zu Gewalt oder einem anderen Nötigungsmittel gegriffen haben sollen. Bei den zugereisten Nichtdeutschen liegt dieser Wert mit 42,9 % sogar noch etwas höher, während er bei den jungen Deutschen mit 25,67 % signifikant niedriger ist. Zum Vergleich: Bei den Asylbewerbern beläuft sich diese Quote auf 6,45 % und bei den Illegalen auf 2,77 %.[809] Die Anlaßdelikte der in Deutschland ansässigen Ausländer sind also insgesamt eher der schwereren Kriminalität zuzuordnen.

Nicht ganz einheitlich stellt sich das Bild bei den Gruppen der Asylbewerber, Illegalen und Touristen/Durchreisenden dar: Diese drei Gruppen ließen sich hinsichtlich der Anlaßdelikte nicht - wie zunächst erwartet - zusammenfassen. So befanden sich die Asylbewerber zu 87,08 % wegen „klassischer" Delikte und nicht wegen typischer Ausländerstraftaten in Untersuchungshaft. Die These, Asylbewerber befänden sich aufgrund leichterer Delikte in U-Haft bestätigte sich somit nicht. Anders verhält es sich mit den Illegalen: Von den 36 in U-Haft befindlichen Illegalen war nur einer wegen eines Gewaltdelikts in U-Haft, während in 27,7 % ein Verstoß gegen das AuslG, in weiteren 19,44 % der Verdacht eines Urkundendelikts, in 13,88 % der Verdacht eines Betruges (beides oft in Zusammenhang mit Verstößen gegen das AuslG) und in 25 % der Verdacht von Eigentumsdelikten zur Verhängung von U-Haft führten. Insgesamt waren rund 61 % der jungen illegalen Untersuchungsgefangenen wegen ausländertypischer Bagatelldelikte in Haft. Es zeigt sich hier ein deutliches Mißverhältnis zu den jungen ansässigen Nichtdeutschen und Deutschen.[810]

Die Annahme, junge Nichtdeutsche würden generell schneller d. h. wegen vergleichsweise leichterer Delikte in U-Haft genommen, hat sich dagegen für die ansässigen Ausländer nicht bestätigt: Sie scheinen objektiv eher Anlaß für die Verhängung von U-Haft zu geben als ihre deutschen Altersgenossen.[811]

10. 3. 1. Der Haftgrund der Fluchtgefahr und die Ausländereigenschaft

Der Haftgrund „Fluchtgefahr" dominiert die Anordnungspraxis der U-Haft. *Gebauer* ermittelte, daß zwei Drittel der von ihm untersuchten Haftbefehle alleine auf Fluchtgefahr gestützt wurden[812], bei *Weinknecht* ergab sich ein Anteil von 77,9 %

---

809 Staudinger, 2001, S. 106, Tab. 14, S. 107.

810 Staudinger, 2001, S. 106, Tab. 14, S. 108; s. auch S. 114: Touristen/Durchreisende bildeten eine so kleine Gruppe, daß sich verallgemeinerungsfähige Feststellungen nicht treffen ließen.

811 So Staudinger, 2001, S. 107.

812 Gebauer, 1987, S. 231 (für alle Altersgruppen und alle Nationalitäten).

an den untersuchten Haftfällen[813]. *Jehle* errechnete einen Anteil von 95,5 % der Haftgründe Flucht bzw. Fluchtgefahr bei den jungen Abgeurteilten mit Untersuchungshaft. Bemerkenswert ist insoweit, daß Fluchtgefahr bei allen Altersgruppen deutlich dominiert - auch bei den 14-15jährigen, bei denen nach dem 1. JGGÄndG der Anteil der Haftgründe Flucht bzw. Fluchtgefahr von 96,8 % lediglich auf 94,7 % zurückging.[814] Der von *Jabel* ermittelte Anteil der Fluchtgefahr belief sich auf 69,9 % der Haftfälle[815], von *Sonnen* wurde ebenfalls die Dominanz der Haftgründe Flucht und Fluchtgefahr mit 79,1 % festgestellt, wobei speziell der Haftgrund der Fluchtgefahr bei Rumänen (97,3 %) und den Polen (94,8 %) als auffallend hoch hervorsticht.[816]

Die Voraussetzungen der „Fluchtgefahr" sind erfüllt, wenn „die Würdigung der Umstände des Falles es wahrscheinlicher macht, daß sich der Beschuldigte dem Strafverfahren entziehen, als daß es sich ihm zur Verfügung halten werde"[817]. Reine Mutmaßungen oder bloße Befürchtungen, der Beschuldigte werde fliehen, können die Annahme von Fluchtgefahr nicht begründen, ebenso wenig schematische Beurteilungen anhand genereller Maßstäbe[818]. Die Fluchtgefahr darf vielmehr nur aus bestimmten Tatsachen hergeleitet werden. Nach h. M. reicht derselbe Wahrscheinlichkeitsgrad wie beim dringenden Tatverdacht aus.[819] Die Beurteilung der Fluchtgefahr erfordert grundsätzlich eine Berücksichtigung aller Umstände des Falles - Art der dem Beschuldigten vorgeworfenen Tat, die Persönlichkeit des Beschuldigten, seine Lebensverhältnisse und Vorleben sowie sein Verhalten vor und nach der Tat,[820]wobei fluchtbegünstigende und fluchthemmende Faktoren gegeneinander abgewogen werden müssen.

Nach der gängigen strafprozessualen Kommentierung begründen in der Regel folgende Faktoren Fluchtgefahr: auffälliger Wohnungs- und Arbeitsplatzwechsel, Verwendung falscher Namen/Papiere, Flucht in früheren Verfahren, charakterliche Labilität, Neigung zu Glücksspiel/Drogenmißbrauch, das Fehlen beruflicher und familiärer Bindungen, das Fehlen einer festen Wohnung oder eines festen Aufenthaltes. Diesen Fluchtgefahr begründenden Faktoren reihen sich gute Beziehungen zum Ausland, dort befindliches Vermögen, gute Sprachkenntnisse bzw. Fremdsprachenkenntnisse, die in Verbindung mit weiteren Umständen eine leichtere Ein-

---

813 Weinknecht, 1988, S. 205, Tab. Nr.31 (für Jugendliche und Heranwachsende aller Nationalitäten).

814 Jehle, 1995, S. 70.

815 Jabel, 1988, S. 127 (für alle Altersgruppen und Nationalitäten).

816 Sonnen, in: DVJJ (Hrsg.), 1997, S. 482, 491.

817 Kleinknecht/Meyer-Goßner, § 112 Rz. 17.

818 S. OLG Köln, StV 1995, S. 475.

819 Kleinknecht/Meyer-Goßner, § 112 Rz. 22.

820 Kleinknecht/Meyer-Goßner, § 112 Rz. 19.

gliederung in einem fremden Land erwarten lassen, die Ausländereigenschaft des Beschuldigten, wenn engere Inlandsbeziehungen fehlen, ein.[821] Gegen Fluchtgefahr sprechen dagegen in der Regel starke familiäre oder berufliche Bindungen[822], hohes Alter sowie ein schlechter und deswegen fluchthindernder Gesundheitszustand des Betroffenen.[823]

Führt man sich diese Kriterien vor Augen, fällt zweierlei auf: Die gegen Fluchtgefahr sprechenden Umstände sind typischerweise solche, die regelmäßig gerade auf Jugendliche nicht zutreffen. Auszunehmen hiervon ist die familiäre Bindung, wobei zu beachten ist, daß in nicht wenigen Fällen gerade die Bindung an die Eltern mit fortschreitendem Alter gelockert sein dürfte und die Bindung zur Gruppe der Gleichaltrigen großen Stellenwert hat. Die Fluchtgefahr indizierenden Umstände vereinen dagegen Phänomene der sozialen Randständigkeit auf sich und sind in vielen Fällen geradezu charakteristisch für das Jugendalter (charakterliche Labilität, das Fehlen fester beruflicher und familiärer Bindungen).[824]

Bei nichtdeutschen Jugendlichen lassen sich nun viele dieser fluchtindizierenden Umstände bejahen. Reisende Täter, aber auch z. B. Asylbewerber, die sich erst seit kurzem im Bundesgebiet aufhalten, sind Gruppen junger Nichtdeutscher, bei denen die Begründung von Fluchtgefahr besonders leicht fällt. Die reisenden Täter verfügen weder über Wohnsitz noch Bindungen im Inland, sondern haben ihren Lebensmittelpunkt im Ausland; junge Asylbewerber oder Flüchtlinge können zumeist weder auf eine berufliche noch auf eine soziale Integration verweisen. Asylbewerberheime werden darüber hinaus von der Rechtsprechung nicht als fluchthindernder Wohnsitz anerkannt.[825] Um so wichtiger ist es bei der Prüfung, ob der Haftgrund der Fluchtgefahr vorliegt, auch jugendgemäße Umstände zu berücksichtigen, die möglicherweise zu einer anderen Beurteilung als im Falle eines Erwachsenen führen können.

Gerade bei jüngeren Jugendlichen - unabhängig davon, ob deutsche oder nichtdeutsche Staatsangehörigkeit - fehlt es oft an den tatsächlichen, insbesondere auch finanziellen Möglichkeiten zur Flucht.[826] Aufgrund ihrer geringen sozialen Handlungskompetenz können sie meist schnell gefunden werden. Zwar mag die gerade

---

821 S. Kleinknecht/Meyer-Goßner, § 112 Rz. 20, KK-Boujong, § 112 Rz. 20, LR-Hilger, § 112 Rz. 36.

822 Vgl. bezüglich Nichtdeutscher OLG Köln, StV 1997, S. 642, 643; OLG Köln StV, 1994, S. 582; OLG Köln, StV 1996, S. 382, 383; OLG Celle, StV 1991, S. 473 (betr. Außervollzugsetzung des Haftbefehls); OLG Köln StV, 2000, S. 508.

823 Kleinknecht/Meyer-Goßner, § 112. Rz 21.

824 Vgl. auch Walter, MschrKrim 1978, 337, 344: Es handelt sich weniger um fluchtspezifische Einzelmomente als um allgemeine Anhaltspunkte, die eher einen schichtenspezifischen Bezug implizieren; auch Walter, ZfJ 1986, S. 429, 433.

825 Vgl. Sack, in: KAV (Hrsg.), 1996, S. 65, 69.

826 Vgl. OLG Hamm, StV 1996, S. 275.

bei Jugendlichen anzutreffende Angst vor Behörden und der Justiz[827] sie eher zu einem Untertauchen verleiten, doch beschränkt sich dies fast immer auf ein Untertauchen am Ort, so daß sie durch Nachforschungen in der Szene der Jugendlichen aufgefunden werden können.[828] Auch bei nichtdeutschen Jugendlichen, wenn auch hier Beziehungen ins Ausland existieren, sollte dies berücksichtigt werden. Nicht zu unterschätzen sind auch die bestehenden Beziehungen zur Gruppe der Gleichaltrigen. Während bei Erwachsenen fluchthemmende soziale Bindungen zumeist in einer bestehenden Ehe, Partnerschaft und dem Familienverbund (vor allem Existenz von Kindern) sowie einer beruflichen Anbindung gesehen werden, hat bei den Jugendlichen in aller Regel ein Ablösungsprozeß vom Elternhaus eingesetzt, ohne daß sich neue, als „gleichwertig" anerkannte, Beziehungen etabliert haben. Dagegen ist ein wichtiger Bezugspunkt im Leben der Jugendlichen die Gruppe der Gleichaltrigen bzw. Freunde.[829] Nicht selten ist es allerdings gerade diese Gruppe, aus der der betroffene Jugendliche durch (zu diesem Zweck gesetzwidrige) Verhängung von U-Haft herausgelöst werden soll. Die Ausgangssituation bei der Beurteilung bestehender Bindungen ist- soweit sie nicht mehr in Bindungen ans Elternhaus bestehen - bei Jugendlichen daher eine andere, die mit den in Rechtsprechung und Kommentarliteratur genannten fluchthemmenden Indikatoren nur schwer zu fassen ist. Hier muß sich vielmehr eine jugendspezifische Perspektive durchsetzen, die im Einzelfall die Einbindung in den Freundeskreis, die Clique usw. als einen dem Alter entsprechenden fluchthemmenden Umstand berücksichtigt.[830] Auch soweit bei Jugendlichen auf das Fehlen eines festen Wohnsitzes/Aufenthaltes zur Begründung von Fluchtgefahr rekurriert wird, ist eine restriktive Betrachtungsweise geboten. Solange der Jugendliche nicht bei seinen Eltern oder aus einer anderen Wohnung ausgezogen ist, hat er noch einen festen Wohnsitz. Daß er mehrere Tage nicht nach Hause kommt, sich „herumtreibt", reicht nicht aus, um Fluchtgefahr zu begründen.[831] Gerade die familiäre Einbindung, der Kontakt zu den Eltern ist z. B. bei türkischen Jugendlichen in vielen Fällen besser erhalten oder stärker als bei deutschen Jugendlichen,[832] was im Einzelfall im Rah-

---

827 Siehe Walter, MschrKrim 1978, S. 337, 344 mit der Vermutung, daß Berührungsangst gegenüber den staatlichen Stellen, denen sich junge Tatverdächtige aufgrund ihrer geringen Beschwerdemacht nicht gewachsen fühlen, in Fluchtgefahr uminterpretiert wird.

828 Ostendorf, § 72 Rz. 3.

829 Siehe Walter, MschrKrim 1978, S. 337, 344.

830 Mit Kritik an der Prüfung der Fluchtgefahr aus Sicht Erwachsener schon Kreuzer, RdJB 1978, S. 337, 344.

831 So OLG Hamm, StV 1996, S. 275 unter Hinweis auf die gesetzgeberische Intention bei der Neuregelung des § 72 JGG, insbesondere § 72 Abs.2 JGG und die anvisierte Gruppe der herumreisenden Serien- und Bandentäter; vgl. auch Ostendorf, § 72 Rz. 3.

men der Abwägung zwischen fluchthemmenden und fluchtanreizenden Faktoren zu berücksichtigen ist.

So wird denn auch kritisiert, daß „trotz konstantem Migrationsverhalten, eindeutigen Lebensbezügen zu unserer Gesellschaft und trotz allem stabileren Familienstrukturen als in der durchschnittlichen Kleinfamilie generell die Verfahrensrisiken einer Flucht ins Ausland unterstellt werden."[833]

Wie die Praxis die auf Fluchtgefahr gestützten Haftbefehle speziell gegenüber Jugendlichen und Heranwachsenden und insbesondere gegenüber jungen Ausländern im einzelnen begründet, ist bislang empirisch nicht ausreichend erforscht. Aufschluß über die inhaltliche Begründung der Haftbefehle gegenüber Jugendlichen und Heranwachsenden gibt die Studie von *Weinknecht*. Danach wird Fluchtgefahr überwiegend mit der zu erwartenden Strafhöhe begründet (31,4 %) sowie mit Vorstrafen - wobei laut *Weinknecht* dem Richter hier ebenfalls die höhere Straferwartung aufgrund der Vorstrafen vor Augen stand. Der Anteil der Begründungen, die auf die soziale Herkunft und Situation des Beschuldigten rekurrierten, wie sie sich in Ausdrücken wie „entlaufen" „herumgetrieben", „ohne festen Wohnsitz", „unangemeldet" usw. niederschlägt, belief sich auf rund 30 %.[834] Es zeigte sich, daß die Haftrichter die Situation schlecht einschätzten, die Begründungen zum Teil nicht von den tatsächlich gegebenen Lebenssachverhalten gedeckt waren, hingegen die wirklichen Umstände oft nicht in den Begründungen auftauchten.[835] Welcher Bedeutung der Ausländereigenschaft des Beschuldigten bei der Begründung des Haftbefehls zukam, wurde nicht erhoben.

Aufschluß gibt diesbezüglich die Studie von *Gebauer*, der nicht zwischen Jugendlichen und Erwachsenen differenzierte. Allerdings wiesen gerade die jüngeren Altersgruppen, die einen großen Teil der Personen mit U-Haft stellten, einen hohen Ausländeranteil auf.[836] Neben der Formelhaftigkeit der Haftbefehlsbegründungen, insbesondere bei der Fluchtgefahr, konnte *Gebauer* die Ausländereigenschaft unter den sieben wichtigsten Kriterien als siebtwichtigstes Begründungsmerkmal ausmachen (hinter der Höhe der Straferwartung, dem Fehlen eines festen Wohnsitzes, dem Fehlen sozialer Bindungen, Arbeitslosigkeit, Vorleben und dro-

---

832 Focken/Gley, 1987, S. 41. S. auch Beyer, 1992, S. 276. Allerdings komme es auch vor, daß aus einer Überreaktion heraus, die Eltern ihre Kinder verstecken oder außer Landes schaffen. Jacobi, in: Dt. Strafverteidigervereinigung (Hrsg.), 1995, S. 243, 245 hat - was allgemein ausländische Beschuldigte angeht - die Erfahrung gemacht, daß familiäre Bindungen in der Regel nicht ernst genommen, dagegen die Verbindungen ins Ausland eher überschätzt werden.

833 So Hubert, in: Hubert/Hochgesand (Hrsg.), 1997, S. 175.

834 Siehe Weinknecht, 1988, S. 209-214.

835 Weinknecht, 1988, S. 215.

836 Vgl. Gebauer, 1987, S. 125, 126.

hendem Bewährungswiderruf). Selten war es allerdings das alleinig genannte Begründungsmerkmal im Haftbefehl.[837]

Differenzierte Erkenntnisse liefert die Untersuchung von *Staudinger*. Ihre Erhebung bestätigt erwartungsgemäß die herausragende Bedeutung der „Fluchtgefahr" bei der Verhängung von U-Haft: Kombiniert mit anderen Haftgründen weist die Fluchtgefahr einen Anteil von 90,7 % auf.[838] Allgemein wurde die Fluchtgefahr mit den gängigen Kriterien begründet: Mangelnde familiäre Bindungen fanden sich in 53,7 %, der fehlende feste Wohnsitz in 43 % und eine fehlende Beschäftigung in 38,5 % der Haftbefehle. Am häufigsten wurde die Fluchtgefahr allerdings mit der Straferwartung begründet. Sie war in 59,3 % der Haftbefehle zu finden und wurde in 14,8 % als alleinige Erklärung für die Annahme von Fluchtgefahr angeführt.[839] In insgesamt 23 % der Fälle, in denen sich der Haftbefehl auf Fluchtgefahr stützte, entbehrten die Begründungen für die Fluchtgefahr jeglicher nachvollziehbaren Grundlage. Bei 5,18 % aller Haftbefehle (14 Fälle) stellte die hohe „Straferwartung ohne Begründung"[840] das einzige Kriterium zur Begründung der Fluchtgefahr dar.[841]

Erhärtet hat sich nach den Ergebnissen von *Staudinger* die Annahme, daß bei Nichtdeutschen die Fluchtgefahr teilweise pauschal mit Auslandskontakten begründet wird. Zwar wurde in knapp 63 % (absolut: 114) der Haftbefehle ausländischer Tatverdächtiger die Staatsangehörigkeit nicht erkennbar berücksichtigt, in acht Haftbefehlen wurde allerdings nur aufgrund der Tatsache, daß der Betroffene noch enge Verwandte oder sonstige Angehörige im Ausland hatte, Fluchtgefahr angenommen und in 14 Haftbefehlen wurden trotz enger Angehöriger in Deutschland die sozialen Bindungen des Betroffenen in Deutschland allgemein verneint. Bei 35 nichtdeutschen Untersuchungsgefangenen (19,23 %) fand sich im Haftbefehl der formelhafte Satz „Der Tatverdächtige ist als Ausländer ohne hinreichende Bindungen in der BRD", ohne daß sich Ausführungen dazu fanden, worauf im konkreten Fall diese Feststellung beruht.[842] Häufig schloß sich diesem

---

837 Gebauer, 1987, S. 236; zur Bedeutung der Ausländereigenschaft bei Außervollzugsetzung des Haftbefehls sowie Haftverschonung s. Gebauer, 1987, S. 273 und 311.

838 Staudinger, 2001, S. 94.

839 Ausführlich Staudinger, 2001, S. 95.

840 Staudinger unterschied zwischen „Straferwartung mit Begründung" und „Straferwartung ohne Begründung". Als „Straferwartung mit Begründung" wurden Fälle gewertet, in denen der Anordnung von U-Haft entweder der Verdacht eines Verbrechens zugrundelag oder aber der Richter begründete, warum trotz des Vorwurfs eines Vergehens mit Verurteilung zu einer Jugendstrafe gerechnet werden müsse (z. B. wegen Vorstrafen oder drohenden Bewährungswiderrufs). Haftbefehle, in denen die Begründung „Straferwartung" jeglicher Grundlage entbehrten, wurden als „Straferwartung ohne Begründung" eingestuft; s. Staudinger, 2001, S. 78.

841 Staudinger, 2001, S. 119.

842 Ausführlich Staudinger, 2001, S. 96/97.

Satz lediglich die Bemerkung an, der Betroffene sei „ohne Arbeit", „ohne festen Wohnsitz" und „ohne familiäre Bindungen".[843]

Die Erhebung der Indikatoren für Fluchtgefahr bei den einzelnen Gruppen von Nichtdeutschen anhand der Personalbögen ergab, daß 91,6 % der inhaftierten Illegalen keinen festen Wohnsitz nachweisen konnten und rund 93 % ohne feste Beschäftigung waren; bei den Asylbewerbern waren 16,2 % ohne festen Wohnsitz, 64,5 % lebten in einer Unterkunft für Asylbewerber[844] und 90,9 % waren ohne Beschäftigung. Ähnlich verhielt es sich bei den Touristen und Durchreisenden, so daß man festhalten kann, daß bei diesen drei Gruppen die Indikatoren „ohne festen Wohnsitz" und „ohne Beschäftigung" deutlich häufiger vorlagen als bei den Deutschen (23 % und 66,27 %).[845] Was speziell das Kriterium „fester Wohnsitz" angeht, so lassen die Ergebnisse von *Staudinger* außerdem die Tendenz erkennen, daß Haftrichter den elterlichen Wohnsitz bei den Deutschen eher mit familiären Bindungen verbinden, als sie das bei den „ansässigen" Ausländern tun: Letztere lebten noch zu drei Vierteln bei ihren Eltern und scheinen damit sozial besser integriert als die deutschen Untersuchungsgefangenen[846], dennoch verneinten die Richter bei 45,3 % von ihnen ohne weitere Begründung die familiären Bindungen[847]. Zum Vergleich: Von den inhaftierten Deutschen lebte nur die Hälfte noch im familiären Hausstand[848] und ihnen wurde nur zu 43,7 % die familiären Bindungen abgesprochen.[849]

Des weiteren ergab die Untersuchung von *Staudinger*, daß Angaben zu § 72 Abs. 1 S. 3 JGG bei fast drei Viertel der jugendlichen Untersuchungsgefangenen in den Haftbefehlen fehlten, die Richter somit gegen die ihnen obliegende Begründungspflicht, warum alternative Maßnahmen nicht ausreichen und die U-Haft nicht unverhältnismäßig ist, verstießen.[850] Auch hier zeigten sich allerdings Unterschiede

843 Staudinger, 2001, S. 119.

844 Dennoch stützte sich bei 54,6 % der von U-Haft betroffenen Asylbewerber der Haftbefehl bei Begründung der Fluchtgefahr u. a. auf den Indikator „ohne festen Wohnsitz". Elfmal wurde dabei angegeben, daß die Asylbewerberunterkunft nicht als fester Wohnsitz anerkannt werden könne; in den übrigen Fällen konnte den Haftbefehlen keine Erklärung für die Diskrepanz zwischen den Angaben im Personalbogen und im Haftbefehl entnommen werden; kritisch zur Ablehnung der Asylbewerberunterkünfte als festen Wohnsitz Staudinger, 2001, S. 116/117.

845 Staudinger, 2001, S. 116.

846 S. Staudinger, 2001, S. 100.

847 S. Staudinger, 2001, S. 109.

848 S. Staudinger, 2001, S. 100.

849 Staudinger, 2001, S. 109; s. auch zusammenfassend S. 120.

850 Auch wenn keine geeigneten Heime zur Verfügung stehen, hätte dies zumindest im Haftbefehl vermerkt werden müssen. Der Verzicht auf diesbezüglich Ausführungen deutet darauf hin, daß die Richter entweder den § 72 Abs. 1 S. 3 JGG nicht kennen oder sich aber bewußt darüber hinwegsetzen; Staudinger, 2001, S. 97/98, 118. Insgesamt beinhalteten nur

mit Blick auf die verschiedenen Gruppen der Untersuchungsgefangenen: Fehlten bei den jugendlichen Illegalen die Angaben zu § 72 Abs.1 S. 3 JGG in 83,33 % und bei den Asylbewerbern dieser Altersgruppe in 90,9 % der Haftbefehle, belief sich die Quote bei den deutschen Jugendlichen auf „nur“ 59,09 %.[851] Auch fand *Staudinger* die vielfach beklagte Inhaltsleere und Formelhaftigkeit der Haftbefehlsbegründungen bestätigt, insbesondere waren fast alle Begründungen zur Fluchtgefahr wenig substantiiert und Ausführungen zur Verhältnismäßigkeit unterblieben fast durchgehend. Das dem Haftbefehl zugrundeliegende Anlaßdelikt wurde oft nicht näher konkretisiert bzw. es wurde regelmäßig nur ein Verstoß erwähnt, obwohl dringender Tatverdacht bezüglich mehrerer Taten vorlag.[852]

Empirisch fundierte Aussagen zur Begründung der Fluchtgefahr in Haftbefehlen gegenüber jungen Ausländern können derzeit nur schwer getroffen werden. Alleine die Befunde von *Staudinger* lassen eine differenzierte Bewertung zu. Es bleibt festzuhalten, daß aufgrund des besonderen Status als „Ausländer“ soweit dieser Beziehungen zum Ausland, Sprachkenntnisse usw. mit sich bringt, und der bei jungen Nichtdeutschen geballt anzutreffenden Merkmale sozialer Randständigkeit, Fluchtgefahr in der Regel ohne größeren Begründungsaufwand angenommen werden kann. Größten Teils - das hat die jüngste Untersuchung von *Staudinger* gezeigt - wird die Fluchtgefahr formelhaft begründet und läßt eine Einzelfallprüfung vermissen. Das die Praxis der U-Haft-Verhängung begrenzende Verhältnismäßigkeitsprinzip sowie ein jugendspezifischer Maßstab schon bei Beurteilung der Fluchtgefahr ist damit gerade bei ausländischen Jugendlichen von zentraler Bedeutung.

10. 3. 2. Apokryphe Haftgründe

Die Interpretationsoffenheit des Haftrechts eröffnet neben einer extensiven Auslegung und Anwendung auch die Möglichkeit der U-Haft-Anordnung aus anderen als den gesetzlich festgelegten Gründen.

Das Bestehen solcher apokrypher Haftgründe - verdeckter und unbenannter, gesetzlich nicht vorgesehener Haftgründe - wird heute kaum noch geleugnet.[853] Die

---

19,6 % aller Haftbefehle allgemeine Ausführungen zur Verhältnismäßigkeit, wobei hiervon 6,3 % eine Auseinandersetzung mit dem konkreten Fall erkennen ließen, während im übrigen sich die Richter mit der formelhaften Feststellung „Die Anordnung der Untersuchungshaft ist auch nicht unverhältnismäßig“ begnügten. Im Ergebnis fehlten in 55,6 % der Fälle Ausführungen zur Verhältnismäßigkeit, obwohl die Betroffenen eines Vergehens verdächtig waren und somit eine Auseinandersetzung mit der Verhältnismäßigkeit der U-Haft angezeigt gewesen wäre; ausführlich Staudinger, 2001, S. 93.

851 Staudinger, 2001, S. 110/111.

852 Staudinger, 2001, S. 118.

853 Vgl. nur Schaffstein/Beulke, 1998, S. 251 „nach wie vor spielen apokryphe Haftgründe eine Rolle“.

Haupteinbruchstelle für apokryphe Haftgründe ist der Haftgrund der Fluchtgefahr, dessen schwierige Operationalisierung und Konkretisierung die Annahme von Fluchtgefahr nur schwer widerlegbar und überprüfbar macht.[854] Gerade bei Ausländern, bei denen leicht „schematisch" auf Beziehungen zum Ausland, Sprachkenntnisse usw. verwiesen werden kann, sind diese Begründungen nur schwer angreifbar und daher geradezu geeignet, die eigentlich maßgeblichen Gründe der Haftanordnung zu verdecken.

Die tatsächliche Bedeutung der apokryphen Haftgründe in der Praxis der U-Haft-Anordnung ist empirisch nur schwer belegbar. Kaum ein Richter dürfte zugeben, daß er seine Haftanordnung auf Erwägungen stützt, die Untersuchungshaft nicht zu legitimieren vermögen.

So stützt sich die Diskussion um apokryphe Haftgründe hauptsächlich auf Vermutungen. Hinweise auf das tatsächliche Vorhandensein apokrypher Haftgründe liefern die Angaben 14 befragter Jugendrichter, von denen immerhin 13 die Existenz solcher Haftgründe, insbesondere auch in Ansehung des „vorgeschobenen" Haftgrundes Fluchtgefahr, bejahten.[855]

Auch bestimmte (rechts-)tatsächliche Anhaltspunkte sprechen für die Existenz und eine nicht unerhebliche Bedeutung der apokryphen Haftgründe in der Praxis. So liefert einen Hinweis auf apokryphe Haftgründe die unter dem Verhältnismäßigkeitsgesichtspunkt bedenklich stimmende Tatsache, daß in der ganz überwiegenden Zahl der Fälle, in denen gegen Jugendliche oder Heranwachsende U-Haft angeordnet wird, später keineswegs zu einer (vollstreckbaren) Freiheits- bzw-Jugendstrafe verurteilt wird. Dies gilt in besonderem Maße auch für junge Ausländer. Sie werden im Vergleich zu den Deutschen außerdem tendenziell wegen weniger schwerer Delikte und für kürzere Zeit inhaftiert. Untersuchungshaft zum Zwecke der Krisenintervention, als Einstiegsarrest, Schocktherapie oder aus general- und spezialpräventiven Erwägungen wurde gerade im Bereich des Jugendstrafrechts - teilweise aus der Vorstellung heraus, nur das Beste für die Betroffenen zu wollen - immer wieder angeordnet.[856] Gleichzeitig nährt auch die immer wieder feststellbare Formelhaftigkeit der Haftbefehlsbegründungen insbesondere im Zusammenhang mit der Fluchtgefahr den Verdacht, daß letztlich apokryphe Haftgründe für die Anordnung der U-Haft ausschlaggebend waren. So waren *Bindel-Kögel/Heßler* zufolge in 52 von 88 Fällen, in denen U-Haft vollzogen wurde, Begründungen für den Erlaß des Haftbefehls bekannt. In 94,2 % der Fälle wurde als Haftgrund Fluchtgefahr angegeben, die in 38,8 % der Fälle, die in Berlin

---

854 Cornel, MschrKrim 1987, S. 65, 70, Eisenberg/Tóth, GA 1993, S.293, 304/305.

855 Schulz, in: DVJJ (Hrsg.), 1981, S. 399, 403-405.

856 Cornel, MschKrim 1987, S. 65, 70; Eisenberg/Tóth, GA 1993, S. 293, 303/304, zu den verschiedenen apokryphen Haftgründen s. auch Weider, StraFo Mai/Juni 1995, S. 11, 15-19 sowie Schlothauer/Weider, 1996, Rz. 269ff; Walter, ZfJ 1986, S. 429, 434.

gemeldete Jugendliche betrafen, mit der Erwartung einer Fluchtanreiz bietenden Strafe begründet wurde.[857] Bei der Hälfte aller Haftbefehle fehlte eine Begründung, warum Maßnahmen der Jugendhilfe nicht ausreichten, um U-Haft zu vermeiden. In mehr als zwei Drittel der Fälle fehlte die Darlegung von Gründen, warum die U-Haft nicht unverhältnismäßig ist. Waren Begründungen vorhanden, so hatten sie *Bindel-Kögel/Heßler* zufolge häufig denselben Wortlaut, so daß man an einer individuellen Einzelprüfung zweifeln kann.[858] Zu ähnlichen Ergebnissen gelangte auch *Staudinger*.[859] Diese Begründungspraxis spricht dafür, daß hinter der eigentlichen Begründung ungesetzliche Haftgründe stehen. Die Formelhaftigkeit könnte allerdings *Bindel-Kögel/Heßler* zufolge auch Ausdruck des hohen Entscheidungsdruckes am Bereitschaftsgericht sein, der - gepaart mit dürren Informationen über die Situation der betroffenen Jugendlichen - die Situation der Haftentscheidung charakterisiert und somit auf strukturelle Probleme der Haftentscheidungssituation und nicht auf ungesetzliche Haftgründe hindeuten mag.[860]

Welches sind nun die apokryphen Haftgründe, die vor allem bei der Inhaftierung junger Nichtdeutscher möglicherweise eine Rolle spielen? Auch hier können nur Vermutungen angestellt werden. Die Verhängung von U-Haft gegenüber jungen Nichtdeutschen, insbesondere bestimmten Tätergruppen, erscheint zumeist als Ausdruck von Hilflosigkeit. Gerade bei den „zugereisten" Tätern scheint die U-Haft die einzige Möglichkeit zu sein, überhaupt auf den Täter zuzugreifen. U-Haft hat in solchen Fällen die Funktion einer vorweggenommenen Sanktion.[861] Eine Rolle spielen darüber hinaus auch generalpräventive Erwägungen, die den Verhältnismäßigkeitsgrundsatz im Einzelfall zugunsten einer abschreckenden Wirkung der U-Haft mehr oder weniger in Vergessenheit geraten lassen. Diese Vermutung drängt sich auf, wenn man den Bericht von *Albrecht* zur Kenntnis nimmt, wonach im Jahre 1989 Senegalesen als Kleinverteiler von Heroin auf dem Frankfurter Drogenmarkt auftraten und praktisch jeder eines Drogendeliktes verdächtige Senegalese unabhängig von der Menge der Drogen in U-Haft genommen wurde.[862]

---

857 Bindel-Kögel/Heßler. 1999, S. 41.

858 Bindel-Kögel/Heßler, 1999, S. 42.

859 Siehe oben unter 10.3.1.

860 So Bindel-Kögel/Heßler, 1999, S. 44. Die Autoren weisen allerdings darauf hin, daß die Situation sich insoweit verbessert haben dürfte, als durch die Haftentscheidungshilfe der JGH fundiertere Kenntnisse über die Lebensumstände der Betroffenen und Möglichkeiten und Alternativen der U-Haft vermittelt werden. S. auch Eisenberg/Tóth, GA 1993, S. 293, 303.

861 Vgl. auch Protokoll der Arbeitsgruppe 2, in: DVJJ-Regionalgruppe Nordbayern (Hrsg.), 1993, S. 43, 44/45: Inhaftierung mit Verurteilung zu Dauerarrest, der durch die U-Haft als verbüßt gilt. Dazu auch Bindel-Kögel/Heßler, 1999, S. 53/54, 55.

862 Albrecht, in: DVJJ (Hrsg.), 1997, S. 192, 227.

Nicht zu unterschätzen dürfte im Zusammenhang mit der Kriminalität nichtdeutscher Jugendlicher und Heranwachsender auch ein gewisser Druck seitens der Ermittlungsbehörden sein. Die (Jugend-) Kriminalität Nichtdeutscher wird gerade auch im Bereich der Kleinkriminalität seitens der Polizei als problematisch wahrgenommen und u. a. für eine Mehrbelastung an Arbeit verantwortlich gemacht.[863] Die Justiz trägt dem häufig nicht in der von der Polizei erhofften Art und Weise Rechnung, sondern „vernichtet“ vielmehr die bereits geleistete Arbeit („die sind schneller wieder draußen als wir den Formularkram ausfüllen können“). Dies führt zu erheblichen Frustrationen bei den ermittelnden Beamten.[864] Aus den Seminarprotokollen von *Bornewasser/Polonio/Wojtecki/Grohmann/Schulte* geht hervor, daß nach Ansicht vieler Polizeibeamten die Gerichte zu lasch urteilen und ausländische Jugendliche, die wiederholt Straftaten begangen haben, immer wieder auf freien Fuß gesetzt werden.[865] Angesichts eines solchen Klimas erscheint es nicht fernliegend, die U-Haft-Praxis gegenüber Nichtdeutschen - gerade im Bereich der Bagatell- und Kleinkriminalität - im Lichte möglicher Konzessionen an die Polizei zu sehen.[866]

Darüber hinaus finden sich Anhaltspunkte dafür, daß U-Haft auch zur Vorbereitung und Erleichterung ausländerrechtlicher Maßnahmen wie z. B. eine bevorstehende Abschiebung angeordnet wird bzw. für ausländerpolitische Zwecke instrumentalisiert wird.[867] Bereits *Gebauer* (1987) wies darauf hin, daß möglicherweise die U-Haft im Zusammenhang mit einer noch ausstehenden Entscheidung über eine Ausweisung häufig die Funktion von Abschiebehaft wahrnimmt.[868] In eine ähnliche Richtung deuten auch die Ergebnisse der

---

863 Vgl. nur Bornewasser, PFA-Schriftenreihe 1/2/1996, S. 16, 39; Bornewasser u. a., PFA-Schriftenreihe 1/2/1996, S. 56, 73.

864 S. Bornewasser, PFA-Schriftenreihe 1/2/1996, S. 16, 40.

865 Bornewasser u. a., PFA-Schriftenreihe 1/2/1996, S. 56, 59 (Protokoll zum Workshop I), s. auch S. 74 (Protokoll zum Workshop III), S. 83 (Protokoll zum Workshop IV). Siehe auch Protokoll der Arbeitsgruppe 2, in: DVJJ-Regionalgruppe Nordbayern (Hrsg.), 1993, S. 43, 46.

866 Vgl. hierzu Weider, StraFO Mai/Juni 1995, S. 11, 17; vgl. auch schon Walter ZfJ 1986, S. 429, 434 (Jugendliche und Heranwachsende allgemein betreffend).

867 So Schlothauer/Weider, 1996, S. 227 Rz. 275b; Dünkel, StV 1994, S. 610, 613 sowie NK 1994, Heft 4, S. 20, 22; vgl. auch Gebauer, KrimPäd 1993, Heft 34, S. 20, 24f. Vgl. auch Albrecht, in: DVJJ (Hrsg.), 1997, S. 192, 226 der dies als plausible Erklärung für den erheblichen Anteil von Ausländern in U-Haft ansieht, aber auch auf andere Erklärungsmöglichkeiten hinweist (S. 227): Der hohe Anteil von Marokkanern in der U-Haft in Frankfurt ließe sich auch mit der Kontrollintensität gegenüber dieser Gruppe erklären. Im fraglichen Zeitraum hatte die Frankfurter Polizei eine Sondereinheit - konzentriert auf marokkanische Drogenhändlergruppen - eingesetzt, die die fraglichen Gruppen über einen längeren Zeitraum intensiv überwachte und verfolgte. So lag denn auch unter Marokkanern, die eines Drogendelikts beschuldigt wurden, die U-Haft-Quote bei 50 %.

868 Gebauer, 1987, S. 362, 363.

Begleitforschung zum „Frankfurter Rechtsberatungsprojekt II“. Wie oben schon angeführt besteht eine eher extensive Verhaftungspraxis gegenüber Nichtdeutschen. *Gebauer* führte dies zum einen darauf zurück, „daß wegen besonders offensichtlicher oder besonders leicht begründbarer Fluchtgefahr bei dieser Klientel der Maßstab für die an der Deliktsschwere orientierte Verhältnismäßigkeitsprüfung gelockert wird, um auch im unteren Delinquenzbereich nicht die Unmöglichkeit einer weiteren Strafverfolgung zu riskieren“. Beeinflußt werden mag die Verhältnismäßigkeitsbewertung teilweise auch durch Mehrfachauffälligkeit z. B. bei wiederholten Festnahmen aufgrund eines Diebstahls. Gerade bei ausländerrechtlichen Verstößen dürfte dies jedoch aufgrund der Eigenart dieser Delikte kaum eine Rolle spielen, so daß vor allem in diesem Bereich die U-Haft-Anordnung auch durch ausländerrechtliche Erwägungen beeinflußt zu werden scheint.[869] So wurden immerhin 15,7 % der nichtdeutschen Inhaftierten als schwerstes Anlaßdelikt ein Verstoß gegen das AuslG oder AsylVfG vorgeworfen, der im gesetzlichen Höchstmaß mit Freiheitsstrafe bis (lediglich) zu einem Jahr bedroht ist.[870]

Die differenzierteren Ergebnisse von *Staudinger* festigen den Verdacht, daß bezüglich der Gruppe der illegalen Inhaftierten U-Haft nicht zur Sicherung des Strafverfahrens angeordnet wird, sondern um zu verhindern, daß sich die Betroffenen der Abschiebung entziehen: Von den 17 Inhaftierten, in denen die U-Haft durch Abschiebung oder Abschiebehaft abgelöst wurde, hielten sich 13 (rund 76,5 %) illegal in Deutschland auf. Zugleich wurden von den insgesamt 36 Illegalen 12 direkt im Anschluß an die Untersuchungshaft abgeschoben oder in Abschiebehaft genommen.[871] Dies geschah durch Umwandlung des Untersuchungshaftbefehls in einen Abschiebehaftbefehl. Zwar waren mit insgesamt 17 Personen nur etwa 10 % der inhaftierten Nichtdeutschen betroffen und nur bei elf dieser Personen erfolgte die Ablösung schon nach kurzer Zeit in Untersuchungshaft. *Staudinger* weist aber zurecht darauf hin, daß es sich hierbei um einen Wert handelt, der auf der Erhebung in einer einzigen JVA beruht.

Unter den elf Personen befanden sich acht Illegale, zwei Asylbewerber und ein in Deutschland Geborener. Schwerstes Anlaßdelikt war je viermal ein Verstoß gegen das Ausländergesetz bzw. eine Urkundenstraftat, zweimal ein Diebstahl und einmal der Verdacht des Verstoßes gegen § 29 BtMG. Es bleibt festzuhalten, daß diesen Ergebnissen eine starke Indizwirkung für eine gesetzwidrige Anordnung

---

869 Gebauer, StV 1994, S. 622, 626.

870 S. Gebauer, KrimPäd, 1993, Heft 34, S. 20, 23; auch Gebauer, StV 1994, S. 622, 626: In jedem 10. Fall lag der U-Haft nur ein Verstoß gegen ausländerrechtliche Vorschriften zugrunde.

871 S. Staudinger, 2001, S. 111/112 Tab. 16a-16d.

von U-Haft zu ausländerrechtlichen Zwecken zukommt.[872] Das Fazit von *Staudinger*: *„Der Sache nach ging es jedenfalls in den Fällen der Verstöße gegen das AuslG und der Urkundendelikte um nichts anderes als eine Sicherung der Abschiebehaft, die in § 57 AuslG geregelt und an andere Voraussetzungen als die Untersuchungshaft geknüpft ist.“*[873]

10. 3. 3. Haftentscheidungshilfe durch die JGH und U-Haft-Vermeidung bei ausländischen Jugendlichen

§ 72 a JGG schreibt verbindlich die Einschaltung der Jugendgerichtshilfe in den Entscheidungsprozeß der Haftsache vor. Danach muß die JGH unverzüglich von der Vollstreckung eines Haftbefehls in Kenntnis gesetzt werden und soll ihr bereits der Erlaß eines solchen mitgeteilt werden. Diese nach „Soll“ und „Muß“ sowie Erlaß und Vollstreckung gestufte Regelung bleibt damit hinter dem Arbeitsentwurf zu einem 1. JGGÄndG zurück, der vorsah, daß die JGH nach Möglichkeit schon vor der Entscheidung über Verhängung und Vollstreckung der U-Haft zu hören ist.[874] Immerhin ist die JGH von der vorläufigen Festnahme eines Jugendlichen zu unterrichten, wenn eine Vorführung gemäß § 128 StPO zu erwarten ist. Die Richtlinie zu § 72a JGG sieht vor, daß die entsprechende Mitteilung von der Staatsanwaltschaft oder dem Jugendrichter angeordnet wird, gegebenenfalls erfolgt dann die Unterrichtung durch die Polizei. So soll insgesamt eine möglichst frühzeitige Beteiligung der JGH gesichert werden. Über die Ermittlungen des § 43 Abs.1 JGG hinaus soll die JGH dem Richter gegebenenfalls solche Tatsachen vermitteln, die U-Haft vermeidbar werden lassen und alternative Möglichkeiten zur Haft aufzeigen.[875] Erkenntnisse der JGH über Persönlichkeit des Beschuldigten und dessen soziales Umfeld sollen so dem Richter helfen, eine dem Subsidiaritätsgrundsatz gerecht werdende Entscheidung bezüglich der Verhängung von U-Haft zu treffen.

Die persönliche Kontaktaufnahme mit dem Beschuldigten noch vor der richterlichen Vernehmung, zügige Ermittlung zusätzlicher Hintergrundinformationen, Interpretation des vorhandenen Materials sowie die Abgabe einer vorläufigen Empfehlung bzw. Stellungnahme für den Haftbefehlsantrag der Staatsanwaltschaft und die Teilnahme an der Vorführung (vgl. RL zu § 72a JGG) bei dem vernehmenden Richter sind Aufgaben der Haftentscheidungshilfe.[876] Gleichzeitig trifft sie gem.

---

872 So zusammenfassend Staudinger, 2001, S. 117; ausführlich Staudinger, 2001, S. 111, 112.

873 So Staudinger, 2001, S. 117/118.

874 Siehe Eisenberg/Tóth, GA 1993, S. 293, 299.

875 Eisenberg, § 72a Rz. 3.

876 Eisenberg/Tóth, GA 1993, S. 293, 300. Speziell zur Teilnahmepflicht am Haftentscheidungstermin Cornel, BewHi 1994, S. 393, 401.

§ 38 Abs.2 S.3 JGG die Pflicht, über ihre Nachforschungen beschleunigt zu berichten. Damit die JGH ihrem gesetzlichen Auftrag nachkommen kann, ist eine ausreichende personelle und sachliche Ausstattung unabdingbar.[877] Hierzu wird man auch die Einrichtung eines Bereitschaftsdienstes zählen müssen, der die Erreichbarkeit der JGH (aber auch der anderen Verfahrensbeteiligten) auch außerhalb der üblichen Zeiten z. B. am Wochenende sicherstellt.[878] In den letzten Jahren wurden Anstrengungen unternommen, diese Forderung möglichst flächendeckend umzusetzen. Nach wie vor problematisch gestaltet sich dies noch im ländlichen Raum.[879] Die derzeitige gesetzliche Ausgestaltung des § 72 a JGG läßt allerdings eher eine Haftverkürzung als eine Haftvermeidung erwarten.[880]

Die Situation der jungen Nichtdeutschen, die zunehmend mit U-Haft konfrontiert werden, wird noch dadurch verschärft, daß Haftvermeidungsbemühungen zumeist zum Scheitern verurteilt sind. Gerade bei der ausländischen Klientel stößt die JGH im Rahmen der ihr zugewiesenen Funktion der Haftentscheidungshilfe an ihre Grenzen, wobei allerdings nach den verschiedenen Gruppen junger Ausländer zu differenzieren ist. Legt man die Erfahrungen der JGH beim Bereitschaftsgericht Berlin zugrunde, so sind es vor allem die nach Öffnung der Grenzen einreisenden Jugendlichen und Heranwachsenden aus Osteuropa - meist aus Polen, in der zweiten Hälfte der 90er Jahre vor allem aus Rumänien -, für die dringend eine Lösung im Sinne von U-Haft-Vermeidung gefunden werden muß.[881] Es handelt sich also vor allem um solche Jugendliche, die ihren Lebensmittelpunkt nicht in Deutschland haben -„reisende“ Täter, die keinen festen Aufenthaltsort in Berlin haben.[882] Dagegen erscheint die Haftentscheidungshilfe bei den Jugendlichen der zweiten oder dritten Generation, den „ausländischen Inländern“, nicht so problematisch.

Erschwert sind einmal die Bedingungen der Kontaktaufnahme. Zur Vervollständigung der Information über die Situation der Jugendlichen wurden seitens der JGH Gespräche mit den betroffenen Jugendlichen geführt, um die notwendigen Verbindungen zum sozialen Umfeld und zu den Einrichtungen der Jugendhilfe

---

877 Brunner/Dölling, § 72a Rz. 1.

878 So Brunner/Dölling, § 72a Rz. 1; Cornel, BewHi 1994, S. 393, 399. Zur Handhabung am Bereitschaftsgericht in Berlin s. Bindel-Kögel/Heßler, np 1996, S. 228, 232: Es besteht ein Bereitschaftsdienst, an dem sich Jugendgerichtshelfer, Richter und Staatsanwälte zu dienstunüblichen Zeiten beteiligen. Zur Haftentscheidungshilfe in Aachen s. Matenaer, in: DVJJ (Hrsg.), 1996, S. 505ff. Vgl. Eisenberg/Tóth, GA 1993, S. 293, 300, die darauf hinweisen, wie schwierig es wiederum für die JGH selbst ist, an Wochenenden oder nach Feierabend notwendige Informationen von anderen Dienststellen einzuholen.

879 S. Cornel, BewHi 1994, S. 393, 400; Kawamura, BewHi 1994, S. 409, 411; siehe auch Matenaer, in: DVJJ (Hrsg.), 1996, S. 505, 508/509.

880 So Eisenberg, § 72a Rz. 3.

881 S. Bindel-Kögel/Heßler, 1999, S. 36, 46-49.

882 Vgl. für die JGH Frankfurt auch Johne, DVJJ-J 1995, S. 41.

aufzunehmen.[883] Dies gelang nicht in allen Fällen. Auffallend hoch war dabei der Anteil der an Sprachbarrieren gescheiterten Kontaktaufnahmen (44 von 77 Jugendlichen). Ungefähr jeder siebte der 300 vorgeführten Jugendlichen war hiervon betroffen, weil es an einem Übersetzer fehlte. Zwar gibt es am Bereitschaftsgericht in Berlin Übersetzer. Diese standen aber auf Abruf für die gerichtlichen Verhandlungen zur Verfügung und konnten von der JGH nicht immer in Anspruch genommen werden.[884] Von den Sprachproblemen betroffen waren vor allem aus Osteuropa einreisende Jugendliche.[885] Gegenüber mehr als der Hälfte dieser Jugendlichen wurde U-Haft verhängt und vollzogen (23 von 44), wobei es sich überwiegend um junge Polen handelte (12 von 23).[886]

Die Sprachbarriere war dann auch in der Vielzahl der Fälle der Grund dafür, daß seitens der JGH keine Stellungnahme oder Empfehlung abgegeben wurde.[887] Ein Vergleich der Empfehlungen der JGH mit der Entscheidung des Haftrichters zeigt deutlich die Konsequenzen dieses Versäumnisses: In den Fällen, in denen die JGH keine Stellungnahme abgab, wurde überwiegend U-Haft vollzogen (41 von 56 Jugendlichen, darunter mehrheitlich Jugendliche ohne Wohnsitz in Deutschland).[888] Neben den Verständigungsschwierigkeiten beklagen die Praktiker der JGH vor allem die Tatsache, daß für den betreffenden Personenkreis keine Angebote zur U-Haft-Vermeidung existieren, auf die die JGH verweisen könne. Ausdruck der Resignation sind Aussagen der JGH-Mitarbeiter, daß es sowieso sinnlos sei, eine Stellungnahme gegen U-Haft abzugeben, weil Haftrichter in solchen Fällen immer auf die ähnliche Weise reagieren würden: Anordnung von U-Haft wegen Fluchtgefahr.[889]

Die Entwicklung von Alternativen zur U-Haft speziell für nichtdeutsche Jugendliche und Heranwachsende hat mit der Entwicklung von deren U-Haft-Zahlen nicht Schritt gehalten. Haftvermeidung scheitert damit schon häufig an den fehlenden Einrichtungen bzw. Projekten, denen man gezielt nichtdeutsche Jugendliche und Heranwachsende als Alternative zur U-Haft zuweisen könnte. Betroffen sind in erster Linie Nichtdeutsche mit Touristenstatus, Asylbewerber mit entsprechend beschränkter Aufenthaltsgenehmigung sowie sich illegal aufhaltende Nichtdeutsche. Die Vermittlung dieser Gruppen scheitert nicht selten schon an den Auf-

---

883 Es wurden mit 233 der 300 am Bereitschaftsgericht vorgeführten Jugendlichen Kontakt aufgenommen; mit 77 war ein Gespräch nicht möglich; s. Bindel-Kögel/Heßler, 1999, S. 28.

884 S. Bindel-Kögel/Heßler, 1999, S. 28.

885 Bindel-Kögel/Heßler, 1999, S. 28 Fn 78.

886 So Bindel-Kögel/Heßler, 1999, S. 28/29

887 Siehe Bindel-Kögel/Heßler, 1999, S. 31 Fn 84: Insgesamt lag in 62 von 300 Fällen keine Stellungnahme der JGH vor.

888 So die Ergebnisse von Bindel-Kögel/Heßler, 1999, S. 34.

889 Bindel-Kögel/Heßler, 1999, S. 36.

nahmekriterien der zwecks Haftvermeidung zur Verfügung stehenden Heime und Wohngruppen.[890] Nur vereinzelt wurden spezielle Haftvermeidungshilfen für junge Nichtdeutsche in die Praxis umgesetzt. So wurde in Bremen als Reaktion auf die Tatsache, daß zum damaligen Zeitpunkt bis zu 80 % der U-Haft-Insassen in der Jugendvollzugsanstalt Kurden waren, 1992 Malà Me - ein Wohnprojekt zur Untersuchungshaftvermeidung und -verkürzung - ins Leben gerufen. Das Besondere an dem Projekt ist, daß Adressaten solche Jugendliche sind, die sich erst seit kurzer Zeit in Deutschland aufhalten. Die betroffenen Jugendlichen kommen überwiegend aus dem türkischen Teil Kurdistans, sind hier in Deutschland alleinstehend und in Sammelunterkünften für Erwachsene untergebracht und sind überwiegend wegen Verstößen gegen das BtMG aufgefallen. In fast allen Fällen wird U-Haft unter Berufung auf den Haftgrund „Fluchtgefahr“ angeordnet, weil die Sammelunterkünfte für Asylbewerber vom Gericht nicht als feste Meldeadresse akzeptiert werden. Die Aufnahme in das Wohnprojekt erfolgt nach § 116 StPO und § 71 Abs. 2, § 72 Abs. 4 JGG, wobei die meisten Jugendlichen erst in der U-Haft von der JGH kontaktiert werden. Bei einigen Jugendlichen wurde eine direkte U-Haftvermeidung erreicht, indem die Betroffenen schon beim Haftprüfungstermin auf das Wohnprojekt angesprochen wurden.[891] In der Regel verbleiben die Jugendlichen bis zur Hauptverhandlung im Wohnprojekt, zum Teil auch noch danach aufgrund Zuweisung des Richters.[892] Neben der U-Haft-Vermeidung setzt das Konzept von Malà Me mit Hilfe kurdischer Sozialarbeiter an Aufklärung, Orientierung, Schutz vor Abhängigkeit und Hilfestellung bei alltäglichen Problemen im Umgang mit Behörden an. Die Sozialarbeiter stammen aus derselben Region wie die betroffenen Jugendlichen, so daß der gleiche sprachliche und kulturelle Hintergrund eine sinnvolle pädagogische Arbeit ermöglicht. Neben Angeboten, die die kurdische Identität der Jugendlichen ansprechen und stärken sollen, werden Seminare durchgeführt, in deren Rahmen gesellschaftliche Konfliktpunkte herausgearbeitet werden (z. B. die Bedeutung des Rauschgifthandels in der kurdischen und deutschen Gesellschaft).[893]

Nach wie vor sind aber Projekte wie Mala Mè, die ausländischen Jugendlichen Hilfen anbieten, die ihren spezifischen Problemstellungen gerecht werden, die Ausnahme.

Meist Ausländer der dritten Generation werden neben deutschen Jugendlichen im Rahmen des Projekts des Vereins „Förderung von Jugendwohnmodellen“ in Frankfurt a. Main aufgenommen. Zur Vermeidung von U-Haft werden Jugendliche und Heranwachsende in gemischten Wohngruppen à 8 Bewohner untergebracht.

---

890 Vgl. dazu Weyel, ZfJ 1992, S. 29, 30.

891 Stapke, BewHi, 1995, S. 192, 193-195.

892 Stapke, BewHi 1995, S. 192, 195.

893 Stapke, BewHi 1995, S. 192, 197/198.

Insgesamt stehen ca. 25 Plätze zur Verfügung; die Hälfte der Bewohner sind ausländische Heranwachsende.[894] Auch andere Projekte, wie z. B. Die Brücke e. V., nehmen Ausländer auf.[895] Von einem ausreichenden, geschweige denn flächendeckenden Angebot, kann aber derzeit nicht gesprochen werden. So laufen Haftvermeidungsbemühungen angesichts einer unzureichenden Angebotspalette ins Leere. Die Arbeit mit ausländischen Jugendlichen wird darüber hinaus durch ausländerrechtliche Implikationen erschwert. Neben dem Verschaffen von Unterbringungsmöglichkeiten sind meist auch Integrationsbemühungen Teil der U-Haft vermeidenden Maßnahmen. Angesichts drohender Ausweisung verfehlen diese auf Schaffung einer Zukunftsperspektive gerichteten Bemühungen jedoch ihr Ziel.[896]

Dagegen darf die Anwendung alternativer Maßnahmen im Rahmen der U-Haft-Vermeidung und -verkürzung nicht an § 46 Nr. 7 AuslG scheitern. Danach kann ausgewiesen werden, wer Hilfe zur Erziehung außerhalb der eigenen Familie oder Hilfe für junge Volljährige nach SGB VIII in Anspruch nimmt, es sei denn, es handelt sich um einen Minderjährigen, dessen Eltern oder dessen allein personensorgeberechtigter Elternteil sich rechtmäßig im Bundesgebiet aufhalten. Von diesem Ausweisungstatbestand sind damit in erster Linie minderjährige, unbegleitete Flüchtlinge oder junge Asylbewerber betroffen. Entscheidet sich nun der Richter für die Anordnung einer bestimmten Jugendhilfemaßnahme, z. B. Unterbringung in einem Heim der Jugendhilfe zwecks U-Haft-Vermeidung, schafft er damit keinen Ausweisungstatbestand gemäß § 46 Nr.7 AuslG. Denn es handelt sich um eine den Subsidiaritätsgrundsatz des § 72 JGG befolgende justizielle Entscheidung, nicht um eine freiwillige Inanspruchnahme bestimmter Jugendhilfeleistungen. Mit der Anordnung von Unterbringung in einem Heim der Jugendhilfe usw. verfolgt der Staat ebenso wie mit der Anordnung von U-Haft sein Interesse an der Sicherung der Strafverfolgung. Eine jugendgerichtliche Anordnung von § 46 Nr.7 AuslG unterfallenden Maßnahmen läßt sich somit nicht mit Sinn und Zweck des § 46 Nr. 7 AuslG vereinbaren und kann damit ebensowenig wie die alleinige Verhängung von U-Haft eine Ausweisung nach sich ziehen.[897]

---

894 S. Hohmann-Dennhardt, in: KAV (Hrsg.), 1996, S. 23, 28. Zu diesem Projekt vgl. auch Kawamura, BewHi 1994, S. 409, 417.

895 S. Kawamura, BewHi 1994, S. 409, 421.

896 Kawamura, BewHi 1994, S. 409, 422.

897 Vgl. Frehsee, in: DVJJ (Hrsg.), 1996, S. 153, 161/162.

Was *Schütze* provokativ formulierte, „daß sich in U-Haft-Abteilungen (...) Menschen befinden, die, wären sie Deutsche, nicht in Haft wären“[898], findet Rückhalt in den empirischen Befunden, wenn auch - wie vor allem die neueste Untersuchung von *Staudinger* gezeigt hat - zwischen den verschiedenen Gruppen von Nichtdeutschen differenziert werden muß. Die These, daß (junge) Nichtdeutsche wegen vergleichsweise weniger schwerer Anlaßdelikte verhaftet werden, demgemäß kürzer in Haft verbleiben und ihr Verfahren seltener mit einer Freiheitsstrafe als bei den Deutschen endet, kann nicht pauschal für alle Nichtdeutschen gleichermaßen bejaht werden, auch wenn einige der hier erörterten empirischen Befunde in diese Richtung zeigen. Zieht man die Befunde von *Staudinger* heran, deren Erhebung sich allerdings auf den Hafbefehl beschränkte und nicht den jeweiligen Verfahrensausgang miteinbezog, sind es vor allem die illegalen jungen Ausländer, die bei der Verhängung von U-Haft benachteiligt werden: Rund 61 % von ihnen wurden allein wegen ausländertypischer Bagatelldelikte in U-Haft genommen und ein Drittel in direktem Anschluß abgeschoben bzw. in Abschiebehaft genommen, was darüber hinaus darauf hindeutet, daß die Anordnung der U-Haft bei dieser Gruppe nicht zur Sicherung des Strafverfahrens erfolgte.[899] Die auf den ersten Blick zu vermutende Benachteiligung auch von Nichtdeutschen der zweiten und dritten Generation und den Zugereisten, die sozial besser integriert erscheinen als ihre deutschen Altersgenossen und dennoch einen hohen Anteil an der Gesamtzahl der Inhaftierten stellen, relativiert sich, wenn man die Anlaßdelikte näher betrachtet: Der Anordnung von U-Haft lag hier deutlich häufiger ein Gewaltdelikt zugrunde.[900] Dies hatte sich auch in der Untersuchung von *Jehle* angedeutet, wonach vor allem die Nichtdeutschen II wegen vergleichsweise weniger schwerer Delikte verhaftet wurden.

Die Entscheidung über die Verhängung von U-Haft ist somit ein zentraler Punkt im Ermittlungsverfahren gegen junge Ausländer, an dem die Benachteiligung bestimmter Gruppen von Nichtdeutschen gegenüber ihren deutschen Altersgenossen offensichtlich wird.

Die Erklärungen, die für den Anstieg der U-Haft-Zahlen herangezogen und diskutiert werden, sind vielfältig. Hier sind zunächst die gesellschaftlichen und politischen Umwälzungen Anfang der 90er Jahre zu nennen. Der Wegfall der innerdeutschen Grenze sowie die Öffnung zu Osteuropa haben neue Zuwanderergruppen angezogen, aber auch reisende Täter, die gezielt zur Begehung von Straftaten ins

---

898 Schütze, in: Trenczek (Hrsg.), 1993, S. 137, 144.

899 Zusammenfassend Staudinger, 2001, S. 121.

900 Vgl. zusammenfassend Staudinger, 2001, S. 121.

Bundesgebiet einreisen.[901] Die Gruppe der reisenden Täter vereint im wesentlichen Merkmale auf sich, die die Annahme von Fluchtgefahr nahelegen. Sie haben weder einen festen Wohnsitz oder Aufenthalt noch feste formale und soziale Bindungen im Bundesgebiet. Daß die Gruppe von jungen Nichtdeutschen, die keinen Lebensmittelpunkt in Deutschland haben bzw. hier nicht ansässig sind, in der U-Haft-Praxis eine erhebliche Rolle spielt, zeigte u. a. die Studie von *Jehle*, die sich auf die Jahre 1989-1991 konzentrierte und damit auf die fragliche Zeit des gesellschaftlichen Umbruchs. Beachtenswert ist in diesem Zusammenhang die Entwicklung in Berlin, wo sich „nach Art einer Fieberkurve eine Steigerung um mehr als 300 % im Jahr 1990, die maßgeblich auf das Anwachsen der Gruppe der Nichtdeutschen II (im wesentlichen zugewanderte und zugereiste Ausländer) zurückzuführen ist“, ergab.[902] Es mag sich hier allerdings (auch) um ein temporäres Phänomen handeln, das keine Aussage über die längerfristige Entwicklung erlaubt.[903] Das Beispiel Berlin zeigt, daß es sich darüber hinaus auch um ein regionales Problem handelt. So sind grundsätzlich überproportionale Zuwachsraten bei den Untersuchungsgefangenen in den Jahren 1987-1993 vor allem in den (ehemaligen d. h. zur Zeiten der DDR) Grenzländern Bayern, Hessen sowie Niedersachsen und in den Stadtstaaten zu verzeichnen, wobei vor allem der Anstieg bei den Jugendlichen und Heranwachsenden in den alten Bundesländern auf junge Ausländer zurückzuführen ist.[904]

Hinzu kommen junge Asylbewerber und Flüchtlinge.[905] Auch bei ihnen liegen angesichts ihrer Lebenssituation häufig kumulativ solche Umstände vor, die auf den ersten Blick zur Bejahung von Fluchtgefahr geradezu herausfordern.[906] Asylbewerberheime werden häufig nicht als ausreichend fluchthemmender Wohnsitz anerkannt, die Aufenthaltsdauer mag im Einzelfall noch relativ kurz sein, die Familie ist im Herkunftsland geblieben, persönliche Bindungen an Deutschland sind nicht erkennbar usw. Plausibel erscheint es zunächst auch, den Anstieg der U-Haft-Zahlen auf den Zuwachs der Nichtdeutschen insgesamt bei den Tatverdächti-

---

901 Gebauer, KrimPäd 1993, Heft 34, S. 20, 21; vgl. auch Emig, in: DVJJ (Hrsg.), 1997, S. 497, 498.

902 So zusammenfassend Jehle, 1995, S. 4 Pkt. 10.

903 Vgl. Bindel/Kögel-Heßler, 1999, S. 49: Die Zahl der nach Berlin aus Polen einreisenden Jugendlichen, die als Tatverdächtige registriert wurden, ist von 1990 auf 1996 drastisch zurückgegangen. Dafür hat allerdings in den letzten beiden Jahren die registrierte Zahl tatverdächtiger rumänischer Kinder und Jugendlicher zugenommen.

904 Dünkel, NK 1994, Heft 4, S. 20.

905 S. Emig, in: DVJJ (Hrsg.), 1997, S. 497, 498 für die Untersuchungshaft in Bremen, wo die Zahl der Asylbewerber stark zugenommen hat.

906 Vgl. auch Gebauer, KrimPäd 1993, Heft 34, S. 20, 21.

gen sowie eine „haftrelevante Veränderung der Kriminalitätsstruktur“[907] zurückzuführen. Die vorliegenden empirischen Ergebnisse sowie die vereinzelten Berichte von Praktikern machen allerdings deutlich, daß alleine eine haftrelevante Veränderung der Kriminalitätsstruktur sowie Veränderungen bei der Zusammensetzung der Tatverdächtigen gerade die Überrepräsentierung der jungen Nichtdeutschen in der U-Haft nicht zufriedenstellend erklären können. Sie liefern keine Erklärung für den Befund, daß sich bestimmte Gruppen von Nichtdeutschen überwiegend wegen weniger schwerer Anlaßdelikte (man denke nur an einen Verstoß gegen das Ausländergesetz als Anlaßdelikt) in U-Haft befinden und somit wegen Delikten, deren „Haftrelevanz“ eher als gering einzustufen ist. Vielmehr scheint es so, daß gerade bei jungen Ausländern das die U-Haft begrenzende Verhältnismäßigkeitsprinzip und der in § 72 JGG im besonderem Maße konkretisierte Gedanke der Subsidiarität nicht die gewünschte begrenzende Wirkung zu entfalten vermögen. *Staudinger* geht sogar angesichts der häufig fehlenden Ausführungen zu § 72 Abs.1 S. 3 JGG in den Haftbefehlen von einem geringen Bekanntheitsgrad dieser Vorschrift unter den Richtern aus.[908]

Inwieweit für die Praxis der Untersuchungshaft bei Nichtdeutschen auch ein verändertes gesellschaftliches, rechtspolitisches Klima verantwortlich gemacht werden kann, ist nur schwer abzuschätzen. Während zum Teil die Überrepräsentierung von Nichtdeutschen in den U-Haft-Anstalten als Beleg für ein neuerdings härteres Strafklima in Deutschland angesehen wird[909], werden andernorts Zweifel daran geäußert, daß die erst erreichte Sensibilisierung für die Ultima-ratio-Funktion der U-Haft nun schon wieder entfallen sein soll.[910] Endgültig beantwortet werden kann die Frage auch an dieser Stelle nicht. Angesichts der derzeitigen Anordnungspraxis gegenüber Nichtdeutschen, wie sie sowohl aus empirischen Untersuchungen als auch aus den Berichten von Praktikern hervorgeht, muß wohl davon ausgegangen werden, daß die Verhängung von U-Haft gegenüber jungen Nichtdeutschen - vor allem solchen, die (noch) keinen Lebensmittelpunkt in Deutschland haben - in erster Linie Ausdruck von Hilflosigkeit ist, die oftmals im Sinne von Repression angegangen wird. Gerade bei den jungen nichtdeutschen Beschuldigten beschränkt sich „die angeblich so große Bandbreite an jugendrichterlichen Sanktionsmöglichkeiten (...) offenbar auf das Entscheidungspaar Haft oder Nichtstun“[911].

---

907 So Gebauer, KrimPäd 1993, Heft 34, S. 20, 21; Hölscher, in: Golubovic/Lavadinho/Marvakis (Hrsg.), 1994, S. 36, 38f.

908 Staudinger, 2001, S. 208.

909 So die Auffassung von Emig, in: DVJJ (Hrsg.), 1997, S. 497, 498.

910 So mit Zweifeln, aber abwägend Gebauer, KrimPäd 1993, Heft 34, S. 20, 21.

911 So Puszkajler, in: DVJJ (Hrsg.), 1996, S. 146, auch Protokoll der Arbeitsgruppe 2, in: DVJJ-Regionalgruppe Nordbayern (Hrsg.), 1993, S. 43, 44: „Ahndungsverzicht oder Inhaftierung

Insbesondere Jugendliche ohne Perspektive auf einen legalen (längerfristigen) Aufenthalt sind für ambulante Maßnahmen oder informelle Regelungen so gut wie nicht erreichbar, da es an einem Anknüpfungspunkt aufgrund des fehlenden Lebensmittelpunktes im Bundesgebiet fehlt. Daß man sich im Zweifel für die Anordnung von U-Haft entscheidet, weil ein faktischer Reaktionsverzicht als untragbar empfunden wird und eine unbedingte Freiheits- bzw. Jugendstrafe auch nicht in Frage kommt[912], ist aber sicherlich auch Ausdruck eines (Straf-)Klimas, das wenig zur Restriktion bei der Haftanordnung neigt - insbesondere wenn es sich um nichtdeutsche Beschuldigte handelt.

Diskussionen um die innere Sicherheit und die als bedrohlich empfundene Kriminalitätsbelastung der Nichtdeutschen, die Verschärfung des Ausländerrechts sind Anzeichen dafür, daß insgesamt das gesellschaftliche Klima gegenüber Ausländern „rauher“ geworden ist, und es erscheint plausibel, daß sich dies auch bei der Entscheidung über die Anordnung von U-Haft bemerkbar macht.[913] Die Übergänge zur Anordnung der U-Haft aufgrund apokrypher Haftgründe sind hier fließend, da U-Haft möglicherweise als Ausdruck dieses restriktiven Klimas nicht nur extensiv, sondern u. U. zu generalpräventiven Zwecken, insbesondere auch zur Vorbereitung oder Sicherung ausländerrechtlicher Maßnahmen oder als vorweggenommene Sanktion angeordnet wird. So mag es Zufall sein, daß die Entscheidung des HansOLG Hamburg, wonach die Anordnung von U-Haft gegenüber Jugendlichen und Heranwachsenden auch dann zulässig ist, wenn Jugendstrafe nicht zu erwarten ist, sofern die Durchführung der Hauptverhandlung aus generalpräventiven Überlegungen erforderlich und ohne Anordnung der U-Haft nicht erreichbar ist, Asylbewerber betraf, die im Gerichtsbezirk gerade von diesem Personenkreis zunehmend begangener Urkundsdelikte verdächtig waren.[914] Nicht auszuschließen ist aber auch, daß in dieser Entscheidung transparent wird, welche Erwägungen in weiten Teilen die Praxis bei der Anordnung von U-Haft gegenüber diesem Personenkreis bestimmen.

Erschwerend kommt hinzu, daß derzeit die im JGG angestrebte Haftvermeidung bei den jungen Nichtdeutschen häufig an den tatsächlichen Verhältnissen scheitert und auch die Haftentscheidungshilfe durch die JGH nur unzureichend wahrgenommen werden kann. Die Umstände, die für die Annahme von Fluchtgefahr sprechen, springen meist ins Auge. Gleichzeitig fehlt es aber an ausführlicheren Informationen über Umfeld, Lebensumstände und Persönlichkeit der Betroffenen,

---

bei möglichst schneller Verfahrensdurchführung mit Verurteilung zu Dauerarrest, der durch die U-Haft als verbüßt gilt“.

912 Siehe Pilgram, DVJJ-J 1993, S. 342, 346.

913 Vgl. allgemein auch Bindel-Kögel/Heßler, np 1996, S. 228, 229.

914 Daß es sich um Asylbewerber handelt, geht aus HansOLG Hamburg, StV 1994, S. 590, 591 nicht hervor. Diese Information liefert Böhm, NStZ 1995, S. 538.

die möglicherweise im Rahmen der Abwägung als Gegenindikatoren die Gefahr einer Flucht relativieren könnten. Wie am Beispiel der Berliner Haftentscheidungshilfe gesehen, lassen Sprachbarrieren und das mangelhafte Angebot an U-Haft vermeidenden Alternativen die JGH bei der Haftentscheidungshilfe und dem Versuch der U-Haft-Vermeidung an ihre Grenzen stoßen. Auch die jungen Betroffenen selbst dürften in der Regel nicht über die Sprach- und Handlungskompetenz verfügen, um eigenständig die als Fluchtanreiz gewerteten Umstände entkräften zu können.[915] Als Fazit kann festgehalten werden, daß die Ziele, die das 1. JGGÄndG im Bereich der U-Haft verfolgt hat, zumindest mit Blick auf die ausländischen Jugendlichen noch nicht einmal ansatzweise erreicht wurden.[916]

Insoweit ist es ein gut gemeintes Vorhaben, aber unzureichend, sich bei der Anordnung der Verhängung von U-Haft der Benachteiligung der jungen Nichtdeutschen „bewußt" zu sein.[917] Auch die Forderung, die Voraussetzungen des Haftgrundes „Fluchtgefahr" und die „Verhältnismäßigkeit der Inhaftierung stets genau zu prüfen", auch wenn der Haftgrund der „Fluchtgefahr" naheliegt, benennt Anforderungen, die in der StPO, aber insbesondere auch im JGG als Selbstverständlichkeit vorausgesetzt werden.[918]

Gesetzesänderungen, die auf ausländische Jugendliche zugeschnitten sind, erscheinen weder wünschenswert noch sinnvoll. Die Probleme, die im Umgang mit jungen nichtdeutschen Beschuldigten auftreten, weisen in erster Linie auf grundsätzlich dem U-Haft-Recht anhaftende Schwachpunkte hin, die allerdings anhand der verschiedenen Gruppen nichtdeutscher Beschuldigter besonders augenfällig werden. Die meist schematische Bejahung des Haftgrundes der Fluchtgefahr aus Erwachsenensicht, der sowohl eine extensive Verhaftungspraxis als auch eine Inhaftierung motiviert durch außergesetzliche Haftgründe erlaubt, die Problematik der Verhältnismäßigkeit sowie die Schwierigkeiten bei der Haftentscheidungshilfe und der U-Haft-Vermeidung sind einige wesentliche dieser „neuralgischen" Punkte. Eventuelle Gesetzesänderungen müssen dem nicht nur vor dem Hintergrund nichtdeutscher Beschuldigter, sondern des Jugendstrafrechts allgemein Rechnung tragen.

---

915 S. Gebauer, KrimPäd 1993, Heft 34, S. 20, 21.

916 So auch Sonnen, in: DVJJ (Hrsg.), 1997, S. 482, 492.

917 So ein Punkt der Resolution des 1. Bundestreffens der Jugendrichter/innen und Jugendstaatsanwälte/innen, DVJJ-J 1993, S. 320, 322. Dies ist allerdings insofern nicht ganz abwegig als auch in der Vergangenheit weniger gesetzliche Änderungen als erhöhte Sensibilität, kriminalpolitische Diskussionen usw. die Entwicklung der U-Haft-Zahlen beeinflußt haben.

918 Auch dies eine Forderung der Resolution des 1. Bundestreffens der Jugendrichter/innen und Jugendstaatsanwälte/innen, DVJJ-J 1993, S. 320, 322.

1. Wünschenswert ist daher eine gesetzliche Klarstellung dessen, was in der jugendstrafrechtlichen Kommentierung unter dem Aspekt der Verhältnismäßigkeit schon lange gefordert wird: eine Beschränkung der U-Haft auf Fälle, in denen die Verhängung einer Jugendstrafe zu erwarten ist.[919] Das Problem, in einem sehr frühen Verfahrensstadium eine Prognose treffen zu müssen, ist damit zwar nicht gelöst. Es wäre aber zu hoffen, daß eine solche Regelung noch einmal deutlich den Ultima-ratio-Charakter der U-Haft vor Augen führt und wenigstens einen Deliktsbereich, in dem das Verfahren absehbar ganz sicher nicht mit einer Jugendstrafe endet, von U-Haft freihält.
2. Erstrebenswert ist darüber hinaus eine Einschränkung der Anordnung von U-Haft für alle Jugendlichen nach dem Vorbild des § 72 Abs.2 JGG. Wie oben gezeigt, treffen die gängigen, für Fluchtgefahr sprechenden Umstände in besonderem Maße auf gefährdete Jugendliche, aber gerade auch ausländische Jugendliche zu, indem sie jugendspezifische Merkmale wie auch solche sozialer Randständigkeit in sich vereinen. Bei einer sorgfältigen Prüfung der Fluchtgefahr und Abwägung aller relevanten Umstände ist zu beachten, daß ein jugendgemäßes und spontanes Untertauchen meist kurzfristig sein wird.[920] Die gering ausgeprägte Handlungskompetenz der jungen Beschuldigten sowie eingeschränkte finanzielle Möglichkeiten führen dazu, daß die Durchführung des Verfahrens regelmäßig nicht ernsthaft gefährdet sein wird. Die derzeitige Praxis, insbesondere die immer wieder beklagte Formelhaftigkeit der Haftbefehlsbegründungen zeigt, daß es bei Haftbefehlsbegründungen weitestgehend an einer sorgfältigen Auseinandersetzung mit den maßgeblichen Umständen fehlt. Mit der Beschränkung auf konkrete Anhaltspunkte für eine Flucht und den fehlenden festen Wohnsitz/Aufenthalt könnte ein größerer Grad von Objektivität erreicht werden und eine Abwägung auf unsicherer Grundlage, in die sich oftmals gesetzeswidrige Erwägungen einschleichen, vermieden werden. Zu überdenken wäre in diesem Zusammenhang allerdings die Handhabung des Kriteriums des fehlenden festen Wohnsitzes oder Aufenthaltes. Es ist ein restriktiver Umgang mit diesem Kriterium geboten, wie er auch in der Begründung zum 1. JGGÄndG in bezug auf die Regelung des jetzigen § 72 Abs. 2 JGG intendiert war.[921]

---

919 So auch AK I/3 - B des 22. Jugendgerichtstages, in: DVJJ-J 1992, S. 279.

920 Sonnen, in: DVJJ (Hrsg.), 1997, S. 483, 493.

921 Vgl. auch Emig, in: DVJJ (Hrsg.,), 1997, S. 497, 506, der darauf hinweist, daß die Mehrheit der Verhafteten, auch wenn sie keine Meldeadresse haben, über das Sozialversicherungssystem (Arbeitslosenmeldung, Sozialhilfebezug, Arbeitsplatz) auffindbar gemacht werden können. Staudinger, 2001, S.117 fordert speziell mit Blick auf die Asylbewerberheime eine Einzelfallprüfung und eine Begründung, warum im konkreten Fall das Asylbewerberheim nicht als fester Wohnsitz anerkannt werden kann. Sie weist zurecht darauf hin, daß die Betroffenen

3. Daneben sind vor allem im Bereich der U-Haft-Vermeidung (im weitesten Sinne) mit Blick auf die jungen Nichtdeutschen flexible Lösungen anzustreben und die vorhandenen Möglichkeiten der U-Haft-Vermeidung auszuschöpfen. Dabei müssen Maßnahmen der U-Haft-Vermeidung auf die spezifische Situation der betroffenen Beschuldigten abgestimmt werden. Was an anderer Stelle schon mehrmals angesprochen wurde, ist auch hier ein maßgeblicher Gesichtspunkt: Bei den jungen nichtdeutschen Beschuldigten handelt es sich um eine heterogene Gruppe. Es gibt nicht „den" nichtdeutschen Beschuldigten bzw. Untersuchungsgefangenen. U-Haft vermeidende Maßnahmen müssen daher in Ansehung der jeweiligen Lebenssituation des Betroffenen getroffen werden. Der Umgang mit „reisenden Tätern" in Berlin ist hier ein positives Beispiel. Es macht keinen Sinn, „reisende Täter", die im Nachbarland ihren Lebensmittelpunkt haben, dort zur Schule gehen, in ihren Familien leben und auch gar nicht beabsichtigen in Deutschland zu bleiben, zwecks Verfahrenssicherung in Heimen der Jugendhilfe unterzubringen. Anstrengungen zur Abmilderung defizitärer Lebenslagen sowie Integrationsbemühungen (z. B. Vermittlung eines Ausbildungsplatzes) und sozialpädagogische Unterstützung, die meist mit der Unterbringung einhergehen, sind hier wenig sinnvoll. Bei dieser Gruppe kann die Aussetzung des Haftbefehls zur Verschonung (§ 116 StPO) und die Einsetzung der JGH als Zustellungsbevollmächtigter eine bessere Lösung darstellen.[922] Dagegen versagt ein solches Vorgehen dort, wenn der Täter nicht aus einem nahegelegenen Land zur Hauptverhandlung geladen werden kann. Zu den sich bietenden Verfahrensmöglichkeiten gehört insbesondere bei Heranwachsenden die Möglichkeit, bei Anwendung von allgemeinem Strafrecht ein Strafbefehlsverfahren mit Zustellungsbevollmächtigten im Inland durchzuführen.[923] Insoweit ist die Entscheidung nach § 105 JGG gerade auch für die U-Haft von Bedeutung. Die Anwendung von Jugendstrafrecht ist in diesem Bereich für den Betroffenen nicht immer von Vorteil. Dies ist zu bedenken, wenn im Einzelfall unklar ist, ob der Heranwachsende noch einem Jugendlichen gleichsteht oder nicht. Denn als Indiz soll in solchen Zweifelsfällen auch berücksichtigt werden, ob das allgemeine Strafrecht oder das Jugendstrafrecht eine für den Betroffenen geeignetere, vor allem weniger einschneidende Rechtsfolge aufweist.[924] In der hier genannten Fallkonstellation bietet das

---

größtenteils staatlich verpflichtet werden, sich für einen bestimmten Zeitraum dort aufzuhalten und somit der Staat dies nicht zum Nachteil des Beschuldigten heranziehen darf.

922 S. Bindel-Kögel/Heßler, 1999, S. 46.

923 S. Puszkajler, DVJJ-J 1993, S. 372, 374; vgl. auch Frehsee, in: DVJJ (Hrsg.), 1996, S. 153, 163.

924 S. Eisenberg, § 105 Rz. 33, 36; Brunner/Dölling, § 105 Rz. 17; vgl. auch Ostendorf, § 105 Rz. 24, der maßgeblich auf die Interesseneinbuße für den Angeklagten abstellt, wobei bei

allgemeine Strafrecht für die nichtdeutschen Heranwachsenden mit der Möglichkeit der Durchführung eines Strafbefehlsverfahrens eine geeignete, den Umständen und Lebensverhältnissen der Betroffenen gerecht werdende Reaktionsmöglichkeit, die der Anordnung von U-Haft, der meist im Urteil eine Verhängung von Dauerarrest folgt, vorzuziehen ist. Dies sollte in den Fällen, in denen zweifelhaft ist, ob Jugendstrafrecht oder allgemeines Strafrecht zur Anwendung kommt, bei der Entscheidung ein zu berücksichtigendes Kriterium sein. Bei Jugendlichen sind die Verfahrensmöglichkeiten eingeschränkter. Ein Strafbefehlsverfahren kommt nicht in Betracht und auch eine Sicherheitsleistung gem. § 132 StPO scheidet aus, weil § 132 Abs.1 Nr.1 StPO lediglich die „Geldstrafe“ - und nicht auch die Geldauflage - erwähnt.[925] Befürwortet wird teilweise auch die Durchführung des vereinfachten Verfahrens gemäß § 76 JGG. Dies wird aber in erster Linie bei leichteren Delikten und geständigen Tätern in Frage kommen. Bei nicht zu hohen Schäden und geständigem Täter kann insbesondere auch von den §§ 45, 47 JGG Gebrauch gemacht werden.[926] Führt man sich die strukturelle Situation der Haftentscheidung, die geprägt ist durch Eilbedürftigkeit auf der einen und größtmöglicher Sorgfalt auf der anderen Seite, noch einmal vor Augen, so erscheint auch ein verstärkter Einsatz nichtdeutscher Mitarbeiter in der JGH erforderlich. Dies in zweierlei Hinsicht: Haftentscheidungshilfe scheitert bei ausländischer Klientel oft schon anhand der Sprachbarriere bei der erforderlichen Kontaktaufnahme. Selbstverständlich kann nicht für die Vielzahl der Nationalitäten ein Mitarbeiter mit entsprechenden Sprachkenntnissen zur Verfügung stehen. Aber ähnlich wie in Berlin die jungen Polen, werden sich in vielen Bezirken bestimmte Gruppen von nichtdeutschen Jugendlichen ausmachen lassen, die besonders häufig als Tatverdächtige von U-Haft betroffen sind. Neben dem sprachlichen Zugang mag sich weiterhin beim Einsatz nichtdeutscher Jugendgerichtshelfer auch der Zugang zum sozialen Umfeld sowie zu dem Beschuldigten selbst weniger schwierig gestalten. Dies kann sich gerade in einer Situation, in der relativ kurzfristig Informationen zusammengetragen und vor allem auch interpretiert werden müssen, positiv auswirken. Zu erwarten ist auch, daß nichtdeutsche Fachkräfte aufgrund ihres

---

verurteilender Sanktionierung im Zweifel die Anwendung von Jugendstrafrecht geboten sei, allerdings die jugendstrafrechtliche Sanktion nicht belastender sein dürfe als die erwachsenenstrafrechtliche Sanktion.

925 In ihrem Schlußbericht regte die Arbeitsgruppe „Untersuchungshaft“ der Landeskommission Berlin gegen Gewalt an, eine entsprechende Gesetzesinitiative des Landes Berlin einzubringen, um entsprechende Möglichkeiten für Jugendlichen zu schaffen; s. Bindel-Kögel/Heßler, 1999, S. 48.

926 So u. a. auch die Empfehlungen der Arbeitsgruppe „Untersuchungshaft“ der Landeskommission Berlin gegen Gewalt; s. Bindel-Kögel/Heßler, 1999, S. 47. Insgesamt dazu auch Reinecke, Soz. Arbeit 1997, S. 8, 11, 12.

eigenen kulturellen Hintergrundes ein höheres Maß an Kompetenz besitzen, wenn es um die Darlegung geeigneter Alternativen zur U-Haft sowie der Interpretation und Bewertung der gewonnenen Erkenntnisse geht.

4. Dies führt zum letzten Punkt. Ein noch so sorgfältiger Bericht der JGH im Rahmen der Haftentscheidungshilfe nützt nichts, wenn es an den entsprechenden Angeboten zur Haftvermeidung (bzw. -verkürzung) fehlt. Angebote zur Vermeidung von U-Haft speziell für junge Ausländer müssen ausgebaut werden. Insgesamt ist das wenig flächendeckende Angebot von Maßnahmen der Haftvermeidung zu beklagen. Projekte, die der spezifischen Lebenslage von Ausländern Rechnung tragen, existieren nur vereinzelt.

11. Kapitel: Jugendgerichtshilfe für Nichtdeutsche

11. 1. Einleitung

Mit dem Familiennachzug der ausländischen Arbeitnehmer kam es in den 70er Jahren zu einer Sensibilisierung für das Thema „Jugendgerichtshilfe und Ausländer". Die steigende Zahl ausländischer Kinder und Jugendlicher brachte auch eine häufigere Präsenz von nichtdeutschen Jugendlichen in Jugendstrafverfahren mit sich. Die JGH mußte sich vermehrt mit einer Klientel auseinandersetzen, die bis dahin in ihrer Tätigkeit keine große Rolle spielte.[927]

Es wurde die bis heute bestehende Frage aufgeworfen, inwieweit die JGH mit ihrer Arbeit der ausländischen Klientel gerecht wird. So entstanden zu dieser Zeit auch die ersten empirischen Untersuchungen zu diesem Themenbereich. *Albrecht/ Pfeiffer* (1979), die *Autorengruppe Ausländerforschung* (1980), eingeschränkt auch *Hamburger/Seus/Wolter* (1981) und *Bielefeld/Kreissl/Münster* (1982)[928] widmeten sich unter verschiedenen Aspekten unter anderem dem Thema Jugendgerichtshilfe. Aus neuerer Zeit liegt - soweit ersichtlich - nur die Studie von *Beyer* (1992)[929] zur

---

927 So wurden z. B. in Frankfurt am Main schon 1972/1974 die Aufgaben der JGH für junge Türken „Türkdanis" - einem Wohlfahrtsverband, der türkische Familien betreut - übertragen, um den besonderen Anforderungen bei der Betreuung junger Türken Rechnung zu tragen, vgl. Hubert, BewHi 1985, S. 338, 339.

928 Sie interessierten sich wie auch Hamburger/Seus/Wolter für die Wahrnehmung der JGH aus der Sicht der jugendlichen Ausländer.

929 Neben einer Sekundäranalyse zum Thema JGH für Ausländer, in die u. a. Literatur und empirische Untersuchungen bis Oktober 1988 einbezogen wurden, führte Beyer eine Primäranalyse bezogen auf die Stadt Freiburg und den Landratsamtsbezirk Breisgau-Hochschwarzwald (der eine unspezifische von mit mehreren Aufgaben betrauten Sozialarbeitern durchgeführte JGH hat) durch, die sich aus einer Befragung von Jugendgerichtshelfern und Jugendrichtern sowie einer Analyse von Jugendgerichtshilfeakten

Arbeit der JGH in Freiburg vor. Gemessen an der Zahl der empirischen Untersuchungen, die sich mit der Kriminalitätsbelastung junger Nichtdeutscher und ihrer Lebenssituation befassen, ist der Umgang der JGH speziell mit nichtdeutschen Jugendlichen und Heranwachsenden ein bislang noch relativ unerforschtes Gebiet. Die empirischen Erkenntnisse liefern - ergänzt um Berichte von Praktikern - lediglich ein bruchstückhaftes Bild von der JGH-Arbeit mit jungen Nichtdeutschen, das insbesondere keine repräsentative Aussagen über die aktuelle Situation zuläßt. Insbesondere dürfte JGH-Arbeit mit ausländischen Jugendlichen je nach verantwortlichem Jugendamt bzw. freiem Träger ein unterschiedliches Gesicht haben, u. a. abhängig davon, wie die JGH organisiert ist, in welchem Ausmaß die JGH mit nichtdeutschen Jugendlichen konfrontiert wird, welche Erfahrungen sie bisher im Umgang mit ausländischen Jugendlichen gesammelt hat.

Dennoch lassen sich spezifische Probleme, vor die sich die JGH im Umgang mit ausländischen Jugendlichen gestellt sieht, ausmachen. Sprachbarrieren, Verständnisschwierigkeiten bezüglich eines fremden sozio-kulturellen Hintergrundes, eine Abwehrhaltung gegenüber deutschen Behörden sowie die besondere rechtliche Stellung und soziale Situation junger Ausländer bleiben nicht ohne Folgen für die JGH-Arbeit.

11. 2. Aufgaben der Jugendgerichtshilfe

Zu den Aufgaben der Jugendhilfe gehört die Mitwirkung im gerichtlichen Verfahren (vgl. § 52 KJHG). Um der spezialpräventiven Zielsetzung des JGG gerecht zu werden und die erforderlichen Entscheidungen (Reifeentscheidung, Anwendung allgemeinen Strafrechts oder Jugendstrafrechts, Auswahl der Rechtsfolgen usw.) treffen zu können, bedarf es umfassender Erkenntnisse über die Persönlichkeit des jugendlichen Beschuldigten, sein persönliches und soziales Umfeld sowie seine Entwicklung. Nach § 38 Abs. 2 JGG ist es die Aufgabe der JGH, die erzieherischen, sozialen und fürsorgerischen Aspekte im Jugendstrafverfahren zur Geltung zu bringen und die beteiligten Behörden hierbei zu unterstützen. Zu diesem Zweck ist sie möglichst frühzeitig und im gesamten Verfahren heranzuziehen (§ 38 Abs. 3 S.1 und 2 JGG).

Ihre in § 38 Abs.2 JGG umschriebenen Aufgaben betreffen Ermittlungshilfe, vor allem auch in der Situation der Haftentscheidung[930], Sanktionsvorschlag, Sanktionsüberwachung und Betreuung.

---

zusammensetzt; s. dazu ausführlich Beyer, 1992, S. 82-88 sowie zu den forschungsleitenden Thesen S. 88-90.

930 Auf sie soll hier nicht mehr eingegangen werden. Zur Haftentscheidungshilfe bei ausländischen Beschuldigten siehe oben 10. 3. 3.

Die JGH wirkt bei der im Rahmen von § 43 JGG gebotenen Erforschung der Persönlichkeit, der Entwicklung und des sozialen Umfeldes des Beschuldigten im Hinblick auf die im Jugendstrafverfahren anstehenden Entscheidungen mit. Als mögliche „Informationsquellen" kommen neben den in § 43 JGG genannten Erziehungsberechtigten, gesetzlichen Vertretern, Schule und Ausbildern alle Personen und Quellen in Frage, von denen sich für die Beurteilung der Persönlichkeit des Beschuldigten maßgebliche und zuverlässige Auskünfte erlangen lassen. Dies können auch Gerichts- und Jugendamtsakten sein.[931]

Die Ergebnisse der Ermittlungen werden in einem Ermittlungsbericht festgehalten, der sich auf Tatsachen unter Angabe diesbezüglicher Beweismittel stützen muß.

Darüber hinaus regt die JGH psychiatrische/psychologische Untersuchungen an, wenn sie bei ihren Ermittlungen auf Umstände stößt, die Zweifel über Reife (§ 3 JGG), Entwicklung (§ 105 JGG), Umfang der schädlichen Neigungen (§ 17 Abs.2 JGG) oder die allgemeine strafrechtliche Verantwortlichkeit (§§ 20, 21 StGB) betreffen, deren Einschätzung die Kompetenz der JGH überschreitet.[932]Die JGH unterbreitet schließlich dem Gericht einen Sanktionsvorschlag (§ 38 Abs.2 S.2 JGG), über dessen erforderlichen Grad der Konkretisierung allerdings geteilte Auffassungen herrschen.[933] Weiterhin überwacht sie die Erfüllung von Weisungen und Auflagen, soweit nicht ein Bewährungshelfer hierfür zuständig ist. Ist ein Bewährungshelfer bestellt, verbleibt die Ermittlungshilfe und der Sanktionsvorschlag in der Zuständigkeit der JGH.[934]

Gleichberechtigt neben dieser Aufgabe als Gehilfe des Gerichts steht die Hilfe, Betreuung und Beratung des Jugendlichen während und nach Abschluß des Verfahrens.[935] Betreuung bedarf es auch für die Zeit des Strafvollzuges (§ 38 Abs.2 S.9 JGG). Die psychischen Belastungen einer Anklage, ihre Auswirkungen im familiären, schulischen oder beruflichen Bereich für den Jugendlichen fordern die Unterstützung durch den Jugendgerichtshelfer nicht nur während der eigentlichen Verhandlung. Verfahrenszusammenhänge müssen erklärt, die Funktion der Beteiligten erläutert werden. Der Jugendliche sollte über den Sanktionsvorschlag seitens der JGH unterrichtet sein, denn auch hier gilt, daß Offenheit eine wesentliche Voraussetzung für Herstellung und Aufrechterhaltung des notwendigen Vertrauensverhältnisses zwischen Proband und JGH ist. Auch eine Nachbetreuung ist erforder-

---

931 Schaffstein/Beulke, 1998, S. 213.

932 Brunner/Dölling, § 38 Rz. 12a.

933 „Möglichst konkret hinsichtlich Auswahl und Art der Durchführung" Ostendorf, § 38 Rz. 17; für eine vom Einzelfall abhängige Handhabung Brunner/Dölling, § 38 Rz. 12a.

934 Ostendorf, § 38 Rz 20.

935 Schaffstein/Beulke, 1998, S. 208, Ostendorf, § 38 Rz. 21.

lich: Urteil und Sanktion müssen verständlich gemacht werden; die sich dem Jugendlichen jetzt stellende (neue) Situation verkraftet werden. Einerseits als Gehilfe des Gerichts strikt der Objektivität verpflichtet, erfordert diese zweite Aufgabe die Herstellung eines Vertrauensverhältnisses zum Probanden und tatkräftige Unterstützung des Beschuldigten. Aus dieser Doppelfunktion ergeben sich nicht selten Konflikte, die sowohl das Selbstverständnis des Jugendgerichtshelfers als auch verfahrensrechtliche Fragen betreffen.

11. 3. Mitwirkung der JGH im Verfahren gegen nichtdeutsche Jugendliche und Heranwachsende und ihre Grenzen

11. 3. 1. Beteiligung der JGH im Verfahren gegen ausländische Beschuldigte

Die JGH muß selbstverständlich auch im Verfahren gegen nichtdeutsche Jugendliche und Heranwachsende herangezogen werden[936], und zwar selbst dann, wenn sich diese nur als Touristen ohne festen Wohnsitz im Bundesgebiet aufhalten.[937] Allerdings trifft die JGH keine Mitwirkungspflicht, d. h. sie ist nicht verpflichtet, einen Bericht zu erstellen oder an der Hauptverhandlung teilzunehmen.

In den zitierten Entscheidungen wurde hervorgehoben, daß sich bei den fraglichen Beschuldigten Ansatzpunkte für Ermittlungen der JGH boten, da sie schon in Deutschland gearbeitet hatten oder Verwandte in Deutschland lebten. Es gab also Bezugspunkte, an die Ermittlungen hätten anknüpfen und von denen man sich Aufschluß über die Persönlichkeit des Beschuldigten hätte erwarten können. Hiermit werden zugleich die Grenzen der JGH-Tätigkeit aufgezeigt: Bei den sog. reisenden Tätern werden solche Anknüpfungspunkte nicht immer bestehen, so daß eine Ermittlungshilfe - unabhängig z. B. vom Bagatellcharakter der in Frage stehenden Tat - schon aus diesem Grund nicht sinnvoll bzw. wenig erfolgsversprechend erscheint. Erschwerend kommt hinzu, daß bei diesen Beschuldigten Maßnahmen, die auf eine Lebensperspektive in Deutschland ausgerichtet sind, regelmäßig nicht in Frage kommen.

Praktiker aus der Strafrechtspflege in Nordbayern berichten, daß die JGH in der Regel, wenn aufgrund des Delikts und der Sachlage mit der Verurteilung zu Dauerarrest, der durch die U-Haft als verbüßt gilt, zu rechnen ist, nur tätig werde bei jüngeren Jugendlichen oder bei Besonderheiten des Falles.[938] Dahinter stehe die Überlegung, daß Leistungen der Jugendhilfe selten in Betracht kämen und es weder

---

936 Siehe BGH bei Holtz, MDR 1980, S. 456.

937 Vgl. auch BGH, StV 1982, S. 336, 337.

938 Protokoll der Arbeitsgruppe 2, in: DVJJ-Regionalgruppe Nordbayern (Hrsg.), 1993, S. 43, 45.

sinnvoll noch nötig sei im Rahmen solcher Verfahren eine Lebensperspektive zu entwickeln. Die biographischen Daten, der soziale Hintergrund können in der Hauptverhandlung über den Dolmetscher erfragt werden, die Verfahrensrechte würden durch den notwendigen Verteidiger[939] zur Geltung gebracht. Kämen andere Reaktionsweisen in Betracht, werde Jugendgerichtshilfe geleistet. Über Haftbefehle werde die JGH immer informiert und sie entscheide dann nach Sachlage über ihr Tätigwerden.[940]

Die Beteiligung der JGH und eine sinnvolle Umsetzung des gesetzlichen Auftrages scheitert also für gewisse Gruppen von Nichtdeutschen schon von vornherein am Fehlen von Anknüpfungspunkten, an denen die JGH-Tätigkeit ansetzen könnte.

11. 3. 2. Der Umgang der JGH mit ausländischen Jugendlichen und Heranwachsenden

Um sich einen (ersten) Eindruck von Persönlichkeit und Umfeld des Beschuldigten zu verschaffen, sucht die JGH zunächst in der Regel ein persönliches Gespräch mit dem Beschuldigten[941], dessen Ziel es sein muß - neben der Informationsgewinnung - ein Vertrauensverhältnis herzustellen. Sprachbarrieren sind hierbei eine Hürde, die notfalls mit Einschaltung eines Dolmetschers zu überwinden ist. Da durch den Sprachmittler die Unmittelbarkeit des Gesprächs verloren geht, steht die JGH der Beteiligung eines Dolmetschers eher negativ gegenüber.[942] Insofern verwundert es nicht, daß bei der von *Beyer* untersuchten JGH-Praxis 88,2 % der Probanden mit schlechten Sprachkenntnissen keinen Dolmetscher im Umgang mit der JGH in Anspruch nahmen. Dieses Versäumnis birgt allerdings Nachteile hinsichtlich der Tiefe der Persönlichkeitserforschung und ist daher mit Skepsis zu betrachten.[943] Welche Relevanz sprachliche Probleme in der aktuellen Praxis tatsächlich haben, läßt sich nur schwer und auch nicht verallgemeinernd beantworten. Wurden sie von den einen als gravierender Störfaktor in der Interaktion zwischen JGH und ausländischen Jugendlichen genannt[944], kam z. B. die *Autorengruppe Ausländerforschung* zu dem Ergebnis, daß Sprachprobleme keine große Hürde mehr darstellen, weil sie

---

939 Dies meint wohl den notwendigen Verteidiger gemäß § 68 Nr. 4 JGG.

940 So im Protokoll der Arbeitsgruppe 2, in: DVJJ-Regionalgruppe Nordbayern (Hrsg.), 1993, S. 43, 45.

941 Vgl. Bruckmeier/Thiem-Schräder in: Autorengruppe Ausländerforschung (Hrsg.), Teil 3, 1980, S. 89, 102.

942 Albrecht/Pfeiffer, 1979, S. 71.

943 S. Beyer, 1992, S. 288. Auch die befragten Jugendgerichtshelfer gaben mehrheitlich an, von Dolmetschern kaum Gebrauch zu machen, s. S. 146.

944 So Ullrich, 1982, S. 32.

sich deutlich verringert haben.[945] Dagegen bestünden Verständigungsschwierigkeiten vor allem gegenüber den Eltern der jungen Beschuldigten - so die übereinstimmende Einschätzung der von *Albrecht/Pfeiffer* und der *Autorengruppe Ausländerforschung* befragten Jugendgerichtshelfer.[946] Dabei dürften heute sprachliche Probleme mit den Angehörigen der inzwischen dritten Generation von Nichtdeutschen in der Regel nicht derart gravierend sein, daß eine Verständigung scheitert. Im Gegenteil: In der Vielzahl der Fälle wird die Kommunikation genauso gut oder genauso schlecht wie mit deutschen Jugendlichen vonstatten gehen. Doch sind seit Ende der 70er, Anfang der 80er Jahre „neue" Gruppen hinzugekommen, bei denen schon die rein sprachliche Verständigung eine Barriere bei der Ermittlungstätigkeit darstellt. Zu denken ist hier vor allem an junge Asylbewerber oder Flüchtlinge, die sich noch nicht lange in Deutschland aufhalten.[947] An Aktualität hat daher das Sprachproblem vermutlich nichts eingebüßt, wenn es sich auch auf andere Gruppen nichtdeutscher Jugendlicher verlagert haben mag.

Als problematisch wird z. T. die Herstellung eines Vertrauensverhältnisses zwischen Beschuldigten und Jugendgerichtshelfern geschildert, ebenso wie die Erläuterung der Funktion der JGH.[948] Beides ist wesentlich für die JGH-Arbeit auch mit deutschen Jugendlichen und beides gestaltet sich im Einzelfall auch mit deutschen Jugendlichen nicht immer einfach. Soweit man vermutet, daß die spezielle Einrichtung der JGH nichtdeutschen Jugendlichen nur schwer in ihrer Funktion näherzubringen ist, wird dies zumindest von *Beyer* für die Herkunftsländer der von ihr untersuchten Probanden widerlegt. Sie stellte fest, daß in den meisten Herkunftsländern - darunter auch die meisten Herkunftsländer der hier lebenden „Gastarbeiter" - soziale Institutionen existieren, die die Funktionen der JGH innehaben, so daß die Erklärung und das Verständnis von Funktion und Aufgabenstellung der JGH kein gravierendes Problem darstellen dürfte.[949] Ob solche Institutionen in den jeweiligen Ländern flächendeckend vorhanden sind, vor allem auch im ländlichen Raum, bleibt allerdings unklar.

---

[945] Bruckmeier/Thiem-Schräder in: Autorengruppe Ausländerforschung (Hrsg.), Teil 3, 1980, S. 89, 102; s. auch Bruckmeier/Thiem-Schräder, BewHi 1982, S. 262, 264.

[946] S. Albrecht/Pfeiffer, 1979, S. 71; Bruckmeier/Thiem-Schräder in: Autorengruppe Ausländerforschung (Hrsg.), Teil 3, 1980, S. 89, 102, die daher Hausbesuche bzw. die Kontaktaufnahme mit den Eltern für unzweckmäßig halten.

[947] Nach den Angaben der Freiburger Jugendgerichtshelfer bei Beyer, 1992, S. 157 beherrschen die meisten jungen Asylbewerber allerdings die deutsche oder englische Sprache, so daß eine Verständigung relativ problemlos ist.

[948] So Bruckmeier/Thiem-Schräder, BewHi 1982, S. 262, 264.

[949] Vgl. Beyer, 1992, S. 272.; anders noch Ullrich, 1982, S. 34 nach dessen Erfahrung ein Jugendamt unserer Art in vielen Ländern unbekannt ist. Überhaupt werde der Umgang mit Behörden von den Nichtdeutschen unter anderen Aspekten gesehen. Hilfreich sei deshalb bei der Einladung zum Erstgespräch der Hinweis, einen der deutschen Sprache mächtigen Landsmann als Dolmetscher mitbringen zu können.

Neben rein sprachlichen Verständigungsproblemen wird die JGH darüber hinaus mit einem für sie in der Regel fremden sozio-kulturellen Hintergrund konfrontiert, den es zu verstehen gilt, wenn man Persönlichkeit und maßgebliche Faktoren in der Entwicklung und dem persönlichen Umfeld des betroffenen Jugendlichen einigermaßen zuverlässig explorieren will. Man denke nur an die Schwierigkeit, eine sachgerechte Stellungnahme zu Reife und Entwicklung im Sinne der §§ 3, 105 JGG abzugeben. Familienstrukturen, Sozialisationsverläufe vor bi- oder „multi“-kulturellem Hintergrund, Migrationserfahrungen usw. müssen in ihrer Bedeutung für die Entwicklungsphasen und Lebenssituation der Betroffenen gesehen und eingeschätzt werden. Dazu bedarf es über die generelle Bereitschaft, sich vorurteilsfrei mit dem Gegenüber und seiner Kultur auseinanderzusetzen, hinaus vertiefter ethnologischer oder nationalitätenspezifischer Kenntnisse und Erfahrung mit kulturspezifischen Besonderheiten, um der Gefahr von Mißdeutungen und Stereotypen vorzubeugen.[950] Stereotype Deutungen („die Türken“) sind ebenso verfehlt wie eine ethnozentrische Sichtweise. Gerade im Umgang mit nichtdeutschen Beschuldigten können eine profunde Exploration und daraus folgende Einschätzung durch die JGH dem Jugendrichter, dem in aller Regel tiefere Kenntnisse über Sozialisationsverläufe usw. vor einem fremden oder bi-kulturellen Hintergrund fehlen werden, eine wichtige Hilfestellung sein.

Insbesondere der Umgang mit Asylbewerbern aus außereuropäischen Ländern wird aufgrund der bestehenden kulturellen Besonderheiten und ihrer Herkunft aus Krisen- und Kriegsgebieten seitens der JGH zum Teil als besonders schwierig geschildert.[951]

Von erheblicher Bedeutung ist die Vorbereitung auf die Hauptverhandlung. Den ausländischen Beschuldigten muß genauso die Funktion der verschiedenen Verfahrensbeteiligten und der Ablauf der Verhandlung erklärt werden. Sowohl *Albrecht/Pfeiffer* als auch die *Autorengruppe Ausländerforschung* zeigten auf, daß sich die ausländischen Jugendlichen vor Gericht häufig negativ darstellen oder „verstockt reagieren“[952], wenn es nicht gelingt, die Verfahrenszusammenhänge transparent zu machen und somit Mißdeutungen vorzubeugen und Ängste abzubauen. Positiver dagegen fiel die Bilanz bei *Beyer* aus. Danach waren sechs von 10 befragten Jugendrichtern der Meinung, daß es Ausländern genauso gut gelinge wie deutschen Jugendlichen, sich in der Hauptverhandlung durchzusetzen. Zwei Richter wiesen darauf hin, daß dies nicht gelte, wenn Dolmetscher dazwischen

---

950 Hubert, in: DVJJ (Hrsg.), 1997, S. 244, 251; auch schon Ullrich, 1982, S. 34, der daher vehement den Einsatz ausländischer Jugendgerichtshelfer fordert.

951 Vgl. Beyer, 1992, S. 157.

952 So Albrecht/Pfeiffer, 1979, S. 74; s. auch Bruckmeier/Thiem-Schräder in: Autorengruppe Ausländerforschung (Hrsg.), Teil 3, 1980, S. 89, 103.

geschaltet seien bzw. dies insbesondere dann gelte, wenn die JGH beteiligt sei.[953] Die Einschätzung der Jugendgerichtshelfer selbst geht damit nicht konform: Sie bezweifeln, daß sich die jungen Nichtdeutschen in der Hauptverhandlung gut durchsetzen können. Das gelte aber gleichermaßen auch für deutsche Jugendliche.[954]

Wendet man sich den Berichten zu, die die JGH erstellt, so erweisen sich diese häufig als wenig fundiert. Dies ist der Tenor der drei empirischen Untersuchungen von *Albrecht/Pfeiffer*, der *Autorengruppe Ausländerforschung* und *Beyer*. Die Berichte bleiben an der Oberfläche, Fakten werden aufgezählt und „alles andere beschränkt sich so mehr oder weniger auf Vermutungen und Interpretationen".[955] Nach der *Autorengruppe Ausländerforschung* bleiben psychische Probleme der Jugendlichen verdeckt; eine differenzierte Situationsbeschreibung findet in der Regel nicht statt.[956]

Damit decken sich die Ergebnisse von *Beyer*, die differenziertere Aussagen zulassen. Die Jugendgerichtshelfer in Freiburg schreiben nach eigenen Angaben überwiegend bei ausländischen Beschuldigten nicht häufiger Berichte als bei deutschen.[957] Die JGH-Berichte über ausländische Beschuldigte blieben aber aufgrund weniger tiefgreifender Persönlichkeitsermittlung eher an der Oberfläche und global. Es werden nur wenige Quellen verwendet: So ließen 54 % der Berichte eine Quelle erkennen, 29 % zwei Quellen, 10 % drei Quellen und lediglich 3 % vier Quellen.[958] Die Zahl der Quellen war höher, wenn die Probanden mehr als drei Gerichtskontakte aufwiesen. Zusammenhänge zwischen der Anzahl der verwendeten Quellen und der Nationalität konnte *Beyer* dagegen nicht feststellen. Die größere „Fremdheit" eines Kulturkreises hatte auf die Anzahl der verwendeten Quellen keinen Einfluß, wie vielleicht zunächst zu erwarten war.[959] Gleiches gilt für die Befragung von Eltern. Allerdings wurden die Eltern vergleichsweise selten in die

---

953 Beyer, 1992, S. 225, 226.

954 Beyer, 1992, S. 300.

955 Albrecht/Pfeiffer, 1979, S. 73. Nur die Bremer Jugendgerichtshelfer bestritten eine im Vergleich zu den JGH-Berichten bei deutschen Beschuldigten geringere Aussagekraft der Ermittlungsergebnisse.

956 Bruckmeier/Thiem-Schräder in: Autorengruppe Ausländerforschung (Hrsg.), Teil 3, 1980, S. 89, 102.

957 Beyer, 1992, S. 146.

958 Beyer, 1992, S. 177. Die nicht organisierte JGH des Landratsamtes dagegen schien weniger Berichte zu schreiben, dafür aber gründlichere. Nach den Ergebnissen der Autorengruppe Ausländerforschung (Hrsg.), Teil 2, 1980, S. 219 wurden in 10 % der untersuchten Fälle nur Aktenermittlungen durchgeführt. Im einzelnen dominierten als Grundlage der JGH-Berichte Gespräche mit den Angeklagten (31 %) und Gespräche mit den Angeklagten und ihren Familien (14, 7 %).

959 Beyer, 1992, S. 178.

Ermittlungen miteinbezogen[960], arbeiten aber nach Angaben der Jugendgerichtshelfer überwiegend mit der JGH zusammen.[961]

Unter Berücksichtigung der Ausführungen bei *Albrecht/Pfeiffer* und der *Autorengruppe Ausländerforschung* könnte die geringe Einbeziehung der Eltern möglicherweise auf Verständigungsprobleme zurückzuführen sein. Die geringe Miteinbeziehung erscheint nicht ganz unbedenklich. Viele Eltern reagieren auf die Straftat ihrer Kinder sehr rigide im Sinne von zusätzlicher Sanktionierung, zur Stigmatisierung durch das Strafverfahren kommt noch eine Stigmatisierung in der Familie.[962] Angesichts dieser Situation erscheint eine engere Einbeziehung der Eltern wünschenswert. Sie würde möglicherweise auch dazu beitragen, die teilweise festgestellte Angst auch der Eltern vor ausländerrechtlichen Konsequenzen[963] der Tat der Kinder einzudämmen sowie bestimmte Bestrafungsbefürchtungen und - erwartungen zumindest, soweit sie den familiären Bereich betreffen, besser zu verstehen.[964] Letztlich wird die Notwendigkeit und Zweckmäßigkeit einer Einbeziehung der Eltern allerdings vom Einzelfall abhängen.

Probleme mit dem Zustandekommen des Berichts gab es ganz überwiegend nicht.[965] Nach Ansicht von *Beyer* konnten sich die Jugendgerichtshelfer in der Hälfte der Berichte ein Bild über den Täter machen, in den anderen Fällen blieben die Ausführungen global. Die Wahrscheinlichkeit, daß sich der Jugendgerichtshelfer nicht lediglich ein oberflächliches oder globales Bild vom Beschuldigten machen konnte, stieg dabei mit der Anzahl der verwendeten Quellen.[966] Dabei setzten sich die Jugendgerichtshelfer in knapp der Hälfte der Fälle nicht mit den möglichen Kriminalitätsursachen auseinander; ausländerspezifische Gründe spielten eine untergeordnete Rolle wie auch die Berichte kriminologisch nicht mit ausländerspezifischen Erklärungsansätzen fundiert waren.[967] Hauptsächlich gaben die Freiburger Jugendgerichtshelfer positive oder neutrale Prognosen ab, wobei sich

---

960 Siehe Beyer, 1992, S. 178.

961 Beyer, 1992, S. 151.

962 So Feltes, in: DVJJ-Landesgruppe Baden-Württemberg (Hrsg.), info 1-1985, S. 31, 32 für griechische Familien; so auch die Einschätzung der befragten Jugendgerichtshelfer bei Beyer, 1992, S. 151, ebenfalls schon in diesem Sinn die Ergebnisse bei Albrecht/Pfeiffer, 1979, S. 72.

963 Vgl. Albrecht/Pfeiffer, 1979, S. 72.

964 Zum Problem des richtigen Zeitpunktes und Art und Weise der Kontaktaufnahme zu den Eltern s. Feltes, in: DVJJ-Landesgruppe Baden-Württemberg (Hrsg.), info 1-1985, S. 31, 32/33. Einer Kontaktaufnahme zu den Eltern eher skeptisch gegenüber stehen Bruckmeier/Thiem-Schräder in: Autorengruppe Ausländerforschung (Hrsg.), Teil 3, 1980, S. 89, 102.

965 S. Beyer, 1992, S. 180. Zur Zusammensetzung der Berichte nach Themenbereichen s. Beyer, 1992, S. 180 und nach Einzelmerkmalen S. 182, 183.

966 Beyer, 1992, S. 185, 186, 286.

967 Beyer, 1992, S. 286.

Beyer zufolge insgesamt vorsichtig die Tendenz ableiten ließ, daß die Jugendgerichtshelfer bei Jugendlichen aus islamischen Kulturkreisen keine eindeutige Prognose wagten, weil sie dazu keinen Zugang fanden.[968]

Was den Wert des Berichtes für die Entscheidungsfindung der Jugendrichter angeht, so erklärten fünf der elf von *Beyer* befragten Jugendrichter, er habe bei ausländischen Beschuldigten vor allem in Hinblick auf die persönlichen Verhältnisse ein noch größeres Gewicht; vier Jugendrichter verneinten dies. Im Urteil stützen sich nach Angaben der Jugendrichter daher insgesamt nur zwei Jugendrichter auf den Bericht.[969] Eine ausdrückliche Bezugnahme auf den Bericht im Urteil fand sich bei der Aktenanalyse dann auch nur bei gut einem Fünftel, wobei lediglich bei ca. 22 % der Fälle der wesentliche Inhalt des Berichts im Urteil auftauchte. Vor allem bei längeren, qualitativ guten Berichten, fanden sich häufiger Übereinstimmungen zwischen Urteil und Bericht - wie *Beyer* formuliert, sollten „diese Feststellungen (...) die Jugendgerichtshilfe dazu animieren, gerade bei jungen Ausländern bessere Berichte zu schreiben, denn das schlägt sich in den Urteilen nieder."[970]

Sanktionsvorschläge fehlten in einem Drittel der Berichte - in der Untersuchung der *Autorengruppe Ausländerforschung* belief sich diese Quote auf 60,7 %[971] - und häufig fehlten auch die Sanktionsbegründungen.[972] Bei der Sanktionsüberwachung selbst gab es grundsätzlich keine Schwierigkeiten mit den nichtdeutschen Probanden. Dagegen konstatierte *Beyer* ausländerspezifische Probleme (die im einzelnen nicht näher erläutert werden[973]) bei der Betreuung ausländischer Probanden, was darauf hinweise, daß der Umgang mit den nichtdeutschen Probanden nicht so problemlos sei, wie er von den Jugendgerichtshelfern in Freiburg dargestellt werde.[974]

---

968 Beyer, 1992, S. 287.

969 Beyer, 1992, S. 228.

970 So Beyer, 1992, S. 293.

971 Autorengruppe Ausländerforschung (Hrsg.), Teil 2, 1980, S. 219 (keine Vorschläge unterbreitet bzw. nicht erkennbar oder nur mündlich vorgetragen).

972 Beyer, 1992, S. 190, 191.

973 Vgl. Frage Nr. 279 des Fragebogens bei Beyer: Gibt es bei Betreuung des Jugendlichen oder Heranwachsenden ausländerspezifische Probleme? Im Rahmen der Befragung der Jugendgerichtshelfer der JGH des Sozial- und Jugendamtes Freiburg sowie der Sozialarbeiter des allgemeinen Sozialdienstes des Landratsamtes Hochschwarzwald wurde bei der Frage nach ausländerspezifischen Problemen der Sanktionsüberwachung/Betreuung genannt: Sinti dürfen die Arbeitsstunden nicht im Krankenhaus abarbeiten oder zum Putzen von Toiletten herangezogen werden. Weiterhin wurden Probleme bei mangelnder Verständigung genannt. Als problematisch wurde auch die Situation eingeschätzt, daß ein Asylbewerber, der normalerweise nicht arbeiten darf, zu einer Arbeitsweisung verurteilt wird und sich belohnt fühlt. Auf die Tatsache, daß es in Freiburg an spezifischen Hilfsangeboten für Ausländer mangelt, gingen die Jugendgerichtshelfer dagegen nicht ein; s. Beyer, 1992, S. 154, 155.

974 Beyer, 1992, S. 288, 289.

11. 3. 3. Die JGH in der Wahrnehmung junger Nichtdeutscher

Wie junge Nichtdeutsche zur Arbeit der JGH stehen, wurde bislang selten erhoben. Lediglich *Hamburger/Seus/Wolter* und *Bielefeld/Kreissl/Münster* widmeten sich dieser Frage. Bei beiden Untersuchungen geben Interviewauszüge Aufschluß über die Einstellung nichtdeutscher Beschuldigter zur Arbeit der JGH. Im Vordergrund steht die Erfahrung der Stigmatisierung durch die Kontrollinstanzen und somit auch durch die JGH. Nach *Hamburger/Seus/Wolter* entwickelten die Jugendlichen das Gefühl einer „ausgeprägten Fehlbewertung"[975], das nicht zuletzt einem völligen Unverständnis für die gerichtlichen Bewertungsmaßstäbe entsprang und von den Jugendlichen als Ausländerfeindlichkeit interpretiert wurde. Die Erfahrung der Stigmatisierung betraf auch die gerichtliche Tätigkeit der JGH, wie die Aussage eines jungen Italieners deutlich macht: „Im Gericht, da ist die, die Jugendhelferin oder was das ist, die hat'n Stück Papier in der Hand gehabt und die wollte mit dem Papier meinen Lebenslauf erzählen, ne. Die hat's auch erzählt, was ich gemacht hab, alles negativ, ne, des hat er gemacht, aber was ich gefühlt hab, wann ich das gemacht hab, das hat sie nicht gesagt. Was ich mitgemacht hab, das hat sie auch nicht gesagt, was ich Gutes gemacht hab, des hat sie auch nicht gesagt. Nur das Schlechte, ne, die hat was gebabbelt, wo ich gar net davon wußte, wo ich wirklich - des war - aber was bleibt mir anderes übrig?"[976] Gleichzeitig entsteht der Eindruck, daß der Jugendliche die Arbeit der JGH, insbesondere deren Doppelfunktion, nicht einzuschätzen wußte[977] - ein Informationsdefizit, das durch die JGH selbst zu beheben wäre, gleichzeitig aber auch ein Problem, das die JGH-Arbeit allgemein belastet. Überwiegend negativ werden die Kontakte zur JGH auch von den von *Bielefeld/Kreissl/Münster* interviewten Nichtdeutschen bewertet. Skepsis und Mißtrauen, auch aufgrund von Unverständnis oder eines anderen Verständnisses vom Verfahrensablauf, prägen das Verhältnis zur JGH. Kritisiert wird von den Jugendlichen die in ihren Augen oberflächliche Arbeit der JGH, die sich im Abfragen der biographischen Daten erschöpfe, ohne daß ein tiefergehendes persönliches Gespräch zustande komme, sowie das Auftreten der JGH vor Gericht. Bezüglich der Rolle der JGH vor Gericht existieren zwei verschiedene Deutungsmuster: entweder die JGH wird negativ eingeschätzt und das als hart empfundene Urteil wird auf die JGH zurückgeführt oder der Richter wird als bösartig und zu streng empfunden und der JGH kommt der positive, aber einflußlose Gegenpart zu.[978]

---

975 Hamburger/Seus/Wolter, 1981, S. 149.

976 Hamburger/Seus/Wolter, 1981, S. 149.

977 Vgl. aber die durchaus positiveren Ergebnisse bei Beyer, 1992, S. 154, wonach die JGH in Freiburg keine größeren Probleme hat, den Jugendlichen ihre Doppelrolle nahezubringen.

978 Bielefeld/Kreissl/Münster, 1982, S. 172.

Allgemeingültige Aussagen, insbesondere zur aktuellen Situation, lassen sich hieraus nicht ableiten. Doch können diese Aussagen zumindest als „Momentaufnahmen“ gewisse neuralgische Punkte der JGH-Arbeit aufzeigen, die einer näheren Untersuchung wert wären.

Gleichzeitig führen sie zu einem weitaus gravierenderen, hinter dieser Wahrnehmung stehenden Phänomen: das Unverständnis von Verfahrensabläufen, strafgerichtlichen Bewertungsmaßstäben und das daraus entwickelte Gefühl, fehlerhaft bewertet und schließlich falsch und anders als Deutsche behandelt zu werden.

11. 4. Zusammenfassung und Schlußfolgerungen

Über den tatsächlichen Umgang der JGH mit nichtdeutschen Probanden zeichnen die derzeit vorliegenden Untersuchungen, da sie zum überwiegenden Teil recht alt sind, nur ein sehr unvollständiges Bild. Die Studien besitzen außerdem nur eine regional begrenzte Aussagekraft. Dennoch vermitteln sie einen Eindruck der Schwierigkeiten, mit denen sich die JGH im Umgang mit ausländischen Probanden konfrontiert sieht.

Es zeigte sich, daß die JGH den an sie gestellten Anforderungen nur eingeschränkt gerecht wird bzw. gerecht werden kann. *Beyer* zufolge ist nach den vorliegenden Erkenntnissen die Jugendgerichtshilfe für Ausländer weniger intensiv als für Deutsche: Die Berichte sind wenig fundiert und bleiben häufig global, es werden wenig Quellen herangezogen, die Eltern werden häufig nicht miteinbezogen. Ausländerspezifische Kriterien werden nur in Einzelfällen berücksichtigt.[979] Die Intensität und Qualität der JGH-Arbeit wird hier aber auch je nach Träger und Region unterschiedlich sein. So zeigte schon die *Autorengruppe Ausländerforschung* für Berlin auf, daß die Jugendgerichtshilfe in Bezirken mit einer großen Zahl ausländischer Probanden mit der Qualität ihrer Berichte deutlich über dem Durchschnitt lag.[980]

Verfehlt wäre es allerdings, diese Schwachpunkte in der JGH-Arbeit nur als Ausdruck eines rein „ausländerspezifischen“ Problems zu sehen. So konstatierte *Ullrich* (1982): „Was die Arbeit der Jugendgerichtshilfe mit jungen Ausländern erschwert, sind einmal die reformbedürftige und komplizierte Ausländergesetzgebung und zum anderen die schon für deutsche Jugendliche unbefriedigende Funktionstüchtigkeit der Jugendgerichtshilfe, die, wie unsere Jugendhilfe überhaupt, völlig überfordert ist und geradezu einer Mängelverwaltung gleichkommt.“[981] Zehn

---

979 Beyer, 1992, S. 307.

980 Autorengruppe Ausländerforschung (Hrsg.), Teil 2, 1980, S. 221.

981 Ullrich, 1982, S. 32.

Jahre später resümiert *Beyer*: „ Jugendgerichtshilfe für Ausländer ist für die damit befaßten Sozialarbeiter nach den Kriterien, die die Jugendgerichtshilfearbeit für Ausländer von der für Deutsche unterscheiden, anders und schwerer."[982] und „Es ist richtig, daß Probleme der - auch für Deutsche - noch nicht optimal funktionierenden Jugendgerichtshilfe sich gerade bei Ausländern auswirken."[983]

Deutlich wurde, daß den Jugendgerichtshelfern im Umgang mit nichtdeutschen Beschuldigten besondere Kompetenzen abverlangt werden. Die Erforschung der Persönlichkeit, die Kontaktaufnahme zum Umfeld, die Herstellung eines Vertrauensverhältnisses warten mit besonderen Problemen auf und stellen besondere Anforderungen an die Vertreter der Jugendgerichtshilfe. Sie müssen die kulturspezifische Lebenswelt der jungen Nichtdeutschen erfassen können, über entsprechende sprachliche Kompetenzen und Kenntnisse im Ausländerrecht verfügen sowie Kompetenz und Erfahrungen im Migrationsbereich aufweisen.[984] Wünschenswert ist insoweit der Einsatz von Mitarbeitern deutscher und nichtdeutscher Herkunft.[985] In dem Bestreben, eine bestmögliche Arbeit der JGH mit nichtdeutscher Klientel gewährleisten zu können, werden unterschiedliche Ausgestaltungsformen und institutionelle Anbindungen der JGH diskutiert. Teilweise hat seitens der Jugendämter schon eine Delegation der JGH-Aufgaben an die nichtdeutsche Familien betreuenden Wohlfahrtsverbände stattgefunden, die mittlerweile über ausreichend qualifizierte deutsche und nichtdeutsche Mitarbeiter verfügen und bei denen sich die entsprechenden Kompetenzen konzentrieren.[986] Eine spezielle Jugendgerichtshilfe für Ausländer bzw. einzelne Nationalitäten wird inzwischen zunehmend kritischer gesehen, da sie dem „gesellschaftlichen Prozeß der Ausgrenzung und Klientelisierung von Minderheiten" Vorschub leiste.[987] Vielmehr wird teilweise für eine internationale JGH plädiert, die den Betroffenen ein Wahlrecht zwischen Einrichtungen und Diensten verschiedener Träger auch im Bereich der Jugendgerichtshilfe zugesteht.[988] Beide Modelle, sowohl die Delegation an die Wohlfahrtsverbände als auch eine internationale Jugendgerichtshilfe sind gangbare Wege, um die nötigen Kompetenzen für die JGH-Arbeit mit nichtdeutschen Jugendlichen zu bündeln. Letztlich werden Region (ländlicher Raum, großstädtische Ballungsgebiete) und dort vorhandene JGH-Infrastruktur darüber entscheiden, ob eine internationale Jugendgerichtshilfe mit einer größtmöglichen Kompetenz- und Angebotsvielfalt verwirklicht werden kann.

---

982 Beyer, 1992, S. 305.

983 Beyer, 1992, S. 306.

984 So die Anforderungen, die Schmitz, DVJJ-J 1993, S. 375, 376 formuliert.

985 S. nur Hubert/Comin, in: KAV (Hrsg.), 1996, S. 272, 276.

986 Vgl. Schmitz, DVJJ-J 1993, S. 375.

987 So Schmitz, DVJJ-J 1993, S. 375.

988 So die Forderung von Schmitz, DVJJ-J 1993, S. 375.

12. Kapitel: Junge nichtdeutsche Beschuldigte in der gerichtlichen Verhandlung

12. 1. Einleitung

Die Bedeutung der Hauptverhandlung liegt u. a. darin, daß in ihr die Entscheidung des Gerichts vorbereitet wird und die hierzu nötigen Informationen über Tat und Täter ermittelt bzw. vermittelt werden. Im Mittelpunkt steht die „kommunikative Konstruktion eines Sachverhaltes".[989] Im Jugendstrafverfahren soll die Hauptverhandlung darüber hinaus eine sinnvolle erzieherische Begegnung ermöglichen. Gleichzeitig trägt sie den rechtsstaatlichen Anforderungen Rechnung, indem der Angeklagte nicht Objekt, sondern Subjekt des Verfahrens ist. Mit dieser Subjektstellung sind eine Reihe von Teilnahmerechten des Angeklagten verbunden, die die Durchführung eines fairen Verfahrens sichern sollen. So wird der Angeklagte gemäß § 243 Abs. 4 S. 2 StPO zur Sache vernommen, wenn er zur Aussage bereit ist, er kann Beweisanträge stellen (§ 219 StPO), Erklärungen zu den Aussagen anderer und den jeweiligen Beweiserhebungen abgeben (§ 257 StPO), hat ein Fragerecht (§ 240 Abs. 2 StPO) und das Recht auf einen Schlußvortrag und das letzte Wort (§ 258 StPO).[990] Sowohl die Ermittlung des Sachverhaltes, die Wahrnehmung der Mitwirkungsrechte als auch das Ziel, der Hauptverhandlung eine erzieherische Wirkung zu verleihen, setzt die Fähigkeit und Möglichkeit zur Kommunikation voraus.

Mit Blick auf nichtdeutsche Beschuldigte gewinnen in diesem Zusammenhang vor allem zwei Problemkreise an Bedeutung: die Verteidigung der jungen Angeklagten sowie die Hinzuziehung eines Dolmetschers im Falle eines nicht deutschsprachigen Angeklagten. Gemeinsam ist beiden Bereichen, daß es jeweils um den Ausgleich von Defiziten des Jugendlichen in der Situation vor Gericht und dem dort ablaufenden Kommunikations- und Interaktionsprozeß geht. Daher soll zunächst die Kommunikations- und Interaktionssituation in der jugendgerichtlichen Verhandlung skizziert werden, bevor in den nachfolgenden Kapiteln darauf eingegangen wird, ob und wie diese Defizite durch Beiordnung eines Verteidigers oder Beteiligung eines Dolmetschers ausgeglichen werden können.

---

[989] So Ludwig-Mayerhofer, Zeitschrift f. Rechtssoziologie 1997, S. 180, 182.

[990] Vgl. Ludwig-Mayerhofer, Zeitschrift f. Rechtssoziologie 1997, S. 180, 181/182.

Jugendliche haben im Vergleich zu Erwachsenen eine geringere Handlungskompetenz vor Gericht. Ihre Unerfahrenheit und Unsicherheit gerade im Umgang mit Behörden und staatlichen Instanzen, ihre beschränkte Ausdrucksfähigkeit sowie das meistens vorzufindende soziale und intellektuelle Gefälle im Hinblick auf die anderen Akteure im Strafverfahren (Richter, Staatsanwälte) machen eine gleichberechtigte Interaktion vor Gericht unmöglich.[991] Weiterhin geben der strafgerichtlichen Verhandlung immanente Strukturen der Kommunikation und Interaktion ein besonderes Gepräge, die das Gefälle zwischen (jugendlichem) Angeklagten und den anderen professionellen Verfahrensbeteiligten weiter verstärken. Die Kommunikation bei Gericht ist eine Situation der Zwangskommunikation und es kann „situativ und aktuell auf den verschiedensten kommunikativen Ebenen in impliziter wie expliziter Weise von Machtmitteln verschiedener Ordnung Gebrauch gemacht werden (...) bzw. als Folge verwiesen werden."[992] Dem entspricht die Asymmetrie der Beteiligtenrollen, wie sie für die strafgerichtliche Verhandlung charakteristisch ist.

Die unterlegene Position des jugendlichen Angeklagten resultiert neben den oben genannten Faktoren maßgeblich aus seiner Position als Laie, der sich in der Gerichtsverhandlung Experten (Richter, Staatsanwalt) gegenübersieht. Während die Laien sich durch das Ereigniswissen auszeichnen, da sie an dem zu verhandelnden Ereignis in irgendeiner Form beteiligt waren, kommt den Experten das Verfahrenswissen zu. Können sich die Experten das Ereigniswissen relativ unproblematisch erarbeiten, haben die Laien in aller Regel nicht die Möglichkeit, sich das juristische Verfahrenswissen handlungsrelevant anzueignen. Diese Verfahrensinkompetenz verhindert, daß die Jugendlichen aktiv am gerichtlichen Interaktionsprozeß teilnehmen und ihre prozessualen Rechte wahrnehmen können.[993]

Die unterlegene Position des jugendlichen Angeklagten als Laie ist weiterhin auch auf die „Unvertrautheit mit den Regeln der juristischen Rekonstruktion des Tathergangs und des Eruierens von Handlungsmotiven und Rechtfertigungsgründen" zurückzuführen.[994] So geht die gerichtliche anders als die alltägliche Kommunikationsstruktur gerade nicht von der Gültigkeit der Aussagen des jeweils anderen aus, sondern stellt diese fortwährend in Frage, um die Gültigkeit der gemachten Aussagen zu überprüfen und etwaige Widersprüche aufzudecken.[995]

---

991 S. Walter, in: Walter (Hrsg.), 1997, S. 11, 16.

992 So die Definition bei Hinnenkamp, in: Rehbein (Hrsg.), 1985, S. 276, 283.

993 So Müller, DVJJ-J 1991, S. 222, 223; allgemein zur Kommunikation vor Gericht Kallmeyer, in: Wassermann (Hrsg.), 1983, S. 139, 142.

994 So Müller, DVJJ-J 1991, S. 222, 223.

995 Müller, DVJJ-J 1991, S. 222, 223; Soeffner, in: Wassermann/Petersen (Hrsg.), 1983, S. 73, 82, 88f.

Auch konversationsanalytische Untersuchungen weisen auf eine unterlegene Position des jugendlichen Angeklagten hin. So konnte *Muth* (1984) aufzeigen, daß in den von ihm untersuchten jugendrichterlichen Verhandlungen ca. 70 % der Redebeiträge auf die „Professionellen“ entfallen, sie also die Redebeitragshäufigkeit dominieren. Damit ist zwar noch nichts über die inhaltliche Ausgestaltung gesagt, der Befund gibt aber insofern zu denken, als der jugendliche Angeklagte grundsätzlich in der jugendgerichtlichen Verhandlung die Hauptperson ist.[996] Hinzu kommt, daß die Redebeiträge überwiegend aus kurzen Sätzen oder einzelnen Worten bestehen. Obwohl sein Verhalten in Rede steht, seine Motive, seine Persönlichkeit, seine Lebensweise und sein sozialer Hintergrund für eine angemessene Beurteilung und Sanktionierung der Tat von Bedeutung sind, trägt er selbst nur sehr wenig zum Gang der Verhandlung bei.[997] Die dominante Interaktionsform zwischen Angeklagtem und den professionellen Beteiligten ist den Befunden *Muths* zufolge die der Frage-Antwort-Interaktion.[998] Selbst die Darstellung der Biographie des Angeklagten wird zum größten Teil von der Jugendgerichtshilfe vorgenommen. Bereits hier kommt es zu einer Filterung der Informationen des Jugendlichen durch den Jugendgerichtshelfer.[999]

Erschwerend auf die Kommunikation vor Gericht wirken sich die vielen unbestimmten Rechtsbegriffe, wie sie vor allem auch gerade im Jugendstrafrecht vorkommen und dort meist mit Ermessens- und Beurteilungsspielräumen zusammentreffen, aus (z. B. „schädliche Neigungen“). Ebenso wie allgemein die juristische Fachterminologie beeinträchtigen sie das Verständnis zwischen dem Beschuldigten und den „Professionellen“ und tragen nicht dazu bei, dem Betroffenen den Ablauf des Verfahrens transparent zu machen und ihm den Eindruck eines fairen Verfahrens zu vermitteln, sondern sind im Gegenteil geeignet, den jugendlichen Angeklagten weitgehend aus dem Kommunikationsprozeß auszuschließen.[1000]

---

996 Muth, in: Reichertz (Hrsg.), 1984, S. 74.

997 Muth, in: Reichertz (Hrsg.), 1984, S. 74-77.

998 Muth, in: Reichertz (Hrsg.), 1984, S. 81; vgl. auch Soeffner, in Wassermann/Petersen (Hrsg.), 1983, S. 73, 83.

999 Ferse, in: DVJJ (Hrsg.), 1996, S. 485, 488. Müller, DVJJ-J 1991, S. 222, 224.

1000 S. Walter, in: Walter (Hrsg.) 1997, S. 11, 17; Kahlert, in: DVJJ (Hrsg.), 1981, S. 133, 141/142. Vgl. die Forderungen des AK IV/2 des 22. Dt. Jugendgerichtstages in DVVJ-J 1992, S. 286: Es ist erforderlich, den Jugendlichen und Heranwachsenden den inneren Aufbau dieser Kommunikation bewußt zu machen und ihnen gegenüber die Funktionen bzw. Rollen des einzelnen Verfahrensbeteiligten offenzulegen sowie eine höfliche Distanz einzuhalten, Verhaltensweisen, die vermeidbare zusätzliche Störungen der Kommunikation zur Folge haben würden, sollten unterlassen werden (z:B. Abtausch von Paragraphenzahlen zwischen den professionellen Beteiligten, Vortrag der Urteilsgründe ohne zum Verständnis erforderliche Erklärungen).

Ein nicht ganz so pessimistisches Bild wie *Muth* zeichnet dagegen *Ludwig-Mayerhofer* als Ergebnis einer Untersuchung von 430 jugendgerichtlichen Verfahren mit insgesamt 510 Angeklagten vor Jugendrichtern und Jugendschöffengerichten in erster Instanz.[1001] Es bestätigte sich zwar, daß die jungen Angeklagten fast ausnahmslos nur auf Aufforderung durch den Richter das Wort ergriffen, aber immerhin mehr als ein Drittel bestritten den Tatvorwurf zumindest zum Teil, wenn allerdings auch nur etwas weniger als die Hälfte dieser Angeklagten jegliche Tatbeteiligung abstritt.[1002] Es verhält sich demnach keineswegs so, daß die jungen Angeklagten durchgängig und systematisch durch das gerichtliche Verfahren so eingeschüchtert sind, daß sie gegen den Tatvorwurf nicht Stellung nehmen. Diese Aussage erfährt eine Untermauerung durch die Beobachtung, daß die bestreitenden Angeklagten im Verlauf der Hauptverhandlung überwiegend bei ihrer anfänglichen Aussage bleiben.[1003] Allerdings - und das ist ein entscheidender Punkt - gelingt es den Angeklagten offensichtlich nicht, ihre Schuldzurückweisungen auch dem Richter gegenüber plausibel zu machen. Die Richter ihrerseits nehmen das Bestreiten der Angeklagten nicht zum Anlaß, diese in die Enge zu treiben, obwohl sie den Angeklagten meist keinen Glauben schenken.[1004] Sie scheinen auf das Geständnis des Angeklagten in viel geringerem Maße angewiesen als allgemein angenommen. Die Richter ziehen hauptsächlich Zeugen heran, in deren Aussagen in den meisten Fällen der Angeklagte bzw. sein Tatbeitrag im Mittelpunkt steht und die in der überwiegenden Zahl der Fälle den Angeklagten völlig oder überwiegend belasten. Die Chance, die die gerichtliche Hauptverhandlung also zunächst dem Angeklagten eröffnet hat, nämlich seinen eigenen Standpunkt zum Tatvorwurf zu vertreten, wird damit wieder zunichte gemacht, was sich u. a. daran zeigt, daß bei nur knapp 3 % aller Angeklagten (oder 18 % der gänzlich bestreitenden) das Verfahren mit einem Freispruch endete. Den Angeklagten gelingt es demnach in der überwiegenden Zahl der Fälle anscheinend nicht - unabhängig von der Frage, ob sie tatsächlich die ihnen zur Last gelegte Tat begangen haben - in der Kommunikation vor Gericht entscheidenden Einfluß auf die Sachverhaltsrekonstruktion zu nehmen. Es verhält sich also nicht so, daß gar keine Kommunikation stattfindet, sondern die Situation ist eher als „Scheinkommunikation" zu charakterisieren.[1005]

1001 Ausführlich zur Datenerhebung und den theoretischen Grundlagen Ludwig-Mayerhofer, Zeitschrift f. Rechtssoziologie 1997, S. 180, 183-191.

1002 Ludwig-Mayerhofer, Zeitschrift f. Rechtssoziologie 1997, S. 180, 192. Vgl. auch Günther in: Autorengruppe Ausländerforschung (Hrsg.), Teil 3, 1980, S. 1, 43: Über die Hälfte der 20 nichtdeutschen jungen Angeklagten in den von der Autorengruppe Ausländerforschung beobachteten Jugendgerichtsverhandlungen leugneten die Verdachtsmomente.

1003 Ludwig-Mayerhofer, Zeitschrift f. Rechtssoziologie 1997, S. 180, 195.

1004 Ludwig-Mayerhofer, Zeitschrift f. Rechtssoziologie 1997, S. 180, 197.

1005 Ludwig-Mayerhofer, Zeitschrift f. Rechtssoziologie 1997, S. 180, 197.

12. 3. Kommunikations- und Interaktionsprobleme in der Gerichtsverhandlung mit jungen ausländischen Beschuldigten

Die oben skizzierte Situation vor Gericht und die darin angelegte Gefahr von mißlingender Kommunikation gelten, da sie im institutionellen Charakter der Gerichtssituation begründet sind, in der es zudem an der Gleichberechtigung der Beteiligten fehlt, gleichermaßen für alle jugendlichen Beschuldigten. Sie alle sind in demselben Maße der sie belastenden Situation ausgesetzt und befinden sich im Vergleich zu den anderen Verfahrensbeteiligten in einer unterlegenen Position. Bei nichtdeutschen, insbesondere nichtdeutschsprachigen Jugendlichen, kommen wietere die Kommunikation vor Gericht erschwerende Faktoren hinzu, die die bereits im deutsch-deutschen Kommunikationsprozeß bestehende Kluft weiter vertiefen und die Kommunikation unter den Verfahrensbeteiligten noch anfälliger für Mißverständnisse und Fehldeutungen machen[1006]. Denn zusätzlich zu den schon genannten Schwierigkeiten gilt es, bestehende Sprachbarrieren zu überwinden, unterschiedliche kulturelle Bezugsrahmen zu erkennen, bestehende kulturelle Differenzen auszugleichen und zu überbrücken: Es handelt sich um eine interkulturelle Kommunikation, deren Grundproblem *Rehbein* (1985) wie folgt beschreibt: „Interkulturelle Verständigung ist an das Verstehen des sprachlichen Handelns des anderen gebunden. Dieses setzt an am sprachlichen und nonverbalen Ausdruck als der Inskription des zugrundeliegenden sprachlichen Musters und dessen Handlungsdimensionen. Daraus entsteht das Problem interkultureller Verständigung, denn die Inskription läßt sich nur verstehen, wenn ein gemeinsames Wissen zugrundeliegt; andernfalls wird das (normalerweise automatisch ablaufende) Verstehen zu einem kommunikativen Entziffern bzw. zu einem Projizieren eigenen Wissens in den anderen, zu einem tastenden Etablieren gemeinsamen Wissens im Diskurs."[1007] Darüber hinaus hat die hier interessierende Kommunikation die für die Gerichtsverhandlung typisch institutionelle Bindung [1008] und bewegt sich somit im Spannungsfeld der von der Institution „Gericht" verfolgten (kommunikativen) Zwecke und den Anforderungen an das Gelingen einer interkulturellen Kommunikation.

12. 3. 1. Kulturelle Bezugsrahmen

Ein Erschwernis der interkulturellen Kommunikation vor Gericht sind die unterschiedlichen (sozio-)kulturellen Bezugsrahmen der Akteure.

Es ist davon auszugehen, daß vor allem bei Jugendlichen, die sich erst kürzere Zeit in Deutschland aufhalten, eine im Vergleich zu deutschen Jugendlichen noch

---

1006 Vgl. Rehbein, in: Rehbein (Hrsg.), 1985, S. 7, 9.

1007 Rehbein, in: Rehbein (Hrsg.), 1985, S. 7, 10.

1008 S. Koerfer, in: Brünner/Graefen (Hrsg.), 1994, S. 351.

größere Unvertrautheit mit den hier geltenden Rechtsnormen, den „geläufigen" Rechtsbegriffen und dem deutschen Rechtssystem besteht. Nicht selten werden Vorstellungen über das gerichtliche Verfahren und den Ablauf der Verhandlung im Herkunftsland auf die Situation in Deutschland übertragen, die sich aber mit dieser nicht decken.[1009] Der tatsächliche Ablauf der Verhandlung bleibt somit dem Betroffenen verschleiert. Möglicherweise haben auch manche jungen Beschuldigten - vor allem junge Asylbewerber oder Flüchtlinge, die repressiven Maßnahmen im Heimatland ausgesetzt waren - negative Erfahrungen mit Behörden und staatlichen Instanzen in ihrem Herkunftsland gemacht, die die Unsicherheit und Ängste im Umgang mit deutschen Behörden und Gerichten verstärkt hervortreten lassen. Die oben aufgezeigte Gerichtssituation, die dem Beschuldigten eine aktive Beteiligung am Interaktionsprozeß nahezu unmöglich macht und den Jugendlichen in den allermeisten Fällen bezüglich des Ablaufs des Verfahrens im Ungewissen läßt, wirkt in solch einem Fall nicht gerade vertrauensbildend. Hier ist der Jugendgerichtshelfer im Rahmen der Vorbereitung der Verhandlung, aber auch der Verteidiger gefordert, um Verfahrenszusammenhänge und -abläufe möglichst transparent zu machen.

Unterschiedliche kulturelle Bezugsrahmen werden aber nicht nur mit Blick auf das Verständnis von Verfahrensabläufen relevant, sondern wirken sich auch in der unmittelbaren Kommunikation zwischen den Verfahrensbeteiligten aus. Sie haben zur Folge, daß sogar die relativ gute Beherrschung der deutschen Sprache keine Garantie für das Gelingen der Kommunikation ist, da jeder Kommunikationspartner seinen Gegenüber auf seinem eigenen kulturellen Hintergrund sieht und dementsprechend seine Interaktionsstrategie gestaltet.[1010] Dem liegt folgendes Kommunikationsmodell zugrunde: In der Kommunikation unter anwesenden Gesprächspartnern versuchen beide Gesprächspartner sich jeweils ihre eigene Reaktion aus der Sicht des anderen vorzustellen, um daraus die zutreffende Reaktion hinsichtlich des Kommunikationsgegenstandes abzuleiten. Sind nun kulturelle Unterschiede nicht bekannt, bestehen falsche Vorstellungen darüber oder setzt ein Gesprächspartner (Sender) fälschlicherweise Kenntnisse der kulturellen Unterschiede beim anderen (Empfänger) voraus[1011], scheitert die Kommunikation, denn

---

1009 Vgl. Driesen, Mitteilungsblatt 1986, S. 5, 6 bezüglich der Vereidigung von Zeugen, die in manchen Ländern vor der eigentlichen Aussage vorgenommen wird - mit der Folge, daß sich in deutschen Gerichtsverfahren manche Zeugen sich nicht trauen, ihre Aussage zu berichtigen, weil sie sich nicht bewußt sind, daß dies vor Eidesleistung möglich ist.

1010 Kuhl, 1992, S. 49. Vgl. auch Sack, in KAV (Hrsg.), 1996, S. 65, 71: Gerade Ausländer der dritten Generation wirken so „deutsch", sind aber durch andere Traditionen geprägt und bringen andere Mentalitäten mit, die mit für den Jugendrichter unverständlichen Verhaltensweisen verbunden sind und Sack zufolge die Hilfe von „Kulturinterpreten" und „Mentalitätsübersetzern" wünschenswert machen.

1011 Knapp/Knapp-Pothoff, in: Rehbein (Hrsg.), 1985, S. 450, 459.

es ist nicht mehr möglich, die Reaktion des Kommunikationspartners auf die eigene Äußerung zu antizipieren.[1012] Im Unterschied zur Kommunikation vor Gericht zwischen deutschen Kommunikationspartnern, bei der ein wesentliches Problem in der Verwendung unterschiedlicher (schichtabhängiger) Sprachcodes gesehen wird, besteht die Schwierigkeit bei einer interkulturellen Kommunikation in erster Linie in der Existenz verschiedener kultureller Bezugsrahmen.

Zur Illustration sei hier ein Beispiel von *Driesen* zur Frage des Richters nach dem erlernten oder ausgeübten Beruf angeführt: Eine „Lehre" oder Ausbildung wie in Deutschland gibt es in den meisten Entwicklungsländern nicht. Bei der Frage nach dem Beruf geben die Betreffenden meist ihre Beschäftigung, der sie nachgehen, ohne je darin in unserem Sinne „ausgebildet" worden zu sein, an. Hakt der Richter nach, um sich Informationen über den Bildungsstand des Angeklagten zu verschaffen und fragt „Haben Sie einen Beruf gelernt?", bejaht der Angeklagte. Die Kommunikation ist in diesem Punkt gescheitert.[1013] Wie an diesem Beispiel auch deutlich wird, werden Mißverständnisse bzw. Fehldeutungen, sei es, daß sie auf kulturellen Differenzen oder Sprachschwierigkeiten beruhen, häufig als solche auch gar nicht erkannt und können daher nicht ausgeräumt werden. Das gilt umso mehr als die vor Gericht dominierende Frage-Antwort-Interaktion kaum Raum dafür läßt, Mißverständnisse „aufzudecken". Dem Richter und den anderen Beteiligten erschließen sich auftretende Mißverständnisse kaum von selbst, denn das würde eine dialogische Kommunikationsform voraussetzen: Je mehr Reaktionsmöglichkeiten sich dem Gesprächspartner eröffnen, desto mehr Einblicke gewährt er in sein Verstehen und desto eher können Mißverständnisse wahrgenommen und aus dem Weg geräumt werden.[1014] Vergewisserungsfragen („Haben Sie das verstanden?") reichen in der Regel nicht aus oder wie *Reich* es formuliert: „Beim Verstehen gibt es gewöhnlich kein Ja oder Nein, sondern unendlich viele Annäherungen an das richtige und vollständige Verständnis".[1015] Hinzu kommt, daß der Richter bedingt durch Kenntnis der Akten einen Informationsüberschuß hat. Fragen werden in erster Linie gestellt, um schon vorhandene Kenntnisse zu verifizieren und mögliche Widersprüche aufzudecken, nicht um eine wirkliche „Verständigung" zu erzielen. Auch der Versuch, erkannte Mißverständnisse aus dem Weg zu räumen, gelingt nicht immer unproblematisch, da auch die sprachlichen Formen

---

[1012] Siehe ausführlich zum Modell der sog. „reflexiven Koorientierung" Kuhl, 1992, S. 56.

[1013] Driesen, Mitteilungsblatt 1986, S. 5, 6.

[1014] Reich, in: Bundesanstalt für Arbeit (Hrsg.), 1993, S. 183, 198 für die interkulturelle Kommunikation in der Berufsberatung.

[1015] Reich, in: Bundesanstalt für Arbeit (Hrsg.), 1993, S. 183, 199; vgl. auch Kuhl, 1992, S. 55: Ein umfassendes Verständnis ist erst gegeben, wenn nicht nur verstanden wird, was gesagt wird, sondern wenn auch verstanden wird, wie es gemeint ist, mit allen Folgen, die sich daraus ergeben.

des Klärens von Mißverständnissen innerhalb der ablaufenden Kommunikation kulturspezifisch unterschiedlich ausgeprägt sind, so daß nicht auszuschließen ist, daß dieser Versuch erneut Mißverständnisse heraufbeschwört.[1016]

12. 3. 2. Sprachbarrieren

Neben unterschiedlichen kulturellen Referenzen erschweren selbstverständlich auch sprachliche Hürden die Kommunikation vor Gericht. Abgesehen von der schlichten Unkenntnis der deutschen Sprache oder einer relativ guten Beherrschung derselben, gibt es auch junge Beschuldigte, die mangelhaft deutsch sprechen, aber auch ihre Muttersprache verlernt haben oder, da sie die deutsche Sprache noch nicht sprechen, ihre halbvergessene Muttersprache mit ihrer halbvergessenen Staatssprache vermischen.[1017] Bei diesen Jugendlichen bietet auch die Mitwirkung eines Dolmetschers keine Gewähr für das Gelingen der sprachlichen Verständigung. Eingeschränkt sind die Verständigungsmöglichkeiten trotz Einschaltung eines Dolmetschers auch bei Jugendlichen, die auch in ihrer Muttersprache nur über eine geringe Ausdrucksfähigkeit verfügen, so daß auch das, was der Dolmetscher übersetzt, zu dürftig ist, um ausreichend Hintergründe der Tat oder Motivation zu erforschen.[1018]

Besondere Beachtung vor allem in Hinblick auf die Entscheidung, ob ein Dolmetscher zur mündlichen Verhandlung beizuziehen ist, verdienen die Jugendlichen, die zwar gemessen an den Anforderungen der Alltagskommunikation ausreichende Deutschkenntnisse haben, in der jugendgerichtlichen Verhandlung sich aber mit komplexen Sachverhalten und der juristischen Fachsprache konfrontiert sehen. Nur selten werden Jugendliche, die hiermit überfordert sind, ihr Unverständnis zu erkennen geben und sich durch Rückfragen vergewissern. Es sollte daher immer sorgfältig geprüft werden, ob auf einen Dolmetscher bei vordergründig guter Sprachbeherrschung tatsächlich verzichtet werden kann. Gerade in Situationen mit hoher Emotionalität reichen oft die ansonsten „passablen“ Kenntnisse in der Fremdsprache nicht aus, um sich umfassend verständlich zu machen.

1016 Siehe Rehbein, in: Rehbein (Hrsg.), 1985, S. 7, 11.

1017 Vgl. Driesen, Mitteilungsblatt 1986, S. 5, 7; s. auch Autorengruppe Ausländerforschung (Hrsg.), Teil 2, 1980, S. 222: 4 % der Angeklagten in den von der Autorengruppe untersuchten Verfahren konnten sich weder in ihrer Heimatsprache noch in Deutsch ausreichend ausdrücken.

1018 S. Bischoff (Hrsg.)/Donner/Heßler, Teil 3, 1991, S. 45; vgl. auch Wömper, BewHi 1979, S. 119, 122.

12. 3. 3. Gestaltung interkultureller Kommunikation vor Gericht

Vom Grad der Sprachbeherrschung des Beschuldigten hängt es schließlich ab, wie sich die interkulturelle Kommunikation vor Gericht gestaltet, ob sie als fremdsprachliches Handeln (also in der deutschen Gerichtssprache) oder als translatorisches Handeln (mit Dolmetscher) oder als Mischform vonstattengeht.

Eine erste Schwierigkeit interkultureller Kommunikation vor Gericht liegt danach schon in der Entscheidung des Richters, ob und in welchem Umfang er zur Verhandlung einen Dolmetscher heranzieht. Diese Entscheidung hängt ganz wesentlich von der Einschätzung der Fremdsprachenkenntnisse des Beschuldigten durch den Richter ab, bei der die jeweils aktuelle Komplexität und Abstraktheit der Gerichtskommunikation sowie der damit variierende Grad der Fachsprachlichkeit zu berücksichtigen ist.[1019] Die Entscheidung ist relativ einfach, wenn die Sprachkenntnisse des Beschuldigten gleich „null“ sind oder der Beschuldigte bilingual ist, wird aber schwieriger, wenn die Sprachkenntnisse des Beschuldigten sich in verschiedenen Abstufungen dazwischen bewegen.[1020] Angesichts der Tatsache, daß es sich bei der Gerichtskommunikation um Fachkommunikation handelt, werden in der Regel erhöhte Anforderungen an die Fremdsprachenkompetenz des Beschuldigten zu stellen sein.

Für welche Form der interkulturellen Kommunikation sich der Richter entscheidet und wie sich diese gestaltet, wurde im Rahmen des Projekts „Delinquenz libanesischer Jugendlicher“ untersucht.[1021] Es zeigte sich, daß in der Praxis bei beiden Typen von Richtern - jene, die auf direkte Kommunikation in deutsch setzten und jene, die indirekt über den Dolmetscher kommunizierten - Inkonsistenzen auftraten, d. h. „daß das handlungspraktische wirksame Konzept nicht in dieser Alternative von fremdsprachlichem versus translatorischem Handeln aufgehen kann“[1022]. Der jeweils zum Zwecke der Vermeidung von Informationsverlusten favorisierte Modus wurde nicht streng durchgehalten. Dabei machten die Verfasser der Studie die Beobachtung, daß ein Wechsel seitens des Zeugen bzw. des Beschuldigten in fremdsprachliches Handeln vor allem bei Kurzdialogen stattfindet, bei denen die Spontaneität natürlicher Kommunikation eher durchzuschlagen scheint als bei län-

---

1019 So Koerfer, in: Brünner/Graefen (Hrsg.), 1994, S. 351, 352, 353. Nach den Ergebnissen der Richterbefragung durch Bischoff (Hrsg.)/Donner/Heßler, Teil 3 1991, S. 45 spielt bei der Entscheidung für oder gegen die Einschaltung eines Dolmetschers auch die Bedeutung der Sache mit hinein. Bei unbedeutenden Sachen nimmt man mangelhafte Sprachkenntnisse in Kauf und verzichtet aus Kostengründen auf den Dolmetscher.

1020 Zu den verschiedenen Stufen der Sprachbeherrschung vgl. Koerfer, in: Brünner/Graefen (Hrsg.), 1994, S. 351, 352/353.

1021 Es handelt sich um ein Projekt am FB 3 der Uni/GHS Essen; siehe dazu Koerfer, in: Brünner/Graefen (Hrsg.), 1994, S. 351 ff.

1022 Koerfer, in: Brünner/Graefen (Hrsg.), 1994, S. 351, 360.

geren Dialogen.[1023] Interventionen seitens des Richters gegen einen solchen „Rückfall“ fanden dann nicht statt, wenn der Richter die Einlassung des libanesischen Jugendlichen für nicht prozeßrelevant hielt. Als maßgeblich für die Entscheidung translatorisches Handeln/fremdsprachliches Handeln konnten von den Verfassern der Studie verschiedene Maximen herausgearbeitet werden, denen je nach Prozeßsituation unterschiedliche Bedeutung zukommen kann. Die gerichtliche Verhandlungsführung wird danach wesentlich durch die Maxime der Ökonomie bestimmt; das Verhandlungstempo ist hoch. Fremdsprachliches Handeln, also Handeln in deutscher Sprache, ist unter diesem Aspekt der Hinzuziehung eines Dolmetschers vorzuziehen, da letzteres in der Regel ein zeitaufwendigeres Verfahren mit sich bringt. Allerdings können Mißverständnisse bei fremdsprachlichem Handeln bei geringer Fremdsprachenkompetenz eine „diskursive Reparatur“ erfordern, die schließlich mehr Zeit erfordert als bei sofortiger Einschaltung eines Dolmetschers. Bei völlig unterentwickelter Sprachkompetenz ist die Einschaltung eines Dolmetschers unvermeidlich. Aber auch das translatorische Handeln garantiert keine fehlerfreie Informationsvermittlung, da die Hinzuziehung des Dolmetschers andere, eigene Fehlerquellen in sich birgt.[1024] Möglicherweise beherrscht der Dolmetscher die jeweilige Sprache nur unzureichend mit der Folge, daß sich Fehler auf der inhaltlichen sowie sprachlichen Ebene einschleichen, die sich den Beteiligten nicht zwangsläufig erschließen. Gleiches gilt für eine unzureichende Beherrschung der Dolmetschtechniken mit dem Ergebnis, daß Informationen verloren gehen können, sich Nuancen nicht mehr mitteilen. Nicht auszuschließen ist auch, daß sich der Dolmetscher zum Interessenvertreter des Gerichts oder des Angeklagten macht oder aber z. B. sich auch ethnische Konflikte auf die Beziehung Dolmetscher-Angeklagter übertragen und diese belasten.[1025]

Letztlich hängt es also von der Fremdsprachenkompetenz und deren sachgerechter Einschätzung durch den Richter ab, welcher Modus sich im konkreten Fall als der risikoärmere darstellt.[1026]

Dabei liegt eine besondere Gefahr der interkulturellen Kommunikation vor Gericht grundsätzlich in der Anfechtbarkeit von Aussagen. Bezüglich der Entscheidung für/gegen translatorisches Handeln gewinnt dieser Aspekt deutlich an Gewicht, da schon die Zuschreibung der Fremdsprachenkompetenz als solche angefochten werden kann. „Ich habe nicht richtig verstanden“ oder „Ich wurde nicht richtig verstanden“ sind Entlastungs- und Rechtfertigungsstrategien, „Das

---

1023 Koerfer, in: Brünner/Graefen (Hrsg.), 1994, S. 351, 361. Daß ein solcher Rückfall in fremdsprachliches Handeln nicht immer vom Richter akzeptiert wird, zeigt das Beispiel von Koerfer, S. 360.

1024 Koerfer, in: Brünner/Graefen (Hrsg.), 1994, S. 351, 365.

1025 Siehe Kuhl, 1992, S. 75.

1026 Koerfer, in: Brünner/Graefen (Hrsg.), 1994, S. 351, 366.

habe ich so nicht gesagt" die offensive Variante, die in der Verhandlung zu taktischen Zwecken eingesetzt werden können. Die Gefahr der Verstellung des Beschuldigten (oder Zeugen) hinsichtlich seiner Sprachkompetenz ist typisch für die interkulturelle Kommunikation und läßt sich durch translatorisches Handeln vermeiden.[1027] Dementsprechend konnte man *Koerfer* zufolge beobachten, daß die Richter bei den für die gerichtliche Entscheidung wichtigen Verhandlungsphasen auf translatorisches Handeln setzten, um eine größtmögliche Wiedergabegenauigkeit der Informationen zu erzielen. Die Maxime der Ökonomie trat in derartigen Situationen hinter die „Maxime der Relevanz" zurück. Die Kehrseite davon ist, daß „unter der Hand und an ihm (Anm. d. Verf.:dem ausländischen Beschuldigten) vorbei über die Prozeßrelevanz von Diskurssequenzen entschieden wird, zu deren selbständiger Relevanzerkennung und -setzung es ihm unter Umständen auch an Sprachkompetenz mangeln kann."[1028] Interkulturelle Kommunikation mit der Entscheidung translatorisches/fremdsprachliches Handeln verläuft also insgesamt auf einem schmalen Grat und ist mit vielen Risiken behaftet - sowohl für den nichtdeutschen Angeklagten als auch für den Richter. Die Praxis zeigte, daß die Institutionenvertreter die dem Ziel gerichtlicher Kommunikation entsprechend richtigen Konsequenzen zogen. Sie bestanden u. a. bei besonders prozeßrelevanten Passagen auf einer Übersetzung durch den Dolmetscher, gegebenenfalls sogar auf der sehr aufwendigen getreuen Eins-zu-Eins-Übersetzung, während sie in anderen Sequenzen auch paraphrasierende Übersetzungen zuließen.[1029]

13. Kapitel: Die notwendige Verteidigung von Nichtdeutschen im Jugendstrafverfahren

§ 68 Nr.1-4 JGG normiert im Jugendstrafverfahren die Fälle der notwendigen Verteidigung, wobei über § 68 Nr.1 JGG die Vorschrift des §140 StPO Eingang in die Bestimmung der notwendigen Verteidigung im Jugendstrafrecht findet. Gemäß § 109 Abs.1 JGG sind § 68 Nr.1 und 3 JGG auch im Verfahren gegen Heranwachsende entsprechend anwendbar.

Das JGG geht vom Grundsatz her von der Verteidigungsfähigkeit von Jugendlichen und Heranwachsenden aus und trägt lediglich in den besonderen Situationen des § 68 Nr.1-4 JGG der unterlegenen Position der jugendlichen Beschuldigten

1027 Koerfer, in: Brünner/Graefen (Hrsg.), 1994, S. 351, 367/368.

1028 So Koerfer, in: Brünner/Graefen (Hrsg.), 1994, S. 351, 372. Vgl. auch Bischoff (Hrsg.)/Donner/Heßler, Teil 3, 1991, S. 45: Die Bedeutung der Sache ist danach ein Kriterium für die Jugendrichter, einen Dolmetscher herbeizuziehen.

1029 Dies wird dadurch erreicht, daß der Richter zwischen einzelnen Sätzen oder Teilen von Sätzen eine Pause macht und dadurch die Übersetzung des gerade Gesagten fordert, vgl. mit entsprechendem Beispiel Koerfer, in: Brünner/Graefen (Hrsg.), 1994, S. 351, 371.

Rechnung. Bestimmungen zur notwendigen Verteidigung bei nichtdeutschen bzw. sprachunkundigen Jugendlichen/Heranwachsenden oder Erwachsenen sind weder in der StPO noch im JGG getroffen worden. Eingang in die Überlegungen zur notwendigen Verteidigung finden diese Kriterien aber über die Generalklausel des § 140 Abs. 2 StPO. Die dort aufgeführten Fallgruppen, insbesondere die Verteidigungsunfähigkeit, bieten einen Anknüpfungspunkt für die Berücksichtigung spezifischer, vor allem bei nichtdeutschen oder nichtdeutschsprachigen Beschuldigten auftretende Faktoren, die eine notwendige Verteidigung noch einmal unter anderen Aspekten erforderlich erscheinen lassen als die allgemein bei der Gruppe der Jugendlichen und Heranwachsenden anzutreffenden. Daher konzentrieren sich die folgenden Ausführungen in erster Linie auf § 68 Nr. 1 JGG iVm § 140 Abs. 2 StPO.

13. 1. § 68 Nr.1 JGG iVm § 140 Abs.2 StPO als Problemschwerpunkt

Eigentlicher Problemschwerpunkt in der Bestimmung der Fälle der notwendigen Verteidigung im Jugendstrafverfahren ist § 68 Nr. 1 JGG iVm der Generalklausel des § 140 Abs. 2 StPO.

„Schwere der Tat“, „Schwierigkeiten der Sach- und Rechtslage“ und das „Fehlen der eigenen Verteidigungsfähigkeit“ sind die unbestimmten Rechtsbegriffe, die die Fallgruppen charakterisieren, in denen auch dem Jugendlichen über die Konstellationen des § 68 Nr. 2-4 JGG hinaus ein Verteidiger bestellt werden muß. Bestehen selbst für das allgemeine Strafrecht keine allgemeinen verbindlichen Kriterien zur Konkretisierung dieser Begriffe, stellt ihre Anwendung im Jugendstrafverfahren noch einmal gesonderte Probleme.

Grundsätzlich bestimmt § 68 Nr.1 JGG, daß dem Beschuldigten ein Verteidiger zu bestellen ist, wenn auch „einem Erwachsenen ein Verteidiger zu bestellen wäre“. Damit sieht sich der Richter mit der nicht ganz unproblematischen Aufforderung konfrontiert, bei der Entscheidung über eine Pflichtverteidigerbestellung den jugendlichen mit dem erwachsenen Beschuldigten zu vergleichen.[1030] Die Bedürfnisse von Jugendlichen und Erwachsenen sind jedoch sehr unterschiedlich, Jugendliche sind aufgrund ihres Alters und ihrer Unerfahrenheit in ihrer Interessenwahrnehmung vor Gericht vergleichsweise stärker gehandicapt und verfügen über eine geringere Handlungskompetenz und leiden daher stärker unter dem Machtgefälle zu den professionellen Beteiligten. Ihnen wird daher viel eher ein Pflichtverteidiger beizuordnen sein als einem Erwachsenen in vergleichbarer Situation. Auch handelt es sich bei dem als Erziehungsstrafrecht und eher als Täter

[1030] S. Beulke, in: BMJ (Hrsg.), 1987, S. 170, 172.

- denn als Tatstrafrecht ausgestalteten Jugendstrafrecht[1031] nicht um das im Vergleich zum allgemeinen Strafrecht eingriffsschwächere Instrumentarium. Ganz konkret besteht bei dem Vergleich Jugendlicher-Erwachsener auch die Gefahr, daß der Jugendrichter die Straftaxen des allgemeinen Strafrechts auf das Jugendstrafrecht überträgt und somit im Ergebnis seltener zu einer Pflichtverteidigerbestellung gelangt, da die Taxen gemessen am Maßstab der Erwachsenen niedriger sind.[1032] Aus diesen Gründen wird in der Literatur nahezu einhellig zu Recht eine jugendspezifische, extensive Auslegung des für Erwachsene konzipierten § 140 Abs.2 StPO gefordert.[1033] Es gilt danach, die unbestimmten Rechtsbegriffe „Schwere der Tat", „Schwierigkeit der Sach-und Rechtslage" sowie „Fehlen eigener Verteidigungsfähigkeit" mit jugendspezifischen Kriterien zu füllen. Die Auslegung des § 140 Abs. 2 StPO im allgemeinen Strafverfahren muß insoweit im Jugendstrafrecht als „Mindeststandard"[1034] beachtet werden. Darüber hinaus müssen eventuell zusätzliche tat-, täter - oder verfahrensbezogene Umstände des Jugendgerichtsverfahrens in die Überlegungen miteingestellt bzw. die im allgemeinen Strafrecht für maßgeblich gehaltenen Kriterien bei der Auslegung der unbestimmten Rechtsbegriffe um jugendspezifische Besonderheiten modifiziert werden.[1035] Diese Erkenntnis war Ausgangspunkt und wesentlicher Inhalt für die sog. „Kölner Richtlinien" von 1988, die der Praxis als Interpretationshilfe bei der Frage nach einer notwendigen Verteidigung im Jugendstrafverfahren (vom Ermittlungsverfahren bis ins Vollstreckungsverfahren) dienen sollen und gleichzeitig eine Ausweitung der Fälle der notwendigen Verteidigung im Jugendstrafverfahren bezwecken, indem sie jugendspezifische Interpretationen der im allgemeinen Strafrecht postulierten Voraussetzungen der notwendigen Verteidigung anbieten und auf besondere Fallgruppen hinweisen, bei der die Bestellung eines Pflichtverteidigers gem. § 68 Nr. 1 JGG iVm § 140 Abs. 2 StPO erforderlich ist.[1036]

In der Praxis scheint sich die Notwendigkeit einer verstärkten Anwendung des § 68 JGG bislang nicht durchgesetzt zu haben. Machten die Ergebnisse von *Rieß* (1985) erstmals auf die außerordentlich niedrige Verteidigerquote in Verfahren vor den erstinstanzlichen Jugendgerichten aufmerksam (durchschnittlich 21,5 %

1031 S. Oellerich, StV 1981, S. 424, 439.

1032 Auf diese Gefahr macht Beulke, in: BMJ (Hrsg.), 1987, S. 170, 172 aufmerksam.

1033 In diesem Sinne Beulke, in: BMJ (Hrsg.), 1987, S. 170, 172; Ostendorf, StV 1986, S. 308, 309; Katz, in Walter (Hrsg.), 1997, S. 149, 150; Schmitz-Justen, in: DVJJ (Hrsg.), 1996, S. 478, 480; für eine extensive Auslegung des § 140 Abs.2 StPO zugunsten jugendlicher Angeklagter auch AG Saalfeld, StV 1994, S. 604.

1034 So Beulke, in: Walter (Hrsg.), 1997, S. 37, 44.

1035 So Hartmann-Hilter, 1989, S. 39/40; zur Zugrundelegung jugendspezifischer Kriterien Beulke, in: BMJ (Hrsg.), 1987, S. 170, 172, Ostendorf § 68 Rz.7, für eine großzügige Anwendung der fraglichen Rechtsbegriffe Molketin, Jura 1992, S. 120, 124.

1036 Ausführlich dargestellt sind die Richtlinien in Walter (Hrsg.), 1997, S. 207 ff.

Verteidigermitwirkung an Hauptverhandlungen vor dem Jugendrichter gegenüber 57,7 % an Hauptverhandlungen bei dem Strafrichter)[1037], stimmen aktuelle Ergebnisse und Einschätzungen nicht optimistischer.

So konstatierten *Bandilla* (1990) für Anklageerhebungen aus dem Jahr 1984 vor dem Jugendrichter/Jugendschöffengericht im LG-Bezirk Bielefeld eine Verteidigerquote von nur 8 %[1038] und *Ludwig-Mayerhofer/Rzepka* für die von ihnen untersuchten 510 Angeklagten in den LG-Bezirken Bielefeld und Paderborn eine Quote von 15 %.[1039] So finden sich denn auch Einschätzungen, wonach die „'Kölner Richtlinien' (...) wohl im Konflikt zwischen Wunsch und Wirklichkeit verpufft"[1040] sind und „noch immer das erhoffte Überspringen des Funkens auf die Praxis"[1041] vermißt wird. Welches Ausmaß die notwendige Verteidigung speziell bei nichtdeutschen Jugendlichen hat und inwieweit es sich quantitativ von der Pflichtverteidigermitwirkung in Verfahren gegen deutsche Jugendliche unterscheidet, wurde soweit ersichtlich bislang nicht näher untersucht. Zu erwarten wäre, daß gerade nichtdeutschen Jugendlichen, die häufig mit Sprachschwierigkeiten zu kämpfen haben und mit dem Gesellschafts- und Justizsystem vergleichsweise wenig vertraut sind, ein Pflichtverteidiger beigeordnet wird. Eine Auswertung der (nicht sehr ertragreichen) Rechtsprechung zur notwendigen Verteidigung im Jugendstrafverfahren seit 1988 ergab, daß im Rahmen der Gesamtwürdigung neben dem jugendlichen Alter, sozialen Defiziten, mangelhafter Schulbildung, fehlender sozialer Kompetenz bei schwierigem Tatvorwurf oder verteidigten mitangeklagten Erwachsenen und fehlender Aktenkenntnis bei komplizierten Sachverhalten auch die Ausländereigenschaft in den Vordergrund gestellt wird.[1042]

Daher sollen zunächst die jeweiligen Fallgruppen des § 140 Abs. 2 StPO als „Einbruchstelle" für die Berücksichtigung ausländerspezifischer Faktoren bei der Frage der notwendigen Verteidigung dargestellt und im Anschluß daran die hierzu auffindbare Rechtsprechung ausgewertet werden.

1037 Rieß, StV 1985, S. 211/212.

1038 Bandilla, DVJJ-J Rundbrief 1990, S. 25.

1039 Ludwig-Mayerhofer/Rzepka, in: Walter (Hrsg.), 1997, S. 101, 108, wobei sich die Untersuchung überwiegend auf leichtere Delikte bezog.

1040 Schmitz-Justen, in: DVJJ (Hrsg.), 1996, S. 478, 479.

1041 So Beulke, in: Walter (Hrsg.), 1997, S. 37, 49; siehe auch Walter, in: Walter (Hrsg.), 1997, S. 11, 35.

1042 So Beulke, in: Walter (Hrsg.), 1997, S. 37, 44.

13. 2. „Schwere der Tat"

Die Bestellung eines Verteidigers ist umso eher geboten, je schwerer die konkret zu erwartende Rechtsfolge ist.[1043] Einigkeit herrscht insoweit zumindest im Schrifttum, daß Verteidigung bei drohender Jugendstrafe immer erforderlich ist. Dabei soll es nicht darauf ankommen, ob sie zur Bewährung oder ihre Verhängung gem. § 27 ausgesetzt wird.[1044]

Bei der Bewertung der Tatschwere anhand der zu erwartenden Rechtsfolge ist zu beachten, daß im Jugendstrafverfahren die Strafrahmen des allgemeinen Strafrechts keine Bedeutung haben und somit deren alleinige Berücksichtigung einer angemessenen Einzelfallbetrachtung im Wege steht.[1045] Zur Beurteilung der „Schwere der Tat" werden denn auch neben dem zu erwartenden Strafmaß weitere Kriterien herangezogen. Am weitesten geht die Auffassung von Beulke, wonach „schwer" jede Straftat ist, „die bereits durch ihre Begehung selbst" oder - und insoweit in Einklang mit der allgemeinen Auffassung - „aufgrund der durch sie ausgelösten Folgen den Beschuldigten erheblich belastet." Maßgeblich sind dabei „die vom Gericht festzulegenden Sanktionen, die eigene Verteidigungsfähigkeit des Beschuldigten und dann vor allem die Neben- und Fernwirkungen für die weitere Entwicklung des jungen Menschen."[1046] Die Beurteilung der „Schwere der Tat" erfordert also letztlich eine Berücksichtigung aller Umstände des jeweiligen Einzelfalls.[1047]

Diese Neben- und Fernwirkungen bestehen in schwerwiegenden mittelbar aus der Verurteilung resultierenden Nachteilen bzw. anderen zu erwartenden Tatfolgen.[1048] Bei Jugendlichen ist hier an schulische bzw. arbeitsplatzbezogene Konsequenzen zu denken, mögliche zivilrechtliche Schadensersatzansprüche oder aber auch an die mit einer Verurteilung einhergehende Herauslösung aus einer gewohnten, der Entwicklung des Jugendlichen förderlichen Umgebung.[1049] Aber

---

1043 Eisenberg, § 68 Rz 24.

1044 Eisenberg, § 68 Rz 24; Beulke, in: BMJ (Hrsg.), 1987, S. 170, 177.

1045 Vgl. Hartmann-Hilter, 1989, S. 46.

1046 Beulke, in: BMJ (Hrsg.), 1987, S. 170, 176/177; s. auch Hartmann-Hilter, 1989, S. 46, der die Berücksichtigung der Straftatfolge und der Persönlichkeit des Beschuldigten und gegebenenfalls seiner Verteidigungsfähigkeit fordert; im allgemeinen Strafrecht KK-Laufhütte, § 140 Rz. 21: Auch bei geringen Strafen, die für sich gesehen noch nicht ausreichen, kann die Verteidigung notwendig werden, wenn Schwierigkeiten der Sach- und Rechtslage oder Einschränkungen in der Verteidigungsfähigkeit hinzukommen; Kleinknecht/Meyer-Goßner, § 140 Rz 24.

1047 S. Bottke, in: BMJ (Hrsg.), 1987, S. 46, 85.

1048 Hartmann-Hilter, 1989, S. 46, KK-Laufhütte, § 140 Rz 21, AK-Stern, § 140 Rz 35, Kleinknecht/Meyer-Goßner, § 140 Rz 25.

1049 So Hartmann-Hilter, 1989, S. 46.

auch die drohende Ausweisung bzw. allgemein mögliche ausländerrechtliche Konsequenzen unterfallen diesen weiteren, mittelbaren Tatfolgen.[1050] Damit gewinnt ein ausländerspezifisches Phänomen zentrale Bedeutung bei der Frage der Pflichtverteidigerbestellung.

In der Regel werden die ausländerrechtlichen Folgen den ausländischen Jugendlichen oder Heranwachsenden härter treffen als der eigentliche Rechtsfolgenausspruch. Wie gravierend sich ausländerrechtliche Konsequenzen auf die Entwicklung und Lebensplanung auswirken können, zeigt sich besonders deutlich bei den jugendlichen „Inländern mit ausländischem Paß“: Eine Ausweisung bedeutet nicht nur eine Herauslösung aus dem gewohnten persönlichen Umfeld, sondern für viele ein „Verschicktwerden“ in ein fremdgewordenes Land, dessen Sprache sie möglicherweise nur (noch) bruchstückhaft beherrschen und das sie u. U. nur von Urlaubsaufenthalten kennen. Auch daß möglicherweise die soziale und kulturelle Integration im Aufnahmeland nicht sonderlich gut gelungen ist, bedeutet nicht zwangsläufig, daß noch eine gefühlsmäßige Bindung zum oder eine Identifikation mit dem Herkunftsland besteht. Aber auch jungen Asylbewerbern und Flüchtlingen drohen mit den möglichen ausländerrechtlichen Folgen schwerwiegende Nachteile, die keinesfalls geringer bewertet werden dürfen, nur weil etwa der Aufenthalt in Deutschland erst relativ kurz ist.

Die publizierte Rechtsprechung der 90er Jahre zu diesem Fragenkreis ist wenig ertragreich.[1051]

Als alleiniger Grund für die Bestellung eines Pflichtverteidigers wurde in der Entscheidung des LG Stade die drohende Ausweisung nach §§ 45 I, 47 II Nr.2 AuslG unabhängig von der konkreten Rechtsfolgenerwartung angeführt.[1052] Auch das LG Berlin entschied, daß allein die Versagung der Verlängerung der befristeten Aufenthaltserlaubnis und die mögliche Ausweisung als sonstiger schwerwiegender Nachteil eine Verteidigerbestellung erforderlich macht.[1053] Detailliert mit den ausländerrechtlichen Folgen einer Verurteilung wegen Verstoßes gegen das BtMG für einen jungen unbegleiteten Flüchtling aus Sierra Leone setzte sich das AG Ham-

---

1050 Vgl. auch Kölner Richtlinien, in: Walter (Hrsg.), 1997, S. 207, 214; Strate, StV 1981, S. 46, 48; Oellerich, StV 1981, S. 434, 439; aus Verteidigersicht Jacobi, in: Dt. Strafverteidigervereinigung (Hrsg.), 1995, S. 243, 248.

1051 Eine Beschränkung auf Entscheidungen im Jugendstrafverfahren war angesichts der geringen Zahl nicht möglich. Die geringe Zahl der veröffentlichten Entscheidungen könnte damit zusammenhängen, daß in Fällen, in denen die Ausweisung droht, schon wegen der Schwere des Tatvorwurfs ein Pflichtverteidiger beigeordnet wird. Möglicherweise sind aber auch ausländerrechtliche Konsequenzen gerade bei Verhandlungen vor dem Amtsgericht nicht präsent; so auch die Vermutung von LR-Lüderssen, § 140 Rz. 86.

1052 LG Stade, StV 1998, S. 125; im Vordergrund stehen die ausländerrechtlichen Konsequenzen auch in der Entscheidung des AG Hamburg StV 1998, S. 326.

1053 LG Berlin, StV 1994, S. 11.

burg auseinander. In dem betreffenden Fall berief sich das AG in seiner Begründung auf das „Handlungskonzept für die Polizei im Stadtteil St. Georg", wonach der Senat dem Einsatz minderjähriger Ausländer als sog. Front-Dealer mit dem Ziel einer regelmäßigen und beschleunigten Abschiebung bei wiederholter Auffälligkeit zu begegnen versucht. Darüber hinaus setzte sich das AG intensiv mit weiteren Punkten (Sprachunkundigkeit, anderer Lebens- und Kulturkreis) auseinander, die unter jugendrechtlichen bzw. -kriminologischem Aspekt die Beiordnung eines Pflichtverteidigers gebieten.[1054] Neben den fehlenden Sprachkenntnissen, der Tatsache, daß der Angeklagte einem völlig anderen Kulturkreis entstammt, und den unzureichenden Mitteln für einen Wahlverteidiger stellte das OLG Karlsruhe die „sozial und rechtlich schwierige Situation" des beschuldigten Asylbewerbers in seine Überlegungen zur notwendigen Verteidigung mit ein und bejahte schließlich eine notwendige Verteidigung.[1055] Daß der Ausgang des Verfahrens zur Kenntnis der Ausländerbehörde gelange, wurde auch vom AG Lüneburg - neben den fehlenden Deutschkenntnissen und der Zugehörigkeit zu einer völlig anderen Rechts- und Gesellschaftsordnung (Rumänien) - bei der Bejahung der Erforderlichkeit einer Verteidigerbestellung berücksichtigt und dies ausdrücklich trotz einfach gelagertem Sachverhalt.[1056]

Die genannten Entscheidungen zeigen, daß die ausländerrechtlichen Folgen einer Straftat in der Praxis selten der alleinige entscheidende Grund für eine Pflichtverteidigerbestellung sind. Eine strikte Trennung der Fallgruppen des § 140 Abs. 2 StPO wird nicht aufrechterhalten, sondern asyl- und ausländerrechtliche Folgen einer Verurteilung fließen als ein Kriterium unter mehreren in eine Gesamtschau der gemäß § 140 Abs. 2 StPO relevanten Umstände mit ein.

Zu begrüßen ist, daß teilweise nicht nur auf eine Ausweisung als schärfste ausländerrechtliche Folge abgestellt wird, sondern generell die schwierige (ausländer-) rechtliche Situation der Betroffenen oder die Tatsache, daß der Verfahrensausgang

---

1054 AG Hamburg, StV 1998, S. 326, 327. Die gegen die Beiordnung des Pflichtverteidigers eingelegte Beschwerde seitens der Staatsanwaltschaft hatte Erfolg. Anders als das AG hatte das LG keine Zweifel an der Verteidigungsfähigkeit des jungen Angeklagten und auch aufenthaltsbeendigende Maßnahmen wurden nicht als drohende Gefahr angesehen, weil es sich um Delikte der Kleinkriminalität handelte, die angesichts des besonderen Ausweisungsschutzes des § 48 Abs. 3 AuslG eine Ausweisung als unwahrscheinlich erscheinen lassen; LG Hamburg, StV 1998, S. 327, 328. Dies ist insofern bedenklich als das genannte Handlungskonzept bestimmt, daß von dem durch § 47 Abs. 3 S. 2 iVm § 48 Abs. 1 Nr.2 AuslG eröffneten Ermessen kein Gebrauch gemacht werden soll. Siehe auch Anmerkung von Sättele, StV 1998, S. 328, 329 der darauf hinweist, daß der Tatbestand des § 47 Abs. 2 Nr. 2 AuslG (Verstöße gegen das BtMG) grundsätzlich als schwerwiegender Grund iSd § 48 Abs. 1 AuslG anzusehen ist. Kritisch zur Hamburger Praxis auch Katz, in: Walter (Hrsg.), 1997, S. 149, 152/153.

1055 OLG Karlsruhe, NStZ 1987, S. 522.

1056 AG Lüneburg, StV 1992, S. 223.

zur Kenntnis der Ausländerbehörde[1057] gelangt, als maßgeblich angesehen werden. Denn insoweit eine Mitteilungspflicht besteht, treten -im wietesten Sinne - immer ausländerrechtliche Konsequenzen auf.[1058] Wenn auch keine Ausweisung droht, so wirkt sich eine strafrechtliche Verurteilung aber z. B. auf die Einbürgerungschancen des Betroffenen aus. Außerdem zeigt das Beispiel Hamburg, daß das durch das Ausländergesetz eingeräumte Ermessen in der Praxis durchaus unterschiedlich genutzt wird, so daß allein die Berücksichtigung der Frage, ob im konkreten Fall nach dem Ausländergesetz eine Ausweisung droht oder nicht, häufig zu kurz greifen dürfte.[1059]

13. 3. „Schwierigkeit der Sach- und Rechtslage"

Die Schwierigkeit der Sach- und Rechtslage ist aus der subjektiven Sicht des Jugendlichen bzw. Heranwachsenden zu beurteilen und somit unabhängig von der Schwere des eigentlichen Tatvorwurfs.[1060] Maßgeblich sind die persönlichen, intellektuellen Fähigkeiten des Beschuldigten, die Tragweite des Tatvorwurfs in tatsächlicher und rechtlicher Hinsicht zu erfassen und sich dagegen wirksam zu verteidigen. Bei der Beurteilung spielen somit schulische und sonstige Bildung ebenso eine Rolle wie Auffassungs- und Ausdrucksvermögen und Rechtskenntnisse des Beschuldigten.[1061] Dies zu beurteilen, dürfte vor allem in Verfahren gegen junge Flüchtlinge und Asylbewerber schwierig sein: Häufig ist über Schulbildung und Lebensweg der Betroffenen nichts oder nur wenig bekannt und wie gerade Ausdrucks- und Auffassungsvermögen beurteilt werden sollen, wenn eine Verständigung nur mittels eines Dolmetschers möglich ist, ist fraglich.

In Anbetracht des jugendlichen Alters und der damit einhergehenden Unerfahrenheit sowie der eingeschränkten Handlungskompetenz dürfte in der Regel eine Situation für einen jugendlichen oder heranwachsenden Beschuldigten im Verhält-

---

1057 Siehe Mitteilung in Strafsachen - MiStra - Nr. 42.

1058 So zu Recht LR-Lüderssen, § 140 Rz. 85. S. auch Hubert, BewHi 1999, S. 375, 382 mit der Forderung, dem beschuldigten, angeklagten oder verurteilten Minderjährigen einen Verfahrenspfleger für die ausländerrechtlichen Belange beizuordnen, analog dem durch die Kindschaftsrechtsreform eingeführten Anwalt des Kindes.

1059 Vgl. auch aus Verteidigersicht Jacobi, 1995, S. 243, 248: „Verwaltungsgerichtliche Ermessensüberprüfungen bleiben in der Regel absolut erfolglos. Auch darauf muß hingewiesen werden: Der besondere Ausweisungsschutz (Anm.: des § 48 AuslG) ist „in der Regel" nichts wert."

1060 Bottke, in: BMJ (Hrsg.), 1987, S. 46, 85; Molketin, 1986, S. 146; s. auch Oellerich StV 1981, S. 434, 437; Hartmann-Hilter, 1989, S. 63/64.

1061 Beulke, in: BMJ (Hrsg.), 1987, S. 170, 178.

nis zu erwachsenen eher als „schwierig“ iSd § 140 II StPO einzustufen zu sein.[1062] In Rechtsprechung und Lehre haben sich (in erster Linie im Bereich des allgemeinen Strafrechts) darüber hinaus Fallgruppen herausgebildet, bei denen von einer notwendigen Verteidigung auszugehen ist.

So ist eine Verteidigung u. a. grundsätzlich erforderlich, wenn sich das Gericht eines Sachverständigen bedient, eine umfangreiche Beweisaufnahme erforderlich ist und damit eine schwierige Beweiswürdigung verbunden ist, zu einer effektiven Verteidigung die dem Verteidiger vorbehaltene Akteneinsicht erforderlich ist, komplizierte normative Tatbestandsmerkmale anzuwenden sind, Rechtfertigungsprobleme auftreten oder über mögliche Irrtumsprobleme entschieden werden muß, Zweifel an der Schuldfähigkeit bestehen oder entscheidungserhebliche Rechtsfragen innerhalb der Rechtsprechung nicht einheitlich beantwortet werden. Im jugendstrafrechtlichen Bereich kommen weitere Fallgruppen hinzu, so wenn Glaubwürdigkeits- und Indizienbeweise durchgeführt werden oder wenn gegen mehrere Angeklagte verhandelt wird und mindestens einer der Angeklagten anwaltlich vertreten ist und die Gefahr besteht, daß der Unverteidigte zum Sündenbock gemacht wird. Ebenso wie im allgemeinen Strafrecht ist eine notwendige Verteidigung angezeigt, wenn Akteneinsicht für eine wirkungsvolle Verteidigung notwendig ist, was schon bei umfangreichen, den Beschuldigten stark belastenden Jugendgerichtshilfeberichten der Fall sein kann.

Notwendige Verteidigung von Jugendlichen wegen der „Schwierigkeit der Sach- und Rechtslage“ ist weiterhin angezeigt bei Delikten, die nicht mehr dem Bagatellbereich zugeordnet werden können und bei denen die Verantwortungsreife gemäß § 3 JGG zur Diskussion steht (das gilt insbesondere, wenn zu ihrer Feststellung ein Sachverständiger hinzugezogen werden muß), ebenso in den Fällen, in denen die Verhängung von Jugendstrafe in Betracht kommt, da jugendliche und heranwachsende Beschuldigte mit der Handhabung der nicht unproblematischen Begriffe „schädliche Neigung“ und „Schwere der Schuld“ in der Regel überfordert sind.[1063] Im Rechtsmittelverfahren begründet die Rechtsmittelbeschränkung des § 55 JGG häufig schon die „Schwierigkeit der Sach- und Rechtslage“. Im Verfahren selbst treten dann häufig besondere Schwierigkeiten der Sach- und Rechtslage auf; der Jugendliche ist regelmäßig nicht in der Lage, selbst die in seinem Interesse erforderlichen Anträge zu stellen. Einem Jugendlichen wird daher vor der Berufungskammer und der Revsisionsinstanz im Grundsatz ein Verteidiger beizuordnen sein.[1064]

1062 Hartmann-Hilter, 1989, S. 64.

1063 S. die Auflistung mit entsprechenden Rechtsprechungs- und Literaturhinweisen bei Beulke, in: BMJ (Hrsg.), 1987, S. 170, 178-180.

1064 So die Kölner Richtlinien, in: Walter (Hrsg.), 1997, S. 207, 209.

Eine Fallgruppe, die insbesondere bei jungen Nichtdeutschen die Beiordnung eines Verteidigers gebieten kann, sind Straftaten, die möglicherweise einem Kulturkonflikt entspringen, weil sich hier einmal besondere Probleme im Bereich der Schuld, aber auch auf der Ebene der normativen Tatbestandsmerkmale ergeben können. Die Zugehörigkeit zu einem anderen Kulturkreis und die Internalisierung kulturspezifischer Werte sowie eine fehlende Strafbarkeit des entsprechenden Verhaltens im Herkunftsland können die Frage aufwerfen, ob der Betroffene das Unrecht seiner Tat einsehen konnte bzw. er möglicherweise einem (un-) vermeidbaren Verbotsirrtum unterlegen ist.[1065] In solchen Fällen gebietet die Schwierigkeit der Rechtslage die Bestellung eines Pflichtverteidigers. Gegebenenfalls kann ein Verteidiger auch auf die Einholung eines Sachverständigengutachtens zur Klärung der relevanten Fragen hinwirken. Die Irrtumsproblematik wird in erster Linie bei Jugendlichen akut werden, die sich noch nicht lange in Deutschland aufhalten oder aufgrund ihrer persönlichen Sozialisation noch stark mit den Wertevorstellungen ihrer Herkunftskultur verhaftet sind.

Außer im Rahmen der Irrtumsproblematik kann auch die Auslegung normativer Tatbestandsmerkmale im Lichte fremder Wertevorstellungen eine Verteidigermitwirkung erforderlich machen. So fließen bei der Bewertung der Beweggründe als „niedrig“ im Rahmen des § 211 StGB nach der Rechtsprechung auch die „besonderen Anschauungen und Wertevorstellungen, denen der Täter wegen seiner Bindung an eine fremde Kultur verhaftet ist“, mit ein.[1066] Exemplarisch seien hier zwei Entscheidungen neueren Datums genannt: So führte der BGH zur Frage der Blutrache als niedrigem Beweggrund aus, daß ausnahmsweise lediglich eine Verurteilung wegen Totschlags in Betracht komme, wenn der einem fremdem, die Blutrache fordernden oder duldenden Kulturkreis entstammende Täter noch derart stark von den Vorstellungen seiner Heimat beherrscht wird, daß er sich von ihnen zur Tatzeit aufgrund seiner Persönlichkeit und der gesamten Lebensumstände nicht lösen konnte.[1067] Ähnlich berücksichtigte das LG Osnabrück, daß der Angeklagte aus einem albanischen Dorf stammte, in dem bis heute traditionelle Sitten und Gebräuche lebendig sind, nach denen ein Mann seine Ehre verliert, wenn er bedroht, gestoßen, geschlagen oder aber in schwerem Maße beleidigt wird, und sie nur zurückgewinnt, wenn er den Verletzer tötet oder ihm die Ehrverletzung verzeiht. Im konkreten Fall kam das LG zu dem Schluß, daß sich der Angeklagte diesen Anforderungen wegen seiner Bindung an die Kultur seiner Heimat nicht entziehen und sich von ihr in der kurzen Zeit seines Aufenthaltes auch noch nicht lösen konnte, so daß seine Handlungsweise nach den gegebenen Umständen nicht

---

1065 S. auch Molketin, 1986, S. 102; Oellerich, StV 1981, S. 434, 439.

1066 S. dazu BGH, StV 1981, S. 399.

1067 BGH, NJW 1995, S. 602, 603; vgl. auch BGH, JZ 1980, S. 238.

unverständlich war, was zu einer Minderung seiner Schuld führte.[1068] In solchen Fällen wird eine Pflichtverteidigerbestellung allerdings auch mit Blick auf die Mitwirkung eines (ethnologischen) Sachverständigen[1069] angezeigt sein oder nach Maßgabe anderer Kriterien wie z. B. Schwere der Tat.

Daß die Beurteilung der Reife gemäß § 105 JGG und die der Verantwortlichkeit gemäß § 3 JGG bei nichtdeutschen Angeklagten sich sehr schwierig gestalten kann, wurde oben schon dargelegt. Auch in jenen Fällen, in denen die Frage der §§ 3, 105 JGG besondere Schwierigkeiten bereitet, ist daher die Beiordnung eines Verteidigers geboten.[1070] Bei Zweifeln an der Verantwortlichkeit (§ 3 JGG) folgt dies schon aus dem Gedanken heraus, daß ein Angeklagter, bei dem die strafrechtliche Verantwortlichkeit in Frage steht, nicht in der Lage sein dürfte, das Fehlen derselben nachzuweisen.[1071]

13. 4. „Verteidigungsunfähigkeit"

Weitergehender als die Verhandlungsfähigkeit verlangt die Verteidigungsfähigkeit, daß der Beschuldigte fähig ist, „inner- und außerhalb der Hauptverhandlung seine Interessen vernünftig wahrzunehmen, die Verteidigung verständig und in sachgerechter Weise zu führen sowie Prozeßerklärungen abzugeben und entgegenzunehmen.[1072] Ob der Beschuldigte dazu in der Lage ist, beurteilt sich nach seinen geistigen Fähigkeiten, seinem Gesundheitszustand sowie den sonstigen Umständen des Falles.[1073] So werden im allgemeinen Strafrecht als Gründe für eine fehlende Verteidigungsfähigkeit u. a. Stottern, eine fortgeschrittene Schwangerschaft, extreme Minderbegabung und niedriger Intelligenzquotient auch oberhalb der Schwachsinnsgrenze und sonstige schwere Gebrechen anerkannt. Ausdrücklich normiert ist das Erfordernis der notwendigen Verteidigung für den Fall, daß dem Verletzten ein Anwalt zur Seite gestellt wurde (§ 140 Abs.2 S. 1 letzter Halbsatz StPO).[1074]

1068 LG Osnabrück, StV 1994, S. 430/431.

1069 Instruktiv zu den Problemen eines ethnologischen Gutachters Giordano, MSchrKrim 1999, Sonderheft, S. 36, 41 für den es zu erkennen gilt, ob eine Tat inszeniert und dabei die kulturelle Besonderheit betont wurde, um die tatsächlichen Motive zu verschleiern und eine Strafmilderung zu erreichen.

1070 Vgl. allgemein Zieger, 1998, Rz. 168; Beulke, in: BMJ (Hrsg.), 1987, S. 170, 180, 181 (wenn jenseits der Bagatellgrenze besondere Schwierigkeiten auftreten).

1071 Radbruch, StV 1993, S. 553, 557.

1072 So AG Saalfeld StV 1994, S. 604; vgl. auch KK-Laufhütte, § 140 Rz 24; Molketin, ZfJ 1981, S. 199, 200.

1073 Kleinknecht/Meyer-Goßner, § 140 Rz 30.

1074 S. den Überblick bei Beulke, in: BMJ (Hrsg.), 1987, S. 170, 182.

Im Jugendstrafverfahren kommt der Unfähigkeit der Selbstverteidigung eine noch größere Bedeutung zu. Aufgrund ihrer im Vergleich zu Erwachsenen unterlegenen Position im Strafverfahren wird eine Verteidigungsunfähigkeit eher in Betracht zu ziehen sein als bei Erwachsenen. Bedacht werden muß auch, daß Jugendliche aufgrund ihres Alters das Vorgehen des Jugendrichters oder der Strafverfolgungsbehörden häufig als sehr beeinträchtigend erleben und sich in ihren Augen das justizielle Handeln mit ihrem eigenen Verständnis der Normrelevanz und des ihnen zugeschriebenen Verhaltens nicht deckt.[1075]

Unter Zugrundelegung jugendspezifischer Kriterien ist von einer eingeschränkten Verteidigungsfähigkeit auszugehen, wenn der Jugendliche unerfahren, gehemmt oder schüchtern oder nicht in der Lage ist, die Auswirkungen des Strafverfahrens auf sein Leben einzuschätzen.[1076] Beides dürfte gerade bei sehr jungen Beschuldigten der Fall sein, also bei den 14- und 15jährigen, die die Strafmündigkeitsgrenze gerade überschritten haben, und bei denen möglicherweise sogar Bedenken an der Verantwortlichkeit gemäß § 3 JGG bestehen (s. o.). Es liegt also in den Händen der Praxis, durch eine extensive Auslegung des § 140 Abs.2 StPO eine notwendige Verteidigung in Verfahren gegen 14- und 15jährige zum Standard in Jugendstrafverfahren zu erheben.[1077] Von Verteidigungsunfähigkeit ist weiterhin auszugehen, wenn von mehreren Mitangeklagten einer anwaltlichen Beistand hat oder vor allem bei sehr jungen Tätern keiner der Personensorgeberechtigten zur Hauptverhandlung erscheint bzw. diese kein Interesse am Ausgang des Strafverfahrens zeigen. Dies kann Anlaß sein, den familiären Hintergrund des Angeklagten eingehend zu untersuchen, was u. U. besser mit Unterstützung eines engagierten Verteidigers (in Zusammenarbeit mit der JGH) gelingt.[1078]

Kommt dem Merkmal der Verteidigungsunfähigkeit im Jugendstrafverfahren gesteigerte Bedeutung zu, so bedarf es erst recht besonderer Aufmerksamkeit im Verfahren gegen ausländische Jugendliche und Heranwachsende.[1079] Unvertrautheit mit dem deutschen Rechtssystem, Unverständnis der Verhandlung aufgrund der juristischen Fachsprache sowie die Herkunft aus einem völlig anderen Lebens- und Kulturkreis sind Faktoren, die die Beiordnung eines Pflichtverteidigers erfordern können, um dem Anspruch auf ein faires Verfahren gerecht zu werden. Ein Problem, mit dem die Gerichte in diesem Zusammenhang konfrontiert werden, sind auch die zum Teil spärlichen Informationen, die im konkreten Fall zur Verfügung stehen, um die Verteidigungsfähigkeit eines nichtdeutschen Jugendlichen angemes-

---

1075 So Eisenberg, § 68 Rz. 27.

1076 S. Molketin, 1986, S. 148.

1077 Vgl. Beulke, in: BMJ (Hrsg.), 1987, S. 170, 182/183, Radbruch, StV 1993, S. 553, 557.

1078 S. Molketin, ZfJ 1981, S. 199, 201, Beulke, in: BMJ (Hrsg.), 1987, S.183.

1079 Molketin, ZfJ 1981, S. 199, 201.

sen beurteilen zu können. Dies zeigen die zwei gegensätzlichen Urteile des AG und LG Hamburg für den oben schon genannten Fall eines des Verstoßes gegen das BtMG angeklagten Jugendlichen aus Sierra Leone: Während das AG davon ausgeht, daß die Verteidigungsfähigkeit bei dem Angeschuldigten, der als 15 bzw. 16jähriger aus Sierra Leone geflüchtet und über dessen bisherigen Lebensweg und insbesondere Schulbildung nichts bekannt ist, zumindest in Frage gestellt werden muß, „zumal nach Erfahrungen dieses Gerichts die Mehrzahl der minderjährigen unbegleiteten Flüchtlinge - wenn überhaupt - nur wenige Jahre eine Schule besucht hat und allenfalls über geringfügige Kenntnisse der englischen oder französischen Sprache verfügt"[1080], bemerkt das LG: „Die aus den Akten ersichtliche Sach- und Rechtslage ist für den Beschuldigten unkompliziert. Auf sie kann ein normalbegabter 16jähriger Afrikaner sachgemäß reagieren, um sich zu verteidigen. Dem Beschuldigten stehen im übrigen genügend sprachliche Ausdrucksmittel zur Verfügung, um sich differenziert auszudrücken (...). Konkrete Anhaltspunkte dafür, daß seine Verteidigungsfähigkeit aufgrund geistiger Defekte beeinträchtigt ist, sind nicht ersichtlich"[1081].

13. 5. „Sprachunkundigkeit": eine ausreichende Begründung für eine notwendige Verteidigung gemäß § 140 Abs.2 StPO in der Rechtsprechung?

Von wesentlicher Bedeutung für die Frage der Verteidigungsfähigkeit von Nichtdeutschen sind neben den oben genannten Aspekten auch die Kenntnisse der deutschen Sprache und die Fähigkeit, sie zu verstehen und sich darin auszudrücken. Allein die fehlende oder unzureichende Beherrschung der deutschen Sprache durch Ausländer führt allerdings in der gerichtlichen Praxis nicht zwangsläufig zur Bestellung eines Pflichtverteidigers[1082], da die hierdurch bedingten Defizite in der Verteidigungsfähigkeit nach der in der Rechtsprechung vorherrschenden restriktiven Auffassung durch die Beiziehung eines Dolmetschers ausgeglichen werden können. Der Bestellung eines Pflichtverteidigers bedarf es hiernach nur in den Fällen, in denen neben dem Handicap der Sprachunkundigkeit weitere, eine

---

1080 AG Hamburg, StV 1998, S. 326, 327.

1081 LG Hamburg, StV 1998, S. 327.

1082 Diese restriktive Auffassung spiegeln auch die Untersuchungsergebnisse von Ludwig-Mayerhofer/Rzepka, in: Walter (Hrsg.), 1997, S. 101, 110/111 wider: Von 17 jungen Angeklagten, die vor Gericht einen Dolmetscher in Anspruch nahmen, hatten nur zwei einen Verteidiger in der Hauptverhandlung. A.A. die wohl herrschende Meinung in der Literatur: Kleinknecht/Meyer-Goßner, § 140 Rz 30a; AK-Stern § 140 Rz 66, 67; KK-Laufhütte § 140 Rz 24; Strate, StV 1981, S. 46, 47.; LR-Lüderssen, § 140 Rz. 80/81; Bottke, in: BMJ (Hrsg.), 1987, S. 46, 86.

Pflichtverteidigung erfordernde Gründe vorliegen.[1083] Das ist unbestritten der Fall, wenn neben dem Bestehen sprachlich bedingten Verständnisschwierigkeiten der Beschuldigte aus einem völlig anderen Kulturkreis entstammt und daher mit dem hiesigen Rechts- und Gesellschaftssystem nicht vertraut ist.

So stützen sich denn auch die folgenden Gerichte in ihrer Entscheidung immer auf mehrere Kriterien: Das LG Braunschweig führt neben sprachlichen Defiziten die Herkunft des Angeklagten (Vietnamesen) aus einem völlig anderen Kulturkreis mit abweichenden Wertevorstellungen an[1084], ebenso verweist das LG Oldenburg weitergehend auf den fremden Rechtskreis und fremde Rechtsnormen, denen sich der Angeklagte gegenübersieht.[1085] Das LG Landshut hält auch bei einfacher Sach- und Rechtslage die Beiordnung eines Pflichtverteidigers für notwendig, weil der Angeklagte sprachunkundig ist und aus einem völlig anderen Kulturkreis stammt und auch bei Einschaltung eines Dolmetschers Verständigungsschwierigkeiten in der Hauptverhandlung ausgesetzt sein wird.[1086] Darauf, daß der Angeklagte einer anderen Rechts- und Gesellschaftsordnung entstammt und als Asylbewerber sich in schwieriger sozialer Lage befindet, weist das AG Lüneburg in seiner Entscheidungsbegründung hin.[1087] Auch das OLG Karlsruhe sieht die Verteidigungsunfähigkeit des Angeklagten in der Herkunft aus einem völlig anderen Kulturkreis, der

---

1083 Vgl. OLG Frankfurt, StV 1997, S. 573, 574, wonach nicht generell bei mittellosen, sprachunkundigen Angeklagten die Beiordnung eines Pflichtverteidigers zu fordern ist, aber der Anspruch des Angeklagten auf ein faires Verfahren im Einzelfall aufgrund einer Gesamtwürdigung aller Umstände eine Pflichtverteidigerbestellung gebieten kann. Im vorliegenden Fall hielt das OLG die Hinzuziehung eines Dolmetschers nicht für geeignet, um die auf den sprachlichen Defiziten beruhende Einschränkung der Verteidigungsfähigkeit auszugleichen: „Bei komplexen Geschehen, die nur durch Zeugenvernehmung aufgeklärt werden können und bei denen es wesentlich auch auf die Glaubhaftigkeit der Aussagen und Glaubwürdigkeit der Zeugen ankommt, kann regelmäßig nicht davon ausgegangen werden, daß die auf dem sprachlichen Defizit beruhende Behinderung der Verteidigung des mittellosen Angeklagten durch die Hinzuziehung eines Dolmetschers völlig ausgeglichen wird. In solchen Fällen kann nämlich der Angeklagte mit Hilfe des Dolmetschers im wesentlichen nur seine Verteidigungsposition verdeutlichen, nicht aber - was zunächst auch nur durch gründliches Studium der Akten erzielte Kenntnisse voraussetzt - die Aussagen der Zeugen kritisch hinterfragen, etwaige Widersprüche aufzeigen oder - gegebenenfalls auch durch Beweisanträge - deren Glaubwürdigkeit erschüttern."

Vgl. auch BGH, StV 2001, S.1, 2.

1084 LG Braunschweig, StV 1994, S. 476, 477: „Die Strafwürdigkeit seines Verhaltens setzt jedenfalls eine kulturorientierte Wertung voraus. Danach ist die Überwindung der reinen Sprachkenntnisse durch die Beiordnung eines Dolmetschers in Fällen der vorliegenden Art unzureichend, um die Gewähr dafür zu bieten, daß der Angeklagte in der Lage ist, der Verhandlung zu folgen und alle seiner Verteidigung dienenden Handlungen vorzunehmen."

1085 LG Oldenburg, StV 1991, S. 104; so auch LG Hannover, StV 1987, S. 382 (im Falle eines gambischen Staatsangehörigen).

1086 LG Landshut, StV 1994, S. 239.

1087 AG Lüneburg, StV 1992, S. 223.

problematischen sozialen und rechtlichen Situation als Asylbewerber und der mangelhaften Beherrschung der deutschen Sprache begründet und geht davon aus, daß der Angeklagte „auch bei Einschaltung eines Dolmetschers Verständigungsschwierigkeiten in der Hauptverhandlung ausgesetzt sein wird".[1088] Dagegen folgt das LG Tübingen der in der Literatur vorherrschenden Auffassung, in dem es ausführt, der Angeklagte könne seine Mitwirkungsrechte in der Hauptverhandlung nur eingeschränkt wahrnehmen, da er die deutsche Sprache nicht beherrsche, und darauf abstellt, daß die Übersetzung der Verhandlung dem Angeklagten nur unvollständig den unmittelbaren Eindruck von den entscheidungserheblichen Vorgängen vermitteln könne und der Angeklagte in der Wahrnehmung von Frage- und Erklärungsrechten gegenüber dem Staatsanwalt in der Regel benachteiligt sei.[1089]

Die Notwendigkeit der Beiordnung eines Pflichtverteidigers gem. § 140 Abs.2 StPO verneinte das OLG Düsseldorf mit der Begründung, eine sachgerechte, dem Anspruch eines fairen Verfahrens genügende Verteidigung sei in der Hauptverhandlung durch Hinzuziehung eines Dolmetschers gewährleistet, zumal die Angeklagte „forensisch nicht unerfahren" und eine Pflichtverteidigung weder unter dem Aspekt der Schwere der Tat noch unter dem der Schwierigkeit der Sach- und Rechtslage geboten sei.[1090] Etwas anderes ergebe sich auch nicht aus Art.6 III lit c MRK, wonach ein Pflichtverteidiger zu bestellen ist, wenn dies im Interesse der Rechtspflege erforderlich ist. Ein solches Interesse sei zu verneinen, wenn eine sachgerechte Verteidigung schon durch die gerichtliche Heranziehung eines Dolmetschers gewährleistet ist.[1091] Ähnlich auch die Argumentation des OLG Köln: Allein die mangelnde Sprachkenntnis eines Ausländers rechtfertige nicht „ausnahmslos und unabhängig vom Gewicht des Verfahrensgegenstandes sowie der Schwierigkeit der Sach- und Rechtslage die Beiordnung eines Pflichtverteidigers". Sprachbedingte Verständigungsschwierigkeiten könnten durch Einschaltung eines Dolmetschers behoben werden.[1092] Vielmehr sei die konkrete Verteidigungsfähigkeit aufgrund einer Gesamtbetrachtung aller Umstände des Einzelfalles zu beurteilen. Bei Ausländern seien in diesem Zusammenhang auch jene Schwierigkeiten mit in die Beurteilung einzustellen, die aus der Sprachunkundigkeit, aus Unkenntnis des deutschen Rechtssystems und der Gerichtssprache, aus einer von der deutschen Durchschnittsnorm abweichenden sozialen Herkunft oder aus der Verwurzelung in

---

1088 So OLG Karlsruhe, NStZ 1987, S. 522.

1089 LG Tübingen, StV 1992, S. 154. Allerdings handelte es sich auch nicht um einen ganz unbedeutenden Tatvorwurf.

1090 OLG Düsseldorf, StV 1992, S. 363; im Ergebnis ebenso AG Tiergarten/Berlin, MDR 1993, S. 72; OLG Hamm, NStZ 1990, S. 143 f.

1091 OLG Düsseldorf, StV 1992, S. 363; vgl. auch OLG Hamm, StV 1995, S. 64: nur bei in tatsächlicher und rechtlicher Hinsicht einfach gelagerten Fällen.

1092 OLG Köln, NJW 1991, S. 2223, 2224.

einem fremden Kulturkreis erwachsen können. Aus diesen Umständen kann sich dann die Erforderlichkeit einer Verteidigermitwirkung ergeben. Gleiches gelte auch in solchen Fällen, in denen trotz Mitwirkung eines Dolmetschers Zweifel an der Verständigungsmöglichkeit bleiben.[1093]

Die Durchsicht der genannten Entscheidungen zeigt zweierlei: In Fällen, in denen die mangelhafte Beherrschung der deutschen Sprache für sich alleine noch nicht die Notwendigkeit der Verteidigung zu begründen vermag, weil das Sprachdefizit (mutmaßlich) durch einen Dolmetscher ausgeglichen werden kann, treten zu diesem Sprachdefizit häufig weitere Umstände hinzu, die im Rahmen einer Gesamtschau zur Erforderlichkeit der Pflichtverteidigerbestellung gemäß § 68 Nr.1 iVm § 140 Abs. 2 JGG führen. Insbesondere bei Beachtung einer jugendspezifischen Auslegung, die die unterlegene Position des Jugendlichen im Strafverfahren vor Augen hat, wird gerade bei sprachunkundigen Jugendlichen eine Pflichtverteidigung in aller Regel geboten sein und auch das derzeitige gesetzliche Instrumentarium ausreichen, um die Verteidigung junger sprachunkundiger Nichtdeutscher zu gewährleisten. Davon zeugt u. a. die oben zitierte Entscheidung des AG Hamburg, die sich auch mit dem Ausgleich des sprachlichen Defizits durch einen Dolmetscher auseinandersetzt und im konkreten Fall zu dem Ergebnis kommt, daß aufgrund des geringen und sehr einfachen Wortschatzes der Stammessprache des Betroffenen auch ein Dolmetscher die auf sprachlichen Defiziten beruhenden Behinderung der Fähigkeit zur Selbstverteidigung nicht ausräumen kann.

Deutlich wird aber auch - und das zeigt sich am Beispiel der Entscheidung des LG Hamburg - daß es in der Frage der Pflichtverteidigerbestellung für nichtdeutsche, sprachunkundige Beschuldigte ein hohes Maß an Rechtsunsicherheit gibt, das sich im Zweifel dahingehend auswirkt, daß nach der Devise „lieber einmal zu

---

1093 OLG Köln, NJW 1991, S. 2223, 2224. So z. B. im Fall des OLG Celle, NStZ 1987, S. 521, in dem ein Dolmetscher für Englisch geladen wurde, da der Angeklagte kein Deutsch sprach, allerdings auch die englische Sprache nur unvollkommen beherrschte. „Unter diesen Umständen lassen sich die Rechte des Angeklagten nach Art. 6 EMRK, vor allem nach Abs. 3 dieser Vorschrift, auf Kenntnis von Art und Grund der gegen ihn erhobenen Vorwürfe, in allen Einzelheiten' und auf ungehinderte Verteidigung einschließlich der Befragung der Belastungszeugen nur verwirklichen, wenn er einen Verteidiger hat, der bei der Vorbereitung der Hauptverhandlung durch geduldige Rückfragen sicherstellen kann, daß der Angeklagte alles verstanden hat und alles äußern kann, was er sagen will. Als Alternative käme nur die Zuziehung eines Dolmetschers für die Muttersprache des Angeklagten in Betracht." Siehe auch schon die oben zitierte Entscheidung des AG Hamburg, StV 1998, S. 326/327: Hier bedurfte es der Einschaltung eines Dolmetschers für die Stammessprache, die sich durch einen geringen und sehr einfachen Wortschatz auszeichnet, „so daß auch eine nur auf sprachlichen Defiziten beruhende Behinderung der Fähigkeit zur Selbstverteidigung allein durch die Hinzuziehung eines Dolmetschers nicht auszuräumen wäre". Zur Problematik der Übertragung von Drittsprachen s. auch Jacobi, in: Dt. Strafverteidigervereinigung (Hrsg.), 1995, S. 243, 249 dem zufolge in solchen Fällen der Verteidiger besonders sorgfältig darauf achten muß, daß der Angeklagte den Gang der Hauptverhandlung versteht.

wenig als einmal zu viel einen Pflichtverteidiger bestellen" verfahren wird. Gerade bei jugendlichen Beschuldigten sollte das Gegenteil gelten.

13. 6. Zusammenfassung und Folgerungen

Die Handhabung der Generalklausel des § 140 Abs.2 StPO im Hinblick auf ausländische Angeklagte durch Teile der Rechtsprechung zeigt, daß durch eine entsprechende, an den „Kölner Richtlinien" orientierte und vor allem im Jugendbereich extensive Auslegung und Anwendung des § 140 Abs.2 StPO regelmäßig eine notwendige Verteidigung dieser Jugendlichen im Rahmen der jetzt geltenden Gesetzeslage erreicht werden kann. Dies gilt insbesondere, wenn man sich vor Augen führt, daß bei jungen nichtdeutschen Beschuldigten im Vergleich zu jungen Deutschen zusätzliche Handicaps auftreten, die bei der Frage der notwendigen Verteidigung zu berücksichtigen sind. Dementsprechend wird gerade mit Blick auf die Gruppe der ausländischen Jugendlichen eine Änderung der gesetzlichen Bestimmungen für überflüssig gehalten.[1094] Die Hamburger LG-Rechtsprechung im Umgang mit dem straffälligen, minderjährigen Flüchtling zeigt aber auch, daß mancherorts sich eine solche extensive Anwendung der entsprechenden Bestimmungen unter Heranziehung jugendspezifischer Kriterien nicht durchgesetzt hat. Eine gesetzliche Regelung könnte hier ein größeres Maß an Rechtssicherheit und -klarheit bewirken.

Als mögliche Anknüpfungspunkte bieten sich auf den ersten Blick die „Ausländereigenschaft" oder die „Sprachunkundigkeit" an.

Die Ausländereigenschaft erweist sich schnell als untauglich, wenn man bedenkt, daß sich die Gruppe der jungen Ausländer nicht einheitlich darstellt. Jungen Nichtdeutschen, die sich in Sprache und Lebensweise nicht von den gleichaltrigen Deutschen unterscheiden, zwangsweise den Beistand eines Verteidigers „aufzudrängen" erscheint wenig sinnvoll.[1095] Damit würde vielmehr der Eindruck erweckt, als gelte es, grundsätzlich an der Verteidigungsfähigkeit allein aufgrund der Ausländereigenschaft der Betroffenen zu zweifeln. Gleichzeitig würden z. B. Aussiedlerjugendliche aufgrund ihres deutschen Passes bei einer Bestimmung, die die notwendige Verteidigung an die Ausländereigenschaft anknüpft, nicht berücksichtigt werden, obwohl sie sich mit denselben Verständigungsproblemen konfrontiert sehen wie ihre Altersgenossen anderer Nationen. Vorzugswürdig erscheint daher eine Regelung, die sich an der Sprachunkundigkeit orientiert. So wird eine Regelung, wie sie gemäß § 140 Abs.2 S.2 StPO für taube und stumme Beschul-

---

1094 So Radbruch, StV 1993, S.553, 557.

1095 Ablehnend auch Molketin, AnwBl 1991, S. 615, 619.

digte besteht, in Erwägung gezogen[1096], die die Beiordnung eines Pflichtverteidigers von der Inanspruchnahme durch den Beschuldigten selbst abhängig macht. Die „Hilfeleistung“ durch Beiordnung eines Pflichtverteidigers würde somit nicht aufgedrängt, andererseits aber durch die auf Antrag des Betroffenen verbindliche Bestellung eines Pflichtverteidigers ein größeres Maß an Rechtssicherheit für sprachunkundige Beschuldigte erreicht.

Im Gegensatz zur Taub- oder Stummheit ist Sprachunkundigkeit allerdings in den verschiedenen Nuancierungen oft nur schwer einzuordnen. Wenn auch die Bestellung eines Pflichtverteidigers zwingend vorgeschrieben wäre und somit bei Antrag des Betroffenen kein Ermessen eröffnen würde, müßte dennoch im Vorfeld die Sprachbeherrschung des Beschuldigten festgestellt und eingeordnet werden. Sprachunkundigkeit, die eine Pflichtverteidigerbestellung nach sich ziehen würde, würde sich dann an der Notwendigkeit der Dolmetscherbeiziehung festmachen. Im Ergebnis wäre also die Beiordnung eines Pflichtverteidigers abhängig von der Ermessensentscheidung über die Beiziehung eines Dolmetschers. Oder anders formuliert: In Verfahren mit Dolmetscher würde - auf Antrag - dann auch ein Verteidiger beteiligt (vgl. auch 14. 6). Damit käme der Ermessensentscheidung über die Beiziehung eines Dolmetschers ein noch größeres Gewicht zu als sie derzeit schon hat. Des weiteren könnte eine Regelung, die einen solchen Automatismus festschreibt, die Gefahr in sich bergen, daß aus prozeßökonomischen Gründen in einfachen Fällen, in denen der Angeklagte über zweifelhafte Deutschkenntnisse verfügt, schon von der Bestellung eines Dolmetschers abgesehen würde, um somit auch eine eventuelle Verteidigerbeteiligung zu umgehen - ein unerwünschtes Ergebnis.

Die flexiblere Lösung bietet eine - gerade im Jugendstrafrecht - extensive, jugendgemäße Auslegung des § 140 Abs.2 StPO unter Berücksichtigung der Kölner Richtlinien und der besonderen Problemlagen von Nichtdeutschen bzw. Sprachunkundigen vor Gericht. Gerade wenn man im Rahmen einer Gesamtschau auch die besondere ausländerrechtliche Situation oder eine mögliche Unvertrautheit des Angeklagten mit dem hiesigen Kulturkreis in Betracht zieht, 4gewährt die derzeitige Regelung ausreichend Spielraum, um dem jugendlichen nichtdeutschen bzw. nichtdeutschsprachigen Angeklagten einen Verteidiger beiordnen zu können. Sie erlaubt, auf Defizite in der Verteidigungsfähigkeit sprachunkundiger Beschuldigter angemessen zu reagieren und dabei auch gleichzeitig den Verhältnismäßigkeitsgrundsatz zu wahren. Insbesondere bei sehr einfach gelagerten Sachverhalten aus dem Bereich der leichten Kriminalität bzw. Bagatellkriminalität kann ein Verteidiger entbehrlich sein, wohingegen bei einer Regelung entsprechend § 140 Abs.2 S. 2 StPO auf Antrag zwingend ein Verteidiger beizuordnen wäre.

[1096] Vgl. Basdorf, in: Gedächtnisschrift für K.-H. Meyer, 1990, S. 21, 30.

14. Kapitel: Die Beteiligung von Dolmetschern im Strafverfahren gegen ausländische Beschuldigte

Schon die Kommunikation zwischen deutschsprachigen (jugendlichen) Angeklagten und den übrigen Verfahrensbeteiligten ist aufgrund der oben aufgezeigten Kommunikations- und Interaktionsstruktur störanfällig. Bei Beteiligung nichtdeutscher, fremdsprachiger junger Beschuldigter erhöht sich die Gefahr von Fehldeutungen und Mißverständnissen, da in der Kommunikation zwischen ihnen und den jeweiligen Verfahrensbeteiligten weitergehende Sprach- und Kulturbarrieren überwunden werden müssen als dies bei deutschen Angeklagten der Fall ist. Die Besonderheiten einer interkulturellen Kommunikation müssen in Einklang gebracht werden mit den zwangskommunikativen Strukturen der gerichtlichen Kommunikation. Dem Dolmetscher kommt hierbei eine zentrale Funktion zu: Er ist in aller Regel der einzige Beteiligte, der sowohl Gerichtssprache als auch Muttersprache oder eine andere dem Angeklagten verständliche Sprache beherrscht, und der daher eine Schlüsselrolle als Sprachmittler, möglicherweise auch als Kulturmittler, in der Kommunikation vor Gericht einnimmt. Entsprechend dieser Schlüsselrolle kann der Dolmetscher auch zu einer zentralen Schwachstelle und Fehlerquelle in der Kommunikation im Strafverfahren werden, zumal in der Regel weder der Angeklagte noch die anderen Verfahrensbeteiligten eine unzulängliche Arbeit des Dolmetschers erkennen und somit diesen bei seiner Übersetzungsarbeit kontrollieren können.

14. 1. Deutsch als Gerichtssprache. Die Regelung der §§ 184, 185 GVG, ihre verfassungsrechtliche Grundlagen und ihr Anwendungsbereich

Gemäß § 184 GVG gilt: „Die Gerichtssprache ist deutsch".

Zunächst zur Herstellung einer nationalstaatlichen Spracheneinheit im Gerichtsverfassungsgesetz (GVG) vom 27.1.1877 festgeschrieben und in den 60er und 70er Jahren dieses Jahrhunderts wenig beachtet und problematisiert, hat § 184 GVG heute durch den zunehmenden Aufenthalt fremdsprachiger Personen an Bedeutung und Aufmerksamkeit gewonnen[1097]. Dabei geht es nicht mehr wie zur Zeit der Einführung des GVG um die Durchsetzung nationalstaatlicher Vorstellungen, sondern um die Gewährleistung eines rechtsstaatlichen Verfahrens im Hinblick auf der deutschen Sprache nicht mächtige Verfahrensbeteiligte.[1098]

1097 Vgl. auch BGH St 30, S 182, 184.

1098 Siehe dazu ausführlich Weith, 1992, S. 5-19.

Der in § 184 GVG fixierte Grundsatz ist zwingendes Recht und dient zusammen mit den weiteren Vorschriften des 15. Titels des GVG in erster Linie der Wahrheitserforschung sowie der das Gerichtsverfahren erst ermöglichende Verständigung der Verfahrensbeteiligten untereinander.[1099] § 184 GVG selbst unterscheidet noch nicht zwischen (gerichts-) sprachkundigen und sprachunkundigen Verfahrensbeteiligten. § 184 GVG verpflichtet somit zunächst nach seinem eigenständigen Bedeutungsgehalt[1100] einerseits die Strafrechtspflegeorgane, die deutsche Sprache zu beherrschen und zu verwenden, andererseits garantiert er den Verfahrensbeteiligten, bei Beherrschung der deutschen Sprache verstanden zu werden und andere zu verstehen, und vermittelt somit auch einen Anspruch gegenüber den Strafrechtspflegeorganen auf Vermittlung fremdsprachiger Äußerungen - wenn diese Gegenstand des Verfahrens sind - in deutscher Sprache.[1101] Der Umstand der Sprachunkundigkeit bzw. Fremdsprachlichkeit wird dann in den §§ 185ff GVG berücksichtigt. Sieht man § 184 GVG im Kontext mit diesen Vorschriften, wird deutlich, daß die Vorschriften des 15. Titels des GVG nicht Kommunikationsprobleme generell, sondern nur solche Verständigungsprobleme, die mit einer bestimmten Sprachform zusammenhängen, regeln wollen. Weitergehende, durch die soziale Interaktion im Strafverfahren bedingte Verständigungsschwierigkeiten (z. B. aufgrund verschiedener Sprachcodes), können und sollen durch die Vorschriften des GVG nicht geregelt werden.[1102]

Ihre verfassungsrechtlichen Grundlagen finden die §§ 184 ff GVG in dem Grundsatz des rechtlichen Gehörs aus Art. 103 Abs.1 GG sowie dem Recht auf ein faires Verfahren aus Art.2 Abs. 1 iVm Art. 20 Abs.3 GG. Sie gewährleisten weiterhin den Anspruch auf effektiven Rechtsschutz aus Art. 19 Abs.4 GG. Teilweise wird in einem Zug mit diesen Garantien auch Art.3 Abs.3 GG genannt, wonach niemand wegen seiner Sprache benachteiligt werden darf.[1103]

Aus den verfassungsrechtlichen Grundsätzen folgt, daß Ausländern gleichermaßen wie Deutschen die gleichen prozessualen Grundrechte und der Anspruch auf ein rechtsstaatliches Verfahren zukommen. Sprachunkundigkeit in der Gerichtssprache darf daher nicht zu einer Verkürzung der verfassungsrechtlichen Rechtschutzgarantien führen.

1099 LR- Schäfer/Wickern, Vor § 184 GVG Rz. 2.

1100 Vgl. Weith, 1992, S. 20.

1101 Weith, 1992, S. 26, 28.

1102 Weith, 1992, S. 29, 30; auch Kühne, 1978, S. 92.

1103 Vgl. Lässig, 1980, S. 91-98; LR-Schäfer/Wickern, Vor § 184 GVG Rz. 3; s. auch Meyer, ZStW 93 (1981), S. 507, 511-514. Siehe aber BVerfGE 64, S. 135, 144: Aus Verständigungsproblemen erwachsenden Gefährdungen begegnet das Grundgesetz nicht durch Art. 103 Abs. 1 GG, sondern durch die Gewährleistung eines rechtsstaatlichen, fairen Verfahrens.

Ergänzung finden diese verfassungsrechtlichen Aspekte speziell für das Strafverfahren durch die Regelung der Europäischen Menschenrechtskonvention vom 4.11.1950, insbesondere Art. 5 Abs. 2 MRK[1104] und Art. 6 Abs. 3 lit. a und e MRK[1105]. Letzterem entsprechen die Vorschriften des Art. 14 Abs. 3 lit. a und f des Internationalen Pakts über bürgerliche und politische Rechte vom 19.12.1966.

§§ 184 ff gelten für den Bereich der ordentlichen streitigen Gerichtsbarkeit (§ 2 EGGVG). Während § 184 sowohl für schriftliche wie mündliche Äußerungen des Gerichts und der übrigen Verfahrensbeteiligten gilt, erfassen die §§ 185ff GVG nur die mündliche Verhandlung, dagegen nicht den Schriftverkehr mit dem Gericht.[1106]

Wird unter Beteiligung von Personen verhandelt, die der deutschen Sprache nicht mächtig sind, ist gem. § 185 I GVG ein Dolmetscher hinzuzuziehen. Sprachunkundigkeit iSd § 185 I GVG liegt vor, wenn der Betroffene die deutsche Sprache überhaupt nicht oder nur so wenig versteht, daß er der Verhandlung nicht folgen und seine Rechte vor Gericht nicht wahrnehmen kann. Denkbar ist auch, daß jemand die deutsche Sprache nur passiv beherrscht, sich aber selbst in deutsch nicht verständlich ausdrücken kann. In solchen Fällen ist es zulässig, ihm nur für die Übertragung seiner eigenen Erklärung einen Dolmetscher an die Hand zu geben.[1107] Die Frage, ob jemand die deutsche Sprache soweit beherrscht, daß er der Verhandlung folgen und seine Rechte wahrnehmen kann, ist von Amts wegen zu prüfen.[1108] Ob und in welchem Umfang ein Dolmetscher zur Verhandlung herangezogen werden muß, wenn der Angeklagte des Deutschen teilweise mächtig ist, steht im pflichtgemäßen Ermessen des Gerichts.[1109]

1104 „Jeder Festgenommene muß unverzüglich und in einer ihm verständlichen Sprache über die Gründe seiner Festnahme und über die gegen ihn erhobenen Beschuldigungen unterrichtet werden."

1105 „Jeder Angeklagte hat mindestens (englischer Text) insbesondere (französischer Text) die folgenden Rechte: a) unverzüglich in einer für ihn verständlichen Sprache in allen Einzelheiten über die Art und den Grund der gegen ihn erhobenen Beschuldigungen in Kenntnis gesetzt zu werden; (...); lit e) die unentgeltliche Beiziehung eines Dolmetschers zu verlangen, wenn er (der Angeklagte) die Verhandlungssprache des Gerichts nicht versteht oder sich nicht darin ausdrücken kann."

1106 LR-Schäfer/Wickern, § 184 Rz. 7.

1107 LR-Schäfer/Wickern, § 185 Rz. 2, 3.

1108 So bestimmt Nr. 181 RiStaBV: „ Bei der ersten verantwortlichen Vernehmung eines Ausländers ist aktenkundig zu machen, ob der Beschuldigte die deutsche Sprache soweit beherrscht, daß ein Dolmetscher nicht hinzugezogen werden braucht."

1109 Katholnigg, § 185 GVG Rz. 1. Vgl. Autorengruppe Ausländerforschung (Hrsg.), Teil 2, 1980, S. 222: Bei Angeklagten mit mangelhaftem Deutsch wurde in 73 % der Fälle ein Dolmetscher zur Vernehmung oder Verhandlung herangezogen, bei Angeklagten, die kein Deutsch sprachen in 90 % der Fälle, wobei sich in dieser Gruppe 29 Angeklagte fanden, bei denen nur für die polizeiliche Vernehmung oder überhaupt kein Dolmetscher bestellt war.

Schwierigkeiten bei der Beurteilung bereiten insoweit nicht die eindeutigen Fälle, d. h. jene Ausländer, die die deutsche Sprache ersichtlich nicht beherrschen, sondern jene, bei denen zwar Sprachkenntnisse für das Alltägliche vorhanden sind, die aber nicht zwangsläufig für eine differenziertere Ausdrucksweise hinsichtlich komplexerer Sachverhalte vor Gericht ausreichen. Grundsätzlich ist es in solche Fällen auch möglich, nur bei bestimmten Sprechpassagen Dolmetscher einzuschalten, also beispielsweise die Erklärungen zur Person vom Beschuldigten in deutscher Sprache entgegenzunehmen und bei relevanten, komplizierteren Sachverhalten sich eines Dolmetschers zu bedienen.

Zu beachten ist, daß § 185 GVG sich allein auf die sprachlich-akustische Seite der Verständigung zwischen den Verfahrensbeteiligten in der Verhandlung beschränkt. Kommunikationsprobleme anderer Art, wie sie z. B. aus der spezifischen Interaktionsstruktur vor Gericht oder der Verwendung schichtspezifischer Sprachcodes resultieren, können und sollen nicht Regelungsgegenstand des § 185 GVG sein (s. o.). Auf die Frage, inwieweit mit Hilfe des Dolmetschers nicht nur sprachliche, sondern auch kulturelle Barrieren im Falle fremdsprachiger Beschuldigter überwunden werden, wird unter Punkt 14. 4. näher eingegangen werden.

14. 2. Umfang der Übersetzung

Der Umfang der Übersetzung hat sich an dem Recht auf ein faires Verfahren zu orientieren, das es verbietet, den der deutschen Sprache nicht mächtigen Angeklagten zu einem unverstandenen Objekt des Verfahrens herabzuwürdigen. Der Angeklagte muß in die Lage versetzt werden, die für ihn wesentlichen Verfahrensvorgänge zu verstehen und sich im Verfahren verständlich machen zu können, um so auf Gang und Ergebnis des Verfahrens Einfluß nehmen zu können.[1110]

Für die folgende Darstellung soll unterschieden werden zwischen den schriftlichen Äußerungen des Gerichts und den schriftlichen Erklärungen der Prozeßbeteiligten einerseits sowie den mündlichen Äußerungen der Verfahrensbeteiligten in der Gerichtsverhandlung andererseits.

14. 2. 1. Verhandlung unter Beteiligung von Personen, die der deutschen Sprache nicht mächtig sind

Verfahrensbeteiligte, die hier im Sinne des § 185 GVG in Betracht kommen, sind der Beschuldigte, sonstige von der Strafverfolgung betroffenen Personen (siehe § 431, 442 StPO: Verfalls- und Einziehunsgbeteiligte), Privat- und Nebenkläger,

---

[1110] S. BVerfGE 64, S. 135, 145.

die Zeugen, die Sachverständigen, die gemäß § 149 StPO zugelassenen Beistände des Beschuldigten sowie Verteidiger, die nur mit Genehmigung des Gerichts gemäß § 138 Abs. 2 StPO auftreten können[1111]. Auch die gesetzlichen Vertreter sind Verfahrensbeteiligte, für die gegebenenfalls ein Dolmetscher heranzuziehen ist. Nicht selten sprechen die jungen Nichtdeutschen der zweiten oder dritten Generation fließend deutsch, während sich ihre Eltern in der deutschen Sprache nicht zurechtfinden, so daß zum Verständnis der am Verfahren beteiligten Eltern die mündliche Verhandlung gedolmetscht werden muß.[1112]

Um dem Grundsatz des rechtlichen Gehörs gerecht zu werden, sind grundsätzlich alle Erklärungen des fremdsprachigen Verfahrensbeteiligten in der Verhandlung ins Deutsche zu übertragen. Nur so ist gewährleistet, daß das Gericht Erklärungen der beteiligten Person zur Kenntnis nimmt und somit seiner Verpflichtung zur Wahrheitsfindung nachkommt.[1113]

Nicht ganz so weitgehend ist die Übetrtragungspflicht aus der deutschen Sprache in die Sprache der Verfahrensbeteiligten ausgestaltet.

Ist an der Hauptverhandlung eine Person beteiligt, die der deutschen Sprache nicht mächtig ist (ausgenommen Zeugen und Sachverständige), müssen alle **wesentlichen** in deutscher Sprache vonstatten gehenden Verhandlungsakte in die Muttersprache oder eine andere der Person vertrauten Sprache übersetzt werden.[1114] Darunter fallen insbesondere die Verlesung des Anklagesatzes (§ 243 Abs. 3 StPO) sowie die Belehrung des Angeklagten gemäß § 243 Abs. 4 S. 1 StPO, die Vernehmung von Mitbeschuldigten, die Verlesung von Schriftstücken, die Stellung von Anträgen und die Urteilsverkündung. Anträge von Verfahrensbeteiligten und entscheidungserhebliche Erklärungen sollen wörtlich übersetzt werden, im übrigen soll mindestens der wesentliche Inhalt des Verhandelten verständlich gemacht werden.[1115] Zu fordern ist darüber hinaus, daß auch Angaben von Zeugen und Sachverständigen nach Möglichkeit immer vollständig übertragen werden, da nicht auszuschließen ist, daß ansonsten Details entgehen, die für die Verteidigung von Bedeutung sind.[1116]

In der StPO selbst findet sich lediglich für die Schlußvorträge von Staatsanwaltschaft und Verteidigung eine eigenständige Regelung: Gemäß § 259 StPO müssen aus den jeweiligen Schlußvorträgen mindestens die Anträge von Staatsanwaltschaft und Verteidigung übersetzt werden. Dahinter steht die Befürchtung, durch die um-

---

1111 LR-Schäfer/Wickern, § 185 GVG Rz. 4.

1112 Vgl. Bischoff (Hrsg.)/Donner/Heßler, Teil 3, 1991, S. 45.

1113 LR-Schäfer/Wickern, § 185 GVG Rz. 16.

1114 LR-Schäfer/Wickern, § 185 GVG Rz. 17.

1115 BVerfGE 65, S. 135, 148.

1116 LR-Schäfer/Wickern, § 185 GVG Rz. 17.

fassende Übersetzung könne der Gang der Verhandlung gestört werden.[1117] Von der Einschränkung des § 259 StPO sollte allerdings nach Möglichkeit nur zurückhaltend Gebrauch gemacht werden.[1118] Oder anders formuliert: Über die Mindestgarantie des § 259 StPO sollte in der Regel hinausgegangen werden. Grundsätzlich steht es im Ermessen des Gerichts, ob es den Dolmetscher beauftragt, auch den Inhalt der Schlußvorträge zu übersetzen.[1119] Man sollte sich aber der Gefahr bewußt sein, daß die Herausnahme der Schlußvorträge aus der Übersetzungspflicht dem sprachunkundigen Angeklagten eine Überprüfung der dort gezogenen Schlußfolgerungen verwehrt und ihm damit faktisch die Möglichkeit genommen wird, sich zu verteidigen. Indem der Angeklagte nur auf das antworten kann, was ihm übersetzt wurde bzw. was er verstanden hat, führt dies zu einer bedenklichen Beschränkung des Rechts auf das letzte Wort (§ 258 Abs.2 StPO).[1120] Auch im Hinblick auf Art. 6 Abs. 3 lit. e MRK, wonach der Beschuldigte einen Anspruch hat auf Übersetzung sämtlicher Schriftstücke und mündlicher Erklärungen in dem gegen ihn geführten Verfahren, auf deren Verständnis er angewiesen ist, um ein faires Verfahren zu erhalten[1121], erscheint eine umfassende Übertragung angebracht. Ein qualifizierter Dolmetscher wird durchaus in der Lage sein, die gesamten Schlußvorträge zu übersetzen, ohne dadurch den Verfahrensablauf zu verzögern oder zu stören.[1122]

Die schon im allgemeinen Strafverfahren mit Skepsis zu betrachtende Einschränkung der Übertragung auf die wesentlichen Verhandlungsakte sollte im Jugendstrafverfahren auf jeden Fall einer vollständigen und umfassenden Übersetzung Platz machen. Denn anders als im Verfahren gegen Erwachsene soll nach der Intention des JGG die Hauptverhandlung eine erzieherisch sinnvolle Begegnung ermöglichen. Diesem Bemühen wird man nur gerecht werden, wenn man die bestmöglichen Voraussetzungen für eine Kommunikation zwischen den Verfahrensbeteiligten schafft und versucht, das Verfahren dem sprachunkundigen Jugendlichen transparent zu machen und ihm das Gefühl zu geben, „mündiges Handlungssubjekt“ zu sein.[1123]

1117 Siehe LR-Gollwitzer, § 259 Rz. 1.

1118 LR-Schäfer/Wickern, § 185 GVG Rz. 17.

1119 Vgl. AK-Dästner, § 259 Rz. 3.

1120 Siehe AK-Dästner, § 259 Rz. 2, 3; Julius, in: Lemke/Julius/Krehl u. a., § 259 Rz. 1; LR-Schäfer/Wickern, § 185 GVG Rz. 17; für eine möglichst genaue Übersetzung auch Malek, 1994, Rz. 246; mit Bedenken aus Dolmetschersicht Kabbani, StV 1987, S. 410, 411; Kuhl, 1992, S. 14.

1121 Vgl. die Rechtsprechung des EGMR, NJW 1979, S. 1091f.

1122 So aus Dolmetschersicht Kuhl, 1992, S. 14; Driesen, Mitteilungsblatt 1986, S. 5, 6, der zufolge

§ 259 StPO eine Bestätigung dafür ist, daß der Gesetzgeber nicht vom Einsatz eines professionellen Dolmetschers ausgeht!

1123 Vgl. allgemein Eisenberg, § 50 Rz. 11, 12.

14. 2. 2. Schriftliche Entscheidungen und Erklärungen des Gerichts

Diese ergehen grundsätzlich in der Gerichtssprache, unabhängig davon ob der Empfänger der deutschen Sprache mächtig ist oder nicht.

Allerdings hat gem. Art. 6 III lit. a MRK der Angeschuldigte ein Recht darauf, über die tatsächlichen und rechtlichen Aspekte der gegen ihn erhobenen Vorwürfe in einer ihm verständlichen Sprache unterrichtet zu werden. Daraus folgt die Verpflichtung zur Übersetzung der Anklageschrift, wenn der Angeschuldigte der deutschen Sprache nicht hinreichend mächtig ist. Wird dies versäumt, soll im Einzelfall die Übersetzung des Anklagevorwurfs mündlich in der Verhandlung nachgeholt werden können, wenn dadurch die Verteidigungsmöglichkeiten des Beschuldigten nicht beeinträchtigt werden.[1124] Zwar trifft Art. 6 Abs. 3 lit a MRK keine Aussage darüber, ob schriftlich oder mündlich zu übersetzen ist. Es ist aber die Intention des § 201 StPO zu berücksichtigen: Durch schriftliche Mitteilung der Anklageschrift soll der Beschuldigte in die Lage versetzt werden, sich detailliert mit den gegen ihn erhobenen Vorwürfen auseinanderzusetzen und gegebenenfalls mit seinem Anwalt seine Verteidigung vorzubereiten. § 201 StPO trägt somit dem Prinzip der Waffengleichheit Rechnung, indem der Angeklagte der Staatsanwaltschaft nicht unvorbereitet gegenübertreten muß. Aus § 201 StPO in Verbindung mit der Regelung des Art. 6 Abs.3 lit. a MRK folgt daher die Verpflichtung, die übersetzte Anklage vorab schriftlich mitzuteilen.[1125] Denn - wie *Kühne* es formuliert - „Wollte man für den nicht deutschsprachigen Angeklagten aufgrund von Abwägungen (...) eine mündliche Übersetzung in der Hauptverhandlung für hinreichend erachten, gäbe es keinen Grund, sich bei deutschen Angeklagten unter denselben Aspekten nicht auch mit einer mündlichen Information über die Anklage zu begnügen.“ [1126]

Eine konkrete Regelung bezüglich des Umfangs von Übersetzungen findet sich in Nr. 181 RiStBV, die allerdings keine Gesetzeskraft entfaltet. Vereinzelt als zu weitgehend kritisiert[1127], von anderen als „Verdeutlichung der vom Bundesverfassungsgericht aufgestellten Grundsätze und der Vorschriften der Menschenrechtskonvention“[1128] gewürdigt, sind danach Ladungen, Haftbefehle, Strafbefehle,

---

1124 So HansOLG Hamburg, StV 1994, S. 65/66.

1125 Siehe Anm. Kühne, StV 1994, S. 66, 67; für das Erfordernis einer schriftlichen Übersetzung auch Kopp, 1997, S. 273.

1126 Anm. Kühne, StV 1994, S. 66, 67.

1127 So Basdorf, in: Gedächtnisschrift für K.-H. Meyer, 1990, S. 19, 24 mit der fragwürdigen Aussage, daß jenseits von Haftbefehlen, Anklage und Urteilen die Richtlinie nicht berücksichtigt, daß der im Inland lebende sprachunkundige Ausländer wegen seiner Einbindung in ein sprachkundiges Umfeld auf eine Übersetzung gar nicht angewiesen ist. Sich darauf zu verlassen, daß im Umfeld des Beschuldigten hinreichend Sprachkundige zu finden sind, ist zumindest unter dem Aspekt der Rechtssicherheit bedenklich.

1128 So LR-Schäfer/Wickern, § 184 GVG Rz. 8.

Anklageschriften und sonstige Sachentscheidungen dem Gerichtsspracheunkundigen in einer ihm verständlichen Übersetzung (d. h. nicht notwendig in der Muttersprache) bekanntzugeben.

Was das Urteil angeht, so werden die mündlichen Urteilsgründe dem anwesenden sprachunkundigen Angeklagten bei der Urteilsverkündung mündlich übersetzt. Häufig weichen die schriftlichen Urteilsgründe nicht unerheblich von den mündlichen ab und sind insbesondere für die Revisionsbegründung von Bedeutung. Nicht zuletzt wegen dieser Bedeutung wird weitergehend die schriftliche Übersetzung des Strafurteils mit seinen Gründen gefordert und diskutiert. Nach allgemeiner Auffassung besteht vom Grundsatz her kein Rechtsanspruch auf Überlsetzung des schriftlichen Urteils, jedenfalls für verteidigte Angeklagte, in deren Anwesenheit das Urteil mündlich verkündet und gleich übersetzt wird.[1129] Insoweit man das Urteil als gerichtliche Sachentscheidung im Sinne von Nr. 181 RiStBV ansieht[1130], ist zu beachten, daß auch die RiStBV als reine Verwaltungsvorschriften keinen Rechtsanspruch auf eine Übersetzung zu begründen vermögen.[1131] Vom Grundsatz her überzeugt die herrschende Meinung, da sich auch aus den konventionsrechtlichen Vorschriften kein Anspruch auf Übersetzung des Urteils entnehmen läßt. Insbesondere schreibt Art. 6 Abs. 3 lit. e MRK keine schriftliche Übersetzung vor. Und auch dem Grundsatz, daß sämtliche Schriftstücke zu übersetzen sind, soweit deren Verständnis maßgeblich dafür ist, daß der Angeklagte ein faires Verfahren erhält, wird in der Regel Genüge getan, wenn der Dolmetscher die Urteilsgründe bei der Verkündung mündlich übersetzt und der -anwaltlich vertretene - Angeklagte auf diesem Wege informiert wird. Der eben genannte Grundsatz zeigt aber zugleich die Grenzen auf. So sind durchaus Ausnahmefälle denkbar, in denen es darauf ankommt, daß sich der anwaltlich nicht vertretene Angeklagte detailliert mit den schriftlichen Urteilsgründen auseinandersetzt, um sich in nächster Instanz angemessen verteidigen zu können.[1132] Denkbar ist dies z. B., wenn ein Urteil derart

---

1129 Vgl. OLG Hamm. StV 1990, S. 101, 102 (nach abgelaufener Revisionsbegründungsfrist), BVerfGE 64, S. 135, 150/151 und 156 (bezüglich Revisionsbegründung eines verteidigten Angeklagten); Kissel, § 184 GVG Rz. 10; LR-Schäfer/Wickern, § 184 GVG Rz. 11; im Grundsatz auch Basdorf, in: Gedächtnisschrift für K.-H. Meyer, 1990, S. 19, 26/27; Frowein/Peukert, Art. 6 MRK, Rz. 206; Internationaler Kommentar-Vogler, Art. 6 MRK Rz. 587; Kleinknecht/Meyer-Goßner, Art. 6 MRK Rz. 26; gegen einen generellen Übersetzungsanspruch zumindest in einfach gelagerten Fällen auch Kopp, 1997, S. 275. A.A. Heldmann, StV 1981, S. 251, 253; Strate, AnwBl 1980, S. 15.

1130 So Meyer, ZStW 93 (1981), S. 507, 525.

1131 S. BVerfGE 65, S. 135, 150.

1132 Weith, 1992, S. 80, 81; so auch Kühne, in: Festschrift für Herbert Schmidt, 1981, S.33, 39/40, es sei denn der Beschuldigte ist anwaltlich vertreten und die Dolmetscherkosten zur Besprechung des Urteils mit dem Verteidiger werden übernommen. Für eine Übersetzung des Urteils in bestimmten Fällen auch Römer, NStZ 1981, S. 474.

komplizierte Ausführungen enthält, daß auch ein deutscher Angeklagter alleine mit der mündlichen Begründung nicht auskäme, um sich angemessen zu verteidigen.[1133]

Die Gerichte sollten daher Anträge auf schriftliche Übersetzung des Urteils nicht immer kategorisch ablehnen, sondern, wenn entsprechende Anhaltspunkte dafür vorliegen, prüfen, ob nicht ein Ausnahmefall vorliegt, der eine Übersetzung des Urteils gebietet, um somit zu verhindern, daß im konkreten Fall mangelhafte Deutschkenntnisse zur Verkürzung der verfassungsrechtlichen Rechtsschutzgarantien führen.[1134]

Grundsätzlich gilt das auch in Verfahren gegen Jugendliche. Hier ist eine flexible, Ausnahmefällen gerecht werdende Handhabung vor allem auch unter folgendem Gesichtspunkt zu fordern:

Die mündliche Verkündung des Urteils ist im Jugendstrafverfahren „für die Erziehung von besonderer Bedeutung" (so Nr. 2 der RLJGG zu § 54). Weiterhin führt Nr. 2 RLJGG zu § 54 aus: „Die mündliche Eröffnung der Urteilsgründe soll dem Wesen und dem Verständnis des Jugendlichen angepaßt sein. Alle nicht unbedingt gebotenen rechtlichen Ausführungen können unterbleiben." Dem Jugendlichen sollen in erster Linie Grund und Folgen seiner Verurteilung verständlich gemacht werden. Voraussetzung hierfür ist eine auch dem Nichtjuristen, zumal jugendlichen Nichtjuristen, verständliche Sprache.[1135] Aber auch andere Aspekte, wie z. B. die Aufnahmebereitschaft und -kapazität des Jugendlichen bei der Urteilsverkündung, sind zu berücksichtigen.[1136] Die Urteilsverkündung gegenüber Jugendlichen läuft also in besonderem Maße Gefahr, von den Jugendlichen nicht verstanden zu werden. Ist dann zudem kein Verteidiger anwesend, bleibt eine nähere Kenntnisnahme und Auseinandersetzung mit dem Urteil aus. Diese kann für ausländische Jugendliche, die möglicherweise Sprachschwierigkeiten und weitergehende Verständnisprobleme haben, in besonderem Maße zutreffen. Zu bedenken gilt es auch, daß die mündliche Urteilsbegründung gerade nicht mit das Verständnis hindernden Ausführungen überfrachtet sein soll und der Unterschied zwischen mündlicher und schriftlicher Urteilsbegründung im Jugendstrafverfahren größer sein wird als im Verfahren gegen Erwachsene. Im Einzelfall kann sich daraus die Notwendigkeit ergeben, auch die schriftlichen Urteilsgründe zu übersetzen, um dem Jugendlichen und vor allem auch den Eltern bzw. dem gesetzlichen Vertreter eine nähere Auseinandersetzung mit dem Urteil zu ermöglichen. Allerdings wird in solchen Fällen, insbesondere hinsichtlich der

---

1133 S. Römer, NStZ 1981, S. 474, 475. Auch BVerfGE 65, S. 135, 139 (Stellungnahme des Bundesjustizministers).

1134 So auch Basdorf, in: Gedächtnisschrift für K.-H. Meyer, 1990, S. 19, 27/28.

1135 Siehe Brunner/Dölling, § 54 Rz. 18; Eisenberg, § 54 Rz. 25; Ostendorf, § 54 Rz. 13.

1136 Ostendorf, § 54 Rz. 13.

Einlegung und Begründung von Rechtsmitteln, eine Lösung dieser Schwierigkeiten über die Beiordnung eines Verteidigers zu favorisieren sein.

14. 2. 3. Erklärungen der Prozeßbeteiligten

Umstritten ist, ob schriftliche Erklärungen der Prozeßbeteiligten in der Gerichtssprache abgefaßt sein müssen, um rechtliche Wirkung zu entfalten. Von Relevanz ist diese Frage -auch im Jugendstrafverfahren- vor allem bei der Einlegung von Rechtsmitteln und der damit verbundenen Frage der Fristwahrung. Während die h. M. daran festhält, daß schriftliche Eingaben in deutscher Sprache zu erfolgen haben und daraus resultierende Härten bei Vorliegen der entsprechenden Voraussetzungen durch eine Wiedereinsetzung in den vorigen Stand abgemildert werden können, geht die Gegenauffassung grundsätzlich oder in bestimmten Fällen von der Beachtlichkeit bzw. Wirksamkeit auch fremdsprachiger Eingaben aus.

Nach h. M. folgt aus den §§ 184, 185 GVG, daß es den Prozeßbeteiligten nicht erlaubt ist, schriftliche Erklärungen in einer anderen Sprache als deutsch abzugeben und in fremden Sprachen abgefaßte Eingaben keine rechtliche Wirkung entfalten.[1137] Zugunsten von Rechtsklarheit und Rechtssicherheit sowie der Beschleunigung und Vereinfachung des Verfahrens muß der h. M. zufolge sichergestellt sein, daß es nicht zeitaufwendiger Erforschung des Inhalts der jeweiligen Eingaben durch Einschaltung eines Übersetzers bedürfe. Dies gilt nach h. M. sogar dann, wenn der Richter die jeweilige Sprache beherrscht und den Sinn der Erklärung erfaßt. Argumentiert wird damit, daß es nicht von einem unvorhersehbaren Zufall - der Fremdsprachenkenntnis des Richters - abhängen darf, ob eine Eingabe zulässig und wirksam ist. Ansonsten stelle dies gerade, wenn auch die Interessen anderer Verfahrensbeteiligter berührt sind, eine untragbare Beeinträchtigung der Rechtssicherheit dar.[1138] Unbilligkeiten könnten durch die Beiziehung eines Dolmetschers während des gesamten Verfahrens, frühzeitige Verteidigerbestellung und einer großzügigen Handhabung der Wiedereinsetzung in den vorigen Stand im Fall der Fristversäumnis vermieden werden. Einen Anspruch auf Wiedereinsetzung in den vorigen Stand hat der Angeklagte in diesen Fällen immer, wenn er nicht darüber belehrt wurde, daß die Rechtsmittelschrift in deutscher Sprache abzufassen ist. Dieser Hinweis gehört zu einer ordnungsgemäßen Rechtsmittelbelehrung gemäß § 35 a StPO; unterbleibt er, trifft den Angeklagten, der eine fremdsprachige Eingabe macht, insoweit kein Verschulden an der Fristversäumnis.[1139]

1137 KK-Diemer, § 184 GVG Rz. 2; Für „Unbeachtlichkeit" (d. h. die Eingabe kann noch nicht einmal als formunwirksames und damit unzulässiges Rechtsmittel angesehen werden) Kissel, § 184 GVG Rz. 5; Katholnigg, § 184 GVG Rz. 4. Gegen die Annahme einer generellen Wahrung der Rechtsbehelfsfristen durch fremdsprachige Schreiben unter Rechtssicherheitsgesichtspunkten auch Ingerl, 1988, S. 283.

1138 So Ingerl, 1988, S. 285.

1139 S. BGH, JR 1982, S. 516, 517.

Soweit sich die h. M. auf § 184 GVG beruft, ist dem entgegenzuhalten, daß die Vorschrift in erster Linie die Strafrechtsorgane verpflichtet, die Gerichtssprache zu beherrschen und zu verwenden und umgekehrt den Verfahrensbeteiligten garantiert, bei Verwendung der deutschen Sprache verstanden zu werden und andere zu verstehen. Damit ist aber noch keine Aussage über die Beachtlichkeit, Zulässigkeit oder Wirksamkeit fremdsprachiger Eingaben getroffen.[1140]

Dementsprechend hält es die Gegenauffassung unter Beachtung der gerichtlichen Fürsorgepflicht und des Gebots des rechtlichen Gehörs für erforderlich, fremdsprachigen Prozeßerklärungen schon mit Eingang bei Gericht fristwahrende Bedeutung zuzumessen, wenn sie in einer gängigen europäischen Sprache abgefaßt wurden[1141] und das Gericht sie auch selbst versteht (zumindest das Anliegen des Schreibens) bzw. unverzüglich eine Übersetzung veranlassen kann oder die Übersetzung vom Prozeßbeteiligten auf Verlangen nachgereicht wird.[1142] Mit der Beschränkung auf gängige, in der Regel wohl europäische Fremdsprachen löst also auch diese Auffassung die Streitfrage nicht umfassend zugunsten des nichtdeutschsprachigen Angeklagten. Gerade bei außereuropäischen, seltenen Sprachen kann das Auffinden eines qualifizierten Dolmetschers zum Problem werden. Favorisiert man diese für den fremdsprachigen Angeklagten günstigere Lösung, ist zu bedenken, daß die anderen Prozeßbeteiligten möglicherweise den Inhalt und die Bedeutung dieser Eingabe nicht verstehen, was zu erheblicher Unsicherheit führen

---

1140 Meurer, Anm. zu BGH, Beschluß v. 14.7.1981, JR 1982, S. 517, 518.

1141 Zum Teil wird fremdsprachigen Eingaben generell fristwahrende Bedeutung zugemessen, vgl. Meyer, ZStW 93 (1981), S. 507, 527.

1142 OLG Frankfurt, NJW 1980, S. 1173 (jedenfalls für den Fall des inhaftierten und anwaltlich nicht vertretenen Sprachunkundigen). So die Auffassung von LR-Schäfer/Wickern, § 184 GVG Rz. 15; in diese Richtung auch Basdorf, in: Gedächtnisschrift für K.-H. Meyer, 1990, S. 19, 23/24, dem zufolge es von dem Ergebnis der mit Hilfe eines (zumindest bei gängigen Fremdsprachen in jedem größeren Gericht aufzufindenden) Sprachkundigen durchgeführten Inhaltskontrolle abhängen soll, ob danach noch Anlaß für eine exakte Übersetzung oder einen Hinweis an den Absender auf die Unbeachtlichkeit fremdsprachiger Eingaben besteht. Lässig, 1980, S. 100 hält die h. M. mit Art. 19 Abs. 4, 103 Abs. 1 GG für unvereinbar und geht von einer Unbeachtlichkeit fremdsprachiger Eingaben erst aus, wenn das Gericht eine im konkreten Fall angemessene Frist zur Vorlage einer Übersetzung gesetzt hat und die Übersetzung nicht fristgemäß vorgelegt wird. Weitergehend Heldmann, StV 1982, S. 251, 253: Fremdsprachige Rechtsmittelerklärungen begründen die Verpflichtung des Gerichts, zum Zwecke der Übersetzung einen Dolmetscher heranzuziehen. Für eine Pflicht des Gerichts zur Selbstbeschaffung der Übersetzung, wenn das Gericht die Eingabe für erheblich hält, auch Meyer, ZStW 93 (1981), S. 507, 527. Für „nur in Fällen außergewöhnlichen Vorrangs der materiellen Einzelfallgerechtigkeit akzeptabel" hält Ingerl, 1988, S. 285 fremdsprachliche Eingaben.

Für eine „vermittelnde Lösung" Kopp, 1997, S. 271. Der Beschuldigte sei ausreichend geschützt, wenn er seiner Eingabe eine Übersetzung in die deutsche Sprache beifüge und er über dieses Erfordernis (und ggf. die Rechtsmittelbelehrung) in einer ihm verständlichen Sprache in dem betreffenden Schreiben der Behörde informiert worden sei.

kann.[1143] Zu weitgehend und von § 184 GVG nicht mehr gedeckt ist die Forderung, der Richter müsse von Amts wegen eine Übersetzung veranlassen.[1144] Auch die Setzung einer angemessenen Frist, innerhalb derer der Angeklagte eine Übersetzung seiner Erklärung vorzulegen hat, würde zu einer großen Unsicherheit führen, weil bei Ablauf der Rechtsmittelfrist noch nicht klar wäre, ob die gerichtliche Entscheidung angefochten ist oder nicht.[1145] Diese Ungewißheit und auch das Problem, zunächst Inhalt und Bedeutung einer schriftlichen Eingabe nicht zu verstehen, könnte auch den Angeklagten treffen - so, wenn z. B. der fremdsprachige Nebenkläger Rechtsmittel einlegt und sich dabei einer anderen als der deutschen Sprache bedient. Vorzugswürdig erscheint daher die „vermittelnde" Auffassung von *Meurer*. Sie hat ihren Ausgangspunkt in dem allgemeinen Grundsatz, daß nicht eindeutige Prozeßhandlungen gemäß § 300 StPO durch Auslegung zu konkretisieren sind, indem ihr Sinngehalt ermittelt wird. Speziell für Rechtsmittel gilt: Das Rechtsmittel ist so zu deuten, daß der erstrebte Erfolg möglichst erreichbar ist. Ist also nur ein Rechtsmittel zulässig, gilt dies als eingelegt, wenn der Anfechtungswille erkennbar ist.[1146] Das bedeutet: Ist die Eingabe in einer fremden, aber dem Richter verständlichen Sprache verfaßt, darf der Richter sie nicht ignorieren. Kommt es also zur Wahrung der Frist auf die Schriftform an, ist diese erfüllt. Der Richter hat aber zugleich über die Auslegung der Eingabe und ihre Bedeutung einen entsprechenden Aktenvermerk zu machen, der auch den anderen Beteiligten zur Kenntnis gebracht wird. Außerdem ist der Beschwerdeführer darauf hinzuweisen, daß die deutsche Sprache zu verwenden ist bzw. die fremdsprachige Eingabe kann dann auch Anlaß sein, dem Betreffenden einen Anwalt und/oder einen Dolmetscher beizuordnen. Versteht dagegen der Richter den Inhalt der Eingabe nicht, ist der Betreffende aufzufordern, seine Erklärung zu erläutern oder eine Übersetzung beizubringen. Letzteres gebietet die prozessuale Fürsorgepflicht, ohne daß daraus eine Amtspflicht zur (richterlichen) Beibringung einer Übersetzung abzuleiten ist.[1147] Zu Fristwahrung ist dann der Eingang der Übersetzung bzw. der Erläuterung maßgeblich.[1148] Dieser Lösungsweg trägt in ausreichendem Maße

---

1143 S. Ingerl, 1988, S. 285.

1144 BGH, JR 1982, S. 516.

1145 So BGH, JR 1982, S. 516.

1146 Kleinknecht/Meyer-Goßner, § 300 Rz. 2, 3.

1147 So die Auffassung von Meurer, Anm. zu BGH, Beschluß v. 14.7.1981, JR 1982, S. 517, 518. Anders Basdorf, in: Gedächtnisschrift für K.-H. Meyer, 1990, S. 19, 23/24 dem zufolge prozessuale Fürsorgepflicht und Wahrheitsermittlungsgebot es gebieten können, Übersetzungen von Amts wegen zu veranlassen; im übrigen Beachtlichkeit der Eingabe, wenn der Richter deren Inhalt versteht. Dann kann auf die Beibringung einer Übersetzung selbsverständlich verzichtet werden.

1148 Meurer, Anm. zu BGH, Beschluß v. 14.7.1981, JR 1982, S. 517, 519. Gegebenenfalls ist zu prüfen, ob Wiedereinsetzung in der vorigen Stand gewährt werden kann.

sowohl der Rechtssicherheit als auch dem Schutz des nichtdeutschen Beschuldigten Rechnung. Er stellt den Angeklagten einerseits nicht von den vorgeschriebenen Formen und Fristen zu Lasten der Rechtssicherheit frei, andererseits wird er der Forderung, daß fehlende Deutschkenntnisse nicht zu einer Verkürzung des Anspruchs auf rechtliches Gehör führen darf, besser gerecht als die h. M., und auch Drittbeteiligte erhalten Kenntnis von Bedeutung und Inhalt der sie betreffenden Eingabe.[1149] Dem Argument der h. M., es dürfe nicht von dem zufälligen Umstand der Sprachkenntnis des Richters abhängen, ob eine fremdsprachige schriftliche Erklärung wirksam ist, ist mit *Meurer* entgegenzuhalten, daß generell im Rechtsmittelrecht der Beschwerdeführer das Risiko der Einhaltung von Frist und Form zu tragen hat.[1150]

14. 3. Art und Weise des Übersetzens in der gerichtlichen Verhandlung

Die Art und Weise der Übersetzung ist gesetzlich nicht geregelt. Auch die in § 189 Abs.1 GVG aufgeführte Formulierung, wonach sich der Dolmetscher verpflichtet, „treu und gewissenhaft" zu übertragen, bietet keine Anhaltspunkte für das „Wie" der Dolmetschertätigkeit. Dabei tritt bei dieser Frage der gegenüber der Gewährleistung des rechtlichen Gehörs oft vernachlässigte Gesichtspunkt der Wahrheits- und Persönlichkeitserforschung[1151] in den Vordergrund. Die Art des Dolmetschens, eine korrekte Übertragung aller Erklärungen, ist entscheidend für die Sachverhaltsermittlung und Persönlichkeitserforschung.

Maßgeblich ist, daß Aussagen des Angeklagten (und anderer Verfahrensbeteiligter) möglichst ungefiltert übertragen werden. Das bedeutet, daß sich die Übersetzung an Sprachgebrauch, Ausdrucksweise, aber auch an Mimik und Gestik der aussagenden Person anlehnen und diese möglichst unverzerrt auch in der Übersetzung wiedergeben soll.[1152] Eine selektive Wiedergabe des Gesagten ist zu vermeiden. Allerdings können gerade Mimik und Gestik als kulturspezifische Ausdrucksmittel Mißverständnisse hervorrufen, wenn sie als „Abbild" übernommen und (unkommentiert) stehen gelassen werden.[1153]

Als Übersetzungstechniken bieten sich Simultandolmetschen, Konsekutivdolmetschen (Absatz für Absatz mit unterstützenden Notizen oder Satz für Satz) sowie

---

1149 Meurer, Anm. zu BGH, Beschluß v. 14.7.1981, JR 1982, S. 517, 519.

1150 Meurer, Anm. zu BGH, Beschluß v. 14.7.1981, JR 1982, S. 517, 519.

1151 Kabbani, StV 1987, S. 410, 412; Kuhl, 1992, S. 11.

1152 Kabbani, StV 1987, S. 410, 412.

1153 Vgl. Kuhl, 1992, S. 68, die auf die griechische Geste für „Nein" hinweist - eine Kopfbewegung, die ohne Übersetzung erhebliche Mißverständnisse (im Sinne von Ja) heraufbeschwören kann.

das Flüstern an (ins Ohr des Angeklagten oder bei mehreren Angeklagten lautes Flüstern).[1154] Zu beachten ist vor dem Hintergrund der Wahl der Dolmetschtechnik, daß auch dem der deutschen Sprache nicht mächtigen Angeklagten die Möglichkeit gegeben werden muß, sich in Form eines zusammenhängenden Berichts zu äußern, ohne ständig in seiner Aussage unterbrochen zu werden.[1155]

Aufschluß über die Vorgehensweise in der Praxis gibt die Untersuchung von *Kuhl* (1992).[1156] Art und Weise der Übersetzung wurden danach in der Mehrzahl der Fälle dem Dolmetscher vom Gericht vorgegeben.[1157] Die Mehrheit der 326 befragten Richter ließ konsekutiv, und zwar hauptsächlich absatzweise, dolmetschen. Der überwiegende Teil der Richter verlangte darüber hinaus eine „Wort-für-Wort"-Übersetzung (146 der befragten Richter) oder eine sinngemäße Übertragung (150 der befragten Richter). Das häufig vorzufindende Verlangen einer wörtlichen Übersetzung ist *Kuhl* zufolge allerdings mit Vorsicht zu interpretieren, da von den dies befürwortenden Richtern u. a. knapp 61 % eine Überbrückung kultureller Unterschiede erwarteten - also wesentlich mehr als eine wörtliche Übertragung des Gesagten von einer Sprache in die andere.[1158] Erstaunlich hoch war der Anteil der Richter, die in indirekter Rede dolmetschen ließen (57 der befragten Richter, 244 dagegen ließen in direkter Rede dolmetschen) und damit eine Art des Übersetzens bevorzugten, die eigentlich vermieden werden sollte, um die Unmittelbarkeit der Kommunikation nicht noch mehr zu beeinträchtigen und Mißverständnisse zu vermeiden.[1159] Im übrigen sollte auch der Angeklagte direkt angesprochen werden und

---

1154 Siehe Kabbani, StV 1987, S. 410, 412.

1155 Grundsätzlich (ohne Bezugnahme auf Dolmetscher) BGHSt 13, 358, 360; für die Tätigkeit des Dolmetschers vgl. Driesen, Mitteilungsblatt 1986, S. 5, 7, die sich, um einen zusammenhängenden Bericht zu ermöglichen, für konsekutives Dolmetschen (mit Notizen), unter bestimmten Bedingungen auch für lautes Flüstern, ausspricht.

1156 Untersuchungsziel war es, die Tendenzen in der Praxis der Gerichte beim Einsatz von Dolmetschern zu ermitteln. Zu diesem Zweck wurden 620 Fragebögen an 184 Gerichte in 11 Ländern der alten Bundesrepublik versandt. Es wurden mit Ausnahme der Finanzgerichtsbarkeit alle Gerichtsbarkeiten sowie alle Instanzen miteinbezogen. In die Auswertung sind alle Fragebögen eingegangen, die bis zum 15.1.1992 zurückgeschickt wurden. Dies waren 326 Fragebögen (Rücklauf von 52,6 %), die im folgenden die Grundgesamtheit darstellen; s. Kuhl, 1992, S. 23.

1157 Kuhl, 1992, S. 37.

1158 Ausführlich Kuhl, 1992, S. 35, 36.

1159 S. Adorno, DRiZ 1993, S. 477 der zufolge man von einem guten Dolmetscher erwarten kann, daß er in der Ichform spricht „und nicht etwa z. B. sagt:'er hat gesagt, er hat ihn gesehen', denn wer dann was gesagt und wer wen gesehen hat, dürfte nicht immer ganz klar sein." Vgl. Kuhl, 1992, S. 37: Es ließ sich ein Zusammenhang zwischen Qualifikation des Dolmetschers und der Verwendung indirekte-direkte Rede feststellen. 48, 36 % der 244 Befragten, die angaben, in direkter Rede dolmetschen zu lassen, zogen zu mehr als 50 % ausgebildete Dolmetscher heran und nur 13, 52 % zu mehr als 50 % Gelegenheitsdolmetscher. Von der Gruppe der Befragten, die normalerweise in indirekter Rede dolmetschen ließen, zogen nur nicht über den Umweg des Dolmetschers („Sagen Sie ihm, daß...“), um deutlich zu machen, daß der eigentliche Kommunikationspartner der Richter und nicht der Dolmetscher ist.[1160]

Welche Methode nun die „richtige“ ist, wird in weiten Teilen von Dolmetscher und Richter aufgrund der Bedeutung des Verfahrens und des jeweils zu übertragenden Teils der Verhandlung zu entscheiden sein.[1161] Ein qualifizierter Dolmetscher wird daher die verschiedenen Dolmetschtechniken beherrschen müssen, um je nach Ziel der Interaktion sich für eine der Techniken entscheiden zu können. Insoweit ist auch der Ansicht von *Kabbani*, der sich für eine Satz-für-Satz-Verdolmetschung als einzige vor Gericht sinnvolle Methode ausspricht, zu widersprechen, denn gerade diese Art des Dolmetschens mißachtet den Grundsatz, wonach der Angeklagte bzw. der Zeuge (vgl. § 69 Abs.1 S.1 StPO) zu einem zusammenhängenden Bericht zu veranlassen sind.

So bietet das Flüsterdolmetschen den Vorteil, den Angeklagten über den Fortgang der Verhandlung umfassend informieren zu können, ohne dabei den Gang der Verhandlung zu stören (so z. B. bei Zeugenaussagen, Schlußvorträgen oder Urteilsverkündung), stößt aber an die Grenze, wenn für mehrere Personen zu dolmetschen ist. Umgekehrt bietet es wenig Gestaltungsspielraum, wenn nichtsprachliche Kommunikationsmittel zum Einsatz kommen - so, wenn emotionale Elemente in der Kommunikation zunehmen und es nicht mehr alleine um die zu vermittelnde sachliche Information geht, bei der sich der Aussagende in aller Regel auf rein sprachliche Ausdrucksmittel beschränkt. Aus diesem Grund erscheint es angebracht, Äußerungen des Angeklagten oder von Zeugen konsekutiv zu dolmetschen.[1162]

Skepsis begegnet demgegenüber eine streng wörtliche Übersetzung. Die Forderung der Praxis nach wörtlicher Übersetzung entspringt hauptsächlich der Furcht, ansonsten nur eine durch den Dolmetscher selektierte Fassung des Gesagten zu erhalten. Die wörtliche Übersetzung soll eine möglichst genaue und vollständige Übersetzung garantieren.[1163] Dabei wird diese Art der Übersetzung vor allem dem Ziel der Wahrheitsermittlung und Persönlichkeitserforschung selten gerecht, da sie

---

ein Drittel zu mehr als 50 % ausgebildete Dolmetscher, aber 22,81 % zu mehr als 50 % Gelegenheitsdolmetscher heran. Zur Bewertung direkte-indirekte Rede s. auch S. 70.

1160 So Adorno, DRiZ 1993, S. 477.

1161 Jessnitzer, Mitteilungsblatt 1986, S. 11; Kuhl, 1992, S. 65, 70. Vgl. beispielhaft auch die Sequenz bei Koerfer, in: Brünner/Graefen (Hrsg.), 1994, S. 351, 371.

1162 So Jessnitzer, Mitteilungsblatt 1986, S. 8, 11; Kuhl, 1992, S. 71, 72, die darauf abstellt, daß das Konsekutivdolmetschen dem Dolmetscher gute Gestaltungsmöglichkeiten für die Übertragung von Gestik, Mimik, Unsicherheiten usw. bietet. Ablehnend dagegen Kabbani, StV 1987, S. 410, 412, dem zufolge gerade Ablauf der Aussage und Aussageverhalten bei dieser Art der Übertragung zu kurz kommen.

1163 Kuhl, 1992, S. 65: „Eine 'wörtliche' Verdolmetschung mag den Richter zwar in Sicherheit wiegen, doch es handelt sich um eine trügerische Sicherheit.“

nur den verbalen Teil des Dolmetschens berücksichtigt. Kultur- und sprachspezifische Besonderheiten bleiben dagegen unberücksichtigt, die wörtliche Übersetzung geht vielfach zu Lasten eines angemessenen Verständnisses. Gleichzeitig birgt die wörtliche Übersetzung die Gefahr, daß sich wenig kompetente Dolmetscher bei offensichtlichen Mängeln ihrer Verdolmetschung ihrer Verantwortung entziehen, indem sie auf den Wortlaut des Originals verweisen.[1164]

Gleichzeitig ist es aber auch nicht Aufgabe des Dolmetschers, den Vernehmenden zu ersetzen. Ein Dolmetscher, der zusammenfassend übersetzt, trifft eine subjektive Auswahl dessen, was er als wesentliche Information erachtet. Zugleich gehen auch Informationen über die Person des Sprechers, die man aus der Art seiner Sprachverwendung gewinnt, verloren. Solche Informationen können von Bedeutung sein, wenn es darum geht, den Wahrheitsgehalt einer Aussage oder die Glaubwürdigkeit einer Person zu beurteilen.[1165] Die Wesentlichkeit bestimmter Aussagepassagen sowie die Aussage selbst zu beurteilen, ist aber Aufgabe des Richters und darf nicht durch die Dolmetschertätigkeit „vorweggenommen" oder unmöglich gemacht werden. Da weder Richter noch Dolmetscher von vornherein die „Wichtigkeit" einer Aussage für die Meinungsbildung und Entscheidungsfindung des Gerichts abschätzen können[1166], ist eine zusammenfassende Übersetzung, insbesondere der Angaben im Rahmen der Vernehmung zur Sache (§ 243 Abs. 4 S.2 StPO) sowie der Zeugenaussagen, abzulehnen und das Mißtrauen der Richterschaft, aber auch der Verteidiger[1167], gegenüber einer Selektion des Gesagten durch den Dolmetscher berechtigt.[1168]

Im Einzelfall wird es also von der prozessualen Situation und vor allem auch in hohem Maße von der fachlichen Kompetenz des Dolmetschers abhängen, welche Dolmetschtechnik als die geeignete anzusehen ist.

1164 Siehe dazu insgesamt Kuhl, 1992, S. 65, 66. KK-Diemer, § 185 GVG Rz. 4 plädiert für eine wörtliche Übersetzung prozeßerheblicher Erklärungen, des Anklagesatzes, der Anträge, der Entscheidung sowie der Zeugenaussagen. Für eine wörtliche Übersetzung auch Kissel, § 185 GVG Rz. 11, da nur so die Leitungsfunktion des Gerichts, die Wahrheitsfindung sowie eine angemessene Beurteilung aller Vorgänge und Vorträge gewährleistet wird. S. auch Hietanen, TcT 1993, S. 177, 188, die die „Forderung, den Wortlaut wiederzugeben" nicht auf den sprachlichen Aufbau, die Syntax usw. bezieht, sondern auf die Enthaltung des Dolmetschers, durch sein sprachliches Handeln dazu Stellung zu nehmen, ob die Aussage mit den durch sie behaupteten Sachverhalten übereinstimmt, und somit dem Gebot der Objektivität der Dolmetschleistung gerecht zu werden.

1165 Vgl. Kuhl, 1992, S. 67.

1166 Kuhl, 1992, S. 67.

1167 Siehe Gatzweiler/Mehle, in: Brüssow/Gatzweiler/Krekeler/Mehle, Bd. 1, § 10 Rz. 257.

1168 Kuhl, 1992, S. 67.

14. 4. Dolmetscher: Sprachmittler[1169] oder Mittler zwischen zwei Kulturen?

Nach den gesetzlichen Vorgaben der §§ 184 ff GVG soll mit Hilfe eines Dolmetschers allein das sprachliche Defizit des Beschuldigten ausgeglichen werden, um somit zu verhindern, daß die mangelhaften Sprachkenntnisse zu einer Verkürzung des rechtlichen Gehörs führen, und ein faires Verfahren zu gewährleisten. Gleichzeitig ist die Mitwirkung des Dolmetschers wesentlich für die Ermittlung des Sachverhaltes und dient somit auch der Erfüllung der Aufklärungspflicht des Gerichts: Nur mit Hilfe des Dolmetschers können im Fall nicht deutschsprachiger Beschuldigter Erkenntnisse über dessen Persönlichkeit, den Tathergang und die (Tat-) Motive erlangt werden. Inwieweit der Dolmetscher dabei über die eigentliche rein sprachliche Übertragung wie sie von § 185 GVG intendiert ist, hinausgehen und gegebenenfalls auch auf kulturelle Differenzen oder bestimmte kulturspezifische Verhaltensweisen und Vorstellungen hinweisen kann oder sollte, wird selten erörtert.

So findet sich vereinzelt bei der Kommentierung des § 185 GVG der Hinweis, daß sich die Tätigkeit des Dolmetschers nicht allein auf die wörtliche Übertragung beschränkt, sondern er gegebenenfalls alle Umstände, insbesondere den kulturellen Hintergrund, der für das Verständnis und die Würdigung einer fremdsprachigen Aussage erforderlich ist, zu erläutern hat.[1170] In dieselbe Richtung geht eine Stellungnahme der Bundesregierung von 1972, wonach Fremdsprachenkenntnisse für das Dolmetschen allein nicht genügen, da bei der Verhandlung Lebensgewohnheiten, die besondere Mentalität sowie auch die Religion des Ausländers von Bedeutung seien und daher auf die Mitwirkung eines mit den Verhältnissen des Herkunftslandes vertrauten Dolmetschers (oder Sachverständigen) in der Regel nicht verzichtet werden könne.[1171]

Wie dies in der Praxis gehandhabt wird, in welchem Ausmaß Dolmetscher erläuternd auf den (sozio-) kulturellen Hintergrund des Beschuldigten, auf kulturspezifische Besonderheiten hinweisen, läßt sich nicht beantworten. Zumindest wird die Überbrückung kultureller Barrieren zum besseren Verständnis der Verfahrensbeteiligten von Teilen der Richterschaft positiv bewertet bzw. für wünschenswert erachtet. Dies geht aus der Untersuchung von *Kuhl* hervor. Auf die Frage „Was

---

1169 „Sprachmittler" soll hier in untechnischem Sinne verstanden werden und nicht im Gegensatz zu „Dolmetscher". Von einigen Autoren wird zwischen beiden unterschieden: während der Dolmetscher außerhalb des eigentlichen Komunikationsprozesses steht, nimmt der Sprachmittler aktiv daran teil., vgl. Kuhl, 1992, S. 58.

1170 LR-Schäfer/Wickern, § 185 GVG Rz. 15; Katholnigg, § 185 GVG Rz. 3.

1171 DRiZ 1979, S. 429. Aus (Gerichts-) Dolmetschersicht ist die Überwindung kultureller Barrieren oder zumindest der Hinweis auf ihr Bestehen selbstverständlicher Teil ihrer Arbeit; s. Morten, StraFo September/Oktober 1995, S. 80, 81; Driesen, Mitteilungsblatt 1986, S. 5, 7; Adorno, DRiZ 1993, S. 477, 478.

erwarten Sie von einem Dolmetscher?" nannten 67,18 % der befragten Richter die Überbrückung kultureller Unterschiede, 76,38 % die Überbrückung psychologischer Barrieren.[1172] Erstaunlich ist, daß immerhin noch 16, 87 % der Richter auch einen Ausgleich fehlender rechtlicher Kenntnisse beim Fremdsprachigen für wünschenswert hielten, dagegen lehnten 38,9 % dies ab. Gut ein Fünftel aller Befragten sahen einen Hinweis des Dolmetschers auf kulturelle und rechtliche Unterschiede als unerheblich an bzw. standen dem negativ gegenüber. *Kuhl* vermutet diesbezüglich, daß zahlreiche Richter der Überzeugung sind, die genannten Unterschiede selbst zu kennen - so lautete eine Antwort „sind dem Gericht in der Regel ohne Dolmetscher bekannt".[1173] Daß die Funktion des Dolmetschers auch in der des „Kulturmittlers" gesehen wird, zeigt sich weiterhin darin, daß 86,8 % der Befragten Erläuterungen zu Kultur und Mentalität auf Befragung hin als gut bzw. sehr gut bewerteten. Nicht ganz so positiv standen die Befragten „eigenmächtigen" Erläuterungen des Dolmetschers gegenüber: Lediglich 65,64 % bewerteten dies als gut oder sehr gut. Als bedenklich oder schlecht sah es die Mehrheit der Befragten dagegen an, wenn der Dolmetscher von sich aus weitergehende Fragen stellt oder dem Fremdsprachigen rechtliche Erläuterungen gibt.[1174] Die Richter messen also dem kulturellen Aspekt für die Tätigkeit der Dolmetscher durchaus Bedeutung zu. Deutlich wird allerdings auch, daß sie der Eigeninitiative des Dolmetschers in diesem Bereich eher skeptisch gegenüber stehen. So bewerteten 50 der Befragten, die Erläuterungen des Dolmetschers zur Kultur auf Anfrage positiv einstuften (das sind 15,34 % aller Befragten), vom Dolmetscher ausgehende Erklärungen negativ.

Erklärungen auf Aufforderung oder Befragung des Richters hin setzen freilich voraus, daß der Richter sich im konkreten Fall bestehender kultureller Differenzen bewußt ist und daraufhin um weiterführende Erläuterungen des Dolmetschers bittet.[1175] Daß durchweg solche Kenntnisse bezüglich Existenz und Bedeutung kulturspezifischer Besonderheiten bei der Richterschaft bestehen, muß aber angezweifelt werden. Es ist daher grundsätzlich wünschenswert und für die Erforschung des Sachverhaltes hilfreich, daß erforderlichenfalls von seiten der Dolmetscher erläuternde Informationen zu Kultur, Lebensweise u. ä. des beschuldigten Nichtdeutschen gegeben werden, die für das Verständnis einer fremdsprachigen Aussage unabdingbar sind. Beschränkt sich der Dolmetscher aber nicht nur auf die semantische Bedeutung des Gesagten, können sich Abgrenzungsprobleme zum Aufgabenbereich des Sachverständigen ergeben. Um dem entgegenzuwirken, ist eine

---

1172 Die Prozentangaben umfassen die Antwortkategorien „unbedingt notwendig" und „wünschenswert"; s. Kuhl, 1992, S. 38.

1173 Kuhl, 1992, S. 39.

1174 S. Kuhl, 1992, S. 41, 42.

1175 So auch die Kritik bei Kuhl, 1992, S. 42.

Beschränkung nur auf absolut notwendige Erklärungen, zu fordern. Eine solche Notwendigkeit kann sich ergeben, wenn der Dolmetscher nicht mehr alleine durch die Wortwahl kenntlich machen kann, daß bei einem bestimmten Punkt kulturelle Unterschiede bestehen, die eine tiefergehende Befragung durch den Richter erfordern. Auch sollte der Dolmetscher - eingedenk der dargestellten Befragungsergebnisse, wonach Richter ein eigenmächtiges Tätigwerden des Dolmetschers als Kulturmittler eher kritisch bewerteten - den Richter zuvor darum bitten, eine weitergehende Erklärung abgeben zu dürfen.[1176]

Grenzen müssen generell dort gesetzt werden, wo die „Kulturmittlertätigkeit" den Aufgabenbereich anderer Verfahrensbeteiligter (Jugendgerichtshelfer, Verteidiger, Sachverständiger) berührt: Steht die Frage der Schuldfähigkeit bzw. der strafrechtlichen Verantwortlichkeit im Raum, muß bei schweren Delikten geklärt werden, ob der Tat eine „kulturelle Logik"[1177] innewohnt, ist ein Sachverständiger heranzuziehen. Auch die rechtliche Beratung des Angeklagten ist ebensowenig Aufgabe des Dolmetschers wie Schlußfolgerungen aus kulturspezifischen Umständen zu ziehen oder einen Sachverhalt vor dem Hintergrund des eigenen kulturspezifischen Wissens zu interpretieren und somit einer rechtlich bedeutsamen (richterlichen) Würdigung nahezukommen. Der Dolmetscher sollte vielmehr das Fundament an relevanten Informationen, die für Erfassung des Sachverhaltes und einer sachgerechten Würdigung durch das Gericht notwendig sind, vermitteln, indem er - durchaus auch über die semantische Bedeutung des Gesagten hinaus - wenn notwendig auf kulturspezifische Differenzen hinweist. Folgerungen hieraus zu ziehen, ist Aufgabe des Gerichts. Dies setzt umfassende Kenntnisse des jeweiligen Kulturkreises beim Dolmetscher voraus - eine Voraussetzung, die sicherlich nicht alle Dolmetscher erfüllen, am ehesten noch Dolmetscher, die nicht nur demselben Sprach - sondern auch demselben Kulturkreis wie der Angeklagte angehören. Umgekehrt erfordert die „Kulturmittler"-Tätigkeit beim Dolmetscher auch gute Kenntnisse des Kulturkreises, dem die übrigen Verfahrensbeteiligten angehören sowie der „Gerichtskultur", denn nur so kann die Relevanz auftretender Differenzen überhaupt erkannt werden und der Dolmetscher initiativ werden. Bei Landsleuten des Angeklagten, die aufgrund ihrer Sprachkenntnisse ab und an bei Gericht dolmetschen, dürfte diese Übersicht nicht immer vorhanden sein. Schließlich dürfte es sich angesichts der Grenzen der „Kulturmittlertätigkeit" nur um einen relativ kleinen, wenn auch nicht unwichtigen, Bereich handeln, in dem der Dolmetscher diese Funktion wahrnehmen kann.

1176 So die Forderungen von Kuhl, 1992, S. 68.

1177 Siehe hierzu Giordano, MschrKrim 1999, Sonderheft, S. 36, 37f.

14. 5. Dolmetscherkosten und Pflichtverteidigerbestellung

Nicht nur für die Kommunikation zwischen Angeklagtem und Gericht ist die Verständigung mittels eines Dolmetschers von Bedeutung. Zum Zwecke der Verteidigung müssen auch Gespräche zwischen Angeklagtem und Verteidiger geführt werden, die bei Sprachunkundigkeit des Angeklagten ebenfalls der Einschaltung eines Dolmetschers bedürfen. Damit verknüpft sind mehrere Fragen: Resultiert aus Art. 6 Abs. 3 lit. e MRK ein Anspruch auf Beiordnung eines Dolmetschers auch für vorbereitende Gespräche mit dem Verteidiger und dies sowohl im Falle von Wahlverteidigung als auch Pflichtverteidigung? Wie ist zu verfahren, wenn der Verteidiger auf eigene Veranlassung zu den Gesprächen mit dem Mandanten einen Dolmetscher hinzuzieht? Wem obliegt in solchen Fällen die endgültige Kostentragung? Und ist die Antwort auf letztere Frage davon abhängig, ob ein Wahl- oder ein Pflichtverteidiger den Dolmetscher hinzugezogen hat? „Herrschende Meinungen" lassen sich nur schwer ausmachen, nicht zuletzt deshalb, weil gerade die Entscheidungen zu diesem Problemkreis häufig die erforderliche Differenzierung vermissen lassen.[1178]

Bezüglich der Auferlegung der Dolmetscherkosten ist im Jugendstrafverfahren die Besonderheit des § 74 JGG zu beachten. § 74 JGG gestattet eine Abweichung von den allgemeinen strafprozessualen Bestimmungen, indem der (verurteilte) Jugendliche aus erzieherischen Gründen von Kosten und Auslagen ganz oder teilweise entlastetet werden kann. Diesen Kosten unterfallen neben den vermögenswerten Aufwendungen der anderen Verfahrensbeteiligten auch die notwendigen außergerichtlichen Auslagen des Jugendlichen[1179], also auch die hier interessierenden Dolmetscherkosten, die zum Zweck der Verständigung mit dem Verteidiger anfallen. Die Gegenansicht, die außergerichtliche Kosten des Jugendlichen grundsätzlich nicht in den Anwendungsbereich des § 74 JGG miteinbeziehen möchte[1180], ist abzulehnen. § 74 JGG würde seinen Sinn und Zweck einbüßen, wenn gerade von den meist erheblichen außergerichtlichen Kosten keine Entlastung erfolgen könnte. § 74 JGG, der eine flexible (erzieherische) Reaktion auf die Straftat auch im Bereich der Kostentragung gewährleisten will, würde damit seiner wesentlichen

---

1178 Vgl. LG Aachen, StV 1997, S. 404: „Die Frage, ob einem der deutschen Sprache nicht mächtigen Angeklagten gemäß Art 6 III lit.e MRK ein Anspruch auf Erstattung der Auslagen für die notwendigen Gespräche mit seinem Wahlverteidiger zustehen bzw. ob ihm in diesem Fall vorab durch das Gericht unentgeltlich ein Dolmetscher beizuordnen ist, wird in der Rspr. kontrovers diskutiert."

1179 So wohl die h. M. im Schrifttum: Ostendorf, § 74 Rz. 10; Brunner/Dölling, § 74 Rz. 7; Schaffstein/Beulke, 1998, S. 242.

1180 BGHSt 36, S. 27, 28f; OLG Frankfurt, GA 1994, S. 286; Kleinknecht/Meyer-Goßner, § 465 Rz. 1.

Funktion beraubt.[1181] Die Entscheidung trifft das Gericht nach pflichtgemäßem Ermessen, wobei unter anderem die wirtschaftlichen Verhältnisse des Jugendlichen und sein Verhalten während des Prozesses zu berücksichtigen sind. Maßgeblich sind letztlich aber erzieherische Gründe und Erwägungen. Es ist u. a. zu überlegen, inwieweit dem Jugendlichen auch durch Auferlegung der Kosten die Konsequenzen seiner Tat vor Augen geführt werden können, die Kostenauferlegung ihn in wirtschaftliche Bedrängnis führen würde und somit den Start nach Entlassung aus der Haft erschweren würde. Für das Jugendstrafverfahren und die Frage der Kostentragung bedeutet dies, daß eine „Befreiung" von den Dolmetscherkosten anders als im allgemeinen Strafrecht über § 74 JGG erreicht werden kann, wenn die entsprechenden Voraussetzungen vorliegen. Dies ist aber nicht zwingend, so daß die Auseinandersetzung mit der Frage der Dolmetscherkosten auch für das Jugendstrafverfahren von Interesse ist.

14. 5. 1. Meinungsstand

14. 5. 1. 1. Unentgeltlichkeit im Sinne des Art. 6 Abs. 3 lit. e EMRK

Durch den Europäischen Gerichtshof für Menschenrechte inzwischen geklärt und durch Nr. 9005 Kostenverzeichnis zu § 11 Gerichtskostengesetz (GKG) auch umgesetzt ist die Frage, ob Art. 6 Abs. 3 lit. e MRK der Belastung des Verurteilten mit den Auslagen der Staatskasse für den hinzugezogenen Dolmetscher entgegensteht. Wurde vom Gericht ein Dolmetscher hinzugezogen, um die Verständigung des Angeklagten mit dem Gericht zu ermöglichen, hat die Staatskasse auch im Falle der Verurteilung des Angeklagten endgültig die Kosten zu tragen, die durch Beiziehung des Dolmetschers entstanden sind.[1182] Die Entscheidung des EGMR basierte auf dem Gedanken, daß eine lediglich „vorläufige Unentgeltlichkeit" dazu führen würde, daß die Nachteile, die ein sprachunkundiger gegenüber einem sprachkundigen Angeklagten hat, letztlich bestehen blieben und somit das durch Art. 6 Abs. 3 lit. e MRK gesicherte Recht auf ein faires Verfahren in seinem Kern berührt wäre.[1183]

Keine endgültige Kostenbefreiung ist dagegen in den Fällen des § 467 Abs. 2 S. 1, 464c StPO (vgl. Nr. 9005 KV) vorgesehen.[1184]

Grundsätzlich handelt es sich um eine Kostenbefreiung ohne Rücksicht auf die finanzielle Lage des Angeklagten. Dies ergibt sich aus der Gesamtschau des Art. 6

1181 Brunner/Dölling, § 74 Rz. 7.

1182 So EGMR, NJW 1979, S. 1091, 1092.

1183 EGMR, NJW 1979, S. 1091.

1184 Vgl. Hartmann, Kostengesetze, Nr. 9005 KV Rz. 5: Ein Verschulden im Sinne dieser Vorschriften möchte Art. 6 Abs. 3 lit. e MRK nicht „belohnen".

Abs. 3 lit. c und e MRK: Während lit. c die Unentgeltlichkeit an die Voraussetzungen knüpft, daß der Angeklagte „nicht über die Mittel zur Bezahlung verfügt" und daß „dies im Interesse der Rechtspflege erforderlich ist", werden in lit.e keine derartigen Voraussetzungen an die unentgeltliche Beiziehung eines Dolmetschers geknüpft.[1185]

Nicht geklärt ist damit die Frage, ob diese endgültige Unentgeltlichkeit auch für die Beiziehung eines Dolmetschers zu Mandantengesprächen auf Veranlassung des Beschuldigten oder des Verteidigers gilt.[1186] Die Kommission für Menschenrechte hatte diesbezüglich entschieden, daß dann „kein Anspruch auf Kostenerstattung bestehe, wenn der Wahlverteidiger auf eigene Initiative ohne Zustimmung des Gerichts einen Dolmetscher zuziehe, um sich bei der Vorbereitung der Verteidigung mit dem Beschuldigten zu verständigen"[1187]. Folgte man dieser Auffassung, besteht also ein Ersatzanspruch nur, wenn in der Kostenentscheidung die notwendigen Auslagen des Angeklagten der Staatskasse aufgebürdet werden.

14. 5. 1. 2. Anspruch auf Beiziehung eines Dolmetschers zur Verständigung in vorbereitenden Gesprächen

Die Formulierung „language used in court" bzw. „la langue employée à l'audience" in Art. 6 Abs.3 lit.e MRK wurde lange Zeit dahingehend interpretiert, daß ein Anspruch auf Beiziehung eines Dolmetschers nur für die gerichtliche Verhandlung besteht, also nur Geltung im Verhältnis Angeklagter-Gericht beanspruchen kann. Wie der EGMR ausgeführt hat, beschreiben die Worte in Art. 6 Abs. 3 lit.e MRK aber nicht den Umfang der unentgeltlichen Beiziehung eines Dolmetschers, sondern lediglich dessen Voraussetzungen. Wer der Gerichtssprache nicht mächtig ist, kann die Beiziehung eines Dolmetschers verlangen, ohne daß darüber schon eine Aussage getroffen wird, für welche Verfahrensstadien dies gelten soll. Der Grundsatz des fairen Verfahrens gebietet nach EGMR die Übersetzung aller Schriftstücke und mündlichen Äußerungen, die zum Strafverfahren gehören und auf deren Verständnis der Angeklagte angewiesen ist, um ein faires Verfahren zu erhalten.

1185 S. EKMR, NJW 1978, S. 477.

1186 Vgl. OLG Düsseldorf, NJW 1980, S. 2655.

1187 E 10196/82, unveröffentlicht, zit. nach Frowein/Peukert, EMRK, Art. 6 Rz. 205.

Aus der Argumentation des EGMR auf einen Anspruch auf Beiziehung eines Dolmetschers zu Verteidigergesprächen zu schließen, ist naheliegend und heute überwiegende Auffassung[1188], wenn auch nicht ganz unbestritten.[1189]

Stellt man darauf ab, daß die Verwirklichung des Grundsatzes eines fairen Verfahrens die Beiziehung eines Dolmetschers gebietet, so muß dies gleichermaßen für vorbereitende Gespräche mit einem Pflicht- oder Wahlverteidiger gelten. Beide Male soll der Ausgleich sprachlicher Defizite dazu dienen, dem sprachunkundigen Beschuldigten die für die Verteidigung notwendigen Gespräche mit seinem Verteidiger zu ermöglichen und somit Chancengleichheit mit Blick auf sprachkundige Beschuldigte herzustellen. Die Nachteile, die der Angeklagte aufgrund seiner mangelnden Sprachkenntnis erleidet, entstehen unabhängig davon, ob er Beistand von einem Pflichtverteidiger oder Wahlverteidiger erhält.[1190] Eine Differenzierung zwischen Pflicht- und Wahlverteidiger läßt sich Art. 6 Abs. 3 lit. e MRK nicht entnehmen. Auch aus Art. 6 Abs. 3 lit. c MRK ergibt sich nichts anderes. Entgegen der Auffassung, der Anspruch auf eine (unentgeltliche) Beiziehung des Dolmetschers könne nicht weitergehen als der Anspruch auf unentgeltliche Beiziehung eines Verteidigers (d. h. ein Anspruch auf Beiordnung nur, wenn eine Pflichtverteidigerbestellung erfolgte)[1191], reicht Art. 6 Abs. 3 lit.e MRK gerade weiter als Abs. 3 lit. c MRK. An die Beiziehung eines Dolmetschers werden gerade keine weiteren Voraussetzungen im Sinne einer Mittellosigkeit des Angeklagten oder einer Erforderlichkeit im Interesse der Rechtspflege geknüpft. Dies ist allgemein anerkannt[1192]

1188 So Frowein/Peukert, Art. 6 EMRK Rz. 205; für eine Anwendung des Art. 6 Abs. 3 lit.e MRK auch in den der Hauptverhandlung vorgelagerten Verfahrensabschnitten Internationaler Kommentar -Vogler, Art. 6 MRK Rz. 582; Kopp, 1997, S. 270, der einen Anspruch auf unentgeltliche Beiordnung bereits für Gespräche mit dem Verteidiger fordert (wohl aber nur auf den Pflichtverteidiger bezogen).

1189 Ablehnend Anm. von Wolf, StV 1992, S. 364, 366, 367, wonach der EMRK nicht zu entnehmen ist, wer für die Beiziehung des Dolmetschers zu sorgen hat und in welcher Weise er hinzuziehen ist. Auch gelte Art. 6 Abs. 3 lit.e MRK nicht für das vorbereitende Gespräch zwischen Beschuldigtem und gewähltem Verteidiger, da es für diese Verständigung nicht auf die Gerichtssprache, sondern auf die von Beschuldigten und Verteidiger gleichermaßen beherrschte Sprache ankomme. Schließlich beschränke sich Art. 6 Abs. 3 MRK auf den „Angeklagten" und damit auf das Verfahren, also die Vornahme von Prozeßhandlungen des Beschuldigten bzw. gegenüber dem Beschuldigten.

1190 So auch die Argumentation von LG Aachen, StV 1997, S. 404. Gegen eine unterschiedliche Behandlung von Fällen der Pflicht- und Wahlverteidigung auch LG Bremen, StV 1987, S. 193. Der Angeklagte habe kein Recht, sich auf Kosten der Staatskasse eines Dolmetschers seiner Wahl zu bedienen, aber einen Anspruch gegenüber dem Gericht, ihm einen Dolmetscher für Gespräche mit dem Verteidiger zur Verfügung zu stellen.

1191 So OLG Düsseldorf, StV 1992, S. 363, 364; OLG Zweibrücken, NJW 1980, S. 2143.

1192 Vgl. EKMR, NJW 1978, S. 477: „In Art. 6 III lit. c sind zwei Voraussetzungen mit dem Begriff „unentgeltlich" verknüpft, d. h., daß der Angeklagte 'nicht über die Mittel zur Bezahlung verfügt' und daß 'dies im Interesse der Rechtspflege erforderlich ist'. Daraus geht und es ist nicht einsichtig, warum in bezug auf vorbereitende Gespräche mit dem Verteidiger etwas anderes gelten soll.[1193]

14. 5. 1. 3. Kostentragung

Von einem möglichen Anspruch auf Beiziehung ist die Frage, wer endgültig für die Dolmetscherkosten aufzukommen hat, zu trennen. Unbestritten ist insoweit, daß bei einer gerichtlichen Hinzuziehung die Kostenlast unabhängig vom Ausgang des Verfahrens die Staatskasse trifft.

Strittig dagegen ist dies für die „eigenmächtige" Beauftragung eines Dolmet-4schers durch den Pflicht- oder Wahlverteidiger, wobei erneut zwischen beiden zu differenzieren ist.

Als - zumindest in der Rechtsprechung - geklärt angesehen werden kann die Kostenfrage im Falle der Dolmetscherbeiziehung durch einen Pflichtverteidiger. Beauftragt dieser einen Dolmetscher, um die Verständigung zwischen sich und seinem Mandanten zu gewährleisten, soll er nach allgemeiner Ansicht gemäß §§ 97 Abs.2 S. 1, 126 BRAGO von der Staatskasse Kostenersatz verlangen können, soweit sich seine Auslagen in den Grenzen des zur sachgemäßen Interessenwahrnehmung Erforderlichen halten. Dem kostenpflichtig Verurteilten dürfen die Auslagen für den Dolmetscher nicht als Kosten der Pflichtverteidigung auferlegt werden.[1194]

Für die Beiziehung eines Dolmetschers durch den Wahlverteidiger wird eine entsprechende Regelung nach überwiegender Ansicht verneint.[1195] Ein Auslagenersatzanspruch gegen die Staatskassen besteht dieser Auffassung zufolge nur dann, wenn in der Kostenentscheidung die notwendigen Auslagen der Staatskasse auferlegt wurden. Der Verteidiger selbst muß sich danach wegen der Kosten an seinen Mandanten halten, da ein Ersatz notwendiger Kosten der Verteidigung aus der

---

hervor, daß ein Dolmetscher unentgeltlich beigeordnet werden muß ohne Rücksicht auf die finanzielle Lage des Angeklagten."

1193 So auch bei im übrigen anderer Auffassung Anm. von Wolf, StV 1992, S. 364, 367; Weith, 1992, S. 110/111; für eine Gleichbehandlung von Wahl- und Pflichtverteidiger unter dem Aspekt des Art. 3 Abs. 3 GG auch LR-Schäfer/Wickern, § 185 GVG Rz 11 (mit Schwergewicht auf der Kostenfrage).

1194 Siehe LR-Schäfer/Wickern, § 185 GVG Rz. 10; Internationaler Kommentar-Vogler, Art. 6 MRK Rz. 583; Basdorf, in: Gedächtnisschrift für K.-H. Meyer, 1990, S. 19, 28. A.A. Weith, 1992, S. 109, wonach Kostenersatz nur verlangt werden kann, wenn entweder das Gericht den Dolmetscher selbst beauftragt oder aber der Dolmetscherbeiziehung durch den Pflichtverteidiger zustimmt.

1195 So Weith, 1992, S. 111/112; Kleinknecht/Meyer-Goßner, Art. 6 MRK Rz. 25; Katholnigg, § 185 GVG, Rz. 7 (Erstattung nur bei Pflichtverteidigung); OLG Düsseldorf, NJW 1980, S. 2655 sowie StV 1992, S. 363; OLG Zweibrücken, NJW 1980, S. 2143.

Staatskasse nur bei gerichtlich bestellten Verteidigern vorgesehen ist (vgl. § 97 Abs.2 BRAGO).[1196]

Die gegenteilige Auffassung vertritt inzwischen insbesondere das Kammergericht.[1197] Art. 6 Abs. 3 lit. e MRK gebiete die Beiordnung eines Dolmetschers auch für Gespräche des Wahlverteidigers mit seinem sprachunkundigen Mandanten, da nur die Möglichkeit mit Hilfe des Dolmetschers die notwendigen vorbereitenden Gespräche zu führen, ein faires Verfahren gewährleiste.[1198] Ohne Rücksicht auf den Ausgang des Verfahrens soll aber auch ein Erstattungsanspruch analog § 2 Abs. 4 S. 2 GKG gegeben sein, wenn der Wahlverteidiger den Dolmetscher selbst beauftragt hat, dieser also nicht vom Gericht beigeordnet wurde. Zwar habe der Gesetzgeber bei Schaffung des § 2 GKG einen anderen Personenkreis im Auge gehabt und nicht an die in Art. 6 Abs. 3 lit.e MRK geregelte Kostenbefreiung gedacht, doch lasse sich nach Wortlaut und Sinn der Bestimmung zumindest in entsprechender Anwendung der Anspruch auf Erstattung verauslagter Dolmetscherkosten auf § 2 Abs. 4 S. 2 GKG stützen. Dem Argument, daß dem Angeklagten bzw. seinem Verteidiger damit überlassen wird, über Ob und

---

1196 S. Weith, 1992, S. 111.

1197 KG, NStZ 1990, S. 402 ff; im Ergebnis ebenso Lüderssen, NJW 1986, S. 2742, 2747; Internationaler Kommentar-Vogler, Art. 6 MRK Rz. 588, 589; AK-Stern, § 140 Rz. 69; wohl auch LG Aachen, StV 1997, S. 404 und OLG Celle, StV 1997, S. 432.

1198 Einen solchen Anspruch auf Beiordnung eines Dolmetschers durch das Gericht für Gespräche mit dem (Wahl-) Verteidiger bejahen auch Gatzweiler/Mehle, in: Brüssow/Gatzweiler/Krekeler/Mehle, Bd.1, § 10 Rz. 258; KK-Laufhütte, § 140 Rz. 25 (Beiordnung kommt in Betracht); LG Hechingen, wistra 1993, S. 40; AG Tiergarten/Berlin, MDR 1993. S. 72; LG Berlin, StV 1994, S. 11 (und zwar unabhängig davon, ob ein Fall der notwendigen Verteidigung vorliegt oder nicht). Nicht deutlich wird, inwieweit auch bei Dolmetscherbeiziehung durch den Verteidiger selbst eine endgültige Kostenbefreiung wie sie das KG favorisiert, mitgetragen wird. Diesbezüglich ebenfalls auch nicht unterscheidend LR-Schäfer/Wickern, § 185 GVG Rz. 11, die darauf hinweisen, daß der aus Art. 3 Abs. 3 GG resultierende Anspruch auf Chancengleichheit im gerichtlichen Verfahren eine Ungleichbehandlung zwischen Wahl- und Pflichtverteidiger hinsichtlich der Kostenfrage verbiete.

A.A. AG Darmstadt, wistra 1993, S. 197 mit der Begründung, daß Art. 6 Abs. 3 lit. e nur die eigentliche Gerichtsverhandlung betreffe; OLG Düsseldorf, StV 1992, S. 363, 364; auch Anm. Wolf, StV 1992, S. 365, der einen unmittelbaren Anspruch des Beschuldigten auf gerichtliche Zuziehung eines Dolmetschers für vorbereitende Gespräche mit dem gewählten Verteidiger verneint, aber darauf hinweist, daß ihm selbstverständlich das Recht, einen Dolmetscher herbeizuziehen, zusteht. Fraglich sei lediglich, wer die Kosten hierfür zu tragen habe. Er legt Art. 6 Abs. 3 lit. e MRK so aus, daß nur die Dolmetscherkosten für das gerichtliche Verfahren von der Staatskasse zu tragen sind, darüber hinausgehende Dolmetscherkosten im Falle der Verurteilung vom Beschuldigten zu erstatten sind. Allerdings habe der Beschuldigte u. U. nach konsular- bzw. sozialhilferechtlichen Bestimmungen einen Anspruch auf vorläufige Tragung solcher Dolmetscherkosten, wenn er selbst zu deren Aufbringung außer stande ist; s.S. 365/366, 368.

Umfang der Dolmetschertätigkeit zu bestimmen, setzt das KG entgegen, daß die Kosten jedenfalls nur dann erstattungsfähig seien, wenn sie für die zweckentsprechende Rechtsverfolgung notwendig waren (vgl. § 126 Abs. 2 GKG). Diese Erforderlichkeitsprüfung ist vom Kostenbeamten vorzunehmen und wirkt somit möglichen Gefahren des Mißbrauchs entgegen. Angesichts dieser Überprüfung beauftragt der Wahlverteidiger den Dolmetscher also zunächst auf eigenes Kostenrisiko hin.[1199] Offen gelassen hat das Kammergericht allerdings die Frage, ob der der deutschen Sprache nicht mächtige Angeklagte nur bei Vorliegen der Voraussetzungen einer notwendigen Verteidigung die unentgeltliche Beiziehung eines Dolmetschers verlangen kann, weil dieses Recht nicht weitergehen kann als der Anspruch auf unentgeltliche Verteidigung nach Art. 6 Abs. 3 lit. c MRK.[1200]

Soweit schließlich ein solcher Erstattungsanspruch des Wahlverteidigers von Teilen der Rechtslehre und Rechtsprechung mangels Rechtsgrundlage verneint wird, wird als Lösung die Beiordnung eines Pflichtverteidigers befürwortet. Dem Angeklagten, der sich die Beiziehung eines Dolmetschers wirtschaftlich nicht leisten könne, bliebe sonst die Verständigung mit seinem Wahlverteidiger verschlossen. Die daraus resultierende Einschränkung seiner Verteidigungsfähigkeit gebiete die Bestellung eines Pflichtverteidigers. Dieser könne dann gemäß §§ 97 Abs. 2 S. 1, 126 BRAGO von der Staatskasse Kostenersatz verlangen (s. o.).[1201]

14. 5. 2. Stellungnahme

Soweit vertreten wird, Art. 6 Abs. 3 lit. e MRK gebiete die Beiziehung eines Dolmetschers auch für vorbereitende Gespräche mit dem Verteidiger, ist dem zuzustimmen und zwar unabhängig davon, ob es sich im konkreten Fall um die Verständigung mit einem Pflicht- oder Wahlverteidiger handelt. Nur so kann der von der Konvention, insbesondere Art. 6 Abs. 3 lit. e MRK, verfolgte Zweck der Vermeidung von Nachteilen des (gerichts-)sprachunkundigen Beschuldigten gegenüber deutschsprachigen Beschuldigten Rechnung getragen werden. Der Sicherstellung eines fairen Verfahrens wird nicht dadurch Genüge getan, daß für die Hauptverhandlung bzw. die gerichtliche Verhandlung die Verständigung mittels eines Dolmetschers gewährleistet wird, sondern setzt auch die Ermög-

---

1199 KG, NStZ 1990, S. 402, 403/404. Zustimmend auch die Anmerkung von Hilger, NStZ 1990, S. 404, 405; vgl. auch BGH, StV 2001, S.1, 3.

1200 So aber die Argumentation von OLG Zweibrücken, NJW 1980, S. 2143; OLG Düsseldorf, StV 1992, S. 363, 364.

1201 Diesen Weg befürworten z. B. Kleinknecht/Meyer-Goßner, Art. 6 MRK Rz. 25, LG Gießen, StV 1992, S. 370; ablehnend OLG Köln, NJW 1991, S. 2223, 2224, das für die „Notwendigkeit" der Verteidigung allein eine Gesamtbetrachtung aller Umstände des Einzelfalls für maßgeblich hält; Basdorf, in: Gedächtnisschrift für K.-H. Meyer, 1990, S. 19, 31/32.

lichung einer Verständigung mit dem Verteidiger bzw. die Vorbereitung einer Verteidigung voraus. Für eine Anwendung des Art. 6 Abs. 3 lit.e MRK im Vorverfahren sprechen auch die Ausführungen des EGMR, wonach Art. 6 Abs. 3 lit. e MRK nicht Umfang, sondern Voraussetzungen der (unentgeltlichen) Beistandsleistung eines Dolmetschers regelt. Der Einwand, Art. 6 Abs. 3 MRK spreche von Angeklagten, weshalb sich die Anwendung des Art. 6 Abs. 3 lit. e MRK auf das eigentliche Verfahren beschränke[1202], überzeugt nicht. Man denke nur an Mandantengespräche zwischen mehreren Verhandlungstagen. Der Betroffene ist hier schon als „Angeklagter" zu bezeichnen, dennoch mögen Gespräche außerhalb der gerichtlichen Verhandlung mit dem Verteidiger zur Vorbereitung der weiteren Verteidigung vonnöten sein. Es ergibt sich also nicht zwingend aus der Formulierung des Abs. 3, daß ausschließlich Prozeßhandlungen des Beschuldigten bzw. gegenüber dem Beschuldigten Art. 6 Abs.3 lit. e MRK unterfallen. Auch ist nach der Rechtsprechung des EGMR der Begriff der Anklage nicht im formellen, sondern im materiellen Sinne unter Berücksichtigung der tatsächlichen Gegebenheiten des zu beurteilenden Verfahrens zu verstehen.[1203] Danach ist eine Person dann „angeklagt", wenn ihr von einer Behörde offiziell mitgeteilt wurde, daß gegen sie der Verdacht einer Straftat besteht oder Maßnahmen unternommen wurden, aus denen sich ergibt, daß gegen den Betroffenen wegen einer Straftat ermittelt wird. Unter diesem Aspekt erscheint es nicht ausgeschlossen, die Garantie des Art. 6 Abs. 3 lit. e MRK schon für das Vorverfahren und somit auch für vorbereitende Gespräche außerhalb der gerichtlichen Verhandlung anzuwenden.[1204] Auf die Erforderlichkeit der Gleichbehandlung von Wahl- und Pflichtverteidiger bezüglich der Frage der Dolmetscherbeiziehung wurde oben schon eingegangen.

Die Frage der Kostentragung wird wie oben aufgezeigt dann virulent, wenn nicht das Gericht, sondern der Wahl- oder Pflichtverteidiger den Dolmetscher hinzuzieht.

Für die Frage der Gewährleistung eines fairen Verfahrens kann es zunächst nicht darauf ankommen, ob das Gericht oder der Verteidiger einen Dolmetscher heranzieht. Vielmehr ist alleine das Vorliegen der Voraussetzungen des Art. 6 Abs. 3 lit. e MRK maßgeblich.[1205] Der nicht ganz fernliegenden Möglichkeit des Mißbrauchs kann über die Erforderlichkeitsprüfung begegnet werden. Danach kann Auslagenfreiheit nur für die Auslagen angenommen werden, die für eine zweckentsprechende Verteidigung notwendig waren. Die Befürchtung, der

1202 So aber Anm. von Wolf, StV 1992, S. 364, 367.

1203 EGMR, EuGRZ 1983, S. 371, 379; EuGRZ 1980, S. 667, 671.

1204 Weith, 1992, S. 63 hinsichtlich Verständigungshilfen außerhalb der gerichtlichen mündlichen Verhandlung.

1205 Internationaler Kommentar-Vogler, Art. 6 MRK Rz. 589.

Verteidiger oder Beschuldigte könnten durch eigenmächtige Beiziehung eines Dolmetschers unkontrolliert über das Ob und den Umfang der Dolmetschertätigkeit befinden, ist somit nicht gerechtfertigt.

Gewichtige Gründe, die einerseits für den Verzicht der Staatskasse gegenüber dem Verurteilten auf die Erstattung des an den Pflichtverteidiger verauslagten und von diesem an den Dolmetscher gezahlten Betrages sprechen, andererseits aber den Verurteilten, der einen Wahlverteidiger hat, aus Mandantenvertrag dem Verteidiger für dessen Auslagen haften lassen und somit im Vergleich zur ersten Fallkonstellation den Verurteilten schlechter stellen, sind nicht ersichtlich.[1206] Die Vermeidung von Nachteilen für den sprachunkundigen Angeklagten ist nur gesichert, wenn er die Möglichkeit zur Verständigung mit seinem Verteidiger - Wahl- oder Pflichtverteidiger - und damit zur Vorbereitung seiner Verteidigung erhält. Der Weg, den das KG mit seiner Rechtsprechung eingeschlagen hat, ist daher insgesamt zu begrüßen.

Dies gilt auch vor dem Hintergrund, daß damit die Lösung des Problems, wie sie Vertreter der Gegenauffassung favorisieren, hinfällig wird. Für die Bestellung eines Pflichtverteidigers für einen Beschuldigten, der zwar Geld für einen Wahlverteidiger hat, nicht aber für einen Dolmetscher, der die Verständigung zwischen ihnen ermöglicht[1207], besteht dann keine Veranlassung - es sei denn, es ergibt sich aus anderen Umständen ein Fall der notwendigen Verteidigung.[1208] Von Vorteil ist insoweit, daß der Beschuldigte mit dem Verteidiger seines Vertrauens arbeiten kann, auf dessen Bestellung er im Falle der notwendigen Verteidigung zumindest keinen Rechtsanspruch hätte. Auch hat die Staatskasse auf diese Weise „nur“ die Dolmetscherkosten zu tragen und nicht auch noch zusätzlich die Pflichtverteidigergebühren.

14. 6. Bedeutung der Dolmetscherauswahl - Schlußfolgerungen aus der Kommunikationssituation und der Dolmetscherproblematik

Die Frage nach der Beiziehung eines Dolmetschers bis hin zur Kostentragung ist im Lichte des Anspruchs auf ein faires, rechtsstaatliches Verfahren zu beantworten: Die Tatsache, daß der Beschuldigte Nichtdeutscher ist und die deutsche Sprache

---

1206 So Anm. Hilger, NStZ 1990, S. 404, 405.

1207 Basdorf, in: Gedächtnisschrift für K.-H. Meyer, 1990, S. 19, 33 ist zuzugeben, daß dies in der Praxis eher selten vorkommen dürfte.

1208 Siehe ausführlich die Kritik von Basdorf, in: Gedächtnisschrift für K.-H. Meyer, 1990, S. 19, 31, 32. Er kritisiert die Praxis der Pflichtverteidigerbestellung als eine „offensichtlich ungerechte Besserstellung des sprachunkundigen Beschuldigten gegenüber wirtschaftlich gleich schlecht gestellten, aber deutsch verstehenden Beschuldigten“; S. 33.

nicht spricht, darf nicht zur Verkürzung der verfassungsrechtlichen Rechtsschutzgarantien führen. Die vorstehende Darstellung hat deutlich gemacht, daß die Einlösung dieses Anspruchs sich in Verfahren mit nicht deutschsprachigen Angeklagten schwierig gestalten kann, da die interkulturelle Kommunikation, die vor Gericht gleichzeitig den Charakter einer Zwangskommunikation hat, sehr störanfällig ist. Gestaltet sich die Interaktion und Kommunikation vor Gericht für Jugendliche aufgrund ihrer geringen Handlungskompetenz, der von der Alltagskommunikation abweichenden Kommunikationsstrategie sowie des mangelnden Verfahrenswissens der Jugendlichen schon schwierig, verschärft sich die Situation noch weiter, wenn es gilt, Kultur- und Sprachbarrieren zu überwinden. Sowohl die Kommunikation in der Gerichtssprache als auch die Verständigung mittels eines Dolmetschers sind risikobehaftet und die Entscheidung für die eine oder andere Form der Kommunikation wird neben dem Grad der Sprachkenntnis des Angeklagten durch Erwägungen der Prozeßökonomie und der Bedeutung der zu verhandelnden Sache bzw. der jeweiligen Gesprächssequenz bestimmt.

Neben der Entscheidung, ob ein Dolmetscher zur Verständigung benötigt wird, kommt insbesondere der Auswahl des Dolmetschers zentrale Bedeutung zu, zumal sie vom Beschuldigten nicht beeinflußt werden kann.

Dies wird unterstrichen durch das Resümee der *Autorengruppe Ausländerforschung* nach der Beobachtung von Gerichtsverhandlungen gegen ausländische Jugendliche und Heranwachsende:

> „Hinsichtlich der Rolle des Dolmetschers in den beobachteten Verhandlungen läßt sich feststellen, daß die Situation für den Angeklagten umso günstiger war, je aufmerksamer die Dolmetscher waren und Mißverständnisse aufklärten und je mehr versucht wurde, die Begrifflichkeit - die inhaltliche Bedeutung von Rechtsbegriffen z. B. Sinn der „Bewährung" - den ausländischen Angeklagten verständlich zu machen."[1209]

Das Gelingen einer interkulturellen Kommunikation unter Einschaltung eines Dolmetschers erweist sich damit als im wesentlichen von einem Faktor abhängig: der Qualifikation des Dolmetschers und damit seiner Fähigkeit, die ihm angetragene Rolle kompetent auszufüllen. Mit ihm steht und fällt im Extremfall der Erfolg der Verständigung vor Gericht. Kommunikation unter Einschaltung des Dolmetschers scheitert somit - wenn sie scheitert - häufig an der Inkompetenz des eingesetzten Dolmetschers.[1210] Um so bedauerlicher ist es, daß es eine homogene Gruppe von Gerichtsdolmetschern, die einen gewissen fachlichen Standard garantiert, nicht gibt. Selbst die Qualifikation vereidigter Dolmetscher ist nicht

---

1209 Günther, in: Autorengruppe Ausländerforschung (Hrsg.), Teil 3, 1980, S. 1, 68.

1210 Vgl. Driesen, Mitteilungsblatt 1986, S. 5, 7.

immer hinreichend gesichert.[1211] Nicht selten werden Gelegenheitsdolmetscher herangezogen, die im schlimmsten Fall ebenso wie der Angeklagte eher doppelt halbsprachig als zweisprachig sind und den Anforderungen der Dolmetschertätigkeit im Strafverfahren nicht genügen. Aber auch allein die Beherrschung zweier Sprachen reicht für eine qualitativ gute Arbeit vor Gericht nicht aus. Dolmetschtechniken müssen beherrscht werden, juristische Fachbegriffe bekannt sein, um zu gewährleisten, daß der sprachunkundige Angeklagte dem Verfahren genauso wie ein deutschsprachiger Angeklagter folgen kann. Macht man sich bewußt, daß es letztlich vom Dolmetscher abhängt, inwieweit der sprachunkundige Angeklagte den gleichen Informationsstand und die gleichen Chancen im Strafverfahren wie ein deutschsprachiger Angeklagter eingeräumt bekommt, kann man die Bedeutung des Dolmetschers nicht hoch genug einschätzen. Nur so kann der fremdsprachige Angeklagte Fragen an die Zeugen oder Sachverständigen stellen, sich möglichst zusammenhängend zur Sache äußern, um Erklärung für ihn unverständlicher juristischer Ausführungen bitten. Umgekehrt kann sich nur mit Hilfe eines qualifizierten Dolmetschers der Richter ein Bild von der Persönlichkeit des Angeklagten, seinen Tatmotiven und dem Tathergang verschaffen.

Besonders schwer wiegt das Problem des Einsatzes unqualifizierter Dolmetscher angesichts der eingeschränkten Kontrollmöglichkeiten der anderen Verfahrensbeteiligten hinsichtlich der Dolmetscherleistung.[1212] Der Angeklagte, zumal der jugendliche Angeklagte, wird sich in der ihm unvertrauten und einschüchternden Situation der Gerichtsverhandlung kaum trauen, zwangsläufig mit Hilfe des Dolmetschers auf dessen Übertragungsmängel hinzuweisen und sich zu beschweren. Angeklagten, die die deutsche Sprache überhaupt nicht beherrschen, ist dieser Weg von vornherein versperrt.[1213] Auch der Richter verfügt nicht über die notwendigen Kompetenzen, die Dolmetscherleistungen zu beurteilen. Nach Erfahrung von *Driesen* stellen in ihren Augen unqualifizierte, als Dolmetscher bei Gericht tätige Personen den Normalfall dar, während „ganz normal qualifizierte Dolmetscher bereits an Genies grenzen".[1214]

Die Möglichkeit der Kontrolle über den Dolmetscher verbleibt allein dem Verteidiger. Er muß eingreifen, wenn der Einsatz des Dolmetschers seinem Mandanten kein faires Verfahren gewährleisten kann. Er wird eine Kontrolle aber

---

1211 Ausführlich hierzu Driesen, Mitteilungsblatt 1986, S. 5; zu Mängeln in der Praxis auch Tormin, ZRP 1987, S. 422, 423f.

1212 Vgl. Kuhl, 1992, S. 16-22, Strate, StV 1981, S. 46, 47; s. auch Bsp. Wömpner, BewHi 1979, S. 119, 122/123.

1213 S. auch Basdorf, in: Gedächtnisschrift für K.-H. Meyer, 1990, S. 19, 22. Er weist darauf hin, daß umgekehrt „häufige und vielfach unberechtigte Angriffe gegen Dolmetscher zu registrieren" sind.

1214 So Driesen, Mitteilungsblatt 1986, S. 5, 7.

auch nur insoweit ausüben können, als ihm auffallen wird, wenn Aussagen des Angeklagten übersetzt werden, die er aufgrund der vorangegangenen Gespräche und seines Hintergrundwissens für ausgeschlossen bzw. falsch halten darf.

Insoweit ist die Beteiligung eines Dolmetschers eng verwoben mit der Frage der notwendigen Verteidigung der jugendlichen Angeklagten, die an dieser Stelle noch einmal aufgegriffen werden soll. Die in der Rechtsprechung vorzufindende Argumentation, wonach die Einschaltung eines Dolmetschers genüge, um Einschränkungen in der Verteidigungsfähigkeit, die allein auf das sprachliche Unvermögen zurückgehen, auszugleichen, ist kritisch zu betrachten. Daß trotz Dolmetscher ein Verteidiger beizuordnen ist, ist in den Fällen, in denen der junge Angeklagte auch seine eigene Sprache nicht so gut beherrscht, daß eine Verständigung über den Dolmetscher wirklich gewährleistet ist, oder aber z. B. die Amtssprache des Herkunftslandes vom Angeklagten mit so großen Abweichungen vom Standard gesprochen wird, daß auch ein professioneller Dolmetscher an seine Grenzen stößt[1215], anerkannt. Solange die (mangelhafte) Kompetenz des Dolmetschers aber auch in „Normalfällen" einen erheblichen Unsicherheitsfaktor in der gerichtlichen Verhandlung darstellt, sollte sprachunkundigen jugendlichen Angeklagten aus diesem Grund neben dem Dolmetscher ein Verteidiger beigeordnet werden, wenn es sich nicht um einen sehr einfach gelagerten Fall handelt.

Soweit es um Art und Umfang der Übersetzung in der Hauptverhandlung geht, sollten auch die Besonderheiten des Jugendstrafverfahrens nicht aus dem Blickfeld geraten.

Nach Intention des JGG soll die Hauptverhandlung eine „erzieherisch sinnvolle" Begegnung ermöglichen. Dies wird man nur erreichen, wenn man größtmögliche Transparenz und bestmögliche Verständigung, eine gelungene Kommunikation in der Verhandlung anstrebt. Unter diesem Gesichtspunkt ist daher eine umfassende, nicht nur auf die wesentlichen Verhandlungsakte beschränkte Übersetzung in der Hauptverhandlung zu fordern, um den jugendlichen Angeklagten in dieselbe Position zu versetzen, in der sich idealerweise ein deutscher Angeklagter in vergleichbarer Situation befindet. Dies erscheint auch im Hinblick auf die Akzeptanz des Verfahrens geboten. Die Beiziehung eines Dolmetschers und vor allem dann die umfassende Übertragung durch den Dolmetscher können helfen, vorhandene Benachteiligungsgefühle nichtdeutscher Jugendlicher vor Gericht abzubauen und somit die Akzeptanz des Verfahrens vor allem bezüglich dessen Fairneß bei den Jugendlichen zu fördern. Ausdruck der Fairneß ist eine umfassende Übersetzung auch insofern, als gerade Jugendliche mit geringen Deutschkenntnissen die (Verfahrens-) Relevanz bestimmter Diskurssequenzen nicht

---

[1215] Nach Kuhl, 1992, S. 74 kommt dies häufig bei Personen aus afrikanischen Entwicklungsländern, die neben dem Eingeborenendialekt die Amtssprache benutzen, vor.

erkennen können, sondern diese von dem Richter über die Köpfe der jungen Angeklagten hinweg als verfahrensrelevant eingestuft und deshalb verdolmetscht werden.[1216] Schließlich tendieren ausländische Angeklagte zum Teil dazu, aus der Erfahrung von Diskriminierung aber auch aus Unverständnis strafrechtlicher Bewertungsmaßstäbe des Verfahrensablaufs heraus, die sie betreffenden Maßnahmen als Ausdruck von Ausländerfeindlichkeit zu qualifizieren[1217]. Eine umfassende Übersetzung in der Verhandlung gegen Jugendliche mit eingeschränkter Fremdsprachenkompetenz könnte zumindest ein Ansatzpunkt sein, diesen Tendenzen entgegenzuwirken.

15. Kapitel: Die jugendgerichtliche Sanktionierung bei ausländischen Jugendlichen

Im folgenden Kapitel soll die gerichtliche Sanktionierung von deutschen und ausländischen Jugendlichen im Mittelpunkt stehen. Anhand der im Jugendbereich verfügbaren empirischen Studien soll der Frage nachgegangen werden, ob Diskriminierungstendenzen gegenüber jungen Ausländern auf gerichtlicher Ebene festzustellen sind und inwieweit die Ethnizität bzw. Nationalität als maßgebliche Variable für eine etwaige unterschiedliche Sanktionierung zu gelten hat. Dabei soll zunächst kurz auf die Rolle der „Ausländereigenschaft" bei der Strafzumessung eingegangen werden, wobei sich die angeführte Rechtsprechung im wesentlichen auf das allgemeine Strafrecht bezieht. Doch erscheint eine Darstellung an dieser Stelle sinnvoll, um einen Überblick über den Rahmen, innerhalb dessen die „Ausländereigenschaft" überhaupt berücksichtigt werden darf, zu erhalten.

1216 So Koerfer, in: Brünner/Graefen (Hrsg.), 1994, S. 351, 372, weshalb ihm zufolge Verteidiger bzw. Angeklagter in solchen Fällen auf einer Übersetzung aller mündlicher Äußerungen auf einem mittleren Niveau bestehen sollten.

1217 Vgl. hierzu Hamburger/Seus/Wolter, 1981, S. 149, wonach die von ihnen befragten Jugendlichen sich in der Hauptverhandlung weitgehend überfordert und ungerecht behandelt fühlten. Aus dem Unverständnis der strafrechtlichen Bewertungsmaßstäbe heraus entwickelten sie das Gefühl einer ausgeprägten Fehlbewertung. Sie lehnten die gerichtliche Würdigung ab und „vermuten am Ende die Ausländerfeindlichkeit der Justiz als Ursache ihrer Verurteilung". Daß die jungen Nichtdeutschen ihre Rolle als Angeklagte aufgrund mangelnder Vorinformation und Vorerfahrung nicht kompetent ausfüllen konnten und sie die Entscheidung, hinter denen sie die Ausländerfeinlichkeit der Richter vermuteten, als zu hart empfunden und sie nicht annahmen, stellten auch Bielefeld/Kreissl/Münster, 1982, S. 177ff, 185 fest.

15. 1. Bedeutung der „Ausländereigenschaft" im Rahmen der Strafzumessung

Bei der Frage der Strafzumessung lassen sich vier im Zusammenhang mit der Ausländereigenschaft stehende Erwägungen erkennen, die vor allem den BGH als Revisionsinstanz beschäftigen: die Straf- bzw. Haftempfindlichkeit von Ausländern, der vermeintliche Mißbrauch des „Gastrechtes" und der Aspekt der Diskreditierung der ausländischen Bevölkerung, die Herkunft aus bzw. das Verhaftetsein in einem fremden Kulturkreis und die Frage der Strafzumessungsrelevanz von Ausweisungen.

Grundsätzlich gilt, daß die Ausländereigenschaft nicht strafschärfend berücksichtigt werden darf. Dies wird überwiegend aus Art. 3 Abs.3 GG gefolgert, teilweise wird neuerdings unter Hinweis darauf, daß dessen absolutes Gleichbehandlungsgebot nicht für das Verhältnis von Ausländern und Deutschen gelte, darauf abgehoben, daß die Staatsangehörigkeit des Täters für die Bewertung der als Grundlage der Strafzumessung dienenden Schuld ohne Bedeutung ist und insbesondere auch das Maß der Pflichtwidrigkeit (§ 46 Abs.2 S.2 StGB) nicht von ihr beeinflußt ist.[1218]

Anerkanntermaßen findet aber die erhöhte Haft- bzw. Strafempfindlichkeit von Ausländern bei der Strafzumessung Berücksichtigung, wobei allerdings nicht pauschal davon ausgegangen werden kann, daß Ausländer sich grundsätzlich durch eine höhere Straf- bzw. Haftempfindlichkeit auszeichnen. Vielmehr kommt es auf die Umstände des Einzelfalles an. Aspekte wie Aufenthaltsdauer, Verständigungsprobleme, wesentlich abweichende Lebensgewohnheiten oder erschwerte familiäre Kontakte oder andererseits die Tatsache, daß die Strafe im Heimatland vollstreckt werden wird, spielen eine nicht unerhebliche Rolle.[1219]

Ebenso kann die Herkunft aus einem fremden Kulturkreis bei der Strafzumessung mildernd berücksichtigt werden: so bei der Frage des Schuldumfanges die Erwägung, daß es dem Täter aufgrund verwurzelter Vorstellungen schwerer fallen kann, eine bestimmte Norm zu befolgen oder ein bestimmtes Rechtssystem zu akzeptieren. Allerdings soll dies nur strafmildernd berücksichtigt werden, wenn die „fremden" Vorstellungen selbst in Einklang mit der Rechtsordnung des Herkunftslandes stehen. Wenn also das in Frage stehende Verhalten dort in ähnlicher Weise bestraft würde, besteht nach Auffassung des BGH kaum Grund zu einer strafmildernden Berücksichtigung, mag das Verhalten auch in der allgemeinen Einschätzung im Heimatland weniger schwer wiegen als vergleichs-

---

1218 So BGH R, StGB § 46 Abs.2, Lebensumstände 17.

1219 BGH NStZ 1998, S. 348/349, BGH R StGB § 46 Abs.2, Ausländer 2; auch BGH NStZ 1997, S. 77.

weise in Deutschland.[1220] In der Regel wird unter diesem Gesichtspunkt eine Strafmilderung nur sehr selten in Frage kommen, da - wie im ersten Teil dargelegt - auch sog. Kulturkonflikte häufig im Heimatland (strafbewehrte) Konflikte zwischen Brauchtum und Recht sind. Darüber hinaus verlieren diese Erwägungen mit zunehmender Aufenthaltsdauer des Betroffenen an Gewicht.[1221]

Die (drohende) Ausweisung soll nur dann ein bestimmender Strafzumessungsgrund sein, wenn sie vom Ausländerrecht als zwingende Folge vorgeschrieben ist.[1222] Es wird darauf hingewiesen, daß besondere Härten im Ausweisungsverfahren ohnehin berücksichtigt werden, sofern es sich nicht um eine Ist-Ausweisung gem. § 47 Abs.1 AuslG handelt. Handelt es sich dagegen um eine Ist-Ausweisung, soll eine Erörterung im Rahmen der Strafzumessung vorzunehmen sein, „wenn die gesetzlichen Grenzwerte der zwingend zu einer Ausweisung führenden Freiheitsstrafe nicht erheblich überschritten werden".[1223]

Nur im Falle der Ist-Ausweisung ist nach Auffassung des BGH eine Vergleichbarkeit mit den zwingenden beamtenrechtlichen Folgen einer Verurteilung gegeben, die im Rahmen der Strafzumessung zu berücksichtigen sind.[1224] Das bedeutet gerade für jene Gruppen, die einen verstärkten ausländerrechtlichen Schutz dadurch erfahren sollen, daß Ermessensspielräume eröffnet werden und Ist-Ausweisungen zu Regelausweisungen werden, daß die mögliche Folge der Ausweisung in ihrem Fall kein bestimmender Strafzumessungsgrund sein kann. Und dies obwohl gerade die Anforderungen für die Verneinung der Voraussetzungen eines Regelfalls in der Praxis der Ausländerbehörden und Verwaltungsgerichte sehr hoch sind und daher in den meisten Fällen eine Ausweisungsverfügung ergeht.[1225]

1220 BGH NStZ 1996, S. 80 betr. chinesisches Recht.

1221 S. auch BGH R, StGB § 46 Abs.2, fremder Kulturkreis 2 zur Berücksichtigung des Werte- und Normenkonfliktes. Mit Bezug zum Einfluß eines anderen Kulturkreises auch LG Hamburg, StV 1984, S. 31, das bei der Entscheidung nach § 21 Abs.2 JGG zugunsten des Angeklagten berücksichtigte, daß er „unter dem Einfluß eines sich streng nach türkischen Bräuchen richtenden Elternhauses" steht und „durch die Konfrontation der diesen Bräuchen teilweise entgegenstehenden hiesigen Lebensweise (...) sich in einem spürbaren Spannungsfeld zwischen den häuslichen Anforderungen und den Erwartungen, die durch den Kontakt mit anderen Jugendlichen an ihn herangetragen wurden" befand.

1222 BGH NStZ 1999, S. 240. S. auch BGH R StGB § 46 Abs. 1, Schuldausgleich 30: „Da die Ausweisung für den Angeklagten nicht zwingend vorgeschrieben ist, gehört diese mögliche Folge der Verurteilung nicht zu den bestimmenden Strafzumessungsgründen des § 276 Abs.3 S.1 StPO. Das Landgericht brauchte sich daher mit diesem Milderungsgrund nicht ausdrücklich auseinanderzusetzen."

1223 So BGH R StGB § 46 Abs.1, Lebensumstände 17 (= NStZ 1997, S. 77). Vgl. auch BGH, NStZ 1996, S. 595 wonach es revisionsrechtlich nicht zu beanstanden ist, wenn ausländerrechtliche Folgen „ die ohnehin nicht als bestimmender Strafzumesungsgrund anzusehen sind", im Urteil nicht ausdrücklich erwähnt wurden.

1224 BGH NStZ 1999, S. 240.

1225 Vgl. aber BGH NStZ 1999, S. 240, 241.

Unzulässig sind dagegen Erwägungen wie der Mißbrauch des Gastrechts oder die Diskreditierung anderer in Deutschland lebender Ausländer. Ausländer trifft insoweit keine gesteigerte Pflicht, sich im Gastland straffrei zu führen.[1226] Formulierungen wie „Und schließlich hat der Angeklagte die Tat in einem Gastland begangen, welches ihm angesichts gewisser Schwierigkeiten in seinem Heimatland Zuflucht gewährt hat"[1227] oder „ (...) das Gastrecht der Bundesrepublik Deutschland, das diese ihnen als Asylbewerbern gewährte, mißbrauchten, indem sie hier schwere gegen das Vermögen gerichtete Straftaten begingen, während sie gleichzeitig erhebliche tatsächliche und finanzielle Unterstützung durch ihr Gastland erhielten"[1228] lassen besorgen, daß in unzulässigerweise die Ausländereigenschaft der Betroffenen strafschärfend berücksichtigt wurde. Allerdings gilt dies nur für Formulierungen, mit denen „ohne weitere Substanz auf einen Mißbrauch des gewährten Gastrechts abgestellt wird".[1229] Das bedeutet, daß in bestimmten Konstellationen eine entsprechende Argumentation zulässig sein kann, so wenn damit ein Sachverhalt beschrieben wird, „bei dem die Tat durch die Ausländereigenschaft des Täters oder seine Stellung als Asylbewerber in einer für die Schuldgewichtung erheblichen Weise geprägt wird". Hier kommen Täter in Betracht, die in der Absicht einreisen und einen Asylantrag stellen, hier Straftaten (z. B. im Rahmen organisierter Kriminalität oder von Nationalitätenkonflikten) zu begehen, oder Fälle, in denen der Betroffene in strafbarer Weise besondere Vorteile erschleicht oder mißbraucht, die ihm gerade aus Rücksicht auf seine Ausländereigenschaft oder Eigenschaft als Asylbewerber gewährt werden, oder die Straftat in unmittelbaren Zusammenhang mit der Inanspruchnahme des Gastrechts steht oder sich aber gegen die Sicherheit Deutschlands richtet.[1230]

Eine Berücksichtigung der Erwägung, der Täter trage zur Diskreditierung seiner Landsleute bzw. anderer Ausländer bei, knüpft an die in § 46 Abs.2 S. 2 StGB genannten Auswirkungen der Tat an. Grundsätzlich können auch solche Tatfolgen Berücksichtigung finden, „die in keinem unmittelbaren Zusammenhang mit dem strafbaren Verhalten stehen und außerhalb des eigentlichen Tatbereichs liegen". Allerdings ist Voraussetzung, „daß diese Auswirkungen geeignet sind, das Tatbild zu prägen und die Bewertung der Schuldschwere zu beeinflussen". Es muß sich außerdem „um Folgen handeln, die in den Schutzbereich der strafrechtlichen Norm

---

1226 Vgl. BGH, StV 1993, S. 358, 359.

1227 Vgl. Zitat in BGH R StGB § 46 Abs.2, Lebensumstände 12.

1228 Vgl. Zitat in BGH, StV 1993, S. 358, 359.

1229 BGH R StGB § 46 Abs. 2, Lebensumstände 12; auch BGH R § 46 Abs.2, Lebensumstände 13 (= StV 1993, S. 358, 359).

1230 Siehe die Aufzählung in BGH, StV 1993, S. 358, 359. Wie schwierig es ist, hier genaue Abgrenzungen vorzunehmen, zeigt BGH, StV 1991, S. 105.

fallen, deren Verletzung dem Täter vorgeworfen wird".[1231] Ungeachtet der Tatsache, daß die Diskreditierung zum großen Teil auf der vorzufindenden Ausländerfeindlichkeit beruht und weniger von den Tätern zu verantworten ist, fehlt es hinsichtlich der angelasteten Diskreditierungsfolgen an den beiden genannten Voraussetzungen.[1232]

Die revisionsgerichtliche Rechtsprechung des BGH verdeutlicht, daß die „Ausländereigenschaft" in der Strafzumessungspraxis keine unbedeutende Rolle spielt. Es überrascht, daß gerade der „Mißbrauch des Gastrechts" eine „beliebte" Formulierung bei der Strafzumessung ist, obwohl die Unzulässigkeit der strafschärfenden Berücksichtigung der Ausländereigenschaft sich von selbst verstehen sollte. Allerdings hat sich gerade zu diesem Komplex eine schwer zu handhabende Rechtsprechung herausgebildet, wenn es darum geht, diese Formulierung bei bestimmten Fallkonstellationen mit „Substanz" zu füllen und zulässigerweise als straferschwerende Erwägung ins Feld zu führen. Unbefriedigend ist die Rechtsprechung zur Berücksichtigung der Ausweisung. Es ist zwar anzuerkennen, daß im Strafverfahren das Ergebnis der ausländerrechtlichen Prüfung nicht sicher vorhergesehen und eine verwaltunsgsgerichtliche Nachprüfung erreicht werden kann. Gerade in Fällen der Regelausweisung droht aufgrund der hohen Anforderungen ernstlich eine Ausweisung, so daß zumindest diese bei der Strafzumessung berücksichtigt werden müßte.

15. 2. Gerichtliche Sanktionierung von ausländischen Jugendlichen und Heranwachsenden

Eine der frühesten Untersuchungen zur gerichtlichen Sanktionierung von jungen Ausländern und Deutschen stammt von *Albrecht/Pfeiffer* (1979), die allerdings - auf den LG Bezirk München I in den Jahren 1976 und 1977 beschränkt - keine repräsentative Aussage zuließ. Sie bestätigte die überwiegende Wahrnehmung der JGH, daß im unteren Bereich der Kriminalität junge Ausländer härter als ihre deutschen Altersgenossen bestraft werden. Ausdruck fand dies vor allem in der unterschiedlichen Sanktionspraxis bei Zuchtmitteln und Erziehungsmaßregeln: Gegenüber jungen Ausländern wurden erheblich seltener Erziehungsmaßregeln und mildere Zuchtmittel (Verwarnung, Geldauflage, Wochenend- oder Freizeitarrest) angeordnet als bei ihren deutschen Altersgenossen. Bezüglich des am häufigsten auftretenden Delikts des einfachen Diebstahls wurde Jugendarrest zwei- bis dreimal so oft angeordnet wie bei deutschen Jugendlichen, wobei die gravierendsten Unterschiede beim Dauerarrest anzutreffen waren. Dagegen lagen die Erziehungs-

---

1231 BGH, StV 1993, S. 348, 359.

1232 BGH, StV 1993, S. 358, 359; OLG Bremen, StV 3/1994, S. 130, 131.

maßregeln bei den Deutschen um 9 % (1976) bzw. 17 % (1977) höher als bei den Ausländern.[1233] Kaum Unterschiede zeigten sich dagegen im oberen Bereich der Kriminalität. Hatte hier die JGH überwiegend ein in Sonderfällen milderes Vorgehen gegenüber jungen Ausländern konstatiert, was u. a. darauf zurückgeführt wurde, daß die Richter mögliche ausländerrechtlichen Konsequenzen in ihre Entscheidung miteinbezogen[1234], konnte dies im Rahmen der Vergleichsanalyse weder bestätigt noch widerlegt werden.[1235]

Ebenfalls nur geringe Unterschiede in der Sanktionspraxis gegenüber deutschen und nichtdeutschen Jugendlichen und Heranwachsenden konnte *Reinecke* für Berlin feststellen. So wurde im unteren Bereich der Kriminalität in der Tendenz gegenüber Nichtdeutschen härter reagiert, wogegen es im oberen Bereich eher zu milderen Reaktionen kam. Bezogen auf einzelne Sanktionen, wurden Zuchtmittel gegenüber jugendlichen und heranwachsenden Nichtdeutschen und - betrachtet man diese innerhalb der Nichtdeutschen noch einmal gesondert - gegenüber Türken mehr ausgesprochen als gegenüber den Deutschen, während es sich bei den Erziehungsmaßregeln genau umgekehrt verhielt. Deutliche Vorteile hatten die deutschen Jugendlichen gegenüber ihren türkischen und nichtdeutschen Altersgenossen bei der Jugendstrafe auf Bewährung, während bei den Heranwachsenden die Türken vor den Deutschen und Nichtdeutschen lagen. Bei der Verhängung von Jugendstrafe gegenüber Jugendlichen waren insgesamt keine großen Abweichungen in den vergleichbaren Jahren zu verzeichnen.[1236]

Oppermann kam ähnlich wie *Albrecht/Pfeiffer* zu dem Ergebnis, daß sich die Sanktionspraxis hinsichtlich der deutschen 14-20jährigen und ihrer nichtdeutschen Altersgenossen im Bereich der Arbeitsweisungen und der Verhängung von Jugendstrafe kaum unterscheidet, dagegen die jungen Ausländer seltener mit einer Geldauflage (18, 9 % gegenüber 23,4 % bei den jungen Deutschen), aber vergleichsweise häufiger mit Jugendarrest belegt werden (16,3 % gegenüber 10,4 %). Angesichts der der Untersuchung zugrundeliegenden geringen absoluten Zahl der ausländischen Jugendlichen und Heranwachsenden sind diese Ergebnisse nur mit Vorbehalt zu deuten.[1237]

1233 Albrecht/Pfeiffer, 1979, S. 80-84.

1234 Vgl. Albrecht/Pfeiffer, 1979, S. 79.

1235 Albrecht/Pfeiffer, 1979, S. 82.

1236 Reinecke, in: Bischoff (Hrsg.)/Heidtmann-Frohme/Heßler/Rilling, 1985, Teil 1, S. 163, 186, 187, 205. Zu beachten ist, daß mangels Detaildaten keine auf Delikte ausgerichtete Untersuchung des Sanktionsverhaltens durchgeführt werden konnte. Auch war zwischen Deutschen und Nichtdeutschen nur ein eingeschränkter Vergleich möglich, weil in den vergleichbaren Jahren mehr heranwachsende Nichtdeutsche als heranwachsende Deutsche nach allgemeinem Strafrecht verurteilt wurden, vgl. S. 184.

1237 Oppermann, BewHi 1987, S. 83, 89, 90. Die Untersuchung stützte sich auf Daten der Jugendgerichtshilfe Freiburg der Jahre 1981-1983 und erfaßte 14-20jährige Straftäter.

Anders stellen sich die Ergebnisse von *Geißler/Marißen* bezüglich der Stuttgarter Sanktionspraxis in den Jahren 1983 bis 1985 dar. Hier wurden insgesamt die jungen Ausländer etwas härter bestraft als die jungen Deutschen: Verfahren wurden etwas seltener eingestellt, es wurden seltener mildere Zuchtmittel wie Verwarnung und Geldauflage angeordnet, dagegen aber etwas häufiger Jugendarrest verhängt. Bemerkenswert war die Praxis der Verhängung von Jugendstrafe: Jugendstrafen wurden bei Ausländern deutlich häufiger vollstreckt (bei 2,4 % der Deutschen und 5,4 % der Ausländer). Dies gilt insbesondere in den Fällen des BtM-Handels, der Verkehrsdelikte sowie des Raubes und schwerer Körperverletzung.[1238]

Auch Jugendarrest wurde gegenüber Ausländern insgesamt etwas häufiger verhängt, wobei allerdings Differenzen in Abhängigkeit vom Delikt zu verzeichnen waren. Insbesondere bei Anklagen wegen (Kaufhaus-) Diebstahls und schwerer Körperverletzung wurden Ausländer vergleichsweise häufig in Arrest geschickt. Milder sanktioniert als bei den jungen Deutschen wurde dagegen vor allem im Bereich der Sittlichkeitsdelikte. Hier blieben Ausländer von einer Jugendstrafe eher verschont als die gleichaltrigen Deutschen und wurden statt dessen mit Arrest belegt.[1239]

Allen diesen Untersuchungen läßt sich allerdings wenig über den tatsächlichen Zusammenhang Nationalität-Strafzumessung entnehmen, da der mögliche Einfluß anderer Faktoren nicht kontrolliert wurde.

Die in dieser Hinsicht bislang fundierteste und neueste empirische Analyse des Sanktionsverhaltens gegenüber deutschen und nichtdeutschen Jugendlichen stammt von *Ludwig-Mayerhofer/Niemann*.[1240] Sie unterschieden erstmals innerhalb der Gruppe der Nichtdeutschen zwischen Türken, (Ex-) Jugoslawen, EU-Ausländern, Nicht-EU-Ausländern. Darüber hinaus wurden auch die Aussiedler miteinbezogen, bei denen es sich zwar nicht um Ausländer im rechtlichen Sinne handelt, deren Berücksichtigung im Rahmen der Untersuchung aber angesichts der ihnen gegenüber existierenden Vorbehalte angebracht erschien. Zunächst differenzierend nach Sanktionen zeigte sich, daß im Vergleich zu Deutschen, aber auch zu den EU-Ausländern, den Nicht-EU-Ausländern und den Aussiedlern die türkischen und jugoslawischen Angeklagten nur selten in den Genuß von Verfahrenseinstellungen

---

1238 Geißler/Marißen, KZfSS 1990, S. 663, 682, 683. Vgl. dazu aber Albrecht, in: DVJJ (Hrsg.), 1997, S. 192, 228, der darauf hinweist, daß dieser Unterschied entfällt, sobald man das Delikt „Drogenhandel" kontrolliert.

1239 Geißler/Marißen, KZfSS 1990, S. 663, 684.

1240 Ludwig-Mayerhofer/Niemann, ZfS 1997, S. 35 ff. Untersucht wurden Verfahren vor dem Jugendrichter und Jugendschöffengericht 1. Instanz an 5 Amtsgerichten, an denen 11 Richter in Jugendstrafsachen urteilten. Die Delikte beschränkten sich hauptsächlich auf Diebstahl, Sachbeschädigung und Körperverletzung. Insgesamt lag der Untersuchung ein Datensatz von 430 Verfahren mit 510 angeklagten Personen zugrunde. Die Erhebungen stützen sich auf Verfahrensakten und Beobachtungsdaten der Hauptverhandlung; s. S. 38/39.

(ohne und mit Auflagen) kamen.[1241] Dagegen wurde gegenüber Türken häufig Dauerarrest (12 % gegenüber jeweils 4 % bei den Deutschen und Ex-Jugoslawen) sowie Jugendstrafe mit Bewährung (18 % gegenüber 11 % bei den Deutschen, 11 % bei den Ex-Jugoslawen und jeweils 5 % bei den Nicht-EU-Ausländern und Aussiedlern) verhängt. Bei den Ex-Jugoslawen war hingegen der Freizeitarrest anteilsmäßig stärker vertreten (15 % gegenüber 7 % bei den Deutschen und 8 % bei den Türken).[1242] Damit kann allerdings noch keine Aussage darüber getroffen werden, inwieweit die Entscheidungen über die Sanktionierung auch von anderen tat-, täter- und verfahrensbezogenen Merkmalen[1243] beeinflußt werden. Die Merkmale wurden daher in die multivariate Analyse miteinbezogen. In beiden LG-Bezirken fanden die Verfasser der Studie zunächst den vermuteten dominanten Einfluß von Merkmalen der Tatschwere und der bisherigen strafrechtlichen Sanktionierung. In beiden Bezirken ließ sich auch eine strengere Sanktionierung von türkischen und in einem LG-Bezirk auch von jugoslawischen Angeklagten feststellen, und zwar auch dann, wenn man andere relevante Merkmale kontrollierte. Bezüglich der anderen Gruppen von Nichtdeutschen ergaben sich keine signifikanten Unterschiede zu der Bezugsgruppe der deutschen Angeklagten. Im Falle der EU-Ausländer entsprach dieses Ergebnis den Erwartungen, dagegen hatte man bezüglich der Nicht-EU-Ausländer eher eine Diskriminierung erwartet.[1244] Nicht mit einer Diskriminierung müssen den Ergebnissen zufolge Aussiedler aus Osteuropa rechnen.

Hinsichtlich der Gruppe der Ex-Jugoslawen wurde für die multivariate Analyse noch einmal unterschieden zwischen jenen mit kurzer (max. 3 Jahre) und jenen mit langer Aufenthaltsdauer (mind. 11 Jahre). Es stellte sich heraus, daß im ersten LG-Bezirk diejenigen mit kurzer Aufenthaltsdauer weniger streng sanktioniert wurden als diejenigen mit längerer Aufenthaltsdauer. Hingegen wurde im zweiten LG-Bezirk die Gruppe mit der kurzen Aufenthaltsdauer strenger sanktioniert (wobei zu berücksichtigen ist, daß diese Gruppe in diesem LG-Bezirk mehr als die Hälfte aller jugoslawischen Angeklagten stellte).

1241 Ludwig-Mayerhofer/Niemann, ZfS 1997, S. 35, 41.

1242 Ludwig-Mayerhofer/Niemann, ZfS 1997, S. 35, 41.

1243 Zum Beispiel unterschiedliche soziale Stellung, sozialbiographische Auffälligkeiten, Jugendamtskarrieren, Tatschwere, kriminelle Karriere, Alter, Geschlecht, Tatmotive, Anwesenheit der Eltern in der Hauptverhandlung als Zeichen einer erhöhten familiären Integration/Kontrolle, nichtstrafrechtliche Reaktion, Mitwirkung eines Verteidigers, im Vorverfahren verhängte U-Haft, Stellungnahme des Angeklagten zum Tatvorwurf und entsprechende Bewertung durch den Richter, vgl. S. 42.

1244 Allerdings handele es sich bei beiden Gruppen um geringe Fallzahlen, und gerade die Gruppe der Nicht-EU-Ausländer war sehr heterogen, so daß diese Ergebnisse Ludwig-Mayerhofer/Niemann zufolge damit erklärt werden können; vgl. Ludwig-Mayerhofer/Niemann. ZfS 1997, S. 35, 44.

Insgesamt wurde also die These einer härteren Bestrafung türkischer Angeklagter nicht widerlegt. Bei den jugoslawischen Angeklagten zeigten sich ähnliche Tendenzen, wenn auch nicht gar so eindeutig. Nicht überprüft werden konnte, ob dies u. U. mit latent vorhandenen Vorurteilen in der Richterschaft zusammenhängt. Überprüft werden konnte aber, ob die strengere Sanktionierung möglicherweise mit dem Modell der „Unbotmäßigkeit" erklärt werden kann. Dem würde es entsprechen, wenn ausländische Angeklagte häufiger ihre Taten bestreiten. Denkbar ist auch, daß es sich unter dem Aspekt der Prozeßökonomie negativ auswirken könnte, wenn bei ausländischen Angeklagten wegen schlechter Sprachkenntnisse ein besonders großer Verfahrensaufwand notwendig ist.

So ließ sich feststellen, daß jugoslawische Angeklagte tatsächlich vergleichsweise häufiger dem Tatvorwurf entgegentraten, nicht aber türkische oder andere nichtdeutsche Angeklagte. Da die Stellungnahme zum Tatvorwurf schon Eingang in die multivariate Analyse gefunden hatte, kann sie nicht für die unterschiedliche Behandlung von türkischen und jugoslawischen Angeklagten verantwortlich gemacht werden.

Berücksichtigte man die sprachliche Kompetenz[1245] einschließlich der Mitwirkung des Dolmetschers, zeigte sich im ersten LG-Bezirk, daß Angeklagte, die sich sprachlich ungeschickt ausdrückten, härter bestraft zu werden schienen. Allerdings änderte dies nichts daran, daß die türkischen und die jugoslawischen Angeklagten mit langer Aufenthaltsdauer strenger sanktioniert wurden. Im zweiten LG-Bezirk hatte die Redegewandtheit keinen signifikanten Einfluß auf die Sanktionierung.[1246]

Es bleibt also festzuhalten, daß eine härtere Sanktionierung türkischer und - weniger eindeutig - (ex-) jugoslawischer Jugendlicher stattfindet.

15. 3. Zusammenfassung und Diskussion der Ergebnisse

Der Ausländereigenschaft als „Einfallstor für Diskriminierung"[1247] kommt nach den vorliegenden Untersuchungen insgesamt bei der Strafzumessung im Jugendstrafrecht eine relativ geringe Bedeutung zu.[1248] In der Tendenz scheinen ausländi-

---

1245 Diese wurde anhand von Rating-Urteilen der Beobachter/innen eingeschätzt.

1246 S. Ludwig-Mayerhofer/Niemann, ZfS 1997, S. 35, 48.

1247 Vgl. Albrecht, 1994, S. 346.

1248 Vgl. auch die Ergebnisse für den Bereich des **allgemeinen Strafrechts** von Albrecht, 1994, 346, 347; Greger, MSchrKrim 1987, S. 261, 276; Steinhilper, 1986, S. 292, konnte dagegen eine gewisse Benachteiligung ausländischer Tatverdächtiger bei der Strafhöhenbemessung ausmachen. Isoliert betrachtet hatte die Ausländereigenschaft auf die Strafhöhenbemessung wenig Einfluß. Allerdings waren die Ausländer in der Regel nicht einschlägig vorbestraft. Die Strafhöhe wurde aber ganz wesentlich durch die Vorverurteilungen beeinflußt, so daß in der höheren durchschnittlichen Strafe bei Ausländern eine Benachteiligung zum Ausdruck sche Jugendliche nach den Ergebnissen der älteren Untersuchungen vergleichsweise häufiger mit Zuchtmitteln, insbesondere Arrest, belegt zu werden.

Repräsentative Aussagen zu Diskriminierungstendenzen auf jugendgerichtlicher Ebene lassen sich aber anhand der vorhandenen vergleichenden Untersuchungen nicht treffen. Hierzu sind die einzelnen Studien zeitlich und örtlich zu begrenzt. Außerdem wurde bislang mit Ausnahme der Untersuchung von *Ludwig-Mayerhofer*/Niemann weder zwischen einzelnen Nationalitätengruppen differenziert noch geht aus den älteren Untersuchungen hervor, inwieweit tatsächlich der Nationalität Erklärungskraft für eine etwaige unterschiedliche Sanktionspraxis zukommt und diese nicht von anderen Faktoren beeinflußt wird.

Allerdings ist nach den neueren Ergebnissen von *Ludwig-Mayerhofer/Niemann* eine vergleichsweise härtere Sanktionierung ausländischer Jugendlicher - wenn auch nicht sehr ausgeprägt - nicht von der Hand zu weisen. Zusammen mit den Ergebnissen der anderen Untersuchungen, insbesondere von *Geißler/Marißen*, finden sich zumindest vorsichtige Hinweise auf Diskriminierungstendenzen[1249], über deren Ursachen nur Vermutungen angestellt werden können. Insbesondere die Ergebnisse von *Langer* (1994) weisen auf die Bedeutung unterschiedlicher lokaler Justizkulturen und Entscheidungsstrukturen hin. Im Jugendbereich wird auch immer wieder aufgegriffen, daß ausländische Jugendliche für pädagogische Maßnahmen schwerer zu erreichen seien und daher eher mit freiheitsentziehenden Sanktionen belegt werden. Dies mag für einzelne Tätergruppen - man denke an die reisenden Täter, bei denen das Urteil nicht selten auf Dauerarrest, verbüßt durch U-Haft, lautet - gelten. Die Daten von *Ludwig-Mayerhofer/Niemann* offenbarten dagegen, daß wirklich pädagogische Maßnahmen grundsätzlich eher die Ausnahmen waren, sondern die für deutsche und ausländische Jugendliche gleichermaßen geeigneten Geld- oder Arbeitsauflagen dominierten, so daß ein diesbezüglicher Zusammenhang zumindest in der Studie von *Ludwig-Mayerhofer/Niemann* ausgeschlossen werden konnte.[1250]

In ihrer Bedeutung nur schwer abzuschätzen sind ebenso wie bei der übrigen Bevölkerung auch bei Richtern anzutreffende Vorurteilsstrukturen gegenüber

---

kommt. Bei Langer, 1994, S. 311, 312, zeichnete sich bezüglich der Wahl der Strafart insoweit ein widersprüchliches Bild ab als in einem Amtsgerichtsbezirk die Richterschaft nicht zwischen Deutschen und Nichtdeutschen unterscheidet, während in dem anderen Bezirk Nichtdeutsche deutlich härter als Deutsche bestraft wurden und in einem dritten AG-Bezirk Ausländer bei der Wahl der Strafart privilegiert wurden, vgl. S. 321, 322.

1249 Vgl. auch Albrecht, in: DVJJ (Hrsg.), 1997, S. 192, 227: „relativ kleine Diskriminierungseffekte". Bezüglich der Ergebnisse von Geißler/Marißen weist Albrecht darauf hin, daß der Unterschied bei der Verhängung von Jugendstrafe entfällt, wenn man das den Verurteilungen in den meisten Fällen zugrundeliegende Delikt - den Drogenhandel - kontrolliert.

1250 So Ludwig-Mayerhofer/Niemann, ZfS 1997, S. 35, 48.

Nichtdeutschen oder bestimmten Nationalitäten.[1251] Ihr Einfluß konnte auch in der Studie von *Ludwig-Mayerhofer/Niemann* nicht überprüft werden.

Strafart und Strafmaß scheinen neben der Tatschwere (Schadenshöhe, Verletzungsausmaß) vielmehr in erster Linie durch Deliktsart, den hierdurch vorgegebenen Strafrahmen und die Vorstrafenbelastung bestimmt zu sein, wohingegen täterbezogene Merkmale wie z. B. sozialer Status, aber auch die Ausländereigenschaft zur Erklärung von Unterschieden in der Strafzumessung - wenn überhaupt - nur wenig beitragen. Dies gilt vor allem im Bereich der leichten und mittelschweren Kriminalität, wo sich Strafroutinen entwickelt haben, die an Straftaxen ausgerichtet sind.[1252]

Zum Teil wird daher angenommen, daß die Ausländereigenschaft als strafzumessungsrelevante Variable entfällt, wenn ein konsistenter Satz von tat- und täterbezogenen Merkmalen zur Verfügung steht oder eine ausschließliche Orientierung an Straftaxen eine eindeutige Entscheidungsstrategie vorgibt, umgekehrt also die Ausländereigenschaft Bedeutung erlangt, wenn ein solches Muster nicht vorliegt.[1253] In Betracht wird auch gezogen, daß schwache Effekte der Ausländereigenschaft vor allem bei schweren Gewaltdelikten darauf zurückzuführen sind, daß Täter und Opfer der Minoritätsgruppe angehören, sich dagegen stärkere Effekte einstellen, wenn sich ein ausländischer Täter und ein deutsches Opfer gegenüberstehen. Eine fundierte Überprüfung dieser These steht noch aus.[1254]

Fraglich ist allerdings, ob speziell die Überlegungen zur Strafroutine bzw. Straftaxen auch auf das Jugendstrafrecht übertragbar sind, dessen Strafzumessung sich weniger durch Straftaxendenken als einer Orientierung am Erziehungsgedanken auszeichnen sollte. Hinzu kommt, daß auch die Strafrahmen des allgemeinen Strafrechts keine Geltung im Jugendstrafrecht entfalten wie überhaupt das Jugendstrafrecht eher Täter - als Tatstrafrecht ist, so daß möglicherweise täterbezogenen Merkmalen im Rahmen der Strafzumessung eine andere Bedeutung zukommt als im allgemeinen Strafrecht.

Insgesamt gilt es, Hinweise auf etwaige Diskriminierungstendenzen ernst zu nehmen und den Blick nicht nur auf die Kriminalitätsbelastung der Nichtdeutschen und den Anzeige- und Polizeieffekt zu richten, sondern sich auch den Strafgerichten zuzuwenden. Zu berücksichtigen ist auch, daß der nur schwache Einfluß der Ausländereigenschaft auf die Strafzumessung nichts darüber aussagt, inwieweit sich Diskriminierungstendenzen in der Verhandlung selbst, im direkten Kontakt

---

1251 Vgl. Albrecht, 1994, S. 163.

1252 So Albrecht, in: DVJJ - Regionalgruppe Nordbayern (Hrsg.), 1993, S. 1. 12.

1253 Vgl. Albrecht, in: DVJJ (Hrsg.), 1997, S. 192, 228 unter Bezugnahme auf Unnever/Hembroff.

1254 Albrecht, in: DVJJ (Hrsg.), 1997, S. 192, 228.

zwischen Gericht und angeklagten Jugendlichen, bemerkbar machen, ohne daß sich diese in der Strafzumessung niederschlagen müssen.

Aufgrund der derzeit vorliegenden Ergebnisse kann keinesfalls verallgemeinernd von „ausländerfeindlichen" Gerichten gesprochen werden. Der Forschungsstand zur Frage Strafzumessung und Ethnizität/Nationalität erscheint aber noch relativ ungesichert, so daß *Ludwig-Mayerhofer/Niemann* nur zugestimmt werden kann, wenn sie nachdrücklich die Notwendigkeit weiterer Forschung hervorheben.[1255]

16. Kapitel: Nichtdeutsche im Jugendstrafvollzug

16. 1. Einleitung - Die ethnische Zusammensetzung im Jugendstrafvollzug

Nach der Strafvollzugsstatistik von 1998 verbüßten 6 438 Personen (Stichtag: 31.3.1998) eine Jugendstrafe.[1256] 73,8 % hiervon waren Deutsche; der Ausländeranteil lag bei 26,2 %, wobei der höchste Anteil von Nichtdeutschen in der Gruppe der 14-18jährigen mit 31,8 % zu verzeichnen war.[1257] Zum Vergleich: Im Jahr 1990 (Stichtag 31.3.1990) hatten von 4 197 Personen, die eine Jugendstrafe verbüßten, 81,5 % die deutsche Staatsangehörigkeit. 18,5 % waren Nichtdeutsche. Der größe Ausländeranteil fand sich auch hier bei den 14-18jährigen (35,5 %).[1258]

Näheren Aufschluß über die ethnische Zusammensetzung im Jugendstrafvollzug geben die von *Pfeiffer/Dworschak* für 19 Jugendvollzugsanstalten der zehn westlichen Bundesländer erhobenen Daten.[1259] So belief sich am Stichtag 30.4.1998 der Ausländeranteil in den 19 Anstalten auf insgesamt 35,2 % (16,9 % hiervon Türken). Dabei erreichte die Gruppe der 14-18jährigen Nichtdeutschen an der

---

1255 Vgl. Ludwig-Mayerhofer/Niemann, ZfS 1997, S. 35, 50.

1256 Einschließlich Freiheitsstrafe, die gemäß § 114 JGG in der Jugendstrafanstalt vollzogen wird.

1257 StaB Fachserie 10, Reihe 4.1. 1998, Tab. 2. Vgl. auch Mey/Wirth, in: Festschrift für Alexander Böhm, 1999, S. 597, 611 für Nordrhein-Westfalen: Anfang der 80 Jahre lag der Ausländeranteil im Jugendstrafvollzug bei ca. 5 %, Anfang der 90er Jahre bei fast 25 %. Im niedersächsischen Jugendvollzug stieg der Anteil der nichtdeutschen Gefangenen kontinuierlich von 10.9 % im Jahr 1988, 13,4 % im Jahr 1990 und 19,1 % im Jahr 1992 auf 22,7 % im Jahr 1993, s. Walter DVJJ-J 1993, S. 347-356 Schaubild 13 (Stichtagszählung zum 31.03. des jeweiligen Jahres; Prozentwerte eigene Berechnung).

1258 StaB Fachserie 10, Reihe 4.1, 1990, Tab. 2.

1259 Die Jugendvollzugsanstalten wurden um eine Unterscheidung nach vier Gruppen – Aussiedler, sonstige Gefangene deutscher Staatsangehörigkeit, Türken und andere Ausländer - gebeten. Stichtag sollte der 30.4.1998 sein; daneben wurden auch Daten zu den Stichtagen 30.4.1995, 30.4.1992 und 30.4.1989 erbeten. Insgesamt haben sich 19 von 26 Anstalten beteiligt, wobei nur zwei Anstalten - Adelsheim und Siegburg - in der Lage waren, zu allen vier Stichtagen Daten zu übermitteln; s. Pfeiffer/Dworschak, DVJJ-J 1999, S. 184.

altersgleichen Wohnbevölkerung im Jahr 1997 einen Anteil von 15 % - junge Ausländer sind somit im Strafvollzug ca. um das 2,3fache überrepräsentiert.[1260] Innerhalb der Gruppe der nichtdeutschen Strafgefangenen fallen anteilmäßig vor allem die jungen Türken ins Gewicht: Sie erreichen einen Anteil von rund 46 %.[1261] Aussagen im Sinne einer Längsschnittentwicklung waren aufgrund der Datenlage - vollständige Daten standen nur von Adelsheim und Siegburg zur Verfügung - nur begrenzt möglich. In beiden Anstalten ergibt sich ein Anstieg des Ausländeranteils von 38,7 % (30.4.1989) auf 42 % (30.4.1998).[1262]

Konzentriert man sich auf den Anteil junger Ausländer in den Anstalten Adelsheim, Neuburg-Herrenwörth, Siegburg, Wittlich und Schifferstadt, so zeigt sich anhand der Daten für die Stichtage 30.4.1992, 30.4.1995 und 30.4.1998 für die Zeit zwischen 1992 und 1995 eine starke Zunahme von 35,9 % auf 45,3 %. In den darauffolgenden drei Jahren ist dieser Anteil dagegen auf 37,3 % gesunken. Diese Entwicklung korrespondiert mit der Entwicklung der Kriminalitätsbelastung der jungen Ausländer nach der PKS, wonach der Höhepunkt der Kriminalitätsbelastung 1993 erreicht wurde.[1263]

Ein ähnliches Bild zeichnen auch die Ergebnisse einer Stichtagserhebung vom 15. Juli 1997 für Nordrhein-Westfalen: Fast vier von zehn Jugendstrafgefangenen verfügten nicht über die deutsche Staatsbürgerschaft. Dies bedeutet eine Verzehnfachung gegenüber dem Stand von 1979/1980 und immerhin noch eine Verdopplung gegenüber dem Jahr 1990. Ein absoluter Spitzenwert wurde 1996 mit fast 41 % nichtdeutscher Jugendstrafgefangener registriert. Insgesamt wurden Häftlinge aus 36 unterschiedlichen Nationen registriert, die Hälfte der jungen ausländischen Inhaftierten waren allerdings Türken.[1264].

Im niedersächsischen geschlossenen Jugendstrafvollzug stieg der Anteil der jungen Nichtdeutschen von 14 % im Jahr 1989 (Stichtag 31.3.1989) kontinuierlich auf 37 % im Jahr 1993 (Stichtag 30.6.1993).[1265]

Insoweit ist inzwischen Realität, was im Schlußbericht der Jugendstrafvollzugskommission 1980 als Ausblick auf die kommenden Jahre festgehalten wurde:

1260 Pfeiffer/Dworschak, DVJJ-J 1999, S. 184, 186.

1261 Pfeiffer/Dworschak, DVJJ-J 1999, S. 184, 186.

1262 Pfeiffer/Dworschak, DVJJ-J 1999, S. 184, 186.

1263 Pfeiffer/Dworschak, DVJJ-J 1999, S. 184, 186.

1264 Wirth, ZfStrVo 1998, S. 278.

1265 Schütze, DVJJ-J 1993, S. 381, 382, Tab. 2. Beispielhaft sei die Entwicklung der Gefangenenpopulation im geschlossenen Vollzug der JVA Hameln genannt: 1988 befanden sich 53 Ausländer im Strafvollzug, 1990 waren es 72 und 1992 110 junge Nichtdeutsche.

„Es ist zu erwarten, daß der Anteil ausländischer oder staatenloser junger Gefangener im Jugendstrafvollzug in Zukunft steigt. Das beruht zum Teil auf großen Schwierigkeiten, die diese beim Einleben in die Verhältnisse in der Bundesrepublik haben. Sie stellen den Jugendstrafvollzug vor besondere Probleme durch z. B. Sprachschwierigkeiten, soziokulturelle Unterschiede, Defizite in schulischer und beruflicher Bildung. Der Jugendstrafvollzug muß deshalb spezifische und zusätzliche Hilfen vermitteln (...)".[1266]

Ähnlich wie im U-Haft-Vollzug ist auch im Jugendstrafvollzug ein zunehmender Anteil von Nichtdeutschen zu verzeichnen - eine Entwicklung, die - so *Mey/Wirth* - die „gravierendste Veränderung der Gefangenenpopulation"[1267] in den letzten Jahren darstellt. Neben den Drogendelinquenten und einer hinsichtlich Persönlichkeit und Delikten sehr schwierigen deutschen Klientel stellen die Nichtdeutschen die dritte große Gruppe unter den Gefangenen dar.[1268] Dabei ist allerdings anzumerken, daß nicht in allen Anstalten ein gleichermaßen hoher Anteil von jungen Nichtdeutschen zu verzeichnen ist.[1269]

Wo aber die Nichtdeutschen eine zahlenmäßig gewichtige Gruppe darstellen, steht zu befürchten, daß der Jugendstrafvollzug mit Blick auf das zu erreichende Erziehungs- bzw. Resozialisierungsziel mit dieser Klientel überfordert ist, da es besonderer Anstrengungen bedarf, um die Benachteiligungen und Probleme, die diese Gruppe mit in den Vollzug bringt, auszugleichen.[1270]

Bevor die allgemeine Situation der jungen Nichtdeutschen im Strafvollzug erörtert und anhand empirischer Ergebnisse näher untersucht bzw. ergänzt wird, soll zunächst ein kurzer Überblick über die gesetzlichen Grundlagen des Jugendstrafvollzugs gegeben werden.

1266 Der Bundesminister der Justiz (Hrsg.), 1980, S. 53.

1267 Mey/Wirth, in: Festschrift für Alexander Böhm, 1999, S. 597, 611.

1268 Walter, DVJJ-J 1993, S. 347, 359; Dünkel, in: Festschrift für Alexander Böhm, 1999, S. 99, 101.

1269 Vgl. Greve/Höynck, KrimPäd 1998, Heft 38, S. 4, 5; zum Vergleich Ost-Westdeutschland bzgl. der Gefangenenpopulation s. Schüler-Springorum, in: Egg (Hrsg.), 1999, S. 129, 130/131. Speziell für die JVA Neustrelitz vgl. Zusammenfassung der Ergebnisse der 29. Tagung der Arbeitsgemeinschaft der Leiter der Jugendstrafanstalten und der besonderen Vollstreckungsleiter in der DVJJ vom 2.- 6. Juni 1997, DVJJ-J 1998, S. 179, 180: Der Ausländeranteil der Anstalt liegt in der Regel bei 0 %.

1270 So die Einschätzung von Pollähne, ZfStrVo 1994, S. 131, 135; vgl. auch Walter, DVJJ-J 1993, S. 347, 359.

Der Vollzug der Jugendstrafe ist im JGG in den §§ 91, 92, 110 und 115 nur ansatzweise geregelt. Weitergehende, die konkrete Ausgestaltung des Vollzugs regelnde Vorschriften, finden sich im JGG nicht. Ergänzend gelten einige Vorschriften aus dem Strafvollzugsgesetz (vgl. § 176, 178 StVollzG) ausdrücklich auch für Jugendstrafgefangene. Die eigentliche Ausgestaltung des Jugendstrafvollzugs aber erfolgt weitgehend durch die bundeseinheitlichen Verwaltungsvorschriften zum Jugendstrafvollzug (VVJug), die sich in weiten Teilen an die Regelungen des Strafvollzugsgesetzes anlehnen. Angesichts des tiefen Eingriffs in die Grund- und Freiheitsrechte der Betroffenen werden vielfach Bedenken an der Verfassungsmäßigkeit dieses Zustands geäußert[1271] und einhellig wird eine umfassende gesetzliche Regelung auch für den Jugendstrafvollzug gefordert, die in ihrem Gehalt über die Vorschriften des derzeitigen Strafvollzugsgesetzes hinausgeht und der Eigenständigkeit des Jugendstrafvollzugs Rechnung trägt. Bislang wurden mehrere Entwürfe unterschiedlich weitgehenden Inhalts[1272] vorgelegt; zu einer gesetzlichen Umsetzung derselben ist es aber nicht gekommen, so daß nachwievor die Verwaltungsvorschriften zum Jugendstrafvollzug entscheidend den Vollzugsalltag regeln.

Gemäß § 91 JGG soll der Jugendliche „dazu erzogen werden, künftig einen rechtschaffenen und verantwortungsbewußten Lebenswandel zu führen" - oder wie es *Schüler-Springorum* formuliert „ ... in sozial verträglicher und möglichst selbstbestimmter Daseinsgestaltung ein Leben ohne Straftaten zu führen".[1273] Der Jugendstrafvollzug, der ultima ratio und ein „echter" Strafvollzug ist, hat nach Intention des Gesetzgebers eine erzieherische Zielsetzung.[1274]

1271 Für verfassungswidrig halten diesen Zustand Ostendorf, §§ 91-92 Rz. 3; Schaffstein/Beulke, 1998, S. 273; wohl auch Diemer/Schoreit/Sonnen - Sonnen § 91 Rz. 8; Eisenberg, § 91 Rz. 5 hält den gegenwärtigen Zustand für verfassungsrechtlich nicht mehr vertretbar, zumindest aber bedenklich; offengelassen von Brunner/Dölling, § 91 Rz. 6, die eine Verabschiedung eines Jugendstrafvollzugsgesetzes für dringend geboten halten. Von einer Verfassungsmäßigkeit gehen aus Böhm, 1996, S. 229, 230; OLG Stuttgart, ZfStrVo 1980, S. 60, 6; OLG Koblenz ZfStrVo 1980, S. 61, 62. Zweifel an der Verfassungsmäßigkeit hatte das AG Herford NStZ 1991, S. 255f. Die entsprechende Vorlage gemäß Art. 100 GG wurde vom Bundesverfassungsgericht für unzulässig erklärt, s. BVerfG, NJW 1994, S. 2750f.

1272 Diese sollen hier nicht im einzelnen vorgestellt werden. Siehe daher die Übersicht über die verschiedenen Entwürfe und weitere Nachweise bei Ostendorf, Grdl. z. §§ 91-92 JGG, Rz. 7 sowie Dünkel, in: Festschrift für Alexander Böhm, 1999, S. 99, 111-115 zu den Entwürfen von 1991 und 1993.

1273 Schüler-Springorum, in: Egg (Hrsg.), 1999, S. 129, 137.

1274 Diese erzieherische Zielsetzung ist umstritten, wie auch der Erziehunsgbegriff selbst inhaltlich unterschiedlich gefüllt wird. Kritisch Ostendorf §§ 91-92 Rz. 11, der als Zielsetzung allein zukünftiges Legalverhalten ansieht und den Erziehungsauftrag im § 91 Abs.1 auf eine

Wie sich der Vollzug im einzelnen bei dem jeweiligen Gefangenen gestalten soll, wird zu Beginn der Haft nach einer eingehenden Persönlichkeitserforschung im Rahmen eines zu erstellenden Vollzugsplanes festgelegt. In diesem sollen Angaben über bestimmte Erziehunsgmaßnahmen enthalten sein wie z. B. Unterbringung im offenen oder geschlossenen Vollzug, schulische Ausbildung bzw. Weiterbildung, besondere Hilfs- und Erziehungsmaßnahmen, Gestaltung der Außenkontakte oder Vollzugslockerungen und Urlaub (vgl. Nr. 3 VVJug).

Als wesentliche Grundlagen eines erzieherischen Vollzugs nennt § 92 JGG Ordnung, Arbeit, Unterricht, Sport und eine sinnvolle Freizeitbeschäftigung, ohne allerdings damit eine Rangfolge festzulegen. Mit „Ordnung“ wird ein (selbstverständlicher) Rahmen beschrieben, in dem sich die eigentliche Erziehungsarbeit abspielt[1275], ohne daß diese Selbstzweck ist.[1276]

Von substantieller Bedeutung sind dagegen Arbeit und berufliche/schulische Weiterbildung. Arbeit und Schul- bzw. Ausbildung bieten den betroffenen Gefangenen eine Möglichkeit, soziale Anerkennung zu erfahren, die sich positiv auf das Selbstwertgefühl auswirkt und hilft, die soziale Integration nach der Entlassung zu fördern.[1277] Der überwiegende Teil der Jugendlichen im Vollzug, insbesondere auch der jungen Nichtdeutschen, hat gerade im schulischen und beruflichen Bereich große Defizite[1278], so daß hier - unter Berücksichtigung von Fähigkeiten, Neigungen und der Entwicklung der Jugendlichen - ein wesentlicher Beitrag zur Wiedereingliederung der Betroffenen nach Ende der Haftzeit geleistet werden kann. Allerdings stehen dem Erwerb eines schulischen oder beruflichen Abschlusses oft eine relativ kurze Haftdauer sowie schwach ausgeprägte Fähigkeiten bei den Jugendlichen entgegen. Letztere sowie jene Jugendliche, denen es an der erforderlichen Erziehungsfähigkeit und -willigkeit fehlt, werden daher vor allem auf - nicht immer sinnvolle - Arbeit und weniger auf schulische oder ausbildungsorientierte Angebote verwiesen.[1279]

---

sozialstaatliche Verpflichtung zu Hilfeangeboten herabgestuft sehen will. Ebenso Grosch, 1995, S. 423.

1275 Eisenberg, § 91 Rz. 18.

1276 Brunner/Dölling, § 91 Rz. 11.

1277 Eisenberg, § 91 Rz. 21a, 22.

1278 Vgl. Wirth, ZfStrVo 1998, S. 278, 279: Insgesamt konnten 96 % der ausländischen Gefangenen im nordrhein-westfälischen Justizvollzug bei Strafantritt keine abgeschlossene Berufsausbildung vorweisen; 57 % von ihnen hatten gar keine Berufsausbildung begonnen. Vor dem Strafantritt waren 74 % arbeitslos. Drei Viertel der nichtdeutschen jungen Gefangenen verfügten über keinen Schulabschluß (Stichtagserhebung v. 15.7.1997). Vgl. auch zusammenfassend Focken/Gley, 1987, S. 119, 136.

1279 Eisenberg, § 91 Rz. 21 mit der Bemerkung, daß es auch den meisten Anstalten an Erziehungsfähigkeit fehle.

Des weiteren sollen die betroffenen Jugendlichen zu einer sinnvollen Freizeitbeschäftigung angeleitet werden. Der Freizeit kommt dabei der gleiche Stellenwert wie der beruflichen/schulischen Bildung und Arbeit zu; im Leben der Jugendlichen spielt sie sowieso eine ganz wesentliche Rolle.[1280] Meistens kommt es auch gerade aus der Freizeit heraus zur Straffälligkeit, so daß die Bedeutung der Anleitung zu einer „sinnvollen" Freizeitbeschäftigung nicht zu unterschätzen ist.[1281] Die Freizeitangebote im Vollzug sollten idealerweise sehr breit angelegt sein, um Interessen und Begabungen zu fördern sowie es zu ermöglichen, Ideen und Bedürfnisse der Gefangenen aufzugreifen.[1282] Ein wichtiges Freizeitangebot ist der Sport. Er kommt einerseits dem Bewegungsbedürfnis im Vollzug entgegen, ermöglicht aber auch eine ungezwungene Kontaktaufnahme zu Anstaltsfremden und der Welt außerhalb des Gefängnisses.[1283]

Nicht ausdrücklich genannt, aber in den letzten Jahren hinzugekommen, sind psycho - und sozialtherapeutische Maßnahmen oder Maßnahmen des sozialen Trainings, die der Gruppe junger Gefangener mit Verhaltensstörungen gerecht werden soll.[1284]

Wesentlicher Bestandteil des Jugendstrafvollzugs sind schließlich interne (innerhalb der Anstalt stattfindende) und externe Vollzugslockerungen. Grundsätzlich ist der Vollzug so zu gestalten, daß die Persönlichkeit der Betroffenen und seine Entwicklung so wenig Schaden wie möglich nimmt.[1285] Hierzu dienen in großem Maße Vollzugslockerungen, wie sie in § 91 Abs. 3 JGG ihre Grundlage finden. Aufgelockerte und offene Vollzugsformen zielen darauf, negative (subkulturelle) Einflüsse des Anstaltslebens auszugleichen bzw. gering zu halten[1286], Kontakte nach außen zu fördern, um so soziale Bindungen zu stabilisieren bzw. zu fördern und auf das Leben nach der Entlassung vorzubereiten, indem die Betroffenen lernen, eigene Verantwortung zu übernehmen und das Leben in Freiheit zu erproben.[1287] Zugleich kommt ihnen ein eigenständiger pädagogischer Wert zu, insoweit als sie Ausdruck des Vertrauens in den betroffenen Gefangenen sind.[1288] Auch die neuen Behandlungsmethoden im Jugendvollzug setzen eine weitgehende Auflockerung des Vollzuges voraus.[1289] Auf der anderen Seite hat die Gewährung

---

1280 Eisenberg, § 91 Rz. 25.

1281 Schaffstein/Beulke, 1998, S. 281.

1282 Eisenberg, § 91 Rz. 25.

1283 Eisenberg § 91 Rz. 25.

1284 S. Schaffstein/Beulke, 1998, S. 282.

1285 Brunner/Dölling, § 91 Rz. 1.

1286 S. Diemer/Schoreit/Sonnen - Sonnen, § 91 Rz. 35.

1287 S. Eisenberg, § 91 Rz. 33.

1288 Schaffstein/Beulke, 1998, S. 283.

1289 Vgl. Schaffstein/Beulke, 1998, S. 283.

bzw. Versagung von Lockerungen auch die Funktion eines Disziplinierungsmittels, da Lockerungen meist nur genehmigt werden, wenn der Gefangene sich an die Anstaltsnormen angepaßt zeigt.[1290]

Voraussetzung für die Gewährung von Lockerungen in Form von Freigang, Außenbeschäftigung und Ausgang ist nach Nr. 6 Abs. 11 VVJug die Geeignetheit des Betroffenen für die Maßnahme, insbesondere daß eine Erprobung verantwortet werden kann. Gleiches gilt auch für die Gewährung von Urlaub (Nr. 8 Abs.9). Im offenen Vollzug kann ein Gefangener untergebracht werden, „wenn er den besonderen Anforderungen des offenen Vollzuges genügt und eine Erprobung verantwortet werden kann“ (Nr. 5 VVJug).

Für die Ermessensentscheidung über die Gewährung von Vollzugslockerungen gilt, daß dem Erziehungsgedanken Vorrang vor dem Sicherungsinteresse einzuräumen ist. Eine Berücksichtigung der Schuldschwere scheidet aus; sie ist mit der erzieherischen Zielsetzung des Jugendstrafvollzuges nicht vereinbar.[1291] Ob Lockerungen gewährt werden, hat sich demnach in erster Linie nach erzieherischen Gesichtspunkten zu richten.[1292]

Betrachtet man die VVJug, so gibt es einige Regelungen, die auf nichtdeutsche bzw. aus einem anderen Religions - und Kulturkreis stammende Inhaftierte zugeschnitten sind. So dürfen Besuchsverkehr und Schriftverkehr mit der diplomatischen bzw. konsularischen Vertretung des Heimatlandes nicht kontrolliert werden (Nr. 19, 23 VVJug). Weiterhin ist dem Gefangenen zu ermöglichen, die Speisevorschriften seiner Religionsgemeinschaft einzuhalten, wozu ihm eine entsprechende Alternative zur Anstaltskost angeboten werden muß. Bei hohen Glaubensfesten kann auch eine Verköstigung durch Glaubensgenossen zugelassen werden (Nr. 16 VVJug) wie auch Fest- und Feiertage anderer Religionsgemeinschaften mit Blick auf Paketempfang und Arbeitsbefreiung berücksichtigt werden müssen (Nr. 28, 32 VVJug).

Nr. 24 VVJug bestimmt, daß - soll der Briefverkehr überwacht werden - die Übersetzungskosten die Staatskasse zu tragen hat.

Schließlich erfährt die Gewährung von Vollzugslockerungen mit Blick auf anstehende Abschiebung bzw. anhängige Ausweisungsverfahren Beschränkungen. Diese sollen allerdings in einem gesonderten Abschnitt erörtert werden, da sie wesentlich den Strafvollzug bei nichtdeutschen Inhaftierten bestimmen.

1290 S. zusammenfassend Grosch, 1995, S. 425, 435ff.

1291 Vgl. Schaffstein/Beulke, 1998, S. 275; Grosch, 1995, S. 425; Ostendorf, §§ 91-92 Rz. 11 m.w.N.; Eisenberg, § 91 Rz. 13 (insgesamt mit ablehnender Haltung gegenüber einer Berücksichtigung der Schuldschwere); Brunner/Dölling, § 91 Rz. 18 mit der Auffassung, daß der Berücksichtigung der Schuldschwere enge Grenzen gesetzt sind.

1292 OLG Frankfurt, Beschluß v. 10.3.1994 bei Böhm, NStZ 1994, S. 528, 523.

16. 3. Nichtdeutsche im Jugendstrafvollzug

16. 3. 1. Allgemeine Situationsbeschreibung

Die wachsende Zahl junger Nichtdeutscher in deutschen Strafvollzugsanstalten hat zu einer intensiveren Auseinandersetzung mit der Situation dieser Gruppe in den Justizvollzugsanstalten geführt. Dabei steht im Vordergrund die Annahme, daß die jungen ausländischen Inhaftierten im Vergleich zu ihren deutschen Altersgenossen besonderen Härten und Schwierigkeiten im Vollzug ausgesetzt sind. Die Inhaftierung mit ihrer Abgeschlossenheit, vorstrukturiertem Tagesablauf, Abbruch sozialer Kontakte und dem anstaltsinternen Reglement, ist an sich schon eine extrem problembelastete, schwierig zu verkraftende Situation für die Jugendlichen, die dadurch noch kritischer wird, daß Benachteiligungserfahrungen und spezifische Probleme dieser Jugendlichen von „draußen" mit in den Strafvollzug gebracht werden. Es wird überwiegend davon ausgegangen, daß die jungen Nichtdeutschen im Vollzug eine relative Deprivation erleben, d. h. zusätzlichen Belastungen ausgesetzt sind oder aber die allgemeine Haftdeprivation intensiver, belastender erleben.[1293] Die jungen Nichtdeutschen werden des weiteren als eine für den Strafvollzug problematische Gruppe wahrgenommen, weil umgekehrt dem Vollzug selbst oft die probaten Mittel fehlen, auf spezifische Defizite einzugehen und ein Behandlungsvollzug im Sinne der gesetzgeberischen Intention für Nichtdeutsche häufig nicht durchführbar ist.[1294]

Im folgenden soll zunächst eine allgemeine Situationsbeschreibung unternommen werden, indem mögliche Problemfelder erörtert werden, bevor eine Darstellung der wenigen empirischen Untersuchungen[1295] auf diesem Gebiet folgt, um festzustellen, inwieweit die Ergebnisse dieser Untersuchungen die allgemeine Situationsbeschreibung ergänzen, stützen oder ihr möglicherweise in einigen Punkten widersprechen.

Ähnlich wie schon im gerichtlichen Verfahren sind es soziokulturelle Unterschiede und Sprachbarrieren bzw. Kommunikationsprobleme im verbalen wie im nonverbalen Bereich[1296] mit Vollzugbediensteten und Mitinsassen, die besondere Schwierigkeiten im Vollzug entstehen lassen.[1297]

1293 Kiehl, DVJJ-J 1996, S. 19, 25; vgl. auch Bukowski, 1998, S. 20.

1294 Vgl. Pollähne, ZfStrVo 1994, S. 131, 135; auch Finkbeiner/Karsten/Meiners, ZfStrVo 1993, S. 343, 346.

1295 Aufgrund der geringen Zahl wurden auch Untersuchungen zum Erwachsenenstrafvollzug einbezogen.

1296 Finkbeiner/Karsten/Meiners, ZfStrVo 1993, S. 343, 346.

1297 S. Kaiser, in: Kaiser/Kerner/Schöch, 1992, § 9 Rz. 25.

Mangelnde Deutschkenntnisse können zur Isolation, aber auch zur Abhängigkeit von sprachkundigen Mithäftlingen, die gegen entsprechende Entlohnung ihre Deutschkenntnisse für die Kommunikation mit Behörden oder andere Vorgänge zur Verfügung stellen, führen.[1298] Gleichzeitig erschweren oder verhindern fehlende Deutschkenntnisse den Aufbau einer Beziehung zu dem Gefangenen und damit eine (erzieherisch) sinnvolle Arbeit.[1299] Im Jugendstrafvollzug wiegt dies umso schwerer als gerade hier einer positiven Beziehung zu den Aufsichtsbeamten und übrigen Bediensteten, die ständig „vor Ort" präsent sind, ein erzieherischer Wert zukommen kann, der an die Wirkung gezielt pädagogischer Maßnahmen heranreicht.

Im Einzelfall kann es aufgrund der Sprach- und Kommunikationsprobleme zu Mißverständnissen und Fehleinschätzungen kommen, bis hin zu gewaltsamen Auseinandersetzungen. Gestik und Verhalten werden nicht verstanden und falsch gedeutet, was z. B. dazu führt, daß die jungen Ausländer als renitent eingestuft werden, mit der Folge, daß sich die Bediensteten eher mißtrauisch verhalten. So wird zum Teil von Gefangenen berichtet, sie müßten ein besonders unterwürfiges Verhalten an den Tag legen, um von den Bediensteten als ungefährlich eingestuft zu werden.[1300] Umgekehrt wird das Verhalten der Bediensteten als diskriminierend und vorurteilsbeladen erlebt.[1301] *Finkbeiner/Karsten/Meiners* sehen es in diesem

---

1298 Zu den Sprachproblemen schon Nährich, ZfStrVo 1975, S. 145, 146; Neu in: Schwind/Blau (Hrsg.), 1988, S. 329, 330/331; Dünkel/Kunkat, NK 1997, Heft 2, S. 24, 29. Schütze, DVJJ-J 1993, S. 381, 384 schätzt die Sprachprobleme in der Strafhaft im Vergleich zur U-Haft eher gering ein, weist aber daraufhin, daß sicherlich auch ein Teil der sprachunkundigen U-Häftlingen in den Strafvollzug gelangen werden. So befanden sich sogar im offenen Vollzug in Göttingen drei Personen, die fast kein Deutsch sprachen oder verstanden. Speziell zu den Sprachproblemen und daran anknüpfenden Schwierigkeiten im U-Haft-Vollzug ausführlich Steinke, ZfStrVo 1995, S. 223-227 und zur grundlegenden Situation im U-Haft-Vollzug Steinke, BewHi 1995, S. 170-182.

1299 Vgl. Neu, in: Schwind/Blau (Hrsg.), 1988, S. 329, 331.

1300 Vgl. Finkbeiner/Karsten/Meiners, ZfStrVo 1993, S. 343, 346, die Jungtäteranstalt Vechts betreffend.

1301 So die Einschätzung von Schmülling/Walter, StV 1998, S. 313, 316; s. auch Finkbeiner/Karsten/Meiners, ZfStrVo 1993, S. 343, 346. Ein anschauliches Beispiel für solche Mißverständisse aufgrund verschiedener kulturell-religiöser Hintergründe liefern Böse/Schiffer, ZfStrVo 2000, S. 12, 15 und Fn 10. Ein Vollzugsbediensteter berichtete von folgender Situation: Er wollte einen türkischen Häftling wecken. Den Haftraum durfte er ohne einen Kollegen nicht alleine betreten, da er alleine in der Abteilung war. Trotz wiederholtem Rufen und Hämmern gegen die Zellentür kam von dem Gefangenen keine Reaktion. Als ein Kollege eintraf und sie den Haftraum gemeinsam öffneten, überraschten sie den Häftling bei der Verrichtung seines Morgengebets. Darauf angesprochen, warum er auf Rufen und Klopfen nicht reagiert hätte, erklärte der Häftling, daß er während seines Morgengebetes nicht sprechen dürfe. Der Vollzugsbedienstete erkundigte sich im Rahmen eines - von Böse/Schiffer vorgestellten - Pilotseminars zur interkultureller Weiterbildung im Strafvollzug bei einem Referenten nach dem Wahrheitsgehalt dieser Aussage. Der Referent beurteilte das Verhalten des Häftlings als dem Koran entsprechend und richtig. Der

Zusammenhang als erschwerend an, daß im Gefängnis - anders als bei Begegnungen in Freiheit, wo man sich Fremden gegenüber zunächst einmal abwartend und vorsichtig verhält - keine solchen „Rituale" bei der Kontaktaufnahme bestehen, die den Abbau des gegenseitigen Mißtrauens erleichtern und fördern.[1302] Möglicherweise wirkt sich auch das von den Medien häufig transportierte negative Bild über „die (straffälligen) Ausländer" auf die Vollzugsbeamten negativ aus, soweit dem keine positiven privaten Kontakte mit Ausländern gegenüberstehen.[1303] Zugleich können Verständigungsschwierigkeiten dazu führen, daß die Gefangenen nicht in den Vollzug, in eine vernünftige Vollzugsplanung eingegliedert werden. Dies reicht im Einzelfall von einer nur eingeschränkten Nutzbarkeit der Bibliothek und anderer Medien[1304] bis hin zum Ausschluß von Maßnahmen, die zwingend eine sprachliche Verständigung voraussetzen.[1305] Unter diesen Ausgangsvoraussetzungen tritt die Gefahr der Isolation der ausländischen Gefangenen und der Gruppenbildung mit subkulturellem Charakter deutlich zu Tage.[1306]

Beobachtet werden Blockbildungen (z. B. Türken gegen Kurden und Libanesen[1307]), die mit zunehmender Ausdifferenzierung der Gefangenenpopulation nach Nationalitäten und ethnischer Zugehörigkeit noch zunehmen werden, ebenso wie eine Zunahme damit verbundener Konfliktfelder zu erwarten ist.[1308] Eines dieser Konfliktfelder ist sicherlich auch heute schon das Verhältnis von Nichtdeutschen und rechtsextrem gesinnten Jugendlichen.[1309]

Vollzugsbedienstete: „Bis heute dachte ich wirklich, daß der uns verarschen wollte". Schütze, DVJJ-J 1993, S. 381, 384 beobachtete Tendenzen bei ausländischen Gefangenen, „daß sie mit peinlicher Genauigkeit das Verhalten und die Entscheidungen der Bediensteten beobachten und schnell bereit sind, eine ausländerfeindliche (rechtsradikale?) Einstellung bei ihnen zu vermuten."

1302 Finkbeiner/Karsten/Meiners, ZfStrVo 1993, S. 343, 346.

1303 So die Vermutung von Finkbeiner/Karsten/Meiners, ZfStrVo 1993, S. 343, 346.

1304 Vgl. Neu, in: Schwind/Blau (Hrsg.), 1988, S. 329, 334.

1305 Böhm, in: Festschrift für Hans Joachim Schneider, 1998, S. 1013, 1029.

1306 Im Überblick Laubenthal, in: Festschrift für Alexander Böhm, 1999, S. 307, 310; Schwind, in: Festschrift für Alexander Böhm, 1999, S. 323, 335. S. auch den Abschlußbericht der Expertenkommission Hessischer Justizvollzug, StV 1994, S. 215, 222, allgemein zum hessischen Strafvollzug.

1307 So Schütze, DVJJ-J 1993, S. 381, 383.

1308 So Pfeiffer/Dworschak, DVJJ-J 1999, S. 184, 187. Ein anschauliches Beispiel dafür, wie große internationale Konflikte - hier: Kuwait-Krise 1991 - in die JVA hineingetragen werden, findet sich bei Finkbeiner/Karsten/Meiners, ZfStrVo 1993, S. 343, 350. An den Spannungen zwischen deutschen und nichtdeutschen Gefangenen setzt das Deeskalationsmodell von Finkbeiner/Karsten/Meiners in der Jungtäteranstalt Vechta an, vgl. ausführlich s. 347ff.

1309 Vgl. Walter, DVJJ-J 1993, S. 245, 248, der davon ausgeht, daß die derzeitige Situation im Jugendstrafvollzug dazu beiträgt, rechtsextremistische Einstellungen zu fördern und sogar zu produzieren; s. auch Schütze, DVJJ-J 1993, S. 381, 384.

Beobachtet werden auch Zusammenschlüsse Gefangener nach Nationalitäten in den Wohngruppen oder Arbeits- und Ausbildungsbetrieben, die einen ausschließenden Charakter annehmen, wenn sich die Beteiligten in ihrer Muttersprache unterhalten und weder die deutschen Mitgefangenen noch die Bediensteten verstehen, was gesprochen wird.[1310] Auch kommt es zu Auseinandersetzungen innerhalb der Gruppe der jungen Nichtdeutschen, in denen es nach Einschätzung der Vollzugspraktiker um die „Herrschaft im Drogengeschäft", manchmal auch um „Ehrensachen" geht.[1311] Des weiteren wird von Vollzugspraktikern davon berichtet, daß die ausländischen Jugendlichen im Strafvollzug in der Hierarchie ganz unten stehen.[1312]

Häufig werden auch Seelsorge und Verköstigung/Eßgewohnheiten als problematische Bereiche genannt.[1313] Gemäß Nr. 44 VVJug darf eine religiöse Betreuung des Gefangenen durch einen Seelsorger seiner Konfession nicht verweigert werden. Unklar ist, inwieweit überhaupt gerade bei den jungen Gefangenen ein Bedürfnis nach seelsorgerischer Betreuung besteht. Nicht auszuschließen ist, daß unter den Bedingungen des Freiheitsentzuges auch jene jungen Gefangenen ein solches Bedürfnis verspüren, die im übrigen nur mäßig religiös sind. So finden sich jedenfalls in der Literatur Stimmen, die davon ausgehen, daß der Grundsatz der Nr. 44 VVJug gerade bei nichtdeutschen jungen Gefangenen nicht immer berücksichtigt wird.[1314]

Häufig religiös bedingt sind auch andere Eßgewohnheiten bzw. Speisevorschriften, die besondere Anforderungen an die jeweilige JVA stellen und in der Praxis sich meist in einem „schematischen" Ersatz mancher Nahrungsmittel erschöpfen.[1315] Zum Teil wird auch die Gefahr gesehen, daß sich religiös bedingte Eßgewohnheiten für die Isolierung der Nichtdeutschen verschärfend auswirken, sie möglicherweise in eine Sonderrolle drängen.[1316]

Aber auch im Strafvollzug gilt: Bei den jungen Nichtdeutschen handelt es sich nicht um eine homogene Gruppe.[1317] So konnten *Mey/Wirth* aufzeigen, daß das für die Vollzugsplanung und die Durchführung schulischer/beruflicher Maßnahmen

---

1310 Böhm, in: Festschrift für Hans Joachim Schneider, 1998, S. 1013. 1029.

1311 So die Einschätzung von Schütze, DVJJ-J 1993, S. 381, 383.

1312 Walter, DVJJ-J 1993, S. 245, 248; auch Kiehl, DVJJ-J 1996, S. 19, 25.

1313 S. Nährich, ZfStrVo 1975, S. 145, 149; bzgl. der Eßgewohnheiten auch Kaiser, in: Kaiser/Kerner/Schöch, 1992, § 9 Rz. 27.

1314 Diemer/Schoreit/Sonnen - Sonnen, § 91 Rz. 34.

1315 Nährich, ZfStrVo 1975, S. 145, 149; Böhm, in: Festschrift für Hans Joachim Schneider, 1998, S. 1013, 1030.

1316 Kaiser, in: Kaiser/Kerner/Schöch, 1992, § 9 Rz. 27.

1317 Vgl. auch Laubenthal, in: Festschrift für Alexander Böhm, 1999, S. 307, 310; Schütze, DVJJ-J 1993, S. 381, 382; Mey/Wirth, in: Festschrift für Alexander Böhm, 1999, S. 597, 612 wesentliche Qualifizierungsniveau der ausländischen Gefangenen auch vom Alter der Zuwanderung abhängt. Insgesamt verlief die schulische/berufliche Entwicklung überwiegend ungünstiger als bei den Deutschen; Vorbildungsniveau und berufliche Integration fielen aber um so schlechter aus, je älter die Jugendlichen zum Zeitpunkt ihrer Zuwanderung waren.[1318]

Große Unterschiede bestehen innerhalb der Gruppe der ausländischen Inhaftierten auch hinsichtlich der Sprach- und Verständigungsmöglichkeiten. So werden Angehörige der zweiten oder dritten Generation vergleichsweise weniger Sprachprobleme haben als z. B. junge Nichtdeutsche, die sich erst wenige Monate oder Wochen in Deutschland aufhalten.[1319] Für letztere ergeben sich - so *Schütze* für den niedersächsichen Strafvollzug – „im Vollzug noch nicht beherrschbare Probleme; vielmehr versuchen die Anstalten, mit einem Maximum an Kraftaufwand ein Minimum an außerordentlichen Vorkommnissen zu produzieren(...)"[1320] Aber selbst für jene, die die deutsche Sprache umgangssprachlich beherrschen, können sich insoweit Probleme ergeben, als sie das „vollzugsspezifische" Vokabular nur unzureichend verstehen.[1321] Soweit es aber an den entsprechenden Sprachkenntnissen fehlt, erfordert dies von den Anstalten besondere Anstrengungen, um diese Defizite auszugleichen (Dolmetscher, fremdsprachige Informationsblätter bzgl. Anstaltsordnung u. ä.).[1322]

1318 Mey/Wirth, in: Festschrift für Alexander Böhm, 1999, S. 597, 612 im Rahmen einer Nacherhebung über die nichtdeutschen Gefangenen des Entlassungsjahrgangs 1990 des nordrhein-westfälischen Jugendstrafvollzugs. Gefangene, die erst nach Erreichen des Einschulungsalters nach Deutschland gekommen waren, hatten im Vergleich zu den früher zugewanderten seltener einen Schulabschluß erreicht (16 % gegenüber 22 %), seltener eine berufliche Qualifikation erworben (3 % gegenüber 11 %) und waren vor ihrer Inhaftierng in größerem Maß von Arbeitslosigkeit betroffen (73 % gegenüber 68 %),

1319 S. Schütze, DVJJ-J 1993, S. 381, 382. Die Stichtagserhebung zum Jugendstrafvollzug in NRW ergab, daß ca. 75 % der nichtdeutschen Gefangenen weitgehend in Deutschland aufgewachsen sind, so daß man bei dieser Gruppe wohl von ausreichenden Deutschkenntnissen ausgehen kann, Wirth, ZfStrVo 1998, S. 278, 279.

1320 Schütze, DVJJ-J 1993, S. 381, 382. Betroffen hiervon ist eine steigende Anzahl junger osteuropäischer Jugendlicher, die erst wenige Wochen oder Monate in Deutschland leben, die Sprache nicht sprechen, sich in der deutschen Gesellschaft nicht zurechtfinden und idR lange Jugendstrafen verbüßen und danach mit Abschiebung in das Herkunftsland rechnen müssen.

1321 Nährich, ZfStrVo 1975, S. 145.

1322 S. Kaiser, in: Kaiser/Kerner/Schöch, 1992, § 9 Rz. 26.

16. 3. 2. Einfluß des Ausländerrechts auf den Strafvollzug, insbesondere die Gewährung von Vollzugslockerungen nach den VVJug

Von großer Tragweite erweist sich das Ausländerrecht in Form von Ausweisung und drohender Abschiebung für die Gestaltung des Strafvollzuges. So werden denn auch die Folgewirkungen des Ausländerrechts auf den Vollzug von Praxis und Wissenschaft als äußerst problematisch empfunden und sind der zentrale Punkt in der Diskussion um die Situation der Nichtdeutschen im Strafvollzug.

Grundsätzlich stellt sich das Problem, daß aufgrund der ausstehenden ausländerrechtlichen Entscheidung es bei Strafantritt ungewiß ist, auf welche Freiheit der Betreffende vorzubereiten ist. Soll der Jugendliche dazu erzogen werden, ein straffreies Leben in Deutschland zu führen? Oder wird sich sein zukünftiges Leben in seinem Herkunftsland abspielen? Dies macht es einerseits für den Jugendlichen noch schwerer, sich eine Perspektive zu schaffen; andererseits stellt sich auch für die Jugendstrafanstalt die Frage, wie sie solche Jugendliche „erziehen“ soll, in welche Vollzugsmaßnahmen sie eingebunden werden können.

Wird ein Ausweisungsverfahren betrieben, verbringen die Betroffenen häufig, insbesondere, wenn sie kurze Jugendstrafen zu verbüßen haben, nur eine relativ kurze Zeit im Vollzug. Für zeitaufwendigere schulische oder berufliche Maßnahmen wie das Nachholen von Schulabschlüssen oder das Absolvieren einer Ausbildung fehlt es dann an der erforderlichen Zeit. Zugleich dämpft eine drohende Ausweisung auch die Motivation bei den Betroffenen, an solchen Maßnahmen teilzunehmen, weil sie ihnen mit Blick auf eine ungewisse Zukunft zunächst wenig sinnvoll erscheinen.[1323] Dabei weisen gerade die nichtdeutschen Inhaftierten gravierende Deifzite im schulischen und beruflichen Bereich auf.[1324] Zum Teil wird die Teilhabe an solchen Maßnahmen auch dadurch eingeschränkt, daß z. B. Ausgänge zur Berufsschule abgelehnt werden.[1325] Auch machen soziale Trainingsprogramme, sozialtherapeutische Maßnahmen, die auf eine Wiedereingliederung in die deutsche Gesellschaft ausgerichtet sind, wenig Sinn, wenn nach Ende der Haftzeit die Ausweisung steht.[1326] Im schlimmsten Fall bedeutet dies, daß die Betroffenen im „normalen“ Vollzug „mitlaufen“, der sich aber angesichts der besonderen Situation der jungen Nichtdeutschen dann weniger als Behandlungsvollzug denn als Verwahrvollzug darstellt.[1327] Besonders schwer wiegt, daß die endgültige Entscheidung über die

---

1323 Walter, DVJJ-J 1993, S. 245, 248; Böhm, in: Festschrift für Hans Joachim Schneider, 1998, S. 1013, 1030; Schmülling/Walter, StV 1998, S. 313, 319.

1324 S. Fn 1217.

1325 Schmülling/Walter, StV 1998, S. 313, 319.

1326 Finkbeiner/Karsten/Meiners, ZfStrVo 1993, S. 343, 346.

1327 Schmülling/Walter, StV 1998, S. 313, 317; Laubenthal, in: Festschrift für Alexander Böhm, 1999, S. 307, 314; Dünkel/Kunkat, NK 1997, Heft 2, S. 24, 29; Villmow, in: BKA (Hrsg.), 1989, S. 35, 47 sowie in BewHi 1995, S.155, 166 (allgemein für den Strafvollzug).

Ausweisung oft erst gegen Ende der Haftzeit - auch abhängig davon, ob der Betroffene Rechtsmittel einlegt - getroffen wird, und somit erzieherische Maßnahmen im Zweifelsfall durch die Ungewißheit des Ausgangs der ausländerrechtlichen Prüfung blockiert werden.[1328] Und dies auch dann, wenn die Ausländerbehörde letztlich gegen eine Abschiebung entscheidet. So berichtet *Böhm*, daß in der JVA Rockenberg 1994 von 80 Nichtdeutschen letztlich nur 2 abgeschoben wurden. Sein Fazit: „So gesehen haben viele ausländische Gefangene 'umsonst' gesessen."[1329]

Eine weitere gravierende Folge des Einflusses des Ausländerrechts auf den Strafvollzug ist die eingeschränkte Gewährung von Vollzugslockerungen wie Freigang, Ausgang und Außenbeschäftigung. Von diesen Vollzugslockerungen sind gem. Nr. 6 Abs. 9 lit c VVJug jene Jugendlichen ausgeschlossen, gegen die eine vollziehbare Ausweisungsverfügung vorliegt und die aus der Haft heraus abgeschoben werden sollen. Ausnahmen sind nur mit Zustimmung der Aufsichtsbehörde zulässig und müssen im Benehmen mit der zuständigen Ausländerbehörde erfolgen (Nr. 6 Abs. 10 VVJug). Entsprechende Bestimmungen für die Gewährung von Hafturlaub finden sich in Nr. 8 Abs. 7 lit. c und Abs. 8 VVJug.

Aber auch Jugendliche, gegen die ein Ausweisungsverfahren (nur) anhängig ist, sind von Einschränkungen betroffen. Sie gelten in der Regel als für Außenbeschäftigung, Freigang und Ausgang „ungeeignet" (Nr.6 Abs. 12 lit. d VVJug). Nur wenn besondere Umstände vorliegen und die zuständige Ausländerbehörde gehört worden ist, können Ausnahmen zugelassen werden (Nr. 6 Abs. 13). Eine entsprechende Regelung - Nr. 8 Abs. 10 lit.e und Abs. 11 VVJug - gilt wiederum auch für den Urlaub aus der Haft. Während im Falle des Vorliegens einer vollziehbaren Ausweisungsverfügung die Ausländerbehörde in der Regel ihre Zustimmung versagen wird, um die Ausweisung und Abschiebung nicht zu gefährden,[1330] kann im Fall eines lediglich anhängigen Ausweisungsverfahrens sich die Anstaltsleitung über die Auffassung der Ausländerbehörde hinwegsetzen, denn letztere ist nur zu „hören". Die Entscheidung liegt somit in den Händen der Anstaltsleitung, die auch bei ablehnender Stellungnahme der Ausländerbehörde unter erzieherischen Gesichtspunkten die entsprechenden Vollzugslockerungen bewilligen kann.[1331] Problematisch ist zunächst bei dieser Regelung, daß auch ein im Ergebnis aus-

---

1328 S. Schmülling/Walter, StV 1998, S. 313, 318.

1329 Böhm, in: Festschrift für Hans Joachim Schneider, 1998, S. 1013, 1031 mit dem Hinweis, daß in solchen Fällen die deutschen Behörden seitens der Gefangenen als 'Papiertiger' wahrgenommen werden.

1330 So Schmülling/Walter, StV 1998, S. 313, 318.

1331 Schmülling/Walter, StV 1998, S. 313, 318. Vgl. Pollähne, ZfStrVo 1994, S. 131, 134, der darauf hinweist, daß bestehende Beurteilungsspielräume von den zuständigen Vollzugsbeamten unterschiedlich ausgeschöpft werden, und feststellt, daß in diesem Zusammenhang zumindest eine strukturelle Ausländerfeindlichkeit beobachtet werden kann; Laubenthal, in: Festschrift für Alexander Böhm, 1999, S. 307, 315.

sichtsloses Ausweisungsverfahren gegen einen jugendlichen Straftäter in der Regel die Nichtgewährung von Lockerungen und damit Vorenthaltung eines für die Verfolgung des Erziehungsziels wesentliche Maßnahme bedeutet - und das obwohl der Jugendliche schließlich in Deutschland bleibt.

Fraglich ist weiterhin, welche Kriterien die Anstaltsleitung bei einer solchen Entscheidung über Vollzugslockerungen berücksichtigen muß oder darf. Während § 11 Abs. 2 StVollzG ausdrücklich bestimmt, daß Außenbeschäftigung, Freigang, Ausgang oder Ausführung nur angeordnet werden dürfen, „wenn nicht zu befürchten ist, daß der Gefangene sich dem Vollzug der Freiheitsstrafe entziehen oder die Lockerungen des Vollzuges zu Straftaten mißbrauchen werde", fehlt eine entsprechende Regelung im JGG bzw. in den Verwaltungsvorschriften zum Jugendstrafvollzug. Die frühere Formulierung „insbesondere ein Mißbrauch nicht zu befürchten ist" wurde bei Neufassung der VVJug 1982 gestrichen.[1332] Alleiniges Kriterium ist hier die Geeignetheit des Jugendlichen mit Blick auf die entsprechende Lockerungsmaßnahme; eine Erprobung muß verantwortet werden können. Nur ernste Gefahren für die allgemeine Sicherheit können eine erzieherisch notwendige Lockerung ausschließen.[1333]

Ob eine solche Maßnahme verantwortet werden kann und der Jugendliche hierfür geeignet erscheint, ist aber unter dem Gesichtspunkt des Erziehungsgedankens des JGG und nicht aus ausländerrechtlichen Erwägungen heraus zu beurteilen. *Schmülling/Walter* ist zuzustimmen, daß sich die derzeit geltenden Bestimmungen der VVJug lediglich unter Zugrundelegung der generellen Annahme rechtfertigen lassen, daß im Falle einer vollziehbaren Ausweisungsverfügung bzw. eines anhängigen Ausweisungsverfahrens eine gesteigerte Fluchtgefahr besteht, angesichts derer die Erprobung einer Lockerung nicht verantwortet werden kann.[1334] Diese Konsequenz in ihrer Pauschalität wird allerdings zu recht kritisiert, denn alleine die Tatsache einer drohenden Ausweisung läßt im konkreten Fall noch nicht die Geeignetheit des Jugendlichen für eine Lockerungsmaßnahme entfallen. Denn gewisse Restrisiken oder Gefahrenmomente schließen auch sonst nicht automatisch Lockerungsmaßnahmen aus, sondern sind Kriterien, die im konkreten Einzelfall mit anderen Umständen wie dem Ausmaß des Straftatenrisikos unter Einbeziehung der Schwere möglicher neuer Straftaten, aber insbesondere auch der erzieherischen Notwendigkeit der Maßnahme, abgewogen werden müssen.[1335] Gerade für den Jugendstrafvollzug wird gefordert, auch das Risiko etwaiger Fehlschläge bei der

---

[1332] S. Ostendorf §§ 91- 92 Rz. 21; Eisenberg § 91 Rz 26b; s.Böhm, Anm. zu OLG Frankfurt NStZ 1984, S. 382, 384.

[1333] Böhm, Anm. zu OLG Frankfurt NStZ 1984, S. 382, 384.

[1334] So Schmülling/Walter, StV 1998, S. 313, 318.

[1335] Vgl. auch Schmülling/Walter, StV 1998, S. 313, 318. Kritisch zur Pauschalität der Regelbeispiele bzgl. der „Ungeeignetheit" für Lockerungsmaßnahmen auch Grosch, 1995, S. 425.

Gewährung von Lockerungen in Kauf zu nehmen und dem Erziehungsgedanken Vorrang vor dem Sicherungsinteresse einzuräumen.[1336]

Nimmt die Anstaltsleitung den ihr im Falle eines „nur“ anhängigen Ausweisungsverfahrens verbleibenden Entscheidungsspielraum nicht wahr, so entscheidet gemäß den derzeitgen Bestimmungen letztlich die Ausländerbehörde, ob eine Lockerung gewährt wird und damit im Ergebnis, ob der Jugendliche geeignet ist und eine Lockerung verantwortet werden kann. Für die Beurteilung beider Aspekte dürfte es ihr aber an der nötigen Sachkunde fehlen.[1337]

Die Abhängigkeit des Jugendstrafvollzugs von der ausländerechtlichen Entscheidung im Bereich der Vollzugslockerungen ist umso bedauerlicher, als gerade die ausländischen Jugendlichen gute und intensive Kontakte zu ihren Familien haben, relativ gut in ihr Umfeld eingebunden sind[1338], und die Aufrechterhaltung dieser Kontakte durch Lockerungen unterstützt werden könnte. Die genannten Aspekte werden in der Regel im Rahmen einer Sozialprognose positiv bewertet; aufgrund der ausländerrechtlichen Implikationen schlagen sie sich aber bei dem fraglichen Personenkreis selten in Form von Vollzugslockerungen nieder.[1339] Das Spannungsverhältnis Ausländerrecht - Jugendstrafrecht wird auch gerade bei jenen Personen deutlich, bei denen schon eine vollziehbare Ausweisungsverfügung vorliegt und die Abschiebung aus der Haft droht. Indem hier das Veto der Ausländerbehörde - auch in diesen Fällen durchaus „erzieherisch“ angezeigte - Lockerungen verhindert, wird auf ein wichtiges Instrument des Jugendstrafvollzugs im Sinne eines erzieherischen Vollzugs bzw. Behandlungsvollzugs zugunsten des Ausländerrechts verzichtet, obwohl alle zu Jugendstrafe Verurteilten ohne Ansehung der Nationalität einem Behandlungs- bzw. erzieherischen Vollzug zugeführt werden sollen.[1340]

1336 Vgl. Eisenberg, § 91 Rz. 26b, 33-34a; Brunner/Dölling § 91 Rz. 18.

1337 So Rotthaus, ZfStrVo 1992, S.41, 44.

1338 Vgl. zusammenfassend Focken/Gley, 1987, S.116, 118/119; Wirth, ZfStrVo 1998, S. 278, 279; auch Dünkel, 1990, S. 202, wonach bei einer Erhebung im hessischen Jugendstrafvollzug 77 % der Deutschen, aber 89 % der Ausländer soziale Kontakte zur Herkunftsfamilie unterhielten. Dünkel führt dies auf die Altersstruktur (die nichtdeutschen Insassen sind im Durchschnitt jünger, s. S. 201) und den geringen Anteil des Verlusts der Eltern zurück. Vgl. aber auch Mey/Wirth, in: Festschrift für Alexander Böhm, 1999, S. 597, 611, wonach „die ausländischen Gefangenen gemessen an den relativ 'harten' Kriterien 'familiale Instabilität' und 'außerfamiliäre Erziehung' weitaus seltener als ihre deutschen Mitgefangenen den sogenannten 'Broken Homes' entstammten (63 %) und in Heimen aufgewachsen waren (20 % vs. 51 %). Die Autoren warnen aber davor, hieraus bessere Resozialisierungschancen abzuleiten, denn die besagte Situation mag sich positiv auf die familiäre Reintegration auswirken, „doch steht außer Zweifel, daß andere Faktoren, wie die etwa bei jedem Sechsten anzutreffenden Sprach- und Verständigungsschwierigkeiten, eine weiterführende soziale Wiedereingliederung erschweren“; s. S. 611/612.

1339 S. auch Walter, DVJJ-J 1993, S. 245, 248; Sonnen, in: DVJJ (Hrsg.), 1984, S. 452, 456.

1340 Vgl. Kiehl, DVJJ-J 1996, S. 19, 25. Kritisch auch Laubenthal, in: Festschrift für Alexander Böhm, 1999, S. 307, 315 für den Erwachsenenvollzug; Baisch, KrimPäd 1993, Heft 34,

Trotz dieser nicht sehr positiven Bestandsaufnahme kann nicht davon ausgegangen werden, daß junge Ausländer generell bezüglich der Gewährung von Vollzugslockerungen gegenüber den Deutschen benachteiligt sind. Vielmehr dürfte die jeweilige Lockerungspraxis in hohem Maße von der Ausweisungspraxis des einzelnen Bundeslandes sowie der Klientel der Nichtdeutschen in den jeweiligen Jugendstrafanstalten abhängen. So bestätigte sich im Rahmen einer Erhebung zum hessischen Jugendstrafvollzug die vermutete Benachteiligung nicht. Statistisch signifikante Unterschiede bei der Unterbringung im gelockerten oder offenen Vollzug, der Gewährung von Freigang, Ausgang oder Hafturlaub zeigten sich nicht; vielmehr war eine weitgehende Gleichverteilung festzustellen.[1341] *Dünkel* führt dies darauf zurück, daß es sich bei der der Erhebung zugrundeliegenden Population (in Wiesbaden und Rockenberg waren es z. B. zu 35 % Gastarbeiter oder Kinder aus Gastarbeiterfamilien, die sich bereits über 10 Jahre in Deutschland aufhielten) im Regelfall nicht um zur Ausweisung anstehende Fälle handelt, so daß eine Öffnung des Vollzugs für die Nichtdeutschen in gleichem Maße wie für die Deutschen in Frage kam. Ob sich dies in anderen Bundesländern ebenso verhält, ist fraglich. *Dünkel* weist darauf hin, daß nach Einschätzung von Vollzugspraktikern die Lockerungspraxis in anderen Bundesländern angesichts verschiedener Ausweisungspraktiken der Ausländerbehörden „teilweise sehr viel restriktiver als in Hessen“ zu sein scheint.[1342] So konstatiert *Walter* für die in Baden-Württemberg gelegene JVA Adelsheim, daß nichtdeutsche Gefangene zu ungefähr 75 % über die gesamte Haftzeit hinweg keine Außenlockerungen erhalten - eine Situation, die nur auf ca. 15 % der Deutschen zutrifft.[1343]

S. 33, 34, demzufolge auch das Verhalten der Anstaltsleitung hinsichtlich der Lockerungsentscheidung kritikwürdig ist; Kaiser, in: Kaiser/Kerner/Schöch, 1992, § 9 Rz. 27.

1341 Gelockerter Vollzug: 24 % der Deutschen, 30 % der Ausländer; offener Vollzug: 10 % der Deutschen, 8 % der Ausländer; Hafturlaub: 43 % der Deutschen und 45 % der Ausländer; Ausgang: 52 % der Deutschen gegenüber 48 % der Ausländer, Freigang: 10 % der Deutschen, 11 % der Ausländer; s. Dünkel, 1990, S. 204, 205.

1342 So Dünkel, 1990, S. 206. Auch in Hessen zeigt sich übrigens ein anderes Bild, wenn man den Erwachsenenvollzug in den Blick nimmt; vgl. hierzu S. 206, Fn 120. Vgl. auch Walter, DVJJ-J 1993, S. 245, 248, wonach sich die jungen Ausländer in den geschlossenen Bereichen konzentrieren, während in den halboffenen und insbesondere offenen Bereichen die jungen Deutschen überrepräsentiert, z. T. ganz unter sich sind.

1343 Walter, DVJJ-J 1993, S. 245, 248. S. auch Grübel/Walter, BewHi 1999, S. 361, 363 Ausgang und Urlaub vor der Entlassung aus der JVA Adelsheim, die Entlassenen des Jahres 1996, 1998, 1999 bis 7. Mai betreffend (N=709). 17,8 % der im Ausland geborenen Nichtdeutschen erhielten Ausgang, 11/ % dieser Gruppe Urlaub; demgegenüber erhielten 39,2 % der in Deutschland geborenen Nichtdeutschen Ausgang und 30,3 % Urlaub. Was den offenen Vollzug angeht, hat man in Nordrhein-Westfalen positive Erfahrungen mit der Unterbringung nichtdeutscher Gefangener im offenen Vollzug trotz rechtskräftiger oder für vollziehbar erklärter Ausweisungsverfügung gemacht; vgl. Zusammenfassung der Ergeb-

Auch *Mey/Wirth* konnten für die nichtdeutschen Inhaftierten des nordrhein-westfälischen Jugendstrafvollzuges des Entlassungsjahrgangs 1990 eine gegenüber den Deutschen restriktivere Lockerungspraxis feststellen und führen dies im wesentlichen auf die Struktur der der Inhaftierung zugrundeliegenden Delikte, insbesondere den überdurchschnittlichen Anteil von Gewalttätern an den ausländischen Gefangenen, zurück.[1344]

16. 3. 3. Ergebnisse empirischer Studien zum (Jugend-) Strafvollzug

Da zur Situation speziell junger Nichtdeutscher im Strafvollzug nicht sehr viel empirisches Material existiert, werden im folgenden auch Untersuchungen, die sich mit der Situation im Erwachsenenvollzug beschäftigen, in die Darstellung miteinbezogen.

Die ersten umfassenden Untersuchungen, die sich mit der Situation junger Ausländer im deutschen Strafvollzug beschäftigten, sind die in dieser Arbeit schon mehrmals erwähnten Untersuchungen von *Albrecht/Pfeiffer* (1979), die sich auf die Instanzenperspektive konzentrierten, indem sie die Leiter verschiedener Jugendstrafanstalten befragten, und die Untersuchung der *Autorengruppe Ausländerforschung,* (1981).

Albrecht/Pfeiffer konstatierten: „Die Situation der jungen ausländischen Strafgefangenen wird von vorneherein negativ bestimmt durch sozialstrukturell bedingte Deprivationen, wie schlechtere Schul- und Berufsausbildung, aber auch durch eine von Vorurteilen getragene Diskriminierung seitens der deutschen Mitgefangenen“.[1345]

Befragt nach dem Verhältnis der deutschen Gefangenen zu ihren ausländischen Mitgefangenen beschrieben es alle von *Albrecht/Pfeiffer* befragten Anstaltsleiter als geprägt von Aggression, Diffamierung und Geringschätzung. Vorurteile, die „draußen“ existieren, setzen sich danach in der Anstalt in besonderem Maße fort.[1346] Dabei ließ sich *Albrecht/Pfeiffer* zufolge eine Differenzierung, eine unterschiedliche Wertschätzung innerhalb der Gruppe der Ausländer feststellen. Auch standen sich deutsche und nichtdeutsche Gefangene nicht als geschlossene Gruppen gegenüber; vielmehr waren wechselseitige Bündnisse festzustellen, die sich primär gegen in der Hierarchie unten stehende ausländische Mitgefangene richteten.[1347] Infolge des

---

nisse der 29. Tagung der Arbeitsgemeinschaft der Leiter der Jugendstrafanstalten und der besonderen Vollstreckungsleiter in der DVJJ vom 2. bis 6. Juni 1997, DVJJ-J 1998, S. 179, 185.

1344 Mey/Wirth, in: Festschrift für Alexander Böhm, 1999, S. 597, 614.

1345 Albrecht/Pfeiffer, 1979, S. 86.

1346 Ein Anstaltsleiter räumte allerdings ein, daß auch einige Bedienstete auf die ausländischen Gefangenen hinabsehen, sich über sie mockieren; Albrecht/Pfeiffer, 1979, S. 88.

1347 Albrecht/Pfeiffer, 1979, S. 88.

Diskriminierungsdrucks kam es unter den Ausländern nach Aussage der befragten Anstaltsleiter aber weitgehend zu einem verstärkten Zusammenschluß, was von den Anstalten überwiegend toleriert wurde. Vereinzelt fehlte auch jeder Zusammenhalt, weil die betroffenen Nichtdeutschen ihrer Muttersprache nicht mehr mächtig sind, oder aber sich als Deutsche fühlen und den Kontakt mit ihren Landsleuten nicht mehr suchen.[1348] Des weiteren zeigte sich vorliegend eine (Über-)Anpassung der nichtdeutschen Insassen an die offiziellen Normen der JVA infolge der festgestellten Deprivationen. Auch Lern- und Arbeitswilligkeit, Gruppenverhalten und Fleiß der Nichtdeutschen wurden von mehreren befragten Anstaltsleitern hervorgehoben.[1349]

Zur Erklärung dieses stark ausgeprägten Engagements für die Anstalt können *Albrecht/Pfeiffer* zufolge verschiedene Aspekte herangezogen werden: Zum einen mag die Angst, ausgewiesen zu werden, die Triebfeder für das konforme Verhalten sein. Denkbar ist aber auch, daß es sich hierbei um eine Reaktion auf die ablehnende Haltung der deutschen Mitgefangenen und um einen Ausdruck des Bedürfnisses nach Anerkennung handelt. Nicht zuletzt könnte es sich nach Auffassung von *Albrecht/Pfeiffer* um das von Goffmann als sekundäre Anpassung bezeichnete Phänomen handeln, eine Anpassung, die dem Einzelnen entgegen der institutionellen Zielsetzung eine Zerstreuung bietet, die es ihm erlaubt, zeitweise das Gefühl für seine Umwelt auszulöschen.[1350]

Die Beziehungen zur Außenwelt wurden von den befragten Anstaltsleitern übereinstimmend positiv eingeschätzt: Insbesondere der Kontakt zur Familie erfährt durch die Inhaftierung keinen Abbruch, ist sehr intensiv und unterscheidet sich damit wesentlich von den deutschen Gefangenen.[1351] Angesichts dieser Situation verwundert es nicht, daß die meisten Anstaltsleiter den jungen Nichtdeutschen eine positive Sozialprognose ausstellen und ihnen keine schlechteren Wiedereingliederungschancen als den Deutschen einräumen.[1352]

Dieser positiven Einschätzung stand in vielen Fällen die Ausweisungspraxis entgegen, die - so die Auffassung der Anstaltsleiter - einen Behandlungsvollzug praktisch unmöglich machte: Zeitintensive Maßnahmen scheiterten an der bevorstehenden Abschiebung; im übrigen waren Defizite bei den Inhaftierten so gravierend, daß eine qualifizierte Ausbildung in der Haft nur selten erfolgen konnte. Im Ergebnis bedeutet dies, daß die Nichtdeutschen zwar am normalen Vollzug teilnehmen, der sich aber den befragten Anstaltsleitern zufolge in der Regel als Ver-

---

1348 Albrecht/Pfeiffer, 1979, S. 89.

1349 Albrecht/Pfeiffer, 1979, S. 89, 90.

1350 So Albrecht/Pfeiffer, 1979, S. 91.

1351 Albrecht/Pfeiffer, 1979, S. 92.

1352 Albrecht/Pfeiffer, 1979, S. 92, 93.

wahrvollzug darstellt, den man durch Minimalmaßnahmen wie z. B. Sprachkurse in der jeweiligen Muttersprache zu gestalten versucht.[1353]

Die Einschränkung bei der Gewährung von Vollzugslockerungen aufgrund des Erfordernisses der Zustimmung der Ausländerbehörde bei drohender Abschiebung versuchten fast alle Anstaltsleiter durch eine großzügige Handhabung der Besuchsmöglichkeiten auszugleichen.[1354]

Für den Strafvollzug bringt dies zum Teil erhebliche organisatorische Schwierigkeiten mit sich, da nur eine bestimmte Anzahl von (gleichzeitigen) Besuchern zugelassen werden kann oder Personalnot der gewünschten Häufigkeit von Besuchen entgegensteht.[1355]

Sondermaßnahmen wie das Zusammenlegen von Nichtdeutschen in eigenen Abteilungen oder Anstalten, um den inhaftierten Nichtdeutschen eine bessere Förderung zukommen zu lassen, wurden von einigen Anstaltsleitern vorgeschlagen, vom überwiegenden Teil aber wegen der Gefahr der Ghettobildung abgelehnt.[1356]

Im Rahmen der Forschungsarbeit der *Autorengruppe Ausländerforschung* untersuchten *Borchert/Bosetzky* (unter Mitarbeit von *Helm* und *Kulke*) die Situation der im Jahr 1979 in Berliner Haftanstalten einsitzenden Ausländer. Sie konzentrierten sich in ihrer Studie auf die Situation von Nichtdeutschen in drei Berliner Gefängnissen (JVA Tegel, Untersuchungshaft- und Aufnahmeanstalt Moabit und Jugendstrafanstalt Plötzensee/Neukölln) vor dem Hintergrund der „allgemeinen Misere des deutschen Strafvollzugs“[1357]. Arbeitshypothese war, daß die Lage der Ausländer in Berliner Haftanstalten schlechter als die der Deutschen sei.[1358] Diese Hypothese fand sich in folgenden Punkten bestätigt: Etwa die Hälfte der nichtdeutschen Insassen (41,9 %) gab an, Sprachprobleme mit ihren Betreuern bzw. Stationsbeamten zu haben, was gerade für den Behandlungsvollzug ein gravierendes Manko darstellt.[1359] Weiterhin wurde das Essen im Gefängnis von den nichtdeutschen

---

1353 Albrecht/Pfeiffer, 1979, S. 99.

1354 Albrecht/Pfeiffer, 1979, S. 100.

1355 Albrecht/Pfeiffer, 1979, S. 103.

1356 Albrecht/Pfeiffer, 1979, S. 100.

1357 Borchert/Bosetzky, in Autorengruppe Ausländerforschung (Hrsg.), Teil 3, 1980, S. 119, 123. Sie befragten Ende 1979 mittels eines standardisierten Fragebogens 136 ausländische Häftlinge in den jeweiligen Landessprachen - darunter 73 Türken, 24 Jugoslawen und 39 Araber. Zum Vergleich wurden weiterhin 75 deutsche Inhaftierte befragt. Ende Januar/ Anfang Februar 1980 wurden dann 394 Bedienstete aller Laufbahn- und Beschäftigtengruppen aus den Haftanstalten ebenfalls mit einem standardisierten Fragebogen befragt; s. ausführlich S.119, 131-133, 137,138.

1358 Borchert/Bosetzky, in: Autorengruppe Ausländerforschung (Hrsg.), Teil 3, 1980, S. 119, 125.

1359 S. Borchert/Bosetzky, in: Autorengruppe Ausländerforschung (Hrsg.), Teil 3, 1980, S. 119, 187. So würden es auch 76,5 % der nichtdeutschen Befragten begrüßen, wenn ein „neutraler“ Landsmann d. h. kein Mithäftling ständig als Dolmetscher zur Verfügung stehen würde.

Gefangenen in stärkerem Maße als von den deutschen als ausgesprochen schlecht beurteilt[1360], wie sie auch ihren religiösen Bedürfnissen nicht zufriedenstellend nachkommen konnten.[1361] Den ausländischen Inhaftierten stand außerdem weniger Lesestoff zur Verfügung als den Deutschen, obwohl Lesen bei den Nichtdeutschen die vorherrschende Freizeitbeschäftigung ist.[1362] Ein wichtiger Punkt - und nach wie vor von Aktualität - ist die Tatsache, daß die drohende bzw. bereits feststehende Ausweisung und mangelhafte Deutschkenntnisse schulische und berufliche Aus- und Fortbildung im Gefängnis in erheblichem Maße beeinträchtigen[1363] und ein Außentraining d. h. Ausgang, Urlaub, Außenbeschäftigung und Freigang nahezu völlig verhindern.[1364] Dem entspricht, daß zum Untersuchungszeitpunkt die nichtdeutschen Insassen fast gar nicht in den Genuß von Vollzugslockerungen gekommen waren (5,3 % gegenüber 44,4 % der deutschen Vergleichsgruppe).[1365] Eine schlechtere Situation konnten *Borchert/Bosetzky* auch bezüglich der Aufstellung von Vollzugsplänen (8,3 % bei den Nichtdeutschen gegenüber 31,8 % bei den Deutschen)[1366] sowie der Ausübung von Tätigkeiten, für die es von der Anstalt Geld oder Einkaufsgutscheine gab (44,1 % gegenüber 69,3 %)[1367], feststellen.

Auch für die befragten Bediensteten stellte sich das Sprachproblem als schwerwiegend dar: 67, 8 % sprachen von „einigen", 19,8 % von „starken" und 6,6 % von „sehr starken" Schwierigkeiten.

1360 S. Borchert/Bosetzky, in: Autorengruppe Ausländerforschung (Hrsg.), Teil 3, 1980, S. 119, 208, 209.

1361 Borchert/Bosetzky, in: Autorengruppe Ausländerforschung (Hrsg.), Teil 3, 1980, S. 119, 218.

1362 S. Borchert/Bosetzky, in: Autorengruppe Ausländerforschung (Hrsg.), Teil 3, 1980, S. 119, 213-215.

1363 Borchert/Bosetzky, in: Autorengruppe Ausländerforschung (Hrsg.), Teil 3, 1980, S. 119, 233: Gefragt nach einer Gelegenheit zur Berufsausbildung, beruflichen Fortbildung, zur Umschulung oder Teilnahme an anderen ausbildenden/weiterbildenden Maßnahmen gaben drei Viertel der Ausländer und 41,3 % der Deutschen an, eine solche Gelegenheit nicht erhalten zu haben. Als Gründe wurden genannt: Ausweisung/Abschiebung 21,3 %; für Ausländer nicht vorgesehen 12,5 % und mangelnde Sprachkenntnisse 4,4 %.

Insgesamt überwiegt bei den nichtdeutschen Inhaftierten der Sonderschulunterricht (u. a. zurückzuführen auf mangelnde Sprachkenntnisse), während es bei den Deutschen schon in erster Linie um Berufsbildung geht; S. 232.

1364 Borchert/Bosetzky, in: Autorengruppe Ausländerforschung (Hrsg.), Teil 3, 1980, S. 119, 221. Auch zur Vorbereitung der Entlassung ist es nur bei 5,2 % der Befragten zu Vollzugslockerungen gekommen (Verlegung in eine offene Anstalt/Abteilung und Gewährung von Urlaub); bei den Deutschen belief sich der entsprechende Anteil auf 9,7 %.

Bei 61,5 % der nichtdeutschen Befragten unterblieben solche Maßnahmen aufgrund einer vorliegenden Ausweisung.

1365 S. die Zusammenfassung bei Borchert/Bosetzky, in: Autorengruppe Ausländerforschung (Hrsg.), Teil 3, 1980, S. 119, 264.

1366 Borchert/Bosetkzy, in: Autorengruppe Ausländerforschung (Hrsg.), Teil 3, 1980, S. 119, 245, 246.

1367 Borchert/Bosetzky, in: Autorengruppe Ausländerforschung (Hrsg.), Teil 3, 1980, S. 119, 231.

Allerdings ließen sich auch bestimmte Punkte ausmachen, hinsichtlich derer sich die Situation der Nichtdeutschen als „tendenziell besser“ als die der Deutschen beschreiben ließ. So konnten *Borchert/Bosetzky* feststellen, daß das Verhältnis der Ausländer zum Betreuungspersonal vergleichsweise besser war[1368]. Trotzdem befürworteten fast 70 % der Befragten den Einsatz von Landsleuten als Betreuer, wobei dieser Wunsch vor allem dort geäußert wird, wo das „Gefängnisklima“ besonders schlecht ist.[1369] Auch war die Solidarität in der Gruppe der Ausländer, besonders bei den Türken, ausgeprägter als unter den Deutschen[1370]. Die Nichtdeutschen hatten desweiteren auch keine größeren Probleme mit der Einhaltung der Hausordnung, teilweise wurden die ausländischen Gefangenen als noch besser angepaßt als die Deutschen beschrieben.[1371] Darüber hinaus verbüßten die Nichtdeutschen bei Vorliegen einer vollziehbaren Ausweisung in der Regel nach § 456a StPO und auf Antrag nur die Hälfte bis zwei Drittel ihrer Freiheitsstrafe.[1372]

Allerdings dürfen *Borchert/Bosetzky* zufolge diese Differenzierungen „nicht über das Eigentliche hinwegtäuschen“. Dies sind nach den Ergebnissen der Autoren folgende drei Aspekte: Das Verhältnis zu den deutschen Mithäftlingen wird als genauso gut/schlecht empfunden wie das zu den inhaftierten Landsleuten. Die nichtdeutschen Gefangenen sind nicht die „underdogs“ in den Berliner Haftanstalten. Grundsätzlich verblassen *Borchert/Bosetzky* zufolge nationale und ethnische Unterschiede vor der gemeinsam erlebten Subkultur der totalen Institution Gefängnis und der gemeinsam erlittenen Deprivation.[1373]

In der Studie von *Hamburger/Seus/Wolter* wurden die jungen Nichtdeutschen zum Strafvollzug befragt. Fast alle Probanden wiesen auf die - unerwünschten -

---

1368 Borchert/Bosetzky, in: Autorengruppe Ausländerforschung (Hrsg.), Teil 3, 1980, S. 119, 167, 172. Am beliebtesten bei den ausländischen Befragten waren Pfarrer, Werkmeister und freiwillige Mitarbeiter; die unbeliebtesten Betreuungspersonen waren Anstaltsärzte und Psychologen, weil in sie vermutlich zu hohe, unerfüllbare Erwartungen gesetzt werden; s. S. 169.

1369 Borchert/Bosetzky, in: Autorengruppe Ausländerforschung (Hrsg.), Teil 3, 1980, S. 119, 188.

1370 Borchert/Bosetzky, in: Autorengruppe Ausländerforschung (Hrsg.), Teil 3, 1980, S. 119, 193. 38,2 % der befragten Ausländer sind Einzelgänger, 61 % gaben an, Freunde in der Anstalt zu haben. Sehr groß ist dieser Anteil bei den Türken (75,3 %). Die Werte differieren darüber hinaus je nach Anstalt.

1371 Borchert/Bosetzky, in: Autorengruppe Ausländerforschung (Hrsg.), Teil 3, 1980, S. 119, 219.

1372 S. die Zusammenfassung bei Borchert/Bosetzky, in: Autorengruppe Ausländerforschung (Hrsg.), Teil 3, 1980, S. 119, 263. Eine bessere Lage war auch hinsichtlich der Punkte festzustellen, die nicht die Strukturen des Strafvollzugs, sondern die persönlichen Verhältnisse betreffen: So haben die nichtdeutschen Insassen größere Erwartungen und Hoffnungen mit Blick auf ein sinnvolles Leben in der Zukunft, glauben eher an eine neue Chance und auch ihre familiäre/soziale Situation unterscheidet sich von der der deutschen. Sie sind vergleichsweise besser in ihre Familie integriert, ihre Bezugsgruppe ist weniger kriminell vorbelastet; siehe S. 263.

1373 So Borchert/Bosetzky, in: Autorengruppe Ausländerforschung (Hrsg.), Teil 3, 1980, S. 119, 264.

„Lernprozesse“ im Gefängnis hin, gaben an, daß man dort erst zum Verbrecher werde. Auch die benachteiligende Beschränkung von Ausgangs- und Urlaubsmöglichkeiten im Vergleich zu den Deutschen wurde thematisiert. Diese führt *Hamburger/Seus/Wolter* zufolge dazu, daß die Struktur des Gefängnisses unabhängig von einer objektiv vorliegenden ausländerspezifischen Deprivation als ausländerfeindlich erfahren wird.[1374]

Bielefeld/Kreissl/Münster (1982)[1375] stellten fest, daß Nichtdeutsche in einigen Bereichen des Vollzugsalltags gegenüber den jungen Deutschen benachteiligt sind, in wesentlichen Bereichen sind beide Gruppen von der Deprivation gleichermaßen betroffen.

Als zentralen Punkt nennen *Bielefeld/Kreissl/Münster* die eingeschränkte Lockerungspraxis, die dazu führt, daß nichtdeutsche Jugendliche von berufsbildenden Maßnahmen und Schulbesuchen außerhalb der Anstalt ausgeschlossen bleiben.[1376] Als Sonderproblem konnten sie weiterhin die Briefzensur ausmachen. Danach hing es vom Vertrauen zu dem jeweiligen Gefangenen ab, ob fremdsprachige Briefe die Zensur durchliefen. Ansonsten waren die Jugendlichen gezwungen, in deutscher Sprache zu schreiben, was nicht selten zu Verständigungsschwierigkeiten bei den Eltern führen kann.[1377]

Was das Verhältnis zu den Vollzugsbeamten angeht, so ließen sich den Aussagen der nichtdeutschen Gefangenen nur selten Hinweise auf eine Diskriminierung durch die Beamten oder auf konkrete Konflikte entnehmen; im übrigen war die Bewertung des Verhaltens der Beamten differenziert[1378] und - obwohl die ausländischen und deutschen Gefangenen in unterschiedlichen Gruppen untergebracht waren - ähnelten sich die Beschreibungen beider Gruppen über wichtige Probleme im Vollzug sehr.[1379]

Kontakt zu den deutschen Mitgefangenen bestand *Bielefeld/Kreissl/Münster* zufolge kaum. Nur einer der befragten Jugendlichen hatte intensiven Kontakt zu

---

1374 Hamburger/Seus/Wolter, 1981, S. 153 mit Interviewsequenzen.

1375 Es wurden Jugendliche von drei Jugendstrafanstalten und einer Untersuchungshaftanstalt befragt. Es wurden unstrukturierte Interviews geführt. Mit jedem Jugendlichen wurden mindestens zwei protokollierte Gespräche geführt. Wieviele insgesamt befragt wurden, geht aus den Ausführungen von Bielefeld/Kreissl/Münster nicht hervor; vgl. Bielefeld/Kreissl/Münster, 1982, S. 14-17, 187/188.

1376 Bielefeld/Kreissl/Münster, 1982, S. 190.

1377 Bielefeld/Kreissl/Münster, 1982, S. 191.

1378 Ausführlich Bielefeld/Kreissl/Münster, 1982, S. 192, 193. So wurde ein Beamter als streng und gerecht beschrieben, während ein anderer „Schleimer“ bevorzuge; ein anderer Beamter ist beliebt, weil er sich Mühe mit dem Umschluß gibt, wieder ein anderer wird beschrieben mit den Worten „ (...) das war s'n richtig so 'n Bauer, wie wenn sein Vater so 'n Nazityp war.(...) Der macht, hopp, hopp, zu, zu, zack, zack, auf geht's (...)“.

1379 Bielefeld/Kreissl/Münster, 1982, S. 191.

deutschen Altersgenossen. Vielmehr bildeten sich nach den Angaben der befragten Jugendlichen verschiedene Gruppen je nach ethnischer Zugehörigkeit und Position innerhalb der Gefangenen, was aber in einigen Anstalten auch abhängig war von der Strategie, mit der die jeweilige JVA auf Gruppenbildung reagierte. So gab es z. B. in einer Anstalt eine „Türkenzelle“ mit sechs türkischen Gefangenen. Die Gruppe bietet einerseits Schutz vor Diskriminierung, andererseits wird aus der Gruppe heraus Kontakt zu Deutschen aufgenommen und in die „Knastökonomie“ eingegriffen.[1380]

Bezüglich Arbeit und Bildungsangeboten konnten die Verfasser der Studie herausarbeiten, daß sich für die ausländischen Gefangenen das Bildungsangebot auf die „Teilnahmemöglichkeit an einem dreistufigen Schweißlehrgang“ beschränkte.[1381] Die meisten ausländischen Gefangenen erfuhren somit keine Motivation und erwarben auch keine Qualifikationen. Die Autoren sehen daher die Gefahr, daß viele der ausländischen Jugendlichen nach ihrer Entlassung auf ihre herkömmlichen (illegalen) „Überlebensstrategien“ angewiesen sind bzw. diesbezüglich noch mit einer Verstärkung zu rechnen ist. Eine noch vorhandene Arbeitsorientierung wurde in der Haft eher zerstört; von Resozialisierung kann nach Auffassung der Autoren keine Rede sein. *Bielefeld/Kreissl/Münster* sehen es dabei als spezifisches Problem der jungen Ausländer an, „daß viele ihren eigenen Platz nur in einem Bereich erobern konnten, in dem die Kriminalisierungswahrscheinlichkeit relativ hoch ist.“[1382]

Was das Problem der Abschiebung anbelangt, so wurde dies für die Befragten erst gegen Ende der Haftzeit zu einer echten Bedrohung, nachdem es vorher für die Betroffenen mehr oder weniger ein Randproblem war. Den Verfassern zufolge wurde die Abschiebung als ein „Ausschluß aus dem eigenen Lebensbereich“[1383] wahrgenommen. Die Betroffenen reagierten darauf u. a. mit der Verleugnung der Abschiebemöglichkeit, man glaubte, um die Abschiebung herumzukommen, und wurde erst aktiv, wenn sie unmittelbar bevorstand.[1384] Zum Teil waren sie sicher, daß sie wieder zurückkehren würden. Einer der Befragten „beantragte“ die Abschiebung: er wolle zurück in die Türkei, weil er die Ungewißheit nicht mehr aushalte.[1385]

Die Untersuchung von *Schaffner/Kneip* (1983) konzentrierte sich auf erwachsene Strafgefangene der Vollzugsanstalt Mannheim. Ausgehend von der Vermutung,

---

1380 Bielefeld/Kreissl/Münster, 1982, S. 196, 197.

1381 So Bielefeld/Kreissl/Münster, 1982, S. 204.

1382 So Bielefeld/Kreissl/Münster, 1982, S. 204. Ausführlich zur Funktion der Arbeit innerhalb der Anstalt S. 198-203.

1383 Bielefeld/Kreissl/Münster, 1982, S. 207.

1384 S. Bielefeld/Kreissl/Münster, 1982, S. 207 und Interviewpassage S. 208.

1385 Bielefeld/Kreissl/Münster, 1982, S. 208.

ausländische Inhaftierte hätten mit größeren Daseinsschwierigkeiten im Vollzug zu kämpfen als deutsche Gefangene und daran anknüpfenden Verbesserungsvorschlägen gingen *Schaffner/Kneip* der Frage nach, inwieweit aus Sicht der Betroffenen eine Verbesserung eingetreten ist, und ob aus der Sicht der nichtdeutschen Gefangenen bestimmte Veränderungen begrüßt werden.[1386] Neben Sprachproblemen und Gefühlen der Benachteiligung Deutschen gegenüber in der Behandlung durch die Bediensteten wurden auch psychische Reaktionen auf die Inhaftierung, Zufriedenheit mit dem alltäglichen Leben in Haft und Einschätzung von Sinn und Zweck von Strafe thematisiert.[1387] Von insgesamt 663 befragten Inhaftierten gaben 356 verwertbare Fragebögen ab. Von den 134 inhaftierten Nichtdeutschen beteiligten sich 85; bei den deutschen Insassen waren es 271.[1388]

Befragt nach den Sprachkenntnissen gaben lediglich 28 % der befragten Nichtdeutschen an, Deutsch sehr gut bzw. gut zu verstehen, 29 % deutsch sehr gut bzw. gut zu sprechen. Immerhin ungefähr ein Drittel schätzte die eigene Fähigkeit, deutsch zu verstehen zumindest als schlecht ein; bzgl. des Sprechens belief sich dieser Anteil auf 35 %. Dennoch sahen ca. 70 % im Alltagsdeutsch keine gravierenden Probleme. Umgekehrt benötigten aber 84 % der nichtdeutschen Inhaftierten bei der Formulierung von Schriftstücken oder Anträgen gegenüber Behörden Hilfe bei der Übersetzung. Diese Übersetzungshilfe fanden sie in erster Linie im Kreis ihrer Mitgefangenen.[1389]

Das Verhältnis zu den Mitgefangenen zeigt ein weiteres Problemfeld auf. 64 % der befragten Nichtdeutschen bezeichneten die deutschen Insassen als gegenüber Ausländern arrogant; nur 36 % konstatierten eine hilfsbereite Einstellung.[1390] Noch schwerer wiegt aber eine andere Einschätzung: 76 % der Ausländer fühlten sich gegenüber den deutschen Mitgefangenen in der Vollzugspraxis schlechter behandelt, wobei für diese Einschätzung hauptsächlich die Ablehnung von Vollzugslockerungen mit Blick auf eine zu erwartende Abschiebung ausschlaggebend war.[1391] Im übrigen hielten 64 % der Nichtdeutschen den engeren Kontakt zu ihren Landsleuten für sehr wichtig bzw. wichtig; nur 36 % war der Kontakt nach eigenen Angaben gleichgültig.[1392] Befragt, inwieweit deutsche und ausländische Gefangene Anschluß bei Mitgefangenen gefunden und Freizeitkontakte aufgebaut haben,

1386 Schaffner/Kneip, ZfStrVo 1983, S. 259.

1387 Schaffner/Kneip, ZfStrVo 1983, S. 259.

1388 S. ausführlich Schaffner/Kneip, ZfStrVo 1983, S. 259, 260. Zu den demographischen Merkmalen, Vorstrafenbelastung, Haftzeiten der Befragtengruppen sowie die der Verurteilung zugrundeliegende Deliktsart s. S. 261.

1389 Schaffner/Kneip, ZfStrVo 1983, S. 259, 261.

1390 Schaffner/Kneip, ZfStrVo 1983, S. 259, 261.

1391 Schaffner/Kneip, ZfStrVo 1983, S. 259, 262.

1392 Schaffner/Kneip, ZfStrVo 1983, S. 259, 261.

zeigte sich, daß Nichtdeutsche signifikant häufiger Freunde gefunden hatten als die deutschen Insassen. Auch zeigten sich statistisch eindeutig Absonderungstendenzen zwischen der Gruppe der deutschen und nichtdeutschen Inhaftierten, wenn die Gefangenen im Rahmen des Umschlusses die Möglichkeit hatten, ihre Freizeit gemeinsam mit anderen zu verbringen.[1393] Allerdings sprachen sich die ausländischen Gefangenen deutlich gegen spezielle Ausländerhaftanstalten aus. Während nur 13 % der Nichtdeutschen dies favorisierten, bejahten 39 % der Deutschen eine solche Art der Unterbringung.[1394] Eine Trennung innerhalb einer gemeinsamen Anstalt befürworteten 35 % der Deutschen und 25 % der Nichtdeutschen; die in der JVA Mannheim praktizierte gemeinsame Unterbringung innerhalb der Abteilung wurde von rund einem Viertel der deutschen Insassen, aber von 62 % der ausländischen Inhaftierten für gut befunden. Der überwiegende Teil der Deutschen, nicht aber der Nichtdeutschen, war damit also gegen eine gemeinsame Unterbringung.[1395]

Statistisch bedeutsame Unterschiede zwischen Deutschen und Ausländern offenbarten sich auch bezüglich ihres Verhältnisses zu den Bediensteten. Hier vermuteten die nichtdeutschen Inhaftierten bei den Bediensteten seltener als die deutschen eine positive Behandlungsmotivation. Überwiegend gingen beide Gruppen von Gefangenen davon aus, daß die Bediensteten sich so verhalten, wie es ihnen aufgetragen wird (77 % der Nichtdeutschen, 88 % der Deutschen).[1396] In der Kontaktsuche zu den Bediensteten der JVA ergaben sich zwischen beiden Gruppen keine gravierenden Unterschiede. So waren für 29 % der Deutschen und 20,3 % der Ausländer Sozialarbeiter, Psychologen, Pfarrer, Lehrer und Werksbeamte Hauptansprechpartner bei der Lösung von persönlichen Problemen. Dagegen konnten *Schaffner/Kneip* große Unterschiede feststellen, was die Rolle der Mitgefangenen als Ansprechpartner bei persönlichen Problemen angeht: Diese war bei den

---

1393 Schaffner/Kneip, ZfStrVo 1983, S. 259, 262.

1394 Schaffner/Kneip, ZfStrVo 1983, S. 259, 262. So grundsätzlich auch das Ergebnis bei Borchert/Bosetzky, in: Autorengruppe Ausländerforschung (Hrsg.), Teil 3, 1980, S. 119, 198,199. Lediglich 29,6 % der ausländischen Befragten sprachen sich für eine Zusammenlegung von Ausländern in der JVA aus, 56,2 % waren dagegen. Als Gründe für eine Zusammenlegung wurden u. a. genannt: gleiche Mentalität, Sprache und Religion, Erhaltung eigener Sitten und Aussprache über gemeinsame Sorgen und Probleme, gegenseitiges Helfen. Gründe, die dagegen sprechen, waren: Angst vor Isolation und Ghettobildung, verstärkte Diskriminierung und Aggression, Konflikte untereinander und Verstärkung der bestehenden Probleme, kein Kontakt mehr zu Deutschen, kein Erlernen der deutschen Sprache, keine Integrationshilfe, kein Abbau von Vorurteilen.

Die Mehrheit der deutschen Gefangenen (46,2 %) sprach sich dagegen für eine Zusammenfassung von Ausländergruppen aus. Die Mehrheit der Bediensteten dagegen (77,7 %) sprach sich ebenfalls gegen eine Zusammenlegung aus.

1395 Schaffner/Kneip, ZfStrVo 1983, S. 259, 262.

1396 S. auch zu den einzelnen Gruppen von Bediensteten Schaffner/Kneip, ZfStrVo 1983, S. 259, 263.

Nichtdeutschen von größerer Bedeutung. Während 46 % der Ausländer ausländische (32,4 %) und deutsche (13,5 %) Mitgefangene als Ansprechpartner kontaktierten, sind es nur 26 % der deutschen Gefangenen. Darüber hinaus hielten diese sich bei der Lösung persönlicher Probleme fast immer an die eigenen Landsleute, lediglich 2 % sahen in einem ausländischen Mitgefangenen einen Ansprechpartner.[1397] Deutlich größer war bei den Deutschen der Anteil jener, der angab, überhaupt keinen Ansprechpartner zu haben (24,5 % gegenüber 8,1 %).[1398]

Was die Einschätzung der Haftsituation und die psychischen Reaktionen anbelangt, so ergab die Befragung, daß sich Ausländer signifikant seltener mit Selbstmordgedanken tragen als die deutschen Inhaftierten.[1399] Allerdings waren beide Gruppen ihren Angaben zufolge zu Beginn der Haft in einer ausgesprochen schlechten seelischen Verfassung.[1400]

Beide Gruppen fanden die Trennung von der Familie allgemein als belastend. Der Anteil derer, der die Trennung als sehr schlimm empfand, war aber bei den nichtdeutschen Gefangenen deutlich höher.[1401]

Signifikante Unterschiede ergaben sich auch in der Einschätzung der Essensqualität, Religionsausübung sowie des zwischenmenschlichen Klimas. Letzteres wurde von den Ausländern als besser eingestuft als von den Deutschen, während bezüglich der ersten beiden Punkte die nichtdeutschen Inhaftierten die Situation vergleichsweise schlechter beurteilten.[1402] Keine Unterschiede in der Einschätzung

---

1397 Ausführlich Schaffner/Kneip, ZfStrVo 1983, S. 259, 263.

1398 Schaffner/Kneip, ZfStrVo 1983, S. 259, 263.

1399 Anders Borchert/Bosetzky, in: Autorengruppe Ausländerforschung (Hrsg.), Teil 3, 1980, S. 119, 229: einen Selbsmord versucht hatten nach eigenen Angaben 18,4 % der Ausländer und 12 % der Deutschen.

1400 Schaffner/Kneip, ZfStrVo 1983, S. 259, 263. Zur Suizidgefährdung s. zusammenfassend auch Focken/Gley, 1987, S. 130: „Der Anteil deutscher Probanden, die als selbstmordgefährdet einzustufen sind, ist nach der Inhaftierung von vorher 39,2 % auf 45,7 % angestiegen. Bei den jungen Türken liegen die Vergleichsquoten bei 26,7 % zu 48,9 %. Diese extreme Steigerung der Selbstmordneigung belegt, daß die depressive Stimmungslage der jungen Türken stärker als Folge der Auseinandersetzung mit der Straftat (...) und der Inhaftierung (...) anzusehen ist.“ Zur Suizidgefährdung auch Borchert/Bosetzky, in: Autorengruppe Ausländerforschung (Hrsg.), Teil 3, 1980, S. 119, 229, wonach die Selbstmordgefahr bei den Ausländern etwas größer zu sein scheint als bei den Deutschen. Die Selbstmordrate sowie die Zahl der angekündigten Selbstmorde variierte je nach Anstalt. Als Gründe für versuchte Selbstmorde wurden in erster Linie Sorgen, Stress und Depressionen, ungerechte zu hohe Strafen und die allgmeine Gefängnissituation genannt. Nach Angaben der Inhaftierten wurden Selbstmordversuche auch vorgetäuscht, um bestimmte Vergünstigungen zu erhalten.

1401 Schaffner/Kneip, ZfStrVo 1983, S. 259, 263.

1402 Ausführlich Schaffner/Kneip, ZfStrVo 1983, S. 259, 264.

dagegen waren bezüglich der Arbeitsmöglichkeiten, dem Arbeitsgeld und der Unterbringung festzustellen.[1403]

Bezüglich der Gewährung von Lockerungen ergab sich das aufgrund der gängigen Verwaltungspraxis erwartete Bild: Bei einer Vielzahl der Ausländer lag eine rechtskräftige Ausweisungsverfügung vor, so daß 93 % angaben, keine Lockerungen erhalten zu haben. Bei den deutschen Inhaftierten kamen immerhin 40 % in den Genuß von Lockerungen, denen sowohl fast alle Ausländer als auch Deutsche eine resozialisierende Wirkung zuschrieben.[1404] Die Wirkungen der Haft wurden von fast der Hälfte der Ausländer als heilsam/eher nützlich und abschreckend angesehen, während 71 % der Deutschen die Haft als ziemlich schädlich einstuften.[1405]

Aufgrund dieser Ergebnisse gehen *Schaffner/Kneip* davon aus, daß die Annahme, die Befindlichkeit der nichtdeutschen Inhaftierten sei wesentlich schlechter als die der Deutschen einer Relativierung bedarf. Vielmehr sprechen einige Befragungsergebnisse dafür, daß nichtdeutsche Inhaftierte die Haft - trotz objektiv erschwerter Bedingungen - besser verkraften, was z. B. in der geringeren Selbstmordgefährdung zum Ausdruck kommt. *Schaffner/Kneip* führen dies u. a. auf gewisse positive Veränderungen im Strafvollzug wie Sprachkurs, spezielles Essen usw. zurück, die ein Bemühen um die ausländischen Inhaftierten erkennen lassen. Dennoch bleiben Problembereiche bestehen; ein zentraler Bereich ist die Nichtgewährung von Lockerungen. Auch scheint es so, daß sich bei den Gefangenen über die Nationalitätsgrenzen hinweg kein Gefühl der Solidarität aufgrund der gemeinsam zu erleidenden Haft einstellt. Die Nichtdeutschen sind um Integration bemüht, was bei den deutschen Insassen auf wenig Gegenliebe stößt - sie wollen die ausländischen Gefangenen, für die sie nur wenig Verständnis aufbringen, separiert sehen.[1406]

Daß Nichtdeutsche die Situation im deutschen Strafvollzug trotzdem anscheinend (psychisch) besser bewältigen, könnte *Schaffner/Kneip* zufolge daran liegen, daß sie den Freiheitsentzug eher akzeptieren, der Haft positivere Wirkungen zuschreiben und über stärkere Familienbindungen und Sozialkontakte sowie einen festen religiösen Hintergrund verfügen.[1407]

Das Dilemma hinsichtlich der zukünftigen Gestaltung des Strafvollzugs liegt *Schaffner/Kneip* zufolge darin, einerseits die Integrationsbemühungen der Nichtdeutschen zu fördern, Sozialkontakte zu ermöglichen, andererseits aber die stabili-

---

1403 Schaffner/Kneip, ZfStrVo 1983, S. 259, 264.

1404 Schaffner/Kneip, ZfStrVo 1983, S. 259, 264.

1405 Schaffner/Kneip, ZfStrVo 1983, S. 259, 264.

1406 So Schaffner/Kneip, ZfStrVo 1983, S. 259, 264/265.

1407 Schaffner/Kneip, ZfStrVo 1983, S. 259, 265.

sierende Wirkung des Kontakts zu den eigenen Landsleuten, ihrer Bezugsgruppe, aufrechtzuerhalten.[1408]

Auch *Chaidou* (1984) befaßte sich mit dem Jugendstrafvollzug und sah die These, junge Nichtdeutsche würden im Vollzug anders behandelt als Deutsche und benachteiligt, aufgrund eigener Befragungsergebnisse und der vorhandenen Literatur zu diesem Themenkreis bestätigt. Die eigene Befragung ergab dabei, daß bezüglich einer eventuellen Ausweisung 60 % der ausländischen Gefangenen meinten, sie würden insgesamt oder aber wenigstens in bestimmten Bereichen schlechter behandelt als die Deutschen. 40 % der Befragten waren der Auffassung, es gebe keine Ausbildung in der Jugendstrafanstalt und nur 11 % waren nach eigenen Angaben zufrieden mit dem Alltagsverlauf in der Anstalt. Immerhin die Hälfte der Befragten äußerte, es werde während der Strafverbüßung genug für die Zeit nach der Entlassung getan.[1409]

Auch mit dem Jugendstrafvollzug, speziell mit den subjektiv erlebten Benachteiligungen der jungen Türken im Vollzug befaßt sich die Arbeit von *Bukowski* (1998), die aufgrund der kleinen Zahl der Befragten allerdings nicht repräsentativ ist. Hintergrund der Untersuchung ist die Überlegung, daß Benachteiligung und erfahrene Ablehnung, die sich im Vollzug fortsetzen, bereits vorhandene anomische Tendenzen verstärken und dazu beitragen, ein abweichendes Selbstbild als Ausländer und Außenseiter zu entwickeln. Daraus entstehende oppositionelle Einstellungen gegenüber dem „Deutschen" könnten *Bukowski* zufolge das zukünftige Legalverhalten der jungen Türken negativ beeinflussen.[1410]

Mündlich befragt - anhand eines Leitfadens[1411] - wurden in der JVA Adelsheim sechs junge Türken zwischen 17 und 20 Jahren; zwei von ihnen hatten bereits Lockerungen, bei einem dritten waren diese genehmigt, während bei einem weiteren Insassen die Lockerungen wegen Eröffnung des Ausweisungsverfahrens kurz vor dem Entlassungstermin wieder entzogen worden waren. Die übrigen zwei jungen Gefangenen hatten wegen langer Reststrafe oder drohender Abschiebung keine Lockerungen. Zwei der Befragten arbeiteten in der JVA, die anderen vier besuchten die Schule. Die ausgesprochene Gesamtstrafe lag zwischen 15 Monaten und 4 Jahren, die die Gefangenen in unterschiedlichem Ausmaß schon „abgesessen" hatten; auch die der Verurteilung zugrundeliegenden Delikte variierten.[1412]

1408 So das Fazit von Schaffner/Kneip, ZfStrVo 1983, S. 259, 265.

1409 Chaidou, 1984, S. 185; ausführlich, unter Berücksichtigung der Literaturauswertung, Chaidou, 1984, S. 183-195.

1410 Bukowski, 1998, S. 16.

1411 Abgedruckt bei Bukowski, 1998, S. 45,46.

1412 Zu Anlage und Methodik der Untersuchung ausführlich Bukowski, 1998, S. 39-52.

Grundsätzlich kann aufgrund der Befragungsergebnisse von *Bukowski* die Frage, ob sich türkische Jugendliche im Strafvollzug gegenüber den deutschen benachteiligt fühlen, nicht eindeutig bejaht oder verneint werden. Vielmehr unterschieden sich die Angaben der einzelnen befragten Gefangenen deutlich voneinander, teilweise widersprachen sie sich sogar. Zwei Gefangene sprachen direkt von Benachteiligung und Unrecht gegenüber den Nichtdeutschen; zwei gaben Unterschiede zwischen türkischen und deutschen Inhaftierten in einigen Bereichen an, die für sie aber nicht den Grad einer relevanten Benachteiligung erreichten. Zwei weitere jugendliche nichtdeutsche Häftlinge konnten keine Unterschiede in der Situation von türkischen und deutschen Gefangenen feststellen.[1413]

Festzuhalten bleibt, daß die befragten türkischen Jugendlichen keine Benachteiligung in den Bereichen Ausbildung, Arbeit, Freizeit, Hausstrafen, Seelsorge und soziale Betreuung wahrnehmen; auf diese soll daher nicht mehr detailliert eingegangen werden.[1414]

Während das Verhältnis zu den Mitgefangenen von den Befragten deutlich positiver eingeschätzt wurde als die Beziehung der meisten deutschen Gefangenen zu Mitgefangenen[1415], wurden die drohende Ausweisung sowie die seltene Gewährung von Lockerungen und die Ablehnung durch einzelne Vollzugsbedienstete als benachteiligend empfunden.[1416]

Im folgenden soll die subjektive Einschätzung der Situation im Vollzug anhand einzelner, ausgewählter Punkte dargestellt werden.

Mit Ausnahme eines Befragten, der einer Abschiebung positiv entgegenblickte, um damit der vollständigen Verbüßung einer langen Freiheitsstrafe zu entgehen, wurde die (drohende) Ausweisung bzw. Abschiebung in die Türkei als sehr belastend empfunden. Die Intensität, mit der sich die Gefangenen mit dieser Frage beschäftigten und die Belastung durch diese Problematik variierten, u. a. abhängig von der Haftsituation und davon, ob eine Lebensgrundlage in der Türkei besteht („Das - die Ausweisung, Anm. d. Verf.- wäre für mich (...) Katastrophe. Ich kenne dort niemanden.(...) Ich war dort unten nur so Sommerurlaub oder so. (...) Ich habe niemanden dort, meine Eltren sind hier, meine Onkel ist - sind hier."[1417]), wie gut die Integration in Deutschland gelungen ist oder ob sich beispielsweise die Familie, die Eltern mit Rückkehrgedanken tragen. So beschäftigte diese Problematik vor allem jenen Befragten, der kurz vor der Entlassung bzw. der Verlegung in den offenen Vollzug stand, während sich die anderen Gefangenen noch nicht sehr

---

1413 So das Ergebnis bei Bukowski, 1998, S. 53.

1414 Vgl. zu den genannten Bereichen Bukowski, 1998, S. 68, 69, 70, 73, 74.

1415 Ausführlich und differenzierend die Befragungssequenzen bei Bukowski, 1998, S. 58-63.

1416 So zusammenfassend Bukowski, 1998, S. 85.

1417 S. Bukowski, 1998, S. 71.

intensiv mit der Frage der ausländerrechtlichen Folgen ihrer Straftat auseinandergesetzt hatten.[1418] Zwei der Befragten wiesen darauf hin, daß sie im Falle der Abschiebung wieder auf illegalem Wege nach Deutschland kämen, so daß die Angst vor der Abschiebung nicht gar so groß sei („So brauche ich eigentlich keine Angst zu haben vor der Abschiebung oder sonstiges, aber auch wenn eine Verfügung kommt habe ich keine Angst. (...) Gehe ich halt nach Türkei. Nach 2 Wochen bin ich wieder in Deutschland. Ich sehe da kaum ein Problem zur Zeit"[1419])

Was die Gewährung von Lockerungen angeht, so beschrieben zwei befragte Gefangene die ungleiche Behandlung bei der Gewährung von Lockerungen als sehr belastend und nicht gerechtfertigt. Die Aversionen richteten sich teilweise gegen das Ausländeramt, das in einem Fall ein wenig erfolgversprechendes Ausweisungsverfahren betrieb. Von einem Gefangenen wurde darauf hingewiesen, daß die ungleiche Behandlung Neidgefühle auslösen und somit das Verhältnis zu den deutschen inhaftierten Jugendlichen beeinträchtigen könne („Also als Deutscher, der hat 3 Jahre gekriegt, ist Januar gekommen und hat so gute Lockerungen wie ich. (...) Das ist schon - beneidenswert.(...) Also wenn man das da sieht, und das sehen auch die Türken und Ausländer und so, dann – ‚Die haben ein Ziel' denken die sich, ‚Die wissen - die wissen wie lange und wann, wie das abläuft hier drinnen'.").[1420]

Des weiteren fühlten sich die Befragten auch durch einige Bedienstete benachteiligt. Bis auf einen Gefangenen wiesen alle Befragten auf deutliche Unterschiede zwischen den einzelnen Beamten hin. Anteilnahme, Flexibilität, Interesse und Hilfsbereitschaft wurden positiv bewertet. Desinteresse, Sturheit, Unfreundlichkeit, Einmischung ins Privatleben und die Bevorzugung von Denunzianten wurden als negative Charakteristika angesehen.[1421]

Die unterschiedliche Bewertung der Bediensteten kommt zum Ausdruck in Aussagen wie z. B. „Es gibt halt welche, die sind in Ordnung, und dann gibt es wieder welche, die sind nicht in Ordnung" und als nähere Präzisierung bezüglich letzterer „Die benehmen sich dann halt so, als ob wir dann Dreck für die wären":[1422] Dabei ist *Bukowski* zufolge das Verhältnis zu den Bediensteten stark abhängig von den Strategien, die die Gefangenen im Umgang mit den Bediensteten pflegen. Denunzianten werden zwar von einigen Beamten bevorzugt behandelt, müssen aber Sanktionen seitens ihrer Mitgefangen fürchten. Positiv wirkt nach Einschätzung der Befragten auf die Beamten einerseits konformes Verhalten, Höflichkeit, andererseits aber auch ein eher frecher, ungezwungener Umgangston.[1423]

1418 Bukowski, 1998, S. 71.

1419 S. Bukowski, 1998, S. 72.

1420 Bukowski, 1998, S. 67.

1421 So Bukowski, 1998, S. 63.

1422 Bukowski, 1998, S. 63.

1423 Bukowski, 1998, S. 64.

Drei Befragte gaben an, daß auch die Nationalität eines Gefangenen das Verhalten mancher Beamter bestimmt. So erinnern manche Beamte die nichtdeutschen Gefangenen fortwährend an ihren Sonderstatus. Einige wenige Beamte wurden als faschistisch bezeichnet; sie schikanieren die nichtdeutschen Gefangenen; bei anderen Beamten läßt sich den Ergebnissen *Bukowskis* zufolge eine ungleiche Behandlung nur an Kleinigkeiten festmachen. Der Grund für die unterschiedliche Behandlung wurde seitens der jungen Türken teilweise in rassistischen Einstellungen vermutet, teilweise im Fehlverhalten türkischer Gefangener in der Vergangenheit, das von den Vollzugsbediensteten verallgemeinert wird.[1424]

Was die Familienbindung anbelangt, so ließen die Interviews keinen Vergleich zwischen deutschen[1425] und türkischen Gefangenen zu.[1426] Fast alle Befragten unterhielten gute Kontakte zur Familie, wobei die Beziehung zur Familie zwar als problematisch und nicht konfliktfrei erlebt, aber dennoch die Trennung von der Familie von den Betroffenen als sehr schmerzhaft empfunden wurde. Zum Teil entwickelten die Befragten im Umgang mit der Familie auch Strategien zur Verleugnung der Realität.[1427]

Dabei bleibt *Bukowski* zufolge der Zusammenhang zwischen intensiver Familienbindung und Intensität der Haftdeprivation ungeklärt: Schmerzhaft erfahrene Trennung von der Familie kann einerseits verstärkte Deprivation bedeuten, andererseits bringen intensive Kontakte zur Familie mehr emotionale Unterstützung und weniger Isolation mit sich.[1428]

Die Jugendstrafe wurde von den Beteiligten als große Belastung erlebt, wobei die Haftdeprivation individuell unterschiedlich intensiv und mit verschiedener Gewichtung erlebt wird.[1429] Grundsätzlich schätzten die türkischen Befragten den Sinn der Jugendstrafe nicht positiver ein als die deutschen Gefangenen. Eine erzie-

---

1424 S. Bukowski, 1998, S. 65.

1425 Soweit Bukowski auf deutsche Gefangene Bezug nimmt, stützt sie sich auf die aus der Literatur und der empirischen Forschung bekannten Befunde; eine eigene Befragung deutscher Gefangener führte sie nicht durch

1426 Bukowski, 1998, S. 74.. Siehe aber zusammenfassend Focken/Gley, 1987, S. 116, wonach der familiäre Zusammenhalt bei den jungen Türken wesentlich besser ist als bei den deutschen Vergleichsprobanden. Dieser Sachverhalt werde auch von JVA-Leitern, Anstaltspfarrern und Anstaltspsychologen überwiegend bestätigt.

1427 Bukowski, 1998, S. 74. Memo, einer der Befragten, schildert dies besonders eindrücklich. „Bloß halt denke ich viel zu viel - blöde. (...) An meine Eltern halt und Geschwister. (...) Wir sind 14 Geschwister. (...) Als die hier her gekommen sind - meine Schwester, Mutter und Vater waren dabei - (...). Und meine Mutter und Schwester haben geweint, und mein Vater, habe ich gesehen, dem sind auch die Tränen runter. (...) Und dann habe ich gesagt, die sollen halt nicht weinen, die sollen so sa-so denken, daß ich beim Bund bin. Halt - (...) Ja, wie bei der Bundeswehr.“; s. S. 75.

1428 Bukowski, 1998, S. 79.

1429 Bukowski, 1998, S. 76.

herische Wirkung wurde ihr abgesprochen; gefördert werde vielmehr das Erlernen krimineller Praktiken und Strafvermeidungsstrategien.[1430] Somit konnte die These, daß türkische Gefangene aufgrund einer positiven Einschätzung der Wirkung der Jugendstrafe damit verbundene Deprivationen leichter bewältigen, nicht bestätigt werden.[1431]

Die aufgezeigten unterschiedlichen Empfindungen bei den einzelnen Befragten legten die Vermutung nahe, daß bestimmte Faktoren sich auf das subjektive Erleben der Haftsituation des Einzelnen auswirken. Nach der Vermutung von *Bukowski* sind von Bedeutung für dieses unterschiedliche subjektive Erleben die persönlichen Hafterlebnisse, die nationale Identität des Betroffenen, individuelle Problemlösungsstrategien, die Erfahrungen mit Ausländerfeindlichkeit, die persönliche Bewertung der strafrechtlichen Verurteilung und erfahrenen Stigmatisierungen. Schließlich ist *Bukowski* zufolge auch die Integration in die Subkultur des Vollzuges und die Einstellung gegenüber den Anstaltsnormen von Relevanz.[1432]

Es ist also von vielen Faktoren abhängig, ob sich nichtdeutsche Gefangene im Vollzug benachteiligt fühlen oder nicht. Die Ausgangshypothese, wonach sich die Fortsetzung von Benachteiligungserfahrungen im Vollzug mit großer Wahrscheinlichkeit negativ auf das künftige Legalverhalten auswirkt, konnte im Rahmen der Befragung weder eindeutig bestätigt oder widerlegt werden. Vielmehr zeigte sich, daß bestimmte Bedingungen hinsichtlich Vorerfahrungen, Persönlichkeit des Einzelnen und seiner Position im Vollzug erfüllt sein müssen, damit Benachteiligungen im Sinne einer relativen Haftdeprivation erlebt werden und negative Wirkungen entfalten können. Eine solche Tendenz ist z. B. bei einem der Befragten, Sinbad, erkennbar, der sich als Türke ungerecht behandelt und benachteiligt fühlt und die Schuld hieran alleine den Deutschen zuweist.[1433] Auch im übrigen ergeben sich aus den Antworten der Befragten Hinweise darauf, daß - wenn auch nicht die Befragten selbst - so aber die anderen ausländischen Gefangenen Benachteiligungen auf eine andere Weise verarbeiten und ein Bild von sich als benachteiligtem Ausländer entwickeln, der sich gegen ungerechte Behandlung zur Wehr setzen muß, auch unter Verstoß gegen geltende Regeln.[1434]

Auch wenn die Ergebnisse von *Bukowski* nicht repräsentativ sind und ihre Einschätzungen auf wenig gesicherten Grundlagen beruhen[1435], sind ihrer Auffassung nach aufgrund der vorliegenden Untersuchungsergebnisse starke Zweifel berech-

---

1430 Bukowski, 1998, S. 77.

1431 Bukowski, 1998, S. 79.

1432 Bukowski, 1998, S. 86.

1433 S. Bukowski, 1998, S. 86, 87.

1434 So die Einschätzung von Bukowski, 1998, S. 87.

1435 So Bukowski, 1998, S. 87.

tigt, ob der derzeitige Jugendstrafvollzug gerade die hier in Deutschland geborenen Gefangenen zu resozialisieren oder zu erziehen vermag. Angesichts der derzeitigen Situation stellt *Bukowski* u. a. die Forderung auf, den Rahmen der VVJug voll auszuschöpfen und gerade die Genehmigungspraxis hinsichtlich Vollzugslockerungen umzustellen oder - wenn eine Lockerung unter keinem Aspekt in Frage kommt - auf ein baldiges Ende des Ausweisungsverfahrens hinzuwirken und den belastenden Zustand der Ungewißheit möglichst frühzeitig zu beenden. Langfristig befürwortet *Bukowski* neben Änderungen des Ausländerrechts auch gesetzgeberische Maßnahmen dergestalt, daß bei der Entscheidung über die Gewährung von Vollzugslockerungen bei Deutschen und Nichtdeutschen dieselben Kriterien angewandt werden. Die drohende Ausweisung wäre in diesem Rahmen nur noch ein Indiz, das im konkreten Einzelfall Lockerungen entgegensteht, dagegen nicht mehr ein pauschaler Hinderungsgrund. Gleichzeitig sollte der Vollzug in kleinen Wohngruppen stattfinden, um Prisonierungseffekte und die Auswirkungen einer Gefangenensubkultur gering zu halten.[1436]

Nicht um subjektive Wahrnehmungen, sondern um die Situation der Nichtdeutschen im Vollzug anhand von Sozial- und Haftverlaufsdaten, ging es in den Analysen von *Dünkel* zum hessischen[1437] und *Mey/Wirth* zum nordrhein-westfälischen Jugendstrafvollzug.[1438] *Dünkel* kam zu dem Ergebnis, daß sich in der Sozialisationsbiographie bei den ausländischen Gefangenen im Vergleich zu den deutschen keine besonderen Problemlagen (abgesehen von Sprachproblemen, die nicht erfaßt werden konnten) feststellen ließen.[1439] Deutliche Unterschiede ergaben sich lediglich hinsichtlich der Schichtzugehörigkeit. Der Anteil der Unterschichtsangehörigen war bei den Nichtdeutschen mit 59 % (N=49) mehr als doppelt so hoch wie bei

1436 Bukowski, 1998, S. 88.

1437 Zum Zweck der Analyse von Sozial- und Haftverlaufsdaten wurden Ende 1986 73 ausländische Jugendstrafgefangene erfaßt; 52 % davon waren türkischer Herkunft. Das Durchschnittsalter lag bei 19 Jahren (bei den Deutschen 20 Jahre). 58 % der nichtdeutschen Gefangenen waren in der Anstalt Rockenberg, 43 % in Wiesbaden untergebracht; Dünkel, 1990, S. 201.

1438 Die Untersuchung beschränkte sich zunächst auf deutsche Jugendstrafgefangene, die 1990 aus 5 Jugendstrafanstalten in Nordrhein-Westfalen entlassen wurde. Anhand einer hieraus gewählten Zufallsstichprobe (25 % der Grundgesamtheit von 221 Personalakten) sollten u. a. der Vollzugsverlauf sowie ausgewählte Merkmale der Vorgeschichte beschrieben und mit den Ergebnissen des Entlassungsjahrgangs 1981 verglichen werden. Von der Arbeitsgruppe Kriminologischer Dienst wurde dann eine Nacherhebung der ausländischen Gefangenen desselben Entlassungsjahrgangs durchgeführt und danach gefragt, ob und welche Unterschiede zu den deutschen Inhaftierten bestehen und welche Schlußfolgerungen daraus für eine Zustandsbeschreibung und Bewertung des Jugendstrafvollzugs zu ziehen sind; vgl. Mey/Wirth, in: Festschrift für Alexander Böhm, 1999, S. 597, 604, 611.

1439 Dünkel, 1990, S. 203.

den Deutschen mit 23 % (N=198).[1440] Eine Analyse der Haftverlaufsdaten offenbarte eine weitgehende Gleichverteilung von jungen Deutschen und Nichtdeutschen bei Bildungs- und Betreuungsmaßnahmen, Gewährung von Lockerungen und Unterbringung im offenen Vollzug.[1441] Statistisch bedeutsam waren dagegen die Unterschiede hinsichtlich der Disziplinarstrafen. 77 % der Ausländer und lediglich 63 % der Deutschen wurden mindestens einmal mit einer Disziplinarmaßnahme belegt, wobei sich die Unterschiede hauptsächlich im unteren Schwerebereich der Disziplinarstrafen (unterhalb des Arrests) zeigten.[1442]

Die von *Mey/Wirth* untersuchte Gefangenenpopulation zeichneten sich durch vergleichsweise stabilere Familienverhältnisse aus; die nichtdeutschen Inhaftierten entstammten weitaus seltener „Broken-Homes“ und waren deutlich seltener in Heimen aufgewachsen.[1443] Die schulische und berufliche Entwicklung war insgesamt noch ungünstiger als bei den deutschen Inhaftierten verlaufen.[1444] Im Vollzug allerdings zeigt sich keine quantitativ schlechtere Ausbildungs-/Berufsförderung, sondern eine qualitativ andere. Nichtdeutsche nahmen häufiger an schulischen Maßnahmen teil (44 % vs. 40 %), deutsche Gefangene waren stärker in die vollzuglichen Berufsförderungsmaßnahmen integriert (29 % vs. 45 %). In beiden Maßnahmenbereichen konnten die jungen Nichtdeutschen bessere Erfolgsquoten aufweisen als die Deutschen.

Anders als bei *Dünkel* ließ sich aber eine restriktivere Praxis der Vollzugslockerungen gegenüber den Nichtdeutschen feststellen[1445] (s. o. 16. 3. 2.). Was die Verhängung disziplinarischer Sanktionen anbelangt, so wurden insgesamt weniger nichtdeutsche als deutsche Inhaftierte disziplinarisch belangt (53 % gegenüber 64 %); umgekehrt wurden aber relativ mehr disziplinarische Maßnahmen gegen nichtdeutsche Gefangene als gegen deutsche Gefangene verhängt. Auch aus disziplinarischer Sicht kann man also nicht von einer „homogenen Problemgruppe“ sprechen; vielmehr machen die disziplinarisch auffälligen Ausländer wesentlich mehr und häufiger Schwierigkeiten als die übrigen Inhaftierten.[1446] *Mey/Wirth*

1440 Dünkel, 1990, S. 202.

1441 Dünkel, 1990, S. 203, 204, 205: u. a. Arbeitszuweisung Deutsche Ausländer: 84 % vs. 90 %; schulische Bildungsmaßnahmen 30 % vs. 22 %; berufliche Bildungsmaßnahme 37 % vs. 41 %; allgemeine Weiterbildungsmaßnahme 36 % vs. 49 %; pädagogische Einzelbetreuung 43 % vs. 55 %; Hafturlaub 43 % vs. 45 %; Ausgang 52 % vs. 48 %; Zulassung zum Freigang 10 % vs. 11 %.

1442 Dünkel, 1990, S. 206.

1443 Mey/Wirth, in: Festschrift für Alexander Böhm, 1999, S. 597, 611.

1444 Mey/Wirth, in: Festschrift für Alexander Böhm, 1999, S. 597, 612.

1445 Es hatten mehr Deutsche (78 %) Hafturlaub erhalten als nichtdeutsche Inhaftierte (63 %), wobei die Nichtdeutschen Lockerungen seltener mißbrauchten; vgl. Mey/Wirth, in: Festschrift für Alexander Böhm, 1999, S. 597, 613.

1446 So Mey/Wirth, in: Festschrift für Alexander Böhm, 1999, S. 597, 614.

zufolge kommt dies auch in einer vergleichsweisen geringen Arbeitsdisziplin und einer relativ größeren Gewaltbereitschaft zum Ausdruck.[1447]

16. 4. Das Absehen von der Strafvollstreckung gemäß § 456a StPO

§ 456a Abs.1 StPO bestimmt, daß die Vollstreckungsbehörde von der Vollstreckung einer Freiheitsstrafe, einer Ersatzfreiheitsstrafe oder einer Maßregel der Besserung und Sicherung absehen kann, wenn der Verurteilte wegen einer anderen Tat einer ausländischen Regierung ausgeliefert oder wenn er aus dem Geltungsbereich der StPO ausgewiesen wird. Es kann ganz oder teilweise von der Vollstreckung abgesehen werden. Die Entscheidung obliegt der Vollstreckungsbehörde - gemäß § 451 StPO die Staatsanwaltschaft - und ist eine Ermessensentscheidung[1448], die die Interessen des Verurteilten gegen die Gründe, die gegen ein Absehen von der Vollstreckung sprechen, abwägen muß.[1449]

Damit ist § 456a Abs.1 StPO das vollstreckungsrechtliche Pendant zu § 154b Abs.1 und 3 StPO. Eingeführt wurde die Vorschrift, um die inländischen Behörden von der Last der Vollstreckung von Strafen gegenüber Nichtdeutschen zu befreien.[1450]Im Vordergrund standen also zunächst justizökonomische Erwägungen und nicht die Schaffung einer Regelung zugunsten der betroffenen Nichtdeutschen, wie man angesichts der in die Abwägung einzustellenden Interessen des betroffenen Inhaftierten vermuten könnte. Diese justizökonomischen Erwägungen bestimmen auch heute noch die Interpretation des § 456a StPO und haben eine Untermauerung durch die Änderung des § 456a StPO durch das 23. StÄG vom 13.4.1986 erfahren, wonach u. a. durch die Einbeziehung der Ersatzfreiheitsstrafe - nicht aber der Geldstrafe - in den Anwendungsbereich der Vorschrift der Strafvollzug entla-

---

1447 Mey/Wirth, in: Festschrift für Alexander Böhm, 1999, S. 597, 614.

1448 Giehring, in: Ostendorf (Hrsg.), 1992, S. 469, 499 zufolge handelt es sich dagegen um eine der Struktur nach weitgehend gebundene Entscheidung, wobei die Entscheidungskriterien, vor allem die Einschätzung der generalpräventiven Bedürfnisse, einen Entscheidungsspielraum eröffnen, der es den Vollstreckungsbehörden erlaubt, ihre unterschiedlichen Vorstellungen zu realisieren.

1449 Kleinknecht/Meyer-Goßner, § 456a StPO Rz. 5.

1450 S. OLG Hamm NStZ 1983, S. 524, 525. Daneben besteht auch die Möglichkeit der Vollstreckungshilfe gemäß § 71 Abs.1 IRG. Zur strittigen Frage des Verhältnisses § 456a StPO und § 71 Abs.1 IRG s. ausführlich Giehring, in: Ostendorf (Hrsg.), 1992, S. 469, 477, 478; Groß, StV 1987, S. 36, 38, 39. In den Verwaltungsvorschriften Baden-Württemberg zur Anwendung des § 456a StPO wird davon ausgegangen, daß beide Regelungen bzw. Verfahren selbständig nebeneinander stehen. Sind die Voraussetzungen beider Vorschriften erfüllt, entscheidet die Vollstreckungsbehörde nach pflichtgemäßem Ermessen, welche Maßnahme in Betracht kommt; vgl. AV d. JuM v. 17.10.1996, abgedruckt in: Die Justiz 1996, S. 500, 501.

stet werden sollte.[1451] Dennoch fließen heute in die Interpretation der Vorschrift auch andere - im einzelnen z. T. umstrittene - Erwägungen ein, die den allgemeinen Prinzipien des Strafrechts und dem Gleichbehandlungsgedanken mehr entsprechen als ein ausschließlich justizökonomisches Verständnis der Vorschrift[1452] und der Tatsache Rechnung tragen, daß ein auf Resozialisierung und Sicherung ausgerichteter Strafvollzug bei Ausländern, die Deutschland verlassen müssen, nicht sehr sinnvoll erscheint.[1453] Des weiteren wird schon die Auslieferung oder Ausweisung als ein Übel erkannt, das unter bestimmten Voraussetzungen erlauben muß, auf die Durchsetzung des - zusätzlichen - Strafübels zu verzichten.[1454] Berücksichtigt wird bei dieser „modernen Interpretation"[1455] aber auch, daß - wie schon erörtert - der Strafvollzug zum Teil für ausländische Inhaftierte härter als für deutsche Gefangene ist.[1456] Das Absehen von der Vollstreckung dient insoweit als Ausgleich für erlittene Härten und Erschwernisse in der Haft.

Diese vielfältigen, teilweise konfligierenden Zielvorstellungen kommen nicht zuletzt auch in den von der Rechtsprechung als für die Anwendung des § 456a StPO aufgestellten maßgeblichen Kriterien sowie den unterschiedlichen Verwaltungsvorschriften der Landesjustizverwaltungen zum Ausdruck, anhand derer ebenfalls Entscheidungskriterien für die Anwendung des § 456a StPO statuiert werden.

Wesentliche Gesichtspunkte, die in die Abwägung miteinzufließen haben, sind in der Rechtsprechung die Umstände der Tat, die Schuld des Betroffenen sowie die Größe der bisher verbüßten Strafe und das öffentliche Interesse an einer nachhaltigen Strafvollstreckung.[1457] Herrscht diesbezüglich Einigkeit, so ist umstritten, inwieweit auch die persönliche und soziale Situation des Betroffenen in die Entscheidung miteinzubeziehen ist. Während das OLG Hamm aufgrund der Entstehungsgeschichte justizökonomische Aspekte für maßgeblich hält und Bedenken äußert, ob die soziale, familiäre Situation stets bei der Abwägung zu berücksichti-

---

1451 BT-Drs. 10/2720. S. 16; vgl. auch Giehring,in: Ostendorf (Hrsg.), 1992, S. 469, 480. Nach Giehring ging allerdings aus mehreren Stellungnahmen der Landesjustizverwaltungen hervor, daß ein Zusammenhang zwischen der Belegungssituation in den Justizvollzugsanstalten und der Anwendung des § 456a StPO nicht festzustellen sei; s. S. 479.

1452 Giehring, in: Ostendorf (Hrsg.), 1992, S. 469, 480; für eine „moderne Interpretation" der Vorschrift auch Groß, StV 1987, S. 36; sich dem anschließend auch Kleinknecht/Meyer-Goßner, § 456a StPO Rz. 1.

1453 So Groß, StV 1987, S. 36; Kleinknecht/Meyer-Goßner § 456a StPO Rz. 1.

1454 Groß, StV 1987, S. 36.

1455 Groß, StV 1987, S. 36.

1456 So Giehring, in: Ostendorf (Hrsg.), S. 469, 485/486, 499; Groß, StV 1987, S. 36. So auch schon Böhm, in: Schäfer/Sievering (Hrsg.), 1984, S. 118, 125.

1457 OLG Hamm, NStZ 1983, S. 524, 525; HansOLG Hamburg, StV 1996, S. 328; s. in Teilen auch KG, StV 1992, S. 428, 429.

gen ist[1458], ist dieser Aspekt für andere Gerichte ein maßgeblicher Faktor in der Abwägung.[1459]

Auch die Tatsache, „daß der ausländische Strafgefangene im Strafvollzug zusätzlichen Härten ausgesetzt ist, denen durch ein vorzeitiges Absehen von der weiteren Strafvollstreckung begegnet werden kann“ [1460], hat in die Ermessensentscheidung miteinzufließen. Das HansOLG Hamburg führt in diesem Zusammenhang aus: „Derartige Härten können beispielsweise darin liegen, daß der Strafgefangene auf Grund fehlender Kenntnisse der deutschen Sprache sozial isoliert ist, die Gefahr besteht, daß er durch Mitgefangene diskriminiert wird, fremden Lebensgewohnheiten ausgesetzt ist und generell über keine familiären Bindungen in der Bundesrepublik verfügt (...) und daß durch seine Abwesenheit ohnehin desolate familiäre Verhältnisse in seinem Heimatland verschärft werden.“[1461]

In den einzelnen Bundesländern lassen sich nach der Auswertung der unterschiedlichen Verwaltungsvorschriften durch *Giehring* im Jahr 1991 zwei Konzepte unterscheiden: Ein eher restriktives Konzept im Umgang mit dem § 456a StPO orientiert sich an den Regelungen des § 57 StGB und setzt § 456a StPO vor allem als Instrument ein, um erschwerte Haftbedingungen auszugleichen. Bei einer zeitigen Freiheitsstrafe ist danach in der Regel die Verbüßung von zwei Dritteln der Strafe der maßgebliche Zeitpunkt für die Maßnahme des § 456a StPO. Lediglich unter den Voraussetzungen des § 57 Abs.2 StGB kommt eine Verkürzung der Verbüßungsdauer in Frage; maßgebend ist dann der Halbstrafenzeitpunkt. In den Verwaltungsvorschriften von Bremen und Hamburg wird diese Regelung *Giehring*

1458 OLG Hamm, NStZ 1983, S. 524, 525. Allerdings gibt das Gericht zu, daß im konkreten Fall die persönlichen und familiären Umstände des Betroffenen nicht unberücksichtigt bleiben konnten und führt aus: „ Wenn ein Betroffener aus persönlichen und familiären Gründen besonders stark unter dem Vollzug der Freiheitsstrafe leidet, kann dem staatlichen Strafanspruch und dem öffentlichen Interesse an nachhaltiger Strafvollstreckung möglicherweise eher als in anderen Fällen Genüge getan sein“.

1459 So OLG Celle, NStZ 1981, S. 405; HansOLG Hamburg, StV 1996, S. 328; auch KG, StV 1992, S. 428, 429, das ausführt: „Ermessensfehlerhaft aber ist es, den angegriffenen Gesundheitszustand des Verurteilten und die (vermutete) Aussichtslosigkeit seines Bemühens um eine neue Existenzgrundlage in der Türkei für die Ablehnung des Antrags auf Absehen von der weiteren Strafvollstreckung heranzuziehen. Der Verurteilte weist insoweit zurecht darauf hin, daß es gerade im Hinblick auf sein Alter und seinen Gesundheitszustand für ihn äußerst wichtig ist, zu einem möglichst frühen Zeitpunkt mit dem Neuaufbau einer bescheidenen Existenz in der Türkei beginnen zu können. (...). Die StA hat auch nicht geprüft, ob etwa speziell- oder generalpräventive Gesichtspunkte die vollständige Vollstreckung der Strafe erfordern. Das Alter des Verurteilten, seine gesundheitliche und soziale Situation sowie seine im übrigen straffreie Lebensführung sprechen eher dagegen.“

1460 So HansOLG Hamburg, StV 1996, S. 328.

1461 HansOLG Hamburg, StV 1996, S. 328, 329. Vgl. auch die Kriterien bei Groß, StV 1987, S. 36, 39.

zufolge ausdrücklich damit begründet, es solle die erschwerte Haftsituation, vor allem der Ausschluß von Vollzugslockerungen, ausgeglichen werden.[1462]

In anderen Bundesländern werden dagegen von § 57 StGB verschiedene Regelverbüßungszeiten zugrundegelegt, wobei nach *Giehring* das theoretische Fundament für diese Regelung unklar bleibt.[1463] Als Regelfall wird das Absehen von der Strafvollstreckung zum Zeitpunkt der Verbüßung der Hälfte der Strafe festgesetzt. Es schließen sich Kriterien an, die eine Abweichung von der Regelverbüßungszeit nach oben oder unten ermöglichen bzw. erfordern.[1464] Diese variieren von Bundesland zu Bundesland. Exemplarisch seien hier die in Baden-Württemberg diesbezüglich geltenden Verwaltungsvorschriften wiedergegeben:

> „Von der Vollstreckung einer zeitigen Freiheitsstrafe kann ganz oder schon vor Verbüßung der Hälfte abgesehen werden, wenn neben der Verurteilung eine in dem Verfahren erlittene Freiheitsentziehung oder die Auslieferung oder Ausweisung selbst zur Einwirkung auf den Verurteilten und zur Verteidigung der Rechtsordnung ausreichend erscheinen. Dabei ist auch zu berücksichtigen, ob der Verurteilte für die abgeurteilte oder für eine andere Tat im Ausland eine weitere Strafe zu erwarten hat. Ein Absehen von Vollstreckung vor Verbüßung der Hälfte kommt vor allem in Betracht, wenn aa) bei Fortsetzung der Vollstreckung mit der bedingten Entlassung des Verurteilten gem. § 57 Abs.2 StGB zum Halbstrafenzeitpunkt zu rechnen wäre oder bb) die Vollstreckung der Freiheitsstrafe zur Bewährung ausgesetzt war und der Widerruf der Bewährungsaussetzung allein auf der Verletzung von Auflagen und Weisungen oder auf einer neuen Straftat beruht, die nicht zu einer Freiheitsstrafe geführt hat."

Dagegen kommt eine Vollstreckung über die Verbüßung der Hälfte der Strafe hinaus *„nur dann in Betracht, wenn aus besonderen, in der Tat oder in der Person des Verurteilten liegenden Gründen oder zur Verteidigung der Rechtsordnung eine nachhaltige Vollstreckung geboten ist. In diesen Fällen kann jedoch nach Verbüßung von zwei Dritteln der Strafzeit von der weiteren Vollstreckung abgesehen werden."* [1465]

Die baden-württembergische Regelung enthält weiterhin die Bestimmung, daß für die Vollstreckung der Jugendstrafe die Vorschriften über die Vollstreckung der zeitigen Freiheitsstrafe entsprechend gelten.[1466] In anderen Bundesländern wird eine entsprechende Regelung dahingehend ergänzt, daß zu berücksichtigen ist, ob

---

1462 Vgl. Giehring, in: Ostendorf (Hrsg.), 1992, S. 469, 475. Bezüglich nicht gewährter Lockerungen differenziert Giehring und verneint zurecht die Berücksichtigungsfähigkeit der Versagung von Lockerungen, die ausdrücklich aufgrund Mißbrauchsgefahr erfolgt; s. S. 485/486. Für die entsprechende Regelung in Hamburg vgl. auch HansOLG Hamburg, StV 1996, S. 328, 329.

1463 Giehring, in: Ostendorf (Hrsg.), 1992, S. 469, 474.

1464 S. Giehring, in: Ostendorf (Hrsg.), 1992, S. 469, 476.

1465 AV des Justizministeriums v. 17. 10. 1996, abgedruckt in: Die Justiz, 1996, S. 500, 501.

1466 S. AV des Justizministeriums v. 17.10.1996, abgedruckt in: Die Justiz, 1996, S. 500, 501.

das Erziehungsziel bereits erreicht ist oder noch erreicht werden kann.[1467] *Giehring* ist darin zuzustimmen, daß dieser Zusatz nur so verstanden werden darf, daß bei positiver Sozialprognose ein Absehen von der Vollstreckung früher in Frage kommt als bei gleichen Strafhöhen nach dem Erwachsenenstrafrecht. Denn eine Verzögerung der Aussetzung aus erzieherischen Gründen über den für Erwachsenen vorgesehenen Zeitpunkt hinaus stellte eine unzuläsige Erwägung dar, da sie individualpräventive Gesichtspunkte berücksichtigen würde, die bei der Ausweisung oder Auslieferung keine Rolle spielen.[1468]

Inwieweit die Vorschrift des § 456a StPO tatsächlich Anwendung findet, kann nur geschätzt werden. Gerade in der Literatur wurde die Regelung des § 456a StPO eher skeptisch betrachtet und ihre „Praxistauglichkeit" in Zweifel gezogen.[1469] Allerdings handelt es sich dabei oft um Stellungnahmen aus der Zeit vor Einführung der Verwaltungsvorschriften. Es ist davon auszugehen, daß die Einführung der Verwaltungsvorschriften einer verstärkten Anwendung des § 456a StPO Vorschub geleistet hat, indem sie die Entscheidung zumindest in groben Zügen vorstrukturieren. Was die Anwendungshäufigkeit in der Praxis anbelangt, so nennt *Giehring* einige im Rahmen seiner Befragung erlangte Schätzwerte aus Stellungnahmen der Landesjustizverwaltungen: So wurden z. B. für Rheinland-Pfalz die positiven Entscheidungen auf ca. 70-75 Fälle in den Jahren 1982-1984 geschätzt; in Hessen beläuft sich die Zahl auf ca. 300 Entscheidungen pro Jahr, die bis auf wenige Ausnahmen positiv sind.[1470] Über die Zahl der Entscheidungen nach § 456a StPO, die Nichtdeutsche betreffen, die eine Jugendstrafe verbüßen, kann keine Aussage gemacht werden. Insgesamt sprechen *Giehring* zufolge die Eindrücke aus dem Strafvollzug für eine regional unterschiedliche Entscheidungspraxis, was angesichts der unterschiedlichen Regelungen und Akzentuierung in der Zielsetzung des § 456a StPO nicht verwundert.[1471]

1467 Vgl. Giehring, in: Ostendorf (Hrsg.), 1992, S. 469, 507.

1468 So Giehring, in: Ostendorf (Hrsg.), 1992, S. 469, 507.

1469 S. Ritzke, in: Schäfer/Sievering (Hrsg.), 1984, S. 84, 87 zur Zeit der Geltung des damaligen § 17 Strafvollstreckungsordnung. Hier waren Konstellationen aufgeführt, bei denen die Vorschrift nicht angewendet werden durfte. 1987 wurden diese ersatzlos gestrichen, weil die Regelung als zu eng und undifferenziert galt. Vgl. auch Groß, StV 1987, S. 36, 39.

1470 S. Giehring, in: Ostendorf (Hrsg.), 1992, S. 469, 479 Fn 34.

1471 S. Giehring, in: Ostendorf (Hrsg.), 1992, S. 469, 471, 473.

16. 5. Zusammenfassung und Schlußfolgerungen

Das JGG hat sich für einen Erziehungsstrafvollzug entschieden, dessen Auftrag und Zielsetzung von Gesetzes wegen gleichermaßen für junge Deutsche und Nichtdeutsche gelten.

Auch wenn man den Erziehungsauftrag, wie zum Teil in der Diskussion um den Erziehungsstrafvollzug gefordert, herabstuft auf ein Angebot an Hilfen und das alleinige Ziel des Vollzuges in der zukünftigen Legalbewährung der Gefangenen sieht, muß man feststellen, daß viele nichtdeutsche junge Gefangene von dieser Art des Jugendstrafvollzuges ausgeschlossen bleiben und eher einen Verwahrvollzug anstatt eines an Erziehung bzw. Resozialisierung ausgerichteten Vollzugs durchlaufen. Allerdings bedarf es einer differenzierten Betrachtung.

Nach einer Gesamtschau der empirischen Ergebnisse und den Aussagen von (Vollzugs-) Praktikern kann die Frage, ob Nichtdeutsche in der Haft benachteiligt sind und sie die Haft auch subjektiv deprivierender erleben als ihre deutschen Altersgenossen, nicht so eindeutig oder pauschal beantwortet werden, wie man zunächst aufgrund der allgemein gehaltenen Darstellung der besonderen Problemlagen im Vollzug für Nichtdeutsche annehmen könnte. Die empirischen Untersuchungen liefern ein facettenreiches Bild, das in bestimmten Bereichen z. T. gravierende Benachteiligungen offenbart, in anderen Bereichen sind die Ergebnisse nicht so eindeutig bzw. keine Unterschiede zu den deutschen Inhaftierten erkennbar.

Gerade was die subjektive Wahrnehmung und Verarbeitung von Benachteiligungserfahrungen angeht, ist nicht auszuschließen, daß - wie *Bukowski* vermutet -, unterschiedliche Faktoren wie die persönliche Haftsituation, erfahrene Stigmatisierungen und individuelle Problemlösungstrategien maßgeblich sind.

Deutlich wird in allen Studien die Benachteiligung, die im Ausländerrecht begründet liegt und einen großen Teil der nichtdeutschen Gefangenen von den wichtigen Vollzugslockerungen ausschließt. Die Betroffenen empfinden dies als Benachteiligung im Vergleich zu den deutschen Gefangenen, wie überhaupt die mit einem Ausweisungsverfahren verbundene Ungewißheit als sehr belastend erlebt wird. Erwähnenswert erscheint auch die Tatsache, daß die jungen Nichtdeutschen häufig als angepaßt, lernwillig, fleißig und vergleichsweise gut eingebunden in die Familie, ins soziale Umfeld erscheinen, also unter diesem Gesichtspunkt Aussichten auf eine günstige Sozialprognose bzw. Resozialisierung haben (wobei dies durch andere Umstände wieder relativiert werden mag[1472]). Gerade die guten familiären Kontakte werden z. T. für maßgeblich dafür gehalten, daß die jungen Nichtdeutschen den Vollzug weniger deprivierend erleben als die Deutschen. Umgekehrt steht aber auch eine andere Deutungsart zur Debatte, wonach gerade wegen der

---

1472 Vgl. Mey/Wirth, in: Festschrift für Alexander Böhm, 1999, S. 597, 611, 612.

guten Eingebundenheit in die Familie die Haft aufgrund der Trennung von Familie und Freunden als besonders schmerzhaft empfunden wird.

Bezüglich des Verhältnisses zu den Bediensteten existieren differenzierte Wahrnehmungen. Abhängig vom jeweiligen Beamten wird zum Teil von diskriminierenden Verhaltensweisen berichtet. Über Rolle und Position der Nichtdeutschen im Vollzug existieren unterschiedliche Angaben; der Annahme, sie seien die „underdogs", traten z. B. *Borchert/Bosetzky* entgegen. Auch zu dem Bereich schulische/berufliche Bildung sind die Ergebnisse unterschiedlich. Hier wird man u. a. zu berücksichtigen haben, daß die Durchführung dieser Maßnahmen auch wesentlich vom Vorbildungsniveau der Gefangenen abhängig ist.[1473] Insgesamt ist bei der Bewertung der Untersuchungsergebnisse zu berücksichtigen, daß die Studien zum Teil rund 20 Jahre zurückliegen und somit kein repräsentatives Bild über den derzeitigen Strafvollzug zu geben vermögen. Sie geben in erster Linie Auskunft über den Vollzug in bestimmten Jugendstrafanstalten bzw. Justizvollzugsanstalten mit ihrer jeweiligen Population.

Daß keine pauschale Aussage über die Benachteiligung der jungen Ausländer im Vollzug getroffen werden kann, hängt vor allem damit zusammen, daß die Nichtdeutschen auch im Strafvollzug keine einheitliche, sondern heterogene Gruppe bilden, die ganz unterschiedliche spezifische Problemlagen auf sich vereinen und damit auch unterschiedliche Anforderungen an den Strafvollzug stellen. Für den Strafvollzug bedeutet dies, daß er die durchzuführenden Maßnahmen zielgruppengerecht ausgestalten muß, wobei die Zielgruppen eben nicht schematisch in Deutsche und Nichtdeutsche aufgeteilt werden können.

So bringt der Strafvollzug in erster Linie für jene jungen Nichtdeutschen ganz besondere Härten mit sich, die sich erst kurz in Deutschland aufhalten und die Sprache nicht sprechen. Sie bleiben nach Einschätzung von Vollzugspraktikern von einem Jugendstrafvollzug, wie ihn das JGG vorsieht, weitgehend ausgeschlossen. Zumeist laufen sie im „normalen" Strafvollzug mit, der sich aufgrund ihrer Sprachdefizite für sie eher als Verwahr- denn als Behandlungsvollzug darstellt. So scheiden für sie z. B. Teilnahme an sozialtherapeutischen Maßnahmen oder bestimmte berufsbildende Maßnahmen aus. Kontakt kann seitens der Anstalt und den Bediensteten nur schwer aufgenommen werden. Der Aufbau gegenseitigen Vertrauens dürfte beinahe unmöglich sein, so daß erzieherisch positive Einflüsse durch die Bediensteten im Jugendstrafvollzug kaum zu erwarten sind.

1473 S. Mey/Wirth, in: Festschrift für Alexander Böhm, 1999, S. 597, 612/613. Sie kamen zu dem Ergebnis, daß die jungen Nichtdeutschen nicht quantitativ schlechter, aber qualitativ anders gefördert werden. Bedingt durch ihr Vorbildungsniveau nahmen sie relativ häufig an schulischen Maßnahmen teil, während die deutschen Altersgenossen stärker in Berufsförderungsmaßnahmen vertreten waren.

Eine weitere gravierende Benachteiligung, die in allen empirischen Studien zum Ausdruck kommt, resultiert aus dem Ausländerrecht, das an die Straffälligkeit unter bestimmten Voraussetzungen die Ausweisung knüpft. Neben der Ungewißheit, die sich sowohl hinderlich auf die Motivationslage des Gefangenen als auch auf die Vollzugsplanung der Anstalt auswirkt, verhindert bzw. beeinträchtigt eine vollziehbare Ausweisung oder ein anhängiges Ausweisungsverfahren die Gewährung von Vollzugslockerungen, die gerade für die Entlassungsvorbereitung, die Aufrechterhaltung von Außenkontakten, aber auch für bestimmte berufsbildende oder auch pädagogische, sozialtherapeutische Maßnahmen Voraussetzung sind. Einen - wenn auch geringen - Ausgleich für diese Restriktionen über großzügige Besuchsregelungen zu schaffen, scheitert in der Praxis zum Teil am Personalaufwand oder daran, daß Familie und Freunde nicht vor Ort oder sogar nicht im Land sind.

Wie gezeigt, gibt es im Bereich der Lockerungen aber durchaus regional unterschiedliche Praktiken, die davon abhängen, wie restriktiv das Ausländerrecht angewendet wird bzw. wie die Anstaltsleitungen den ihnen verbleibenden Handlungsspielraum ausfüllen. Schließlich hängt die Gewährung von Lockerungen selbstverständlich auch von der Zusammensetzung der jungen nichtdeutschen Gefangenen, insbesondere deren für die Frage der Ausweisung erheblichen aufenthaltsrechtlichem Status ab.[1474] Die Regelungen der VVJug, wie sie derzeit bestehen, laufen der erzieherischen Zielsetzung des Jugendstrafvollzugs entgegen, indem die Gefahrenabwehr verfolgenden Ziele der Ausländerbehörde höher bewertet werden als eine erzieherisch zu befürwortende Lockerung. Die Bestimmung der VVJug ist zu pauschal, um dem Einzelfall gerecht zu werden. Erstrebenswert ist eine Regelung, die eine individuelle Prüfung erlaubt, im Rahmen derer eine mögliche Flucht aufgrund der drohenden Ausweisung bzw. Abschiebung ein zu berücksichtigender Aspekt unter mehreren wäre.[1475]

Noch konsequenter wäre es, am Ausländerrecht selbst anzusetzen. Statt Nichtdeutschen, gegen die eine Ausweisungsverfügung vorliegt, muttersprachlichen Unterricht im Gefängnis zu geben, sollte man angesichts der Notwendigkeit eines solchen Unterrichts die derzeitige Ausweisungsregelung überdenken.[1476] Jugendlichen und Heranwachsenden, die hier geboren bzw. aufgewachsen sind und ihren Lebensmittelpunkt haben, sollten grundsätzlich von Ausweisungen ausgenommen werden. Wo eine Ausweisung unausweichlich ist, sollte möglichst frühzeitig über die Ausweisung entschieden werden. Hier bietet sich auch ein Vorgehen gemäß § 456a StPO an, um die Dauer des (Verwahr-) Vollzugs möglichst kurz zu halten.

1474 Vgl. Grübel/Walter, BewHi 1999, S. 361, 373 wonach sich die Quote von Ausgang und Urlaub für die Gruppe der im Ausland geborenen Nichtdeutschen und der in Deutschland geborenen Nichtdeutschen deutlich unterscheidet.

1475 So auch die Forderung von Bukowski, 1998, S. 87, 88.

1476 Kritisch auch Pollähne, ZfStrVo 1994, S. 131, 135.

Zugleich gilt es, auch für jene den Vollzug zu gestalten, die aufgrund sprachlicher Defizite oder einer bevorstehenden Ausweisung bzw. Abschiebung für den Jugendstrafvollzug problematisch sind, besondere Anforderungen an ihn stellen und Grenzen des Erziehungsstrafvollzuges aufzeigen.[1477] Dies mag umso schwerer sein, als aufgrund der breiten Palette ambulanter Maßnahmen und aufgrund der ultima-ratio-Funktion des Jugendstrafvollzugs hauptsächlich eine problematische (deutsche) Klientel im Vollzug versammelt ist, der es gerecht zu werden gilt. Dabei sieht sich der Vollzug in dem Dilemma, einerseits auf die Lebensverhältnisse im Herkunftsland nicht vorbereiten zu können, andererseits aber erscheint angesichts einer bevorstehenden Ausweisung/Abschiebung eine Vorbereitung auf ein straffreies Leben in Deutschland fragwürdig.[1478] Dennoch kann auch für diese Gruppe von Nichtdeutschen, zumal für Jugendliche, die „Verwahrung" bei bestmöglicher Vermeidung negativer Auswirkungen des Vollzuges nicht die Lösung sein. *Seebode* weist zu recht darauf hin, daß sich der Vollzug „hier noch mehr als sonst darauf konzentrieren" muß „wenigstens Hilfen und Impulse zur Legalbewährung zu geben."[1479] Was *Seebode* für den Erwachsenenvollzug formuliert, sollte auch für den Jugendstrafvollzug gelten: „*Dies ist umso weniger unmöglich, als der Behandlungsvollzug sich nicht auf die heute zuweilen überbetonten äußeren Sozialisationsbedingungen zu beschränken, sondern auch die inneren oder mentalen Voraussetzungen für ein straffreies Leben eines Menschen ins Auge zu fassen und zu beeinflussen hat.*"[1480] Hinzu kommt, daß es häufig unsicher ist, ob und wann die Betroffenen tatsächlich abgeschoben werden oder ob sie wieder nach Deutschland zurückkehren, so daß schließlich eine Vorbereitung auf ein straffreies Leben in Deutschland doch Sinn macht.[1481]

Was die zu treffenden Maßnahmen angeht, so werden vielfältige Forderungen erhoben. Zum einen ist an den sprachlichen Defiziten anzusetzen. Das bedeutet einerseits, daß nach Möglichkeit Deutschkenntnisse vermittelt werden müssen, um überhaupt eine Grundlage zu schaffen, auf der das Angebot z. B. von schulischen oder berufsbildenden Maßnahmen ansetzen kann. Andererseits ist aber auch der verstärkte Einsatz fremdsprachiger bzw. nichtdeutscher Mitarbeiter im Vollzug und ein umfassendes Angebot an fremdsprachigen Medien zu begrüßen.[1482] Auch wenn z. B. Ungewißheit bezüglich der persönlichen Zukunft eines von der Abschiebung

---

1477 Vgl. auch Seebode, KrimPäd 1997, Heft 37, S. 52.

1478 Vgl. Finkbeiner/Karsten/Meiners, ZfStrVo 1993, S. 343, 346.

1479 Seebode, KrimPäd, 1997, Heft 37, S. 52.

1480 Seebode, KrimPäd 1997, Heft 37, S. 52.

1481 Seebode, KrimPäd 1997, Heft 37, S. 52.

1482 Vgl. z. B. Borchert/Bosetzky, in: Autorenrgruppe Ausländerforschung (Hrsg.), Teil 3, 1980, S. 119, 266. Sie favorisieren u. a. auch den Einsatz externer Dolmetscher und qualifizierter Betreuer aus der eigenen Volksgruppe sowie Ausländerberater.

bedrohten Gefangenen besteht, darf nicht aus dem Blick geraten, daß im Rahmen einer Ausbildung erworbene Fähigkeiten und Qualifikationen, seien sie sprachlicher, handwerklicher oder technischer Natur auch im Herkunftsland von Nutzen sein können. Zum Teil wird auch Schulunterricht nach Lehrplänen des Herkunftslandes angeboten, dessen Abschluß dort dann anerkannt wird.[1483] Unterstützenswert ist die Forderung, die Anstalten mögen verstärkt Ausbildungsangebote aufnehmen, die den besonderen sozio-kulturellen und ökonomischen Besonderheiten des Lebens im Herkunftsland und Deutschland Rechnung tragen.[1484] Erwägenswert erscheint auch, neben der Vermittlung von Sprachkenntnissen ausländische Jugendliche und Heranwachsende mit Hilfe gezielter Angebote mit den gesellschaftlichen Lebensverhältnissen in Deutschland vertraut zu machen.[1485]

Es ist zuzugeben, daß die Situation dennoch schwierig bleibt und ganz besonders problematisch ist, wenn es sich bei den jungen Inhaftierten um Jugendliche handelt, die sich erst seit kurzem in Deutschland aufhalten. Daß hier kein Jugendstrafvollzug greifen kann, wie ihn das JGG vorsieht, ist fast unausweichlich. Es droht die Gefahr der Bildung von zwei Gruppen im Strafvollzug: jene, die einen erzieherischen Vollzug erfahren und jene, bei denen dies nicht oder nur eingeschränkt möglich ist - eine Trennung, die zusätzliches Konfliktpotential für die Anstalten birgt.[1486]

Eine Zusammenfassung von jungen nichtdeutschen Inhaftierten in gesonderten Anstalten, wie sie von manchen u. a. deshalb favorisiert wird, um besser auf die spezifischen Probleme der Ausländer eingehen zu können[1487], ist abzulehnen - auch wenn das Zusammenleben mehrerer Nationen viele Konfliktfelder eröffnet.[1488] Eine Zusammenlegung in eigenen Anstalten dürfte schon deshalb nicht weit tragen, weil die Nichtdeutschen selbst keine homogene Gruppe sind, d. h. es müßte weiterhin auf eine Vielzahl spezifischer Problemlagen reagiert werden. Gleichzeitig

---

1483 So Seebode, KrimPäd 1997, Heft 37, S. 52, 53.

1484 So Kaiser, in: Kaiser/Kerner/Schöch, 1992, § 9 Rz. 28.

1485 So Borchert/Bosetzky, in: Autorengruppe Ausländerforschung (Hrsg.), Teil 3, 1980, S. 119, 266.

1486 So Finkbeiner/Karsten/Meiners, ZfStrVo 1993, S. 343/344.

1487 So Nährich, ZfStrVo 1993, S. 145, 151 (allgemein für den Strafvollzug).

1488 Ablehnung auch bei Albrecht/Pfeiffer, 1979, S. 100; Borchert/Bosetzky, in: Autorengruppe Ausländerforschung (Hrsg.), Teil 3, 1980, S. 119, 266; Kaiser, in: Kaiser/Kerner/Schöch, 1992, § 9 Rz. 28; Schaffner/Kneip, ZfStrVo 1983, S. 259, 265; gegen spezielle Einrichtungen für Ausländer auch Ostendorf, §§ 91-92 Rz. 5; für eine Zusammenführung bestimmter Nationalitäten ohne Trennung von den deutschen Gefangenen Seebode, KrimPäd 1997, Heft 37, S. 52, 53. Gegen eine Zusammenlegung junger Ausländer derselben Herkunft spricht sich unter IV.16 auch die „Recommendation No. R (88) 6 of the committee of ministers to member states on social reactions to juvenile delinqency among young people coming from migrant families“ aus.

würden die Bedürfnisse jener mißachtet, die zwar „Ausländer" sind, jedoch ihre Bezugspunkte in Deutschland haben und möglicherweise besser Deutsch als ihre Muttersprache sprechen.[1489] Wie die Ergebnisse der empirischen Studien zeigen, wird eine solche Zusammenlegung weder von der Mehrheit der nichtdeutschen Inhaftierten noch von den Bediensteten befürwortet. Das Bedürfnis nach Kontakt, nach Integration scheint bei den nichtdeutschen Gefangenen eine nicht zu unterschätzende Rolle zu spielen, das nicht durch eine künstliche Trennung torpediert werden sollte. Auch ist die Gefahr der Ghettobildung sowie die Verfestigung von Vorurteilen nicht von der Hand zu weisen.[1490]

Versucht man aber so gut wie möglich, sich auf die veränderten Verhältnisse im Vollzug einzustellen, so müssen auch Bemühungen unternommen werden, kulturelle Differenzen und möglicherweise daraus resultierende Spannungen zu überbrücken, die Gefahr von Fehleinschätzungen und Mißverständnissen aufgrund der sozio-kulturellen Unterschiede zu minimieren.

Nicht zu vernachlässigen ist daher auch die Aus- bzw. Weiterbildung der Vollzugsbediensteten bzw. der Einsatz nichtdeutscher Mitarbeiter, und dies nicht nur, um eine bessere sprachliche Verständigung[1491] herbeizuführen. Wie das Pilotseminar „Möglichkeiten interkultureller Weiterbildung im Strafvollzug" zur Erweiterung der interkulturellen Kompetenz des Allgemeinen Vollzugsdienstes (AVD) in Nordrhein-Westfalen[1492] zeigte, gibt es auf seiten der Vollzugsmitarbeiter einen erheblichen Informationsbedarf, teilweise überraschend große Wissenslücken vor allem im Bereich der religiösen Praxis gläubiger Muslime. Im Zuge des Seminars wurde - so *Böse/Schiffer* - deutlich, daß interkulturelle Sachinformationen zum rationalen Verstehen beitragen und Strukturen fremder Kulturen erklärbar sind.[1493] Auf Seite der Mitarbeiter des AVD zeigte sich einerseits eine verbesserte berufliche Motivationslage, weil ihnen als „interkulturell Qualifizierte" anstaltsintern mehr Beachtung und Anerkennung z. B. durch Kollegen und Vorgesetzte

---

1489 Kaiser/Kerner/Schöch, 1992, § 9 Rz. 28.

1490 Vgl. Borchert/Bosetzky, in: Autorengruppe Ausländerforschung (Hrsg.), Teil 3, 1980, S. 119, 266.

1491 S. Neu, in: Schwind/Blau (Hrsg.), 1988, S. 319, 331. In der JVA Schwalmstadt haben die Bediensteten türkisch gelernt.

1492 Es handelte sich dabei um ein Projekt des Lehrstuhls für Erwachsenenbildung/Weiterbildung der Universität Köln im Auftrag des Justizministers des Landes Nordrhein-Westfalen. Inhaltlich wurden folgende Themen bearbeitet: Migrationsbewegung, Interkulturelle Grundlagen, Türkei zwischen Vergangenheit und Moderne, Der Islam - Eine Exkursion (dies beinhaltete den Besuch eines muslimischen Gemeindezentrums), Interkulturelle Konflikte am Fallbeispiel Polizei, Ehre wem Ehre gebührt (d. h. es erfolgte eine Auseinandersetzung mit dem Ehrenkodex türkischer Inhaftierter und der Bedeutung von Ehre für die Teilnehmer/innen selbst) sowie Kosovo/Albanien und GUS. Ausführlich Böse/Schiffer, ZfStrVo 2000, S. 12ff.

1493 Böse/Schiffer, ZfStrVo 2000, S. 12, 15.

entgegengebracht wird; andererseits zeigt sich auch eine Verbesserung des Verhältnisses von Bediensteten und Gefangenen. Die Bediensteten werden als kompetent und vertrauenswürdig wahrgenommen, wenn sie Interesse an den fremden kulturellen Normen und Wertevorstellungen zeigen. Außerdem wird nicht zuletzt auch die Kluft zwischen Theorie, die bei den Bediensteten u. a. kommunikative Fähigkeiten, Einfühlungsvermögen, Toleranz voraussetzt, und der Praxis kleiner, da zusätzliche interkulturelle Kenntnisse einen Beitrag zur Sicherung der Qualität von Betreuung und Behandlung gerade ausländischer Gefangener leisten. Denn „interkulturelle Kompetenz“ kann *Böse/Schiffer* zufolge als „das Vermögen zu kultureller Selbstreflexion und Konfliktfähigkeit sowie die prinzipielle Bereitschaft zu wechselseitigem Einfühlungsvermögen verstanden werden.“[1494] Durch interkulturelle Bildung können so langfristig Verhaltens- und Einstellungsänderungen erreicht werden, die als soziale Schlüsselqualifikationen in einem Vollzugsalltag, der stark von nichtdeutschen Inhaftierten geprägt ist, von großer Bedeutung sind. Dies gilt umso dringlicher für den Jugendstrafvollzug, für den in § 91 Abs.4 JGG gefordert wird: „Die Beamten müssen für die Erziehungsaufgaben des Vollzugs geeignet und ausgebildet sein.“. Die Vollzugsbeamten sind „Bezugsperson“ und „emotionaler Blitzableiter“[1495]; von ihnen geht im Zweifel durch den täglichen Kontakt ein größerer (erzieherischer) Einfluß auf die Jugendlichen aus als von einzelnen Therapiemaßnahmen.[1496] Um einen solchen Kontakt zu nichtdeutschen Jugendlichen aufzubauen und der erzieherischen Zielsetzung nachzukommen, erscheinen die oben genannten interkulturellen Kompetenzen und Qualifikationen unabdingbar. Wissen um und Verständnis für fremde Kulturen und Interesse an der andersartigen Lebenswelt des Gefangenen können insoweit eine gewisse „Eisbrecher“-Funktion in dem Aufbau der Beziehung des Beamten zu dem jungen Gefangenen haben und eine intensivere Betreuung der jungen Nichtdeutschen ermöglichen.

Daneben ist auch der Einsatz nichtdeutscher Vollzugsbediensteter sowie Sozialarbeiter und ehrenamtlicher Mitarbeiter zu fördern, um die Betreuung junger Nichtdeutscher im Strafvollzug zu verbessern.[1497]

Zu nennen ist weiterhin das von *Finkbeiner/Karsten/Meiners* vorgestellte Deeskalationsmodell in der Jungtäteranstalt Vechta[1498], das eingesetzt wird, um in der Anstalt angesichts der Vielfalt der vertretenen Nationalitäten und Kulturkreise auf-

---

[1494] Böse/Schiffer, ZfStrVo 2000, S. 12, 16.

[1495] So Ostendorf, §§ 91-92 Rz. 9.

[1496] Ostendorf, §§ 91-92 Rz. 9.

[1497] So auch Ostendorf, §§ 91-92 Rz. 5; Kaiser, in: Kaiser/Kerner/Schöch, 1992, § 9 Rz. 28.

[1498] Finkbeiner/Karsten/Meiners, ZfStrVo 1993, S. 343ff.

tretende Konflikte zu entschärfen.[1499] Es handelt sich dabei um ein Konfliktmanagement, das neben repressiven auch deeskalierende, präventive Strategien des gegenseitigen Verständnisses und Akzeptierens beinhaltet.[1500] Ein wesentlicher Bestandteil des in mehreren Stufen verlaufenden Modells ist die Konfliktbearbeitung in der Gruppe, an der Moderatoren und Konfliktparteien, zum Teil auch die im Hintergrund agierenden und für die Anerkennung des Stellenwertes der Konfliktbearbeitung bedeutenden „subkulturellen Größen"[1501] teilnehmen und in der die Parteien die Möglichkeit erhalten, ihre Sichtweise von dem Konflikt und seine mögliche Lösung darzustellen. Ein Schwerpunkt dabei ist, kulturelle und nationale Hintergründe des Handelns der Parteien transparent und verständlich zu machen. Angestrebt werden Lösungen, die den am Konflikt Beteiligten einen Gesichtsverlust ersparen, den Regeln der JVA entsprechen und als Kompromiß die Zustimmung beider Seiten finden. Beendet wird das Gespräch durch einen der Moderatoren, der das Ergebnis bewertet und die Konfliktparteien positiv würdigt; gleichzeitig sollen die Beteiligten noch einmal die Möglichkeit erhalten, letzte Unklarheiten anzusprechen. An das Gespräch soll sich unmittelbar die Realisierung der Deeskalationsmaßnahmen anschließen; die Auswirkungen dieser Maßnahmen sollen von den Moderatoren beobachtet und diskutiert werden.[1502]

1499 Finkbeiner/Karsten/Meiners, ZfStrVo 1993, S. 343, 346.

1500 Mit ausführlicher Konzeption und anschaulichen Fallbeispielen Finkbeiner/Karsten/Meiners, ZfStrVo 1993, S. 343, 347ff.

1501 Finkbeiner/Karsten/Meiners, ZfStrVo 1993, S. 343, 349.

1502 Finkbeiner/Karsten/Meiners, ZfStrVo 1993, S. 342, 350.

3. Teil: Ausländerrecht und Jugendstrafrecht: Die (Un-) Vereinbarkeit von Gefahrenabwehr und Erziehungsgedanken

17. Kapitel: Ausländerrechtliche Konsequenzen von Straffälligkeit - insbesondere die Ausweisung

17. 1. Einleitung

Straffälligkeit kann für die in Deutschland lebenden Ausländer weitreichende Folgen haben. Sie beeinflußt die Frage, ob eine Aufenthaltsberechtigung bzw. unbefristete Aufenthaltserlaubnis erteilt wird (vgl. §§ 27 Abs.2 Nr.4, 26 Abs.3 Nr.2 AuslG), eine Aufenthaltserlaubnis verlängert wird (§ 17 Abs.5 AuslG), sowie die Chancen für eine Einbürgerung (vgl. § 8 Abs.1 Nr. 2 StAG) und ist nach wie vor der häufigste Grund für Ausweisungen, wenn auch in der ausländerrechtlichen Praxis die Aufenthaltsbeendigung vor allem durch Nichtverlängerung der Aufenthaltsgenehmigung geschieht.[1503]

Die Ausweisung ist eine der gravierendsten Folgen einer Straftat. Sie wiegt in der Regel schwerer als die unmittelbare (strafrechtliche) Rechtsfolge selbst und soll daher im folgenden Kapitel im Mittelpunkt stehen. In der Begründung zum Entwurf für ein Gesetz zur Neuregelung des Ausländerrechts wies die Bundesregierung darauf hin, daß „auch künftig ohnehin nur ein geringer Teil der Ausländer vom Ausweisungsrecht betroffen ist" und „die überwältigende Mehrheit der im Bundesgebiet lebenden Ausländer, die hier rechtschaffen ihrer Arbeit, ihrem Studium und ihren sonstigen Geschäften nachgehen" vom Ausweisungsrecht überhaupt nicht berührt werden.[1504] Wenn aber eine Ausweisung verfügt wird, dann bedroht und zerstört sie die Existenzgrundlage des Betroffenen, kappt die bestehenden sozialen Bezüge und stellt sich gerade für die jungen, in Deutschland geborenen bzw. aufgewachsenen Ausländer als „Zwangsverschickung" in ein ihnen fremdes Land dar, dessen Kultur sie oft nie unmittelbar kennengelernt haben und dessen Sprache sie häufig nicht (mehr) sprechen. Das Ausländerrecht erweist sich in diesen Fällen als das gegenüber dem (Jugend-) Strafrecht wesentlich schärfere Instrument. Zwar ist die Ausreisepflicht als Folge strafrechtlicher Verstöße bzw. Verurteilungen eine ordnungsrechtliche Maßnahme zur Gefahrenabwehr und als

---

[1503] Wegner, in: Huber (Hrsg.), § 46 Rz. 24.

[1504] S. BT-Drs. 11/6321, S. 50.

solche keine „Strafe“, so daß man nicht von einer „Doppelbestrafung“ sprechen kann. Sie wird aber von den Betroffenen zweifelsohne als solche empfunden.

17. 2. Die Ausweisung gemäß den §§ 45ff AuslG

Die maßgeblichen Ausweisungsvorschriften sind die §§ 45 ff AuslG, die hier erörtert werden sollen. Neben diese treten völkerrechtliche Vereinbarungen, die die Ausweisung von Ausländern von dem Vorliegen zusätzlicher Erfordernisse abhängig machen. Zu nennen ist hier vor allem das Europäische Niederlassungsabkommen (ENA) sowie das privilegierende Sonderrecht für EG-Angehörige.

§ 45 ist die ausweisungsrechtliche Grundnorm des AuslG und stellt die Entscheidung über die Ausweisung wie auch bei § 46 in das pflichtgemäße Ermessen der Ausländerbehörde. Dagegen muß bei Vorliegen der Voraussetzungen des § 47 Abs.1 ausgewiesen werden (Ist- oder Mußausweisung) und im Rahmen von § 47 Abs.2 wird „in der Regel“ ausgewiesen (Regelausweisung). Dabei versteht man unter Ausweisung die Aufforderung, das Bundesgebiet unverzüglich zu verlassen, ohne dem Betroffenen vorzuschreiben, wohin er auszureisen hat.[1505]

17. 3. Ermessensausweisung nach §§ 45, 46 AuslG

Einen Ermessensspielraum für die Ausländerbehörde eröffnet § 45 AuslG. Danach steht es im pflichtgemäßen Ermessen der Ausländerbehörde, einen Ausländer auszuweisen, „wenn sein Aufenthalt die öffentliche Sicherheit und Ordnung oder sonstige erhebliche Interessen der Bundesrepublik Deutschland beeinträchtigt“. Dabei sind die in Abs.2 genannten privaten Belange in die Ermessenserwägungen miteinzustellen. In der Praxis hängt die Effektivität dieser Regelung in erster Linie davon ab, wie eingehend die Verwaltungsgerichte den - von ihnen nur eingeschränkt überprüfbaren - Ermessensspielraum der Ausländerbehörde darauf hin überprüfen, ob diese Belange auch angemessen berücksichtigt wurden.[1506] Problematisch ist die generalklauselartige Unbestimmtheit des § 45 AuslG, der zwar durch die Aufzählung von Ausweisungstatbeständen in § 46 AuslG eine gewisse Konkretisierung erfährt, aber mit Blick auf die Beispielhaftigkeit des § 46 - die Aufzählung hier ist nicht abschließend - und auch auf Tatbestandsebene (siehe nur die Nr.2) anzu-

---

[1505] Vormeier, in: GK-AuslR, § 45 Rz. 19.

[1506] Vgl. Ventzke, StV 1994, S. 337, 339/340.

treffenden Unbestimmtheit Zweifel an der Verfassungsmäßigkeit der Norm hervorruft.[1507]

§ 46 AuslG konkretisiert § 45, indem er einen Katalog einzelner Ausweisungsgründe aufzählt, bei denen „insbesondere" ausgewiesen werden kann. Von Interesse mit Blick auf die Straffälligkeit ist hier der Ausweisungsgrund des § 46 Nr.2 AuslG: ein nicht nur vereinzelter oder nicht nur geringfügiger Verstoß gegen Rechtsvorschriften und gerichtliche Entscheidungen oder behördliche Entscheidungen und Verfügungen sowie eine Straftat im Ausland, die nach dem StGB als vorsätzliche Straftat einzustufen ist.

Ein Rechtsverstoß ist danach immer beachtlich, wenn er vereinzelt, aber nicht geringfügig oder geringfügig, aber nicht vereinzelt ist.[1508] Eine vorsätzlich begangene Straftat ist nach der Rechtsprechung grundsätzlich nicht als geringfügig iSd § 46 Nr.2 anzusehen.[1509] Ausnahmen sind unter engen Voraussetzungen denkbar - so etwa, wenn das Strafverfahren wegen Geringfügigkeit eingestellt wird.[1510] Eine gerichtliche Verurteilung ist nach h. M. keine Voraussetzung für die Ausweisung wegen Straffälligkeit nach § 46 Nr.2. Der zur Überzeugung der Ausländerbehörde feststehende Verstoß soll zwar rechtswidrig sein, umstritten dagegen ist, ob auch schuldhaftes Handeln vorliegen muß. Dies wird man dann als Voraussetzung ansehen müssen, wenn es zum Inhalt der verletzten Rechtsvorschrift (z. B. bei einer Straftat) gehört.[1511]

Insgesamt umfaßt § 46 Nr.2 alle Verstöße gegen Rechtsvorschriften etc., die mindestens als Ordnungswidrigkeiten mit mehr als 1000 DM Bußgeld geahndet werden bis hin zu Verstößen und Straftaten unterhalb der Schwelle des § 47 Abs. 2 AuslG.[1512]

Die Aufzählung in § 46 AuslG ist nicht abschließend, weshalb eine Ausweisung auch direkt auf § 45 AuslG gestützt werden kann.[1513] Allerdings kommt der Aufzählung

in § 46 eine gewisse Begrenzungs- und Maßstabsfunktion zu. Insoweit ein Sachverhalt in § 46 eine Regelung erfahren hat, kann die Ausweisung nicht auf § 45 gestützt werden, wenn die Voraussetzungen, an die § 46 die Ausweisung aufgrund dieses Sachverhaltes knüpft, im Einzelfall nicht vorliegen. Von Bedeutung

---

1507 Siehe ausführlich Wegner/Durmus, 1994, S. 35-37, kritisch auch Heldmann, in: KAV (Hrsg.), 1996, S. 34, 36/37.

1508 So BVerwGE 102, S. 63, 66.

1509 So BVerwG, Urteil v. 24.9.1996 in: Jakober/Lehle/Schwab, § 46, Nr.7, S.1, 2.

1510 BVwerGE 102, S. 63, 66/67.

1511 So Renner, § 46 Rz.11; allein auf die Rechtswidrigkeit abstellend Kloesel/Christ/Häußer, § 46 Rz. 12.

1512 Wegner, in: Huber (Hrsg.), § 46 Rz.20.

1513 Hailbronner, JZ 1995, S. 127, 128; Vormeier, in: GK-AuslR, § 45 Rz.44.

ist dies vor allem in Hinblick auf die Nr.2: So kann in einem geringfügigen Verstoß gegen eine Rechtsvorschrift eine Beeinträchtigung der öffentlichen Sicherheit und Ordnung im Sinne des § 45 Abs.1 zu sehen sein. Ein Rückgriff auf § 45 scheidet in solch einem Fall aber aus, weil ein Verstoß gegen eine Rechtsvorschrift in § 46 Nr. 2 eine spezielle, abschließende Regelung erfahren hat und die Ausweisung hiernach nur auf einen nicht geringfügigen Verstoß gestützt werden kann.[1514]

Scheidet ein Rückgriff auf § 45 AuslG nicht schon aufgrund der Sperrwirkung des § 46 aus, ist umgekehrt zu prüfen, ob der unter § 45 zu subsumierende Sachverhalt nicht als nur vereinzelte oder geringfügige Beeinträchtigung zu werten ist. Nur wenn dies nicht der Fall ist, kann eine Ausweisung aufgrund des § 45 Abs.1 erfolgen.[1515] Erfolgt eine Ausweisung aufgrund der in § 46 benannten Gründe, muß darüber hinaus nochmals geprüft werden, ob die öffentliche Sicherheit und Ordnung bzw. sonstige erhebliche Interessen beeinträchtigt werden.[1516]

17. 4. Spezial- und Generalprävention als Motive der Ausweisung wegen Straffälligkeit

Die Ausländerbehörde kann die Ausweisung aufgrund von Straffälligkeit verfügen, um der Gefahr vorzubeugen, daß der Ausländer erneut gegen die Rechtsordnung verstößt (Spezialprävention). Dabei setzt die Ausweisung nicht ausdrücklich das Bestehen einer konkreten Wiederholungsgefahr voraus. Allerdings fordert der ordnungsrechtliche Charakter der Vorschriften die von der Ausländerbehörde zu treffende Feststellung, daß in Zukunft vom weiteren Aufenthalt des Ausländers eine Beeinträchtigung erheblicher öffentlicher Interessen ausgeht.[1517] Maßstab ist die Schwere der Tat, wobei das Verhältnismäßigkeitsprinzip zu berücksichtigen ist.[1518] Einheitliche Anforderungen, die an die Wiederholungsgefahr im Fall einer spezialpräventiven Ausweisung gestellt werden, können nicht festgelegt werden, sondern maßgeblich sind die jeweiligen Umstände des Einzelfalls wie die in Rede stehende Tat, Verhalten und Persönlichkeit des Täters.[1519] So reicht z. B. bei einer Verurtei

---

1514 Wegner, in: Huber (Hrsg.), § 45 Rz.1; Vormeier, in: GK-AuslR, § 45 Rz. 46.

1515 Vormeier, in: GK-AuslR, § 45 Rz. 48.

1516 So Wegner, in: Huber (Hrsg.), § 45 Rz. 16, Renner, § 46 Rz. 2. A.A. Hailbronner, JZ 1995, S. 127, 128; OVG NRW, Beschluß v. 31.3.1992, EZAR 033 Nr.1, S.1, 3.

1517 Renner, § 46 Rz. 16; vgl. auch Wegner, in: Huber (Hrsg.), § 46 Rz. 24.

1518 Wegner, DÖV 1993, S. 1031, 1035.

1519 Hailbronner, § 46 Rz. 24, 27: Um sich ein Bild von der Gesamtpersönlichkeit des Betroffenen zu machen, dürfen auch polizeiliche und staatsanwaltschaftliche Erkenntnisse berücksichtigt werden, auch wenn das jeweilige Verfahren eingestellt wurde.

lung wegen Gewalttaten die lediglich weit entfernte Möglichkeit der Begehung weiterer Straftaten aus.[1520]

Grundsätzlich ist die Ausländerbehörde bei ihrer Beurteilung an die Feststellungen im Strafurteil nicht gebunden.[1521] Bei der spezialpräventiv motivierten Ausweisung hat dies in der Praxis nicht selten zur Folge, daß die Ausländerbehörde die Wiederholungsgefahr wegen des verbleibenden Risikos insbesondere bei schweren Straftaten oder Straftaten mit hohen Rückfallquoten bejaht, obwohl das Strafgericht die Strafe aufgrund günstiger Prognose zur Bewährung ausgesetzt hat.[1522] Zwar soll die Ausländerbehörde der strafrichterlichen Prognose bei der Beurteilung der Wiederholungsgefahr wesentliche Bedeutung beimessen, doch ist sie rechtlich nicht daran gebunden und darf von ihr abweichen, wenn überzeugende Gründe vorliegen.[1523]

Der Entscheidung gemäß § 57 StGB über die Aussetzung der Vollstreckung eines Strafrestes kommt bei der ausländerrechtlichen Beurteilung der Wiederholungsgefahr Indizwirkung zu, über die sich die Ausländerbehörde nicht einfach hinwegsetzen kann[1524], die letztlich die Bejahung einer Wiederholungsgefahr aber nicht hindert. Bislang setzte die Strafrestaussetzung gemäß § 57 voraus, daß „verantwortet werden kann zu erproben, ob der Verurteilte außerhalb des Strafvollzugs keine Straftaten mehr begehen wird“. Aus dem Vorliegen dieser Tatbestandsvoraussetzung konnte nicht der Schluß gezogen werden, daß keine Wiederholungsgefahr mehr vorliege.[1525] Seit Inkrafttreten des 6. Strafrechtsreformgesetzes vom 26.1.1998 ist die Strafrestaussetzung nun an die Voraussetzung gebunden, daß „dies unter Berücksichtigung des Sicherheitsinteresses der Allgemeinheit verantwortet werden kann“. Auch diese Voraussetzung kann nicht so gelesen werden, daß mit der entsprechenden strafrichterlichen Prognose eine Wiederholungsgefahr im ausländerrechtlichen Sinne nicht vorliegt. Die ausdrückliche Berücksichtigung des allgemeinen Sicherheitsinteresses bedeutet jedoch einen verstärkten Schutz der öffentlichen Sicherheit und kommt damit den Belangen einer spezialpräventiv motivierten Ausweisung näher als die Formulierung des § 57 StGB a. F.. Ob und gegebenenfalls wie sich dies in der ausländerrechtlichen Praxis auswirkt, bleibt abzuwarten. Den §§ 56, 57 StGB stehen in der ausländerrechtlichen Beurteilung die entsprechenden Vorschriften §§ 21, 88 JGG gleich.

1520 Wegner, in: Huber (Hrsg.), § 46 Rz. 24; Renner, § 46 Rz. 17.

1521 S. BVerwGE 35, S. 291, 294.

1522 Vgl. Hailbronner, § 46 Rz. 29; 31.

1523 Vgl. VGH BaWü, Beschluß v. 12.12.1996, in: Jakober/Lehle/Schwab, § 48 Abs.1, Nr. 16, S.1, 3, der auf die unterschiedliche Zielsetzung der Strafaussetzung der Bewährung und des ordnungsrechtlichen, der Gefahrenabwehr dienenden, Vorgehens abhebt.

1524 Hailbronner, § 46 Rz. 32.

1525 S. BVerwG, Beschl. v. 29.9.1993, EZAR Ia, 034 Nr.4, S.1, 3.

Weiterhin ist anerkannt, daß eine Ausweisung infolge von Straffälligkeit auch aus generalpräventiven Gründen erfolgen darf. Ein Ausländer kann demnach ausgewiesen werden, wenn zwar von ihm keine weiteren Straftaten zu erwarten sind, aber durch die Ausweisung andere in Deutschland lebende und sich in vergleichbarer Lage befindende Ausländer veranlaßt werden, von der Begehung ähnlicher Straftaten Abstand zu nehmen. Die Ausweisung muß geeignet sein - und zwar nicht lediglich abstrakt, sondern auch nach den Umständen des konkreten Einzelfalls [1526]-, andere Ausländer zu veranlassen, die Belange der Bundesrepublik nicht zu beeinträchtigen. Nach der Rechtsprechung „können Behörden und Gerichte davon ausgehen, daß die aus Anlaß strafgerichtlicher Verurteilung verfügte Ausweisung als Teil kontinuierlicher Verwaltungspraxis zur Verwirklichung des generalpräventiven Zwecks der Ausweisungsermächtigung unbeschadet dessen geeignet ist, daß das Maß der zu erreichenden Verhaltenssteuerung bei den einzelnen Straftaten unterschiedlich sein kann.“[1527]

Weiterhin muß die Ausweisung erforderlich sein, d. h. es darf kein weniger einschneidendes Mittel zur Erreichung des generalpräventiven Zwecks geben. Die Kontinuität der Verwaltungspraxis, die die Verhaltenssteuerung herbeiführen soll, darf insoweit nicht schematisch oder ausnahmslos verstanden werden.[1528]

Insbesondere muß dem Grundsatz der Verhältnismäßigkeit bei der generalpräventiv motivierten Ausweisung Rechnung getragen werden.[1529] Von besonderem Gewicht sind in diesem Zusammenhang der lange Aufenthalt und die damit verbundene wirtschaftliche und soziale Integration, die in der Regel eine Lockerung der Bindungen an das Heimatland zur Folge hat und eine Rückkehr dorthin erschwert.[1530]

Schwere und mittlere Kriminalität, Trunkenheitsfahrten und Fahren ohne Fahrerlaubnis - insgesamt vorsätzliche Verkehrsverstöße, schwere Gewalttaten, Rauschgiftkriminalität (hier auch der Handel mit Haschisch) und Sexualdelikte gegenüber Kindern sind von der Rechtsprechung entwickelte Fallgruppen, in denen eine generalpräventiv motivierte Ausweisung zulässig sein soll.[1531] Eine Ausweisung aus generalpräventiven Gründen ist danach im allgemeinen nur zulässig, wenn die Straftat besonders schwer wiegt und aus diesem Grund ein dringendes Bedürfnis

---

1526 Wegner, in: Huber (Hrsg.), §46 Rz. 44; Hailbronner, § 46 Rz. 21.

1527 BVerwG, Beschluß v. 8.5.1996, EZAR Ia, 035, Nr.14, S. 1, 4 (in Frage stand die Ausweisung wegen Heroinhandels); BVerwGE 60, S. 75, 77.

1528 S. Wegner, in: Huber (Hrsg.), § 46 Rz. 41.

1529 Vgl. BVerwGE 59, S. 112, 114/115.

1530 Wegner, in: Huber (Hrsg.), § 46 Rz. 39.

1531 Vgl. Wegner, in: Huber (Hrsg.), § 46 Rz. 45-51 m.w.N.

besteht, über die strafrechtliche Sanktion hinaus durch die Ausweisung andere Ausländer von ähnlich gearteten und ähnlich schweren Taten abzuhalten.[1532]

17. 5. Ist- und Regelausweisung nach § 47 AuslG

Ist der Tatbestand des § 47 Abs.1 erfüllt, ist der betreffende Ausländer zwingend auszuweisen.

Dies ist der Fall, wenn

1) wegen einer oder mehrerer vorsätzlichen Straftaten rechtskräftig zu einer Freiheitsstrafe oder Jugendstrafe von mindestens 5 Jahren verurteilt worden ist oder wegen vorsätzlicher Straftaten innerhalb von fünf Jahren zu mehreren Freiheits- oder Jugendstrafen von zusammen mindestens drei Jahren rechtskräftig verurteilt oder bei der letzten rechtskräftigen Verurteilung Sicherungsverwahrung angeordnet worden ist (Nr.1)
2) wegen einer vorsätzlichen Straftat nach dem Betäubungsmittelgesetz, wegen Landfriedensbruchs unter den in § 125a Satz 2 des Strafgesetzbuches genannten Voraussetzungen oder wegen eines im Rahmen einer verbotenen öffentlichen Versammlung oder eines verbotenen Aufzugs begangenen Landfriedensbruchs gemäß § 125 des Strafgesetzbuches rechtskräftig zu einer Jugendstrafe von mindestens zwei Jahren oder zu einer Freiheitsstrafe verurteilt und die Vollstreckung der Strafe nicht zur Bewährung ausgesetzt worden ist (Nr.2).

In der Regel (§ 47 Abs.2 AuslG) ist ein Ausländer auszuweisen, wenn er

1) wegen einer oder mehrerer vorsätzlicher Taten rechtskräftig zu einer Jugendstrafe von mindestens zwei Jahren oder zu einer Freiheitsstrafe verurteilt und die Vollstreckung nicht zur Bewährung ausgesetzt worden ist (Nr.1) oder
2) den Vorschriften des Betäubungsmittelgesetzes zuwider ohne Erlaubnis Betäubungsmittel anbaut, einführt, durchführt oder ausführt, veräußert, an einen anderen abgibt oder in sonstiger Weise in Verkehr bringt oder mit ihnen handelt oder wenn er zu einer solchen Handlung anstiftet oder Beihilfe leistet (Nr.2).
3) sich im Rahmen einer verbotenen oder aufgelösten öffentlichen Versammlung oder eines verbotenen oder aufgelösten Aufzugs an Gewalttätigkeiten gegen Menschen oder Sachen, die aus einer Menschenmenge in einer die öffentliche

---

[1532] So Hailbronner, § 46 Rz.21. Vgl. auch OVG NRW, Beschluß v. 4.12.1997, EZAR Ia, 031, Nr.3, S.1, 3 bzgl. § 47 Abs.1 AuslG.

Sicherheit gefährdenden Weise mit vereinten Kräften begangen werden, als Täter oder Teilnehmer beteiligt (Nr.3).

Durch die Neufassung des § 47 Abs.1 Nr.1 und 2 ist nun auch die Kontroverse darüber, ob eine Jugendstrafe einer Freiheitsstrafe gleichzustellen ist, zugunsten einer Gleichstellung beider Sanktionen vom Gesetzgeber beendet worden.[1533]

Dies sah man als eine Notwendigkeit an, um „dem in den letzten Jahren zu verzeichnenden erheblichen Anstieg der Kriminalität ausländischer Jugendlicher und Heranwachsender (...) konsequenter als bisher auch mit dem Mittel der Ausweisung zu begegnen".[1534]

§ 47 Abs.1 und Abs.2 AuslG dienen in erster Linie spezialpräventiven - und daneben auch generalpräventiven - Zwecken, wobei Abs.1 die besonders schwere Kriminalität als Ausweisungsgrund vorsieht und Abs. 2 Fälle erheblicher Kriminalität.[1535]

§ 47 Abs.1 Nr.1 setzt voraus, daß eine Verurteilung deutscher Gerichte zu Jugendstrafe/Freiheitsstrafe rechtskräftig geworden ist. Gleiches gilt auch für § 47 Abs.2 Nr.1; dagegen genügt es für eine Ausweisung nach § 47 Abs.2 Nr.2 und 3, daß Tatbestand und Rechtswidrigkeit zweifelsfrei feststehen, ohne daß es auf die Rechtskraft der strafgerichtlichen Entscheidung ankommt.[1536] Sind die Voraussetzungen des § 47 Abs.1 erfüllt, muß die Ausländerbehörde ausweisen und darf weder aus spezial- oder generalpräventiven Gründen noch in Härtefällen von der Ausweisung absehen.[1537]

Liegen die Voraussetzungen des § 47 Abs.2 in der Person des Ausländers vor, weist die Ausländerbehörde regelmäßig aus, ohne daß ihr ein Ermessensspielraum in dieser Frage zusteht. Ausnahmsweise darf die Regelausweisung aber unterbleiben, „wenn ein Sachverhalt so erheblich von der gesetzlich vorausgesetzten Normalsituation abweicht, daß die Ausweisung ungerecht und insbesondere unverhältnismäßig erscheint."[1538] Gefordert wird teilweise, daß eine Ausweisung den Ausländer zumindest annähernd so hart treffen würde wie einen Ausländer, der

---

1533 Zur alten Rechtslage vgl. nur einerseits VGH BaWü, Beschluß v. 26. 5. 1992, EZAR Ia. 032 Nr.5, S.2; OVG Hamburg, Beschluß v. 21. 10. 1992, EZAR Ia, 032 Nr.7, S. 2/3, andererseits BayVGH, Beschluß v. 24.10.1991 in: Jakober/Lehle/Schwab, Bd. 4, D § 47 Abs.2 AuslG, Nr.2, S.1.

1534 So die Begründung der Bundesregierung zu Art. 2 Nr.2 ihres Entwurfs zum Verbrechensbekämpfungsgesetz in BT-Drs. 12/6853 S. 30.

1535 Vormeier, in: GK-AuslR, § 47 Rz. 4.

1536 Schmülling/Walter, StV 1998, S. 313, 315; zur Frage der Verfassungsmäßigkeit von § 47 Abs.1 bei Vorliegen bestimmter Konstellationen vgl. Vormeier, in: GK-AuslR, § 47 Rz. 55 ff.

1537 Renner, § 47 Rz. 5.

1538 So Schmülling/Walter, StV 1998, S. 313, 315.

unter den besonderen Ausweisungsschutz des § 48 AuslG fällt.[1539] Ein solcher Ausnahmefall kann beispielsweise angesichts des Werdegangs des Ausländers, seiner persönlichen Verhältnisse und der familiären Situation zu bejahen sein. Von besonderer Bedeutung sind ein langer Aufenthalt im Bundesgebiet, die Verwurzelung in hiesige Lebensverhältnisse und die zu erwartenden Schwierigkeiten, die mit der Übersiedlung in das Herkunftsland verbunden sind.[1540] Auch sind die Umstände der strafgerichtlichen Verurteilung bzw. die besonderen Umstände der Straftat zu berücksichtigen, sowie alle Umstände, die auch im Rahmen der Ermessensentscheidung nach § 45 Abs.1 eine Rolle spielen, insbesondere die in § 45 Abs.2 genannten[1541].

Die Anforderungen, die in der Praxis an die atypischen Umstände gestellt werden, die die Ausweisung als unangemessene Härte erscheinen lassen, sind hoch. So reicht es beispielsweise für die Annahme eines Ausnahmefalles nicht aus, daß der Betroffene in Deutschland geboren bzw. aufgewachsen ist oder die Voraussetzungen für die Aussetzung eines Strafrestes gegeben sind.[1542] Gerade bei Rauschgiftdelikten treten auch private Belange von ganz erheblichem Gewicht zurück.[1543]

1539 So Hailbronner, JZ 1995, S. 127, 129.

1540 Vgl. VGH BaWü, Urteil v. 10.8.1992, in: Jakober/Lehle/Schwab, § 47 Abs.2, Nr.7, S. 1, 3. S. aber OVG Rheinland-Pfalz, Urteil v. 21.3.1997, in: Jakober/Lehle/Schwab, § 47 Abs.3, Nr.4, S.1, 9/10, wonach es dem Kläger keineswegs unmöglich sein wird, sich in der Türkei zurechtzufinden und dort ein menschenwürdiges Leben zu führen. Es ist „davon auszugehen, daß er des Türkischen jedenfalls bruchstückhaft mächtig ist und ihm die türkischen Lebensgewohnheiten nicht völlig fremd sind, hat er doch bis zu seinem 5. Lebensjahr in der Türkei gelebt und ist er doch im Bundesgebiet mit zwei Geschwistern in einer türkischen Familie der 1. Generation aufgewachsen." Es ging im vorliegenden Fall um Raubdelikte unter Einsatz von Messern, die - so das OVG - zu den typischen Erscheinungsformen der Ausländerkriminalität, namentlich junger Ausländer, gehören, „die, wie der Kläger über eine unzulängliche Schulausbildung verfügen oder aber eine später aufgenommene Berufsausbildung alsbald wieder abbrechen und danach ohne klare Zukunftsorientierung weitgehend in den Tag hineinleben und dabei - auch im Verbund mit anderen - schrittweise immer tiefer ins kriminelle Milieu abgleiten".

1541 Vgl. HessVGH Beschluß v. 11.3.1992, EZAR Ia 032, Nr.3, S.1, 3; OVG NRW, Beschluß v. 4.12.1997, EZAR Ia, 031, Nr.3, S.1, 3; VGH BaWü, Urteil v. 24.3.1994, EZAR Ia, 032, Nr.9, S.1, 5,6; auch Vormeier, in: GK-AuslR, § 47 Rz. 90-96, Renner, § 47 Rz. 15 und Kloesel/Christ/Häußer, § 47 Rz. 25; a.A. Hailbronner, JZ 1995, S. 127, 129.

1542 Vgl. Hailbronner, JZ 1995, S. 127, 129. Zur Bedeutung von § 57 StGB bzgl. eines Ausnahmefalls OVG NRW, Beschluß v.4.12.1997, EZAR Ia, 031, Nr.3, S.1, 3.

1543 Vgl. OVG Bremen, Beschluß v. 20.11.1992, EZAR Ia 032 Nr.8, S. 1, 2: Einem türkischen Staatsangehörigen, der den Ausweisungstatbestand des § 47 Abs.2 AuslG erfüllt, keine soziale Bindungen mehr an die Türkei hat und auch der Landessprache nur sehr eingeschränkt mächtig ist, „ist (...) zuzumuten, eigene Anstrengungen zu unternehmen, um sich in die Lebensverhältnisse in der Türkei wieder einzugewöhnen, in der er bis zum 7. Lebensjahr gelebt hat und deren Staatsangehörigkeit er immerhin noch besitzt."

17. 6. Besonderer Ausweisungsschutz für minderjährige und heranwachsende Ausländer

Das oben geschilderte System der Ausweisungsgründe gilt für minderjährige und heranwachsende Ausländer aufgrund des besonderen Ausweisungsschutzes in § 47 Abs.3 S.3 und 4, § 48 Abs.2 AuslG in modifizierter Form.

Die Bundesregierung konnte mit ihrem Entwurf, der keine Ausnahmen von den Ist- und Regelausweisungstatbeständen nur aufgrund eines bestimmten Alters des Straftäters vorsah, nicht durchdringen. Nach der jetzigen, auf einem im Vermittlungsausschuß gefundenen Kompromiß beruhenden Fassung[1544] stellt sich der Ausweisungschutz gemäß § 47 Abs.3 S.4, § 48 Abs.2 S. 1 AuslG für Minderjährige wie folgt dar: Nach § 47 Abs.3 S. 4 finden § 47 Abs.1 und Abs.2 Nr. 1 keine Anwendung. Die Ausklammerung dieser Ist- und Regelausweisungstatbestände führt allerdings lediglich dazu, daß in den entsprechenden Fällen über die Ausweisung des minderjährigen Ausländers nach Ermessen entschieden wird, da in den Fällen des § 47 Abs.1 und 2 AuslG immer auch ein Ausweisungsgrund gemäß § 45 i.V.m. § 46 AuslG erfüllt ist. Der Ausweisungsschutz besteht also darin, daß es faktisch zu einer Verschiebung von Ist- und Regelausweisung hin zu einer Ermessensausweisung kommt. Diese ist so zu behandeln, als würde es sich originär um eine im Ermessen der Ausländerbehörde stehende Ausweisung gehandelt haben, weshalb es der Ausländerbehörde verwehrt ist, ihr Ermessen so auszuüben, daß in diesen Fällen im Ergebnis doch regelmäßig eine Ausweisung ausgesprochen wird.[1545]

Allerdings bleibt nach der jetzigen gesetzlichen Konstruktion nach wie vor der Regelausweisungstatbestand des § 47 Abs.2 Nr.2 und 3 AuslG auf Minderjährige anwendbar (falls nicht § 48 Abs.2 AuslG greift). Danach bleiben ein gegenüber einer Verurteilung wegen einer vorsätzlichen Straftat gegen das BtMG oder wegen Landfriedensbruchs zu einer Jugendstrafe von mindestens zwei Jahren erheblich leichtere Verstoß gegen das BtMG oder Gewalttätigkeiten bei Versammlungen und Aufzügen (§ 47 Abs.2 Nr. 2 und 3) ein Regelausweisungsgrund. Dieses systemwidrige Ergebnis kann wohl nur mit einem redaktionellen Versehen erklärt werden, weshalb entgegen dem Wortlaut des § 47 Abs.3 S.4 bei Minderjährigen die Vorschrift des § 47 Abs.3 S.4 AuslG auch auf § 47 Abs.2 Nr.2, 3 AuslG zu erstrecken ist.[1546]

Neben dem Schutz des § 47 Abs. 3 S. 4 AuslG erfahren Minderjährige eine weitergehende Privilegierung durch die Vorschrift des § 48 Abs.2 S. 1 AuslG, die der besonderen Schutzbedürftigkeit Minderjähriger und der Eltern-Kind-Beziehung

---

1544 Vgl. Vormeier, in: GK-AuslR, § 47 Rz.1.

1545 Vormeier, in: GK-AuslR, § 47 Rz. 120.

1546 So Renner, § 47 Rz. 21; Hailbronner, JZ 1995, S. 127, 130; ebenso Vormeier, in: GK-AuslR, § 47 Rz. 119; Wegner, in: Huber (Hrsg.), § 47 Rz. 69; a.A. Kloesel/Christ/Häußer, § 47 Rz. 44.

Rechnung tragen soll. Minderjährige, deren Eltern oder deren allein personensorgeberechtigter Elternteil sich rechtmäßig im Bundesgebiet aufhalten, dürfen nicht ausgewiesen werden. Eine Ausnahme erfährt dieser Grundsatz nur, wenn der Minderjährige wegen serienmäßiger Begehung nicht unerheblicher vorsätzlicher Straftaten, wegen schwerer Straftaten oder einer besonders schweren Straftat rechtskräftig verurteilt worden ist. Liegt eine dieser - unbestimmt und auslegungsbedürftig formulierten - Voraussetzungen vor, so muß die Ausländerbehörde zwingend die Ausweisung verfügen.[1547]

Unter „serienmäßiger Begehung" ist die „reihenartige mehrmalige Begehung gleicher oder ähnlicher Straftaten" zu verstehen, wobei es auf die strafrechtliche Einordnung (iSd §§ 52 ff StGB) nicht ankommen soll.[1548] Es muß sich dabei um erhebliche Straftaten handeln, also Fälle der mittleren und schweren Kriminalität.[1549] Dem steht die Begehung schwerer Straftaten oder einer besonders schweren Straftat gleich. Auch hier ist zur Beurteilung auf Art, Umstände und Schwere der Tat sowie Schwere der Tatfolgen abzustellen.[1550] Zur Verdeutlichung und Konkretisierung: Bei dem Handeltreiben mit Haschisch in vier Fällen ist die Begehung schwerer Straftaten zu bejahen, mit dem Heroinhandel eine besonders schwere Straftat begangen.[1551]

Der Ausweisungsschutz für Minderjährige nach § 48 Abs.2 AuslG ist nicht von einer Verfestigung des Aufenthalts der Eltern bzw. des personensorgeberechtigten Elternteils abhängig, sondern allein von der Rechtmäßigkeit deren bzw. dessen

---

1547 Renner, § 48 Rz. 15.

1548 Renner, § 48 Rz. 16.

1549 So Renner, § 48 Rz. 16; Kloesel/Christ/Häußer, § 48 Rz. 38 fassen darunter solche Straftaten, die nicht ausschließlich mit Geldstrafe bedroht sind.

1550 Renner, § 48 Rz. 17, demzufolge eigentlich nur Fälle einer Freiheitsstrafe, auch Jugendstrafe in Betracht kommen, diese könnten aber mangels gegenteiliger Anordnung des Gesetzes auch zur Bewährung ausgesetzt sein. Kloesel/Christ/Häußer, § 48 Rz. 39 nennen als „schwere" Taten jene strafbaren Handlungen, die im StGB als Verbrechen qualifiziert sind; Vormeier, in: GK-AuslR, § 48 Rz. 107: als „schwer" sind solche Straftaten anzusehen, die trotz der Einschränkung der Ausweisung auf schwerwiegende Gründe eine generalpräventive Ausweisung rechtfertigen; insbesondere die in § 47 II Nr.2 aufgeführten Straftaten sind danach immer als „schwer" zu gewichten. „Besonders schwere" sind solche, die eine generalpräventiv motivierte Ausweisung im Fall der Einschränkung der Maßnahme auf schwerwiegende Gründe ausnahmsweise rechtfertigen - eine besonders schwere Straftat kann daher nicht nur unter den Voraussetzungen der Ist-Ausweisung, des § 47 Abs.1, sondern auch in Fällen des § 47 Abs.2 vorliegen. A.A. Wegner/Durmus, 1994, S. 93, die auf die am Strafmaß orientierte Untergliederung des § 47 AuslG zurückgreifen möchten und die Trennung zwischen erheblichen und unerheblichen Taten anhand einer strafrechtlichen Bewertung ablehnen. Diese Auffassung führte vor allem nach der Fassung des § 47 vor dem Verbrechensbekämpfungsgesetz dazu, daß Delikte, aufgrund derer eine Jugendstrafe verhängt wurde, für den in § 48 Abs.2 angesprochenen Personenkreis ausschieden.

1551 So das OVG NRW, Beschluß v. 12.2.1991, EZAR Ia, 032, Nr.2, S. 1, 3/4.

Aufenthalts. Insbesondere muß sich der Minderjährige selbst nicht rechtmäßig im Bundesgebiet aufhalten und auch nicht mit seinen Eltern in familiärer oder häuslicher Gemeinschaft leben.[1552]

Der Ausweisungsschutz für Heranwachsende ergibt sich aus § 47 Abs.3 S. 3, § 48 Abs.2 S. 2 AuslG und ist nach Maßgabe des § 48 Abs.2 S. 2 auf die Fälle des § 47 Abs.1 und Abs.2 Nr.1 sowie zusätzlich nach § 47 Abs.3 AuslG beschränkt.

Ist der Heranwachsende im Bundesgebiet aufgewachsen und im Besitz einer unbefristeten Aufenthaltserlaubnis oder Aufenthaltsberechtigung, so ist gegen ihn nur eine Ermessensausweisung zulässig. Die entsprechende Ist- oder Regelausweisung wird also zur Ermessensausweisung herabgestuft, ebenfalls mit der Konsequenz, daß diese so zu behandeln ist, als hätte es sich ursprünglich um eine Ermessensausweisung gehandelt. Voraussetzung ist wie auch in § 48 Abs.2 AuslG, daß der heranwachsende Ausländer im Bundesgebiet aufgewachsen ist, er also in den für seine Prägung maßgeblichen Jahren der Kindheit und Jugend überwiegend im Bundesgebiet gelebt hat.[1553] Zur Ausfüllung dieses Tatbestandsmerkmals kann auf die Kriterien zurückgegriffen werden, die den Regelungen über das Recht zur Wiederkehr (§ 16), das Aufenthaltsrecht der Kinder (§ 21), den Anspruch auf eine unbefristete Aufenthaltserlaubnis (§ 26) sowie die erleichterte Einbürgerung junger Nichtdeutscher (§ 85) zugrunde liegen, die allerdings keine abschließende Beurteilung erlauben.[1554] Das bedeutet, daß die Voraussetzung jedenfalls dann erfüllt ist, wenn sich der Heranwachsende bei Eintritt der Volljährigkeit seit acht Jahren im Bundesgebiet aufhält und in dieser Zeit auch hier die Schule besucht hat,[1555] wobei dieser Grundsatz nicht starr angewendet werden darf.[1556]

Weiterhin ist erforderlich, daß der heranwachsende Ausländer eine unbefristete Aufenthaltserlaubnis (§§ 24-26 AuslG) oder eine Aufenthaltsberechtigung (§ 27 AuslG) besitzt. Maßgeblich ist damit der verfestigte Aufenthaltsstatus; auf ein

---

1552 Wegner/Durmus, 1994, S. 92; Vormeier, in: GK-AuslR, § 48 Rz. 99.

1553 Renner, § 47 Rz. 22, 23; Vormeier, in: GK-AuslR, § 47 Rz. 111.

1554 VGH Mannheim, NVwZ 1999, S. 790, 791.

1555 So Vormeier, in: GK-AuslR, § 47 Rz. 111; vgl. auch OVG NRW, Beschluß v. 26.9.1995, EZAR Ia. 035, Nr.11, S.1, 2: Der Betroffene war zwar erst im Alter von 10 Jahren eingereist und hatte damit prägende Jahre im Heimatland verbracht, doch hindert dies dem OVG zufolge nicht die Feststellung, daß er (auch) in Deutschland aufgewachsen ist. Das OVG führt aus: „Jedenfalls dann, wenn ein Ausländer bis zur Vollendung seines 18. Lebensjahres, zuletzt über einen Zeitraum von mehr als 7 Jahren, in den die überwiegende Dauer der Schulausbildung fiel, in Deutschland gelebt hat, fordert der Rechtsgedanke des § 48 II S.2, ihm den besonderen Ausweisungsschutz für Heranwachsende zugute kommen zu lassen. Nur so wird hinreichend berücksichtigt, daß das Leben eines jungen Ausländers sowohl durch Aufenthalte in seinem Heimatland als auch im Gastland geprägt werden kann und daß dem letzten Aufenthalt mit zunehmender Dauer immer weitreichende Bedeutung zukommt."

1556 Wegner, in: Huber (Hrsg.), § 47 Rz. 65; s. auch VGH Mannheim, NVwZ 1999, S. 790, 791.

häusliches Zusammenleben mit den Eltern, wie in § 48 Abs.2 S.2 AuslG gefordert, kommt es nicht an.[1557]

Eine zusätzliche Privilegierung für Heranwachsende statuiert § 48 Abs.2 S. 2 AuslG. Falls sie im Bundesgebiet aufgewachsen sind und mit ihren Eltern in häuslicher Gemeinschaft leben, ist eine Ausweisung auf die Fälle des § 47 Abs.1 und Abs.2 Nr. 1 und durch § 47 Abs.3 beschränkt. Das bedeutet, daß für diese Heranwachsende eine Ausweisung auf der Grundlage der §§ 45, 46, 47 Abs.2 Nr.2 und 3 ausscheidet.[1558] Der Heranwachsende ist also im Fall des § 47 Abs.1 zwingend, im Fall des § 47 Abs.2 Nr.1 in der Regel auszuweisen; im übrigen ist er gegen jegliche Ausweisung geschützt. Das Zusammenleben in der häuslichen Gemeinschaft mit den Eltern ersetzt hier den Besitz einer unbefristeten Aufenthaltserlaubnis/Aufenthaltsberechtigung, der in § 47 Abs.3 S. 3 gefordert ist.[1559] Heranwachsende, die nicht in häuslicher Gemeinschaft mit ihren Eltern leben, können weiterhin aufgrund einer Ermessensentscheidung ausgewiesen werden, wenn kein Ausweisungsgrund nach § 47 Abs.1 und Abs.2 Nr.1 vorliegt.[1560]

Besitzt der Heranwachsende (zusätzlich) eine unbefristete Aufenthaltserlaubnis oder Aufenthaltsberechtigung, ist auch bei Vorliegen eines Ist-Ausweisungsgrundes oder Regelausweisungsgrundes nach Ermessen zu entscheiden (§ 47 Abs.3 S. 3 AuslG).

Der Ausweisungsschutz für Minderjährige und Heranwachsende liegt also, abgesehen von dem Ausweisungsverbot des § 48 Abs.2 S.1 AuslG für Minderjährige, in erster Linie in der Eröffnung von Ermessensspielräumen, die eine dem Einzelfall angepaßte Abwägung ermöglichen und mit der Erhöhung der Ausweisungsanforderungen dem verfassungsrechtlichen Gebot der Verhältnismäßigkeit Rechnung tragen.

17. 7. Junge Ausländer im Spannungsfeld zwischen Jugendstrafrecht und Ausländerrecht

Es bleibt festzuhalten, daß ein lückenloser Ausweisungsschutz für minderjährige und heranwachsende Nichtdeutsche nicht besteht und ein solcher auch vom Gesetzgeber nicht angestrebt wird. Ausweisungsschutz für Minderjährige bedeutet

---

1557 Renner, § 47 Rz. 22.

1558 Renner, § 48 Rz. 18.

1559 Renner, § 48 Rz. 18; anders OVG NRW, Beschluß v. 5.1.1998, EZAR Ia, 035, Nr. 22, S. 1, 3: § 48 Abs.2 S.2 ist bezüglich § 47 Abs. 3 S. 3 als Rechtsgrundverweisung anzusehen. Heranwachsende müssen danach, um in den Geltungsbereich des § 48 Abs.2 S.2 zu fallen, eine unbefristete Aufenthaltserlaubnis bzw. Aufenthaltsberechtigung besitzen.

1560 Hailbronner, JZ 1995, S. 127, 130.

nach dem derzeitigen Ausländerrecht in erster Linie Schutz vor Ist- und Regelausweisung und Eröffnung einer Ermessensausweisung, es sei denn, es liegen die Voraussetzungen des § 48 Abs.2 S.2 AuslG vor. Gerade die Ermessensausweisung ist aber mit vielen Unwägbarkeiten belastet, die nicht zuletzt aus der Unbestimmtheit der Rechtsbegriffe und der unterschiedlichen Verwaltungspraxis der Behörden resultieren.[1561] Es sei hier nur an das unter 13. 2. erwähnte „Handlungskonzept für die Polizei im Stadtteil St. Georg“ von Hamburg gedacht, das die Einschätzung, der besondere Ausweisungsschutz sei „in der Regel“ nichts wert[1562], nicht unrealistisch erscheinen läßt. Nach wie vor steht also mit der Ausweisung ein Instrument zur Verfügung, mit dem auch der Aufenthalt integrierter nichtdeutscher Jugendlicher und Heranwachsender - den sogenannten „Inländern mit ausländischem Paß“ - beendet werden kann und mit dem nach Willen des Gesetzgebers die steigende Kriminalitätsbelastung von ausländischen Jugendlichen und Heranwachsenden bekämpft werden soll. Am schwächsten ist die Stellung derjenigen Minderjährigen, die sich ohne Eltern oder personensorgeberechtigten Elternteil in der Bundesrepublik aufhalten und auch keine Aufenthaltserlaubnis (vgl. § 48 Abs.1 Nr.2) haben, obwohl sie möglicherweise schon lange in Deutschland leben. Betroffen sind auch die minderjährigen unbegleiteten Flüchtlinge, die, soweit nicht § 48 Abs.1 Nr.5 oder 6 AuslG vorliegt, lediglich bei Stellung eines Asylantrages über § 48 Abs.3 AuslG einen gewissen Schutz erfahren.

Welche quantitative Bedeutung der Ausweisung Minderjähriger und Heranwachsender aufgrund von Straffälligkeit zukommt, ist nur schwer abzuschätzen. So weisen z. B. die Zahlen aus Frankfurt auf eine moderate Ausweisungspraxis hin, wenn auch mit steigender Tendenz: Unter insgesamt 390 ausgewiesenen Personen im ersten Halbjahr 1994 waren 12 Minderjährige, 27 18-20jährige und 22 21jährige, wobei keiner dieser Personen im Besitz einer unbefristeten Aufenthaltserlaubnis war. Von 1991 bis 1993 stieg die Zahl der ausgewiesenen Personen in Frankfurt von 597 über 776 auf 998 an. Die Zahl der ausgewiesenen Minderjährigen hierunter stieg von 3 über 5 auf 21, wobei keiner einen verfestigten Aufenthalt (eine unbefristete Aufenthaltserlaubnis) aufwies. Bei den 18-20jährigen stieg die Zahl der Ausgewiesenen von 30 über 54 auf 90 Personen an; lediglich vier von ihnen verfügten über einen verfestigten Aufenthalt. Bei den 21jährigen belaufen sich die entsprechenden Werte auf 20, 34 und 39 Personen, wobei lediglich eine Person einen verfestigten Aufenthalt hatte.[1563] Aufgrund dieser Werte könnte man annehmen, daß rein quantitativ die Ausweisung junger Ausländer keine große Rolle in der ausländerrechtlichen Praxis spielt, zumindest nicht,

---

1561 Vgl. auch Zilelioglu, in: DVJJ (Hrsg.), 1990, S. 256, 257.

1562 Jacobi, in: Dt. Strafverteidigervereinigung (Hrsg.), 1995, S. 243, 248.

1563 Kleinsteuber, in. KAV (Hrsg.), 1996, S. 88, 93.

was die Ausweisung von jungen Ausländern mit verfestigtem Aufenthalt angeht. Erfahrungsberichte aus anderen Städten, vor allem jenen mit einer Justizvollzugsanstalt vor Ort, spiegeln allerdings ein anderes Bild, mit wesentlich höheren Ausweisungsquoten, wider.[1564] In der Regel liegt einer Verurteilung zu einer unbedingten Jugendstrafe ein Sachverhalt zugrunde, der den Tatbestand der serienmäßigen Begehung bzw. der Begehung schwerer Straftaten oder einer besonders schweren Straftat erfüllt, so daß nach Einschätzung mancher Praktiker, die Einblick in die Justizvollzugsanstalten haben, zumeist jeder zu Jugendstrafe verurteilte Ausländer abgeschoben wird.[1565]

17. 7. 1. Wechselwirkung von (Jugend-)Strafrecht und Ausländerrecht

Während im (Jugend-) Strafverfahren die Staatsangehörigkeit des Angeklagten keine Rolle spielt, die Ausländereigenschaft im Rahmen der Strafzumessung zumindest strafschärfend nicht berücksichtigt werden darf, sondern eine Gleichbehandlung deutscher und nichtdeutscher Betroffener - selbstverständlich unter Ausgleich ausländerspezifischer Defizite - angestrebt wird, erfährt diese Gleichbehandlung mit den ausländerrechtlichen Konsequenzen einen Bruch. Neben der strafrechtlichen Folge müssen junge Nichtdeutsche - allein wegen ihrer fremden Staatsangehörigkeit - ausländerrechtliche Konsequenzen befürchten und werden damit faktisch ungleich schwerer sanktioniert als ihre deutschen Altersgenossen.

Dem Jugendstrafverfahren selbst kommt dabei eine nicht zu unterschätzende Bedeutung zu, da es die Weichen für die spätere ausländerrechtliche Entscheidung stellt. Hier entscheidet sich, ob und gegebenenfalls welcher Ausweisungstatbestand erfüllt ist, von welchem Sachverhalt die Ausländerbehörde im Ausweisungsverfahren in der Regel ausgehen wird. Darüber hinaus liefert das Jugendstrafverfahren Erkenntnisse, die auch für die Prognose der Ausländerbehörde von Bedeutung sind.[1566] Wie oben schon gezeigt, besteht eine rechtliche Bindung gerade an die

---

1564 So die Einschätzung von Bäcker, in: KAV (Hrsg.), 1996, S. 94, 97; s. auch Beitrag von Rüssmann in der Diskussion, in: KAV (Hrsg.), 1996, S. 54.

1565 So Rüssmann in der Diskussion, in: KAV (Hrsg.), 1996, S. 54; anders dagegen Böhm, in: Festschrift für Hans Joachim Schneider, 1998, S. 1013, 1030 für die Jugendanstalt Rockenberg. Von 80 Ausländern im Jahr 1994 wurden schließlich nur zwei abgeschoben; alle anderen waren, teils wegen noch laufender Verwaltungsverfahren, mit vorläufiger oder endgültiger Duldung auf freiem Fuß. Rotthaus, ZfStrVo 1992, S. 41, 43 bemerkt, daß die Entscheidungen für junge Gefangene verständnisvoller ausfallen. Entscheidend sei, daß die Ausländerbehörde eine Stellungnahme des Jugendamtes einhole, deren zumeist wohlwollende Voten von großer Bedeutung für die Entscheidung über die Ausweisung sind.

1566 S. Ventzke, StV 1994, S. 337, 339 (s. dort auch das Fallbeispiel S. 338); vgl. zur Bedeutung der Feststellungen im Urteil auch VGH BaWü, Beschluß v. 12.12.1996, in Jakober/Lehle/Schwab, § 48 Abs.1, Nr. 16, S.1, 3, mit Bezugnahme darauf, daß der Strafaussetzung zur Bewährung im Falle des Antragstellers keine günstige Zukunftsprognose zugrundeliegt, strafrichterliche Prognose im Zusammenhang mit der Frage der Aussetzung der Strafe bzw. des Strafrestes nicht, so daß eine für den Betroffenen günstige strafgerichtliche Entscheidung im Zweifel aufgrund des verfolgten ordnungsrechtlichen Zwecks bei der Frage der spezialpräventiven Ausweisung aus ausländerrechtlicher Sicht nicht gleichermaßen positiv bewertet wird.[1567] Aber auch hier zeigt sich die Wechselwirkung zwischen Ausländerrecht und Jugendstrafrecht, wenn angeführt wird, daß sich Differenzen zwischen der strafrichterlichen Prognose und der ausländerbehördlichen Beurteilung der Wiederholungsgefahr auch daraus ergeben, daß die Strafgerichte die „für die Strafaussetzung zur Bewährung erforderlichen Voraussetzungen (...) nach Auffassung der Ausländerbehörde formelhaft bejahen, ohne Art und Häufigkeit früherer Bestrafungen zu berücksichtigen".[1568] Diese Kritik kann man gleichermaßen der Ausländerbehörde entgegenhalten: Sie ist insbesondere im Falle wiederholter Straftaten regelmäßig nicht verpflichtet, Prognosegutachten einzuholen oder kriminologischen Erkenntnissen in besonderer Weise Rechnung zu tragen. Anders verhält es sich nur, wenn die Prognose eine besondere Sachkunde voraussetzt oder wenn eine Ausweisung aufgrund einer einzigen Straftat im Raum steht und im Strafverfahren diesbezüglich keine sachkundige Prüfung stattgefunden hat.[1569]

An die strafgerichtlichen Feststellungen ist die Ausländerbehörde nur im Falle eines Freispruchs gebunden, doch kann sie im Falle einer Verurteilung in aller Regel von der Richtigkeit dieser Verurteilung ausgehen und darf die tatsächlichen Feststellungen zugrunde legen, wenn sich eine weitere Aufklärung nicht aufdrängt, d. h. wenn nichts dafür ersichtlich ist, daß sie den Vorfall besser aufklären kann als die Strafverfolgungsbehörde.[1570] In der Regel dürfte dies der Fall sein. Insbesondere ist die Einsichtnahme in die Strafakten nicht Voraussetzung einer fehlerfreien Ermessensausübung. So kann die Kenntnis über die strafgerichtliche Entscheidung oder auch nur die Kenntnis des Straftatbestandes und der Höhe der Strafe für eine fehlerfreie Ermessensausübung genügen.[1571] Dagegen ist eine Einsichtnahme geboten, wenn der Behörde aufgrund der Strafnachricht[1572] keine sachgerechte

vielmehr das AG im Urteil ausführte, daß die festgesetzte Jugendstrafe „gerade noch" nach § 21 JGG zur Bewährung ausgesetzt werden könne. Die Feststellung, daß beim Antragsteller keine schädlichen Neigungen vorliegen, sei damit - so der VGH - nicht relativiert worden.

1567 Vgl. auch Kirpes, BewHi 2000, S. 102, 103.

1568 So Hailbronner, § 46 Rz. 31.

1569 Hailbronner, § 46 Rz. 31; Vormeier, in: GK-AuslR, § 45 Rz. 456-458.

1570 Vormeier, in: GK-AuslR, § 46 Rz. 68.

1571 Vormeier, in: GK-AuslR, § 46 Rz. 71, § 45 Rz. 449.

1572 Im konkreten Fall erschöpfte sich diese in der Mitteilung der verhängten Strafen; s. Buchholz 402.24 § 10 Nr. 2, S. 6, 8,9 (zu § 10 AuslG a. F.). Gemäß § 76 AuslG sind Polizei, Staatsanwaltschaft und Gericht verpflichtet, die Tatsache der Einleitung des Verfahrens sowie die

Prüfung ermöglicht ist, immer aber, wenn es sich um eine generalpräventiv motivierte Ausweisung handelt.[1573] Wie sehr die Feststellungen zur Tat und Täterpersönlichkeit, ihre Bewertung durch das Gericht und auch Strafzumessungsgesichtspunkte letztlich die ausländerrechtliche Entscheidung beeinflussen, sollte den Beteiligten in jedem Stadium des Verfahrens bewußt sein und läßt erneut eine Verteidigung junger Ausländer im Jugendstrafverfahren notwendig erscheinen.[1574] Damit kann allerdings auch nicht verhindert werden, daß die „Übersetzung" der im Jugendstrafverfahren gewonnenen Erkenntnisse in den ausländerrechtlichen Kontext nicht immer funktioniert, sondern teilweise an der fehlenden Sachkenntnis der Ausländerbehörde scheitert - so wenn, wie *Ventzke* anführt, dem Betroffenen im Ausweisungsverfahren entgegengehalten wird, daß die Jugendkammer doch zu seinen Lasten die Voraussetzungen des § 3 JGG bejaht habe.[1575]

Umgekehrt ist die ausländerrechtliche Situation auch nicht ohne Einfluß auf das Jugendstrafverfahren, indem sie in erster Linie die Schaffung einer sich im Strafverfahren (insbesondere im Rahmen der Strafzumessung) in aller Regel positiv auswirkenden realistischen Zukunftsperspektive bezüglich der sozialen und beruflichen Integration erschwert, wenn nicht gar unmöglich macht. Erfährt die Ausländerbehörde gemäß § 76 AuslG von der Einleitung eines Ermittlungsverfahrens, so wird die Entscheidung über die Aufenthaltsgenehmigung ausgesetzt, d. h. in der Regel jeweils quartalsweise befristet verlängert, um den Ausgang des Jugendstrafverfahrens abzuwarten - mit der Konsequenz, daß gerade die Chancen einer beruflichen Integration gering zu veranschlagen sind.[1576] Dies kann aber im Zweifel von Bedeutung sein, wenn es z. B. um die Frage der Aussetzung der Vollstreckung einer Jugendstrafe zur Bewährung geht. Ähnlich liegt die schon im Rahmen der Begutachtungsproblematik angesprochene Schwierigkeit, eine günstige Prognose abgeben zu können: Drohende Ausweisung bzw. Abschiebung macht die Teilnahme an sozialpädagogischen Maßnahmen oftmals von vornherein aussichtslos und wirkt sich im übrigen demotivierend auf den Betroffenen und seine Teilnahmebereitschaft bezüglich therapeutischer oder ausbildungsorientierter Angebote aus.[1577] Diese Umstände wiederum erschweren dem Sachverständigen die Abgabe einer günstigen Prognose.[1578]

Art der Verfahrenserledigung an die Ausländerbehörde zu übermitteln; vgl. - kritisch zur Übermittlung der Einleitung eines Verfahrens - Bäumler, in: GK-AuslR, § 76 Rz. 138-145, 148.

1573 Vgl. BVerfGE 51, S. 386-399; BVerfGE 69, S. 220, 230.

1574 So konstatiert Bäcker, in: KAV (Hrsg.), 1996, S. 94, 97, daß dem Ausländerrecht im Strafverfahren wenig Bedeutung zugemessen wird.

1575 S. Ventzke, StV 1994, S. 337, 339.

1576 Rinaldi, in: KAV (Hrsg.), 1996, S. 30, 31; Heldmann, in KAV (Hrsg.), 1996, S. 34, 39; s. auch Noske, in: KAV (Hrsg.), 1996, S. 82, 85; auch Zilelioglu, in: DVJJ (Hrsg.), 1990, S. 256, 258. So auch die Praxis in Frankfurt am Main s. Kleinsteuber, in : KAV (Hrsg.), 1996, S. 88, 91.

1577 Vgl. zu dieser Situation im Vollzug Schmülling/Walter, StV 1998, S. 313, 319.

1578 Toker/Schepker, RuP 1996, S. 8, 13.

Die unsichere ausländerrechtliche Situation wirkt sich auch auf die Kooperationsbereitschaft der ausländischen Verfahrensbeteiligten mit den Behörden aus. Im Jugendstrafverfahren betrifft dies vor allem die Jugendgerichtshilfe, die von dem Widerspruch zwischen dem Erziehungsgedanken des JGG/KJHG und dem Gefahrenabwehranspruch des Ausländerrechts direkt in ihrer Arbeit betroffen wird. Einerseits beeinträchtigen aufenthaltsbeendende Maßnahmen die Wahrnehmung des gesetzlichen Auftrages durch die JGH, indem bestimmte Maßnahmen von vornherein blockiert bzw. angesichts der zu erwartenden Ausreise sinnlos sind, andererseits wird die Zusammenarbeit mit den Betroffenen erschwert. Nicht selten distanzieren sich auch die Eltern der betroffenen Jugendlichen aus Furcht vor (vermeintlichen) ausländerrechtlichen Konsequenzen von ihren Kindern, reagieren selbst bei kleineren Delikten unverhältnismäßig hart, was u. U. einen Teufelskreis familiärer Konflikte und weiterer Straftaten heraufbeschwört, und arbeiten zum Teil nur ungern oder überhaupt nicht mit der Jugendgerichtshilfe zusammen.[1579]

Schließlich sei an dieser Stelle noch einmal auf den problematischen Einfluß des Ausländerrechts auf den Jugendstrafvollzug hingewiesen. Teilweise drängt sich - so *Böhm* - der Eindruck auf, daß Ausländerbehörde und Vollzug nicht kooperieren, sondern „die Ausländerbehörden eine eigene Abschreckungstheorie verfolgen."[1580] Dies führt im Ergebnis in vielen Fällen dazu, daß die für die Aufrechterhaltung sozialer Kontakte, Entlassungsvorbereitung und die Teilnahme an manchen berufsbildenden oder sozialpädagogischen/-therapeutischen Maßnahmen notwendigen Lockerungen nicht gewährt werden, wie überhaupt die Ungewißheit über die persönliche Zukunft der jungen Inhaftierten sich lähmend auf deren Motivation auswirkt und den Vollzug vor die schwierige Frage stellt, auf welche Zukunft die Betroffenen vorzubereiten sind.

Nicht nur das Jugendstrafverfahren stellt also Weichen für die nachfolgenden ausländerrechtlichen Entscheidungen, sondern auch das Ausländerrecht Weichen für Verlauf und Ausgang des Jugendstrafverfahrens und zieht sich mit seiner Androhung aufenthaltsbeendender Maßnahmen durch das ganze Jugendstrafverfahren bis hin zum Strafvollzug. Zwischen beiden entfaltet sich eine Wechselwirkung, die sich im Ergebnis als eine für den Betroffenen unheilvolle Verstrickung von Strafrecht und Ausländerrecht darstellt.[1581]

1579 Vgl. Zilelioglu, in: DVJJ (Hrsg.), 1990, S. 256, 258. Noske, in: KAV (Hrsg.), 1996, S. 82, 85; auch Dirschoweit, in: Schäfer/Sievering (Hrsg.), 1984, S. 72, 80.

1580 Böhm, in: Festschrift für Hans Joachim Schneider, 1998, S. 1013, 1030.

1581 Vgl. auch Schmülling/Walter, StV 1998, S. 313, 320, die von einem „Mischsystem sich gegenseitig verstärkender Nachteile" sprechen.

17. 7. 2. Erziehungsgedanke des Jugendstrafrechts contra ausländerrechtliche Gefahrenabwehr - Unvereinbarkeit jugendstrafrechtlicher und ausländerrechtlicher Zielsetzung

Weil sich das derzeit geltende Jugendstrafrecht dem Erziehungsgedanken verpflichtet fühlt und das Ausländerrecht der Gefahrenabwehr im ordnungsrechtlichen Sinne, ruft die parallele Anwendung jugendstrafrechtlicher und ausländerrechtlicher Interventionen unüberbrückbare Gegensätze hervor. Dabei soll nicht verkannt werden, daß das Jugendstrafrecht selbst in seiner erzieherischen Intention gerade bei der Gruppe der Nichtdeutschen an Grenzen stößt und nicht selten auch leerläuft. Dies trifft allerdings in erster Linie auf junge Täter zu, die keinen Lebensmittelpunkt in Deutschland haben, also Touristen oder Jugendliche und Heranwachsende, die nur zum Zwecke der Begehung von Straftaten einreisen oder sich illegal in Deutschland aufhalten.[1582] Hier „erzieherisch" einwirken zu wollen und sei es nur mit der Zielsetzung, Rückfälligkeit zu verhindern bzw. Legalverhalten einzufordern[1583], erscheint sinnlos angesichts einer Lebensperspektive, die nicht auf ein Leben in Deutschland gerichtet ist. Zum einen fehlt es in diesen Fällen an einem Anknüpfungspunkt, an dem die jugendstrafrechtlichen Maßnahmen ansetzen könnten: Jugendstrafrecht ist in erster Linie Inländerstrafrecht[1584], so daß die Fülle jugendgerichtlicher Maßnahmen sich nicht selten auf „Nichteingreifen" oder Haft bzw. Arrest (verbüßt durch U-Haft) reduziert. Zum anderen fordert die Verfolgung des jugendstrafrechtlichen Erziehungsziels Integrationswilligkeit bei dem Betroffenen und - geht man bei der Ausfüllung des Erziehungsbegriffes über die Forderung nach Legalverhalten hinaus - die Anerkennung der zu vermittelnden Werte und der vermittelnden, „erziehenden" Person oder Instanz. Dies setzt seinerseits voraus, daß sich der betroffene Jugendliche der Gesellschaft, deren Wertegefüge er vermittelt bekommt und durch deren Mitglieder er sie vermittelt bekommen werden soll, zugehörig fühlt.[1585] Daran dürfte es bei der oben genannten Gruppe junger Nichtdeutscher in aller Regel aber fehlen, so daß erzieherische Bemühungen ins Leere laufen und mit Blick auf die Lebensperspektive im Herkunftsland darüber hinaus überflüssig sind. Scheitert bei dieser Gruppe von jungen Nichtdeutschen die Umsetzung des Erziehungsgedankens des JGG an den fehlenden erzieherischen Einwirkungsmöglichkeiten, so konterkariert bei den jungen „inländischen" Nicht-

---

1582 Vgl. aus Sicht der JGH Johne, DVJJ-J 1995, S. 41, 43.

1583 Auf die Diskussion um die Ausfüllung des Erziehungsbegriffes kann an dieser Stelle nicht eingegangen werden. Daß das vertretbare Ziel des Jugendstrafrechts allein die „partielle Verhaltenssteuerung im Sinne der Forderung nach Legalverhalten" sein könne (so Albrecht, 2000, S. 81), soll hier als „Minimalkonsens" hinsichtlich der „Erziehungs"funktion des Jugendstrafrechts zugrundegelegt werden.

1584 Vgl. Streng, DVJJ-J 1995, S. 163, 165.

1585 Darauf weist Streng, DVJJ-J 1995, S. 163, 166 hin.

deutschen das Ausländerrecht mit seinen einschneidenden Folgen im Falle der Straffälligkeit den Erziehungsanspruch des JGG. Wo Ausweisung als Folge von Straffälligkeit droht, kann man entweder auf jegliche Erziehungsbemühungen von vornherein verzichten oder aber durch Bagatellisierung der Tat der Erfüllung eines Ausweisungstatbestandes „vorbeugen“.[1586]

Diese Kluft zwischen Jugendstrafrecht und Ausländerrecht wurde mit der endgültigen Aufnahme der Jugendstrafe in die Tatbestände des § 47 Abs.1 und Abs.2 AuslG noch weiter zementiert. So formulieren die Richtlinien (Nr.1) zu § 17 JGG: „Sie (die Jugendstrafe) soll in erster Linie der Erziehung dienen und darf deshalb mit der Freiheitsstrafe nicht gleichgesetzt werden.“ Die derzeitige ausländerrechtliche Regelung hat aber gerade eine solche Gleichsetzung zu ihrem Inhalt gemacht. Anders als bei der Freiheitsstrafe kommt bei der Jugendstrafe dem Erziehungszweck entscheidende Bedeutung zu und das sowohl hinsichtlich Auswahl als auch Bemessung der Jugendstrafe. Dies wirkt sich bei der Bemessung der Jugendstrafe dahingehend aus, daß auch bei Verhängung von Jugendstrafe wegen Schwere der Schuld der Erziehungszweck Vorrang hat. Und bei Feststellung „schädlicher Neigungen“ muß die Jugendstrafe die zur Erziehung und Resozialisierung erforderliche Zeit umfassen, also im konkreten Fall eine erzieherische Einwirkung ermöglichen. Die Strafbemessungs-Aspekte bei Freiheitsstrafe und Jugendstrafe unterscheiden sich also erheblich. Dem Jugendrichter ist bei der Bemessung der Jugendstrafe mit § 18 Abs.2 JGG ein relativ weiter Spielraum eingeräumt. Zum Teil gibt es Anhaltspunkte dafür, daß Jugendliche und Heranwachsende vergleichsweise härter sanktioniert werden, d. h. sie werden öfter mit Jugendstrafe belegt und die gegen sie verhängte Jugendstrafe ist von vergleichsweise längerer Dauer als bei Personen, denen gegenüber eine Freiheitsstrafe verhängt wird.[1587] Zurückgeführt wird dies unter anderem auch auf das Prinzip der einheitlichen Rechtsfolgenverhängung, wie es in § 31 JGG zum Ausdruck kommt.[1588] Die für die Regelausweisung wesentliche Zweijahresgrenze, die keine Aussetzung zur Bewäh-

---

1586 So Streng, DVJJ-J 1995, S. 163, 165/166: „Daß auch im letzteren Falle, nämlich der Tatbagatellisierung, Erziehungsanliegen auf der Strecke bleiben können, sei angemerkt, erscheint aber als nachgerade geringes Übel.“

1587 S. die Befunde von Pfeiffer, StV 1991, S. 363-370; Dünkel, 1990, S. 124-127, der feststellen konnte, daß mit Ausnahme der Verurteilungen wegen Raubdelikten nach Jugendstrafrecht abgeurteilte Heranwachsende ein höheres Risiko aufwiesen, zu Freiheitsentzug, gegebenenfalls auch von längerer Dauer, verurteilt zu werden, als wenn sie nach allgemeinem Strafrecht verurteilt wurden. Zu beachten ist allerdings, daß die Besonderheiten des einzelnen Delikts nicht berücksichtigt werden konnten. Vgl. auch Heinz, in: DVJJ (Hrsg.), 1990, S. 30, 44/45.

1588 Vgl. auch Heldmann, in: KAV (Hrsg.), 1996, S. 34, 38; Diemer/Schoreit/Sonnen-Sonnen, § 17 Rz. 8.

rung mehr erlaubt, wird im Wege des § 31 JGG schneller erreicht [1589] Eine Gleichsetzung von Jugendstrafe und Freiheitsstrafe im Ausländerrecht erscheint unter diesen Gesichtspunkten verfehlt.[1590]

Als problematisch erweist sich in diesem Zusammenhang auch ein weiterer Aspekt: Eine exakte Bestimmung des Zeitraumes, der für die gebotene erzieherische Einwirkung notwendig ist, erfordert eine im Einzelfall kaum zu treffende Prognose. Vielmehr erfolgt eine Festsetzung der Dauer der Jugendstrafe zumeist auf unsicherer Grundlage. In der Praxis erlaubt § 88 JGG eine Korrektur dieser Entscheidung. Durch die Aussetzung des Restes einer bereits zum Teil verbüßten Jugendstrafe kann flexibel der Zeitraum, der für eine erzieherische Einwirkung notwendig ist, angepaßt und eine anfänglich über das erforderliche Maß hinausgehende Entscheidung korrigiert werden.[1591] Aus ausländerrechtlicher Sicht bleibt dies in der Regel ohne Konsequenzen, da die Aussetzung des Strafrestes gemäß § 88 JGG der Regelung des § 57 Abs.1 StGB entspricht. Die Aussetzung des Strafrestes zur Bewährung nach § 57 Abs.1 StGB und die damit verbundene zugunsten des Betroffenen angestellte Sozialprognose führen nicht zur Annahme eines Ausnahmefalles, der innerhalb des Regelausweisungstatbestandes ein Ermessen eröffnen würde, und hindern in den seltensten Fällen die Bejahung einer Wiederholungsgefahr bei der spezialpräventiv motivierten Ausweisung.[1592]

Welche Kluft zwischen jugendstrafrechtlicher und ausländerrechtlicher Zielsetzung liegt, zeigt sich insbesondere aber auch an der generalpräventiv motivierten Ausweisung. Als Strafzweck im allgemeinen Strafrecht anerkannt, wenn auch in ihrer Wirksamkeit umstritten, haben generalpräventive Erwägungen nach überwiegender Auffassung im Jugendstrafrecht unberücksichtigt zu bleiben.[1593] Sie dürfen weder bei Auswahl der jugendstrafrechtlichen Sanktion noch bei deren Bemessung (vor allem bei der Jugendstrafe) herangezogen werden, sind aber umgekehrt bei der Ausweisungsentscheidung oft die tragenden Erwägungen - ohne daß die generalpräventive Wirkung dieser Ausweisungen empirische Bestätigung gefunden hätte,

---

1589 Schlebusch, ZfStrVo 1999, S. 15, 18.

1590 So auch Heldmann, in: KAV (Hrsg.), 1996, S. 34, 37.

1591 Vgl. Brunner/Dölling, § 18 Rz. 7.

1592 So OVG NRW, Beschluß v. 4.12.1997, EZAR Ia 031 Nr. 3, S. 3; s. auch BVerwG, Beschluß v. 29.9.1993 EZAR Ia, 034 Nr. 4, S. 3.

1593 Ablehnend Brunner/Dölling, § 18 Rz. 9, 9a m.w.N.; Böhm, 1996, S. 214; Ostendorf, Grdl zu §§ 17-18 Rz. 3, der ausnahmsweise unter Berücksichtigung des Schädigungsverbotes die Verhängung einer Jugendstrafe, um dem Strafbedürfnis der Allgemeinheit Rechnung zu tragen, für zulässig erhält; s. § 17 Rz. 11. Ostendorf weist auch darauf hin, daß die Verhängung wegen „Schwere der Schuld" die Berücksichtigung generalpräventiver Wirkungen konstituiert; s. § 17 Rz. 5; ablehnend wohl auch Eisenberg, § 17 Rz. 5. Dagegen wollen Schaffstein/Beulke, 1998, S. 152 generalpräventive Aspekte bei der Verhängung, nicht aber bei der Bemessung einer aus anderen Gründen verhängten Jugendstrafe berücksichtigen.

sondern alleine mit Blick auf eine kontinuierliche Ausweisungspraxis die Ausländerbehörde in die Lage versetzt, eine Ausweisung zu verfügen, ohne auf die individuelle Gefährlichkeit der jeweiligen Person eingehen zu müssen.[1594]

Dem Erziehungsgedanken zuwider läuft schließlich auch die zentrale bundeseinheitliche Registrierung junger Nichtdeutscher im Ausländerzentralregister, die vor allem hinsichtlich der Beseitigung des Strafmakels (§ 97 JGG) nichtdeutsche straffällige Jugendliche gegenüber ihren deutschen Altersgenossen benachteiligt.[1595]

17. 7. 3. Ausweisung als strafrechtliche Nebenfolge, Nebenstrafe oder entsprechend der §§ 69ff StGB?

Der Spannungszustand zwischen strafrechtlicher Zielsetzung einerseits und dem Ausländerrecht andererseits sowie die Tatsache, daß die Ausweisung aus Sicht der betroffenen Ausländer als harte Strafe empfunden wird, hat zu Vorstößen geführt, die Ausweisung als strafrechtliche Nebenfolge, Nebenstrafe (d. h. nur zusammen mit einer (Haupt-) Rechtsfolge/Strafe) oder in Anlehnung an die Maßregeln der Besserung und Sicherung auszugestalten.[1596] Neben der Möglichkeit, die Ausweisung bei der Strafzumessung berücksichtigen zu können[1597], werden Vorteile vor allem darin gesehen, daß beide Entscheidungen in ein- und derselben Hand liegen, der Richter aufgrund seiner Feststellungen im Verfahren kompetent und sachnah auch über die ausländerrechtlichen Konsequenzen entscheiden kann und vor allem auch die Ungewißheit über die nähere Zukunft, die wie ein Damoklesschwert auch zur Zeit der Strafverbüßung über den Betroffenen hängt und den Strafvollzug beeinträchtigt, vermieden werden kann.

Dennoch sind Zweifel an dieser Lösung gerade im jugendstrafrechtlichen Bereich angebracht. Eine Verlagerung der Entscheidungskompetenz auf den Strafrichter in den Fällen, in denen die Ausweisung einer strafgerichtlichen Verurteilung folgt, führt zu einer Aufspaltung des Rechtsschutzes im Bereich des Aufenthalts-

---

1594 Kritisch zur Generalprävention im Ausweisungsrecht Wegner, in: Huber (Hrsg.), § 46 Rz. 52; Wegner/Durmus, 1994, S. 50/51; Köpcke-Duttler, KrimPäd 1993, Heft 34, S. 27, 29/30; Ventzke, StV 1994, S. 337, 342; auch Pagenkopf, DVBl 1975, S. 764, 766.

1595 Hubert, BewHi 1999, S. 375, 378, 379.

1596 So schon Pagenkopf, DVBl 1975, S. 764, 767 für Ausweisungen aufgrund des § 10 Abs. 1 Nr. 2 AuslG a. F.;für die Gestaltung als Nebenstrafe Müller, in: Schäfer/Sievering (Hrsg.), 1984, S. 163, 167; in diese Richtung wohl auch Böhm, in: Schäfer/Sievering (Hrsg.), 1984, S. 118, 132; neuerdings auch Hubert, in: DVJJ (Hrsg.), 1997, S. 244, 268; ebenso Wegner, in: Huber (Hrsg.), § 45 Rz. 11; für eine Regelung entsprechend den §§ 69 ff StGB Bäuerle, in: BKA (Hrsg.), 1989, S. 185, 188.

1597 Vgl. Wegner, in: Huber (Hrsg.), § 45 Rz.11: Würde das Mehr an Strafe in solch einem Fall nicht ausgeglichen (z. B. durch eine kürzere Haftstrafe), läge ein Verstoß gegen Art. 14 iVm Art.8 EMRK vor, da der Ausländer schwerer bestraft würde als ein Deutscher.

rechts. Gegen die Ausweisungsentscheidung des Strafrichters würden die Betroffenen auf den strafrechtlichen Rechtsschutz, auf die Rechtsmittel der Berufung und Revision verwiesen. Erfolgt die Ausweisung aus anderen Gründen als Straffälligkeit (so in Fällen des § 46 Nr. 6, 7 AuslG), stünde dagegen der Verwaltungsrechtsweg offen.[1598] Der Verweisung auf die Rechtsmittel Berufung und Revision müssen im (derzeit geltenden) Jugendstrafrecht angesichts der eingeschränkten Möglichkeit der Rechtsmitteleinlegung (§ 55 JGG) Bedenken entgegengebracht werden. Insoweit ist die insbesondere für das Jugendstrafrecht erhoffte Verfahrensverkürzung[1599] gleichzeitig eine „Rechtsschutzverkürzung“ und angesichts der schwerwiegenden Bedeutung der Ausweisung für den Jugendlichen abzulehnen.

Was eine mögliche erhöhte Akzeptanz der Ausweisungsentscheidung angeht, wenn diese durch den Strafrichter gefällt wird[1600], so geht diese - wenn sie überhaupt eintritt - wohl zu Lasten der Akzeptanz der verhängten Maßnahme des JGG.[1601] Denn wenn schon im Strafprozeß die Ausweisung ausgesprochen wird, dürfte angesichts ihrer gravierenden Auswirkungen der Ausspruch der (Haupt-) Rechtsfolge eher „nebensächlich“ sein und steht zu vermuten, daß deren Sinnhaftigkeit sich in solchen Fällen dem Betroffenen nur schwer erschließen wird.

Die Entscheidung des (Jugend-) Strafrichters in Personalunion über die „richtige“ Maßnahme des JGG und die Ausweisung zu favorisieren, bedeutet darüber hinaus, die derzeitigen, oben aufgezeigten Spannungen zwischen einem erzieherisch orientierten Jugendstrafrecht und einem auf Gefahrenabwehr zielenden Ausländerrecht nicht aufzulösen, sondern in das Jugendstrafrecht selbst zu verlagern. Dies gilt vor allem in Ansehung der Ausweisung aus generalpräventiven Gründen.

Während im allgemeinen Strafrecht bei der Strafzumessung auch generalpräventive Aspekte zu berücksichtigen sind, und die Ausweisung durch die Einbettung generalpräventiver Überlegungen in die Strafzumessungsgrundsätze eine begrüßenswerte Limitierung erfahren würde[1602], ist eine solche „Harmonisierung“ in Bezug auf das Jugendstrafrecht nicht zu erreichen, denn generalpräventive Erwägungen haben nach ganz h. M. bei Auswahl und Bemessung einer Sanktion nach dem JGG keinen Raum. Mit der Entscheidung über die Ausweisung als Nebenstrafe oder Nebenfolge würde die eigentliche Sanktion, die nach der Intention des

---

1598 Wenig klar ist auch, wie z. B. im Falle der Geltendmachung von Duldungsgründen bzw. Abschiebungshindernissen gemäß den §§ 51 und 53-55 AuslG zu verfahren wäre.

1599 Dies ist für Bäuerle, in: BKA (Hrsg.), 1989, S. 185, 188 ein erwünschter Effekt der Ausgestaltung der Ausweisungsentscheidung in Anlehnung an die §§ 69 ff StGB.

1600 S. Bäuerle, in: BKA (Hrsg.), 1989, S. 185, 188.

1601 Es sei denn, man gestaltet die Ausweisung als Maßregel der Besserung und Sicherung aus und verhängt sie als alleinige Maßnahme.

1602 S. Müller, in: Schäfer/Sievering (Hrsg.), 1984, S. 163, 167; auch Pagenkopf, DVBl 1975, S. 764, 767.

JGG erzieherischen Belangen Rechnung tragen soll, konterkariert - und das nicht durch die Ausländerbehörde (wie bislang) sondern durch den (Jugend-) Strafrichter selbst. Steht am Ende der Hauptverhandlung die Ausweisung fest, erübrigen sich erzieherische Erwägungen bei der Sanktionsfindung und -bemessung und sind im Grunde genommen schon vom Anspruch her verfehlt.

Die erzieherische Orientierung des JGG findet sich auch im Bereich der Nebenfolgen und -strafen (§ 6 JGG) sowie der Maßregeln der Besserung und Sicherung (§ 7 JGG) wieder und kann somit auch bei den Überlegungen zur Einbeziehung der Ausweisungsentscheidung in das Jugendstrafverfahren nicht unberücksichtigt bleiben. So ergeben sich inhaltliche Grenzen der Zulässigkeit der Anwendung von Nebenfolgen/Nebenstrafen und Maßregeln der Besserung und Sicherung - soweit deren Anwendbarkeit nicht ausdrücklich im JGG ausgeschlossen ist - aus den allgemeinen Grundsätzen des JGG[1603], mit der Konsequenz, daß Maßregeln, die primär das Sicherungsinteresse der Gesellschaft im Blick haben, hinter der positiven Individualprävention durch jugendstrafrechtliche Sanktionen zurücktreten.[1604]

Gestaltet man also die Ausweisung analog den § 69 ff StGB aus - eine Konstruktion der Ausweisung als Maßregel der Besserung und Sicherung wäre aufgrund des polizeirechtlichen Ursprungs dieser Sanktionen[1605] durchaus denkbar-, so wäre ihre Anwendbarkeit im Jugendstrafrecht mit den oben genannten Grundsätzen nicht vereinbar. Bei der Ausweisung von Ausländern stehen generalpräventive Erwägungen und solche der negativen Spezialprävention im Vordergrund. Soweit diese Aspekte dominieren, ist die Ausweisung eine im Hinblick auf die positive Individualprävention ungeeignete Maßnahme und mit den erzieherischen Belangen des JGG nicht vereinbar.

Der Ausspruch der Ausweisung als Nebenstrafe, strafrechtliche Nebenfolge oder Maßregel der Besserung und Sicherung ist danach nicht geeignet, die faktisch bestehende Benachteiligung nichtdeutscher Jugendlicher im Jugendstrafverfahren aufgrund der drohenden ausländerrechtlichen Konsequenzen zu beseitigen, sondern würde eine dem Grundgedanken des JGG zuwiderlaufende Sanktion einführen, die letztlich mit dem Verzicht auf den Vorrang der positiven Individualprävention Instrument eines „Ausländerstrafrechtes“ wäre. Der derzeitige Widerstreit zwischen Integration/Resozialisierung, positiver Individualprävention und ausländerrechtlicher Gefahrenabwehr würde so zugunsten ordnungsrechtlicher Belange gelöst.

1603 So Eisenberg, § 6 Rz. 4.

1604 Ostendorf, § 7 Rz. 3.

1605 Vgl. Müller-Dietz, 1979, S. 70/71.

17. 8. Schlußfolgerungen

Die Möglichkeit zu gewähren, minderjährige und heranwachsende Ausländer auszuweisen, ist eine politische Entscheidung, die aus jugendstrafrechtlicher bzw. jugendhilferechtlicher Sicht nicht befriedigt. Das Ineinandergreifen jugendstraf- bzw. jugendhilferechtlicher und ausländerrechtlicher Interventionen erweist sich aufgrund der unterschiedlichen Zielsetzung als kontraproduktiv. Der Widerspruch von Jugendstrafrecht/Jugendhilferecht und Ausländerrecht kann nicht innerhalb und zu Lasten des Jugendstrafrechts/Jugendhilferechts aufgelöst werden.

Es gilt daher an den ausländerrechtlichen Regelungen, insbesondere den Ausweisungstatbeständen des Ausländergesetzes selbst anzusetzen.

1. Die Gleichsetzung von Freiheitsstrafe und Jugendstrafe erweist sich aus den oben genannten Gründen als verfehlt und sollte daher aus den Ausweisungstatbeständen gestrichen werden.
2. Der derzeitige Ausweisungsschutz für Minderjährige und Heranwachsende, die in Deutschland aufgewachsen sind und hier ihren Lebensmittelpunkt haben, ist ungenügend. Bei Straffälligkeit werden „Inländer mit ausländischem Paß" plötzlich wieder zu „Ausländern" und das obwohl sie oft nur noch eine formaljuristische Bindung an ihr Herkunftsland über die Staatsangehörigkeit haben. Es ist schon sehr befremdlich, wenn einem türkischen Heranwachsenden, der unter den besonderen Ausweisungsschutz des § 48 Abs.1 Nr.2 AuslG fällt, attestiert wird, es werde für ihn keineswegs unmöglich sein, sich in der Türkei zurechtzufinden und dort ein menschenwürdiges Leben zu führen, weil u. a. davon auszugehen sei, „daß er des Türkischen jedenfalls bruchstückhaft mächtig ist und ihm die türkischen Lebensgewohnheiten nicht völlig fremd sind, hat er doch bis zu seinem 5. Lebensjahr in der Türkei selbst gelebt und ist er doch im Bundesgebiet mit zwei Geschwistern in einer türkischen Familie der 1. Generation aufgewachsen."[1606] Solche Ausführungen machen deutlich, daß man sich mit der Kategorie „Inländer mit fremder Staatsangehörigkeit" nur bedingt auseinanderzusetzen bereit ist und sich eine dieser Gruppe gerecht werdende ausländerrechtliche Betrachtung der gesellschaftlichen Realität nicht durchgesetzt hat und sich unter der derzeitigen gesetzlichen Regelung auch nicht durchsetzen kann.[1607] Zu fordern ist daher ein absoluter Ausweisungsschutz für Minderjährige und Heranwachsende, die hier aufgewachsen sind und ihren Lebensmittelpunkt in Deutschland haben.[1608]

[1606] OVG Rheinland-Pfalz, Urteil v. 21.9.1997 in: Jakober/Lehle/Schwab, § 47 Abs.3 AuslG, Nr.4, S. 1, 9.

[1607] Vgl. auch Huber, in: KAV (Hrsg.), 1996, S. 41, 49.

[1608] Vgl. Tsapanos, in: Golubovic/Lavadinho/Marvakis (Hrsg.), 1994, S. 5, 7; Heldmann, in: KAV (Hrsg.), 1996, S. 34.; auch Böhm, in: Schäfer/Sievering (Hrsg.), 1984, S. 118, 133: keine Ausweisung von nach Jugendstrafrecht verurteilten Ausländern, die hier ihren Lebensmittelpunkt haben.

4. Teil: Schlußbetrachtung

Im ersten Teil der Arbeit hat sich gezeigt, daß von „den" ausländischen Beschuldigten nicht gesprochen werden kann. Zu heterogen ist diese Beschuldigtengruppe, als daß man pauschal Problemlagen und mögliche Benachteiligungen „der Nichtdeutschen" herausstellen könnte. Mit einer Ausnahme allerdings: Die Anwendung des Ausländergesetzes, das die drastische Maßnahme der Ausweisung ermöglicht, entscheidet sich tatsächlich an der Paßfrage, wobei je nach Aufenthaltsdauer, aufenthaltsrechtlichem Status das Ausländergesetz wiederum differenziert. Darin liegt der in der Konsequenz durchaus schwergewichtige Unterschied zu den jungen Aussiedlern. Mögen sie bestimmte hier dargestellte Probleme im Jugendstrafverfahren mit den Nichtdeutschen teilen - wie z. B. sprachliche Verständigungsschwierigkeiten - so unterfallen sie wegen ihres deutschen Passes nicht dem Ausländergesetz und heben sich somit in einem wichtigen Punkt von der Gruppe der Nichtdeutschen ab.

Allerdings ließen sich in der Arbeit eine Vielzahl spezifischer Problemlagen aufzeigen, die auf eine Vielzahl von Nichtdeutschen in gleicher oder ähnlicher Lebenslage zutreffen und die an alle Beteiligten des Jugendstrafverfahrens neue und im Vergleich zu dem gewohnten Umgang mit jungen Deutschen weitergehende Anforderungen stellen.

Von den spezifischen Problemen, die im Jugendstrafverfahren mit nichtdeutschen Beschuldigten auftreten, kann als ein zentrales Problem das der Kommunikation und Verständigung hervorgehoben werden. Das überrascht insofern nicht, als das (Jugend-) Strafverfahren als Kommunikationsprozeß ausgestaltet ist bzw. einen solchen voraussetzt und wesentliche rechtsstaatliche Elemente wie z. B. das Fragerecht kommunikative Elemente sind. Störungen und Fehlleistungen in diesem Bereich stellen somit die Funktionsfähigkeit des Strafverfahrens an sich in Frage. Die Arbeit hat aufgezeigt, daß sich Sprachschwierigkeiten und Verständigungsprobleme durch alle Etappen des Jugendstrafverfahrens ziehen - angefangen bei der polizeilichen Vernehmung über die Frage der notwendigen Verteidigung bis hin zur Entscheidung für oder gegen die Beiziehung eines Dolmetschers und die damit verbundene Kostenfrage. Von besonderer Bedeutung ist in diesem Zusammenhang auch die jugendgerichtliche Hauptverhandlung. Haben junge Deutsche aufgrund der spezifischen Kommunikations- und Interaktionsstruktur vor Gericht Verständigungsprobleme, so verschärft sich die Situation, wenn weitergehende sprachliche und kulturelle Barrieren überwunden werden müssen. Welche Bedeutung sprachlichen Problemen bzw. Verständigungsproblemen in der Praxis zukommt, wie oft sich Mißverständnisse einschleichen, der Dolmetscher den an ihn gestellten Anforderungen nicht gerecht wird, und wie bewußt sich die Verfahrensbeteiligten im Einzelfall dieser Störungen und Störanfälligkeit in Polizei- und Gerichtsalltag sind, kann allerdings nicht beantwortet werden.

Das rechtliche Instrumentarium selbst ist nur bedingt tauglich, diese Störanfälligkeit zu verhindern. Durch die Beteiligung eines Dolmetschers geht die Unmittelbarkeit der Kommunikation verloren, in bestimmten Situationen - wie die der Begutachtung - wirkt sich schon alleine die Anwesenheit des Dolmetschers als „Fremdkörper" störend aus. Auf seine Übersetzung kann aber im Zweifel nicht verzichtet werden, so daß die Störanfälligkeit der Kommunikation nur durch den Einsatz qualifizierter Dolmetscher so gut wie möglich minimiert werden kann. Hierzu sind einheitliche Qualitätsstandards für Gerichtsdolmetscher aufzustellen, die gewährleisten, daß dem Beschuldigten und dem Gericht ein kompetenter Übersetzer zur Seite steht. Gleiches gilt auch für die im Ermittlungsverfahren eingesetzten Dolmetscher. Angesichts der Weichenstellung, die hier mit Blick auf das spätere Verfahren erfolgt, sollte auch hier vom Einsatz von Gelegenheitsdolmetschern Abstand genommen werden.

In diesem Zusammenhang soll nochmals betont werden, daß gerade im Jugendstrafverfahren auch der Hauptverhandlung eine erzieherische Funktion zukommen soll. Um dies überhaupt erreichen zu können, ist eine gelungene Kommunikation und Verständigung zwischen Beschuldigtem und Gericht unabdingbar. Diese setzt allerdings auch eine größtmögliche Transparenz des Geschehens in der Hauptverhandlung voraus. Für die Dolmetscherbeteiligung bedeutet dies, daß nach Möglichkeit nicht nur die wesentlichen Verhandlungsakte, sondern umfassend übersetzt werden sollte. Dies gilt insbesondere auch in Ansehung der subjektiven Eindrücke, die junge Ausländer vielfach aus der Hauptverhandlung „mitnehmen": Unverständnis für gerichtliche Bewertungsmaßstäbe führen zu dem Gefühl, fehlbewertet worden zu sein, das Urteil und seine rechtliche Würdigung werden nicht angenommen, wobei vielfach von der Ausländerfeindlichkeit der Richter ausgegangen wird. Es sollten daher alle Möglichkeiten ausgeschöpft werden, die dazu beitragen können, diesem Argumentations- und Deutungsmuster entgegenzuwirken, um somit eine bessere Akzeptanz der jugendgerichtlichen Verhandlung und des Urteils zu erreichen. Eine „erzieherische" Wirkung dürfte ansonsten ausgeschlossen sein, ebenso wie der Aufbau solcher Deutungsmuster bei den betroffenen Jugendlichen Versuche einer „erzieherischen" Einwirkung insgesamt erschweren dürfte.

Hervorgehoben werden soll nochmals die notwendige Verteidigung von nichtdeutschen Jugendlichen. Viele der im Jugendstrafverfahren gegen nichtdeutsche Beschuldigte auftretende Besonderheiten und Probleme münden letztlich in die Frage nach der notwendigen Verteidigung dieser Beschuldigtengruppe. Dies gilt für die Sprachunkundigkeit der Beschuldigten, vor allem aber für die Verquickung zwischen Jugendstrafrecht und Ausländerrecht. Dabei zeigte jeweils die tiefergehende Auseinandersetzung mit diesen beiden Bereichen, daß der „vordergründige" Verweis auf die Anwesenheit eines Dolmetschers ebenso wie die Subsumtion der Ausweisung als gravierendste ausländerrechtliche Konsequenz im Sinne einer mittelbaren Folge der Tat unter das Kriterium der „Schwere der Tat", ohne andere ausländerrechtliche Implikationen im Rahmen dieses Kriteriums zu berücksichtigen, zu kurz greift. Wenn schon seitens der Berufsgruppe der Dometscher ernsthafte Zweifel an der Kompetenz vieler Gerichtsdolmetscher geäußert werden und das Jugendstrafverfahren mit seinen in ihm getroffenen Feststellungen, Bewertungen, Prognosen und der Strafzumessung in großem Maße auch das ausländerrechtliche Verfahren beeinflußt, kann die „Notwendigkeit" der Verteidigung in solchen Fällen nicht hoch genug eingeschätzt werden.

Betrachtet man die einzelnen Verfahrensabschnitte auf etwaige Benachteiligungen der jungen Ausländer, so zeigt sich im Bereich der U-Haft eine deutliche Schlechterstellung weniger der in Deutschland „ansässigen" als vor allem jener jungen Nichtdeutschen, deren Aufenthalt in Deutschland nicht auf Dauer angelegt ist. Sie werden wegen geringer Anlaßdelikte vergleichsweise häufig in U-Haft genommen. Dies liegt zum einen daran, daß bei vielen nichtdeutschen Jugendlichen kumulierend (Lebens-) Umstände vorliegen, die zur Verhängung von U-Haft geradezu „herausfordern", indem sie eine relativ schematische Bejahung der Fluchtgefahr zulassen. Andererseits sprechen gerade die vergleichsweise wenig schweren Anlaßdelikte dafür, daß dem Verhältnismäßigkeitsgrundsatz bei dieser Gruppe von Beschuldigten nicht die Bedeutung zukommt, die ihm insbesondere gerade auch nach der Intention des JGG beigemessen werden sollte.

Daneben liegt die größte Benachteiligung nicht im Jugendstrafverfahren selbst begründet, sondern in der Geltung des Ausländerrechtes und der Verflechtung mit dem (Jugend-) Strafrecht. Das Ausländerrecht begleitet gleichermaßen alle Verfahrensabschnitte: Es beeinflußt die Prognose im Rahmen der forensischen Begutachtung, es beeinträchtigt die Arbeit der Jugendgerichtshilfe und „überschattet" auch die Hauptverhandlung insoweit, als die dort getroffenen Feststellungen, der Sachverhalt und nicht zuletzt das Strafmaß auch für das ausländerrechtliche Verfahren Erkenntniswert haben bzw. die ausländerrechtlichen Tatbestände ausfüllen. Nicht zuletzt beeinträchtigt es den Strafvollzug und konterkariert die erzieherische Intention des Jugendstrafrechts und -verfahrens.

Gleichzeitig offenbart sich in vielen Bereichen Forschungsbedarf. In weiten Bereichen, vor allem im Ermittlungsverfahren, zeigt sich noch ein relativ ungesicherter Forschungsstand. Die Ursachen für das über Jahre hinweg feststellbare vergleichsweise geringere Aburteilungs- bzw. Verurteilungsrisiko von nichtdeutschen Jugendlichen und Heranwachsenden sind nicht eindeutig auszumachen. Wie stark die Anzeigebereitschaft der deutschen Bevölkerung gegenüber nichtdeutschen Tätern ausgeprägt ist, kann nicht eindeutig beantwortet werden, ebensowenig kann eine gesicherte Aussage über die Selektivität der polizeilichen Arbeit getroffen werden. Die Befunde dazu sind uneinheitlich, zum Teil beruhen sie auf Untersuchungen älteren Datums, aufgrund derer man die heutige Situation nur schwer bewerten kann. Die Tatsache, daß diese Reduktion des Tatvorwurfs nach neueren Untersuchungen in den gekannten Ausmaßen nicht mehr besteht, mag auch ein anderes Licht auf die bisher angebotenen Erklärungen für die Reduktion des Tatvorwurfs selbst werfen. Auch die Gründe für die nun bemerkbare Annäherung der Verurteilungswahrscheinlichkeit bei jungen Deutschen und Nichtdeutschen bedürfen noch weiterer Klärung und empirischer Überprüfung.

Weiterer Überprüfung bedarf auch die Frage nach der Bedeutung, die der Variablen „Nationalität/ethnische Zugehörigkeit" bei der Strafzumessung zukommt. Grundsätzlich scheint dieser Variablen nach den vorliegenden Untersuchungen keine große Bedeutung zugemessen werden dürfen, doch lassen sich - wenn auch nicht sehr gewichtige - gegenteilige Tendenzen entnehmen. Es besteht kein Anlaß, die derzeitige Strafzumessungspraxis unter dem Aspekt des Einflusses der Variablen „Nationalität" zu dramatisieren; umgekehrt kann man es nicht als gesichert ansehen, daß die Strafgerichte völlig unanfällig für eine Ungleichbehandlung deutscher und nichtdeutscher Straftäter sind.

Es bleibt die Frage, ob und inwieweit den besonderen Problemlagen ausländischer Beschuldigter mit Hilfe des juristischen Instrumentariums Rechnung getragen werden kann und hierüber Problemkonstellationen vermieden werden können. Die Frage, ob das rechtliche Instrumentarium ausreicht, um besondere Beeinträchtigungen bis hin zur Schlechterstellung ausländischer Beschuldigter zu vermeiden, läßt sich zumeist nicht scharf trennen von der Frage, inwieweit grundsätzlich Reformbedarf im Jugendstrafrecht besteht. Zum Teil weisen die hier aufgezeigten Probleme auf grundsätzliche „Schwächen" des JGG hin bzw. zeigt die Behandlung nichtdeutscher Beschuldigter im Jugendstrafverfahren - vielfach deutlicher als bei deutschen Jugendlichen - die Grenzen des derzeitigen Jugendstrafrechts auf. Während z. B. in dieser Arbeit danach gefragt wird, ob die derzeitige Regelung der notwendigen Verteidigung den Defiziten nichtdeutscher oder nichtdeutschsprachiger Beschuldigter Rechnung trägt, kann man selbstverständlich schon die Frage stellen, ob Jugendliche nicht generell einen Verteidiger an ihrer Seite haben sollten. Insoweit überlagert also eine generell jugendspezifische Fragestellung die „ausländerspezifische" Fragestellung. Ebenso führen die im Zusammenhang mit den reisenden Tätern auftretenden Schwierigkeiten die Grenzen des Jugendstrafrechts als Erziehungsstrafrecht vor Augen, dessen Sinnhaftigkeit man auch grundsätzlich in Frage stellen kann. Es würde den Rahmen sprengen, in Zusammenhang mit der dieser Arbeit zugrundeliegenden Themenstellung eine Diskussion über das geltende Jugendstrafrecht zu führen. Vielmehr soll unter Zugrundelegung der derzeit geltenden jugendstrafrechtlichen Bestimmung und Anerkennung des Jugendstrafrechts als erzieherisch orientiertem Strafrecht die Stellung ausländischer junger Beschuldigter beurteilt werden und nur mit Blick auf diese Problemstellung das vorhandene rechtliche Instrumentarium bewertet werden. Daß bestimmte gesetzliche Änderungen darüber hinaus auch generell im Bereich des Jugendstrafrechts ohne Ansehung der Beschuldigtengruppe unter Umständen wünschenswert und bestehende Regelungen kritikwürdig sind, soll damit nicht verkannt werden.

Aus dieser Warte heraus hat die Auseinandersetzung mit dem hier interessierenden Thema ergeben, daß in vielen wichtigen Punkten das JGG grundsätzlich flexibel genug ist, um zu einem angemessenen Umgang mit den ausländischen Beschuldigten zu finden. Deutlich wird dies insbesondere im Bereich der notwendigen Verteidigung junger Nichtdeutscher, wo auch bei der derzeitigen Gesetzeslage eine umfassende Verteidigung nichtdeutscher, vor allem aber auch nichtdeutschsprachiger Jugendlicher und Heranwachsender erreicht werden kann. Dies zeigt auch die Rechtsprechung, die vereinzelt über die Frage der Verteidigung durchaus in Einklang mit der im jugendstrafrechtlichen Schrifttum favorisierten extensiven Auslegung der maßgeblichen Vorschriften entschieden hat. In diesem Punkt ist es also weniger eine Frage des rechtlichen Regelungsbedarfs als eine Frage, wie vorhandene, taugliche Bestimmungen angewendet und in die Praxis umgesetzt werden. Für die derzeit existierenden Grundlagen der Untersuchungshaftverhängung gilt dies nicht uneingeschränkt. Bei strikter Beachtung des Verhältnismäßigkeitsgrundsatzes, des im JGG verankerten Subsidiaritätsgrundsatzes und einer jugendspezifischen Auslegung der Haftgründe ließe sich die derzeitige extensive U-Haft-Praxis auch gegenüber ausländischen Beschuldigten eindämmen. Das Beispiel Berlin zeigt, wie auch bei reisenden Tätern auf U-Haft verzichtet werden kann, indem andere Verfahrensmöglichkeiten voll ausgeschöpft werden. Gleichwohl wäre im Bereich der U-Haft-Verhängung eine Änderung der gesetzlichen Bestimmungen wünschenswert, um den Haftgrund der Fluchtgefahr und somit auch das Einfallstor der apokryphen Haftgründe in seinem Anwendungsbereich einzuengen. Dies erscheint generell für die Gruppe der Jugendlichen wünschenswert, käme aber insbesondere auch nichtdeutschen Beschuldigten zugute, die aufgrund ihrer oftmals randständigen Lebenssituation sowie ihren bestehenden Auslandsbezügen all jene Merkmale auf sich vereinen, die nach der gängigen strafprozessualen Praxis und Kommentierung für die Annahme von Fluchtgefahr sprechen.

Wünschenswert ist darüber hinaus, im Rahmen eines zukünftigen Jugendstrafvollzugsgesetzes Regelungen für den Bereich der Lockerungen zu schaffen, die eine individuelle Einzelfallprüfung erlauben, unabhängig davon, ob eine vollziehbare Ausweisungsverfügung vorliegt oder ein Ausweiungsverfahren anhängig ist.

Darin dürfte sich aber der Regelungsbedarf, soweit er speziell das jugendstrafrechtliche Instrumentarium betrifft, erschöpfen. Es bleibt die Notwendigkeit der Umsetzung in die Praxis: Nur wo auch z. B. Untersuchungshaft vermeidende

Maßnahmen angeboten werden, kann U-Haft-Vermeidung praktiziert werden. Nur wenn die entsprechenden Kompetenzen im kulturellen, im ausländerrechtlichen und migrationsspezifischen Bereich vorhanden sind, kann wirkungsvolle JGH-Arbeit für junge Nichtdeutsche geleistet werden.

Daneben besteht außerhalb des Jugendstrafrechts Regelungsbedarf im ausländerrechtlichen Bereich, soweit er auf das Jugendstrafrecht ausstrahlt. Das Spannungsverhältnis zwischen Ausländerrecht und Jugendstrafrecht ist zugunsten des Jugendstrafrechts aufzulösen. Steht am Ende von Straf- und Verwaltungsverfahren die Ausweisung des Beschuldigten, erscheinen jegliche Bemühungen und Maßnahmen, die im Sinne des JGG auf eine positive Individualprävention zielen, sinnlos. Letztlich ist es eine politische Entscheidung, wie man mit Menschen ohne das formaljuristische Band eines deutschen Passes, die in der Gesellschaft straffällig werden, in der sie groß geworden sind und deren Sozialisationsbedingungen sie weitgehend ausgesetzt waren, umgeht. Vom Standpunkt eines erzieherisch orientierten Jugendstrafrechts aus ist die derzeitige ausländerrechtliche Regelung kontraproduktiv und ungenügend.

Literaturverzeichnis

Abschlußbericht der Expertenkommission Hessischer Justizvollzug. Strafverteidiger 1994, S. 215-222.

Adorno, Elke: Die Wünsche einer Gerichtsdolmetscherin. Deutsche Richterzeitung 1993, S. 477-478.

Akgün, Lale: Psychokulturelle Hintergründe türkischer Jugendlicher der zweiten und dritten Generation. In: Lajios, Konstantin (Hrsg.): Die psychosoziale Situation von Ausländern in der Bundesrepublik. Integrationsprobleme und seelische Folgen. Opladen 1993, S. 55-70.

Akpinar, Mine: Fragestellungen zum § 105 JGG bei türkischen Heranwachsenden. In: DVJJ (Hrsg.): Mehrfach Auffällige - Mehrfach Betroffene. Erlebnisweisen und Reaktionsformen. Dokumentation des 21. Deutschen Jugendgerichtstages vom 30. September bis 4. Oktober 1989 in Göttingen. Bonn 1990, S. 269-273.

Albrecht, Peter-Alexis: Jugendstrafrecht. 3. Auflage, München 2000.

Albrecht, Peter-Alexis/Pfeiffer, Christian: Die Kriminalisierung junger Ausländer. Befunde und Reaktionen sozialer Kontrollinstanzen. München 1979.

Albrecht, Hans-Jörg: Neue Dimensionen der Ausländerkriminalität. In: DVJJ - Regionalgruppe Nordbayern (Hrsg.): Ausländer im Jugendstrafrecht - neue Dimensionen. Erlangen 1993, S. 1-14.

Albrecht, Hans-Jörg: Strafzumessung bei schwerer Kriminalität. Berlin 1994.

Albrecht, Hans-Jörg: Ethnische Minoritäten. Kriminalität, Strafjustiz und Diskriminierung. In: DVJJ (Hrsg.): Sozialer Wandel und Jugendkriminalität. Neue Herausforderungen für Jugendkriminalrechtspflege, Politik und Gesellschaft. Dokumentation des 23. Deutschen Jugendgerichtstages vom 23. bis 27. September 1995 in Potsdam. Bonn 1997, S. 192-243.

Autorengruppe Ausländerforschung (Hrsg.): Zwischen Ghetto und Knast. Jugendliche Ausländer in der Bundesrepublik. Reinbek 1981.

Autorengruppe Ausländerforschung (Hrsg.): Untersuchung von Straftaten, Problemen des Strafvollzuges und der Resozialisierung bei Ausländern in Berlin. Teil 1. Einführung in die Untersuchung und Kurzfassung der Ergebnisse. Berlin 1980.

Autorengruppe Ausländerforschung (Hrsg.): Untersuchungen von Straftaten, Problemen des Strafvollzuges und der Resozialisierung bei Ausländern in Berlin. Teil 2. Straftaten von Ausländern in Berlin. Berlin 1980.

Autorengruppe Ausländerforschung (Hrsg.): Untersuchung von Straftaten, Problemen des Strafvollzuges und der Resozialisierung bei Ausländern in Berlin. Teil 3. Reaktion auf Straftaten von Ausländern in Berlin. Berlin 1980.

Arbeiterwohlfahrt (AWO): Umgang mit unbegleiteten minderjährigen Flüchtlingen. Position der Arbeiterwohlfahrt. Schriftenreihe Theorie und Praxis '96. Bonn.

Bade, Klaus J. Ausländer, Aussiedler, Asyl. Eine Bestandsaufnahme. München 1994.

Bäcker, Helmut: Stellungnahme aus Sicht der Hessischen Strafverteidigervereinigung. In: Kommunale Ausländerinnen- und Ausländervertretung (KAV) der Stadt Frankfurt a. M. (Hrsg.): Das Jugendstrafverfahren, seine ausländerrechtliche Konsequenzen und die sich daraus ergebenden Widersprüche in bezug auf das Kinder- und Jugendhilferecht. Bonn 1996, S. 94-99.

Baer, Sigrid: Die Neuregelungen des Ausländerrechts für Minderjährige. Zeitschrift für Ausländerrecht und Ausländerpolitik 1991, S. 135-142.

Bahadir, Sefik Alp: Arbeitslosigkeit und Ausländerbeschäftigung. Zur Problematik der Ausländerbeschäftigung in der Bundesrepublik Deutschland aus arbeitsmarktpolitischer Sicht. In: Freund, Wolfgang S.(Hrsg.): Gastarbeiter. Neustadt/Wstr. 1980, S. 25ff.

Baisch, Gerhard: „Strafvollzug - Büttel einer Ausländer-raus-Politik?" Eine Polemik aus Sicht des Strafverteidigers. Kriminalpädagogische Praxis 1993, Heft 34, S. 33-35.

Bandilla, Wolfgang: Die Verteidigung in Jugendstrafsachen - Erste Ergebnisse einer Bielefelder Untersuchung. DVJJ-Rundbrief Nr. 131, 1990, S. 25-27.

Basak, Cem: Probleme der Identitätsbildung bei türkischen Jugendlichen in Deutschland. In: DVJJ - Regionalgruppe Nordbayern (Hrsg.): Ausländer im Jugendstrafrecht - neue Dimensionen. Erlangen 1993, S. 39-42.

Basdorf, Clemens: Strafverfahren gegen der deutschen Sprache nicht mächtige Beschuldigte. In: Geppert, K./Dehnicke, D. (Hrsg.): Gedächtnisschrift für K.-H. Meyer. Berlin 1990, S. 19-35.

Bauer, Manfred: Junge ausländische Tatverdächtige - Polizeiliche Erkenntnisse und Erfahrungen. DVJJ-Journal 1993, S. 360-363.

Bäuerle, Helmut: Probleme der Kooperation zwischen Polizei und anderen Behörden im Ausländerbereich. In: BKA (Hrsg.): Ausländerkriminalität in der Bundesrepublik Deutschland. Arbeitstagung des Bundeskriminalamtes Wiesbaden vom 18.-21. Oktober 1988. Wiesbaden 1989, S. 185-189.

Beck, Winfried: Nachwort. Die Verantwortung des Mediziners - ein Nachwort aus ärztlicher Sicht. DVJJ-Journal 1995, S. 323-325.

Beulke, Werner: Die gerichtliche Bestellung eines Verteidigers, Interpretation der §§ 140 ff StPO unter jugendrechtlichen Gesichtspunkten. In: BMJ (Hrsg.): Verteidigung in Jugendstrafsachen. Bonn 1987, S. 170-195.

Beulke, Werner: Die notwendige Verteidigung in der rechtlichen Entwicklung. Eine Analyse mit kriminalpolitischen Folgerungen. In: Walter, Michael (Hrsg.): Strafverteidigung für junge Beschuldigte: Versuch einer Bestandsaufnahme und einer Bilanz der „Kölner Richtlinien". Pfaffenweiler 1997, S. 37-50.

Beyer, Gundula: Jugendgerichtshilfe für Ausländer. Frankfurt a. M. 1992.

Bielefeld, Uli/Kreissl, Reinhard: Isolation und Anpassung. Karrieren junger Ausländer. In: Schüler-Springorum, Horst (Hrsg.): Mehrfach auffällig. Untersuchungen zur Jugendkriminalität. München 1982, S. 126-167.

Bielefeld, Uli/Kreissl, Reinhard/Münster, Thomas: Junge Ausländer im Konflikt. Lebenssituationen und Überlebensformen. München 1982.

Bindel-Kögel, Gabriele/Heßler, Manfred: Vermeidung von Untersuchungshaft im Spannungsfeld zwischen Jugendhilfe- und Jugendstrafrecht. In: neue praxis 1996, S. 228-238.

Bindel-Kögel, Gabriele/Heßler, Manfred: Vermeidung von Untersuchungshaft bei Jugendlichen im Spannungsfeld zwischen Jugendhilfe und Justiz. Das Berliner Modell. Pfaffenweiler 1999.

Bischoff, Detlef (Hrsg.)/Heidtmann-Frohme, Susanne/Heßler, Manfred/Rilling, Evelyn: Jugenddelinquenz und Integration junger Ausländer. Teil 1. 2. Auflage, Berlin 1985.

Bischoff, Detlef (Hrsg.)/Donner, Olaf/Heßler, Manfred: Jugenddelinquenz und Integration junger Ausländer. Teil 3. Ergebnisse einer Befragung Berliner Jugendrichter sowie einer Analyse jugendrichterlicher Sanktionspraxis bei Deutschen und Ausländern. Berlin 1991.

Blankenburg, Erhard/Sessar, Klaus/Steffen, Wiebke: Die Staatsanwaltschaft im Prozeß strafrechtlicher Sozialkontrolle. Berlin 1978.

Böhm, Alexander: Der ausländische Strafgefangene zwischen Resozialisierungsauftrag des Strafvollzuges und Zielsetzung des Ausländerrechts. In: Schäfer, Karl Heinrich/Sievering, Ulrich O. (Hrsg.): Ausländerrecht contra Resozialisierung? Beiträge zur Problematik straffällig gewordener Ausländer in der Bundesrepublik Deutschland. Frankfurt 1984, S. 118-134.

Böhm, Alexander: Einführung in das Jugendstrafrecht. 3. Auflage, München, Frankfurt a. M. 1996.

Böhm, Alexander: Zur Diskussion und Entwicklung des Jugendstrafvollzuges. In: Schwind, Hans-Dieter/Kube, Edwin/Kühne, Hans-Heiner (Hrsg.): Kriminologie an der Schwelle zum 21. Jahrhundert. Festschrift für Hans Joachim Schneider zum 70. Geburtstag am 14. November 1998. Berlin, New York 1998, S. 1013-1035.

Böse, Georg/Schiffer, Jochen: Möglichkeiten interkultureller Weiterbildung im Strafvollzug. Skizze und Bestandsaufnahmen eines Modellprojekts. Zeitschrift für Strafvollzug und Straffälligenhilfe 2000, S. 12-18.

Borchert, Horst/Bosetzky, Jürgen: Ausländer in Berliner Haftanstalten. In: Autorengruppe Ausländerforschung (Hrsg.): Untersuchung von Straftaten, Problemen des Strafvollzugs und der Resozialisierung bei Ausländern in Berlin. Teil 3. Reaktionen auf Straftaten von Ausländern in Berlin. Berlin 1980, S. 119-371.

Bornewasser, Manfred: Feindselig oder überfordert? Soziale oder strukturelle Belastungen von Polizeibeamtinnen und -beamten im Umgang mit Fremden. Schriftenreihe der Polizei-Führungsakademie 1/2/1996, S. 16-55.

Bornewasser, Manfred/ Polonio, Cl./Wojtecki, M./Grohmann, S./Schulte, A.: Seminarprotokolle zu vier Workshops. Schriftenreihe der Polizei-Führungsakademie 1/2/1996, S. 56-87.

Bottke, W.: Entwurf einer Teleologie des fairen Jugendstrafverfahrens. In: BMJ (Hrsg:): Verteidigung in Jugendstrafsachen. Bonn 1987, S. 46-90.

Braitsch, Th.: Gerichtssprache für Sprachunkundige im Lichte des „fair trial". Frankfurt 1991.

Bruckmeier, Karl/Thiem-Schräder, Brigitte: Junge Ausländer in der Jugendgerichtshilfe und Bewährungshilfe. Bewährungshilfe 1982, S. 262-272.

Bruckmeier, Karl/Thiem-Schräder, Brigitte: Jugendgerichtshilfe bei jungen Ausländern. In: Autorengruppe Ausländerforschung (Hrsg.): Untersuchung von Straftaten, Problemen des Strafvollzuges und der Resozialisierung bei Ausländern in Berlin. Teil 3. Reaktionen auf Straftaten von Ausländern in Berlin. Berlin 1980, S. 89-118.

Brunner, Rudolf/Dölling, Dieter: Jugendgerichtsgesetz. Kommentar. 10. Auflage, Berlin, New York 1996.

Brüssow, Rainer/Gatzweiler, Norbert/Krekeler, Wilhelm/Mehle, Volkmar: Strafverteidigung in der Praxis. Band 1: Grundlagen des Strafverfahrens. 2. Auflage, Bonn 2000.

Bukowski, Annette: Benachteiligungen im Jugendstrafvollzug? Ergebnisse qualitativer Interviews mit türkischen Insassen. Konstanz 1998.

Bundeskriminalamt Wiesbaden (BKA) (Hrsg.): Ausländerkriminalität in der Bundesrepublik Deutschland. Arbeitstagung des Bundeskriminalamtes Wiesbaden vom 18.-21. Oktober 1988. BKA-Vortragsreihe Band 34. Wiesbaden 1989.

Chaidou, Anthozoe: Junge Ausländer aus Gastarbeiterfamilien in der Bundesrepublik Deutschland. Frankfurt u. a. 1984.

Chaidou, Anthozoe: Warum überproportional? Kriminalitätsbelastung junger Ausländer. Kriminalistik 1984, S. 355-376.

Cornel, Heinz: Die Praxis der Verhängung von Untersuchungshaft und Möglichkeiten, sie durch das Angebot sozialpädagogischer ambulanter Hilfen zu vermeiden oder zu reduzieren. Monatsschrift für Kriminologie und Strafrechtsreform 1987, S. 65-81.

Cornel, Heinz: Der Beitrag der Sozialarbeit zur Vermeidung von Untersuchungshaft. Bewährungshilfe 1994, S. 393-408.

Cornel, Heinz: Untersuchungshaft bei Jugendlichen und Heranwachsenden. Strafverteidiger 1994, S. 628-631.

Coughlan, John G.: Fremdsein ist meine Identität. Jugendwohl 1996, S. 443-452.

Council of Europe (Hrsg.): Social reactions to juvenile delinquency. Social reactions to juvenile delinquency among young people coming from migrant families. European Committee on Crime Problems. Strasbourg 1989.

Der Bundesminister der Justiz (Hrsg.): Schlußbericht der Jugendstrafvollzugskommission. Köln 1980.

Die Ausländerbeauftragte des Senats von Berlin: Berliner Jugendliche türkischer Herkunft. Pressemitteilung. Berlin 1997.

Die Beauftragte der Bundesregierung für die Belange der Ausländer (Hrsg.): In der Diskussion: „Ausländerkriminalität“ oder „kriminelle Ausländer“. Anmerkungen zu einem sensiblen Thema. Bonn 1993.

Die Beauftragte der Bundesregierung für die Belange der Ausländer (Hrsg.): In der Diskussion: Allein im Exil. Unbegleitete minderjähige Flüchtlinge in der Bundesrepublik Deutschland. Bonn 1994.

Diemer, Herbert/Schoreit, Armin/Sonnen, Bernd-Rüdiger: Jugendgerichtsgesetz. Kommentar. 3. Auflage, Heidelberg 1999.

Dirschoweit, Klaus: Möglichkeiten und Grenzen von Feststellungen, Beurteilungen und Entscheidungen im Strafverfahren gegen Ausländer. In: Schäfer, Karl Heinrich/Sievering, Ulrich O. (Hrsg.): Ausländerrecht contra Resozialisierung? Beiträge zur Problematik straffällig gewordener Ausländer in der Bundesrepublik Deutschland. Frankfurt 1984, S. 72-83.

Dörmann, Uwe: Gastarbeiter. Kriminalität und Lebenssituation. In: Die Polizei 1975, S. 123-128.

Donner, Olaf/Ohder, Claudius/Weschke, Eugen/Ciupka Joachim: Straftaten von Ausländern in Berlin. In: Autorengruppe Ausländerforschung (Hrsg.): Zwischen Ghetto und Knast. Jugendliche Ausländer in der Bundesrepublik. Reinbek 1981, S. 43-144.

Donner, Olaf: Junge Ausländer im polizeilichen Ermittlungsverfahren. Recht der Jugend und des Bildungswesens 1986, S. 128-136.

Donk, Ute/Schröer, Norbert: Die Vernehmung nichtdeutscher Beschuldigter. Ermittlungsprobleme ganz spezieller Art. Kriminalistik 1995, S. 401-405.

Donk, Ute: „Aber das sind Sachen, die gehen absolut an mir vorbei!“. Strukturelle Probleme in Vernehmungen nicht deutschsprachiger Beschuldigter. In: Reichertz, Jo/Schröer, Norbert (Hrsg.): Qualitäten polizeilichen Handelns. Opladen 1996, S. 163-181.

Donk, Ute/Schröer, Norbert: Kommunikationsprobleme in Vernehmungen mit ausländischen Beschuldigten. Monatsschrift für Kriminologie und Strafrechtsreform 1999, Sonderheft mit der Dokumentation eines interdisziplinären Symposiums. Ethnizität, Konflikt und Recht. Probleme von Assessment und Begutachtung in Strafverfahren mit Beteiligten ausländischer Herkunft, hrsg. von Wolfgang Bilsky, S. 73-81.

Driesen, Christiane-Jaqueline: Status und Funktion des Gerichtsdolmetschers/-übersetzers. Mitteilungsblatt für Dolmetscher, Berichtssonderheft, 1986, S. 5-8.

Dünkel, Frieder: Untersuchungshaft bei Jugendlichen und Heranwachsenden. In: Busch, Max/ Müller-Dietz, Heinz/Wetzstein, Hans (Hrsg.): Zwischen Erziehung und Strafe. Zur Position der Jugendstrafrechtspflege und ihrer wissenschaftlichen Begründung. Festschrift für Karl Härringer zum 80. Geburtstag. Pfaffenweiler 1995, S. 93-129.

Dünkel, Frieder: Untersuchungshaft als Krisenmanagement? Daten und Fakten zur Untersuchungshaft in den 90er Jahren. Neue Kriminalpolitik 1994, Heft 4, S. 20-29.

Dünkel, Frieder: Praxis der Untersuchungshaft in den 90er Jahren - Instrumentalisierung strafprozessualer Zwangsmittel für kriminal- und ausländerpolitische Zwecke? Strafverteidiger 1994, S. 610-621.

Dünkel, Frieder: Freiheitsentzug für junge Rechtsbrecher. Situation und Reform von Jugendstrafe, Jugendstrafvollzug, Jugendarrest und Untersuchungshaft in der Bundesrepublik Deutschland und im internationalen Vergleich. Bonn 1990.

Dünkel, Frieder: Jugendstrafvollzug zwischen Erziehung und Strafe - Entwicklungen und Perspektiven im internationalen Vergleich. In: Feuerhelm, Wolfgang/Schwind, Hans-Dieter/Bock, Michael (Hrsg.): Festschrift für Alexander Böhm zum 70. Geburtstag am 14. Juni 1999. Berlin, New York 1999, S. 99-140.

Dünkel, Frieder/Kunkat, Angela: Zwischen Innovation und Restauration. 20 Jahre Strafvollzugsgesetz - eine Bestandsaufnahme. Neue Kriminalpolitik 1997, Heft 2, S. 24-33.

DVJJ (Hrsg.): Die jugendrichterlichen Entscheidungen - Anspruch und Wirklichkeit. Bericht über die Verhandlung des 18. Deutschen Jugendgerichtstages in Göttingen vom 29. September bis 3. Oktober 1980. München 1981.

DVJJ (Hrsg.): Mehrfach Auffällige - Mehrfach Betroffene. Erlebnisweisen und Reaktionsformen. Dokumentation des 21. Deutschen Jugendgerichtstages vom 30. September bis 4.Oktober 1989 in Göttingen. Bonn 1990.

DVJJ (Hrsg.): Jugend im sozialen Rechtsstaat. Für ein neues Jugendgerichtsgesetz. Dokumentation des 22. Deutschen Jugemdgerichtstages vom 26. September bis 30. September 1992 in Regensburg. Bonn 1996.

DVJJ (Hrsg): Sozialer Wandel und Jugendkriminalität. Neue Herausforderungen für Jugendkriminalrechtspflege, Politik und Gesellschaft. Dokumentation des 23. Deutschen Jugendgerichtstages vom 23. bis 27. September 1995 in Potsdam. Bonn 1997.

DVJJ - Landesgruppe Baden-Württemberg (Hrsg.): Ausländer vor Gericht. Info 1/1985.

DVJJ - Regionalgruppe Nordbayern (Hrsg.): Ausländer im Jugendstrafrecht - neue Dimensionen. Erlangen 1993.

Eidam, J./Kleemann, W.J./Urban, R.: Altersbestimmung am Lebenden - Erfahrungen aus den Untersuchungen in Hannover.In: Beiträge zur gerichtlichen Medizin. Bd. XLIX, 1991, S. 67-73.

Eichinger, M.: Ausländerkriminalität. Kriminalistik 1982, S. 603-607.

Eisenberg, Ulrich: Kriminologie. 4. Auflage 2000.

Eisenberg, Ulrich: Jugendgerichtsgesetz. 7. Auflage, München 1997.

Eisenberg, Ulrich: Jugendgerichtsgesetz. 8. Auflage, München 2000.

Eisenberg, Ulrich/Tóth, Ferenc: Über Verhängung und Vollzug von Untersuchungshaft bei Jugendlichen und Heranwachsenden. Goldtammer's Archiv für Strafrecht 1993, S. 293-317.

Eisner/Niggli/Manzoni: Soziologische und kriminologische Beurteilung. In: Schweizerische Flüchtlingshilfe (Hrsg.): Asylmißbrauch durch Kriminelle oder kriminelle Asylsuchende. Zahlen, Fakten und Erklärungsansätze zur Kriminalität unter Asylsuchenden in der Schweiz. Studie der Schweizerischen Flüchtlingshilfe SFH, Bern, Februar 1999, S. 59ff.

Emig, Olaf: Junge Asylbewerber zwischen Ausgrenzung, Strafverfolgung und Abschiebung - Sozialarbeit als sanfter Vollstrecker repressiver Maßnahmen? DVJJ-Journal 1993, S. 377-381.

Emig, Olaf: Sozialer Ausschluß durch institutionalisiertes Handeln - Multikulti hinter Gittern. In: DVJJ (Hrsg.): Sozialer Wandel und Jugendkriminalität. Neue Herausforderungen für die Jugendkriminalrechtspflege, Politik und Gesellschaft. Dokumentation des 23. Deutschen Jugendgerichtstages vom 23. bis 27. September 1995 in Potsdam. Bonn 1997, S. 497-507.

Esser, G./Fritz, A./Schmidt, M.H.: Die Beurteilung der sittlichen Reife Heranwachsender im Sinne des § 105 JGG - Versuch einer Operationalisierung. Monatsschrift für Kriminologie und Strafrechtsreform 1991, S. 356-368.

Ferse, Kristin: Zur Kommunikation im Jugendstrafverfahren unter besonderer Berücksichtigung der polizeilichen Vernehmung. In: DVJJ (Hrsg.): Jugend im sozialen Rechtsstaat. Für ein neues Jugendgerichtsgesetz. Bonn 1996, S. 485-490.

Feest, Johannes: Die Situation des Verdachts. In: Feest, Johannes/Lautmann, Rüdiger (Hrsg.): Die Polizei. Soziologische Studien und Forschungsberichte. Opladen 1971, S. 71-92.

Finkbeiner, Lothar/Karsten, Rainer/Meiners, Reinhard: Deeskalationsgruppen mit Inhaftierten unterschiedlicher Nationalität und Kultur in der Jungtäteranstalt Vechta. Zeitschrift für Strafvollzug und Straffälligenhilfe 1993, S. 343-353.

Focken, Adalbert/Gley, Christa: Junge Ausländer im Strafvollzug. München 1987.

Focken, Adalbert: Forensische-psychiatrische Probleme bei ausländischen Jugendlichen. Strafverteidiger 1982, S. 313-315.

Franzke, Bettina: Polizei und Ausländer. Beschreibung, Erklärung und Abbau gegenseitiger Vorbehalte. Kriminalistik 1993, S. 615-619.

Franzke, Bettina: Menschen ausländischer Herkunft im Polizeivollzugsdienst - Zur Situation in der Bundesrepublik Deutschland. Schriftenreihe der PFA 2/1995, S. 9-45.

Frehsee, Detlev: Sozialer Wandel und Jugendkriminalität. In: DVJJ (Hrsg.): Sozialer Wandel und Jugendkriminalität. Neue Herausforderungen für Jugendkriminalrechtspflege, Politik und Gesellschaft. Bonn 1997, S. 15-43.

Frehsee, Detlev: Reisende ausländische Täter - Aufgabe des Erziehungsprinzips? In: DVJJ (Hrsg.): Jugend im sozialen Rechtsstaat. Für ein neues Jugendgerichtsgesetz. Bonn 1996, S. 153-170.

Frehsee, Detlev: Rechtliche Voraussetzungen des polizeilichen Zugriffs auf Roma- und Sinti-Kinder. Zentralblatt für Jugendrecht 1991, S. 223-230.

Freyer, Charlotte: Junge Ausländer - mehr Konflikte, immer noch keine Lösungen? In: DVJJ (Hrsg.): Mehrfach Auffällige - Mehrfach Betroffene. Erlebnisweisen und Reaktionsformen. Bonn 1990, S. 260-268.

Freyer, Charlotte: Die Probleme junger Ausländer in der Bundesrepublik Deutschland. der kriminalist 1990, S. 145-149.

Frowein, Jochen A./Peukert, Wolfgang: Europäische Menschenrechtskonvention. EMRK-Kommentar. 2. Auflage, Kehl u. a. 1996.

Furtner-Kallmünzer, Maria: Biographie und Identitätsprobleme der zweiten Generation. In: Deutsches Jugendinstitut (Hrsg.): Beiträge zur Ausländerforschung - Wege der Integration. München 1988, S. 87-128.

Gebauer, Michael: Kriminalität der Gastarbeiterkinder. Kriminalistik 1981, S. 2-8.

Gebauer, Michael: Die Rechtswirklichkeit der Untersuchungshaft in der Bundesrepublik Deutschland. Eine empirische Untersuchung zur Praxis der Haftanordnung und des Haftverfahrens. München 1987.

Gebauer, Michael: Untersuchungshaft - „Verlegenheitslösung“ für nichtdeutsche Straftäter? Kriminalpädagogische Praxis 1993, Heft 34, S. 20-26.

Gebauer, Michael: Chancenausgleich und U-Haft-Verkürzung durch frühe Verteidigermitwirkung - Ergebnisse aus dem Frankfurter „Rechtsberatungs-Projekt II“. Strafverteidiger 1994, S. 622-631.

Geißler, Rainer: Das gefährliche Gerücht von der hohen Ausländerkriminalität. Aus Politik und Zeitgeschichte B 35, 1995, S. 30-39.

Geißler, Rainer/Marißen, Norbert: Kriminalität und Kriminalisierung junger Ausländer. Die tickende soziale Zeitbombe - ein Artefakt der Kriminalstatistik. Kölner Zeitschrift für Soziologie und Sozialpsychologie 1990, S. 663-687.

Geißler, Rainer: Der „kriminelle Ausländer“ - ein Vorurteil. Jugendwohl 1998, S. 454-460.

Gemeinschaftskommentar zum Ausländerrecht, hrsg. v. Roland Fritz/Jürgen Vormeier. Band 1 und 2. Neuwied, Kriftel 1998.

Gemmer, Karlheinz: Polizeiliche und justitielle Aspekte der Ausländerkriminalität. In: BKA (Hrsg.): Ausländerkriminalität in der Bundesrepublik Deutschland. Arbeitstagung des Bundeskriminalamtes Wiesbaden vom 18.-21. Oktober 1988. Wiesbaden 1989, S. 239-242.

Gesemann, Frank: Kriminalität nichtdeutscher Jugendlicher in Berlin. Bestandsaufnahme - Ursachenanalyse - Maßnahmen zur Gewaltprävention. DVJJ-Journal 2000, S. 113-121.

Giehring, H.: Das Absehen von der Strafvollstreckung bei Ausweisung und Auslieferung ausländischer Strafgefangener nach § 456a StPO. In: Ostendorf, Heribert (Hrsg.): Strafverfolgung und Strafverzicht. Köln 1992, S. 469-509.

Giordano, Christian: Ethnologische Gutachten im Strafverfahren: Konstruktion, Manipulation und Anerkennung von Differenz. Monatsschrift für Kriminologie und Strafrechtsreform 1999, Sonderheft mit der Dokumentation eines interdisziplinären Symposiums. Ethnizität, Konflikt und Recht. Probleme von Asssessment und Begutachtung in Strafverfahren mit Beteiligten ausländischer Herkunft, hrsg. von Wolfgang Bilsky, S. 36-44.

Golsong, Heribert/Karl, Wolfram/Riehsler, Herbert u. a. (Hrsg.): Internationaler Kommentar zur Europäischen Menschenrechtskonvention. Köln, Berlin, Bonn u. a. 2000.

Golubovic, Gordana/Lavadinho, Isabel/Marvakis, Athanasios: Macht Ausgrenzung kriminell? Zwölf Stellungsnahmen zum Thema verfehlte „Ausländer“-Politik. Stuttgart 1994.

Greger, Reinhard: Strafzumessung bei Vergewaltigung. Monatsschrift für Kriminologie und Strafrechtsreform 1987, S. 261-277.

Greve, Werner/Höynck, Theresia: Die Zukunft des Jugendstrafvollzuges. Kriminalpädagogische Praxis 1998, Heft 38, S.4-11.

Grosch, Olaf: Lockerungen im Jugendstrafvollzug. Grundlagen und Praxis. Freiburg 1995.

Groß, Karl-Heinz: Zum Absehen von der Strafvollstreckung gegenüber Ausländern nach § 456a StPO. Strafverteidiger 1987, S. 36-40.

Grübl, Günter/Walter, Joachim: „Russlanddeutsche" im Jugendstrafvollzug. Bewährungshilfe 1999, S. 360-374.

Gugel, Günther: Ausländer, Aussiedler, Übersiedler. Fremdemfeindlichkeit in der Bundesrepublik Deutschland. Materialien zu Rechtsextremismus und Fremdenfeindlichkeit Band 2. 2. Auflage, Tübingen 1990.

Güngör, Sigrin: Zukunftsperspektiven ausländischer Kinder und Jugendlicher (am Beispiel Hamburg). In: Lajios, Kontantin (Hrsg.): Die zweite und dritte Ausländergeneration. Ihre Situation und Zukunft in der Bundesrepublik Deutschland. Opladen 1991, S. 135-143.

Günther, Renate: Ausländer vor Gericht. In: Autorengruppe Ausländerforschung (Hrsg.): Untersuchung von Straftaten, Problemen des Strafvollzuges und der Resozialisierung bei Ausländern in Berlin. Teil 3. Reaktionen auf Straftaten von Ausländern in Berlin. Berlin 1980, S. 3-88.

Haberland, Jürgen: Repräsentativuntersuchung '95 zur Situation der ausländischen Arbeitnehmer und ihrer Familienangehörigen in der Bundesrepublik Deutschland. Zeitschrift für Ausländerrecht und Ausländerpolitik 1997, S. 138-142.

Hailbronner, Kay: Ausweisung und Abschiebung in der neueren Rechtsprechung und Gesetzgebung. Juristenzeitung 1995, S. 127-138.

Hailbronner, Kay: Ausländerrecht. Kommentar. Ordner I. Heidelberg 1999.

Hamburger, Franz/Seus, Lydia/Wolter, Otto: Zur Delinquenz ausländischer Jugendlicher. Bedingungen der Entstehung und Prozesse der Verfestigung. Wiesbaden 1981.

Hartmann, Peter: Kostengesetze. 28. Auflage, München 1999.

Hartmann-Hilter, Jost: Notwendige Verteidigung und Pflichtverteidigerbestellung im Jugendstrafverfahren. Frankfurt a. M. 1989.

Hassemer, Winfried: Die Voraussetzungen der Untersuchungshaft. Strafverteidiger 1984, S. 38-42.

Heinz, Wolfgang: Recht und Praxis der Untersuchungshaft in der Bundesrepublik Deutschland. Zur Disfunktionalität der Untersuchungshaft gegenüber dem Reformprogramm im materiellen Strafrecht. Bewährungshilfe 1987, S. 5-31.

Heinz, Wolfgang: Mehrfach Auffällige - Mehrfach Betroffene. Erlebnisweisen und Reaktionsformen. In: DVJJ (Hrsg.): Mehrfach Auffällige - Mehrfach Betroffene. Erlebnisweisen und Reaktionsformen. Bonn 1990, S. 30-73.

Heinz, Wolfgang: Jugendkriminalität und strafrechtliche Sozialkontrolle in der Bundesrepublik Deutschland. In: Kühne, Hans-Heiner (Hrsg.): Festschrift für Koichi Miyazawa. Baden-Baden 1995, S. 93-138.

Heitmeyer, Wilhelm/Müller, Jochen/Schröder, Helmut: Verlockender Fundamentalismus. Frankfurt 1997.

Heldmann, Hans Heinz: Ausländer und Strafjustiz. Strafverteidiger 1981, S. 251-255.

Heldmann, Hans Heinz: Ausländerrecht versus Jugendstrafrecht. In: Kommunale Ausländerinnen- und Ausländervertretung (KAV) der Stadt Frankfurt a. M. (Hrsg.): Das Jugendstrafverfahren, seine ausländerrechtliche Konsequenzen und die sich daraus ergebenden Widersprüche in bezug auf das Kinder- und Jugendhilferecht. Bonn 1996, S. 34-41.

Herrnkind, Martin: „Schwarze Schafe" oder weites Dunkelfeld? Ein Diskussionsbeitrag der Bundesarbeitsgemeinschaft Kritischer Polizistinnen und Polizisten (Hamburg Signal) e. V. Neue Kriminalpolitik 1996, Heft 4, S. 33-37.

Heuer, Hans-Joachim: Fremdenfeindliche Einstellungen und polizeiliches Handeln. Kriminalistik 1998, S. 401-410.

Hietanen, Kaarina: Dolmetschen im Umfeld von Gerichtsverhandlungen. TextconText 8, 1993, S. 177-196.

Hinnekamp, Volker: Zwangskommunikative Interaktion zwischen Gastarbeitern und deutscher Behörde. In: Rehbein, Jochen (Hrsg.): Interkulturelle Kommunikation. Tübingen 1985, S. 276-298.

Hinrichs, Günther/Schütze, Gerd: Der § 105 JGG aus jugendpsychiatrischer Sicht. DVJJ-Journal 1999, S. 27-29.

Hohmann-Dennhardt, Christine: Das Jugendstrafverfahren, seine ausländerrechtlichen Konsequenzen und die Widersprüche in bezug auf das KJHG. In: Kommunale Ausländerinnen- und Ausländervertretung (KAV) der Stadt Frankfurt a. M. (Hrsg.): Das Jugendstrafverfahren, seine ausländerrechtlichen Konsequenzen und die sich daraus ergebenden Widersprüche in bezug auf das Kinder- und Jugendhilferecht. Bonn 1996, S. 23-29.

Hölscher, Christoph: Vor dem Gesetz sind alle gleich! In: Golubovic, Gordana/Lavadinho, Isabel/ Marvakis, Athanasios (Hrsg.): Macht Ausgrenzung kriminell? Stuttgart 1994, S. 36-40.

Horn, Hans-Jürgen: Die Begutachtung von fremdsprachigen Ausländern - Probleme und Fehlerquellen. Monatsschrift für Kriminologie und Strafrechtsreform 1995, S. 382-386.

Huber, Bertholt: Die Funktion des Ausländerrechts in der Bundesrepublik Deutschland und die ausländerrechtlichen Konsequenzen der Straffälligkeit. In: Schäfer, Karl Heinrich/Sievering, Ulrich O. (Hrsg.): Ausländerrecht contra Resozialisierung? Beiträge zur Problematik straffällig gewordener Ausländer in der Bundesrepublik Deutschland, Frankfurt 1984, S. 135-162.

Huber, Bertholt: Der rechtliche Status unbegleiteter Flüchtlingskinder. In: Der Paritätische Wohlfahrtsverband (Hrsg.): Zur Situation unbegleiteter Flüchtlingskinder. Dokumentation einer Fachtagung. Schriftenreihe Nr. 46. Frankfurt 1994, S. 59-73.

Huber, Bertholt: Ausländerrecht versus Jugendhilferecht. In: Kommunale Ausländerinnen- und Ausländervertretung (KAV) der Stadt Frankfurt a. M. (Hrsg.): Das Jugendstrafverfahren, seine ausländerrechtlichen Konsequenzen und die sich daraus ergebenden Widersprüche in bezug auf das Kinder- und Jugendhilferecht. Bonn 1996, S. 41-49.

Huber, Berthold: Handbuch des Asyl-und Ausländerrechts. Band. II. München, Stand November 1998.

Hubert, Harry/Hochgesand, Lothar (Hrsg.): Entwicklungen im Bereich der Jugendstrafrechtspflege. Entwicklungen im Jugendstrafrecht. Bagatellkriminalität und U-Haftvermeidung. Mönchengladbach 1997.

Hubert, Harry: Jugendgerichtshilfe für Ausländer. Bewährungshilfe 1985, S. 338-344.

Hubert, Harry: Handlungsmöglichkeiten, Motive und Hemmnisse für die Anordnung bzw. Vermeidung von U-Haft bei Jugendlichen und Heranwachsenden aus der Sicht der Jugendhilfe am Beispiel Frankfurt am Main. Zentralblatt für Jugendrecht 1995, S. 439-445.

Hubert, Harry/Comin, Peter: Ambulante Maßnahmen als Angebot der Jugendhilfe sowie Handlungsmöglichkeiten bezüglich straffälliger junger Menschen ausländischer Herkunft. In: Kommunale Ausländerinnen- und Ausländervertretung (KAV) der Stadt Frankfurt a. M. (Hrsg.): Das Jugendstrafverfahren, seine ausländerrechtlichen Konsequenzen und die sich daraus ergebenden Widersprüche in bezug auf das Kinder- und Jugendhilferecht. Bonn 1996, S. 272-279.

Hubert, Harry: Fremde oder Mitbürger? Flüchtlinge, Asylbewerber, Aussiedler. In: DVJJ (Hrsg.): Sozialer Wandel und Jugendkriminalität. Neue Herausforderungen für Jugendkriminalrechtspflege, Politik und Gesellschaft. Bonn 1997, S. 244-279.

Hubert, Harry: Jugendliche ausländischer Herkunft im Blickfeld von Jugendhilfe, Prävention und Repression. Bewährungshilfe 1999, S. 375-385.

Hübner, Klaus: Integrationsprobelme der Ausländer und ihre Auswirkungen auf die Polizei. Kriminalistik 1982, S. 283-290.

Hüsers, Francis: Fremdenfeindlichkeit in Deutschland. Ergebnisse einer Repräsentativuntersuchung. Aus Politk und Zeitgeschichte B 48, 1995, S. 22-28.

Huster, Ernst-Ulrich: Soziale Ausgrenzung junger Menschen in Deutschland. In: DVJJ (Hrsg.): Sozialer Wandel und Jugendkriminalität. Neue Herausforderungen für Jugendkriminalrechtspflege, Politik und Gesellschaft. Bonn 1997, S. 91-107.

Ingerl, Reinhard: Sprachrisiko im Verfahren. Zur Verwirklichung der Grundrechte deutschunkundiger Beteiligter in Gerichts- und Verwaltungsverfahren. München 1988.

Jabel, Hans-Peter: Die Rechtswirklichkeit der Untersuchungshaft in Niedersachsen. Eine empirische Untersuchung der Praxis des Haftverfahrens in den Landgerichtsbezirken Göttingen, Hannover und Lüneburg. Lingen/Ems 1988.

Jacobi, Hartmut: Verteidigung von Ausländern. In: Dt. Strafverteidigervereinigung (Hrsg.): 19. Strafverteidigertag vom 24.-26. März 1995 in Freiburg. Aktuelle Probleme der Strafverteidigung unter neuen Rahmenbedingungen. Köln 1995, S. 243-254.

Jaschke, Hans-Gerd: Öffentliche Sicherheit im Kulturkonflikt. Frankfurt a. Main, New York 1997.

Jehle, Jörg: Entwicklung der Untersuchungshaft bei Jugendlichen und Herwanwachsenden vor und nach der Wiedervereinigung. Bonn 1995.

Jessnitzer, Kurt: Was erwartet die Justiz vom Gerichtsdolmetscher und -übersetzer? Mitteilungsblatt für Dolmetscher, Berichtssonderheft, 1986, S. 8-12.

Jockenhövel-Schiecke, Helga: Zur aktuellen Situation unbegleiteter Flüchtlinge in Deutschland 1993. In: Der Paritätische Wohlfahrtsverband (Hrsg.): Zur Situation unbegleiteter Flüchtlinge. Dokumentation einer Fachtagung. Schriftenreihe Nr. 46. Frankfurt 1994, S. 12-58.

Johne, Rainer: Flüchtlinge - Asylbewerber - Durchreisende. Was kann die Jugendgerichtshilfe tun? Erfahrungsbericht der JGH Frankfurt. DVJJ-Journal 1995, S. 41-43.

Kabbani, Sam: Dolmetscher im Strafprozeß. Strafverteidiger 1987, S. 410-413.

Kahlert, Ch.: Die Kommunikation zwischen den Beteiligten aus der Sicht des Strafverteidigers. In: DVJJ (Hrsg.): Die jugendrichterlichen Entscheidungen - Anspruch und Wirklichkeit. München 1981, S. 133-149.

Kaiser, Günther: Kriminologie. 3. Auflage, Heidelberg 1996.

Kaiser, Günther/Kerner, Hans-Jürgen/Sack, Fritz/Schellhoss, Hartmut: Kleines Kriminologisches Wörterbuch. 3. Auflage, Heidelberg 1993. (zit.: KKW, 1993)

Kaiser, Günther/Sack, Fritz/Schellhoss, Hartmut: Kleines Kriminologisches Wörterbuch. Freiburg, Basel, Wien 1974. (zit.: KKW, 1974)

Kaiser, Günther/Kerner, Hans-Jürgen/Schöch, Heinz: Strafvollzug. Ein Lehrbuch. 4. Auflage, Heidelberg 1992.

Kallmeyer, Werner: Mündliche Kommunikation vor Gericht. In: Wassermann, Rudolf/Petersen, Jürgen (Hrsg.): Recht und Sprache. Beiträge zu einer bürgerfreundlichen Justiz. Heidelberg 1983, S. 139-151.

Kammhuber, Siegfried: Ausländerkriminalität - Eine bittere Realität und ihre Bewältigung. Kriminalistik 1997, S. 551-556.

Karger, Thomas/Sutterer, Peter: Polizeilich registrierte Gewaltdelinquenz bei jungen Ausländern. Befunde der Freiburger Kohortenstudie unter Berücksichtigung von Verzerrungen in der Polizeilichen Kriminalstatistik. Monatsschrift für Kriminologie und Strafrechtsreform 1990, S. 369-383.

Karlsruher Kommentar zur Strafprozeßordnung und zum Gerichtsverfassungsgesetz mit Einführungsgesetz, hrsg. v. Gerd Pfeiffer. 4 Auflage, München 1999.

Katholnigg, Oskar: Strafgerichtsverfassungsrecht. Kommentar. 3. Auflage, Köln, Berlin, Bonn, München 1999.

Katz, Joachim: Notwendige Verteidigung im Jugendstrafverfahren - eine Stellungnahme aus der Sicht eines Jugendrichters. In: Walter, Michael (Hrsg.): Strafverteidigung für junge Beschuldigte: Versuch einer Bestandsaufnahme und einer Bilanz der „Kölner Richtlinien“. Pfaffenweiler 1997, S. 149-159.

Kawamura, Gabriele: Zur Praxis der Vermeidung von Untersuchungshaft durch Angebote der Sozialarbeit. Bewährungshilfe 1994, S. 409-424.

Kiehl, Walter H.: Sind jugendliche Ausländer krimineller, verdächtiger oder gesetzestreuer als Deutsche? DVJJ-Journal 1996, S. 19-27.

Kilchling, Michael: Opferinteressen und Strafverfolgung. Freiburg i. Breisgau 1995.

Killias, Martin: La délinquance juvenile des migrants de la deuxième generation. Essai de bilan des recherches européennes. In: Schuh, Jörg (Hrsg.): Jugend und Delinqunez. Jeunesse et Délinquance. Grüsch 1988, S. 223-277.

Killias, Martin: Diskriminierendes Anzeigeverhalten von Opfern gegenüber Ausländern? Neue Aspekte der Ausländerkriminalität aufgrund von Daten der schweizerischen Opferbefragung. Monatsschrift für Kriminologie und Strafrechtsreform 1988, S. 156-165.

Kirpes, Reinhard: Ausweisung und Abschiebung. Damoklesschwert für straffällige und nicht straffällige Ausländerinnen und Ausländer. Bewährungshilfe 2000, S. 102-106.

Kissel, Otto Rudolf: Gerichtsverfassungsgesetz. Kommentar. 2. Auflage, München 1994.

Kleinknecht, Theodor/Meyer-Goßner, Lutz: Strafprozeßordnung, Gerichtsverfassungsgesetz, Nebengesetze und ergänzenden Bestimmungen. 44. Auflage, München 1999.

Kleinsteuber, Heiko: Stellungnahme aus der Sicht des Ordnungsamtes/der Ausländerbehörde. In: Kommunale Ausländerinnen- und Ausländervertretung (KAV) der Stadt Frankfurt a. M. (Hrsg.): Das Jugendstrafverfahren, seine ausländerrechtlichen Konsequenzen und die sich daraus ergebenden Widersprüche in bezug auf das Kinder- und Jugendhilferecht. Bonn 1996, S. 88-93.

Kloesel, Arno/Christ, Rudolf/Häußer, Otto: Deutsches Ausländerrecht. Stuttgart. Stand März 1996.

Knapp, Karlfried/Knapp-Potthoff, Annelie: Sprachmittlertätigkeit in der interkulturellen Kommunikation. In: Rehbein, Jochen (Hrsg.): Interkulturelle Kommunikation. Tübingen 1985, S. 450-463.

Koenradt, Frans: Forensische Sachverständige über ausländische Verdächtige. Mehrfache Individualisierung. In: Leygraf, Norbert/Volbert, Renate/Hostkotte, Hartmuth/Fried, Sybilla (Hrsg.): Die Sprache des Verbrechens - Wege zu einer klinischen Kriminologie. Festschrift für Wilfried Rasch. Stuttgart, Berlin, Köln 1993, S. 223-244.

Koerfer, Armin: Interkulturelle Kommunikation vor Gericht. Verständigungsprobleme bei fremdsprachlichen Handeln in einer kommunikationsintensiven Institution. In: Brünner, Gisela/Graefen, Gabriele (Hrsg.): Texte und Diskurse. Methoden und Forschungsergebnisse der funktionalen Pragmatik. Opladen 1994, S. 351-373.

Kommentar zur Strafprozeßordnung in drei Bänden. Reihe Alternativkommentare. Gesamtherausgeber Rudolf Wassermann.
Band 2 Teilband 1 §§ 94-212b, Neuwied, Kriftel, Berlin 1992;
Band 2 Teilband 2 §§ 213-275, Neuwied, Kriftel, Berlin 1993;
Band 3 §§ 276-477, Neuwied, Kriftel, Berlin 1996.

Kommunale Ausländerinnen- und Ausländervertretung (KAV) der Stadt Frankfurt a. M. (Hrsg.): Das Jugendstrafverfahren, seine ausländerrechtliche Konsequenzen und die sich daraus ergebenden Widersprüche in bezug auf das Kinder- und Jugendhilferecht. Dokumentation der Anhörung am 1. Februar 1995 im Plenarsaal der Stadtverordnetenversammlung Frankfurt am Main und ausgewählte Literaturbeiträge. Bonn 1996.

Köpcke-Duttler, Arnold: Ausländergesetz und Resozialisierung. Kriminalpädagogische Praxis 1993, Heft 34, S. 27-32.

Kopp, Thomas: Nichtdeutsche Angeklagte im deutschen Strafverfahren. Ihr Schutz im Normal-, Kolonial- und Militärzustand seit der Reichsgründung 1871. Baden-Baden 1997.

Kreuzer, Arthur: Untersuchungshaft bei Jugendlichen und Heranwachsenden. Recht der Jugend und des Bildungswesens 1978, S. 337-355.

Kube, Edwin/Koch, Karl-Friedrich: Ausländerkriminalität und staatliche Reaktion. der kriminalist 1990, S. 4-8.

Kube, Edwin/Koch, Karl-Friedrich: Zur Kriminalität jugendlicher Ausländer aus polizeilicher Sicht. Monatsschrift für Kriminologie und Strafrechtsreform 1990, S. 14-24.

Kubink, Michael: Verständnis und Bedeutung von Ausländerkriminalität. Eine Analyse der Konstitution sozialer Probleme. Pfaffenweiler 1993.

Kühne, Hans-Heiner: Strafverfahrensrecht als Kommunikationsproblem. Heidelberg 1987.

Kühne, Hans Heiner: Die Kosten für den Dolmetscher im Strafverfahren. In: Bauer, Walter (Hrsg.): Kostenerstattung und Streitwert. Festschrift für Herbert Schmidt. München 1981, S. 33-41.

Kuhl, Nausika: Der Einsatz von Dolmetschern bei Gericht. Diplomarbeit am Institut für Übersetzen und Dolmetschen der Universität Heidelberg zur Erlangung des akademischen Grades einer Diplomdolmetscherin. Unveröffentlicht. Heidelberg 1992.

Kuhn, André/Killias, Martin/Berry, Chantal: Les étrangers victimes et auteurs d'infractions selon le sondage suisse de victimisation. In: Bauhofer, Stefan/Queloz, Nicolas (Hrsg.): Ausländer, Kriminalität und Strafrechtspflege. Etrangers, criminalité et système pénal. Schweizerische Arbeitsgruppe für Kriminologie, Groupe Suisse de Travail en Criminologie. Zürich 1993, S. 239-263.

Kürzinger, Josef: Private Strafanzeige und polizeiliche Reaktion. Berlin 1978.

Kürzinger, Josef: Kriminologie. Eine Einführung in die Lehre von Verbrechen. 2. Auflage, Stuttgart, München, Hannover u. a. 1996.

Lässig, Curt Lutz: Deutsch als Gerichts- und Amtssprache. Berlin 1980.

Lajios, Konstantin: Die zweite und dritte Ausländergeneration. Ihre Situation und Zukunft in der Bundesrepublik Deutschland. Opladen 1991.

Langer, Wolfgang: Staatsanwälte und Richter. Justitielles Entscheidungsverhalten zwischen Sachzwang und lokaler Justizkultur. Stuttgart 1994.

Lamnek, Siegfried: Theorien abweichenden Verhaltens. 4. Auflage, München 1990.

Landeskriminalamt Baden-Württemberg: Untersuchung zur Täter und Deliktsstruktur deutscher und nichtdeutscher Tatverdächtiger unter 21 Jahren in Baden-Württemberg und vergleichende Untersuchung im Landkreis Calw unter Einbeziehung der Sozialdaten. Unveröffentlichtes Manuskript. Ohne Jahr.

Laubenthal, Klaus: Vollzugliche Ausländerproblematik und Internationalisierung der Strafverbüßung. In: Feuerhelm, Wolfgang/Schwind, Hans-Dieter/Bock, Michael (Hrsg.): Festschrift für Alexander Böhm zum 70. Geburtstag am 14. Juni 1999. Berlin, New York 1999, S. 307-322.

Lauer, Tanja: Aus der Hand gelesen. Die Zulässigkeit von Röntgenaufnahmen der Hand zum Zweck der Altersfeststellung bei unbegleiteten minderjährigen Flüchtlingen. Gutachten im Auftrag des Fördervereins PRO ASYL e. V. und des Vereins Demokratischer Ärztinnen und Ärzte. DVJJ-Journal 1995, S. 317-323.

Lemke, Michael/Julius, Karl-Peter/Krehl, Christoph/Kurth, Hans-Joachim/Rautenberg, Erardo Cristoforo/Temming, Dieter: StPO. Heidelberger Kommentar. 2. Auflage, Heidelberg 1999.

Lempp, Reinhart: Gerichtliche Kinder- und Jugendpsychiatrie. Ein Lehrbuch für Ärzte, Psychologen und Juristen. Bern u. a. 1983.

Löwe/Rosenberg: Die Strafprozeßordnung und das Gerichtsverfassungsgesetz. Großkommentar, hrsg. von Peter Rieß.
1. Band §§ 1-111n, 24. Auflage, Berlin, New York 1988;
2. Band §§ 112-197, 24. Auflage, Berlin, New York 1989; §§ 112-136a, 25. Auflage, Berlin, New York 1997;
§§ 247-261, 25. Auflage, Berlin, New York 2000;
6. Band, 1. Teilband GVG, Anhang zum GVG, 24. Auflage, Berlin, New York 1996;
6. Band, 2. Teilband Rechtspflegerecht des Einigungsvertrages, MRK, IPBPR, Register, 24. Auflage, Berlin, New York 1996.

Loll, Bernd-Uwe: Jugendkriminalität von Ausländern der zweiten oder dritten Generation. Hamburg 1983.

Luchtenberg, Sigrid: Zu Zweisprachigkeit und Bikulturalität ausländischer Kinder. In: Lajios, Konstantin (Hrsg.): Die zweite und dritte Ausländergeneration. Ihre Situtaion und Zukunft in der Bundesrepublik Deutschland. Opladen 1991, S. 55-90.

Luff, Johannes/Gerum, Manfred: Ausländer als Opfer von Straftaten. München 1995.

Ludwig-Mayerhofer, Wolfgang/Niemann, Heike: Gleiches (Straf-) Recht für alle? Neue Ergebnisse zur Ungleichbehandlung ausländischer Jugendlicher im Strafrecht der Bundesrepublik. Zeitschrift für Soziologie 1997, S. 36-52.

Ludwig-Mayerhofer, Wolfgang: Kommunikation in der jugendstrafrechtlichen Hauptverhandlung - Von den Grenzen rechtlicher und soziologischer Modelle. Zeitschrift für Rechtssoziologie 1997, S. 180-204.

Ludwig-Mayerhofer, Wolfgang/Rzepka, Dorothea: Die Verteidigung im jugendstrafrechtlichen Hauptverfahren: Hilfreich, nutzlos oder schädlich? In: Walter, Michael (Hrsg): Strafverteidigung für junge Beschuldigte: Versuch einer Bestandsaufnahme und einer Bilanz der „Kölner Richtlinien". Pfaffenweiler 1997, S. 101-132.

Lüderssen, Klaus: Die Pflichtverteidigung. Zum gegenwärtigen Stand der Konkretisierung des § 140 StPO. Neue Juristische Wochenschrift 1986, S. 2742-2748.

Lyoubi, Faryd: Fallbeispiel 2. In: Kommunale Ausländerinnen- und Ausländervertretung (KAV) der Stadt Frankfurt a. M. (Hrsg.): Das Jugendstrafverfahren, seine ausländerrechtliche Konsequenzen und die sich daraus ergebenden Widersprüche in bezug auf das Kinder- und Jugendhilferecht. Bonn 1996, S. 32-34.

Malek, Klaus: Verteidigung in der Hauptverhandlung. Heidelberg 1994.

Mansel, Jürgen: Informelle Kontrolle zur Verhinderung von Kriminalisierung. Die Handlungsmöglichkeiten der Subsysteme der sozialen Kontrolle aus der Sicht von jungen Deutschen, Türken und Italienern. Kriminologisches Journal 1988, S. 121-141.

Mansel, Jürgen: Die Selektion innerhalb der Organe der Strafrechtspflege am Beispiel von jungen Deutschen, Türken und Italienern. Eine empirische Untersuchung zur Kriminalisiserung durch formelle Kontrollorgane. Frankfurt 1989.

Mansel, Jürgen: Gezielte Produktion von Kriminellen? In: Kaiser, Günther/Kury, Helmut/Albrecht, Hans-Jörg (Hrsg.): Kriminologische Forschung in den 80er Jahren. Projektberichte aus der Bundesrepublik Deutschland. Kriminologische Forschungsberichte aus dem MPI für ausländisches und internationales Strafrecht. Freiburg i. Breisgau, Band 35/2. 1988, S. 1059-1082.

Mansel, Jürgen: Schweigsame „kriminelle" Ausländer? Kölner Zeitschrift für Soziologie und Sozialpsychologie 1994, S. 299-307.

Matenaer, Hermann: Untersuchungshaft - Ausdruck von Hilflosigkeit? In: DVJJ (Hrsg.): Jugend im sozialen Rechtsstaat. Für ein neues Jugendgerichtsgesetz. Bonn 1996, S. 505-512.

Mey, Hans-Georg/Wirth, Wolfgang: Veränderte Vollzugspopulationen und kontinuierliche Vollzugsforschung. In: Feuerhelm, Wolfgang/Schwind, Hans-Dieter/Bock, Michael (Hrsg.): Festschrift für Alexander Böhm zum 70. Geburtstag am 14. Juni 1999. Berlin, New York 1999, S. 597-617.

Meyer, Jürgen: „Die Gerichtssprache ist deutsch" - auch für Ausländer? Zeitschrift für die gesamte Strafrechtswissenschaft 93 (1981), S. 507-528.

Meyer, Dieter: Nochmals: Auslegung des Art. 6 Abs.3 lit. c und e MRK. Neue Juristische Wochenschrift 1974, S. 1175-1176.

Mletzko, Matthias/Weins, Cornelia: Polizei und Fremdenfeindlichkeit. Ergebnisse einer Befragung in einer westdeutschen Polizeidirektion. Monatsschrift für Kriminologie und Strafrechtsrefom 1999, S. 77-93.

Molketin, Rüdiger: „Pflichtverteidigung“ im Jugendstrafverfahren. Zentralblatt für Jugendrecht und Jugendwohlfahrt 1981, S. 199-203.

Molketin, Rüdiger: Zur Beteiligung der Jugendgerichtshilfe in Verfahren gegen ausländische Jugendliche und Heranwachsende. Jugendwohl 1982, S. 491-493.

Molketin, Rüdiger: Die Schutzfunktion des § 140 II StPO zugunsten des Beschuldigten im Strafverfahren. Frankfurt 1986.

Molketin, Rüdiger: Die Rechtsprechung zu § 140 Abs.2 StPO in den Jahren 1988/89. Anwaltsblatt 1991, S. 615-621.

Molketin, Rüdiger: Die notwendige Verteidigung des Angeklagten. Jura 1992, S. 120-125.

Morten, Antonio: Stellung, Aufgabe und Rolle von Dolmetscherinnen und Dolmetschern im Strafverfahren. Strafverteidiger-Forum September/Oktober 1995, S. 80-84.

Mueller, Berthold: Gerichtliche Medizin, Teil 1; 2. Auflage Berlin u. a. 1975.

Muth, Jochen: Die Jugendgerichtsverhandlung aus der Persepktive des Angeklagten. In: Reichertz, Jo (Hrsg.): Sozialwissenschaftliche Analysen jugendgerichtlicher Interaktion. Tübingen 1984, S. 58-110.

Müller, Mechthild: Zur Reform des Ausländer-und Asylrechts im Bereich von Kompetenzordnung und Verfahren - Ausweisung als Nebenstrafe. In: Schäfer, Karl Heinrich/Sievering, Ulrich O. (Hrsg.), Ausländerrecht contra Resozialisierung? Beiträge zur Problematik straffällig gewordener Ausländer in der Bundesrepublik Deutschland. Frankfurt 1984, S. 163-69.

Müller, Siegfried: Brauchen Jugendliche einen Anwalt? DVJJ-Journal 1991, S. 222-228.

Müller-Dietz, Heiner: Grundfragen des strafrechtlichen Sanktionensystems. Heidelberg 1979.

Nährich, Wolf-Dieter: Zur Situtaion ausländischer Strafgefangener in deutschen Vollzugsanstalten. Mit der Isolierung von den Landsleuten beginnnen die Probleme. Zeitschrift für Strafvollzug und Straffälligenhilfe 1975, S. 145-152.

Neu, Guido: Nichtdeutsche im bundesdeutschen Strafvollzug. In: Schwind, Hans-Dieter/Blau, Günter (Hrsg.): Strafvollzug in der Praxis. Eine Einführung in die Probleme und Realitäten des Strafvollzuges und der Entlassenenhilfe. 2. Auflage, Berlin, New York 1988, S. 329-337.

Niggli, Marcel Alexander: Kriminalität von Ausländern - Kriminologische Erklärungsansätze und ihre Aussagekraft. Ein Alltagsbegriff in geängstigten Gesellschaften und die kriminologoische Forschung zur Ätiologie. In: Bauhofer, Stefan/Queloz, Nicolas (Hrsg.): Ausländer, Kriminalität und Strafrechtspflege. Etrangers, criminalité et système pénal. Schweizerische Arbeitsgruppe für Kriminologie, Groupe Suisse de Travail en Criminologie. Zürich 1993, S. 119-167.

Nieke, Wolfgang: Situation ausländischer Kinder und Jugendlicher in der Bundesrepublik Deutschland: Vorschule, Schule, Berufsbildung, Freizeit, Kriminalität. In: Lajios, Konstantin (Hrsg.): Die zweite und dritte Ausländergeneration. Ihre Situation und Zukunft in der Bundesrepublik Deutschalnd. Opladen 1991, S. 13-41.

Noske, Sigrun: Stellungnahme aus der Sicht des Jugendamtes/der Jugendgerichtshilfe. In: Kommunale Ausländerinnen- und Ausländervertretung (KAV) der Stadt Frankfurt a. M. (Hrsg.): Das Jugendstrafverfahren, seine ausländerrechtliche Konsequenzen und die sich daraus ergebenden Widersprüche in bezug auf das Kinder- und Jugendhilferecht. Bonn 1996, S. 82-87.

Oellerich, Rainer: Voraussetzungen einer notwendigen Verteidigung und Zeitpunkt der Pflichtverteidigerbestellung. Strafverteidiger 1981, S. 434-441.

Oppermann, Antje: Straffällige junge Ausländer: Kriminalitätsbelastung und soziale Bedingungen. Bewährungshilfe 1987, S. 83-95.

Ostendorf, Heribert: Die Pflichtverteidigung im Jugendstrafverfahren. Strafverteidiger 1986, S. 308-312.

Ostendorf, Heribert: Jugendgerichtsgesetz. Kommentar. 5. Auflage, Köln, Berlin, Bonn u. a. 2000.

Özkara, Sami: Auswirkungen der Migration auf die Norm- und Wertevorstellungen der Migrantenfamilien in der Bundesrepublik Deutschland. In: Lajios, Konstantin (Hrsg.): Die zweite und dritte Ausländergeneration. Ihre Situation und Zukunft in der Bundesrepublik Deutschland. Opladen 1991, S. 91-106.

Pagenkopf, Martin: Zur Problematik der Generalprävention im Ausländerrecht. Deutsches Verwaltungsblatt 1975, S. 764-768.

Pfeiffer, Christian: Wird nach Jugendstrafrecht härter gestraft? Strafverteidiger 1991, S. 363ff.

Pfeiffer, Christian: Anordnung von Untersuchungshaft bei Jugendlichen und Heranwachsenden. Analysen-Tendenzen-Interpretationen. In: Hubert, Harry/Hochgesand Lothar (Hrsg.): Entwicklungen im Bereich der Jugendstrafrechtspflege. Entwicklungen im Jugendstrafrecht. Bagatellkriminalität. U-Haftvermeidung. Mönchengladbach 1997, S. 177-205.

Pfeiffer, Christian: Das Problem der sogenannten „Ausländerkriminalität" - empirische Befunde, Interpretationsangebote und (kriminal-)politische Folgerungen. KFN-Forschungsbericht Nr. 42. Hannover 1995.

Pfeiffer, Christian/Schöckel, Birgitt: Gewaltkriminalität und Strafverfolgung. In: Schwind, Hans-Dieter/Baumann, Jürgen u. a. (Hrsg.): Ursachen, Prävention und Kontrolle von Gewalt. Analysen und Vorschläge der unabhängigen Regierungskommission zur Verhinderung und Bekämpfung von Gewalt (Gewaltkommission). Band II. Sondergutachten. Berlin 1990, S. 397-502.

Pfeiffer, Christian/Ohlemacher, Thomas: Anstieg der (Gewalt-)Kriminalität und der Armut junger Menschen. Gibt es einen Zusammenhang? DVJJ-Journal 1995, S. 178-188.

Pfeiffer, Christian: Das Problem der sogenannten „Ausländerkriminalität“ - empirische Befunde, Interpretationsangebote und (kriminal-)politische Folgerungen. In: Kommunale Ausländerinnen- und Ausländervertretung (KAV) der Stadt Frankfurt a. M. (Hrsg.): Das Jugendstrafverfahren, seine ausländerrechtliche Konsequenzen und die sich daraus ergebenden Widersprüche in bezug auf das Kinder- und Jugendhilferecht. Bonn 1996, S. 108-152.

Pfeiffer, Christian/Delzer, Ingo/Enzmann, Dirk/Wetzels, Peter: Ausgrenzung, Gewalt und Kriminalität im Leben junger Menschen - Kinder und Jugendliche als Opfer und Täter -, Sonderdruck zum 24. Deutschen Jugendgerichtstag vom 18.-22. September 1998 in Hamburg. Hannover 1998.

Pfeiffer, Christian/Dworschak, Birke: Die ethnische Vielfalt in den Jugendvollzugsanstalten. Ergebnisse einer Umfrage aus dem Sommer 1998. DVJJ-Journal 1999, S. 184-187.

Pick, Alexander: Reduktion des Tatvorwurfes bei nichtdeutschen Beschuldigten. Erklärungsversuch aus polizeilicher Sicht. Kriminalistik 1994, S. 617-622.

Piehler, Thomas: Der unterschiedliche Umfang der registrierten Kriminalität der Arbeitsmigranten. Eine kriminologische Interpretation der statistischen Diskrepanzen im Nationalitätenvergleich. Pfaffenweiler 1991

Pilgram, Arno: Migration, Kriminalität und (Jugend-) Strafrechtspflege. DVJJ-Journal 1993, S. 342-347.

Pilz, Sigrid: Jugendkriminalität und sozialer Wandel. In: DVJJ (Hrsg.): Sozialer Wandel und Jugendkriminalität. Neue Herausforderungen für Jugendkriminalrechtspflege, Poltik und Gesellschaft. Bonn 1997, S. 44-60.

Pitsela, Angelika: Straffälligkeit und Viktimisierung ausländischer Minderheiten in der Bundesrepublik Deutschland. Dargestellt am Beispiel der griechischen Bevölkerungsgruppe. Freiburg 1986.

Polizei-Führungsakademie (Hrsg.): Fremdenfeindlichkeit in der Polizei? Schriftenreihe der Polizei-Führungsakademie 1/2/1996.

Polizei-Führungsakademie (Hrsg.): Polizei und ethnische Minderheiten - ethnische Minderheiten in der Polizei. Schriftenreihe der Polizei-Führungsakademie 2/1995.

Pollähne, Helmut: Justizvollzug - Eckpfeiler der inneren Sicherheit? Zeitschrift für Strafvollzug und Straffälligenhilfe 1994, S. 131-137.

Popp, Ulrike: Geteilte Zukunft. Opladen 1994.

Puszkajler, Karl-Peter: Einbahnstraße in die U-Haft - Praxiserfahrungen mit jungen „reisenden“ Ausländern. In. DVJJ (Hrsg.): Jugend im sozialen Rechtsstaat. Für ein neues Jugendgerichtsgesetz. Bonn 1996, S. 146-152.

Puszkajler, Karl: Zweierlei Maß? Vom Umgang mit Ausländern im Jugendstrafverfahren. DVJJ-Journal 1993, S. 372-374.

Radbruch, Jochen: Zur Reform der Verteidigung in Jugendstrafsachen. Strafverteidiger 1993, S. 553-558.

Rebmann, Mathias: Ausländerkriminalität in der Bundesrepublik Deutschland. Eine Analyse der polizeilich registrierten Kriminalität von 1986 bis 1995. Freiburg 1998.

Rehbein, Jochen: Einführung in die interkulturelle Kommunikation. In: Rehbein, Jochen (Hrsg.): Interkulturelle Kommunikation. Tübingen 1985, S. 7-41.

Reich, Hans H.: Sreß durch die Sprache? In: Bundesanstalt für Arbeit (Hrsg.): Jugendliche ausländischer Herkunft vor der Berufswahl. Handbuch für die Berufsberatung. Wiesbaden 1993, S. 183-203.

Reichertz, Jo/Donk, Ute/Schröer, Norbert: Abschlußbericht zum VW-Forschungsprojekt „Die Reduktion des Tatvorwurfs als Folge polizeilicher Ermittlungspraxis". Fernuniversität Hagen GH. Fachbereich Erziehungs-, Sozial- und Geisteswissenschaften. Lehrgebiet Soziologie II: Kommunikation - Wissen - Kultur. Projekt: ‚Empirische Sozialforschung'.

Reichertz, Jo/Donk, Ute/Schröer, Norbert/Riedel, Katja: Zwischenbericht zum VW-Forschungsprojekt „Die Verteidigung nichtdeutscher Beschuldigter in polizeilichen Vernehmungen". Universität - GH Essen. FB 3 Kommunikationswissenschaft. Projekt: ‚Empirische Polizeiforschung'.

Reichertz, Jo/Schröer, Norbert: Beschuldigtennationalität und polizeiliche Ermittlungspraxis. Plädoyer für eine qualitative Polizeiforschung. Kölner Zeitschrift für Soziologie und Sozialpsychologie 1993, S. 755-771.

Reichertz, Jo/Schröer, Norbert: Gute Gesinnung oder prüfende Forschung? Eine Erwiderung zu Jürgen Mansels Replik. Kölner Zeitschrift für Soziologie und Sozialpsychologie 1994, S. 308-311.

Reichertz, Jo: Zur Defintionsmacht der Polizei. Kriminalistik 1994, S. 610-616.

Reinecke, Peter: Die Entwicklung der Jugendkriminalität und der Sanktionspraxis der Jugendgerichte bei deutschen und ausländischen Jugendlichen und Heranwachsenden. In: Bischoff, Detlef (Hrsg.)/Heidtmann-Frohme, Susanne/Heßler, Manfred/Rilling, Evelyn: Jugenddelinquenz und Integration junger Ausländer. Teil 1. 2. Auflage Berlin 1985, S. 163-207.

Reinecke, Peter: Delinquenz junger polnischer Touristen. Zur Problematik von Jugendhilfe und richterlicher Sanktionspraxis. Soziale Arbeit 1/1997, S. 8-13.

Reinhardt, Günther/ Zink, Peter/Lippert, H.-D.: Röntgenuntersuchungen am lebenden Menschen im Strafverfahren. Zur Frage der Zulässigkeit nach RöV und StPO. Medizinrecht 1985, S. 155-157.

Renner, Günter: Ausländerrecht. Kommentar. 7. Auflage, München 1999.

Richter, Helmut: Kulturkonflikt, soziale Mangellage, Ausländer-Stigma. Zur Kriminalitätsbelastung der männlichen, ausländischen Wohnbevölkerung. Kriminologisches Journal 1981, S. 263-277.

Rieß, Peter: Zur Häufigkeit der Mitwirkung von Verteidigern. Strafverteidiger 1985, S. 211-214.

Rinaldi, Francesco: Fallbeispiel 1. In: Kommunale Ausländerinnen- und Ausländervertretung (KAV) der Stadt Frankfurt a. M. (Hrsg.): Das Jugendstrafverfahren, seine ausländerrechtliche Konsequenzen und die sich daraus ergebenden Widersprüche in bezug auf das Kinder- und Jugendhilferecht. Bonn 1996, S. 30-32.

Ringel, Claudia: Stellungnahme aus der Sicht der Jugendsachbearbeitung der Polizei. In: Kommunale Ausländerinnen- und Ausländervertretung (KAV) der Stadt Frankfurt a. M. (Hrsg.): Das Jugendstrafverfahren, seine ausländerrechtliche Konsequenzen und die sich daraus ergebenden Widersprüche in bezug auf das Kinder- und Jugendhilferecht. Bonn 1996, S. 74-80.

Ritzke, Alfred: Zur Bedeutung der §§ 154b, 456a StPO, § 57 StGB in der Praxis einer Strafverfolgungs- bzw. Strafvollstreckungsbehörde. In: Schäfer, Karl Heinrich/Sievering, Ulrich O. (Hrsg.): Ausländerrecht contra Resozialisierung? Beiträge zur Problematik straffällig gewordener Ausländer in der Bundesrepublik Deutschland. Frankfurt 1984, S. 84-97.

Rodel, Gerd: Untersuchung zur Kriminalität der ausländischen Arbeitnehmer. Hamburg 1976.

Römer, Wolfgang: Anspruch auf Urteilsübersetzung im Strafverfahren. Neue Zeitschrift für Strafrecht 1981, S. 474-476.

Rolinski, Klaus: Ausländerkriminalität - Kriminalität gegen Ausländer? In: Kühne, Hans-Heiner/ Miyazawa, Koichi (Hrsg.): Neue Strafrechtsentwicklungen im deutsch-japanischen Vergleich. Köln 1995, S. 343-383.

Rotthaus, Karl Peter: Die Grundfragen des heutigen Strafvollzugs aus der Sicht der Praxis. Zeitschrift für Strafvollzug und Straffälligenhilfe 1992, S. 41-45.

Sack, Werner: Stellungnahme aus der Sicht des Amtsgerichts/Jugendgerichts. In: Kommunale Ausländerinnen- und Ausländervertretung (KAV) der Sadt Frankfurt (Hrsg.): Das Jugendstrafverfahren, seine ausländerrechtliche Konsequenzen und die sich daraus ergebenden Widersprüche in bezug auf das Kinder- und Jugendhilferecht. Bonn 1996, S. 65-74.

Sakar, Alpay: Die Lebenssituation junger Türken/Türkinnen in Deutschland. In: DVJJ – Regionalgruppe Nordbayern (Hrsg.): Ausländer im Jugendstrafrecht - neue Dimensionen. Erlangen 1993, S. 33-38.

Savelsberg, Joachim: Ein Begriff führt in die Irre. Die Kriminalitätsbelastungszahl sollte durch die Angezeigten-Belastungszahl ersetzt werden. Kriminalistik 1987, S. 578-579.

Schäfer, Karl-Heinrich/Sievering, Ulrich O. (Hrsg.): Ausländerrecht contra Resozialisierung? Beiträge zur Problematik straffällig gewordener Ausländer in der Bundesrepublik Deutschland. Frankfurt 1984.

Schaffner, Paul/Kneip, Wolfgang: Fühlt sich der Ausländer in Haft als Gefangener zweiter Klasse? Zeitschrift für Strafvollzug und Straffälligenhilfe 1983, S. 259-265.

Schaffstein, Friedrich/Beulke, Werner: Jugendstrafrecht. 13. Auflage, Stuttgart u. a. 1998.

Schepker, Renate/Toker, Mehmet/Eggers, Christian: Erfahrung mit der Begutachtung von Jugendlichen und Heranwachsenden aus der Türkei. Monatsschrift für Kriminologie und Strafrechtsreform 1995, S. 121-133.

Schepker, Renate: Psychiatrische Aspekte der Begutachtung im interkulturellen Kontext. Monatsschrift für Kriminolgie und Strafrechtsreform 1999, Sonderheft mit der Dokumentation eines interdisziplinären Symposiums. Ethnizität, Konflikt und Recht. Probleme von Assessment und Begutachtung in Strafverfahren mit Beteiligten ausländischer Herkunft, hrsg. von Wolfgang Bilsky, S. 50-57.

Schlebusch, Stephan: Drogenabhängige Ausländer im Jugendstrafvollzug - Psychosoziale Hintergründe, Therapiechancen und Folgerungen für die Suchtberatung. Zeitschrift für Strafvollzug und Straffälligenhilfe 1999, S. 15-21.

Schlothauer, Reinhold/Weider, Hans-Joachim: Untersuchungshaft. 2. Auflage, Heidelberg 1995.

Schmidt, M.H.: Die Anwendung des Jugendstrafrechts auf Heranwachsende - Erfahrungen zum § 105 JGG. In: Warnke, A./Trott, G.-E./Remschmidt, H. (Hrsg.): Forensische Kinder- und Jugendpsychiatrie. Ein Handbuch für Klinik und Praxis. Bern, Göttingen, Toronto u. a. 1997, S. 221-231.

Schmidt, Heribert: Zur Auslegung des Art 6 Abs. 3c und e Menschenrechtskonvention. Neue Juristische Wochenschrift 1974, S. 90.

Schmitz, Lilo: Für eine internationale Jugendgerichtshilfe. DVJJ-Journal 1993, S. 375-377.

Schmitz-Justen, Joachim: Hilfe durch den Jugendstrafverteidiger? In: DVJJ (Hrsg.): Jugend im sozialen Rechtsstaat. Für ein neues Jugendgerichtsgesetz. Bonn 1996, S. 478-484.

Schmülling, K./Walter, Michael: Rechtliche Programme im Konflikt: Resozialisierung junger Straftäter unter den Bedingungen des Ausländerrechts. Strafverteidiger 1998, S. 313-320.

Schneider, Hans Joachim: Kriminologie. Berlin 1987.

Schöch, Heinz/Gebauer, Michael: Ausländerkriminalität in der Bundesrepublik Deutschland. Baden-Baden 1991.

Schröer, Norbert: Die informelle Aussageverweigerung. Ein Beitrag zur Rekonstruktion des Verteidigungsverhaltens von nichtdeutschen Beschuldigten. In: Reichertz, Jo/Schröer, Norbert (Hrsg.): Qualitäten polizeilichen Handelns. Opladen 1996, S. 132-162.

Schüler-Springorum, Horst: Ausländerkriminalität. Ursachen, Umfang und Entwicklung. Neue Zeitschrift für Strafrecht 1983, S. 529-536.

Schüler-Springorum, Horst: Jugendkriminaliät und Jugendstrafvollzug in den neuen Ländern In: Egg, Rudolf (Hrsg.): Strafvollzug in den neuen Bundesländern. Bestandsaufnahme und Entwicklung. Wiesbaden 1999, S. 129-142.

Schulz, W.: Untersuchungshaft - Erziehungsmaßnahme und vorweggenommene Jugendstrafe? In: DVJJ (Hrsg.): Die jugendrichterlichen Entscheidungen - Anspruch und Wirklichkeit. München 1981, S. 399-420.

Schütze, Helmut: Probleme der Vollzugsanstalten mit der wachsenden Zahl der ausländischen Gefangenen. DVJJ-Journal 1993, S. 381-384.

Schütze, Helmut: Junge Ausländer im Vollzug der Straf- und Untersuchungshaft. In: Trenczek, Thomas (Hrsg.): Freiheitsentzug bei jungen Straffälligen. Die Situation des Jugendstrafvollzugs zwischen Reform und Alternativen. Bonn 1993, S. 137-144.

Schwind, Hans-Dieter: Zur „Mauer des Schweigens". Gedanken zum sogenannten „Hamburger Polizeiskandal" aus kriminologischer Sicht. Kriminalistik 1996, S. 161-167.

Schwind, Hans-Dieter: Kriminologie. Eine praxisorientierte Einführung mit Beispielen. 10. Auflage, Heidelberg 2000.

Schwind, Hans-Dieter: Nichtdeutsche Straftäter - eine kriminalpolitische Herausforderung, die bis zum Strafvollzug reicht. In: Feuerhelm, Wolfgang/Schwind, Hans-Dieter/Bock, Michael (Hrsg.): Festschrift für Alexander Böhm zum 70. Geburtstag am 14. Juni 1999, Berlin, New York 1999, S. 323-361.

Seebode, Manfred: Behandlungsvollzug für Ausländer. Kriminalpädagogische Praxis 1997, Heft 37, S. 52-53.

Seifert, Wolfgang: Die zweite Ausländergeneration in der Bundesrepublik. Längsschnittbeobachtungen in der Berufseinstiegsphase. Kölner Zeitschrift für Soziologie und Sozialpsychologie 1992, S. 677-696.

Sellin, Thorsten: Culture Conflict and Crime. New York 1938.

Sessar, Klaus: Kriminalität von und an Ausländern. In: Bauhofer, Stefan/Queloz, Nicolas (Hrsg.): Ausländer, Kriminalität und Strfarechtspflege. Etrangers, criminalité et système pénal. Schweizerische Arbeitsgruppe für Kriminologie. Groupe Suisse de Travail en Criminologie. Zürich 1993, S. 187-217.

Sessar, Klaus: Der Begriff der „Ausländerkriminalität" im öffentlichen Diskurs. Monatsschrift für Kriminologie und Strafrechtsreform 1999, Sonderheft mit der Dokumentation eines interdisziplinären Symposiums. Ethnizität, Konflikt und Recht. Probleme von Assessment und Begutachtung im Strafverfahren mit Beteiligten ausländischer Herkunft, hrsg. von Wolfgang Bilsky, S. 30-35.

Sielaff, Wolfgang: Praktische Schwierigkeiten bei Ermittlungen gegen ausländische Tatverdächtige. In: BKA (Hrsg.): Ausländerkriminalität in der Bundesrepublik Deutschland. Arbeitstagung des Bundeskriminalamtes Wiesbaden vom 18.-21. Oktober 1988. Wiesbaden 1989, S. 129-143.

Silbermann, Alphons/Hüsers, Francis: Der „normale" Haß auf die Fremden. Eine sozialwissenschaftliche Studie zu Ausmaß und Hintergründen von Fremdenfeindlichkeit in Deutschland. München 1995.

Simon, Fritz B./Stierlin, Helm: Die Sprache der Familientherapie. Ein Vokabular. Überblick, Kritik und Integration systemtherapeutischer Begriffe, Konzepte und Methoden. Stuttgart 1984.

Soeffner, Hans-Georg: Ursachen von Kommunikationsstörungen vor Gericht. In: Wassermann, Rudolf/Petersen, Jürgen (Hrsg.): Recht und Sprache. Beiträge zu einer bürgerfreundlichen Justiz. Heidelberg 1983, S. 73-97.

Sonnen, Bernd-Rüdiger: Kriminalität von sozial Randständigen zwischen Repression und Prävention. In: DVJJ (Hrsg.): Jugendgerichtsverfahren und Kriminalprävention. München 1984, S. 452-462.

Sonnen, Bernd-Rüdiger: Ohne Urteil hinter Gittern. In: DVJJ (Hrsg.): Sozialer Wandel und Jugendkriminalität. Neue Herausforderungen für Jugendkriminalrechtspflege, Politik und Gesellschaft. Bonn 1997, S. 482-496.

Stapke, Thomas: Malà Me. Wohnprojekt zur Untersuchungshaftvermeidung und - verkürzung für kurdische Jugendliche und Heranwachsende in Bremen. In: Bewährungshilfe 1995, S. 192-199.

Statistisches Bundesamt (Hrsg.): Strukturdaten über die ausländische Bevölkerung. Wiesbaden 1997.

Staudinger, Ilka: Untersuchungshaft bei jungen Ausländern. Rechtliche und tatsächliche Probleme im Umgang mit einer heterogenen Klientel. Mönchengladbach 2001.

Staudt, Gerhard: Kriminalität, soziale Lage und Rechtssetzung sowie Rechtsanwendung aus der Perspekrive von jungen Türken, Italienern und Deutschen. Saarbrücken 1986.

Steffen, Wiebke/Czogalla, Peter/Gerum, Manfred/Kammhuber, Siegfries/Luff, Johannes/Polz, Siegfried: Ausländerkriminalität in Bayern. Eine Analyse der von 1983 bis 1990 polizeilich registrierten Kriminalität ausländischer und deutscher Tatverdächtiger. München 1992.

Steffen, Wiebke: Streitfall „Ausländerkriminalität". Ergebnisse einer Analyse der von 1983 bis 1994 in Bayern polizeilich registrierten Kriminalität ausländischer und deutscher Tatverdächtiger. Bewährungshilfe 1995, S. 133-154.

Steffen, Wiebke: Streitfall „Ausländerkriminalität". In: Kommunale Ausländerinnen- und Ausländervertretung (KAV) der Stadt Frankfurt a. M. (Hrsg.): Das Jugendstrafverfahren, seine ausländerrechtliche Konsequenzen und die sich daraus ergebenden Widersprüche in bezug auf das Kinder- und Jugendhilferecht. Bonn 1996, S. 234-271.

Steinhilper, Udo: Definitions- und Entscheidungsprozesse bei sexuell motivierten Gewaltdelikten. Konstanz 1986.

Steinke, Joachim: Ausländer im Untersuchungshaftvollzug. Bewährungshilfe 1995, S. 170-182.

Steinke, Joachim: Ausländer in der Untersuchungshaft sprachlos?! Zeitschrift für Strafvollzug und Straffälligenhilfe 1995, S. 223-227.

Stock, Jürgen/Klein, Lutz: Hat die Polizei ein Ausländerproblem? Monatsschrift für Kriminologie und Strafrechtsreform 1994, S. 286-296.

Stocker, Heinz: Polizeiliche und justitielle Aspekte der Ausländerkriminalität. In: BKA (Hrsg.): Ausländerkriminalität in der Bundesrepublik Deutschland. Arbeitstagung des Bundeskriminalamtes Wiesbaden vom 18. - 21. Oktober 1988. Wiesbaden 1989, S. 233-236.

Strate, Gerhard: Pflichtverteidigung bei Ausländern. Strafverteidiger 1981, S. 46-48.

Strate, Gerhard: Die Dolmetscherkosten im Strafverfahren. Anwaltsblatt 1980, S. 15-17.

Streng, Franz: Die Öffnung der Grenzen - Die Grenzen des Jugendstrafrechts. DVJJ-Journal 1995, S. 163-171.

Strobl, Rainer: Kommunikationsprobleme in Vernehmungen mit ausländischen Beschuldigten: Anmerkungen zum Beitrag von Ute Donk und Norbert Schröer. Monatsschrift für Kriminologie und Strafrechtsreform 1999, Sonderheft mit der Dokumentation eines interdisziplinären Symposiums. Ethnizität, Konflikt und Recht. Probleme von Assessment und Begutachtung in Strafverfahren mit Beteiligten ausländischer Herkunft, S. 82-85.

Stüwe, Gerd: Lebenslagen und Bewältigungsstrategien junger Ausländer. In: Lajios, Konstantin (Hrsg.): Die zweite und dritte Ausländergeneration. Ihre Situation und Zukunft in der Bundesrepublik Deutschland. Opladen 1991, S. 107-134.

Systematischer Kommentar zur Strafprozeßordnung und zum Gerichtsverfassungsgesetz von Rudolphi, Hans-Joachim/Frisch, Wolfgang/Paeffgen, Hans-Ullrich/Rogall, Klaus/Schlüchter, Ellen/Weßlau, Edda/Wolter, Jürgen. Frankfurt a. M. 1986, Stand Oktober 2000.

Tertilt, Hermann: Turkish Power Boys. Ethnographie einer Jugendbande. Frankfurt 1996.

Tödter, Christiane: U-Haft - Ein Sonderangebot für Nichtdeutsche? In: Golubovic, Gordana/ Lavadinho, Isabel/Marvakis, Athanasios (Hrsg.): Macht Ausgrenzung kriminell? Stuttgart 1994, S. 56-59.

Toker, Mehmet: Begutachtung von Migranten: Psychologische Perspektive. Monatsschrift für Kriminologie und Strafrechtsreform 1999, Sonderheft mit der Dokumentation eines interdisziplinären Symposiums. Ethnizität, Konflikt und Recht. Probleme von Assessment und Begutachtung in Strafverfahren mit Beteiligten ausländischer Herkunft, hrsg. von Wolfgang Bilsky, S. 59-66.

Toker, Mehmet/Schepker, Renate: Forensische Begutachtung von Migranten. Vorgaben und Grenzen. Recht und Psychiatrie 1996, S. 8-13.

Toprak, Ahmed: Türkische Jungen - Belastungsfaktor für die Mitte der Gesllschaft? Ein Abriß über die Sozialisationsbedingungen. DVJJ-Journal 2000, S. 364-370.

Toprak, Ahmed: Ehre, Männlichkeit und Freundschaft. Auslöser für Gewaltbereitschaft Jugendlicher und Heranwachsender türkischer Herkunft in München? DVJJ-Journal 2000, S. 174-176.

Tormin, Rainer: Reform des Dolmetscherwesens bei Gerichten und Behörden. Zeitschrift für Rechtspolitik 1987, S. 422-425.

Traulsen, Monika: Die Kriminalität der jungen Ausländer nach der polizeilichen Kriminalstatistik. Monatsschrift für Kriminologie und Strafrechtsreform 1988, S. 28-41.

Traulsen, Monika: Gefährlich oder gefährdet? Zur Kriminalität der Asylbewerber. Kriminalistik 1990, S. 416-419.

Traulsen, Monika: Die Gewaltkriminalität der Ausländer. Monatsschrift für Kriminologie und Strafrechtsreform 1993, S. 295-305.

Traulsen, Monika: Entwarnung. Zur Entwicklung der Kriminalität junger Ausländer. DVJJ-Journal 2000, S. 398-402.

Treibel, Annette: Migration in modernen Gesellschaften. Soziale Folgen von Einwanderung und Gastarbeit. Weinheim, München 1990.

Tsapanos, Georgios: Lebenslagen junger Ausländer in Deutschland. DVJJ-Journal 1993, S. 363-366.

Tsapanos, Georgios: Inländische Ausländer, ausländische Inländer. In: Golubovic, Gordana/ Lavadinho, Isabel/Marvakis, Athanasios (Hrsg.): Macht Ausgrenzung kriminell? Stuttgart 1994, S. 5-8.

Ullrich, Hans: Arbeitsanleitung für Jugendgerichtshelfer. 1. Auflage, Frankfurt 1982.

Ullrich, Hans: Jugendgerichtshilfe bei jungen Ausländern. Zentralblatt für Jugendrecht und Jugendwohlfahrt 1979, S. 244-246.

UNHCR: Richtlinien über allgemeine Grundsätze und Verfahren zur Behandlung asylsuchender unbegleiteter Flüchtlinge. 1997.

Ventzke, Klaus-Ulrich: Ausweisung von Inländern - eine nicht bedachte Folge strafgerichtlicher Verurteilungen? Strafverteidiger 1994, S. 337-342.

Villmow, Bernhard: Kriminalität der jungen Ausländer: Ausmaß und Struktur des abweichenden Verhaltens und gesellschaftliche Reaktion. In: Kerner, Hans-Jürgen/Göppinger, Hans/Streng, Franz (Hrsg.): Kriminologie - Psychiatrie - Strafrecht. Festschrift für Heinz Leferenz zum 70. Geburstag. Heidelberg 1983, S. 323-344.

Villmow, Bernhard: Reaktionen von Polizei und Justiz auf Ausländerdelinquenz. In: BKA (Hrsg.): Ausländerkriminalität in der Bundesrepublik Deutschland. Arbeitstagung des Bundeskriminalamtes Wiesbaden vom 18.-21. Oktober 1988. Wiesbaden 1989, S. 35-62.

Villmow, Bernhard: Polizei, Justiz und Sozialarbeit im Umgang mit mehrfach auffälligen jungen Ausländern. In: DVJJ (Hrsg.): Mehrfach Auffällige - Mehrfach Betroffene. Erlebnisweisen und Reaktionsformen. Bonn 1990, S. 234-255.

Villmow, Bernhard: Ausländer in der strafrechtlichen Sozialkontrolle. Bewährungshilfe 1995, S. 155-169.

Villmow, Bernhard: Ausländer als Täter und Opfer. Monatsschrift für Kriminologie und Strafrechtsreform 1999, Sonderheft mit der Dokumentation eines interdisziplinären Symposiums. Ethnizität, Konflikt und Recht. Probleme von Assessment und Begutachtung in Strafverfahren mit Beteiligten ausländischer Herkunft, hrsg. von Wolfgang Bilsky, S. 22-29.

Vogler, Theo: Das Recht auf unentgeltliche Beiziehung eines Dolmetschers (Art. 6 Abs. 3 Buchst. e EMRK). EuGRZ 1979, S. 640-647.

Vuletic, Vera: Die Praxis der Jugendgerichtshilfe für jugoslawische Jugendliche. In: Schäfer, Karl Heinrich/Sievering, Ulrich O. (Hrsg.): Ausländerrecht contra Resozialisierung? Beiträge zur Problematik straffällig gewordener Ausländer in der Bundesrepublik Deutschland, Frankfurt 1984, S. 58-71.

Walter, Joachim: Auch wenn Kassandra selten gehört wird.... DVJJ-Journal 1993, S. 245-250.

Walter, Michael: Untersuchungshaft und Erziehung bei jungen Gefangenen. Monatsschrift für Kriminologie und Strafrechtsreform 1978, S. 337-350.

Walter, Michael: Angebote der Jugendhilfe und Jugendkriminalrecht. Zentralblatt für Jugendrecht 1986, S. 429-436.

Walter, Michael: Kriminalität junger Ausländer. Forschungsstand und offene Fragen. Bewährungshilfe 1987, S. 60-82.

Walter, Michael: Ausländerkriminalität Gestern - Heute - Morgen. In: BKA (Hrsg.): Ausländerkriminalität in der Bundesrepublik Deutschland. Arbeitstagung des Bundeskriminalamtes Wiesbaden vom 18. - 21. Oktober 1988. Wiesbaden 1989, S. 63-81.

Walter, Michael: Über die Bedeutung der Kriminalität junger Ausländer für das Kriminalrechtssystem. DVJJ-Journal 1993, S. 347-359.

Walter, Michael/Pitsela, Angelika: Ausländerkriminalität in der statistischen Rekonstruktion. Kriminalpädagogische Praxis 1993, Heft 34, S. 6-19.

Walter, Michael/Kubink, Michael: Ausländerkriminalität - Phänomen oder Phantom der (Kriminal-) Politik? Monatsschrift für Kriminologie und Strafrechtsreform 1993, S. 306-317.

Walter, Michael: Die Verteidigung junger Menschen im Spannungsfeld zwischen rechtsstaatlichen Erfordernissen und empirischen Befunden. In: Walter, Michael (Hrsg.): Strafverteidigung für junge Beschuldigte: Versuch einer Bestandsaufnahme und einer Bilanz der „Kölner Richtlinien". Pfaffenweiler 1997, S. 11-36.

Walter, Michael (Hrsg.): Strafverteidigung für junge Beschuldigte: Versuch einer Bestandsaufnahme und einer Bilanz der „Kölner Richtlinien". Pfaffenweiler 1997.

Wegner, Jörg/Durmus, Ali: Die Ausweisung von Ausländern mit verfestigtem Aufenthaltsstatus nach dem neuen Ausländergesetz. Berlin 1994.

Wegner, Jörg: Die Behandlung straffällig gewordener Einwanderer im neuen Ausweisungsrecht. Die Öffentliche Verwaltung 1993, S. 1031-1038.

Weider, Hans-Joachim: Die Anordnung der Untersuchungshaft - Leichtfertige Annahme von Fluchtgefahr und apokryphe Haftgründe. Strafverteidiger-Forum Mai/Juni 1995, S. 11-19.

Weinknecht, Jürgen: Die Situation der Untersuchungshaft und der Unterbringung an Jugendlichen und Heranwachsenden. Untersucht anhand von Strafakten der Jahrgänge 1980 bis 1984 aus dem Landgerichtsbezirk Kiel. München 1988.

Weith, Jürgen: Gerichtssprachenproblematik im Straf- und Bußgeldverfahren, Marburg 1992.

Weyel, Frank Heiner: Haftentscheidungshilfe durch die Jugendgerichtshilfe. Auswertungsergebnisse und Erfahrungen des Frankfurter Projekts. Zentralbaltt für Jugendrecht 1992, S. 29-32.

Willems, Helmut/Eckert,Roland/Jungbauer, Johannes: Polizei und Fremde. Spezifische Belastungssituationen und die Genese von Feindbildern und Übergriffen. Neue Kriminalpolitik 1996, Heft 4, S. 28-32.

Wirth, Wolfgang: Ausländische Gefangene im Jugendstrafvollzug NRW. Ergebnisse einer Stichtagserhebung (15. Juli 1997). Zeitschrift für Strafvollzug und Straffälligenhilfe 1998, S. 278-286.

Wömpner, Hans-Bernd: Der Ausländer vor dem Strafrichter - der Strafrichter vor dem Ausländer. Bewährungshilfe 1979, S. 119-126.

Zilelioglu, Hikmet: Ausländerrechtliche Folgen der Straffälligkeit ausländischer Jugendlicher, In: DVJJ (Hrsg.): Mehrfach Auffällige - Mehrfach Betroffene. Erlebnisweisen und Reaktionsformen. Bonn 1990, S. 256-259.

Zieger, Matthias: Verteidigung in Jugendstrafsachen. 3. Auflage, Heidelberg 1998.

Zink, Peter/Zink, Ingrid/Reinhardt, Günther: Das Röntgenbild der Hand als Grundlage der Altersschätzung bei Jugendlichen. Archiv für Kriminologie 1986, S. 15-24.

➲ *Böhmer, Mechthild*
Forensische Psychotherapieforschung: Eine Einzelfallstudie
Studien und Materialien zum Straf- und Maßregelvollzug, Band 14, 2001, 140 Seiten,
ISBN 978-3-8255-0336-9, 20,35 €

Neu! Neu!
➲ *Borchert, Jens*
Erziehung im DDR-Strafvollzug
Theoretische und gesetzliche Grundlagen
sowie die Durchführung in der Strafvollzugseinrichtung Torgau
Beiträge zu Kriminologie und Strafrecht, Band 1, 2002, 150 S.,
ISBN 978-3-8255-0388-8, € 21,90

➲ *Bundesarbeitsgemeinschaft der Lehrer im Justizvollzug (Hg.)*
Justizvollzug & Pädagogik. Tradition und Herausforderung
Studien und Materialien zum Straf- und Maßregelvollzug, Band 9, 2. Auflage 2001,
200 S., ISBN 978-3-8255-0270-6, 20,35 €

Neu! Neu!
➲ *Giefers-Wieland, Natalie*
Private Strafvollzugsanstalten in den USA.
Eine Perspektive für Deutschland?
Studien und Materialien zum Straf- und Maßregelvollzug, Bd. 18 , 2002, 246 S.,
ISBN 978-3-8255-0383-3, ca. 25,– €

➲ *Lösel, Friedrich / Pomplun, Oliver*
Jugendhilfe statt Untersuchungshaft.
Eine Evaluationsstudie zur Heimunterbringung
Studien und Materialien zum Straf- und Maßregelvollzug, Band 7, 1998, 196 S.,
ISBN 978-3-8255-0247-8, 30,58 €

➲ *Mandt, Brigitte*
Die Gefährdung öffentlicher Sicherheit durch Entweichungen aus dem geschlossenen Strafvollzug. Eine empirische Untersuchung am Beispiel des Landes Nordrhein-Westfalen in den Jahren 1986 – 1988
Studien und Materialien zum Straf- und Maßregelvollzug, Band 12, 2001, 350 S.,
ISBN 978-3-8255-0321-5, 30,58 €

➲ *Pecher, Willi*
Tiefenpsychologisch orientierte Psychotherapie im Justizvollzug. Eine empirische Untersuchung der Erfahrungen und Einschätzungen von Psychotherapeuten in deutschen Gefängnissen
Studien und Materialien zum Straf- und Maßregelvollzug, Band 8, 1999, 300 + X S.,
ISBN 978-3-8255-0234-8, 30,58 €

MIX
Papier | Fördert gute Waldnutzung
FSC® C083411

Kolibri 360 GmbH
Ferdinand-Jühlke-Straße 7
99095 Erfurt, Deutschland
produktsicherheit@kolibri360.de